스포츠 의학 심리학

Medical and Psychological Aspects of Sport and Exercise

저자
David I. Mostofsky, Ph.D.
Leonard Zaichkowsky, Ph.D.

역자
김경원 · 김병준 · 김영호 · 박중길
육영숙 · 정지혜 · 한명우

감수
오병훈

Rainbow BOOKS

Medical and Psychological Aspects of Sport and Exercise by David I. Mostofsky & Leonard D. Zaichkowsky

Copyright © 2001 by West Virginia University

All rights reserved.

Korean translation rights © by Rainbow Books

This Korean translation right was arranged with West Virginia University.

이 책의 한국어판 저작권은 West Virginia University와의 독점계약으로 레인보우북스가 소유합니다. 저작권법에 의해 한국 내에서 보호받는 저작물이므로 무단전재와 무단복제를 금합니다.

스포츠 의학 심리학

- **인 쇄** 2013년 9월 10일 인쇄
- **발 행** 2013년 9월 15일 발행
- **저 자** David I. Mostofsky, Ph.D.
  Leonard Zaichkowsky, Ph.D.
- **역 자** 김경원·김병준·김영호·박중길
  육영숙·정지혜·한명우
- **감 수** 오병훈
- **발행처** 레인보우북스
- **주 소** 서울특별시 관악구 신림로 75 레인보우B/D
- **전 화** 02) 872-8151
- **팩 스** 02) 871-0935
- **E-mail** min8728151@naver.com
- **ISBN** 978-89-6206-269-4 93690
- **정 가** 22,000원

* 잘못된 책은 구입처에서 교환하여 드립니다.

머리말

이 땅에 '운동심리학'이 책자로 소개된 지 어언 15년이란 세월이 흘렀다. 그동안 책과 논문으로 운동심리학에 관련된 많은 내용들이 출판, 발표되면서 이제 운동심리학은 한국스포츠심리학회 발표논문의 1/3을 차지하고 있으며 거의 대부분의 대학에서 필수과목으로 자리매김하고 있다. 그만큼 사회에서 운동심리학에 대한 관심과 수요가 많다는 반증일 것이다.

운동심리학은 크게 운동심리학에 대한 전반적인 소개, 운동의 심리적 효과, 운동을 하도록 하는 동기, 운동촉진을 위한 전략에 대한 정보와 이론을 소개하는 내용으로 구성된다. 그동안 우리나라에서 출판된 책자는 대부분 이 내용들을 골고루 잘 다루어 왔으며 사회에서도 이 내용을 전반적으로 수용하는 편이다. 그러나 운동의 심리적 효과에 대한 부분만큼은 찬반 양론이 존재해 왔다. 즉, 운동의 심리적 효과를 직간접적으로 경험한 사람들은 대체적으로 전폭적인 지지를 보낸 반면에 운동의 효과를 다룬 종속변인이 대부분 사회심리학적인 요인이고 의학적인 종속변인이 드물어서 운동의 심리적 효과를 일반화시키기에는 큰 무리가 있다는 것이 반대를 하는 사람들의 의견이었다.

이 책은 이러한 비평을 수용하여 기존의 연구결과에다 의학적 변인을 포함시켜 주제별로 운동의 효과를 살펴본 내용으로 구성되어 있다. 따라서 운동심리학 가운데 개요의 일부분과 운동의 심리적 효과에 대한 내용만을 다루어 운동의 효과가 의학적인 종속변인에도 변화를 줄 수 있는지를 살펴보았다. 결과적으로 이 책의 내용은 운동의 효과가 건강유지와 심리적 기능에만 국한되지 않고 치료와 재활의 보조수단으로까지 인정받게 되었음을 알려주고 있는데, 이는 운동참가 동기와 운동촉진의 효과를 향상시키는 과학적 근거로 작용하여 전 국민의 건강증진, 질병예방 및 삶의 질 향상에 크게 기여할 수 있다는 것을 의미하는 것이다.

동서양을 막론하고 그동안 의학은 스포츠 과학 분야, 그 가운데서도 운동심리학분야와는 전혀 상관이 없는 것으로 여겨져 왔다. 그러나 이 책의 내용을 일독한다면 이 두 분야는 상당히 밀접한 관련을 맺고 있다는 것을 알 수가 있다. 특히 급속한 고령화 사회를 맞아 우리 사회가 안고 있는 질병예방과 치료 및 삶의 질 향상에 미치는 운동의 효용가치와 중요성은 아무리 강조해도 지나치지 않을 것이다.

병원에 갔을 때 담당의로부터 "하루에 30분씩 일주일에 3일 이상 가볍게 운동 하셔요"라는 조언을 받지 않은 사람은 아마도 없을 것이다. 이 책은 그 이유를 주제별로 잘 설명해 주고 있다. 그리고 이 책은 운동의 효과를 다루는 일은 어느 한 두 분야만의 전유물이 되어서는 안된다는 것, 그리고 그 분야는 최소한 운동심리학-심리학-의학-보건학-스포츠과학(체육학)이 포함되며 문제해결을 위해서는 융합 학문적 탐구정신을 가져야 할 것임을 알려주고 있다. 앞으로는 노인학, 미래학, 사회복지학, 행정학, 법학 및 정치학 관련자들도 이 책에서 소개한 정보들을 잘 활용하여 우리 국민의 건강과 삶의 질 향상, 그리고 복지국가를 구현할 수 있는 효율적인 제도와 정책 등을 마련하는데 동참해야 할 것이다.

이 책은 건강보건 의료분야의 전문의를 포함하여 스포츠의학과 재활분야 전문가, 스포츠운동 심리학자, 스포츠과학 분야의 교수, 대학원생, 학부 고학년생 및 일선 운동지도자 등 운동의 효과를 다루는 분야의 전문가와 일반인과 학생들에게도 좋은 정보를 제공할 것을 확신하며 일독을 권한다.

이 책이 나오기까지에는 많은 분들의 수고와 노력이 있었기에 가능했다. 바쁘신데도 불구하고 시간을 할애하여 주신 번역진 교수님들과 전체 내용을 꼼꼼하게 감수해주신 연세의대 오병훈 교수님께 깊은 감사의 말씀을 드린다. 또한 이 책의 출판을 맡아주신 레인보우북스 민선홍 사장님과 신민희 대리를 비롯한 편집진들의 숨은 정성과 노력에도 큰 감사를 드린다.

2013. 8. 31
역자 일동

목 차

머리말 • i   일러두기 • v

서 문 역자 | 김경원(서원더학교) ·· vi

1장 삶의 질과 장수를 위한 스포츠와 운동의 중요성 ································ 1
　역자 | 김영호(서울과학기술대학교)

2장 긴장감 해소하기 : 운동과 스트레스의 감소 ······································ 29
　역자 | 김영호(서울과학기술대학교)

3장 상해 예방 ·· 49
　역자 | 김영호(서울과학기술대학교)

4장 스포츠손상 재활의 심리학적 관점 : 생물심리사회학적 접근 ········· 59
　역자 | 김경원(서원대학교)

5장 수행력 향상 약물과 보조제 ·· 79
　역자 | 김경원(서원대학교)

6장 운동과 장수 ··· 109
　역자 | 김병준(인하대학교)

7장 출산과 분만 준비 ·· 123
　역자 | 김병준(인하대학교)

8장 영양, 식이장애 및 여자 선수 3대 문제 ··· 135
　역자 | 김병준(인하대학교)

9장 스포츠 수행에서 정형외과 요인 ········· 151
역자 | 김병준(인하대학교)

10장 유소년 근력 훈련 ········· 163
역자 | 박중길(고려대학교)

11장 노인 근력훈련의 생리·심리적 이점 ········· 191
역자 | 박중길(고려대학교)

12장 신체 운동과 간질 ········· 213
역자 | 박중길(고려대학교)

13장 운동에서의 통증 관리 ········· 225
역자 | 정지혜(숙명여자대학교)

14장 수면상의 문제점들 ········· 269
역자 | 육영숙(성신여자대학교)

15장 우울증 관리에서 운동의 역할 ········· 287
역자 | 한명우(선문대학교)

16장 스포츠와 운동에 있어서의 당뇨병 ········· 305
역자 | 육영숙(성신여자대학교)

17장 운동과 면역의 심리학 : HIV 감염환자를 위한 함의(含意) ········· 341
역자 | 한명우(선문대학교)

18장 암의 예방 ········· 381
역자 | 한명우(선문대학교)

찾아보기 ········· 403
역자 소개 ········· 414

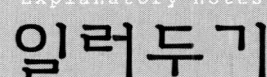

일러두기

1. 이 책의 번역은 공동번역이므로 영어 전문용어에 대한 한글 표기가 역자마다 각각 다를 수가 있다. 이럴 경우, 독자들이 혼란스러울 수 있으므로 번역자의 의견을 최대한 수용하되 다음과 같은 원칙에 의하여 용어를 통일하였다.

    1) 의학전문 용어는 의학 분야에서 사용되는 용어를 우선 사용하였다.
        예) psychoneuroimmunologic model (PNI) ☞ 정신신경면역학적 모형
            isometric ☞ 등축성 / adherence ☞ 준수 / monitoring ☞ 추적(관찰)
            life style ☞ 생활방식

    2) 일상에서 통용되는 외국어는 그대로 따랐다.
        예) bench press, leg press ☞ 벤치 프레스, 레그 프레스
            meta-analysis ☞ 메타 분석 / conditioning ☞ 컨디셔닝

    3) 의학 분야와 스포츠과학 분야에서 각기 다르게 번역될 수 있는 용어는 원서와 그 내용을 참작한 후 해당 주제와 관련된 분야에 더 적합한 용어를 사용하였다.
        예) youth strength training ☞ 유소년 근력 훈련

    4) 제목(소제목)은 어감(語感)상 익숙하게 약간의 의역을 한 부분도 있다.
        예) Nutrition, eating disorders, & the female athlete triad
            ☞ 영양, 식이장애 및 여자 선수 3대 문제

    5) 중복되어 언급된 용어는 다음과 같이 통일하였다.
        예) data ☞ 자료 / mechanism ☞ 기전 / review(s) ☞ 문헌고찰
            effect siezes ☞ 효과크기

    6) 이외의 용어 사용과 편집 원칙은 APA(American Psychological Association: 미국 심리학회)의 출판 매뉴얼 내용에 따랐다.

2. 이 책의 특성상 의학적인 내용이 많이 언급되는데 이는 스포츠과학 분야의 전공자와 학생들, 특히 인문분야 전공학생들의 이해를 더디게 할 수가 있다. 따라서 배경설명이 필요하다고 판단되는 전문 용어는 번역자 책임 아래 주석을 단 경우도 있다.
    예) 17장은 AIDS와 면역체계에 관련된 내용으로 26개의 각주가 포함되어 있다.

서 문

역자 | 김경원(서원대학교)

　스포츠와 운동이란 개념은 일반적으로 아마추어스포츠 혹은 프로스포츠와 관련이 있으며, 어린이들의 신체 발달에 영향을 미치는 것으로 알려져 있다. 그러나 이 책의 제목을 결정하는데 있어 현재 스포츠와 운동이 가져오는 여러 의미 있는 변화들이 중요한 역할을 했다. 즉, 운동과 스포츠는 의학적, 심리적 기능에 중요한 영향을 미치는 것으로 밝혀졌다. 스포츠와 운동이 건강유지뿐 아니라 치료와 재활의 중요한 수단으로 인정을 받게 된 것은 비교적 최근의 일이다. 특히 잘 계획된 스포츠·운동프로그램은 만성질환에 효과가 있는 것으로 밝혀졌다. 이러한 결과는 급속한 노령화와 보건의료 부분에서 의료비용이 차지하는 비중이 높은 상황에서는 중요한 의미가 있다. 의료 분야에서 스포츠와 운동의 효용 가치는 여러 전문 분야로부터 긍정적인 평가를 받고 있다. 물론 적절한 지도지침이 마련되지 못한 관계로 운동방법이나 프로그램의 개발이 기대만큼 이루어지지는 못하고 있다. 저명한 미국의학협회의 공식 학술지인 *Journal of the American Medical Association*에서 많은 비중을 차지하고 있는 주제가 건강이나 운동 혹은 심순환계의 상태, 사망률, 비만, 신체 활동 증가의 필요성이라는 사실은 중요한 의미를 내포하고 있다.

　역사적으로 볼 때, 의학과 스포츠과학 분야는 운동과 스포츠가 생리적 과정의 변화에 미치는 영향에 대해 대체로 무관심했다. 의사와 1차보건의료전문가들은 신체적 불편과 기능장애뿐 아니라 심리적 상태와 삶의 질을 개선하는데 도움이 되는 신체 활동의 임상적 결과에 대해 거의 정보 교환을 못하고 있다. 심리학자들과 행동과학과 사회과학 분야의 임상전문가들과 연구자들은 의학서적에 관심이 없으며, 의사들도 심리학 서적을 읽지 않는다. 이러한 무관심에 대한 반응으로서 건강-심리학-의학 그리고 스포츠와 운동행동 간의 학제적 특성을 강조하는 행동의학에 대한 관심이 일부 커지기는 했다. 보건의료서비스의 질과 효율성을 최적화하는데 있어 환자 참여도의 역할이 점차 주목을 받고 있다. 심리체계와 생리체계 간의 임상적으로 의미 있는 상호작용에 대한 정보는 아직까지 관찰결과에 의존해왔던 것이 일반적이다. 이후 그와 같은 상호작용은 유기체에서 일어나는 과정과 발병과정에 대한 연구에서 증명되었다. 이에 따라 심장, 순환계, 신경계통, 면역계, 내분비계의 이상에 있어 운동과 스포츠의 역할에 대한 관심이 커졌다. 그 외의 상호작용들도 직접적인 것은 아니더라도 의미 없는 것은 결코 아니다. 즉, 순응도, 스트레스 경감, 어린이와 노인 그리고 발달장애를 가진 사람들의 특수한 상황에 있어 상호작용의 영향에 대한 관심이 커졌다. 끝으로, 웰니스와 질병 예방 그리고 생활양식의 변화에 대한 관심이 커지고 있다.

이 책은 많은 1차-보건의료전문가, 건강심리학자, 스포츠심리학자, 교육자, 의학임상전문가, 보건전문가들이 필요로 하는 지식들을 포함하고 있다. 이 분야와 관련된 전문서적들은 최근 10년 동안 엄청난 증가를 보였으며, 이에 상응하여 학술지와 학술논문들도 급증했다. 이 기간 동안 과학과 학문 그리고 임상이라는 다양한 분야의 학제적 영역에서 일어난 연구와 임상 결과에 대한 많은 보고서와 새로운 사실들을 효과적으로 살펴볼 수 있는 전문가들은 많지 않다. 이 책은 책의 제목이 말하듯이 여러 주제들을 함께 다루고 있으며, 이러한 시도는 처음이다. 훈련 프로그램이나 전문가 세미나 혹은 참고 도서용으로 이 책은 충분하지 않을 수 있다. 이 책은 주요 방법론이나 결과에 대한 논의가 이루어지는 주제나 보고서에 관심을 가진 독자나 학생들을 대상으로 하고 있다. 바로 이러한 것이 이 책을 구성할 때 우리가 가장 중요하게 고려한 점이다.

건강과 운동에 관련된 이론이나 실기를 가르치는 교육전문가들에게 이 책은 효용 가치가 있을 것으로 확신한다. 이 책은 고객이나 환자의 웰빙을 추구하는 것에 그치지 않는다. 더 나아가 이 책의 단원들은 재활이나 예방프로그램의 실행에 필요한 의학적 문제들을 개선하고 생각을 변화시키는데 있어 모든 전문가들이 스포츠와 운동의 역할에 대해 민감성을 가지도록 하는데 기여할 수 있을 것으로 기대한다. "민감성"이란 감각적 특성을 의미하기보다는 교육과정 설계와 프로그램과 관련한 연구의 수행에 그러한 생각을 통합시키고자 하는 동기와 자극을 뜻한다. 이 책이 주제와 관련하여 최종 결론을 제공한다거나 모든 전문가들에게 완벽한 해결책을 제시한다고는 보지 않는다. 이 책은 성공적인 결과를 보여주었던 실용적 가이드라인과 모델의 예를 제시할 수 있을 것으로 기대한다. 이를 통해 전문가들은 그와 같은 노력들이 어떻게 임상 서비스의 과정에 통합될 수 있는지를 구상할 수 있을 것이다. 이 책의 내용은 단순히 정보를 전달하는 것 이상의 의미가 있다. 이 책은 가장 최근의 지식을 제공하고 있다. 특히 의학 정보들은 관련 의학 전문가들뿐만 아니라 의학의 모든 분야 그리고 심리학, 교육, 사회복지 분야 등 여러 분야의 전문가들에게 유용하다. 이러한 주제에 대해 관심을 가진 여러 학문 분야의 전문가들을 동참시키려 했던 노력을 통해 분야별로 탁월한 저자들이 참여할 수 있었다. 단원의 선정과 구성은 몇 가지 중요한 요소들에 의해 결정되었다. 첫째, 주제 영역이 전문서적과 학술대회에서 어느 정도 논의되었는지가 기준이었다. 둘째, 해당 분야에서 우수한 문헌이 있는지 그리고 주제를 다룰만한 뛰어난 저자가 있는지도 기준이었다. 예를 들어, 다발성 경화증과 스포츠·운동의 관계에 대한 논의는 그 중요성이나 필요성에도 불구하고 통증이나 식이장애의 경우와 같이 해당 분야의 전문가들로부터 많은 관심을 받지 못했다. 셋째, 단지 하나의 사례나 이상 증세보다는 일반적인 주제인지가 기준이었다.

의학과 정신의학 전문의, 일반의, 가정의, 정형외과, 소아과, 노인의학 분야의 의사, 스포츠의학과 재활 분야 전문가, 스포츠심리학자, 대학의 체육위원장과 지도자, 보건 분야 전문가, 대학원생, 학자 모두가 이 책에서 유용한 내용을 얻을 수 있을 것으로 확신한다.

David I. Mostofsky, Ph.D.
Leonard D. Zaichkowsky, Ph.D.
Boston University

참고문헌

Journal of the American Medical Association(1999). 282(16), October 27. Washington, DC: American Medical Association.

Chapter 1

삶의 질과 장수를 위한 스포츠와 운동의 중요성

Roy J. Shephard

역자 | 김영호(서울과학기술대학교)

요 약

질-보정 기대 수명(quality-adjusted life expectancy: 이하 QALY라고 함) 측정의 개념과 방법이 논의되었다. 질-보정 기대 수명의 향상은 단순히 수명 연장의 차원이라기보다는 운동을 위한 강력한 논쟁거리다. 비록 운동의 영향력을 측정하는 기술이 개선될 필요가 있을지라도, 신체적으로 활동적인 생활방식은 아마도 총 수명보다는 질-보정 수명을 증가시킬 것이다. 삶의 질 증가는 먼 미래의 어느 시점에서 발생하기 보다는 즉각적인 보상을 제공하기 때문에, 삶의 질을 얻는 것은 젊은 사람들에게 장수를 약속하기 보다는 운동을 할 수 있는 동기를 부여 할 가능성이 높다. 삶의 질이 향상되는 것에 대한 혜택은 급성과 만성 질병에 걸릴 확률의 감소에도 있지만, 주요 혜택은 즉각적인 기분 상태의 향상과 장애를 갖게 될 가능성과 노년에서의 의존성을 크게 줄여주는 것이다. 운동하는 사람의 동기와 전반적인 국민 건강에 대한 삶의 질의 중요성을 고려했을 때, 이 주제는 운동 과학자와 실무자들의 관심을 받을만하다.

도 입

지난 20년간 스포츠와 운동이 생명의 양과 질을 늘리는 데 효과적인 방법이라는 믿음이 폭 넓게 확산되었으며, 이러한 믿음은 일반 대중들에게 신체 활동 증가를 장려하기 위한 노력의 일환으로 점점 더 강조 되어왔다.

규칙적인 신체 활동과 스포츠 그리고 운동의 건강상의 이득을 주장해 온 학자들은 흔히 생존의 질 보다는 수명 또는 상대적 사망 위험의 감소에 주목하였다. 이것은 아마도 사망률의 지표가 쉽게 측정이 가능하며 상대적으로 반박의 여지가 없는 통계라 여겨졌기 때문이다(Paffenbarder, Hyde, Wing, Min-Lee, & Kampert(1994) 참조). 그럼에도 불구하고, 환자의 삶에서 치료와 연관되어 나타난 변화를 평가해야 할 필요성의 인식이 확산되면서(Kaplan, Anderson, & Wingard, 1989; Rejeski, Brawley, & Shumaker, 1996), 미국국가보건기구(U.S. National Institutes of Health) 또한 대부분의 새로운 약물 임상 실험에서 삶의 질을 평가하는 방법을 요구하고 있다.

1장에서는 수명과 삶의 질에 각 스포츠, 운동 그리고 신체 활동이 미치는 영향에 대한 세밀한 평가를 하기 전에 전문 용어관련 사안들과 이를 뒷받침하는 증거들에 대해 논의하며, 특히 마지막 부분에서는 이들에 대한 공공 정책의 시사점에 대해 간략하게 살펴볼 것이다.

전문용어 관련 사안

스포츠, 운동 그리고 신체 활동

지금까지 발표된 여러 문헌들은 스포츠, 운동 그리고 신체 활동을 명확하게 구별하고 있다(예, Bouchard & Shephard(1994) 참조). 전문용어를 명확하게 규정하는 것은 이론적인 관심에서 뿐만 아니라 실질적인 측면에서 중요하다.

> **스포츠** 유럽의 많은 나라에서 스포츠란 단어는 여러 가지 형태의 경쟁과 오락 모두를 포함하는 자발적 신체 활동을 가리키는 단어로 쓰이고 있으나 북아메리카에서는 그 유형이 자발적이든 전문적이든 경쟁적인 활동에 참여하는 것을 뜻한다.

체격적 측면에서, 경쟁적인 스포츠에 참여하는 운동선수에게 심각한 퇴화가 종종 일어나는데, 이것은 운동선수들과 일반대중의 사망률을 비교할 때 중요한 시사점을 준다(Sarna, Sahi, Koskenvuo, & Kaprio, 1993). 운동선수들의 체격 퇴화는 또한 급작스러운 조기 사망위험을 높이는 성격적 특성과도 유의적으로 관련이 있으며, 이러한 경향은 정기적인 고강도 신체 활동의 다양한 만성 질병에 대한 민감성 부분에 대한 긍정적 영향을 상쇄시킬 가능성이 있다(Polednak, 1978). 운동선수들 중 일부는 건강을 의식하여 현명한 식생활 및 고용량으로 비타민 복용, 금연생활 등을 통하여 수명을 연장하려는 노력을 하며, 이 때문에 비운동선수와의 비교가 더욱 복잡해진다(Shephard, 1989). 스포츠가 건강에 미치는 영향적 측면에서, 규칙적이고 집중적인 신체 활동은 분명히 건강상 이점이 있다. 하지만, "주말에 운동하는 선수"들은 때로는 격렬한 경쟁적 신체 활동에 준비되지 않은 채로 참가하게 된다. 과도한 노력과 경쟁에서 오는 감정적 흥분의 조합은 심장 발작을 막기는커녕 촉진시킬 수도 있다(Shephard, 1995; Vuori, 1995). 특히 10대 청소년들에게 있어서, 스포츠가 참여자의 삶의 질에 미치는 영향력은 스포츠팀의 또래의 칭찬에 의해서도 증가될 수 있다. 많은 청소년 스포츠 참가자들은 경쟁에서 오는 흥분에 가치를 두며, 그들에게 경쟁을 했던 게임은 같은 양의 에너지를 사용한 실험실의 트레드밀 위에서의 운동보다 삶의 질을 크게 증가시킨다. 하지만 이것 또한 자기선택의 문제이며 경쟁적 활동에 참여하지 않는 개인들은 운동시간에 느끼는 친밀감과 운동 그룹의 매력이 없을 수도 있다.

운동 운동은 명확한 목적을 가지고 행해지는 모든 형태의 여가활동으로 볼 수 있으며 건강증진, 체력 단련 또는 수명의 연장 등을 목적의 예로 들 수 있다. 종종 의사나 운동 전문가는 운동의 형태와 적절한 강도, 빈도와 지속기간이 명확히 지시된 처방을 한다(American College of Sports Medicine, 1995; Shephard, 1994). 이론적으로는, 운동의 효과를 최대화하기 위한 운동량이 적절히 제한된 운동은 건강을 증진시키는데 가장 효과적인 방법이다. 하지만 실질적으로 행해지는 신체운동량은 결코 적절하지 않을 수 있는데, 이는 개인이 빈번하게 운동시간에 빠지거나 운동 지도자가 적합한 처방을 하기를 꺼릴 수도 있기 때문이다. 또한, 동일하게 처방된 활동이 삶의 질에 기여하는 데 한계를 미치기도 한다. 때로는 사람들은 건강 전문가의 처방을 따라야 한다고 생각하고 그 처방된 활동량을 채우지 못하면 죄책감에 시달릴 수도 있다.

신체 활동 신체 활동은 스포츠나 운동보다 훨씬 더 폭넓은 용어이며, 스포츠와 운동 모두를 포함할 뿐만 아니라, 폭 넓은 개념으로 이를 제외한 격렬한 직업적 활동, 가사일, 출퇴근 그리고 능동적 여가활동까지도 포함한다.

일상 생활에서 자동화는 전통적인 "육체노동"에 드는 에너지 소비를 크게 감소시켜, 이제는 그러한 노동 업무가 피고용자의 건강이나 수명에 미칠 영향은 거의 없다. 하지만 아직도 매일 상당한 양의 에너지 소비를 요하는 몇몇 직업들이 있다. 예를 들어, 우편 배달부는 매일 무거운 우편가방을 가지고 많은 가정의 계단을 오르내려야 한다. 도시 거주자들에게 걷기와 자전거 타기는 가장 흔한 형태의 활동적인 여가생활이다. 젊은 청년들에게 걷기의 속도는 건강에 영향을 미치기에는 너무 느리지만 나이가 많은 성인들에게는 짧은 걷기도 최대 산소 섭취량의 큰 부분을 필요로 하는 활동이다(Shephard, 1997a).

여가활동은, 같은 양의 시간투자를 하였을 때 엄격히 관리된 운동 교실보다 삶의 질에 더 큰 기여를 할지도 모른다. 자발적인 여가는 형식적인 운동에서 오는 불쾌한 강압감과 할당된 목적을 달성해야한다는 "스트레스" 또한 막을 수 있다. 여가활동은 다양한 형태로 선택이 가능하며 평범한 하루일과에 포함될 수 있으므로 "시간이 없었다"는 흔한 변명으로 인한 비활동 또한 극복할 수 있다. 뿐만 아니라, 빨리 걷기와 같은 몇몇 여가 활동은 즐거운 오락 상황에서도 가능하다. 예를 들어, 친구와 대화가 가능하며 도시 건축이나 여러 주거지의 동식물의 관찰공부 또한 운동과정에 포함 될 수 있다. 이렇게 부차적인 흥미유발요소는 주어진 활동이 개인의 삶의 질에 미치는 영향을 배가 되게 해준다. 공중보건 관점에서 볼 때, 자발적 여가 활동을 제약하는 가장 큰 요소는 노력의 강도가 조절되지 않는다는 점인데, 특히 젊은 청년들에게는 여가활동으로 선택된 강도가 그들의 건강이나 체력을 유지, 증진시키는 데는 불충분 할 수 있다.

삶의 질 전반적인 삶의 질은 여러 종류의 요소에 대한 개인적 지각에 영향을 받는다. 그러한 요소에는 이동성이나 자기관리 능력 같은 신체적 기능, 적정 수준의 지능적 및 감정적 기능, 친밀도 형성 기회 및 사회적 접촉 기회와 같은 사회적 관점, 가정 및 직장, 공동체 내에서의 적절한 역할수행 기회, 안락 및 웰빙, 자기옹호의 감정 그리고 다른 어떠한 종류의 고통이나 증상 등이 있다(Rejeski et al., 1996; Wenger & Furgerg, 1990).

인간의 삶 속에서 삶의 질은 연속체의 한 부분에 위치해 있다. 이 연속체의 눈금의 한 끝에는 최적의 삶의 질이 있으며, 여기에 1.00이라는 임의적 값을 배정해 보자. 만약 개인이 이러한 최적의 삶의 질을 365일 동안 계속 누린다면, 그 개인은 1의 QALY를 배정받는다. 연속체 눈금의 다른 끝은 삶의 질이 거의 '0'으로 떨어짐을 말한다. 삶의 질이 '0'으로 떨어진 사람은 살고자 하는 의지를 잃게 되어 먹기를 거부하거나 안락사를 요구한다. 이러한 상태에는 '0'의 임의의 배율을 지정할 수 있다. 이러한 상황을 직면한 의사는 너무 자주, 정맥 내 영향 공급어서부터 심장/폐 이식까지 극단적이거나 값비싼 방안을 통하여 수명을 늘리려고 노력한다. 이러한 접근들이 수명을 늘릴지는 몰라도 QALY를 얻는 데에는 아무런 도움이 되지 않는다.

몇몇 저자들은(예, Fries & Spitz, 1990, and Kaplan & Bush, 1982) 그들이 건강과 관련된 삶의 질이라고 부르는 요소가 전반적인 삶의 질을 높이는데 있어 사회적 또는 환경적 요소에서 구분하려고 노력했으나 환자들 스스로는 그러한 차이를 두지 않는다. 일상 생활을 위한 지원의 가능성과 가족, 친구 및 돌봐주는 사람의 지지 등을 포함한 사회적, 환경적 요소들은 개인의 삶의 질과 건강 상태의 자각에 큰 영향을 미친다(Hart, Bowling, Ellis, & Silman, 1990; Vetter, Lewis & Llewellyn, 1992). 또한, 어떤 처치전략은(예, 단체 운동 프로그램 참가) 삶의 질의 사회적 및 심리적 측면에 영향을 미칠 수 있을 뿐 아니라, 의학적 결과에도 영향을 미친다(Fisher et al., 1993). 따라서 삶의 질은 좋지 못한 건강과 신체적 장애에서부터 수행에 있어서 자기 효능감과 자부심에까지 이르는 개인의 인생경험에 영향을 끼치는 모든 요소에 대한 즉흥적 평가가 통합된 형태라고 볼 수 있으며, 나아가서 독립성의 정도라던가 친구와 친척들과의 접촉 같은 심리 사회적인 영향까지 다우르는 형태이다.

몇몇 연구자들은 건강 수명(Robine & Ritchie, 1991), 활동적 수명(Kinsella, 1992) 또는 질-보정 수명(Butler, 1992; Fitzpatrick et al., 1992; R. Kaplan, 1985; Shephard,

1982; Wood-Dauphinee & Kuchler, 1992)에 대해 얘기한다. 이러한 용어들은 개인의 인생 과정 전체의 경험을 통합시킬 수 있는데, 사실상 개인의 건강이나 신체활동이 악화되었을 때나 삶의 질이 결코 이상적이지 못할 때 관측된 수명을 감소시킨다.

가능한 증거

수명

수명에 대한 연구들은 활동 및 비활동 인구의 사망 시기를 예측하는데 사용되거나 혹은, 건강 위험 평가 설문지(the Health Hazard Appraisal Questionnaire)와 같은 도구를 이용해 사망 가능성을 예측 하는데 적용될 수 있다(Shephard et al., 1982a). 후자의 경우를 적용하여 한 개인의 생활방식을 관찰해 향후 10년간 각각의 12개의 최대사망 요인이 일어날 경우의 수를 계산해 볼 수 있다. 이러한 정보는 평가나이를 계산해 주는데, 이 평가나이는 개인의 달력나이보다 개인이 얼마나 위험한 행동을 하는지(평소에 운동을 하지 않는 것을 포함해서)에 따라 더 많이 나타난다.

건강 위험 평가 설문지에 대한 답변들이 임의적인 경우, 분명 가중치가 적용될 것이다. 가중치는 다양한 종류의 조사군에 적합하도록 변형되어 적용된다. 따라서, 평소 운동량의 인간수명에 대한 영향을 조사하는 데에 있어서 사망자들의 수를 하나하나 세는 것이 어쩌면 더 안전한 방법이라고 할 수도 있겠다. 하지만, 관찰사망률은 운동의 긍정적인 그리고 부정적인 영향들을 종합하여 계산된 복잡한 숫자이다. 더욱이, 각 집단들의 생존율을 정확하게 계산하기 위해서는 각 조사군들의 구성원의 생활 자취를 최대한 하나하나 따라가 조사하는 것이 필요하다. 이런 방법은 현대 북미 사회 같은 유동적 사회에서는 거의 불가능한 일이라고 할 수 있다. 마지막으로, 좌업 생활을 하는 사람의 죽음보다는 운동선수의 죽음이 더 공적으로 기록될 것임이 분명하다. 따라서 운동선수들의 사망률 조사가 다른 직업군의 사망률조사보다 훨씬 더 완전한 것은 자명하다.

만약에 어떤 한 조사가 시간이 적게 걸리는 연구 조사라면, 연구 대상자들을 운동프로그램들에 무작위로 배정시키는 것이 가능할 것이다. 이런 접근은 건강 위험 평가 점수에서 평소 운동량의 영향을 측정하는 데에 있어 꽤 유용한 자료를 제공해 줄 것이다 (Shephard et al., 1982a). 하지만, 더 정확한 사망곡선을 계산하기 위해서는 10년 혹은 10년 이상의 대단위 인구 자료가 필요하다.

그렇다면, 이 연구의 규칙적인 배치를 통계연구에 적용하는 것이 필수적이다. 이렇게 하면, 운동선수들과 운동선수가 아닌 다른 직업군, 육체노동자들과 좌업 노동자들, 동적인 취미를 가진 조사군과 정적인 취미를 가진 조사군, 혹은, 조사에 들어가기에 앞서 신체 건강 정도를 비교해 건강한 조사군과 그렇지 않은 조사군을 나누어 비교가 가능하다. 더 정교한 조사를 하기 위해서는 10년 혹은 10년 이상 운동을 해 온 사람과 같은 기간 동안 운동을 하지 않은 사람을 비교 하는 것도 좋은 방법이 될 것이다 (Paffenbarger & Lee, 1996). 당연하게도, 적당한 운동량을 유지해온 사람들과 좌업 생활을 하며 운동을 멈춘 사람들 사이에는 많은 차이들이 존재할 것이다. 연구자들은 통계적으로 공분산을 이용해 이런 외부적 요인들을 통제하려 시도할 수 있으나, 이런 통계적 조정들은 불완전할 가능성이 높다. 예를 들어서, 어떤 연구들은 단순히 흡연자와 비 흡연자 조사군으로 나누어 조사를 했지만, 이는 동적인 활동을 하는 조사군과 정적인 활동을 하는 조사군의 흡연 패턴을 무시하는 배치이다. 흡연이 수명에 직접적으로 주요한 영향을 끼치는 것을 고려할 때, 이는 매우 중요한 시사점을 제공한다. 더욱이, 연구 초반에 규칙적인 운동량을 토대로 조사군을 나누었다고 해서, 조사군 구성원들의 운동량이 계속 유지될 것이라고 볼 수는 없다. 대학시절, 스포츠 팀에 속해 꾸준한 운동량을 자랑하던 사람이 중년에 이르러는 운동을 아예 하지 않을 수도 있기 때문이다 (Montoye, Van Huss, Olson, Pierson, & Hudec, 1957). 또한, 육체노동을 하는 직업을 가진 조사군 일수록 나이가 들어도 더 좋은 운동량을 유지하는게 쉬울 수 있다 (Shephard, 1997b).

삶의 질

평균 생존율을 계산하는 것보다 삶의 질을 계산해 내는 것은 훨씬 더 어려운 작업일 것이다. 연구자들은 정해진 문화 안에서 신뢰할 수 있는 그리고 유효한 측정 기술을 도입하는 것이 필요할 것이다. 이 측정 기술은 또한 개인의 삶의 질을 표현하는게 미묘한 차이까지도 감지해낼 수 있어야 할 것이다. 통계학적으로 많은 측정 기술들이 존재하지만 그 중에 보편적으로 사용되는 것은 일부에 불과하다. 더욱이, 다른 측정 기술들을 사용한다면 개인의 삶의 질을 평가하는 데에 있어 매우 다른 측정 결과가 나타날 지도 모르는 일이다(Spiegelhalter et al., 1992). 이런 기술들에는 삶의 질을 심리 형태(게슈탈트)로 해석하는 방법, 상세하고 일반적인 설문지를 이용하는 방법, 특정한 질병에 대해 조사하는 방법, 그리고 특정한 기능들에 대하여 조사하는 방법 등이 있다.

게슈탈트 접근방법 초기에는, 카노프스키 인덱스(the Karnosfsky Index)와 같은 방법을 이용해 삶의 질을 한자리수의 숫자로 나타내고는 했다(Karnofsky & Burchenal, 1949). 이러한 방법은 다른 조사방법들에 비해 꽤 신뢰할 수 있고 유효한 방법임에도 불구하고, 카노프스키 인덱스는 삶의 질의 개념적 영역을 잡아내는데 실패했다(Grieco & Long, 1982). 게슈탈트 접근 방법에는 카테고리 평가, 규모 평가, 건강 유틸리티 평가, 시간균형, 그리고 "표준 도박" 등의 방법이 있다(Feeny, Furlong, & Torrance, 1996; Guyatt, Dego, Charlson, Levine & Mitchell, 1989; D.L.Patrick & Erickson, 1993; Spielgelhalter et al., 1992; Torrance, 1987).

"표준 도박" 방법에서 연구대상자들은 완벽한 삶의 질을 보장해주는 놀라운 알약 같은 것이 있다고 상상하도록 요구받는다. 하지만 이 알약은 또한 죽음의 가능성을 동반하는 약이기도 하다. 컴퓨터는 이 알약의 효과와 죽음의 경우의 수를 파이 차트로 보여 준다. 이 두가지 경우의 수는 연구대상자가 자신의 현재 건강 상태를 받아들이거나 새롭게 제안된 알약을 먹는 것 사이에서 선택할 것이 없을 때까지 다양하다. 전체인구의 건강에 대한 다양한 운동의 영향을 비교분석하기 위해서는 이러한 형태의 단일 점수가 유용할 것이다(Oldridge, 1997). 이러한 방법의 주된 난점은 종합적 점수가 기능의 어떠한 양상이 삶의 질을 증진시켰는지의 지표를 전혀 보여주지 않아서 왜 한 형태의 신체 활동이 다른 형태보다 효과적인지 결정하기 어렵다는 것이다.

포괄적 도구 일반적 조사들은 가끔 개인이 질병의 증상을 알리는 경향이나 일 년에 걸친 장기요양일수 또는 의료비에 나타난 의료 서비스의 수요 같은 단일적인 개념을 보기도 한다(Shephard, DCDorey, Renzland, & Cox, 1982b). 보통의 경우, 일반적인 조사들은 연구대상자들의 건강에 대한 물리적, 감성적, 그리고 사회적인 요소들에 대해서 조사한다. 또한 사회적 역할에 대한 문제나 통증이 있는 건강문제 또는 다른 증상들에 대해서도 물어본다. 일반적인 조사들의 예로는 병 영향 프로필 Sickness Impact Profile(Begner, Bobbit, Carter, & Gilson, 1981), 노팅햄 스케일 the Nottingham scale(Hunt, McEwen, & McKenna, 1986), 방대한 길이의 건강 관련 삶의 질에 대한 44-척도 인덱스 the massive 44-scale Index of Helath-related Quality of Life(Rosser & Kind, 1978), 랜드 주식회사의 짧은 36개 문항 설문 36-item short form of the Rand Corporation questionnaire(Jenkinson, Coulter, & Wright, 1993), 그리고 상대적으로 단순한 6-척도 유로콜 조사방식(6-scale "Euroqol" instrument)이 있다(Williams & Kind, 1992). 이들 조사를 통해 훨씬 더 신뢰성이 짙고 상세한 정보들을 얻는 것이 가능하지만, 이런 종류의 접근에는 몇몇 난점들이 존재한다.

1. 잠재적인 병리적 문제들의 다양함을 모두 고려하기 위해서는 연구 대상자가 언뜻 생각하기에 관련이 없는 문제라고 생각할 수 있는 것 또한 조사에 포함시켜야 한다. 그러나 이런 정보들을 모두 포함할 경우, 연구 대상자들의 올바른 응답을 이끌어내기 힘들며, 아울러 조사를 하는 동안 부정적인 답변들이 계속될 경우 설문지의 심리적 중립성을 의심할 수밖에 없게 된다(D.Patrick & Deyo, 1989; McHorney, Ware, Rogers, Raczek, & Lu, 1992). 가령, 재활훈련 프로그램에 대하여 조사를 할 때에, 일반적인 설문지가 오히려 학문적으로 스포츠가 젊은 남녀의 삶의 질에 어떤 영향을 줄지를 조사하는 것보다 나을 수가 있다.

2. 설문 조사를 통해 숙달성, 피로 그리고 호흡곤란 같은 증세에 대하여 개별적인 점수를 얻을 수 있다. 하지만, 이렇게 조사를 실행할 경우, 전체적인 삶의 질을 평가하는 데에 있어 문제가 생길 수가 있다. 심지어 어떤 경우에는 서로 다른 점수들이 같은 종목에 대하여 완전히 반대의 경향을 나타낼 수도 있기 때문이다. 또한, 각 점수마다 가중치를 매기는 데에 있어서, 주관적인 가치 판단이 개입될 수도 있다. 반대로, 나이, 사회 경제적 신분이나 건강문제 등을 포함하는 모든 항목에 대해 같은 가중치를 적용하는 것 또한 상식적으로 말이 되지 않는 이야기다(Fletcher et al., 1992a).

3. 일반적 설문조사에 대한 몇몇 대답들은(예를 들어, 사회적 관계에 대한 질문들) 매우 고정된 양상을 보이고, 신체 활동의 증가와 같은 라이프 스타일 처치전략의 개선을 방해할지도 모른다(Fitzpatrick et al., 1991).
4. 평가되어야 할 항목의 숫자가 상대적으로 많기 때문에 다양한 운동들을 할 수 있는 능력을 평가하는 것에 대해 습득할 수 있는 정보가 빈약하다. 예를 들어, 알엠카플란과 부시의 삶의 질 스케일(the Quality of Well-being Scale of R.M. Kaplan and Bush) 같은 경우 매우 적은 운동량의 운동들에 대해서만 개인의 능력을 평가 할 수 있다. 그러나 대부분의 청소년이나 중년들 경우 여기서 소개된 운동들 보다 훨씬 더 격한 운동량의 운동을 할 수 있는 능력을 가지고 있다.
5. 상세한 설문 조사를 마치기 위하여 소모되는 시간이 많기 때문에 연구대상자들은 조사를 반복해서 받는 것을 좋게 생각하지 않을 것이다. 개인의 현 상태의 정보를 얻는 것이 가장 이상적이지만, 수년이 지난 후 운동량의 변화가 개인의 삶의 질 향상에 어떤 영향을 주는지 후속조사를 하는 것은 매우 어려울 것이다.

질병용 도구 구체적인 질병조사의 예로서는 관절염 영향 스케일(the arthritis impact scale)(Meenan, German, Mason, & Dunaif, 1982), 요통 장애 설문지(the back pain disability questionnaire)(Roland & Morris, 1983), 심폐기관 재활 결과에 대한 다양한 조사들이 있다(Oldridge, 1997; Pashkow et al., 1995). 구체적인 질병 조사는 한 질병에 대해서 여러 가지 다양한 운동 종류의 영향을 조사하고 비교분석 할 때 적합하다. 하지만 전체적 인구의 건강을 조사하는 데에 있어서는 오히려 비효율적이다. 서로 다른 질병을 가지고 있는 사람들에 대해 각각 질병-구체적 조사를 해서 그 환자들을 비교하는 것은 알맞은 방법이 아니다. 그리고 대부분의 이런 조사는 건강한 성인에게 적합하지 않다.

기능용 도구 구체적인 기능도구에는 일간활동량 스케일(the Activities of Daily Living scale), 감정상태 프로필(the Profile of Mood States)(McNair, Lorr, & Doppleman, 1971), 일반적 심리 상태 인덱스(the Psychological General Well-being index)(Dupuy, 1984), 증상심도평가(the symptom rating test)(Kellner & Sheffield, 1973) 등이 있다. 구체적인 기능도구는 일반적 도구와 구체적인 질병 도구의 중간

쯤에 있다고 보면 될 것이다(Fletcher et al., 1992b).

이런 도구들은 기능, 감정적 상태, 그리고 건강과 질병에 대한 웰빙의 향상에 대하여 증명해 줄 것이다. 하지만, 습관적 운동량의 증가로 인한 점수의 향상이 실질적으로 인간수명이나 삶의 질 또는 QALY에 구체적으로 어떤 연관성이 있는지 보여주는 것은 매우 힘들다.

현재 방식의 일반적인 제한 현재 사용하는 어떤 방식들도 이상적인 방식은 아니며, 어떤 방식을 선택하든 간에 삶의 질에 대한 점수를 정확하게 내지는 못한다. 특히 노년층에게서 나타나는 무응답으로 인해 편향적인 결과가 나올 수도 있다. 또한 삶의 질 점수가 0.1에서 0.2단위로 올라가는 것이 0.9에서 1.0으로 올라가는 것과 같은 중요성을 가지고 있는지 또한 확실하지 않기 때문이다(Moum, 1988). 실제로 Wagstaf(1991)가 삶의 질을 측정하는 비선형 눈금을 개발하면서 형평성 논쟁을 진정시켰는데, 그는 공중보건 차원에서 볼 때 우리는 삶이 이미 상대적으로 만족스러운 사람들의 웰빙에 작은 개선을 하는 것 보다는 눈금의 아래쪽에 있는 사람들을 아래에서 벗어날 수 있도록 하는데 주력해야 한다는 것이다.

만약 운동을 하는 사람이 느끼는 기분은 좋아지지만 삶의 질 점수에는 변화가 없다면, 이는 그 활동이 개인에게 있어서는 중요한 기능의 한 측면을 촉진시키는 데는 도움을 주었지만, 여전히 삶의 질을 평가하는데 있어 사용된 조사도구의 신뢰성의 문제를 발견하지는 못하는 것으로 해석될 수 있다(Deyo & Inui, 1984). 삶의 질의 한 측면이 어떠한 개인에게 특별한 중요성이 있어 이 측면의 증가가 다른 측면의 증가보다 빨리 발달하더라도 종합적 점수를 계산했을 때 이 반응이 가려질 수도 있기 때문이다. 더욱이 우리는 객관적 성과의 지표를 관찰하는 것이 아니라 기능의 자각과 대응 전략을 관찰한다. 따라서 삶의 질 변화가 신체 건강의 증진과 적은 연관성이 있을 수도 있다(Jasnoski, Holmes, Solomon, & Aguilar, 1981; Rejeski et al., 1996; Woodruff & Conway, 1992).

예상된 수명의 단축과 질을 고려한 수명의 증가 사이에 때때로 충돌이 생기기도 한다(예를 들어, 규칙적인 격렬한 스포츠나 운동은 신체 활동을 즐기는 90살 노인의 삶의 질 자체를 높일 수도 있지만 이러한 생활 방식은 노년의 나이에 직접적인 수명을 단축시킬 수도 있기 때문이다). 두가지 결과 사이에 생기는 어떠한 충돌도 삶의 질과 수명의 길이를 합쳐버리는 계산 방식에 의해 모호하게 되어서는 안 될 것이다(Fletcher et al., 1992a, b).

젊은 청년들이 노년이 되어서 얻는 건강 혜택들을 그 보상이 먼 미래의 일이라는 이유로 노인들만큼 가치 있게 생각하지 않는다는 의견은 대체로 일치하고 있다. 즉, 연령 관련 시간 선호도(age-related time preference)라 불리는 것을 감안하는 적정한 질-보정 수명 가감법에 대해서는 아직도 논란이 일고 있다(Spiegelhalter et al., 1992). 나이는 조사대상의 응답뿐만 아니라 조사관이 사용하는 방법에도 영향을 미친다. 어린 연구원들이 나이 든 사람들에게 중요한 것이 무엇인지 항상 옳게 평가하지는 못한다. 노인들의 삶의 질 조사를 위한 연구법은 현재 따로 개발되어 사용되고 있다(Fletcher et al., 1992b; George & Bearon, 1980; Kane & Kane, 1981). 수명연장 등 몇몇의 혜택은 나이가 들수록 그 가치가 줄어들기 때문에 결과 분석은 더욱 복잡해진다. 이것은 필연적으로 QALY의 사용을 공공 정책의 연령 차별 도구로 만든다(Busschmack, Hessing, & de Charro, 1993; Harris, 1991); QALY를 사용해 측정한다면, 노인이 아닌 젊은이에게 적용했을 때 그 값이 항상 더 크기 때문이다. 하나의 대안으로서 치료를 통하여 얻은 QALY의 증가를 개인의 예상 잔여 수명의 백분율로 나타내는 방법이 있다(Spiegelhalter et al., 1992).

마지막으로, 개인의 지각된 삶의 질에 있어서의 어떤 변화도 단순히 제공된 신체 활동 프로그램에 대한 반응을 반영하지는 않는다. 보고된 점수는 다양한 범위의 건강 및 기능, 감정의 지각에 의존한다. 특히 생존하는 동안, 삶의 질과 직접적인 신체, 사회 환경간의 강한 상호 작용이 존재한다(Birren, 1983; Golan, 1985; Mor-Barak, Miller, & Syme, 1991; Pearman & Uhlmann, 1988; Sherbourne, Meredith, Rogers, & Ware, 1992). 공동주택의 이용 가능성과 일상 생활의 간단한 도움도 노년의 나이에는 삶의 질을 크게 향상시킨다(Hart et al., 1990); 다른 긍정적 요소로는 배우자의 생존(Latten, 1989; Moore, Stambrook, Gill, & Lubusko, 1992, Sherbourne et al., 1992), 안정적인 재정 상태(Pearlman & Uhlmann, 1991), 잘 형성된 정신성 및/또는 신앙(Oldridge, 1997), 그리고 공동체에 생산적인 기여를 할 기회(Birren, 1983) 등이 있다.

신체 활동 증가의 효과

지난 30년 동안 많은 선진 국가의 심장혈관계 질병으로 인한 사망률이 크게 감소하였고 그에 따라 평균 수명은 상승하였다. 이러한 변화는 의학 및 외과의 치료법의 발달과 생활 방식의 변화(규칙적인 신체 활동의 확산, 균형있는 식습관과 금연)를 반영한다. 흡연 방식의 변화는 특히 주목해야 할 부분이다. 금연을 시작하는 젊은 청년은 수명을 평균 8년 연장할 수 있다. 또한 규칙적인 신체 활동을 35살의 나이에 시작 한다면 수명을 1-2년 정도 연장할 수 있다는 단면적 증거가 있다(Paffenbarder & Lee, 1996; Paffenbarder et al., 1994). 하지만 이러한 수명의 연장은 중요하고도 흥미로운 의문을 제기한다. 만약 금연이나 규칙적 운동을 하는 이러한 예방안이 급작스러운 심근 경색에 의한 죽음을 피할 수 있게 하였다면, 이러한 생활 방식을 통해 갑작스러운 사망을 피한 사람들은 늘어나는 노쇠한 노인들 중 한 사람으로서 연장된 건강하지 못한 시기를 견딜 것 인가?

Fries(1989)는 예방안이 건강악화 및 병마에 걸릴 가능성을 낮춤으로 단지 수명의 연장뿐만 아니라, 삶의 질이 나빠졌을 때 질병을 가진 말년기 또한 단축시킨다는 가설을 제기했다. Kramer(1980)와 Gruenberg(1977)은 좀 더 비관적으로 의학 기술이 이미 건강이 악화된 사람들의 수명을 단지 늘리기만 할 뿐이라고 주장했다. 후자의 주장을 뒷받침하는 Robine과 Ritchie(1991)는 미국 평균 수명이 1970년과 1980년 사이 남자는 3.1년, 여자는 3.0년 늘었지만 장애가 없는 수명연장에서 여자는 변화가 없었고 남자에서도 0.7년 밖에 늘지 않았기 때문이다.

1장의 나머지 부분에서는, 규칙적인 신체 활동은 수명을 늘릴 뿐 아니라 삶의 질도 증진시킨다고 하는 것에 대해 논의할 것 이다. 실제로 감정 상태의 증진 및 의존율 감소 그리고 급성/만성 질환의 감소는 규칙적으로 운동하는 사람에게 수명의 연장 이상의 크고, 설득력 있는 보상을 제공한다.

장수

규칙적인 신체 활동이 수명에 미치는 영향에 관한 증거에는 모순이 있는데, 그것은 스포츠, 운동 그리고 고된 노동은 대체로 자기 선택에 의한 것이기 때문이다. 한편, 청소년일 때 운동선수였던 사람들의 연구는 일반적으로 그들이 좌업 생활하는 대조군에 비해 장수한다는 이점을 발견하지 못했다(Montoye et al., 1957; Polendnak, 1978). 그러나 대조적으로, 크로스컨트리나 스키 챔피언 같은 지구력을 요하는 운동 생활을 한 선수들(Sarna et al., 1994)에게는 확연한 수명의 연장이 발견되었다(Karnonen, Klemola, Virkajarvi, & Kekkonen, 1974). 하지만 이러한 이점 대부분은 타고난 체질과 평생의 금연에서 오는 혜택을 어느 정도 반영한 것일 것이다. 아마 규칙적인 운동이 수명연장의 원인이 된다는 가장 설득력 있는 증거는 하버드 졸업생 대상의 종적 연구에서 발견되었다(Paffenbarder & Lee, 1996). 이 연구에서 연구 참여자들은 규칙적인 신체 활동(8MJ/week, 200kcal/week)을 35-44세에 나이에 이미 시작하였으며, 2MJ/week(500kcal/week) 이하의 여가 활동을 한 사람들보다 평균 1-2년을 더 길게 살았다. 나이, 흡연여부, 고혈압, 알코올 섭취, 부모의 조기 죽음 그리고 연구 당시의 만성 질환을 고려한 통계적 조정 후에도 규칙적인 신체 활동의 이득은 관찰되었다. 또한 이 연구에서 4.5MET (25kJ/min, 6kcal/min) 이상으로 운동을 한 사람들이 걷기 같은 중간 강도의 활동을 한 사람들 보다 수명이 크게 연장되었다. 또한 12년 후에도 신체 활동을 계속하는 사람들이 수명 연장의 혜택을 받았으나, 같은 기간 후 신체 활동을 중단한 사람들은 혜택을 받지 못하는 것으로 나타났다. 수명연장의 가능성은 연령의 상승과 비례해서 감소하였고 75-84세의 나이까지 운동을 시작하지 않은 이들의 수명은 단 2개월 연장이라는 혜택밖에 받지 못하였다.

Pekkanen와 동료들(1987)의 연구에 따르면 활동적인 핀란드 사람들과 비활동적인 핀란드 사람들의 누적 사망률 곡선에서는 큰 차이를 발견하였지만, 생존율 곡선은 80세 정도의 나이에 합쳐져 최고령 연구 대상자들은 규칙적인 운동을 통하여도 수명을 늘리지 못했다.

<표 1.1> 50대의 신체활동 수준과 고령자로써 받는 제도적 지원 정도의 관계

50대의 신체활동 (임의의 단위, 평균 + 표준편차)	장애정도(Level of disability)
9.3 ± 9.8 (n=286)	없음
8.1 ± 8.9 (n=126)	적음(Minor)
7.7 ± 9.4 (n=173)	큼(Major)
4.1 ± 6.6 (n=25)	자활능력이 결여됨(Institutionalized)

출처. "Geriatric Benefits of Exercise as an Adult." by R. J. Shephard and W. M. Montelpare, 1998, *Journal of Gerontology, 43*, pp. M86-M90.

나이에 따른 차별적 운동효과를 지지하는 또 다른 연구에서 Linsted, Tonstad, and Akuzma(1991)는 모든 원인 사망률은 50-59세의 활동적인 제7안식일 예수 재림 교인들은 활동적이지 않은 동년배의 63%였지만, 80-89세가 될 무렵에는 대단히 활동적인 교인들은 그렇지 않은 동년배에 비해 10% 높은 사망 위험률을 가지고 있었다.

이러한 혜택의 반전은 나이가 들수록 운동이 급작스런 사망을 촉발시킨다는 이유때문인가에 대한 의구심이 가지게 할 수도 있다(Vuori, 1995). 이 현상은 높은 강도의 활동을 하는 특정 소수에게만 국한될 수도 있지만, Vuori(1995)의 연구 결과가 시사하는 바는 인구 전체를 기준으로 했을 때, 각 운동 기간별 사망률은 나이에 비례해서 오히려 감소하며, 이것은 아마 느인들이 강도 높은 운동을 하는 것에 대해 조심스럽기 때문일 것이다.

삶의 질

젊은 청년들은 물론이고 대부분의 사람들은 삶의 질을 개선시킬 수 있는 기회가 있다. 이러한 가능성은 장애와 의존성의 증가처럼 나이와 함께 증가한다. Kaplan와 동료들은(1991) 기대 수명과 건강한 기대 수명의 차이가 남자는 11.5년, 여자는 15.6년이라고 예상했다. 비슷하게, 여러 나라의 설문조사에서 Robin과 Ritchie(1991)는 역연령과는 상대적으로, 남자는 8.8-14.6년 여자는 10.8-17.0년의 건강 연령이 감소했다.

각 연령 범주를 위한 정확한 삶 승수의 질은 결정되어 있지 않지만, 분석의 원칙은 이전의 문헌검토(review)에서 논의되었다.

건강한 중년 성인

대부분의 건강한 중년 성인들은 앞에서 언급한 삶의 질 눈금의 양극의 중간 정도에 살고 있다. 그들의 삶의 질은 유토피아적이지 않으며, 승수는 1.0보다 0.9일 것이다. 따라서 365일의 삶은 그들에게 승수를 0.1단위만큼 증가시킬 가능성이 있다는 점을 뜻하며, 이 가능성은 실질적으로 30-65세 사이 그들은 (0.1 × 35), 즉 3.5 QALY를 뜻한다.

감정 상태 청년과 중년 성인들의 주된 문제는 최적의 감정 상태보다 이하라는 것에 있다. 많은 이들이 운동을 하는 이유로 "기분을 좋게 해준다"는 것을 꼽는다. 피로의 감소와 에너지 수준의 상승은 운동의 즉각적인 효과로 자주 보고된다(Thayer, 1989). 따라서 규칙적인 신체 활동은 우울증을 막고 감정 상태를 촉진시킨다고 보고되고 있다. 하지만 보통의 우울증이 없는 인구를 대상으로 한 운동과 감성상태에 대한 통제된 실험은 드문 것이 사실이며 신체 활동의 증가가 항상 감정 상태를 증진시키고 삶의 질을 높일 것이라고 결론짓는 것은 위험하다. 만약 현재 운동을 하는 이들이 스스로 운동이 주는 혜택이 옳다고 하더라도 그들은 스스로 선택한 집단이기 때문에, 적어도 이들 수만큼의 또 다른 사람들은 운동이 오히려 감정상태를 악화시킨다고 믿고 있는 사람들도 있을 수 있다는 점을 고려하여야 한다. 운동이 청년층과 중년층의 감정 상태를 향상시키는 데 효과가 있다는 몇몇 실증적인 증거가 존재하는데, 적어도 어느 정도의 적절한 정신건강을 유지하던 사람들보다 우울증을 앓던 사람들에게 더 효과가 있다고 나타났다(North, McCullagh, & Tran, 1990).

신체 활동은 노년층을 대상으로 한 연구에서도 감정 상태의 변화에 유의한 영향을 주는 것으로 발견되었으나 인과 관계를 증명할 실험적 증거는 부족하다(Brown, 1992; Gauvin & Spence, 1996; O'Connor, Aechbacher, & Dishman, 1993). 단면적인 자료의 경우에도 안녕(well-being) 의식이 운동을 촉진한다고 보고되고 있다. McNeil, LeBlanc, and Joyner(1991)는 중증 우울증을 앓고 있는 노년 실험 대상자들에게 운동 프로그램이 우울증을 줄이는데 효과가 있었지만, 이는 위약(placebo) 효과이거나 사회적 접촉 증가만으로도 같은 효과가 있는 것으로 보아 집단 소속감의 결과인 것으로 볼 수 있다고 하였다. Nieman, Warren, Dotson, Butterwothm, and Henson(1991) 그리고 Emery and Gatz(1990)은 65-84세 여성을 12주 동안 관찰한 결과 본질적으로 같은 결론에 도달했다.

이러한 실험에 사용된 조사 도구들이 감정 상태 증가의 변화를 감지하는데 실패한 이유는 그 도구들이 임상 병리적 목적으로 설계되었으며 많은 실험대상자들이 전반적으로 건강한 정신 상태에서 실험에 참가하였기 때문이라고 볼 수 있다.

감정 상태의 다양한 양상을 개략적으로 측정할 수 있는 방법은 의료 서비스의 수요의 감소를 측정하는 것이다. 이에 관한 연구에서 운동 프로그램을 시작하는 개인은 의사 상담과 병원 서비스에 대한 수요가 20-30% 정도 감소한다는 연구결과를 제시하였다(Bly, Jones, & Richardson, 1986; Shephard et al., 1982b). 즉, 성인의 경우, 일생주기 동안 감정 최적화에서 오는 잠재적 혜택을 3.5 QALY라고 볼 때, 25% 감정상태의 향상은 0.9 QALY에 달한다.

급성 질환 규칙적인 신체 활동이 급성과 만성 질병에 미치는 영향을 살펴보면 QALY의 증가란 효과가 있지만, 전 인구의 소수만이 급성이나 만성 질병에 영향을 받기 때문에, QALY 증진 효과는 운동에 의해 촉진된 감정 향상보다 적은 것으로 나타났다. 성인은 일년동안 1-2번의 급성 상기도 감염과 같은 급성 질환에 걸린다. 1회의 급성 질환이 삶의 질을 10-20일 동안 0.1만큼 감소시킨다고 가정해보자. 일년 전체 자료의 평균치를 계산한다면, 급성 질환은 ($0.1 \times 2 \times 15/365$), 또는 성인 일생 중 0.008 QALY의 상실로 산정된다. 적당한 신체 활동은 인체의 면역세포의 수를 증가시키고 휴지 기간의 면역 기능을 강화하여 질병 증상의 지속 기간과 감염 횟수를 감소시킨다(Brenner, Shek, & Shephard, 1994; Nieman, 1995). 급성 질환이 인체에 미치는 충격이 30%가 줄더라도 좌업 생활하는 사람에게 주는 상대적 효능은 일년에 0.008×0.3 QALY 또는 0.084 QALY 밖에는 되지 않는다. 게다가 이 정도의 상대적 효능을 보장하기 위해선 적절한 운동 강도의 선택은 필수적이다. 신체 활동의 정도가 지나치면 감염의 빈도와 지속 기간 둘 다 늘어날 수 있기 때문이다(Brenner et al., 1994; Nielman, 1995).

만성 질환 허혈성 심질환은 30-65세 사이의 만성 질환이 주된 원인 중 하나이다. 치명적이지 않은 허혈성 심질환의 연간 발생 정도는 남자는 1000명에 2명, 여자는 1000명에 한명 꼴이다. 즉, (1.5×3.5)/1000인 인구의 5%정도가 65세가 되기 전 허혈성 심질환의 임상적 징후를 경험한다. 심질환은 50%의 삶의 질의 감소를 초래하며, 다음 3개월 동안 손실의 10%에 달하도록 회복이 진행된다. 그렇다면 평균적으로 받는 충격은 각 발생 빈도당 (0.3×0.25) QALY이거나 전 인구의 평균을 산출 한다면 ($0.3 \times 0.25 \times 0.05$), 즉 0.004 QALY로 계산된다. 병에 걸렸던 사람은 남은 인생동안 근심이 계속될 것이며, 이것이 삶의 질을 임의적으로 10% 저하시킨다고 한다. 만약 평균 수명이 첫번째 심근경색 이후 상당히 감소된다는 것까지 감안한다면, 심근경색의 만성 효과는 질병에 걸린 환자의 (0.1×20), 또는 2 QALY이며 전체 인구에게 미치는 영향을 보면 0.1 QALY가 된다. 허혈성 심장병의 장단기 효과를 합산하면, 총 0.104 QALY만큼의 영향을 받는다. 최적의 프로그램으로 짜여진 신체 활동은 첫번째 심근경색의 발생가능성과 결과적 삶의 질의 저하를 둘 다 반으로 줄이고, 0.052 QALY만큼의 이득을 줄 것으로 예상된다.

노년층

인생의 마지막 8-10년 동안 대부분의 사람들은 삶의 질을 저하시키는 만성 질병을 앓는다(Health and Welfare, Canada, 1982). 관절염부터 뇌졸중, 출혈성 심부전, 시청각의 감퇴, 뇌 기능의 상실까지 다양한 질병이 발생할 수 있다. 독립성 그리고 삶의 질은 점차적으로 기동성의 손실에 의해 위협받는다(Grieco & Long, 1984; Osberg, McGinnis, DeJong, & Seward, 1987).

QALY 증가의 영역 캐나다의 통계청(Statistics Canada, 1986)에 따르면, 75-84세의 고령자 중 83%가 그들 인생에서 이미 기동성이나 민첩성을 제한시키는 장애를 겪었다는 것을 발견하였다. 1991년의 설문에서, 85세 이상의 고령자중 25%가 그들 장애를 보통이라고 응답하였지만, 64%는 심각하다고 응답하였다(Health and Welfare Canada, 1993).

비슷하게 영국에서 고령자를 설문한 결과, 210만 명의 남성과 520만 명의 여성이 평지위에서도 4.8km/h의 속도로 걷기가 불가능하였으며 560만 명의 남성과 1,170만 명의 여성이 완만한 경사에서 같은 속도를 유지하는 것이 불가능 하였고, 이것은 65-74세의 남성의 81%, 여성의 92%에 해당하는 숫자이다(Sports Council and the Health Education Authority, 1992). 65-74세의 연령대 사이 이러한 장애는 점점 삶의 질 승수를 0.9에서 0.5-0.8로 감소시킨다. 이것은 추가로 [(0.2-0.5×10], 또는 2-5 QALY를 얻을 기회를 제공한다. 삶의 말년에는 평범한 사람이라면 고통을 자주 겪고(Moss, Lawton, & Glicksman, 1991) 남에게 완전히 의존하는 삶을 살고 있을 가능성이 높다. 삶의 질 승수는 따라서 0.2-0.5까지 더욱 저하한다. 따라서 삶의 말년에는 삶의 질을 0.5-0.8단위로 상향시킬 가능성이 있는데, 최종적으로 말년에 [(0.5-0.8×1.0], 또는 0.5-0.8 QALY로 나누어진다.

기능의 상실 및 의존성 노인들에게 있어 인생 경험의 질을 제한시키는 많은 문제는 나이와 연관된 기능의 상실이다. 65세의 나이가 되면 이미 많은 여성과 남성 또한 평범한 일상 생활을 하는데 어려움을 겪는다. 계속되는 기간에 유산소 능력 및 근력의 저하, 유연성을 상실하게 되며 완전히 남에게 의존한 삶을 살게 한다(Guralnik et al., 1993). 원래 의존성이 높지 않았던 노인들의 25% 정도가 6년이 지난 후 조사를 했을 때에 의존성이 높은 삶을 살아가고 있었다(Strawbrdige, Kaplan, Camacho, & Cohen, 1992). 40%이상의 유산소 능력을 요구하는 유산소 활동이 지속된다면 피로가 발생하며(Shephard, 1994), 70% 이상의 유산소 능력을 사용하게 되면 급격하게 체력이 고갈된다. 따라서 25세부터 시작되는 노화로 인한 유산소 능력 누적 상실은 많은 고령자들이 일상 생활을 하기에 부족할 정도의 수준까지 고갈된다. 마찬가지로, 점진적인 근력의 저하는 병마개를 열거나, 소포를 운반하는 일 그리고 의자나 변기, 또는 침대에서 몸을 일으키는 것도 힘들게 한다(Bassey et al., 1992).

Statistics Canada(1985)는 55세가 될 무렵이면, 여성의 10%와 남성의 2%가 혼자서는 쇼핑을 할 수 없으며 80세 이상의 노인들에게는 여성의 30%, 남성의 20%가 이와 같은 활동에 제한을 받는다는 것을 발견했다. 유사한 경우로, 점진적인 관절 유연성의 감퇴는 계단을 오르는 것, 욕조에 들어가는 것, 차에 타는 것 또는 혼자서 옷을 입는 것과 같은 일상 생활에 제한이 된다. 노인들이 요양시설로 가는 직접적 이유는 보행과 이동의 어려움, 쓰러짐, 적절한 식사의 불가능, 실금, 손재주의 상실, 자부심의 상실, 지능 감퇴 등이 있다(Mathews, 1989). 이러한 기능 상실들이 좌업(坐業) 생활 방식에 의한 것인지 만성 질환의 누적 영향 때문인지 구분하기 힘들며, 연구자들(for example, Robine & Ritchie, 1991)은 장애가 없는 삶에서의 모든 신체기능 상실을 특정한 질병의 결과로 보았다(표 1.2).

그러나 이러한 결론에도 불구하고 그들의 분석을 보면 QALY 상실의 주된 원인은 심혈관이나 보행, 그리고 호흡기관의 문제였다. 장애의 원인이 일반적 노화이든 특정한 병이든 고칠 수 있는 여지가 분명히 존재하며, 위에 열거해놓은 증거들로부터 알 수 있듯이 운동은 유익한 효과가 있을 것이다.

<표 1.2> 건강이 나쁜 다양한 원인들이 제거되었을 경우에 얻는 기대수명과 건강수명 연도 수 [Robine과 Ritchie(1991)에 근거한 자료]

원인	기대수명	건강수명	전체적 기대수명
순환기 질환	4.1 년	4.2 년	8.3 년
이동 장애	0.2	5.1	5.3
호흡기 질환	0.5	2.2	2.7
악성 종양	1.7	0.3	2.0
부상	1.5	0.4	1.9
시각 및 청각 장애	1.1	1.1	
정신 질환	0.4	0.6	1.0
당뇨병	0.2	0.7	0.9
주산기 사망율	0.7		0.7
전염병	0.1	0.2	0.3

정기적 신체 활동의 효과 전향적(Bokovoy & Blair, 1994; LaCroix, Guralnik, Berkaman, Wallace, & Satterfield, 1993; Morey et al., 1991)과 후향적(Shephard & Montelpare, 1998) 자료 모두 중년의 나이에 활동적이고 건강했던 사람들은 나이가 들어도 기동성의 문제를 겪을 가능성이 낮다고 제시한다. 나이가 들수록 신체 기능이 저하될 것이라는 가능성에도 불구하고, 규칙적인 신체 활동 프로그램은 많은 노인들의 신체 기능을 유지하거나 강화시킨다(Manton, 1988). 유산소 능력, 근력, 유연성 그리고 균형성은 최대 10-20% 향상할 수 있으며 이것은 10-20년의 노화를 거꾸로 되돌리는 것과 동일하다(Fiatarone et al., 1988; Lord & Castell, 1994; Morey et al., Shephard, 1994; Sipila, Viitasalo, Era & Suominen, 1991). 80세 이후에는 운동이 수명을 연장시키는데 효과가 거의 없다는 것을 생각하면, 활동적으로 살아온 사람은 좌업 생활을 주로 해 온 사람이 직면하는 생애 마지막 10년에 겪는 신체 기능의 손상을 피하기는 하지만 죽음의 시간이 가까울 때까지 독립적으로 살아간다. 개인의 삶의 질은 실제 기능적 측면보다는 인지하고 있는 것에 달려 있으므로, 생리적 이득과 삶의 질 사이의 직접적인 관계는 없다. 그럼에도 불구하고, 향상된 생리적 기능은 일반적으로 개인의 자기 효능감의 감각을 증가시키고 이는 곧 기동성 증가와 일상 생활 활동을 할 수 있게 하는 의지를 이끈다(mcAuley, 1994; Rejeski et al., 1996).

일상에서의 활동성과 연속된 독립성이 관련되어 있다는 것은 횡단 설문 조사로 관찰할 수 있다. Cunningham, Paterson, Himman 그리고 Rechnitzer는 무력 지표(incapacity index)의 분산 중에 40%가 격렬한 야외 활동으로 인한 것이라는 것을 발견했다. 이러한 연구 결과는 유연성과 걷는 속도의 선택과도 연관성이 있다는 것을 발견했다. 하지만, 이러한 발견들도 상호 의존성이 규칙적인 운동량 부족 원인이나 결과인지는 분명하지 않다. 더욱이, 종속 그룹이 독립 그룹보다 전체적으로 5년이나 나이가 많았다. 물론, 연구자들이 통계적으로 공분산 기술 등을 이용하여 이 문제를 해결하려 했겠지만, 이러한 변수들을 연구에 어떤 영향을 주었는지는 미지수다. Hawkins and Duncan(1991)은 구조 방정식 분석을 사용하여 삶의 질 향상의 원인들을 분석하려 시도하였다(Lisrel VII). 이 시도로 호킨스와 던컨은 규칙적인 운동은 삶의 만족도를 높이고, 장애 발병을 줄이고, 자존감 향상, 그리고 내장건강의 증진을 도모한다는 것을 발견해 냈다. Shephard and Montelpare(1988)는 고령자들을 대상으로 그들의 생활 방식을 조사하였다. 연구 대상자들에게 과거를 회상하여 자신들이 50살 정도 되었을 때의 운동량을 회고해 보도록 하였는데, 그 나이에 운동량이 많았다고 생각한 사람들은 현재 더 큰 독립성을 가지고 있다는 것을 발견했다. LaCroix와 동료들(1993)은 4년 단위로 65세 이상의 6,981명의 남성과 여성들의 기능저하를 조사한 후, 원래 온전한 활동성을 가지고 있었던 사람들의 신체 기능 저하 이유로 흡연, 음주, 높은 비만도 및 낮은 운동량이라는 것을 발견했다.

QALY의 변화 결과 만약 의존도와 같은 삶의 질의 요소들이 악화되는 이유가 노화에 의한 기능성 저하라고 한다면, 규칙적인 운동량은 0.5(2.5-5.8) QALY만큼 감소된 결과를 만회할 수 있다. 이 숫자가 실제보다 적게 잡은 최소한의 추정치라고 하더라도 더 활동적인 사람일수록 자신이 더 건강하다는 자부심을 느끼며(McAuley et al., 1994), 정기적 신체 활동은 인지력 기능 향상에 도움을 준다(이 현상은 Dustman, Emmerson, & Shearer, 1994; Rikli & Edwards, 1991의 연구에서 관찰되었지만 Blumenthal et al., 1991의 연구에서는 관찰되지 않았다). 더욱이 젊은 사람들의 경우 상대적으로 활동적인 사람들이 심혈관 기능관련 질병의 진행을 늦출 수 있다고 한다(Posner et al., 1990).

보건정책에 대한 시사점

분명히 QALY을 향상시킬 수 있는 범위는 크다. 일을 할 수 있는 삶(최대 3.5년)과 은퇴기간(최대 5.8년)에 미치는 잠재적인 혜택은 규칙적으로 운동을 한 사람들에게 보장된 1~2년의 수명 연장보다 훨씬 크다(Paffenbarger & Lee, 1996; Paffenbarger et al., 1994). 규칙적인 운동으로 실제적인 이익을 받는 것은 사실 잠재적 이익의 반조차 되지 않는다. 그럼에도 불구하고, 실제적 이익들만으로도 성인 수명의 4 QALY나 향상시킬 수 있다. 규칙적인 운동으로 인한 수명 연장의 보장이 잠재적인 이익이라면, 삶의 질 향상은 실제적으로 발생되는 이익이다. 따라서 삶의 질 향상이 규칙적인 운동을 위한 더 큰 동기부여가 될 수 있다. 규칙적인 운동을 광고하는 대중 매체의 공익 광고들은 운동으로 인한 수명연장보다는 삶의 질 향상에 더욱 초점을 두어야 할 것이다.

미래의 연구들 또한, 수명연장보다 삶의 질 향상에 규칙적인 운동량이 어떤 영향을 미치는지에 집중해야할 것이다. 보건 정책에 대한 지원금을 할당하는 데에 있어서도 이런 부분이 달라져야 할 것이다. 과학자들의 연구에 관한 보건정책에서 그리고 일반 환자들을 치료 관리에 대한 보건 정책까지 삶의 질 향상을 염두에 두어야 할 것이다. 하지만 이런 보건 정책을 시행하기 위해서는 삶의 여러 단계에서 삶의 질을 평가하는 도구들을 발전시키는 것이 필요하다.

결 론

규칙적인 신체 활동은 수명과 삶의 질 모두를 증가시킨다. 하지만 운동 프로그램에 공공 기금사용 측면에서나 사람들에게 규칙적인 신체 활동을 권장하기 위한 측면에서도 삶 그 자체의 연장보다 질을 고려한 수명의 증가가 더 중요하다. 삶의 질을 측정하기 위한 테크닉은 최근에서야 신체 활동 증대에서 오는 기대효과를 예측하는 것으로 통합되고 있다. 그럼에도 불구하고, 중년기에 느끼는 "좋은 기분"과 주로 좌업 생활하는 노인의 심혈관이나 보행, 그리고 호흡기능의 상실을 반영하는 말기 의존성의 통제로부터 얻는 질-보정 수명은 상당하다.

> **감사의 글**
>
> Shephard 박사의 연구는 캐나다의 Canadian Tire Acceptance Limited의 연구 보조금의 부분적 지원을 받아 이루어졌다.

참고문헌

American College of Sports Medicine. (2000). *Guidelines for graded exercise testing and prescription* (6th ed). Philadelphia: Williams & Wilkins.

Bassey, E. J., Fiatarone, M., O'Neill. E. F., Kelly, M., Evans, W. J., & Lipsitz, L. A. (1992). Leg extensor power and functional performance in very old men and women. *Clinical Science, 82*, 321-327.

Bergner, M., Bobbitt, R., Carter,W. & Gilson, B. (1981). The sickness impact profile: Development and final revision of a health status measure. *Medical Care, 19*, 787-805.

Birren, J. E. (1983). Aging in America Roles of psychology. *American Psychologist, 38*, 298-299.

Blumenthal, J. A., Emery, C. F., Madden, D. J., Schniebolk, S., Walsh-Riddle, M., George, L. K., McKee, D. C., Higginbotham, M. B. Cobb, F. R., & Coleman, R. E. (1991). Long-term effects of exercise on psychological functioning in older men and women. *Journal of Gerontology, 46* P352-P361.

Bly, J. L., Jones, R. C., & Richardson, J. E. (1986). Impact of worksite health promotion on health care costs and utilization: Evaluation of Johnson & Johnson's Live for Life Program. *Journal of the American Medical Association, 256*, 3235-3240.

Bokovoy, J. L., & Blair, S. N. (1994). Aging and exercise: A health perspective. *Journal of Aging and Physical Activity, 2*, 243-260.

Bouchard, C., & Shephard, R. J. (1994). Physical activity, fitness and health: The model and key concepts. In C. Bouchard, R. J. Shephard, & T. Stephens (Eds.), *Physical activity, fitness and health* (pp. 77-88). Champaign, IL: Human Kinetics Publishers.

Brenner, I. K. M., Shek, P. N., & Shephard, R. J. (1994). Infection in athletes. *Sports Medicine, 17*, 86-107.

Brown, D. R. (1992). Physical activity, ageing, and psychological well-being: An overview of the research. *Canadian Journal of Sport Sciences 17*, 185-193.

Busschback, J. J., Hessing, D. J., & de Charro, F. T. (1993). The utility of health at different stages in life: A quantitative approach. *Social Science and Medicine, 37*, 153-158.

Butler, R. N. (1992). Quality of life: Can it be an endpoint? How can it be measured? *American Journal of Clinical Nutrition, 55*, 1267S-1270S.

Cunningham, D., Paterson, D. H., Himann, J. E., & Rechnitzer, P. A. (1994). Determinants of independence in the elderly. *Canadian Journal of Applied Physiology, 18*, 243-254.

Deyo, R., & Inui, T. (1984). Toward clinical application of health status measures: Sensitivity of scales to clinically important changes. *Health Services Research, 19*, 275-289.

Dupuy, H. J. (1984). The psychological well-being (PGWB) index. In N. K. Wenger, M E. Mattson, C. D.

Furberg, & J. Eliason (Eds.), *Assessment of quality of life in clinical trials of cardiovascular therapy* (pp. 170-183). New York: Le Jacq.

Dustman, R. E., Emmerson, R., & Shearer, D. (1994). Physical activity, age and cognitive-neuropsychological function. *Journal of Aging and Physical Activity, 2*, 143-181.

Emery, C. F., & Gatz, M. (1990). Psychological and cognitive effects of an exercise program for community-residing older adults. *Gerontologist, 30*, 184-188.

Feeny, D. H., Furlong, W. J., & Torrance, G. W. (1996). Health utilities index. In B. Spilker (Ed.), *Quality of life and pharmacoeconomics in clinical trials* (pp. 253-265). Philadelphia: Lippincott-Raven.

Fiatarone, M. A., Marks, E. C., Ryan, N. D., Meredith, C. N., Lipsitz, L. A., & Evans, W. J. (1990). High-intensity strength training in nonagenarians. *Journal of the American Medical Association, 263*, 3029-3034.

Fisher, N. M., Gresham, G. E., Abrams, M., Hicks, J., Horrigan, D., & Pendergast, D. R. (1993). Quantitative effects of physical therapy on muscular and functional performance in patients with osteoarthritis of the knee. *Archives of Physical Medicine and Rehabilitation, 74*, 840-847.

Fitzpatrick, R., Fletcher, A., Gore, S., Jones, D., Spiegelhalter, D., & Cox, D. (1992). Quality of life measures in health care: 1. Applications and issues in assessment. *British Medical Journal, 305*, 1074-1077.

Fletcher, A., Gore, S., Jones, D., Fitzpatrick, R., Spiegelhalter, D., & Cox, D. (1992a). II. Design, analysis and interpretation. *British Medical Journal, 305*, 1145-1148.

Fletcher, A. E., Dickinson, E., & Philp, I. (1992b). Review: Audit measure: Quality of life instruments for everyday use with elderly patients. *Age and Ageing, 21*, 142-150.

Fries, J. F. (1989). Compression of morbidity near or far? *Millbank Memorial Quarterly, 67*, 208-232.

Fries. J. F., & Spitz, P. W. (1990). The hierarchy of patient outcomes. In B. Spilker (Ed.), *Quality of life assessments in clinical trials* (pp. 25-35). New York: Lippencott-Raven Press.

Gauvin, L., & Spence, J. C. (1996). Physical activity and psychological well-being: Knowledge base, current issues and caveats. *Nutrition Reviews, 54*, S53-S65.

George, L. K., & Bearon, L. B. (1980). *Quality of life in older persons: Meaning and measurement*. New York: Human Sciences Press.

Golant, S. M. (1985). The influence of the experienced residential environment on old people's life satisfaction. *Journal of Housing for the Elderly, 3*, 23-49.

Grieco, A., & Long C. J. (1984). Investigation of the Karnofsky Performance Status as a measure of quality of life. *Health Psychology, 3*, 129-142.

Gruenberg, E. M. (1977). The failures of success. *Millbank Memorial Fund Quarterly, 55*, 3-24.

Guralnik, J. M., LaCroix, A. Z., Abbott, R. D., Berkman, L. F., Satterfield, S., Evans, D. A., & Wallace, R. B. (1993). Maintaining mobility in late life. *American Journal of Epidemiology, 137*, 845-857.

Guyatt, G. H., Dego, R. A., Charlson, M., Levine, M. N., & Mitchell, A. (1989). Responsiveness and validity in health status measurement: A clarification. *Journal of Clinical Epidemiology, 42*, 403-408.

Harris, J. (1991). Unprincipled QALYs. *Journal of Medical Ethics, 17*, 185-188.

Hart, D., Bowling, A., Ellis, M., & Silman, A. (1990). Locomotor disability in very elderly people: Value of a programme for screening and provision of aids for daily living. *British Medical Journal, 301*, 216-220.

Hawkins, W. E., & Duncan, T. (1991). Structural equation analysis of an exercise/sleep health practices model on quality of life of elderly persons. *Perceptual and Motor Skills, 72*, 831-836.

Health and Welfare Canada. (1993). *Aging and independence: Overview of a national survey*. Ottawa: Health and Welfare, Canada.

Hunt, S., McEwen, J., & McKenna, S. (1986). *Measuring health status*. London: Croom Helm.

Jasnoski, M. L., Holmes, D. S., Solomon, S., & Aguiar, C. (1981). Exercise, changes in aerobic capacity, and changes in self-perceptions: An experimental investigation. *Journal of Research in Personality, 15*, 460-466.

Jenkinson, C., Coulter, A., & Wright, L. (1993). Short form 36 (SF 36) health survey questionnaire: Normative data for adults of working age. *British Medical Journal, 306*, 1437-1440.

Kane, R. A., & Kane, R. L. (1981). *Assessing the elderly: A practical guide to measurement*. Lexington, MA Lexington Books.

Kaplan, R. (1985). Quantification of health outcomes for policy studies in behavioral epidemiology. In R. Kaplan & M. H. Criqui (Eds.) *Behavioral epidemiology and disease prevention* (pp. 31-56). New York: Plenum Press.

Kaplan, R. M., Anderson, J. P., & Wingard, D. L. (1991). Gender differences in health-related quality of life. *Health Psychology, 10*, 86-93.

Kaplan, R. M., & Bush, J. W. (1982). Health-related quality of life measurement for research and policy analysis. *Health Psychology, 1*, 61-68.

Karnofsky, D., & Burchenal, J. (1949). The clinical evaluation of chemotherapeutic agents in cancer. In C. Macleod (Ed.), *Evaluation of chemotherapeutic agents* (pp. 191-205). New York: Columbia University Press.

Karvonen, M. J., Klemola, H., Virkajarvi, J., & Kekkonen, A. (1974). Longevity of endurance skiers. *Medicine and Science in Sports, 6*, 49-51.

Kellner, R., & Sheffield, B. F. (1973). A self-rating scale of distress. *Psychological Medicine, 3*, 88-100.

Kinsella, K. G. (1992). Changes in life expectancy. *American Journal of Clinical Nutrition, 55*, 1196S-1202S.

Kramer, M. (1980). The rising pandemic of mental disorders and associated chronic diseases and disabilities. *Acta Psychiatrica Scandinavica, 62*, 282-297.

LaCroix, A. Z., Guralnik, J. M., Berkman, L. F., Wallace, R. B., & Satterfield, S. (1993). Maintaining mobility in late life. II. Smoking, alcohol consumption, physical activity, and body mass index. *American Journal of Epidemiology, 137*, 858-369.

Latten, J. J. (1989). Life course and satisfaction, equal for everyone? *Social Indicators Research, 21*, 599-610.

Linsted, K. D., Tonstad, S., & Kuzma, J. W. (1991). Selfreport on physical activity and patterns of morality in Seventh Day Adventist men. *Journal of Clinical Epidemiology, 44*, 355-364.

Lord, S. R., & Castell, S. (1994). Physical activity program for older persons: Effect on balance, strength, neuromuscular control and reaction time. *Archives of Physical Medicine and Rehabilitation, 75*, 648-652.

Manton, K. G. (1988). A longitudinal study of functional change and mortality in the United States. *Journal of Gerontology, 43*, S153-S161.

Mathews, A. M. (1989). *Contributors to the loss of independence and the promotion of independence among seniors* Report to Seniors Independence Research Programme, Community Health Division, Health and Welfare Canada]. Ottawa: Health & Welfare, Canada.

McAuley, E. (1994). Physical activity and psychosocial outcomes. In C. Bouchard, R. J. Shephard, & T. Stephens (Eds.), *Physical activity, fitness and health* (pp. 851-867). Champaign, IL.: Human Kinetics Publishers.

McHorney, C. A.,Ware, J. E., Rogers,W., Raczek, A. E., & Lu, J. F. R. (1992). The validity and relative precision of MOS short- and long-form health status scales and Dartmouth COOP charts: Results from the medical outcomes study. *Medical Care, 30* (Suppl.), 253-265.

McNair, D. M., Lorr, M., & Doppleman, L. F. (1971). *Manual for the profile of mood states*. San Diego: San Diego Educational and Industrial Testing Service, 1971.

McNeil, J. K., LeBlanc, E. M., & Joyner, M. (1991). The effect of exercise on depressive symptoms in the moderately depressed elderly. *Psychology and Aging, 6*, 487-488.

Meenan, R., Gertman, P., Mason, J., & Dunaif, R. (1982). The arthritis impact measurement scales: Further investigation of a health status instrument. *Arthritis and Rheumatism, 25*, 1048-1053.

Montoye, H. J., Van Huss,W. D., Olson, H. W., Pierson, W. O., & Hudec, A. J. (1957). *The longevity and morbidity of college athletes*. Lansing, MI: Michigan State University, Phi Epsilon Kappa Fraternity.

Moore, A. D., Stambrook, M., Gill, D. D., & Lubusko, A. A. (1992). Differences in long-term quality of life in married and single traumatic brain injury patients. *Canadian Journal of Rehabilitation, 6*, 89-98.

Mor-Barak, M. E., Miller, L. S., & Syme, L. S. (1991). Social networks, life events, and health of the poor, frail elderly: A longitudinal study of the buffering versus the direct effect. *Family and Community Health, 14*, 1-13.

Morey, M. C., Cowper, P. A., Feussner, J. R., DiPasquale, R. C., Crowley, G. M., Samsa, G. P., & Sullivan, R. J. (1991). Two-year trends in physical performance following supervised exercise among community-dwelling older veterans. *Journal of the American Geriatric Society, 39*, 986-992.

Moss, M. S., Lawton, M. P., & Glicksman, A. (1991). The role of pain in the last year of life of older persons. *Journal of Gerontology, 46*, P51-P57.

Moum, T. (1988). Yea-saying and mood-of-the-day effects in self-reported quality of life. *Social Indicators Research, 20*, 117-139.

Nieman, D. C. (1995). Exercise and infection. In J. Torg & R. J. Shephard (Eds.), *Current therapy in sports medicine 3*. Philadelphia: Mosby/Yearbook.

Nieman, D. C., Warren, B. J., Dotson, R. G., Butterworth, D. E., & Henson, D. A. (1993). Physical activity, psychological well-being, and mood state in elderly women. *Journal of Aging and Physical Activity, 1*, 22-33.

North, T. C., McCullagh, P., & Tran, Z. V. (1994). Effect of exercise on depression. *Exercise and Sport Sciences Reviews, 18*, 379-415.

O'Connor, P. J., Aenchbacher, L. E., & Dishman, R. K. (1993). Physical activity and depression in the elderly. *Journal of Aging and Physical Activity, 1*, 34-58

Oldridge, N. (1997). Outcome assessment in cardiac rehabilitation. Health-related quality of life and economic evaluation. *Journal of Cardiopulmary Rehabilitation, 17*, 179-194.

Osberg, J. S., McGinnis, G. E., DeJong, G., & Seward, M. L. (1987). Life satisfaction and quality of life among disabled elderly adults. *Journal of Gerontology, 42*, 228-230.

Paffenbarger, R. S., & Lee, I-M. (1996). Physical activity and fitness for health and longevity. *Research Quarterly, 67*, 11-28.

Paffenbarger, R. S., Hyde, R. T., Wing, A. L., Min-Lee, I., & Kampert, J. B. (1994). Some inter-relations of physical activity, physiological fitness, health and longevity. In C. Bouchard, R. J. Shephard, & T. Stephens (Eds.), *Physical activity, fitness and health* (pp. 119-133). Champaign, IL: Human Kinetics Publishers.

Pashkow, P., Ades, P. A., Emery, C. F., Frid, D. J., Miller, N. H., Peske, G., Reardon, J. Z., Schiffert, J. H., Southard, D., & Zuwallack, R. L.(1995). Outcome measurement in cardiac and pulmonary rehabilitation. *Journal of Cardiopulmonary Rehabilitation, 15*, 394-405.

Patrick, D., & Deyo, R. (1989). Generic and diseasespecific measures in assessing health status and quality of life. *Medical Care, 27*, S217-232.

Patrick, D. L., & Erickson, P. (1993). *Health status and health policy. Quality of life in health care evaluation and resource allocation.* New York: Oxford University Press.

Pearlman, R. A., & Uhlmann, R. F. (1988). Quality of life in the elderly: Comparisons between nursing home and community residents. *Journal of Applied Gerontology, 7*, 316-330.

Pearlman, R. A., & Uhlmann, R. F. (1991). Quality of life in elderly, chronically ill outpatients. *Journal of Gerontology, 46*, M31-M38.

Pekkanen, J., Marti, B., Nissinen, A., Tuomilehto, J., Punsar, S., & Karvonen, M. J. (1987). Reduction of premature mortality by high physical activity: A 20-year followup of middle-aged Finnish men. *Lancet, 1*, 1473-1477.

Polednak, A. P. (1978). *The longevity of athletes.* Springfield, IL: C. C. Thomas.

Posner, J. D., Gorman, K. M., Gitlin, L. N., Sands, L. P. Kleban, M., Windsor, L., & Shaw, C. (1990). Effects of exercise training in the elderly on the occurrence and time to onset of cardiovascular diagnoses. *Journal of the American Geriatric Society, 38*, 205-210.

Powell, K. E., Thompson, P. D., Caspersen, C. J., & Kendrick, J. S. (1987). Physical activity and the incidence of coronary heart disease. *Annual Reviews of Public Health, 8*, 253-287.

Rejeski,W. J., Brawley, L. R., & Shumaker, S. A. (1996). Physical activity and health-related quality of life. *Exercise and Sport Sciences Reviews, 24*, 71-108.

Rikli, R., & Edwards, D. J. (1991). Effects of a three-year exercise program on motor function and cognitive processing speed in older women. *Research Quarterly, 62*, 61-67.

Robine, J-M., & Ritchie, K. (1991). Healthy life expectancy: Evaluation of global indicator of change in population health. *British Medical Journal, 302*, 457-460.

Roland, M., & Morris, R. (1983). A study of the natural history of back pain. 1. Development of a reliable and sensitive measure of disability in low back pain. *Spine, 8*, 141-144.

Rosser, R., & Kind, P. (1973). A scale of valuations of states of illness: Is there a social consensus? *International Journal of Epidemiology, 7*, 347-358.

Sarna, S., Sahi, T., Koskenvuo, M., & Kaprio, J. (1993). Increased life expectancy of world class male athletes. *Medicine and Science in Sports and Exercise, 25*, 237-244.

Shephard, R. J. (1981). *Ischemic heart disease and exercise.* London: Croom Helm.

Shephard, R. J. (1982). Are we asking the right questions? *Journal of Cardiac Rehabilitation, 2*, 21-26.

Shephard, R. J. (1983). The workload of the postal carrier. *Journal of Human Ergology, 11*, 151-164.

Shephard, R. J. (1989). Exercise and lifestyle change. *British Journal of Sports Medicine, 23*, 11-22.

Shephard, R. J. (1994). *Aerobic fitness and health.* Champaign, IL: Human Kinetics Publishers.

Shephard, R. J. (1995). Exercise and sudden death. *Sport Sciences Review, 4*(2), 1-11.

Shephard, R. J. (1996). Habitual physical activity and the quality of life. *Quest, 48*, 354-365.

Shephard, R. J. (1997a). *Aging, physical activity and health.* Champaign, IL: Human Kinetics Publishers.

Shephard, R. J. (1997b). What is the optimal type of physical activity to enhance health? *British Journal of Sports Medicine, 31*, 277-284.

Shephard, R. J., Corey, P., & Cox, M. (1982a). Health hazard appraisal: The influence of an employee fitness programme. *Canadian Journal of Public Health, 73*, 183-187.

Shephard, R. J., Corey, P., Renzland, P., & Cox, M. (1982b). The influence of an industrial fitness programme upon medical care costs. *Canadian Journal of Public Health, 73*, 259-263.

Shephard, R. J., & Montelpare, W. M. (1988). Geriatric benefits of exercise as an adult. *Journal of Gerontology, 43*, M86-M90.

Sherbourne, C. D., Meredith, L. S., Rogers,W., & Ware, J. E. (1992). *Quality of life research, 1*, 235-246.

Sipilä, S., Viitasalo, J., Era, P., & Suominen, H. (1991). Muscle strength in male athletes aged 70-81 years. *European Journal of Applied Physiology, 63*, 399-403.

Spiegelhalter, D. J., Gore, S. M., Fitzpatrick, R., Fletcher, A. E., Jones, D. R., & Cox, D. R. (1992). Quality of life measures in health care: III. Resource allocation. *British Medical Journal, 305*, 1205-1209.

Sports Council and the Health Education Authority. (1992). *The Allied Dunbar National Fitness Survey: The main findings: summary report*. London: Author. Statistics Canada (1985). *General social survey*. Ottawa: Statistics Canada.

Statistics Canada (1986). *Health and activity limitations survey*. Ottawa: Statistics Canada.

Strawbridge, W. J., Kaplan, G. A., Camacho, T., & Cohen, R. D. (1992). The dynamics of disability and functional change in an elderly cohort: Results from the Alameda County study. *Journal of the American Gerontological Society, 40*, 799-806.

Thayer, R. E. (1989). *The biopsychology of mood and arousal*. New York: Oxford University Press.

Torrance, G. W. (1987). Utility approach to measuring health-related quality of life. *Journal of Chronic Diseases, 40*, 593-600.

Vetter, N. J., Lewis, P. A., & Llewellyn, L. (1992). Supporting elderly dependent people at home. *British Medical Journal, 304*, 1290-1292.

Vuori, I. (1995). Sudden death and exercise: Effects of age and type of activity. *Sport Sciences Reviews, 4*(2), 46-84.

Wagstaff, A. (1991). QALYs and the equity-efficiency trade-off. *Journal of Health Economics, 5*, 1-30.

Wenger, N. K., & Furberg, C. D. (1990). Cardiovascular disorders. In B. Spilker (Ed.), *Quality of life assessments in clinical trials* (pp. 335-345). New York: Raven Press.

Williams, A., & Kind, P. (1992). The present state of play about QALYs. In A. Hopkins (Ed.), *Measures of quality of life* (pp. 21-34). London: Royal College of Physicians.

Wood-Dauphinee, S., & Küchler, T. (1992). Quality of life as a rehabilitation outcome: Are we missing the boat? *Canadian Journal of Rehabilitation, 6*, 3-12.

Woodruff, S. I., & T. L. Conway. (1992). Impact of health and fitness-related behavior on quality of life. *Social Indicators Research, 25*, 391-405.

Chapter

2

긴장감 해소하기: 운동과 스트레스의 감소

Mark B. Anderson | Georgina Sutherland

역자 | 김영호(서울과학기술대학교)

인기있는 스트레스 관리 심리학에서는, 격렬한 신체 활동을 좌절, 불안, 또는 분노 등의 감정을 불쾌 수준으로 이끌 수 있는 스트레스 상황에 대처하는 하나의 방안으로 본다. 달리기를 위해 시간을 내고, 샌드백을 치고, 또는 에어로빅 수업을 듣는 등 적당한 수준에서 이루어지는 이 모든 신체 활동들이 개를 걷어차는 것 보다 스트레스를 다루기 위한 비교적 더 건전한 방법들이다(물론 개의 관점에서 보면 더 건전한 방법들일 것이다!). 급성 스트레스 반응을 동반하는 감정적 그리고 생리적 후유증들은 한 차례의 운동 후에 감소하는 것으로 보인다. 또한, 운동 광들은 규칙적인 운동이 스트레스 수준을 조절할 수 있으며 만성 스트레스를 관리하는데 유용하다고 말한다. 스트레스 받은 개인에 대한 운동의 효과의 공통적 설명(vernacular)은 운동이 "스트레스를 날려 버리도록" 도움을 준다는 점에서 스트레스 관리의 공압 모델(a pneumatic model of stress management)과 일치한다. 스트레스는 일종의 건강에 해로운 내부압력을 고조시키는데, 스트레스가 완화되지 않을 경우 이는 주체자의 내부로 향하게 되며 다양한 해롭고 심각한 문제를 야기시킨다. "진정 해요! 심장 마비가 올지도 몰라요!". 공압 모델에서 운동은 방출 밸브처럼 압력을 배출하고 Bernardian의 '항상성'처럼 모든 기능을 '정상적'으로 돌리는 역할을 한다.

앞서 언급된 일반적인 지식들을 고려해 볼 때, 2장에서 제시될 질문들은 다음과 같다.

1. 대중적 스트레스 관리 심리학 관점에서 제시된 것처럼, 운동이 급성 스트레스 반응과 혹은 더 나아가 만성 스트레스 반응까지 줄여줄 수 있을까?
2. 일상 생활 속에서 늘 많은 스트레스를 받는 사람들을 위한 의료행위의 결과가 무엇이고, 운동과 스트레스 감소와 관련 있는 삶의 질과 관련된 이슈가 무엇인가?
3. 운동이 스트레스의 부정적 영향들을 감소시키는 경우 어떻게 그러한 과정이 일어나고, 그 효과의 경로(심리적, 생리적, 신경학적, 내분비적)는 무엇인가?

이 질문들에 답변하기 위해서, 먼저 우리가 감소시키려고 하는 것(스트레스 또는 조금 더 정확하게 만성적 그리고 급성적 스트레스 반응)이 무엇인지에 대한 정의가 필요하다. 먼저 서로 밀접한 관련을 맺고 있는 세가지 문헌 검토가 필요하다: (a) 임상 실험, 상관관계 연구, 그리고 다른 방법론들(예를 들어, 사례 연구)에서의 운동의 스트레스 감소에 대한 증거; (b) 스트레스와 그 변화를 측정하는 방법들; (c) 실험 및 임상 증거를 바탕으로 해서 어떻게 운동이 스트레스 반응과 스트레스 요인에 장기간 노출로 인한 부정적 영향을 줄여주는지 설명해 주는 다양한 모델과 이론들. 운동이 스트레스를 줄여주는데 도움이 된다는 (a)에 대한 증거는 많다. 여러 메타 분석에서 운동이 급성과 만성 스트레스의 변화에 중요한 역할을 한다는 것이 입증되고 있다(Crews & Landers, 1987; Long & Van Stavel,1995; Petruzzello, Landers, Hatfield, Kubitz, & Salazar, 1991). 스트레스 감소와 운동의 연관성 정도는 각 연구마다 다양하고 종속 변인에 따라 달라진다. 관련 문헌들이 여러 번 검토되었으며, 독자들을 위하여 관련 있는 참고문헌들은 이번 장의 참고문헌 목록에 언급되었다. 정립된 문헌들은 문맥에서 운동이 어떻게 스트레스를 줄여주는 가에 대한 여러 이론들을 뒷받침하기 위해서 사용될 것이다. 이제 스트레스와 스트레스 반응을 정의하는 문제부터 시작하자.

일상 생활에서의 스트레스

이번 섹션의 제목은 프로이드(Freud, 1901, 1960)의 고전 문헌에서 힌트를 얻었는데,

프로이드의 일상적인 '정신 병리'처럼, 스트레스는 피할 수 없는 그리고 아주 흔한 현상이기 때문이다. 프로이드의 가벼운 병리(예를 들어, 망각, 말실수)처럼, 스트레스는 대부분의 경우 무해하고 일반적으로 감당할 수 있다. 그러나 스트레스가 삶의 일부를 지배하기 시작하면, 남용된 방어 기제처럼 심각한 문제가 된다. 스트레스, 스트레스 요인들, 각성, 불안 등의 용어들은 일반적으로 잘 알려져 있지만, 다양한 정신생리학적 현상과 관련된 개념으로 막연하게 정의되기도 한다. 스트레스는 무엇인가? 스트레스 연구의 근원으로 거슬러 올라가 보면, Selye(1956, 1974, 1976)는 스트레스를 어떤 사건이나 일에 대한 부담 혹은 요구에 대한 불특정한 신체의 반응으로 정의한다. 또한 그는 스트레스의 세 단계를 설명하였다: 교감 신경계가 가동되는 급성 스트레스(경보 단계); 비교적 장기간의 생리적(예, 혈압 증가) 그리고 생화학적(예, 혈청 글루코코르티코이드(glucocorticoid) 증가) 변화로 기관계에 손상을 입히는 만성 스트레스(저항 단계); 그리고 스트레스 관련 질병(소모 단계). Lazarus와 Folkman(1984)는 스트레스에 대해서 "자신이 가진 자원이 고갈된 그리고 자신의 웰빙에 문제가 생긴 사람에 의해서 평가된 자신과 환경의 특정 관계"라고 협의의 정의를 내렸다. 이 정의는 스트레스의 부정적인 측면을 강조하고 있으며, 비록 이 정의가 스트레스의 일부로 많은 의료 종사자들이 관심을 가지고 있을 지라도 스트레스와 스트레스 요인에 대해서는 제한된 관점이다.

Selye(1974, 1976)는 또한 스트레스를 나쁜 스트레스(distress)와 좋은 스트레스(eustress)로 구분하였다. 스트레스는 크게 우리의 기분을 좋게 만들어 주는 스트레스와 기분을 나쁘게 만드는 스트레스로 구분되어 다양한 형태로 나타난다. 급성 스트레스 반응(예, 심박수, 혈압, 호흡 증가)을 일으키는 다양한 스트레스 상황이 있다. 감정적으로(그리고 '호의적으로') 사랑을 하는 것은 상당히 자극적이다. 롤러코스터를 타는 것은 많은 양의 아드레날린(adrenaline)을 분출하게 하고, 격렬한 달리기를 하는 것은 여러 기관계에 부담을 준다. 그러나 일반적으로, 이런 경험들 후에는 기분이 좋아지는데 이러한 스트레스 경험이 바로 Selye(1974)가 말하는 좋은 스트레스(eustress) 혹은 긍정적 스트레스이다.

부정적 스트레스도 초기에 교감신경적 반응을 경험한다는 점은 유사하지만 감정 그리고 두려움, 공포, 분노, 혼란 또는 걱정에 대한 인식이 동반된다. 이러한 스트레스를 Selye(1974)는 나쁜 스트레스(distress)라고 분류했다. 좋은 스트레스는 일반적으로 유쾌한 기분(성관계와 롤러코스터에서도 공통된 반응)과 궁극적으로 편안한 나른함(10k 마라톤 후에 느끼는 편안한 기분)을 느끼게 한다. 나쁜 스트레스는 일반적으로 다양한 '불안' 상태를 경험하게 한다. 급성의 나쁜 스트레스의 후유증은 안도감이 아닌 지속되는 걱정과 불안감이다. 예를 들어서, 상사로부터의 비난은 급성 스트레스 반응을 가져올 뿐만 아니라, 수일에 걸친 수면 부족과 고용 보장에 대한 걱정을 야기할 수도 있다. 장기간에 걸친 부정적 스트레스는 주요 질병들(예, 심장 질환, 폐 질환, 알코올 중독)과 많은 심리장애(예, 우울증, 불안, 외상 후 스트레스 장애)와 직접적으로 연결되어 있다.

이번 장에서는 먼저 색인과 스트레스의 측정에 중점을 둘 것이다. 운동이 스트레스를 줄여줄 것이라고 볼 때, 일부 스트레스의 측정 또는 표식은 운동이 정말로 스트레스 수준을 감소시켜 주었는지를 밝혀줄 척도가 필요하다. 스트레스의 심리적 측정에 주로 초점을 맞추겠지만 생리적/생화학적 측정 또한 살펴볼 것이다.

그 다음으로는 왜 운동이 스트레스 감소에 효과가 있는지에 대해서 설명해주는 몇몇 이론들을 살펴보고 그와 관련된 선행연구들을 살펴볼 것이다. 마지막으로, 운동과 스트레스 연구에서 종속 변인의 선택에 대한 몇 가지 주의 사항을 제안할 것이다.

스트레스 측정

스트레스를 연구하는 심리학자는 걱정이나 불안 같은 스트레스를 받고 있는 사람의 행동적 또는 정서적 증상에 가장 관심이 있을 것이다. 운동 생리학자는 코티졸(cortisol)의 변화 같은 생화학적 반응에 더 관심이 있을 것이고, 급진 행동론자는 '스트레스' 행동(예, 불면증, 과식)을 유지하는 환경에서의 강화와 처벌 상황에 초점을 두고 싶을 것이다. 스트레스는 다양한 관점에서 볼 수 있기 때문에, 연구자가 스트레스를 측정하는 방법 또한 상당히 다르다.

심리적 측정

스트레스 연구에서 사용된 심리측정 도구의 수는 상당하며, 인내심, 적대감, 그리고 A형 행동 유형과 같은 심리적 특성의 측정은 스트레스 반응을 이해하는데 가장 중요하다. 그러나, 이러한 도구에 대한 검토는 이번 장의 범위에서 벗어나기 때문에, 여기서는 운동관련 연구에서 스트레스와 불안의 측정과 직접적 관련이 있는 가장 일반적인 몇 가지 도구에 대해서 알아볼 것이다. 지금까지 운동과 스트레스 감소와 관련된 문헌들에서 사용된 가장 일반적인 심리 도구는 불안 측정이다. 모든 스트레스가 불안을 유발하는 것은 아니지만, 대부분의 불안은 적어도 어느 정도 스트레스를 준다. 이 연구 분야에서는 주로 상태-특성 불안 척도(the Sate-Trait Anxiety Inventory, STAI: Spielberger, Gorsuch, & Lushene, 1970; Spielberger, Gorsuch, Lushene, Vagg, & Jacobs, 1983)가 사용되고 있다. 이 척도는 기질적 불안(A-trait)과 현재 상황적 불안(A-state)의 두가지 측정 기준을 가지고 있기 때문에, 장기간 실시된 운동 중재(exercise intervention)로 인한 특성 불안의 변화를 살펴보는데 적합하며 급성 운동에 대한 심리적 반응과 스트레스 반응을 보는데 적합하다.

스트레스와 운동이 대한 심리적 반응을 측정하는 다른 도구들도 있다. 기분 상태 검사(The Profile of Mood States, POMS: McNair, Lorr, & Doppelman, 1971)는 스트레스를 간접적으로 측정할 수 있는 다양한 기분들(예, 분노, 긴장)을 평가하는데, 이 검사지는 운동과 스트레스 연구에서 가장 일반적으로 사용되는 심리 측정지이다. 그 밖에 보다 드물게 사용되고 있는 도구들로는 Hopkins Symptom Check List-90(SCL-90; Derogatis, 1980)와 the Multiple Affect Adjective Checklist(MAACL; Zuckerman & Lubin, 1965)가 있다. 기분과 감정을 측정하는 것과 운동에 대한 기분과 감정의 관계에 대해서 더 알고 싶다면, 이 책에서 Gavin이 쓴 글을 봐라.

생화학적 측정

스트레스와 운동관련 문헌에서 스트레스의 주된 생화학적 측정에는 코티졸(cortisol), 카테콜라민(catecholamines), 엔돌핀(endorphins)이 포함된다. 예를 들어서, 운동에 대한 낮은 코티졸과 카테콜아민 반응을 측정하여 규칙적인 운동이 스트레스 반응을 줄여준다는 것을 보여주는 연구들이 있으며(예, Rudolph & McAuley, 1995, Sothmann, 1991), 또한 혈장 베타-엔돌핀 수준이 운동의 기간 및 강도에 반응했다는 것을 보여주는 연구들이 있다(Goldfarb, Hatfield, Armstrong, & Potts, 1990; Goldfarb, Hatfield, Potts, & Armstrong, 1991).

생리학적 측정

최대혈압과 최소혈압, 심박수, 뇌파검사, 근전도검사, 그리고 피부 온도는 운동과 스트레스 감소 관련 문헌들에서 사용된 생리학적 측정 도구들이다. 일반적으로, 심혈관 관련 측정 도구들은 뇌전도(EEG)같은 다른 도구들처럼 운동으로 인한 스트레스 감소에 있어서 큰 변화를 보여주지 못했다(Petruzzello 등, 1991 참고).

운동과 스트레스 관련 이론

운동과 스트레스의 심리적, 생리적 증상 사이의 관계는 널리 연구되고 있고, 운동이 불안과 스트레스를 줄여주는 효과적인 수단이라는 점에는 거의 의심의 여지가 없는 것 같다. 운동이 어떻게 스트레스를 감소시키는 역할을 하는지 그리고 어떻게 스트레스 반응이 일어나는지에 대해서 다양한 신경 생리학, 생화학, 그리고 심리적 이론들로 설명되어 왔다. 이번 장에서 운동에 의한 스트레스 감소에 대한 매개기제에 대해서 설명하기는 어렵겠지만, 실증적 과학적 탐구에 근거를 둔 몇몇 설명 이론들을 알아볼 것이다.

열발생 이론(Thermogenic Model)

열발생 이론의 본질은 스트레스가 많은 하루를 보낸 후 뜨거운 물에서 목욕을 하는 사람에게서 찾아볼 수 있다. 다양한 방법을 통하여 심부 온도를 높이는 것은 치료적 효과를 위하며 수세기 동안 사용되어 왔으며, 사우나와 따뜻한 샤워가 근육의 긴장 (Kuusinen & Heinonen, 1972)과 자기 보고된 상태 불안(Raglin & Morgan, 1987)을 줄여줄 수 있다고 보고되고 있다. 수동적 방법(passive heating)과 연관된 연구들을 보면, deVries(1987)는 운동의 스트레스 감소 효과는 체온의 상승과 관련이 있을지도 모른다고 제안하였다. 운동에 의한 심리적 효과에 대한 기제는 신경 생리학적 이론에 근거한다. von Euler and Soderberg(1957)에 의해 개발되고 동물 연구에 기초한 이 이론은 시상에 영향을 미치는 시상하부의 영향을 받는 심부 온도의 상승은 말초 근육계 (peripheral musculature)와 중추신경계(CNS)의 활동뇌전도(EEG) 알파 활동을 촉진 시키고 감마 운동 뉴런의 활동을 줄여준다고 가정한다. 비록 운동하는 동안 근육에 가해지는 신체적 부담이 구심성(afference) 감소를 무효화 시킬지라도, 연구의 초점은 신체 온도가 운동 후 일정기간 동안 높게 유지된 운동 후로 맞추어져 있다.

연구자들은 불안과 체온 사이의 관계를 수량화하기 위하여 수동적 체온 조절 전략을 택했다. 체온과 스트레스 감소(또는 이완) 사이의 관계는 스트레스와 불안을 줄여주는 중간 정도의 체온 증가와 스트레스 반응을 증가시키는 온도의 큰 변화와 함께 곡선의 흐름으로 나타난다(Koltyn, 1997). 많은 연구들이 운동으로 상승된 심부 온도와 상태 불안 수준의 감소와의 연관성을 증명하였으나(Petruzzello, Landers, & Salazar, 1993), 이 가설을 뒷받침할 증거는 부족하다. 또한, 체온 상승을 유발하지 않는 운동 강도나 환경적 조건에서도 운동 후 불안의 감소가 증명되었다(Koltyn & Morgan, 1993; Reeves, Levison, Justesen, & Lubin, 1985). 운동으로 인한 불안 감소에 대한 열발생 가설이 설득력이 있을지라도, 방법론 및 측정에 있어서 고려되어야 할 사항들이 있다. 식도 또는 직장의 온도 측정은 시상하부에 의한 생리적 변화를 반영하지 못할 수도 있다. 고막의 온도를 검사하는 새로운 기술을 채택하는 후속 연구라면 뇌의 온도 변화를 더 정확하게 측정할 수 있을지도 모른다. 더욱이, 상승된 체온은 세포 구조와 효소 시스템의 변화, 그리고 운동하는 동안 상승된 온도의 결과로 발생하는 온도-의존적 화학 반응의 변화와 같은 다른 생리적 기제에 영향을 미칠 수도 있다. 이러한 온도 변화로 인한 변화는 스트레스 감소와 더욱 밀접하게 관련이 있을지도 모른다.

대립-과정 이론(Opponent-Process Model)

대립-과정 이론은 주로 생리적 기제(중추 신경계[CNS]와 교감 신경계[SNS] 활성화, 엔돌핀[endorphin] 분비)의 측면에서 운동으로 인한 심리적 변화(안도의 느낌)를 설명한다. 열발생 가설과 달리, 이 이론은 급성 및 일상적 신체 활동(habitual physical activity) 측면에서 스트레스 감소의 이점을 설명하려고 한다. 이 이론은 스트레스 요인에 대한 중추 신경계의 반동 효과에 이론적 근거를 두고 있다(Solomon & Corbit, 1973). 운동과 같이 스트레스 받는 활동을 하는 동안 교감 신경계의 각성에는 대립 과정이 따르고 운동을 그만 두었을 때 정서적 상태(예, 이완, 유쾌한 기분)가 따른다. 이 가설의 주요 특징은 일상적 신체 활동으로 교감 신경계의 각성 수준은 변하지 않고 동일하게 유지되지만, 반면에 불안 감소의 반대 과정과 지각이 향상된다는 것이다. 최근 메타 분석에서, Petruzzello와 동료들(1991)은 운동 후 상태 불안이 대부분의 연구에서 유의하게 줄어들었다는 점에서 이 이론을 뒷받침했다. 그러나 이 연구의 연구자들은 이 이론을 급성 운동의 측면에서 적절하게 평가하는 것에 어려움을 표했다. Boutcher와 Landers(1988)도 숙련된 달리기 선수와 비숙련자를 대상으로 한 급성 운동관련 연구에서 이 이론을 지지하였다. 연구 결과, 숙련된 달리기 선수들이 비숙련자들 보다 운동을 중단한 후에 통계적으로 유의한 수준에서 대립-과정을 경험한 것으로 나타났다. 많은 생리적 기제들이 대립-과정의 중재자 역할을 할 수도 있지만, 엔돌핀 분비에 대체로 초점이 맞추어졌다. 많은 연구들이 말초 혈장 베타-엔돌핀(peripheral plasma beta-endorphin)의 증가와 함께 감소된 상태 불안과 유쾌한 기분을 증명하려고 하였다 (Goldfarb et al., 1990, 1991; Wildman, Kruger, Schmole, Niemann, & Matthaei, 1986). 엔돌핀은 신체의 자연 발생적이고 내생적으로 생산되는 오피오이드 펩티드(opioid peptides)이며, 고강도 운동처럼 자극적인 스트레스 요인이 나타나거나 접하지 않는 이상 '조용한 상태'를 유지하는 경향이 있다(Hatfield, 1991; Hoffman, 1997). 대립-과정 이론에 관하여, Solomon(1980)은 엔돌핀이 불안한 감정의 감소를 야기하는 운동 후 대립 과정의 화학적 개시제(initiator)일 수도 있다고 제안하였다. 그러나 그의 제안은 말초 혈장 베타-엔돌핀의 증가가 반드시 중추 신경계의 오피오이드(opioid) 활동 변화를 반영하는 것은 아니기 때문에 논란이 되었다. 사실 뇌에 말초 엔돌핀(peripheral endorphins)의 영향은 펩티드(peptides)에 대한 혈액뇌장벽을 고려하면 의심이 된다 (Dishman, 1994). 비록 실험적 자료가 운동에 의한 엔돌핀의 활성화를 증명해줄지라도, 불안을 감소시키는 엔돌핀의 역할은 미심쩍다. 엔돌핀이 운동을 하는 동안에 심리적 불편감을 줄여 줌으로써 긍정적인 심리적 상태를 촉진시키는 역할을 할 것이라고 제안하는 연구도 있다(Morgan, 1985). 엔돌핀이 운동과 관련하여 일부 스트레스와 불안의 감소를 설명해줄 지라도, 신체 활동에 대한 다른 생리적 및 심리적 순응을 고려해야 한다.

신경전달물질 이론(Neurotransmitter Model)

마지막으로, 생리적 측면에서 최근의 증거는 신체 활동 후에 보여지는 불안의 감소에 대해 가능성있는 중재자로써의 신경내분비 반응(neuroendocrine responses)의 역할을 뒷받침해준다. 이 이론은 교감신경부신계의 활동(sympathoadrenal activity)을 반영한다고 여겨지는 운동에 대한 응답으로 인한 모노아민(monoamine)의 변화와 관련이 있다(Crews & Landers, 1987; Dishman, 1997; Mazzeo, 1991; Sothmann, 1991). 교감신경부신계는 물리적, 환경적, 심리적 스트레스 요인에 대한 다수의 생리적 조절작용을 중재하는 역할 때문에 많은 연구의 초점이 되었다. 주로 교감 신경과 부신(adrenal gland)에서 분비되는 말초 모노아민의 측정으로 이 이론을 실험해보려는 시도가 이뤄졌다(Sothmann, Hart, & Horn, 1991). 아민(amines)은 가장 일반적인 중추신경계와 교감신경계의 신경 전달 물질의 일부이며, 아민의 변화는 뇌의 처리과정에 영향을 미칠 수 있다(Simono, 1991). 몇몇 신체 활동과 관련있는 연구들이 특히 뇌의 모노아민 활동과 불안에 초점을 맞추고 있지만, 운동으로 인한 신경 전달 물질과 노르에피네프린(norepinephrine)같은 호르몬의 변화는 불안의 신경조절물질 역할을 할 수도 있다는 증거가 있다. 많은 연구들이 유산소 운동이 주어진 최대하 부하에 대한 지구력 훈련에 대한 반응으로 혈장 노르에피네프린을 감소시켜준다는 것을 발견하였다(Galbo, Kjaer, Richter, Sonne, & Mikines, 1986).

운동이 심리적 스트레스에 대한 교감신경부신계 반응 수준을 줄여준다는 연구도 보고되고 있다(Blumenthal et al., 1990). 또한 많은 연구들이 숙련자들보다 비숙련자들에게서 급성 심리적 스트레스에 반응하는 노르에피네프린의 수준이 높게 나타났다고 보고하고 있다(Light, Orbist, James, & Strogatz, 1987; Sothmann, Horn, Hart, & Gustafson, 1987). 이러한 결과들을 바탕으로, 연구자들은 운동 훈련이 심리적 스트레스 반응을 조정할 수 있을 것이라고 제안하였다(LaPerriere et al., 1994). 그러나, 많은 연구들이 운동과 교감신경부신계 변화의 관계를 밝혀내는데 실패하였다(Brooks & Long, 1987; Hull, Young, & Ziegler, 1984).

운동, 아민성 활동(aminergic activity), 그리고 심리적 스트레스의 관계는 복잡하다. 연구를 할 때, 운동과 아민성 반응, 그리고 스트레스 반응의 관계에 대한 양적 지표로써 혈장 카테콜라민(plasma catecholamine) 측정이나 노르에피네프린의 비뇨기 대사 산물들을 사용해야 한다는 점에 주의해야 한다. 그러므로 이러한 지표들에 대한 해석으로, 지엽적 측정은 뇌에서 비롯되지 않을 수도 있기 때문에 조심스럽게 이루어져야 한다(Dishman, 1997). 또한, 운동으로 인한 심리적 스트레스 반응의 변화는 신경 전달 물질들에 의해 촉진되는 개별적 영향과는 대조적으로, 신경 전달 물질들 사이의 상호작용에 따라 달라질 수도 있다(Hatfield, 1991). 운동으로 인한 불안 감소에 대한 신경 전달 물질 이론이 여전히 미심쩍지만, 이 이론은 운동에 대한 정신 생리학적 적응과 함께, 긍정적 감정 변화를 가져올 수 있는 중요한 요소를 제공할지도 모른다.

주의분산 가설(Distraction Hypothesis)

이전 이론들은 운동으로 인한 불안 감소가 사실상 생리적인 것이라고 제안하는 것에 반해, Bahrke와 Morgan(1978)의 주의분산 가설은 심리적 기제를 제안한다. 이 가설은 인지 전환은 운동으로 나타나는 스트레스 감소에 대해 책임이 있는 대리인이라고 제안한다. 운동은 즉각적인 정서적 문제로부터의 일시적 주의분산으로써 또는 스트레스 자극으로부터의 중간 휴식과 같은 역할을 한다. 그러나 이 가설의 전제는 운동이 불안을 완화시키는 중요한 변인이 아닐지도 모른다는 가능성으로 이어진다. 주의분산 가설을 세우는데, Bahrke와 Morgan는 70% VO_2 max에서 동일한 양의 트레드밀 운동을 한 명상 그룹과 독서 그룹을 비교하였다. 연구 결과 신체 활동이 인지에 기초한 다른 주의 분산 요법들처럼 상태 불안을 감소시켜주는데 효과적이었다. 최근 메타 분석에서, Petruzzello와 동료들(1991)도 운동과 휴식, 명상 그리고 이완 같은 인지적 중재가 상태 불안을 줄이는데 효과적이었다는 연구 결과를 뒷받침하였다.

그러나, 특성 불안에 대해서, Petruzzello와 동료들(1991)은 운동의 불안 이완제적 성격이 다른 인지적 전략들보다 훨씬 뛰어나다는 것을 발견하였다. 운동으로 인한 불안의 감소가 다른 인지적 중재들보다 더 길게 지속된다는 것을 밝힌 연구도 있다(Raglin & Morgan, 1987). 운동과 다른 인지적 중재들이 비슷한 불안 감소 효과를 보여줄 지라도, 그 진행과정의 결과는 실질적으로 다를 수도 있다. 운동이 감정적인 문제로부터 벗어남으로써 불안에 긍정적인 영향을 미치는 것처럼 보이지만, 그저 운동으로 인한 불안 감소를 나타내는 하나의 가능성 있는 요인일지도 모른다. Morgan와 O'Connor(1989)는 주의분산 이론은 다른 심리적, 생리적 기제를 부정하기 보다는 보완한다고 했다.

자기효능과 숙달 이론(Self-Efficacy and Mastery Theory)

다른 인지 기제들은 어떻게 운동의 심리적 효과가 중재되는지 설명하였다. 한 연구는 운동이 불안과 스트레스 반응과 관련이 있을 수도 있는 다양한 성격 변수에 영향을 미친다고 제안하였다(Sime, 1996). 특히, 운동으로 인한 불안 감소는 자기 효능감의 증가와 관련이 있는 것으로 나타났다. Bandura(1991)는 신체 활동의 긍정적인 심리적 영향은 자기 효능감의 증가나 회복의 결과라고 제안하였다. 폭넓게 정의된 자기 효능감은 상황적 요구를 만족시키기를 요하는 행동 방침에 성공적으로 관여하고자 하는 능력을 가지고 있다는 확신이다. Bandura(1977, 1986)는 자기 효능감은 직접적으로 능력과 관련 있는 것은 아니지만, 그러한 능력에 대한 지각이나 확신과 관련이 있다고 강조한다. 효능감 인지(efficacy cognitions)는 행동에 영향을 미칠 뿐 아니라, 생각 패턴과 예측 및 실제 스트레스에 대한 감정적 반응에도 영향을 준다.

자기 효능감과 신체 활동에 대한 연구들은 지속적으로 만성과 급성 운동 모두 자기 효능감의 증가를 입증하였다(McAuley & Courneya, 1992; McAuley, Courneya, & Lettunich, 1991; Rudolph & McAuley, 1995). 그러나 운동 그 자체는 신체 활동의 결과로 생기는 숙달 경험처럼 중요하지 않을 수도 있다(Norris, Carroll, & Cochrane, 1992). 예를 들어, Dzewaltowski, Azevedo, Pettay(1992)는 운동 목표를 성취하지 못한 운동 참여자가 성취한 사람보다 자기 효능감이 낮다는 것을 발견하였다. 자기 효능감 이론은 효능감 인지를 증가시키고 생리적 스트레스 반응을 줄여줄 수 있는 일상적 신체 활동을 통하여 얻게 되는 숙달 경험의 심리적 강화 효과를 인정한다(Bandura, 1991). 이 개념은 숙달 경험은 생리적, 심리적 기능에 영향을 미친다고 가정하는 규칙적인 운동 형태인 Dienstbier(1989, 1991)의 적극적인 강화 이론을 보완한다.

흥미롭게도, 최근 증거는 정신생물학적 기능의 조절에 있어서 운동과 효능감 인지의 관계를 뒷받침해준다. 많은 연구들이 자기 효능감의 증가는 내분비물(endocrine), 카테콜아민(catecholamine), 내인성 아편 시스템(endogenous opioid systems)의 조절과 관련이 있다고 입증했다(Bandura, Cioffi, Taylor, & Brouillard, 1988; Weidenfeld et al., 1990). 앞서 언급했듯이, 신경생리 시스템은 완전하게 운동으로 인한 불안의 감소와 연결되어 있는 것처럼 간주된다. 더욱이, 운동과 자기 효능감 연구들은 일상적인 신체 활동이 생리적 기능을 강화시키는 역할을 하고, 불안 감소에 대한 인식을 강화시킨다는 생각을 뒷받침해준다(Mathur, Toriola, & Dada, 1986; Rudolph & McAuley, 1995).

불안을 감소시키는 운동의 효과가 어쩌면 위약 효과의 결과일 수도 있다는 점을 유의해야 한다(Sime, 1996). 운동은 정신 건강관련 정보에서 가장 중요한 요소이며, 운동에 참여하는 것은 심리적 효과에 대한 기대를 동반할지도 모른다. 위약 효과에 초점을 두고 있는 연구들은 운동에는 정서 변화에 대한 기대감이 수반된다고 결론 내리고 있다(McCann & Holmes, 1984). 비록 운동 프로그램에 참여하는 함으로써 기대 효과가 생길지라도, 위약 효과는 앞서 언급된 다른 심리적 및 생리적 기제들만큼 영향력이 있는 것처럼 보이지는 않는다.

뛰어난 이전 문헌들로부터, 급성 및 만성 운동이 스트레스를 줄이는 효과적인 방법이라는 것에는 의심의 여지가 없다. 운동으로 인한 스트레스나 불안 감소 기제에 대한 이해는 효과적인 처방을 개발하는데 기여할 것이다. 많은 연구들이 하나의 기제를 따로 보거나 탐색할지라도, 서로 다른 기제들은 상호작용적 방법으로 서로 협력한다. 일부 생리적 모형은 서로 밀접한 관계가 있을 가능성이 있다. 예를 들어서, 상승된 체온은 모노아민의 방출과 기능에 영향을 미칠 것이다(Morgan, 1985). 뿐만 아니라, 내분비계 기능과 모노아민과 엔돌핀의 방출의 상호관계를 뒷받침하는 연구가 있다(Smith & Curzner, 1994). 인지 기제는 친밀하게 연관되어 있고, 생리적 및 심리적 요인들 모두 신체 활동에서 관찰되는 불안의 감소를 중재하는 경향이 있다(Dienstbier, 1991). 운동으로 인한 불안의 감소를 중재하는 하나의 기제 또는 기제들의 상호작용적 효과는 사람들마다 다르게 나타날 수도 있다(Martinsen & Morgan, 1997). 심리적 감정의 변화를 촉진하는 운동에 대한 정확한 과정은 불확실하지만, 스트레스와 불안을 줄여주는 운동의 가치는 분명하다.

좋은 종속변인 고르기

설문지를 사용하여 심리적 변인들을 측정하고, 혈액의 화학적 분석을 하고, 또는 심리생리적 지표(예, 근전도, 심박수)를 관찰하는 것과 상관없이, 통계적으로 유의하지 않는 연구 결과에도 불구하고, 운동이 스트레스와 스트레스 반응에 효과가 있다는 확실한 증거가 있다(Berger, 1994, 1996; Berger, Friedmann, & Eaton, 1988; Berger & Owen, 1987, 1988; Biddle, 1995; J. D. Brown, 1991; Brown, Heberman, & Cohen, 1995; Kleine, 1994; Roth & Holmes, 1987; Shephard, 1995; Spielberger, 1987; Steptoe, Moses, Edwards, & Mathews, 1993). 그러나 그 효과 크기(effect sizes: ES)는 변수마다 그리고 연구마다 다양하다. 운동과 비운동 그룹 사이에 차이가 없음을 보여주는 연구들은 효과

크기의 추정과 결과에 대한 파워 분석을 하면 차이가 나타날 수도 있다. 스트레스 관리 프로그램은 피험자 수와 파워에 대한 문제를 제시하는 연구들보다 훨씬 더 효과적일 수 있다(cf., Andersen & Stoové, 1998). 메타 분석에서 보고된 평균과 개별 연구의 효과의 범위는 넓지만, 이러한 효과들은 정확히 무엇이며 무엇을 의미할까? 종속 변인의 선택에 관한 중요한 질문이 있다. 스트레스 연구에서, 대부분의 건강 및 의료 연구에서와 같이, 관심있는 결과 변인들이 무엇인가? Kaplan(1990)은 치명적일 수 있는 심근경색(MI)을 예방하는 젬파이브로질(gemfibrozil) 약물의 효과에 대한 연구(Frick et al., 1987)를 재분석하였다. 이 종단연구는 실험이 중단된 시점에서 젬파이브로질 환자가 위약 그룹보다 심근경색으로 인해서 사망할 가능성이 낮다고 보고하였다. 그러나, 추가 분석에서, 실험과 통제 그룹의 사망률은 비슷하다는 것을 발견하였다. 심근경색으로 사망한 젬파이브로질 그룹은 통제그룹보다 흔하진 않았지만, 두 집단의 사망률은 비슷했다. 그러므로, 이 약물은 궁극적인 종속변인, 다시 말해 사망률에 아무런 영향을 미치지 못했다.

종속 변인을 선택하는데 어떤 지표를 써야 할까? Kaplan(1990, 1994)은 건강 연구에서 마지막이자 가장 중요한 결과는 행동(혈액 화학적 분석이나 필기 테스트에서의 높은 점수가 아니라)이라고 주장했다. 처방된대로 중재를 한다면 사람들 더 나아진 수행을 하는 것과 같이, 정말로 행동이 변화하고 더 활동적이고 더 나은 삶의 질을 갖게 될까? 삶의 질을 향상시키는 게 목표인 의사들에게, 운동으로 인한 혈액의 화학적 변화는 그것이 행동과 삶의 질과 연관되어 있을 경우에만 관심이 있다. 우리는 스트레스와 운동(심리적, 생화학적, 그리고 정신생리적 방법)을 보는 여러 개의 다른 "지도"를 가지고 있고, 관심 "영역"은 행동과 삶의 질이다. 불행히도, 모든 경우에서, 지도는 영역이 아니다. 많은 지도의 또 다른 문제는 우리가 사용하는 다양한 지도를 위한 다른 "척도"가 무엇인지에 대한 막연한 아이디어만 가지고 있다.

Sechrest, McKnight, 그리고 McKnight(1996)는 스트레스와 운동의 관계에 대한 심리치료 연구 결과에서 지도와 영역에 대한 설득력있는 경고를 했다. 예를 들어, 우울증에 대한 심리치료 연구에서, 연구자는 심리 치료를 제공하는 처방 전 단계에서 Beck의 우울증 자가진단(Beck's Depression Inventory, BDI; Beck, Ward, Mendelson, Mock, & Erbaugh, 1961)을 확인하였고, 처방 후에 다시 한번 확인하였다. BDI 점수가 크게 떨어질 경우, 치료는 성공적이었다. 이것은 지나치게 단순화한 예이지만, 스트레스와 운동 연구에서 비슷한 경우가 있다. 지금까지의 스트레스와 운동에 관한 연구에서 변화를 기록하는데 사용된 가장 일반적인 "지도"는 스트레스의 일부 심리적 측면을 측정한 필기 테스트였다(예, STAI, POMS). 측정은 중재 이전에 이루어지고, 운동 처방 이후에 다시 측정한다. "스트레스" 점수의 변화는 실험그룹과 통제그룹 간에 비교된다. 이상한 말이지만, "지도"에 대한 스트레스 점수는 실험 그룹에서는 내려갔지만 통제그룹에서는 내려가지 않았다. POMS, STAI, 또는 BDI 점수의 변화나 코티졸의 변화는 무엇을 의미하는가? 예를 들어, 어떤 연구에서 "6주 동안 A특성 점수가 평균 5.6점이 떨어지고 효과 사이즈는 0.48"이라고 한다면, 무엇을 의미하는 것일까? 관계적으로(Cohen, 1988), 우리는 위에 언급된 효과가 중간 정도의 효과라는 것을 알지만, 그것이 정말로 의미하는 것이 무엇일까? 어떻게 행동으로 전환될까? 누군가의 삶에 영향을 미칠 정도로 충분한 변화인가? 돈을 지불할 만큼의 가치가 있는 변화인가? Sechrest와 동료들의 요점은 POMS나 불안 척도와 같이 스트레스와 운동 관련 연구에서 사용된 척도들처럼, 심리 치료 연구에서 사용된 도구들에 대한 확실한 교정이 없다는 점이다. 우리도 행동적 혹은 기능적 측면에서 POMS의 변화가 무엇을 의미하는지 모른다. 그러므로, 통계적으로 유의한 결과와 일반적으로 작은 효과 사이즈를 보고하는 연구들이 있지만, 급성 혹은 보다 장기간의 운동 중재의 결과로써 심리적, 생화학적, 그리고 정신생리학적 변인들에서 가끔 중간 그리고 큰 효과 사이즈가 보고되었다. 행동과 삶의 질 측면에서 의미하는 바가 무엇인지에 대한 확실한 정립은 아직까진 되지 않았다. 지도(STAI, POMS)에서 실제 영역(행동과 삶의 질)까지 그 변화를 가깝게 만드는 것이 운동 과학자들이 목표가 되어야 한다.

마지막 요점은 운동을 더 하는 것은 삶의 질을 향상시킬 수 있지만, 그렇지 않을 수도 있다는 것이다(이 책의 Shephard의 1장 삶의 질 부분을 봐라). 운동은 어떤 사람에게는 회피하고 싶은 일일 수도 있지만, 가족의, 사회적, 그리고 의료적 압력이 몇몇 개인에게는 운동에 참여하라는 강압이 될 수도 있고 그들의 관점에서 그것은 부담이 되는 일(그리고 사실상 스트레스 받는 일)이다. 우리는 "수술은 성공적이었으나 환자는 사망하였습니다"같은 의료 농담을 운동과 스트레스 연구에서 사용되지 않길 바란다(예, "운동 처방 후에 환자의 코티졸 수준이 상당히 떨어졌으나, 그는 운동을 싫어했고 하는 내내 우울했으며 그의 아이들에게 자주 소리를 질렀다"). 우리가 스트레스에 대한 운동의 효과를 측정하기 위한 지도로 사용한 것은 실제 관심 영역에서 멀리 떨어져 있을 수도 있다.

참고문헌

Andersen, M. B., & Stoové, M. A. (1998). The sanctity of p < .05 obfuscates good stuff: A comment on Kerr and Goss. *Journal of Applied Sport Psychology, 10*, 168-173.

Bahrke, M. S., & Morgan, W. P. (1978). Anxiety reduction following exercise and meditation. *Cognitive Therapy and Research, 2*, 323-333.

Bandura, A. (1977). Self-efficacy: Toward a unifying theory of behavioral change. *Psychological Review, 84*, 191-215.

Bandura, A. (1986). *Social foundations of thought and action*. Englewood Cliffs, NJ: Prentice-Hall.

Bandura, A. (1991). Self-efficacy mechanisms in physiological activation and health promoting behavior. In J. Madden (Ed.), *Neurobiology of learning, emotion, and affect* (pp. 229-269). New York: Raven Press.

Bandura, A., Cioffi, D., Taylor, C. B., & Brouillard, M. E. (1988). Perceived self-efficacy in coping with cognitive stressors and opioid activation. *Journal of Consulting and Clinical Psychology, 53*, 406-414.

Beck, A. T., Ward, C. H., Mendelson, M., Mock, J., & Erbaugh, J. (1961). An inventory for measuring depression. *Archives of General Psychiatry, 4*, 561-571.

Berger, B. G. (1994). Coping with stress: The effectiveness of exercise and other techniques. *Quest, 47*, 100-119.

Berger, B. G. (1996). Psychological benefits of an active lifestyle: What we know and what we need to know. *Quest, 48*, 330-353.

Berger, B. G., Friedmann, & Eaton, M. (1988). Comparison of jogging, the relaxation response, and group interaction for stress reduction. *Journal of Sport and Exercise Psychology, 10*, 431-447.

Berger, B. G., & Owen, D. R. (1987). Anxiety reduction with swimming: Relationships between exercise and state, trait, and somatic anxiety. *International Journal of Sport Psychology, 18*, 286-302.

Berger, B. G., & Owen, D. R. (1988). Stress reduction and mood enhancement in four exercise modes: Swimming, body conditioning, hatha yoga, and fencing. *Research Quarterly for Exercise and Sport, 59*, 148-159.

Biddle, S. (1995). Exercise and psychosocial health. *Research Quarterly for Exercise and Sport, 66*, 292-297.

Blumenthal, J., Fredrikson, M., Kuhn, R., Ulmer, M., Walsh-Riddle, M., & Appelbaum, M. (1990). Aerobic exercise reduces levels of sympathoadrenal responses to mental stress in subjects without prior evidence of myocardial ischemia. *American Journal of Cardiology, 65*, 93-98.

Boutcher, S. H., & Landers, D. M. (1988). The effects of vigorous running on anxiety, heart rate, and alpha activity of runners and nonrunners. *Psychophysiology, 25*, 696-702.

Brooks, S., & Long, B. (1987). Efficiency of coping with a real life stressor: A multimodal comparison of aerobic exercise. *Psychophysiology, 24*, 173-180.

Brown, A., Herberman, H., & Cohen, L. (1995). Managing stress and managing illness: Survival and quality of life in chronic disease. *Journal of Clinical Psychology in Medical Settings, 2*, 309-333.

Brown, J. D. (1991). Staying fit and staying well: Physical fitness as a moderator of life stress. *Journal of Personality and Social Psychology, 60*, 555-561.

Cohen, J. (1988). *Statistical power analysis for the behavioral sciences* (2nd ed.). Hillsdale, NJ: Erlbaum.

Crews, D. J., & Landers, D. M. (1987). A meta-analytic review of aerobic fitness and reactivity to psychosocial stressors. *Medicine and Science in Sports and Exercise, 19*, S114-S120.

Derogatis, L. S. (1980). *SCL-90: Administration, scoring, and interpretation manual* (rev. ed.). Baltimore: Clinical Psychometrics Research Unit, Johns Hopkins University School of Medicine. deVries, H. A. (1987). Tension reduction with exercise. In W. P. Morgan & S. E. Goldston (Eds.), *Exercise and mental health* (pp. 99-104). Washington, DC: Hemisphere.

Dienstbier, R. A. (1989). Arousal and physiological toughness: Implications for mental and physical health. *Psychological Review, 96*, 84-100.

Dienstbier, R. A. (1991). Behavioral correlates of sympathoadrenal reactivity: The toughness model. *Medicine and Science in Sports and Exercise, 23*, 846-852.

Dishman, R. K. (1994). Biological psychology, exercise, and stress. *Quest, 64*, 28-59.

Dishman, R. K. (1997). The norepinephrine hypothesis. In W. P. Morgan (Ed.), *Physical activity and mental health* (pp. 199-212). Washington, DC: Taylor & Francis.

Dzewaltowski, D., Acevedo, E., & Pettay, R. (1992). Influence of cardiorespiratory fitness information on cognitions and physical activity. *Medicine and Science in Sports and Exercise, 24*, S24.

Freud, S. (1960). *Psychopathology of everyday life* (J. Strachey, Trans.). New York: Norton. (Original work published in 1901)

Frick, M. K., Elo, O., Haapa, K., Heinonen, O. P., Helo, P., Huttunen, J. K., Kaitaniemi, R., Koskinen, P., & Manninen, V. (1987). Helsinki Heart Study: Primary prevention trial with gemfibrozil in middle-aged men with dyslipidemia. *The New England Journal of Medicine, 317*, 1237-1245.

Galbo, H., Kjaer, M., Richter, E., Sonne, B., & Mikines, K. (1986). The effects of exercise on norepinephrine and epinephrine responses with special reference to physical training and metabolism. In N. Christiansen, O. Henriksen, & N. Lassen (Eds.), *The sympathoadrenal system: Physiology and pathophysiology* (pp. 174-184). New York: Raven Press.

Goldfarb, A. H., Hatfield, B. D., Armstrong, D., & Potts, J. (1990). Plasma beta-endorphin concentration: Response to intensity and duration of exercise. *Medicine and Science in Sports and Exercise, 22*, 241-244.

Goldfarb, A. H., Hatfield, B. D., Potts, J., & Armstrong, D. (1991). Beta-endorphin time course response to intensity of exercise. *International Journal of Sports and Medicine, 12*, 264-268.

Hatfield, B. D. (1991). Exercise and mental health: The mechanisms of exercise-induced psychological states. In L. Diamant (Ed.), *Psychology of sport, exercise, and fitness: Social and personal issues* (pp. 17-49). New York: Hemisphere.

Hoffman, P. (1997). The endorphin hypothesis. In W. P. Morgan (Ed.), *Physical activity and mental health* (pp. 163-177). Washington, DC: Taylor & Francis.

Hull, E.,Young, S., & Ziegler, M. (1984). Aerobic fitness affects cardiovascular and catecholamine response to stressors. *Psychophysiology, 21*, 353-360.

Kaplan, R. M. (1990). Behavior as the central outcome in health care. *American Psychologist, 45*, 1211-1220.

Kaplan, R. M. (1994), The Ziggy theorem: Toward an outcomes-focused health psychology. *Health Psychology, 13*, 451-460.

Kleine, D. (1994). Sports activity as a means of reducing school stress. *International Journal of Sport Psychology, 22*, 366-380.

Koltyn, K. F. (1997). The thermogenic hypothesis. In W. P. Morgan (Ed.), *Physical activity and mental health* (pp. 213-232). Washington, DC: Taylor & Francis.

Koltyn, K. F., & Morgan, W. P. (1993). The influence of wearing a wetsuit on core temperature and anxiety responses during underwater exercise. *Medicine and Science in Sports and Exercise, 25,* S45.

Kuusinen, J., & Heinonen, M. (1972). Immediate after effects of the Finnish sauna on psychomotor performance and mood. *Journal of Applied Physiology, 56,* 336-340.

LaPerriere, A., Ironson, G., Antoni, M. H., Schneiderman, N., Klimas, N., & Fletcher, M. A. (1994). Exercise and pychoneuroimmunology. *Medicine and Science in Sports and Exercise, 26,* 182-190.

Lazarus, R. S., & Folkman, S. (1984). *Stress, appraisal, and coping.* New York: Springer.

Light, K., Orbist, P., James, S., & Strogatz, D. (1987). Cardiovascular responses to stress. II. Relationship to aerobic fitness patterns. *Psychophysiology, 24,* 79-86.

Long, B. C., & Van Stavel, R. (1995). Effects of exercise training on anxiety: A meta-analysis. *Journal of Applied Sport Psychology, 7,* 167-189.

Martinsen, E. W., & Morgan, W. P. (1997). Antidepressant effects of physical activity. In W. P. Morgan (Ed.), *Physical activity and mental health* (pp. 93-106). Washington, DC: Taylor & Francis.

Mathur, D., Toriola, A., & Dada, C. (1986). Serum cortisol and testosterone levels in conditioned male distance runners and non-athletes after maximal exercise. *Journal of Sports Medicine, 26,* 245-250.

Mazzeo, R. S. (1991). Catecholamine responses to acute and chronic exercise. *Medicine and Science in Sports and Exercise, 23,* 839-845.

McAuley, E., & Courneya, K. S. (1992). Self-efficacy relationships with affective and exertion responses to exercise. *Journal of Applied Social Psychology, 22,* 312-326.

McAuley, E., Courneya, K. S., & Lettunich, J. (1991). Effects of acute and long-term exercise on self-efficacy responses in sedentary, middle-aged males and females. *The Gerontologist, 31,* 534-542.

McCann, I., & Holmes, D. (1984). The influence of aerobic exercise on depression. *Journal of Personality and Social Psychology, 46,* 1142-1147.

McNair, D. M., Lorr, M., & Doppelman, L. F. (1971). *Profile of Mood States manual.* San Diego, CA: Educational and Industrial Testing Service.

Morgan, W. P. (1985). Affective beneficence of vigorous physical activity. *Medicine and Science in Sports and Exercise, 17,* 94-100.

Morgan, W. P., & O'Connor, R. J. (1989). Psychological effects of exercise and sport. In A. J. Ryan & F. Allman (Eds.), *Sports medicine* (pp. 671-689). Orlando, FL: Academic Press.

Norris, R., Carroll, D., & Cochrane, R. (1992). The effects of physical activity and exercise training on psychological stress and well-being in an adolescent population. *Journal of Psychosomatic Research, 36,* 55-65.

Petruzzello, S. J., Landers, D. M., Hatfield, B. D., Kubitz, K. A., & Salazar, W. (1991). A meta-analysis on the anxiety-reducing effects of acute and chronic exercise. *Sports Medicine, 11,* 143-182.

Petruzzello, S. J., Landers, D. M., & Salazar, W. (1993). Exercise and anxiety reduction: Examination of temperature as an explanation for affective change. *Journal of Sport and Exercise Psychology, 15,* 63-76.

Raglin, J. S., & Morgan, W. P. (1987). Influence of exercise and quiet rest on state anxiety and blood pressure. *Medicine and Science in Sports and Exercise, 19,* 456-463.

Reeves, D. L., Levison, D. M., Justesen, D. R., & Lubin, B. (1985). Endogenous hyperthermia in normal human subjects: Experimental study of emotional states (II). *International Journal of Psychosomatics, 32,* 18-23.

Roth, D. L., & Holmes, D. S. (1987). Influence of aerobic exercise training and relaxation training on physical and psychologic health following stressful life events. *Psychosomatic Medicine, 49,* 355-365.

Rudolph, D. L., & McAuley, E. (1995). Self-efficacy and salivary cortisol responses to acute exercise in physically active and less active adults. *Journal of Sport and Exercise Psychology, 17,* 206-213.

Sechrest, L. B., McKnight, P., & McKnight, K. (1996). Calibration of measures for psychotherapy outcome studies. *American Psychologist, 51,* 1065-1071.

Selye, H. (1956). *The stress of life.* New York: McGraw-Hill.

Selye, H. (1974). *Stress without distress.* Philadelphia: Lippincott.

Selye, H. (1976). *The stress of life* (rev. ed.). New York: McGraw-Hill.

Shephard, R. J. (1995). Physical activity, fitness, and health: The current consensus. *Quest, 47,* 288-303.

Sime, W. (1996). Guidelines for clinical applications of exercise therapy for mental health. In J. L. Van Raalte & B. W. Brewer (Eds.), *Exploring sport and exercise psychology* (pp. 159-187). Washington, DC: American Psychological Association.

Simono, R. B. (1991). Anxiety reduction and stress management through physical fitness. In L. Diamant (Ed.), *Psychology of sport, exercise, and fitness: Social and personal issues* (pp. 17-49). New York: Hemisphere.

Smith, T., & Curzner, M. L. (1994). Neuroendocrineimmune interactions in homeostasis and autoimmunity. *Neuropathological Applied Neurobiology, 20,* 413-422.

Solomon, R. L. (1980). The opponent-process theory of acquired motivation: The costs of pleasure and the benefits of pain. *American Psychologist, 35,* 691-712.

Solomon, R. L., & Corbit, J. D. (1973). An opponentprocess theory of motivation: Cigarette addiction. *Journal of Abnormal Psychology, 81,* 158-171.

Sothmann, M. S. (1991). Catecholamines, behavioral stress, and exercise: Introduction to the symposium. *Medicine and Science in Sports and Exercise, 23,* 836-838.

Sothmann, M. S., Hart, B. A., & Horn, T. S. (1991). Plasma catecholamine response to acute psychological stress in humans: Relation to aerobic fitness and exercise training. *Medicine and Science in Sports and Exercise, 23,* 860-867.

Sothmann, M. S., Horn, T. S., Hart, B. A., & Gustafson, A. (1987). Comparison of discrete cardiovascular fitness groups on plasma catecholamines and selected behavioral responses to psychological stress. *Psychophysiology, 24,* 47-54.

Spielberger, C. D. (1987). Stress, emotions and health. In W. P. Morgan & S. E. Goldston (Eds.), *Exercise and mental health* (pp. 11-16). New York: Taylor & Francis, Spielberger, C. D., Gorsuch, R. L., & Lushene, R. E. (1970). *STAI manual for the State-Trait Anxiety Inventory.* Palo Alto, CA: Consulting Psychologists Press.

Spielberger, C. D., Gorsuch, R. L., & Lushene, R. E., Vagg, P. R., & Jacobs, G. A. (1983). *Manual for the State-Trait Anxiety Inventory (Form Y).* Palo Alto, CA: Consulting Psychologists Press.

Steptoe, A., Moses, J., Edwards, S., & Mathews, A. (1993). Exercise and responsivity to mental stress: Discrepancies between the subjective and physiological effects of aerobic training. *International Journal of Sport Psychology, 24,* 110-129.

von Euler, C., & Soderberg, V. (1957). The influence of hypothalamic thermoreceptive structures on the electroencephalogram and gamma motor activity. *Electroencephalography and Clinical Neurophysiology, 9,* 391-408.

Weidenfeld, S. A., Bandura, A. Levine, S., O'Leary, A., Brown, S., & Raska, K. (1990). Impact of perceived selfefficacy in coping with stressors on components of the immune system. *Journal of Personality and Social Psychology, 59,* 1082-1094.

Wildman, J., Kruger, A., Schmole, M., Niemann, J., & Matthaei, H. (1986). Increase of circulating beta-endorphinlike immunoreactivity correlates with the change in feeling of pleasantness after running. *Life Sciences, 38,* 997-1003.

Zuckerman, M., & Lubin, B. (1965). *Manual for the Multiple Affect Adjective Check List.* San Diego, CA: Educational and Industrial Testing Service.

Chapter

3

상해 예방

Urho M Kujala

역자 | 김영호(서울과학기술대학교)

서 론

스포츠와 운동 인구가 증가하면서 운동이 주는 혜택과 더불어 운동으로 인해 발생하는 상해에도 관심이 집중되었다(Helmrich, Ragland, Leung, & Paffenbarger, 1991; Kujala et al., 1995; Kujala, Kaprio, Sarna, & Koskenvuo, 1998; de Loes, 1990; Powell, Thompson, Caspersen, & Kendrick, 1987; Sandelin, Santavirta, Lattila, Vuolle, & Sarna, 1987). 스포츠 부상 치료는 금전적인 부담이 높기 때문에 상해에 대한 예방과 자신에게 적절한 활동이 의료적 측면과 경제적 측면에서 필요하다(InKlaar, 1994; Kujala et al., 1995; de Loes, 1990; Sandelin et al., 1987; Torg, Vegso, Sennelt, & Das, 1985). 몇몇 역학조사에서는 여러 가지 운동 상해의 형태와 빈도에 조사가 이루어졌지만, 각각의 상해에 대한 기준차이와 자료 수집과 기록의 불일치 등에 의해 비교 조사가 어려운 실정이다(Walter, Sutton, McIntosh, & Connolly, 1985). 상해의 위험은 종목마다 다양하게 나타난다: 대부분의 지구력 운동의 경우, 포뮬러1 카레이싱과 같은 위험이 높은 운동(이 운동의 경우 1950년~1994년 동안 69명의 드라이버가 목숨을 잃었다.)에 비하여 극단적으로 안전하다. 그리고 축구, 배구, 야구, 아이스하키 등의 대중적인 팀 스포츠의 상해 비율은 위의 극단적인 차이 사이에 위치한다(Kujala et al., 1995; de Loes,

1990). 비록 지구력 운동의 경우에 피로에 의한 상해 비율이 가장 높게 나타나지만 일시적이며, 영구적인 상해의 결과를 가지고 오는 경우는 거의 없다. 현대의 새로운 스포츠 중 빠른 스피드와 파워풀한 접촉을 필요로 하는 스포츠는 큰 상해를 동반한다.

상해 예방 프로그램이 시작되기 전에 우선적으로 이 문제에 대한 범위가 명확하게 정의되어야 한다. 둘째로, 요인과 구조에 대한 검증이 필요하다. 마지막으로 위험을 감소시키는 방법의 측정을 소개하고, 그에 따른 효과를 모니터링해야 한다.

이번 장의 목표는 모든 스포츠 상해 예방 연구의 검토가 아니다. 그러나 각각 연구의 상해와 예방에 대한 요약은 포함된다. 그리고 노인의 신체 활동과 관련하여 상해율의 감소에 대한 내용은 이번 장에서는 중점적으로 다루지 않았다.

상해 위험과 관련된 요인

스포츠 상해는 주어진 시간에 여러 가지 위험요소들이 상호작용하여 이루어지는 복합적 위험 현상이다. 간단하게, 엎드린 자세에서의 상해와 관련된 요소들은 외부적 요소와 내부적 요소로 구분할 수 있다(표 3.1; Lysens, de Weerdt, & Nieuwboer, 1991; Taimela, Kujala, & Osterman, 1990). 심한 상해 비율은 격렬한 접촉의 빈도와 비례하여 증가한다(Backx, Beijer, Bol, & Erich, 1991; Kujala et al, 1991). 하지만 보호도구가 상해를 줄여줄 수 있다. 대체적으로 성별의 차이에 따른 상해 위험은 적지만, 나이의 차이는 분명하게 드러난다. 성인 게임의 경우 여러 접촉이 이루어지고, 남성의 경우 더욱 거칠며, 같은 운동의 경우에서 여성보다도 상해 위험이 더 많다. 20~24세의 운동선수가 연간 상해 위험이 가장 크게 나타났으며, 이는 이 시기에 집중적으로 경쟁과 훈련이 이루어지기 때문일 것이다. 어린 선수들의 상해는 성인보다 확실히 적다(Baxter-Jones, Maffulli, & Helms, 1993; Hayes, 1978; Kujala et al., 1995; Nilsson & Rooas, 1978). 운동선수는 대체로 시합보다는 훈련 시간이 훨씬 더 많다. 그럼에도 불구하고 시합상황에서 선수의 부상 위험은 상해의 절반 수준이다(Kujala et al., 1995). 이는 연습 상황에서 보다 시합 상황에서 시간당 상해위험이 높음을 의미하는 것이다.

훈련의 종류, 빈도, 강도, 지속정도가 스트레스 상해의 주 원인이다. 지나치게 큰 키, 과체중, 선천적이거나 후천적인 해부학적 이상은 관절의 일부 스트레스 상해로 이어진다.

<표 3.1> 외부적 내부적 위험 요소(Lysens et al., 1991; van Mechelen, 1992; and Taimela et al., 1990)

외부적 위험 요소	내부적 위험 요소
노출 - 스포츠의 종류 - 노출 시간 - 팀 내 포지션 - 시합의 수준 - 신체 조건	신체 특성 - 나이 - 성별 - 체형 - 과거 부상력 - 관절의 기동성 - 근력 - 인대 불안정 - 운동 능력 - 스포츠-특정 기술
훈련 - 종류 - 양 - 해부학적 이상(신체적 기형)	
환경 - 표면의 종류 - 실내 vs 실외 - 날씨 - 계절 - 인간적 요소들 (팀 동료, 상대방, 심판, 코치, 관중들) - 스트레스 대처	심리학적 요소 - 동기 - 위험요소에 대한 체험
도구 - 보호 장비 - 도구의 재질(라켓, 스틱 등) - 의복, 신발	

상해 기록과 종류, 강도

상해 감시(injury surveillance)라는 표현은 발생과 관련된 요소라 칭해지는 자료의 계속적인 수집을 의미한다. 상해 감시 체계의 성공과 광범위한 측정 적용능력은 스포츠 상해, 상해 강도 및 스포츠 참여와 신뢰적으로 타당적으로 관련이 되어 있다(Finch, 1997). 비록 모든 스포츠 종목에서 같은 스포츠 상해 감시 체계가 이루어지는 것이 이상적이긴 하지만, 만약 목적이 인과적이거나 예방책의 효율성이라면, 감시체계는 그 특정상황에 맞게 이루어져야 한다(van Mechelen, 1997). 종합적으로 이야기하여, 스포츠 상해 감시 체계는 모든 상허의 구조를 정확하게 확인할 수는 없다. 불행하게도, 각각의 연구와 상해 비율의 비교는 방법론적 차이에 의하여 복잡하게 나타난다(Kraus & Burg, 1970; Meeusisse & Love 1997; Walter et al., 1985). 또한 각기 다른 감시체계하에서 상황을 책임지고 있는 사람들끼리의 의견일치가 필요하다. 대략적으로 사례 연구와 코호트 연구로 분류할 수 있다. 상해 결과의 측정은 상해의 정의(종류), 상해 정도의 측정, 정보수집방법이 포함된다; 노출의 측정은 위험에 처한 인구와 위험 노출과 관련된 시간이 포함된다(N. Thompson et al., 1987). 구체적으로, 상해의 발생은 (a) 스포츠 상해에 노출되지 않는 피험자가 있을 때, 총 인구 당 (b) 위험에 노출된 인구의 활동 또는 (c) 노출되는 시간의 정도에 의해 계산된다(de Loes, 1997). 결과는 상황에 따라서 해석이 되어야 한다. 연습 시간의 부재는 종종 상해의 종류와 정도 기준에 사용된다. 이것은 상해를 보고하는 방법의 기준 중 하나이지만, 실제적인 의료행위 결과와 관련된 것은 아니다. 의료적 행위가 필요한 상해 정보 수집의 대부분은 "수동적인" 방법을 사용하여 쉽게 모을 수 있다. 보험 요청, 수술의 여부와 의료 기록의 검토 등을 통한 방법이다. 그러나 이러한 수동적 방법은 종종 실제 상해 상황으로 과소평가되기 쉽다. 예측적인 방법을 사용한 연구는 좀 더 타당적 비교를 할 뿐만 아니라 대체적으로 위험에 처한 소수의 그룹에 초점이 맞춰져 있고 이러한 연구만이 이따금 발생하는 심각한 부상을 잡아낼 수 있다. "수동적인" 방법을 이용한 연구는 자주 심각한 상해의 많은 경우를 덮고 이러한 연구를 기반으로 다른 종류의 스포츠의 경우에서 심각

<표 3.2> 상해 감시 자료 수집시 고려해야 할 중요 사항(Finch, 1997에서 재구성)

1. 무엇을 상해로 할 것인지에 대한 정확한 기준 및 정의
2. 상해 발생 시점의 스포츠 이벤트와 특정 행동
3. 시합의 수준
4. 상해 발생 장소
5. 상해 발생 기제, 급성 또는 과도사용 및 기능부전 확인
6. 감독의 수준
7. 상해의 특성(염좌, 골절 등)
8. 상해 부분
9. 상해의 정도(활동 불능, 일할 시간의 분실, 치료의 필요, 치료 비용, 영구적 장애 발생 등)
10. 상해 선수의 성격
11. 치료의 필요(지속정도 및 속성)
12. 보호 장비의 사용
13. 경기 규칙 준수(파울플레이와 상해)
14. 상해 비용(직, 간접적)
15. 노출 자료 정의
16. 단일성의 측정(vs. 자료 수집 인원의 교육)과 자료 수집을 위한 시간의 요구(현실적으로 가능한가?)
17. 제한점의 인정 또는 오차의 근원 – 결과를 제시할 때 같이 기술

한 상해의 프로파일을 정의할 가능성이 있다. 그러므로 올바르게 해석할 때, 두 종류의 연구는 상해의 예방과 운동 상담의 기초자료로 사용할 수 있는 중요 정보를 제공할 수 있다. 〈표 3.2〉는 상해 정보 수집을 시작할 때 고려해야 하는 중요 사항이다.

상해 예방 프로그램의 효율성, 비효율성, 부정적 효과

연구는 스포츠 상해 예방을 목적으로 한 전략이 유용할 것이며 여러 스포츠 상황에서 상해를 대처하기 위한 효율적인 중재 전략들로 룰을 변화시키거나 장비를 통하여 향상시킬 수 있다고 한다(Johnson, Ettlinger, & Shealy, 1989; Schieber et al , 1996; Sim, Simonet, Melton, & Lean, 1987; Torg et al., 1985). 어떤 방법은 부정적인 효과를 가지고 있거나 아무런 효과가 없다는 것 또한 알아야만 한다. 종종 거론되는 예는 1960년대의 미식축구에서 사용된 헬멧이다. 그것은 다른 머리부상과 뇌출혈로부터 사망하는 숫자를 줄였지만, 경추의 골절과 사지마비의 숫자를 증가시키는 결과를 가져왔다(Torg et al., 1985). 100건이 넘는 경추골절과 탈구가 1970년대에 보고가 되었다. 태클을 위하여 처음에 들어가는 접촉행위에서 헬멧의 탑으로 들어가는 행위는 금지하는 규칙이 생겼다. 그 이후에 경추골절과 탈구에 대한 상해는 감소가 된 것으로 보고되었다(Torg et al., 1985).

보호장비를 착용한 사람과 그렇지 않은 사람들의 비교 관찰연구를 위하여 표본추출(nonrandom selection)이 이루어졌다. 확인을 위하여 특별한 장치의 바인딩을 착용하여 스키활강 시 하체의 위험을 줄이기 위한 실험을 하였다(Johnson et al., 1989). 또한 손목 보호대와 팔꿈치 패드가 인라인 스케이트 시 상체를 보호해 줄 수 있는지 실험을 하였다(Schieber et al., 1996). 축구에서는 안전을 위한 중재전략, 향상된 처치 그리고 재활치료는 향후의 상해를 방지하는데 효과적인 것으로 나타났다(Ekstrand & Gillquist, 1983; Ekstrand, Gillquist, & Liljedahl, 1983), 하지만 이런 연구하기 번거로운 프로그램들은 다른 연구자들에 의하여 다시 시행되지는 않았다. 스트레칭처럼 상해를 예방해 줄 것이라 여겨지는 방법들의 과학적인 증명을 위한 지속적 연구가 부족하다. 물론, 연구들 간에 많은 차이와 문제가 있고, 그 자료는 메타분석을 하기에는 너무 흩어져 있다.

상해 예방: 어떻게 계속해야 하는가?

　상해 예방 프로그램의 효율성을 위한 질 높은 과학적 연구가 필요하다는 것은 분명하며, 새로운 상황에서 발생되는 상해상황에 대한 자료뿐만 아니라 가장 비극적인 스포츠 상해 상황을 수집하기 위한 시스템 구축 또한 중요하다.

　예를 들어, 스포츠의 새로운 형태에서 보면, 스노우보드 상해에 대한 정보는 스키활강 시 상해를 입는 상황과 다르다. 스노우보드에서는 팔의 골절이 더 흔하게 일어난다(Bladin & McCrody, 1995). 현재 존재하는 상해 상황에 대한 자료와 그 구조는 스포츠 참여자들에게 교육되어야만 한다. 왜냐하면 이러한 지식들이 상해를 예방하는 하나의 방법이 될 수 있기 때문이다(Kujala et al., 1995). 상해를 줄이기 위해서, 각각의 스포츠만을 위한 예방법이 아이들에게 교육되어야만 한다. 대체적으로, 선수들 간의 격렬하고 거친 접촉을 약화시키는 것에 더 큰 초점을 맞출 필요가 있다. 아이스하키를 예로 들어보자. 척추의 부상을 피하기 위하여, 공격적인 체킹, 특히 선수 뒤에서나 링크 보드 가까운 곳에서의 체킹은 게임에서 최소화 하도록 룰이 정해져야만 한다. 공격적인 스틱의 사용은 아마 손이나 손목의 골절 위험을 증가시킬 것이다(Kujala et al., 1995). 얼굴의 상해가 흔하긴 하지만 그 상해율은 헬멧과 마스크의 사용으로 줄어들고 있다(Sane & Ylipaabalniemi, 1987).

　많은 스포츠 상해들은 피할 수 없는 사고이지만, 많은 경우 방지할 수 있다. 게임 규칙의 증가 등과 같은 방법은 선수들 간의 격렬한 접촉의 수를 줄일 수 있는 방법 중 하나이다. 룰의 철저한 이행과 보호 장비의 사용은 경기 중에 중요하며, 연습 중에서도 중요하다. 보호장비는 주목을 해야 할 필요가 있다. 왜냐하면 이미 부상당한 몸 또한 보호가능하기 때문이다. 그러나 보호 장비라는 중재전략 사용 전후에 대한 자료 타당성이 부족하다.

　또한 보호 장비 착용이나 상해가 발생한 상황 등 상해 조사로부터 얻어진 정보들은 매우 유용하다(Hrysomallis & Morrison, 1997). 가라데와 아이스하키와 같이 많은 스포츠를 활성화시키기 위하여 마우스가드의 사용은 시급한 실정이다. 어린선수들에게 많은 비용과 함께 오랫동안의 안면의 심각한 치료를 동반하는 치과적 치료를 대체할 수 있는 방법이다.

자전거의 헬멧은 머리, 두뇌 안면 상해를 보호할 수 있다고 과학적 입증이 되었다(D. C. Thompson & Patterson, 1998). 또한, 다른 스포츠에서 뇌진탕의 줄일 수 있는 방법으로 많이 제안되고 있지만, 여러 상황들에서 과학적인 증명보다는 이론적인 증거만이 존재할 뿐이다(McCrogy & Berkovic, 1998). 이러한 방법들은 머리의 부딪침, 마우스가드, 헬멧, 헤드기어 등의 사용과 같은 규칙의 변화 또한 포함한다.

때때로 규칙의 변화와 그 스포츠의 이데올로기 까지도 변화될 필요가 있다. 가라데의 경우, 손과 발의 위한 보호 패딩이 소개가 되었고 그것은 심각한 부상을 줄였지만 동시에 그보다 약한 부상은 늘게 되었다(McLatchie & Morris, 1977). 그러므로 더 많은 보호 패딩의 사용은 향후 틀의 변형과 그 이념의 변화를 수반하고 그것은 선수들과 스포츠 조직에게 수용되기 어려울 수도 있다. 비슷하게, 축구에서 헤딩은 뇌에 손상을 주는 것으로 여겨짐에도 헤딩이 없는 축구를 상상하기는 어려울 수도 있다(Tysvaer, 1992).

발목과 무릎의 상해를 막기는 어려울 것이다. 발목 상해를 줄이기 위한 옵션은 발목 디스크 훈련, 발목 근육, 인대 등의 훈련이다(Gauffin, Tropp, & Oderrick, 1988; Rovere, Clarke, Yates, & Burley, 1988). 지금까지의 연구들에 기초하여 Robbins와 Waked(1998)는 사람에 있어서 발의 감각은 맨발일 경우 가장 예민하지만 신발을 신은 경우 비틀림 현상 때문에 발목 삠이 자주 발생한다고 하였다. 신발을 신은 선수의 발목 삠을 줄여주는 가장 좋은 방법은 촉각을 최대화 시킬 수 있는 가능성 신발을 신어 발의 위치에 대한 의식을 유지시킬 수 있을 것이다. 물론 발목 안정성의 예방은 발목 부상을 예방하는 것으로 보이나, 그에 대한 후속적인 연구가 이어져야 할 것이다(Sitler & Horodyski, 1995). 과거 무릎 상해가 없었던 선수들을 대상으로 무릎보호대를 착용한 결과 무릎인대에 대한 상해율은 줄었지만 전체적인 상해율을 줄지 않은 것으로 나타났다(Baker, 1990). 무릎의 상해는 향후 무릎관절염을 진행 또한 가져올 것이다(Kujala, Kaprio, & Sarna, 1994). 관절 수술과 인대 불안정을 치료하기 위한 재건 수술은 장애가 장애를 동반하지 않고 향후 퇴행성 관절염이 진행되지 않을 때에 이루어져야만 한다.

천천히 이루어지는 훈련은 각각의 조직들이 적응할 수 있는 시간을 제공하며 이것들은 스트레스(피로)로 인한 상해를 예방하는 기초가 된다. 예를 들어, 생물학적인 상해의 치료 보조 장치를 이용한 교정 등은 비록 과학적인 증거가 부족하다고 하더라도 몇몇의 상해를 예방할 수 있을 것이다.

요약하자면, 현재 존재하는 상해의 종류와 구조에 관한 지식을 기초로 하여, 우리는 사람들에게 스포츠 참여시 발생할 수 있는 위험성을 알리고, 특정 스포츠 상해의 위험성에 대한 정보를 제공할 수 있다. 연구자, 임상 의사 그리고 스포츠 조직이 여기서 중요한 역할을 할 것이다. 또한 좀 더 안전하게 할 수 있는 규칙의 변화와 보호 장비의 착용에 대한 가능성의 조사가 계속 이루어져야 할 것이다. 향후의 과학적 연구들은 상해를 줄일 수 있는 많은 방법의 효율성에 대한 테스트가 이루어져야 할 것이다. 새로운 방식이 적용된 스포츠는 특정 상해에 대한 모니터링이 필요하다. 전체적인 전략뿐만 아니라 트레이너, 코치 및 팀 의료진은 부상이 발생하기 쉬운 개인을 구분하고 상해의 재발과 새로운 상해를 방지하기 위한 그들에게 맞는 트레이닝과 재활 프로그램을 제공해야 한다.

참고문헌

Backx, F. J. G., Beijer, H. J. M., Bol, E., & Erich, W. B. M. (1991). Injuries in high-risk persons and high-risk sports. *American Journal of Sports Medicine, 19*, 124-130.

Baker, B. E. (1990). Prevention of ligament injuries to the knee. *Exercise and Sport Sciences Reviews, 18*, 291-305.

Baxter-Jones, A., Maffulli, N., & Helms, P. (1993). Low injury rates in elite athletes. *Archives of Disease in Childhood, 68*, 130-132.

Bladin, C., & McCrory, P. (1995). Snowboarding injuries: An overview. *Sports Medicine, 19*, 358-364.

Ekstrand, J., & Gillquist, J. (1983). The avoidability of soccer injuries. *International Journal of Sports Medicine, 4*, 124-128.

Ekstrand, J., Gillquist, J., & Liljedahl, S. O. (1983). Prevention of soccer injuries: Supervision by doctor and physiotherapist. *American Journal of Sports Medicine, 11*, 116-120.

Finch, C. F. (1997). An overview of some definitional issues for sports injury surveillance. *Sports Medicine, 24*, 157-163.

Gauffin, H., Tropp, H., & Odenrick, P. (1988). Effect of ankle training on postural control in patients with functional instability of the ankle joint. *International Journal of Sports Medicine, 9*, 141-144.

Hayes, D. (1978). An injury profile for hockey. *Canadian Journal of Applied Sport Sciences, 3*, 61-64.

Helmrich, S. P., Ragland, D. R., Leung, R. W., & Paffenbarger, R. S. (1991). Physical activity and reduced occurrence of non-insulin-dependent diabetes mellitus. *New England Journal of Medicine, 325*, 147-152.

Hrysomallis, C., & Morrison, W. E. (1997). Sports injury surveillance and protective equipment. *Sports Medicine, 24*, 181-183.

Inklaar, H. (1994). Soccer injuries. Incidence and severity. *Sports Medicine, 18*, 55-73.

Johnson, R. J., Ettlinger, C. F., & Shealy, J. E. (1989). Skier injury trends. In R. J. Johnson, C. D. Mote, & M.-H. (Eds.), *Skiing trauma and safety: Proceedings of the Seventh International Symposium* (pp. 25-31). Philadelphia: American Society For Testing and Materials (ASTM) [ASTM STP, *1022*].

Kujala, U. M., Kaprio, J., & Sarna, S. (1994). Osteoarthritis of the weight bearing joints of the lower limbs in former élite male athletes. *British Medical Journal, 308*, 231-234.

Kujala, U. M., Kaprio, J., Sarna, S., & Koskenvuo, M. (1998). Relationship of leisure-time physical activity and mortality: The Finnish twin cohort. *Journal of the American Medical Association, 279*, 440-444.

Kujala, U. M., Taimela, S., Antti-Poika, I., Orava, S., Tuominen, R., & Myllynen, P. (1995). Acute injuries in soccer, ice hockey, volleyball, basketball, judo, and karate: Analysis of national registry data. *British Medical Journal, 311*, 1465-1468.

Kraus, J. F., & Burg, F. D. (1970) Injury reporting and recording: Some essential elements in the collection and retrieval of sports injury information. *Journal of the American Medical Association, 213*, 438-447.

de Loës, M. (1990). Medical treatment and costs of sportsrelated injuries in total population. *International Journal of Sports Medicine, 11*, 66-72.

de Loës, M. (1997). Exposure data. Why are they needed? *Sports Medicine, 24*, 172-175.

Lysens, R. J., de Weerdt, W., & Nieuwboer, A. (1991). Factors associated with injury proneness. *Sports Medicine, 12*, 281-289.

McCrogy, P. R., & Berkovc, S. (1988). Concussive convulsions: Incidence in sport and treatment recommendations. *Sports Medicine, 25*, 131-136.

McLatchie, G. R., Davies, J. E., & Caulley, J. H. (1980). Injuries in karate: A case for medical control. *Journal of Trauma, 20*, 956-958.

McLatchie, G. R., & Morris, E. W. (1977). Preventionof karate injuries: A progress report. *British Journal of Sports Medicine, 11*, 78-82.

van Mechelen, W. (1992). *Aetiology and prevention of running injuries*. University of Amsterdam. Amsterdam: The Netherlands.

van Mechelen, W. (1997). Sports injury surveillance systems. 'One size fits all?' *Sports Medicine, 24*, 164-168.

Meeuwisse, W. H., & Love, E. J. (1997). Athletic injury reporting: Development of universal systems. *Sports Medicine, 24*, 184-204.

Nilsson, S., & Rooas, A. (1978). Soccer injuries in adolescents. *American Journal of Sports Medicine, 6*, 358-361.

Powell, K. E., Thompson, P. D., Caspersen, C. J., & Kendrick, J. S. (1987). Physical activity and the incidence of coronary heart disease. *Annual Reviews of Public Health, 8*, 253-287

Robbins, S., & Waked, E. (1998). Factors associated with ankle injuries. Preventive measures. *Sports Medicine, 25*, 63-72.

Rovere, G., Clarke, T., Yates, C., & Burley, K. (1988). Retrospective comparison of taping and ankle stabilizers in preventing ankle injuries. *American Journal of Sports Medicine, 16*, 228-233.

Sandelin, J., Santavirta, S., Lättilä, R., Vuolle, P., & Sarna, S. (1987). Sport injuries in a large urban population: Occurrence and epidemiologic aspects. *International Journal of Sports Medicine, 8*, 61-66.

Sane, J., & Ylipaavalniemi, P. (1987). Maxillofacial and dental soccer injuries in Finland. *British Journal of Oral and Maxillofacial Surgery, 25*, 383-390.

Schieber, R. A., Branche-Dorsey, C. M., Ryan, G. W., Rutherford, G. W., Stevens, J. A., & O'Neil, J. (1996). Risk factors for injuries from in-line skating and the effectiveness of safety gear. *New England Journal of Medicine*, *335*, 1630-1635.

Sim, F. H., Simonet, W. T., Melton, L. J., & Lehn, T. A. (1987). Ice hockey injuries. *American Journal of Sports Medicine*, *15*, 86-96.

Sitler, M. R., & Horodyski, M. B. (1995). Effectiveness of prophylactic ankle stabilizers for prevention of ankle injuries. *Sports Medicine*, *20*, 53-57.

Taimela, S., Kujala, U. M., & Österman, K. (1990). Intrinsic risk factors and athletic injuries. *Sports Medicine*, *9*, 205-215.

Thompson, D. C., & Patterson, M. Q. (1998). Cycle helmets and the prevention of injuries: Recommendations for competitive sport. *Sports Medicine*, *25*, 213-219.

Thompson, N., Halpern, B., Curl, W. W., Andrews, J. R., Hunter, S. C., & McLeod, W. D. (1987). High school football injuries: Evaluation. *American Journal of Sports Medicine*, *15*, 117-124.

Torg, J. S., Vegso, J. J., Sennelt, B., & Das, M. (1985). The national football head and neck injury registery. 14-year report on cervical quadriplegia, 1971 through 1984. *Journal of the American Medical Association*, *254*, 3439-3443.

Tysvaer, A. T. (1992). Head and neck injuries in soccer: Impact of minor trauma. *Sports Medicine*, *14*, 200-213.

Walter, S. D., Sutton, J. R., McIntosh, J. M., & Connolly C. (1985). The aetiology of sport injuries: A review of methodologies. *Sports Medicine*, *2*, 47-58.

Watson, A. W. S. (1993). Incidence and nature of sports injuries in Ireland: Analysis of four types of sport. *American Journal of Sports Medicine*, *21*, 137-143.

Chapter

4

스포츠손상 재활의 심리학적 관점: 생물심리사회학적 접근

Britton W. Brewer | Mark B. Andersen | Judy L. Van Raalte

역자 | 김경원(서원대학교)

요 약

본고에서는 심리학의 관점에서 스포츠손상의 재활(sport injury rehabilitation)을 다룬 문헌들을 간략히 살펴보고자 한다. 스포츠손상이 초래하는 심리적 결과 그리고 심리적 요인들과 스포츠손상의 재활 결과가 어떠한 관계가 있는지를 다룬 연구들을 중심으로 논의하고자 한다. 또한 생물학적, 심리적, 사회적 요인들이 스포츠손상의 재활에 미치는 영향을 이해하는데 필요한 모델이 소개된다.

스포츠손상 재활의 심리학적 관점: 생물심리사회학적 접근

신체적 손상은 많은 경우 스포츠나 운동으로 인해 발생하기 때문에, 스포츠손상은 공중보건과 관련하여 중요한 문제이다(Caine, Caine, & Lindner, 1996). 스포츠손상이 어느 정도 많이 발생하는지는 최근 영국에서 실시된 연구에서 잘 나타난다. 이에 따르면, 모든 손상의 1/3이 스포츠 혹은 운동에서 발생하고 있으며, 손상 원인에 있어 스포츠와 운동이 1위로 나타났다(Uitenbroek, 1996). 신체 활동에 의한 손상은 미국에서도 매우 많이 발생하고 있다. 스포츠와 레크리에이션에 의한 손상이 매년 성인과 아동들에게서 대략 300만~1,700만 건이 발생하고 있다(Bijur 등, 1995; Booth, 1987; Kraus & Conroy, 1984).

대부분의 스포츠손상 재활전문가들은 어떠한 신체적 요인들이 회복율과 회복의 질 그리고 기능 회복에 영향을 미치는지에 많은 관심을 가졌다. 그러나 지난 30년간 재활 과정을 심리학의 관점에서 조명하려는 움직임이 강화되었다. 본고에서는 심리학의 관점에서 스포츠손상의 재활을 다룬 문헌들을 간략히 살펴보고자 한다. 스포츠손상이 초래하는 심리적 결과 그리고 심리적 요인들과 스포츠손상의 재활 결과가 어떠한 관계가 있는지를 다룬 연구들을 살펴본 후, 생물학적, 심리적, 사회적 요인들이 스포츠손상의 재활에 미치는 영향을 조사하는데 필요한 모델이 소개된다.

스포츠손상의 심리적 결과

스포츠손상은 명확하게 나타나는 신체적 결과와 더불어 심리적 기능에도 영향을 미칠 수 있다. Little(1969)은 세미나 발표논문에서, 손상이 신경증적 증후의 시작보다 먼저 일어나며, 이는 남성의 경우 비운동선수보다는 운동선수에 더욱 해당된다는 사실을 보고했다. 이러한 발표 이후, 연구자들은 스포츠손상이 초래하는 심리적 결과에 점차 관심을 갖게 되었다. 인지적, 정서적, 행동적으로 스포츠손상에 어떻게 반응하는가에 대한 이론적, 실증적 검증 노력이 이루어졌다.

스포츠손상에 대한 심리적 반응 모델

스포츠손상이 심리적 기능에 미치는 영향을 설명하고자 심리학의 여러 분과 영역으로부터 이론 모델들이 도입되었다. 그리고 이러한 이론 모델들은 스포츠손상이 일어나는 상황에 맞도록 수정되었다. 스포츠손상에 대한 심리적 반응에 관한 기존의 대부분의 모델은 단계 모델(stage models) 혹은 인지평가 모델(cognitive appraisal models)의 두 부류로 구분될 수 있다(Brewer, 1994).

| **단계모델** 슬픔과 상실의 단계 모델은 손상에 의한 신체적 능력의 상실을 자아 상실의 한 형태(Peretz, 1970)로 여기며, 스포츠손상에 의한 심리적 결과를 설명하

는데 사용되어왔다. 스포츠손상을 당한 사람들은 긍정적 적응 상태로 진행하면서 예측할 수 있는 반응 단계를 거친다는 것이 대부분의 단계 모델들이 가지고 있는 핵심적인 가정이다. Kübler-Ross(1969)는 불치병을 가진 사람들의 반응을 설명하기 위해 부정, 분노, 타협, 우울, 수용이라는 연속적 단계로 구성된 모델을 제시했다. 이 모델은 특히 스포츠손상 연구자들에게 많이 알려져 있다(Astle, 1986; Lynch, 1988; B. Rotella, 1985).

단계 모델들의 일부 주장은 연구에 의해 지지를 받았다. 예를 들어, 스포츠손상에 대한 심리적 반응은 손상 발생 후 시간 경과에 따라 점차 적응 양상을 보이는 것이 일반적이다(McDonald & Hardy, 1990; Smith, Scott, O'Fallon, & Young, 1990; Uemukai, 1993). 그러나 또 다른 연구들은 원치 않는 여러 생활 사건들의 경우에서처럼(Silver & Wortman, 1980) 스포츠손상에 대한 심리적 반응과 관련하여 단계 모델식의 천편일률적인 패턴이 존재하지 않는다는 사실을 보여주고 있다(Brewer, 1994). 스포츠손상에 대한 심리적 반응은 손상을 당한 사람의 성격특성과 손상과 이에 따른 재활 상황에 따라 다를 수 있다(Brewer, 1994; Wiese-Bjornstal, Smith, Shaffer, & Morrey, 1998).

인지평가 모델 단계 모델은 스포츠손상에 의한 심리적 결과에 있어 개인적, 상황적 차이를 간과하는 경향이 있다. 이와는 달리, 인지평가 모델은 스포츠손상이 사람들에게 어떠한 영향을 미치는지를 결정하는데 있어 개인적, 상황적 요인들을 중시한다. 주로 스트레스와 대처 이론에 근거하여 인지평가 모델은 인지를 스포츠손상에 대한 심리적 반응의 중요한 결정 요인으로 간주한다. 손상 그리고 개인적 요인과 상황적 요인 간의 상호작용의 결과로서 발생하는 것으로 추측되는 손상의 후유증을 인지적으로 어떻게 해석하는가에 따라 스포츠손상에 대한 정서적, 행동적 반응이 달라질 수 있다(Brewer, 1994; Wiese-Bjornstal 등, 1998). 인지평가 모델의 관점에서 스포츠손상에 대한 인지적, 정서적, 행동적 반응 간의 관계는 일방향적이라기 보다는 양방향적 혹은 특정 상황에서는 호혜적 특성을 갖는다(Wiese-Bjornstal 등, 1998). 손상 후 인지적 해석(예: 비관적 사고)과 정서(예: 우울감) 간의 역동적 상호작용의 경우가 그러한 예에 속한다.

단계 모델과는 달리, 인지평가 모델은 관련 연구에서 확고한 지지를 얻었다. 개인적 특성과 상황적 변수 그리고 인지, 정서, 행동 간의 가설적 관계들이 실증 연구를 통해 지속적으로 입증되었다(Brewer, 1994 참조; Wiese-Bjornstal 등, 1998). 다음에서는 인지평가 모델의 타당성에 대한 증거들을 요약하여 제시하고자 한다.

스포츠손상에 대한 인지적, 정서적, 행동적 반응

스포츠손상에 대한 인지적 반응 일반적으로 스포츠손상은 예상치 못한 사건이다. 따라서 스포츠손상이 인지적 활동, 특히 귀인 과정을 자극하는 것은 당연하다(Wong & Weiner, 1981). 세가지 연구(Brewer, 1994; Laurence, 1997; Tedder & Biddle, 1998)의 결과를 보면, 운동선수가 자신의 손상 원인을 생각해내는 것은 어렵지 않다. 손상과 인지의 관계는 다음과 같은 사실에 의해 잘 나타난다. 즉, 전 해에 심각한 스포츠손상에 의해 고통을 받았던 선수가 전 해에 그러한 고통을 받지 않았던 선수에 비해 개입적 사고(intrusive thoughts)를 더 많이 경험하는 것으로 나타났다(Newcomer, Roh, Perna, & Etzel, 1998).

인지의 한 형태로서 자기지각의 변화에 대한 연구는 스포츠손상이 초래하는 결과와 관련한 연구에서 가장 많이 수행되었다. 스포츠손상이 자기참조적 인지(self-referent cognition)에 미치는 영향에 관한 연구들은 상이한 결과들을 보여주고 있다. 자아존중감이나 자기효능감이 손상 후 약화된다는 결과를 보여주는 연구들이 있는 반면에, 손상 후 자기지각에 있어서 어떠한 변화도 나타나지 않음을 보여주는 연구도 있다(Wiese-Bjornstal 등, 1998). 이러한 연구결과들의 불일치성에도 불구하고 스포츠손상에 대한 심리적 반응에 있어서 인지평가의 역할을 지지하는 연구결과가 많아지고 있다.

인지평가 모델에서 가정하는 것처럼, 개인적 특성과 상황적 특성은 손상 후 자기지각에 영향을 미친다. 특히, 손상 경험(Shaffer, 1992)과 직업적인 운동선수 생활에 대한 심리적인 투자(Kleiber & Brock, 1992) 그리고 외과적 수술(LaMott, 1994)과 같은 요인들은 손상 후 자기참조적 인지에 영향을 미친다. 예를 들어, Shaffer는 과거 발목 손상의 성공적 재활 경험이 다시금 발목 손상의 재활과정에서 재활 자기효능감에 긍정적인 영향을 미친다는 사실을 밝혀냈다. 스포츠손상에 대한 정서적, 행동적 반응과 인지평가와의 가설적 관계를 지지하는 결과들도 보고되고 있다. 손상의 원인을 포괄적 요인들(Brewer, 1991)과 내적 요인들(Tedder & Biddle, 1998)에서 찾는 것과 낮은 수준의 신체적 자아존중감(Brewer, 1993)은 스포츠손상 후의 정서적 유해 스트레스(distress)와 관련이 있다. 회복의 원인을 안정적이고 개인적으로 통제할 수 있는 요인들에 찾는 것(Laubach, Brewer, Van Raalte, & Petitpas, 1996), 손상 대처 능력의 평가(Daly, Brewer, Van Raalte, Petitpas, & Sklar, 1995), 재활 자기효능감(Taylor & May, 1996) 그리고 자아존중감 확실성(예: 지각된 자아존중감 위협의 결여)(Lampton, Lambert, & Yost, 1993)과 같은 인지적 변인들은 스포츠손상 재활에 대한 몰입 행동에 긍정적인 영향을 미친다. 이와 같이 현재의 연구들은 인지가 스포츠손상에 대한 심리적 반응에 있어 핵심적 역할을 한다는 점에 확신을 가지고 있다.

스포츠손상에 대한 정서적 반응 정서적 반응은 스포츠손상에 대한 심리적 반응과 관련한 학문적 탐구에 있어 가장 중요한 관심 영역이다. 연구결과들은 스포츠손상이 스트레스의 중요한 근원일 수 있으며(Brewer & Petrie, 1995) 또한 정서적 장애를 초래할 수 있음을 보여준다(Brewer & Petrie, 1995; Chan & Grossman, 1988; Johnson, 1997, 1998; Leddy, Lambert, & Ogles, 1994; Miller, 1998; Pearson & Jones, 1992; Perna, Roh, Newcomer, & Etzel, 1998; Roh, Newcomer, Perna, & Etzel, 1998; Smith 등, 1993). 손상을 입은 선수들이 경험하는 대부분의 정서적 적응의 어려움은 사실상 준임상적일 가능성이 있다(Heil, 1993). 그러나 스포츠손상을 당한 사람의 약 5~24% 만이 임상적으로 의미 있는 심리적 유해 스트레스의 수준을 경험하는 것으로 나타나고 있다(Brewer, Linder, & Phelps, 1995; Brewer, Petitpas, Van Raalte, Sklar, & Ditmar, 1995; Brewer & Petrie, 1995; Leddy 등, 1994; Perna 등, 1998).

위에서 기술된 손상 후 정서적 장애와 관련한 인지적 요인들 외에 개인적 요인들(예: 연령, 스포츠 참여에 대한 심리적 투자)과 상황적 요인들(예: 손상 기간, 손상의 심각성, 생활 스트레스, 회복 진척, 사회적 지지)도 스포츠손상 후의 정서에 영향을 미친다(Brewer, 1994 참조). 스포츠손상에 대한 정서적 반응과 행동적 반응 간의 가설적 관계와 관련하여, 손상 후의 정서적 장애는 스포츠손상 재활에 대한 몰입에 부정적인 영향을 미친다(Alzate, Ramirez, & Lazaro, 1998; Brickner,

1997; Daly 등, 1995).

스포츠손상에 대한 행동적 반응   일련의 행동들(예: 임상적 재활과정 참여, 집에서의 운동과제 수행, 지도자의 지시 준수)에 의해 나타나는 스포츠손상 재활에 대한 몰입은 스포츠손상에 대한 행동적 반응으로서 연구자들로부터 가장 많은 관심을 받았다. 몰입을 다양한 측정 방법으로 조사한 연구들을 살펴보면, 스포츠손상 재활에 대한 몰입은 40%에서 91%까지로 나타나고 있다(Brewer, 1998). 인지평가 모델에 근거하여 스포츠손상 재활에 대한 몰입과 관련한 변인들에는 개인적 특성(예: 자기 동기, 자아 몰입, 특성불안), 상황적 요인(예: 재활을 위한 사회적 지지, 지각된 손상 심각성), 인지적 반응(예: 회복의 원인 찾기, 손상 대처 능력에 대한 인지적 평가, 재활 자기효능감), 정서적 반응(예: 정서 장애), 행동적 반응(예: 수단적 대처) 등이 있다(Brewer, 1994 참조).

미래 연구 방향

스포츠손상의 심리적 결과에 관한 연구는 과거 30년 동안 양적으로 크게 증가했으며, 이론이나 방법론적 정확성에서 많은 발전을 거듭했다. 그렇지만 스포츠손상에 대해 사람들이 심리적으로 어떠한 반응을 보이는지에 대해서는 아직 많은 것이 밝혀지지 않고 있다. 특히, 적절한 통제 하(예: 손상을 당하지 않은 선수)에 이루어진 예정된(예: 손상 전) 반복측정설계를 사용한 연구는 매우 드물기 때문에 스포츠손상에 대한 심리적 적응이 일어나는 과정에 대한 결론을 내리기가 어렵다(Brewer, 1994; Wiese-Bjornstal 등, 1998). 뿐만 아니라 상관관계 설계에 의존함으로써 이론적 틀을 구성하는 요인들 간의 인과관계를 추론해내는 것이 어렵다. 따라서 스포츠손상의 심리적 결과에 대한 명확한 결론을 얻기 위해서는 시간 경과에 따라 발생하는 관계들을 이해할 수 있는 더욱 강력한 연구설계(실험설계 포함하여)와 통계적 절차가 필요하다(Brewer, 1994, 1998; Wiese-Bjornstal 등, 1998). 스포츠손상에 대한 심리적 반응에 관한 연구는 스포츠손상, 정서적 반응, 재활 몰입과 같은 핵심적인 구성 요인들에 대한 개념 정의와 측정에 더 많은 관심을 가질 필요가 있다(Brewer, 1998; Flint, 1998; Wiese-Bjornstal 등, 1998).

심리적 요인과 스포츠손상의 재활 결과

스포츠손상의 심리적 결과에 대한 설명과 이해가 발전했음에도 불구하고 임상 스포츠의학의 현장에 종사하는 심리전문가들은 드물다(Cerny, Patton, Whieldon, & Roehrig, 1992). 이러한 현상은 연구들이 스포츠손상 후 신체적 기능의 회복에 심리적 변인들(또한 궁극적으로는 심리적 중재들)이 미치는 실질적인 영향들을 보여줄 수 있을 때까지는 변하지 않을 것으로 보인다(Brewer, 1994). 사례보고나 상관관계 연구 또는 실증 연구로부터 도출된 증거들은 심리적 요인들이 스포츠손상의 재활 결과에 중요한 영향을 미칠 수 있음을 보여주고 있다(Cupal, 1998).

연구결과 개요

사례보고　몇 가지 사례보고의 결과들(Nicolo, 1993; R.J. Rotella & Campbell, 1983; Sthalekar, 1993)은 상담, 심상, 최면, 이완, 체계적 둔감화와 같은 심리적 중재가 재활의 심리적 측면(예: 자신감, 통증, 재손상 불안)뿐 아니라 스포츠손상 재활의 신체적 요인들(예: 관절의 가동 범위)에 긍정적 영향을 미칠 수 있음을 보여준다. 물론 사례연구의 어쩔 수 없는 한계로 인해 사례보고에서 나타나는 스포츠손상 재활에서의 심리적 중재의 효과에 대한 인과관계를 추론하기는 어렵다.

상관관계 연구　상관관계 설계를 사용한 연구는 인과관계를 밝힐 수 없다. 그러나 상관관계 연구는 어떠한 심리적 요인들이 스포츠손상의 재활과 관련이 있는지를 밝혀내고 이이 따라 효과적인 중재 전략을 선정하는데 도움이 된다. 상관관계 연구의 첫 번째 부류는 스포츠손상의 재활 결과에 대한 개인적, 상황적, 인지적, 정서적 예측요인을 밝혀내고자 했다. 심리적 요인들과 스포츠손상의 재활 결과와의 상관관계를 처음으로 발표한 연구에서는 다면적인성검사(MMPI)의 건강염려증(Hypochondriasis)과 히스테리 척도의 점수(수술 전 실시)가 무릎 수술 이후의 회복과 부적 관계가 있음을 밝혀냈다(Wise, Jackson, & Rocchio, 1979). 이러한 사실은 심리적 유해 스트레스가 스포츠손상으로부터의 회복을 방해할 수도 있음을 뜻한다. Shaffer(1992), LaMott(1994), Quinn(1996), Johnson(1996, 1997), Laubach 등

(1996), Grove & Bahnsen(1997), Laurence(1997), Alzate 등(1998), Niedfeldt(1998), Brewer, Cornelius 등(2000), Brewer, Van Raalte 등(2000)에 의해 후속 연구가 이루어졌다.

Shaffer(1992)는 재활 자기효능감이 발목 염좌 손상을 입은 선수의 재활과정 동안 관절의 기능과 정적 상관관계가 있음을 보고했다. LaMott(1994)는 수술 후 재활 결과(예: 슬관절 굴곡)가 낙관주의와는 정적, 좌절과 두려움과는 부적 관계가 있음을 보고했다. 재활의 서로 다른 네 단계에서 얻은 자료를 통해 Quinn(1996)은 재활 기간과 여러 요인들(예: 적극적 대처, 회복 자신감, 활력, 부정, 정서중심적 대처, 사회적 지지) 간에 의미 있는 상관관계가 있음을 밝혀냈다. 느린 회복과 상관성을 보인 사회적 지지를 제외하고 언급된 모든 요인들이 빠른 회복과 정적 상관관계가 있는 것으로 나타났다. Johnson(1996, 1997)은 손상 회복에 어려움을 가진 선수와 비교하여 적절한 회복 혹은 매우 남성적임을 지향하는 선수가 성공적 재활을 위한 목표들을 가지고 있으며, 손상 상황에 대한 긍정적 인지 평가와 재활에 대한 더욱 긍정적인 태도와 더 큰 자신감을 보이고, 사회적 지지에 덜 의존적이며(Gould, Udry, Bridges, & Beck[1977]의 질적 연구에서 밝혀진 것처럼), 손상 재활에 대한 불안감도 덜하며, 더 큰 보편적 안녕감(general well-being)을 경험하는 것으로 보고했다. Gould 등(1977)에 의해 수행된 질적 연구에서처럼, 사회적 지지에 대한 의존이 느린 회복과 관련이 있다는 결과는 흥미롭다. 두개의 횡단 연구(Brewer, Cornelius 등, 2000; Laubach 등, 1996)를 살펴보면, 회복의 원인을 안정적이며 개인적으로 통제할 수 있는 요인들에서 찾는 것과 무릎 수술로부터의 지각된 빠른 회복 간에는 상관관계가 있는 것으로 나타났다.

Grove와 Bahnsen(1998)은 자기보고식 형태로 제시된 몇가지 활용 대처 전략들과 스포츠손상으로부터의 회복 간에 의미 있는 상관관계가 있음을 보고했다. 특히, 심리적 해방과 긍정적 재해석, 정서적 초점/탈출구와 부정의 사용은 느린 회복과 그리고 수단적 사회적 지지의 사용은 빠른 회복과 관련이 있는 것으로 나타났다. Laurence(1997)는 발목 손상을 입은 신체 활동에 적극적인 사람들 중 빠른 회복을 기대하는 사람들이 느린 회복을 예상하는 사람들보다 실제 빠른 회복을 보였다는 사실을 밝혀냈다. Alzate 등(1998)은 정서 장애와 스포츠손상으로부터의 회복 간에 의미 있는 부적 관계가 있음을 보고했다. Niedfeldt(1998)는 손상 대처 능력에 대한 인지 평가와 손상으로부터의 완전한 회복 능력에 대한 믿음은 재활 동안의 근력과 높은 상관관계(> .85)가 있음을 알아냈다. 아주 최근에는 수슬 전 심리적 유해 스트레스와 운동선수로서의 정체성이 전방십자인대 재건술(anterior cruciate ligament reconstruction) 이후의 재활 결과 지수와 각각 부적, 정적 상관이 있음이 밝혀졌다(Brewer, Van Raalte 등, 2000).

상관관계 연구의 두 번째 부류는 행동적 요인, 재활 몰입, 스포츠손상의 재활 결과 간의 관계를 조사한 연구들이다. 5개의 연구(Alzate 등, 1998; Brewer, Van Raalte 등, 2000; Derscheid & Feiring, 1987; Quinn, 1996; Tuffey, 1991)에서 몰입과 결과 간의 정적 상관관계가 나타났다. 그러나 다른 연구들은 몰입과 결과 간의 상관관계를 입증하지 못했거나(Noyes, Matthews, Mooar, & Grood, 1983; Quinn, 1996) 부적 상관관계(Quinn, 1996; Shelbourne & Wilckens, 1990)를 보고했다. 스포츠손상의 재활에 있어 몰입과 결과 간의 관계가 최소한 부분적으로는 손상의 특성, 물리치료 프로토콜, 재활 단계, 몰입 지수에 따라 달라질 수 있음을 고려할 필요가 있는 듯하다.

상관관계 연구의 세 번째 부류에 속한 연구들은 모두 작은 표본 크기로 인해 제약점을 가지고 있다. 이들 연구들은 자기보고식 형태에 의거하여 사용되었다고 제시된 심리 기술들과 스포츠손상의 재활 결과 간의 관계를 조사하였다. Ievleva와 Orlick(1991)은 발목과 무릎 손상으로부터 빠른 회복을 보인 선수들이 느린 회복을 보인 선수들에 비해 목표설정, 긍정적 자기대화, 치료 심상을 더 많이 사용했음을 밝혀냈다. Loundagin과 Fisher(1993)는 목표설정 및 치료 심상과 관련하여 Ievleva와 Orlick(1991)의 연구를 지지하는 결과를 얻었다. 즉, 빠른 회복을 보인 선수들이 느린 회복을 보인 선수들에 비해 치료, 스트레스 이완, 긍정적 자기대화, 회복 심상에 더욱 주의를 기울였던 것으로 나타났다. Tuffey(1991)와 Latuda(1995)는 자기보고식 형태에 의거하여 사용되었다고 제시된 심리 기술들과 스포츠손상 회복도 간에 의미 있는 상관관계를 입증하지 못했다. 그렇지만 이 두 연구의 대상자는 22명 미만이었으며, 일부 상관관계 계수는 예측 방향성에 있어 .26 이상으로 나타났다. 그러나 Tuffey(1991)는 Quinn(1996)의 연구결과와는 달리 사회적 지지를 많이 받은 선수들이 그렇지 않은 선수들에 비해 더 빠른 회복을 보이는 경향이 있음을 밝혀냈다. 이러한 부류의 상관관계 연구들은 일치된 결과를 보여주지 못하고 있다. 그러나 스포츠손상의 재활에서 심리 기술의 사용이 효과적임을 부분적으로 지지하고 있다.

실증연구

심리적 요인들은 스포츠손상의 재활 결과에 영향을 미친다. 이에 대한 가장 강력한 실증적 증거는 실험설계를 사용한 연구들에서 나왔다. 스포츠손상으로부터의 회복과 관련한 실증연구들이 심리학 분야에서 이루어졌다. 이러한 연구들은 재활 결과의 중재변인에 영향을 미치는 것으로 추측되는 심리적 중재의 효과에만 집중했다. 스포츠손상의 재활에서 가장 많이 연구된 심리적 중재는 바이오피드백으로서, 재활 결과를 개선시키는데 효과적인 것으로 잘 알려져 있다(리뷰를 위해서는 Cupal, 1998 참조). 이 외에도 실증연구에서 스포츠손상의 재활에 도움이 되는 심리적 중재로는 심상/이완(Durso-Cupal, 1996), 스트레스 면역훈련(Ross & Berger, 1996), 목표설정(Theodorakis, Beneca, Malliou, & Goudas, 1997; Theodorakis, Malliou, Papaioannou, Beneca, & Filactakidou, 1996), 자기대화(Theodorakis, Beneca, Malliou, Antoniou 등, 1997) 등이 있다.

미래 연구 방향

사례보고, 상관관계 연구, 실증연구로부터 얻은 결과들은 심리적 요인이 스포츠손상의 재활 결과와 관련이 있음을 보여주고 있다. 일부 심리적 중재와 일부 재활 결과 간에 인과관계가 있는 것으로 나타나지만, 심리적 과정이 재활의 신체적 매개변수에 미치는 영향을 설명하는 메커니즘에 관한 정보는 거의 없다.

재활과정에서 심리적 요인의 역할을 명확히 하기 위해서는 실증연구와 전향적 상관관계 연구를 통합한 연구가 필요하다. 이러한 연구를 위해서는 심리적 변인들이 재활 결과에 미치는 효과를 납득할 만한 수준으로 설명할 수 있는 이론 모델들이 먼저 개발되어야 한다. 심리학에 기반을 둔 모델들(예: Brewer, 1994; Wiese-Bjornstal 등, 1998)은 심리적 요인과 신체적 회복 간을 매개하는 구체적인 변인이 무엇인지 확실히 설명하지 못하고 있다. 손상 치료에 관한 의학적 모델들은 일반적으로 심리적 요인의 영향을 고려하지 않고 있다(예: Leadbetter, 1994). 이러한 현실을 Flint(1998, p.99)는 "심리학 영역에서의 대부분의 손상 연구는 생리적 측면을 고려하지 않고 이루어지고 있다"고 기술하고 있다.

스포츠손상 재활에 대한 생물심리사회학적 접근

스포츠손상의 재활에 있어 의학적 접근과 심리적 접근 간의 간격을 메우기 위해서는 이론의 발달이 필요하다. 특히, 스포츠손상의 재활 결과에 영향을 미치는 수많은 요인들을 통합한 모델이 개발되어야 한다. 건강 효과를 설명하는 기존의 통합 모델들(Cohen & Rodriguez, 1995; Matthews 등, 1997)에 기초하여 개발된 모델 중의 하나가 〈그림 4.1〉에 제시되어 있다. 이러한 생물심리사회학적 모델은 스포츠손상의 재활과

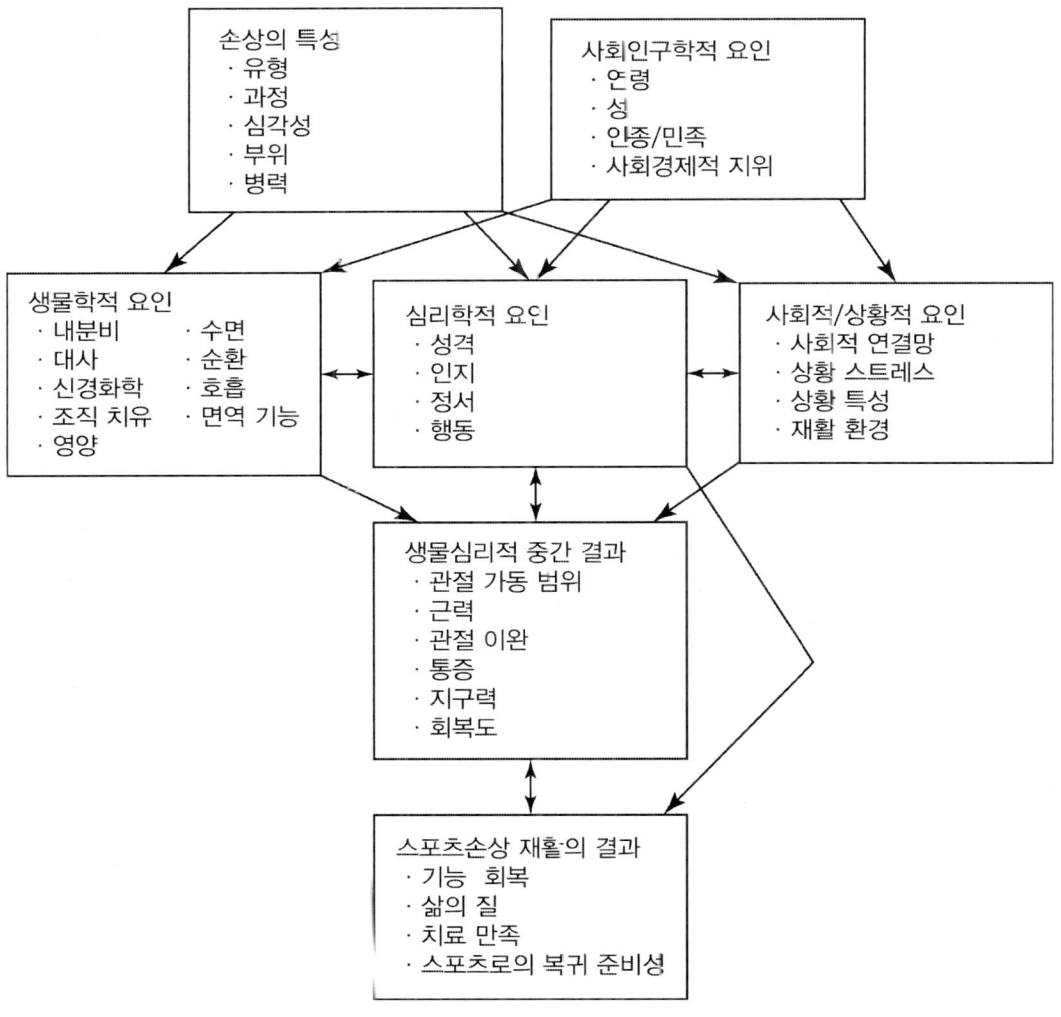

그림 4.1 스포츠손상 재활의 생물심리사회학적 모델

관련한 연구에 적합한 기존의 모델들(예: Flint, 1998; Leadbetter, 1994; Wiese-Bjornstal 등, 1998)을 대체하기보다는 스포츠손상의 재활과 관련한 연구의 시각을 넓히기 위한 것이다. 다음에서는 이 모델의 핵심적인 부분을 설명하고자 한다.

생물심리사회학적 모델의 구성 요인

이 모델은 재활과 관련한 모델로서, 손상이 발생하는 과정과 상호 관계에 초점을 맞추고 있다. 우선적으로 모델의 많은 구성 요인들이 손상 발생에 영향을 미친다는 사실은 잘 알려져 있다(Williams & Andersen, 1998 참조).

> **손상** 손상은 재활을 필요로 하는 물리적 손상을 초래하는 사건 혹은 과정이다. 손상은 유형(예: 미세손상, 대손상), 원인, 심각성, 부위에 있어 다양하다(Flint, 1998). 손상은 단기간에 치료될 수 있는 경증(예: 급성관절 염좌 acute ankle sprain)과 장기간 치료를 필요로 하는 복합 손상(예: 재발성 회전근개 recurrent rotator-cuff 손상) 등으로 구분될 수 있다.

> **사회인구학적 요인** 사회인구학적 요인은 스포츠손상의 재활과 관련된 개인적 요인이다. 재활 결과에 영향을 미칠 수 있는 사회인구학적 요인들에는 연령, 성, 인종/민족, 사회경제적 지위 등이 있다.

> **생물학적 요인** 손상은 생물학적 구조에 위해를 가한다. 손상에 의해 영향을 받을 수 있으며 신체적 회복에 영향을 미칠 수 있는 생물학적 요인들에는 내분비, 영양, 대사, 신경화학, 조직 치유 과정, 순환과 호흡 기능, 면역계 등이 있다.

> **심리학적 요인** 개인적 차이(예: 성격)와 인지적, 정서적, 행동적 변인들은 스포츠손상의 재활과 관련이 있는 기본적인 심리적 요인들이다. Wiese-Bjornstal 등(1998)은 이러한 요인들 간의 관계를 상세히 설명하고 있다.

> **사회적/상황적 요인** 스포츠손상의 재활은 어떠한 것으로부터도 영향을 받지 않고 개별적으로 이루어지는 것이 아니라 재활의 심리적 측면에 영향을 미칠 수 있

는 특정한 상황적, 환경적 맥락에서 이루어진다. 사회적, 상황적 주요 요인들에는 스포츠 상황의 특수성(예: 종목 유형, 시즌 기간, 팀 분위기, 코치/팀의 기대, 참여 수준, 재정 수입과 관련한 스포츠 의존도), 재활 환경의 특성(예: 접근성, 재활전문가의 사회적 기술), 선수의 사회적 연결망과 크고 작은 생활 스트레스의 정도 등이 있다(Wiese-Bjornstal 등, 1998).

생물심리학적 중간 결과 중간 결과는 스포츠손상의 재활과정에 의해 영향을 받을 수 있으며, 궁극적으로는 스포츠손상의 재활 결과에 영향을 미칠 수 있는 요인이다. 생물심리학적 중간 결과에는 유연성(예: 관절의 가동 범위), 근력, 지구력, 관절 이완(joint laxity), 회복율, 통증 등이 있다.

스포츠손상의 재활 결과 스포츠손상의 재활 결과는 재활과정의 최종 결과물로서 기능 회복, 삶의 질, 치료 만족, 운동 현장으로의 복귀 혹은 운동을 그만두고 새로운 삶을 위한 심리적 준비성 등을 포함한다. 이러한 결과들은 중요도에 있어 개인차가 있다.

생물심리학적 모델의 역동성

〈그림 4.1〉의 양방향 화살이 의미하는 것처럼, 생물심리학적 모델은 상호작용적 접근을 통해 스포츠손상의 재활을 이해하고자 한다. 모델의 핵심적 구성 요인들 간의 상호관련성은 재활 결과에 영향을 미치는 요인들의 복잡성을 잘 보여주고 있다. 모델의 상단부로부터 설명을 시작하여 각각의 박스의 내용과 그러한 것이 모델의 다른 요인들과 어떠한 관계에 있는지를 차례로 설명하고자 한다.

손상은 염증 반응, 면역계, 이동성, 조직 치유와 같은 생물학적 기능에 미치는 영향이라는 관점에서 많이 다루어지고 있다. 또한 손상은 심리적 요인(예: 손상에 대한 반응으로서 우울감)에도 영향을 미칠 수 있다. 예를 들어, 만약 스타플레이어가 시즌을 끝낼 수밖에 없는 손상을 입었을 경우, 팀의 분위기는 부정적인 변화를 보일 수 있다.

마찬가지로 사회인구학적 요인들도 손상과 재활이 이루어지는 상황에 대한 생물학적, 심리적 반응에 영향을 미칠 수 있다. 예를 들어, 스포츠손상을 당한 운동선수가 여성인지 혹은 남성인지가 재활과정에서 점차 중요하게 고려되고 있다. 왜냐하면 호르몬, 정서적 반응, 사회의 기대와 같은 성 차이에 따른 생물학적, 심리적, 사회적 특성들이 미치는 영향이 다르기 때문이다.

모델의 두 번째 단에서는 심리적 요인들이 중심적 위치를 차지하고 있다. 심리적 요인들은 생물학적 요인들과 사회적/상황적 요인들에 영향을 주고 또한 이들 요인들에 의해 영향을 받을 수 있다. 예를 들어, 선수가 손상을 당했을 경우, 선수의 사고와 정서는 식욕이나 수면 패턴과 같은 생물학적 기능에 영향을 줄 수 있다. 손상으로 인한 통증과 불편함으로 인한 수면 장애는 정서적 불안정을 초래할 수 있다. 사회적/상황적 요인들의 경우, 손상을 입은 선수는 달갑지 않은 재활 환경에 있는 자신을 발견할 수 있을지도 모르며, 이러한 것은 우울감(심리적 요인), 사회적 위축, 사회적 연결망의 부정적인 변화를 초래할 수 있다.

생물학적 요인들은 모델의 세 번째 단에 있는 생물심리학적 중간 결과와 비교적 직접적인 관련성을 가지고 있다. 순환, 조직 치유율, 대사와 같은 요인들은 관절의 가동 범위, 통증 감소, 회복율과 같은 결과에 영향을 준다. 심리적 요인들과 재활의 중간 결과 간의 양방향 화살이 어떠한 의미를 가지는지는 명확하지 않을 수도 있다. 그러나 예를 들어 재활을 도전적인 과제로 아니면 원치 않는 귀찮은 일로 받아들이는가는 개인적 요인들에 의해 영향을 받는다. 긍정적인 정서적 반응은 선수가 지루하고 고통스러운 재활운동을 끝까지 마치는데 도움을 준다. 또한 근력이나 관절의 가동 범위와 같은 생물심리학적 결과의 개선에도 도움이 된다. 만족스러운 재활의 중간 결과는 피드백의 형태로 긍정적인 정서와 인지를 강화하여 심리적 요인들에 영향을 줄 수 있다.

사회적/상황적 요인들은 단지 심리적 요인들의 매개 역할을 통해서만 손상의 재활 결과에 영향을 미치는 것으로 추측된다. 예를 들어, 파괴된 생활환경은 재활 프로토콜에 대한 몰입을 방해하여 목표로 한 생물심리학적 중간 결과와 궁극적으로는 재활의 최종 목표인 기능 회복을 어렵게 한다.

생물학적 요인들과의 일방향성 관계 그리고 심리적 요인들과의 양방향성 관계와 더불어 생물심리학적 중간 결과는 손상의 재활 결과에 직접적인 영향을 미치는 것으로 추측된다(Cohen & Rodriguez, 1995). 예를 들어 관절의 가동 범위, 근력, 통증은 기능 회복에 영향을 미치는 것으로 추측된다.

마지막으로, 심리적 요인들은 스포츠손상의 재활 결과와 양방향성 관계를 가진 것으로 추측된다. 예를 들어, 생물심리학적 중간 결과와 상관없이 동기 수준은 기능 회복과 운동 현장으로의 복귀 준비성에 영향을 미칠 수 있다. 반대로 삶의 질에 대한 긍정적인 평가는 긍정적 인지와 정서를 강화하는데 기여할 수 있다.

연구와 현장을 위한 생물심리학적 모델의 함의

스포츠손상의 재활에 대한 생물심리사회학적 관점을 수용하는 것은 연구와 현장에 있어 중요한 의미를 갖는다. 연구의 경우, 스포츠손상의 재활에 대한 생물심리사회학적 접근에 포함되어 있는 다양한 영역들이 가지는 영향력을 인정하는 것은 과학적 연구에서 학문적 영역을 초월한 다양한 독립변수와 종속변수를 포함시키는 것을 필요로 한다. 주요 구성요인들의 영향력 외에 구성요인들 간의 상호작용에 대한 조사가 필수적이다. 재활 결과에 중요한 영향을 미치는 생물학적, 심리적, 사회학적 요인들은 연구에 따라 매우 다양한 것으로 나타나고는 있다. 그러나 본고에서 소개하고 있는 생물심리사회학적 모델은 연구와 현장 적용에 있어 발견적(heuristic) 가치를 갖는다.

전통적으로, 스포츠손상 재활전문가는 생물학적 관점에서의 손상 회복에 초점을 맞춘다. 이와는 달리 스포츠손상 재활에서의 현장 적용과 관련하여 생물심리사회학적 접근이 가지는 의미는 다음과 같다. 즉, 〈그림 4.1〉에서 볼 수 있듯이, 모델의 구성요인들 모두가 재활 결과에 직접적 혹은 간접적으로 영향을 미칠 수 있기 때문에, 변화가 가능한 특정 구성요인들을 목표로 중재가 이루어질 수 있다는 점이다. 예를 들면, 재활과 관련된 사회적 상황을 변화시켜 재활 참여자의 심리적 반응에 영향을 미칠 수 있다. 그리고 이러한 심리적 반응의 변화는 직접적으로 혹은 생물학적 요인들이나 생물심리학적 중간 결과와 연계하여 재활 결과에 영향을 미칠 수 있다. 생물심리학적 모델을 지지하는 연구들은 스포츠손상 재활을 담당하는 전문가의 훈련이나 자격 연수에서 심리적 영역이 더 강조될 필요가 있음을 제안하고 있다(Gordon, Potter, & Ford, 1998). 생물학적, 심리적, 사회적 요인들이 스포츠손상의 재활에 미치는 다양한 영향을 조사하는데 필요한 이론적으로 완벽하고 실증적으로 타당성을 가진 중재기법이 개발, 사용될 필요가 있다. 이를 통해 재활전문가는 스포츠손상을 입은 사람들을 관리할 수 있는 능력을 향상시킬 수 있다.

> **저자 소개**
>
> B.W. Brewer와 J.L. Van Raalte는 Center for Performance Enhancement and Applied Research의 심리 분과 소속이다. M.B. Andersen은 Department of Human Movement, Recreation & Performance and Centre for Rehabilitation, Exercise and Sport Science에서 일하고 있다.
>
> 본고는 관절염·근골격계·피부질환연구소(National Institut of Arthritis and Musculoskeletal and Skin Diseases)의 허가번호 R29 AR44484의 일부 지원을 얻어 수행되었다. 본고의 내용은 저자의 책임 하에 기술되었으며, NIAMSD의 공식적인 견해는 아니다. 〈그림 4.1〉의 작성에 도움을 준 Whitney Hartmann에게 감사를 표한다.
>
> 본고에 관심이 있을 경우 다음의 주소로 연락하기 바란다. Britton W. Brewer, Center for Performance Enhancement and Applied Research, Department of Psychology, Springfield College, Springfield, Massachusetts 01109. 인터넷을 통한 이메일 주소는 다음과 같다. bbrewer@spfldcol.edu.

참고문헌

Alzate, R., Ramirez, A., & Lazaro, I. (1998, August). *Psychological aspect of athletic injury.* Paper presented at the 24th International Congress of Applied Psychology, San Francisco, CA.

Astle, S. J. (1986). The experience of loss in athletes. *Journal of Sports Medicine and Physical Fitness, 26,* 279-284.

Bijur, P. E., Trumble, A., Harel, Y., Overpeck, M. D., Jones, D., & Scheidt, P. C. (1995). Sports and recreation injuries in U.S. children and adolescents. *Archives of Pediatric and Adolescent Medicine, 149,* 1009-1016.

Booth, W. (1987). Arthritis Institute tackles sports. *Science, 237,* 846-847.

Brewer, B. W. (1991, June). *Causal attributions and adjustment to athletic injury.* Paper presented at the annual meeting of the North American Society for the Psychology of Sport and Physical Activity, Pacific Grove, CA.

Brewer, B. W. (1993). Self-identity and specific vulnerability to depressed mood. *Journal of Personality, 61,* 343-364.

Brewer, B. W. (1994). Review and critique of models of psychological adjustment to athletic injury. *Journal of Applied Sport Psychology, 6,* 87-100.

Brewer, B. W. (1998). Adherence to sport injury rehabilitation programs. *Journal of Applied Sport Psychology, 10,* 70-82.

Brewer, B. W., Cornelius, A. E., Van Raalte, J. L., Petitpas, A. J., Sklar, J. H., Pohlman, M. H., Krushell, R. J., & Ditmar, T. D. (2000). Attributions for recovery and adherence to rehabilitation following anterior cruciate ligament reconstruction: A prospective analysis. *Psychology and Health, 15,* 283-291.

Brewer, B. W., Linder, D. E., & Phelps, C. M. (1995). Situational correlates of emotional adjustment to athletic injury. *Clinical Journal of Sport Medicine, 5,* 241-245.

Brewer, B. W., Petitpas, A. J., Van Raalte, J. L., Sklar, J. H., & Ditmar, T. D. (1995). Prevalence of psychological distress among patients at a physical therapy clinic specializing in sports medicine. *Sports Medicine, Training and Rehabilitation, 6*, 138-145.

Brewer, B. W., & Petrie, T. A. (1995). A comparison between injured and uninjured football players on selected psychosocial variables. *Academic Athletic Journal, 10*, 11-18.

Brewer, B. W., Van Raalte, J. L., Cornelius, A. E., Petitpas, A. J., Sklar, J. H., Pohlman, M. H., Krushell, R. J., & Ditmar, T. D. (2000). Psychological factors, rehabilitation adherence, and rehabilitation outcome following anterior cruciate ligament reconstruction. *Rehabilitation Psychology, 45*, 20-37.

Brickner, J. C. (1997). *Mood states and compliance of patients with orthopedic rehabilitation.* Unpublished master's thesis, Springfield College, MA.

Caine, D. J., Caine, C. G., & Lindner, K. J. (Eds.). (1996). *Epidemiology of sports injuries.* Champaign, IL: Human Kinetics.

Cerny, F. J., Patton, D. C., Whieldon, T. J., & Roehrig, S. (1992). An organizational model of sports medicine facilities in the United States. *Journal of Orthopaedic and Sports Physical Therapy, 15*, 80-86.

Chan, C. S., & Grossman, H. Y. (1988). Psychological effects of running loss on consistent runners. *Perceptual and Motor Skills, 66*, 875-883.

Cohen, S., & Rodriguez, M. S. (1995). Pathways linking affective disturbance and physical disorders. *Health Psychology, 14*, 374-380.

Cupal, D. D. (1998). Psychological interventions in sport injury prevention and rehabilitation. *Journal of Applied Sport Psychology, 10*, 103-123.

Daly, J. M., Brewer, B. W., Van Raalte, J. L., Petitpas, A. J., & Sklar, J. H. (1995). Cognitive appraisal, emotional adjustment, and adherence to rehabilitation following knee surgery. *Journal of Sport Rehabilitation, 4*, 23-30.

Derscheid, G. L., & Feiring, D. C. (1987). A statistical analysis to characterize treatment adherence of the 18 most common diagnoses seen at a sports medicine clinic. *Journal of Orthopaedic and Sports Physical Therapy, 9*, 40-46.

Durso-Cupal, D. D. (1996) The efficacy of guided imagery for recovery from anterior cruciate ligament (ACL) replacement [Abstract]. *Journal of Applied Sport Psychology, 8*, S56.

Flint, F. A. (1998). Integrating sport psychology and sports medicine in research: The dilemmas. *Journal of Applied Sport Psychology, 10*, 83-102.

Gordon, S., Potter, M., & Ford, I. (1998). Toward a psychoeducational curriculum for training sport-injury rehabilitation personnel. *Journal of Applied Sport Psychology, 10*, 140-156.

Gould, D., Udry, E., Bridges, D., & Beck, L. (1997). Coping with season-ending injuries. *The Sport Psychologist, 11*, 379-399.

Grove, J. R., & Bahnsen, A. (1997). *Personality, injury severity, and coping with rehabilitation.* Unpublished manuscript.

Heil, J. (1993). Sport psychology, the athlete at risk, and the sports medicine team. In J. Heil (Ed.), *Psychology of sport injury* (pp. 1-13). Champaign IL: Human Kinetics.

Ievleva, L., & Orlick, T. (1991). Mental links to enhanced healing: An exploratory study. *The Sport Psychologist, 5*, 25-40.

Johnson, U. (1996). Quality of experience of long-term injury in athletic sports predicts return after rehabilitation. In

G. Patriksson (Ed.), *Aktuell beteendevetenskaplig idrottsforskning* (pp. 110-117). Lund, Sweden: SVEBI.

Johnson, U. (1997). A three-year followup of long-term injured competitive athletes: Influence of psychological risk factors on rehabilitation. *Journal of Sport Rehabilitation, 6,* 256-271.

Johnson, U. (1998). Psychological risk factors during the rehabilitation of competitive male soccer players with serious knee injuries [Abstract]. *Journal of Sports Sciences, 16,* 391-392.

Johnson, U. (1997). Coping strategies among long-term injured competitive athletes: A study of 81 men and women in team and individual sports. *Scandinavian Journal of Medicine & Science in Sports, 7,* 367-372.

Kleiber, D. A., & Brock, S. C. (1992). The effect of career-ending injuries on the subsequent well-being of elite college athletes. *Sociology of Sport Journal, 9,* 70-75.

Kraus, J. F., & Conroy, C. (1984). Mortality and morbidity from injury in sports and recreation. *Annual Review of Public Health, 5,* 163-192.

Kübler-Ross, E. (1969). *On death and dying.* New York: Macmillan.

LaMott, E. E. (1994). *The anterior cruciate ligament injured athlete: The psychological process.* Unpublished doctoral dissertation, University of Minnesota, Minneapolis.

Lampton, C. C., Lambert, M. E., & Yost, R. (1993). The effects of psychological factors in sports medicine rehabilitation adherence. *Journal of Sports Medicine and Physical Fitness, 33,* 292-299.

Latuda, L. (1995). The use of psychological skills in enhancing the rehabilitation of injured athletes. *Journal of Sport & Exercise Psychology, 17*(Suppl.), S70.

Laubach, W. J., Brewer, B. W., Van Raalte, J. L., & Petitpas, A. J. (1996). Attributions for recovery and adherence to sport injury rehabilitation. *Australian Journal of Science and Medicine in Sport, 28,* 30-34.

Laurence, C. (1997, September). *Attributional, affective and perceptual processes during injury and rehabilitation in active people.* Paper presented at the 14th World Congress on Psychosomatic Medicine, Cairns, Australia.

Leadbetter, W. B. (1994). Soft tissue athletic injury. In F. H. Fu & D. A. Stone (Eds.), *Sports injuries: Mechanisms, prevention, and treatment* (pp. 733-780). Baltimore, MD: Williams & Wilkins.

Leddy, M. H., Lambert, M. J., & Ogles, B. M. (1994). Psychological consequences of athletic injury among highlevel competitors. *Research Quarterly for Exercise and Sport, 65,* 347-354.

Little, J. C. (1969). The athlete's neurosis - A deprivation crisis. *Acta Psychiatrica Scandinavia, 45,* 187-197.

Loundagin, C., & Fisher, L. (1993, October). *The relationship between mental skills and enhanced athletic injury rehabilitation.* Poster presented at the annual meeting of the Association for the Advancement of Applied Sport Psychology and the Canadian Society for Psychomotor Learning and Sport Psychology, Montreal, Canada.

Lynch, G. P. (1988). Athletic injuries and the practicing sport psychologist: Practical guidelines for assisting athletes. *The Sport Psychologist, 2,* 161-167.

Matthews, K. A., Shumaker, S. A., Bowen, D. J., Langer, R. D., Hunt, J. R., Kaplan, R. M., Klesges, R. C., & Ritenbaugh, C. (1997). Women's Health Initiative: Why now? What is it? What's new? *American Psychologist, 52,* 101-116.

McDonald, S. A., & Hardy, C. J. (1990). Affective response patterns of the injured athlete: An exploratory analysis. *The Sport Psychologist, 4,* 261-274.

Miller, W. N. (1998). Athletic injury: Mood disturbances and hardiness of intercollegiate athletes [Abstract]. *Journal of Applied Sport Psychology, 10*(Suppl.), S127-S128.

Newcomer, R. R., Roh, J., Perna, F. M., & Etzel, E. F. (1998). Injury as a traumatic experience: Intrusive thoughts and avoidance behavior associated with injury among college student-athletes [Abstract]. *Journal of Applied Sport Psychology, 10*(Suppl.), S54.

Nicol, M. (1993). Hypnosis in the treatment of repetitive strain injury. *Australian Journal of Clinical and Experimental Hypnosis, 21*, 121-126.

Niedfeldt, C. E. (1998). *The integration of physical factors into the cognitive appraisal process of injury rehabilitation.* Unpublished master's thesis, University of New Orleans, LA.

Noyes, F. R., Matthews, D. S., Mooar, P. A., & Grood, E. S. (1983). The symptomatic anterior cruciate-deficient knee. Part II: The results of rehabilitation, activity modification, and counseling on functional disability. *Journal of Bone and Joint Surgery, 65-A* 163-174.

Pearson, L., & Jones, G. (1992). Emotional effects of sports injuries: Implications for physiotherapists. *Physiotherapy, 78*, 762-770.

Peretz, D. (1970). Development, object-relationships, and loss. In B. Schoenberg, A. C. Carr, D. Peretz, & A. H. Kutscher (Eds.), *Loss and grief: Psychological management in medical practice* (pp. 3-19). New York: Columbia University Press.

Perna, F. M., Roh, J., Newcomer, R. R., & Etzel, E. F (1998). Clinical depression among injured athletes: An empirical assessment [Abstract]. *Journal of Applied Sport Psychology, 10*(Suppl.), S54-S55.

Quinn, A. M. (1996). *The psychological factors involved in the recovery of elite athletes from long term injuries.* Unpublished doctoral dissertation. University of Melbourne, Australia.

Roh, J., Newcomer, R. R., Perna, F. M., & Etzel, E. F. (1998). Depressive mood states among college athletes: Pre- and post-injury [Abstract]. *Journal of Applied Sport Psychology, 10*(Suppl.), S54.

Ross, M. J., & Berger, R. S. (1996). Effects of stress inoculation on athletes' postsurgical pain and rehabilitation after orthopedic injury. *Journal of Consulting and Clinical Psychology, 64*, 406-410.

Rotella, B. (1985). The psychological care of the injured athlete. In L. K. Bunker, R. J. Rotella, & A. S. Reilly (Eds.), *Sport psychology: Psychological considerations in maximizing sport performance* (pp. 273-287). Ann Arbor, MI: Mouvement.

Rotella, R. J., & Campbell, M. S. (1983). Systematic desensitization: Psychological rehabilitation of injured athletes. *Athletic Training, 18*, 140-142, 151.

Shaffer, S. M. (1992). *Attributions and self-efficacy as predictors of rehabilitative success.* Unpublished master's thesis, University of Illinois, Champaign.

Shelbourne, K. D., & Wilckens, J. H. (1990). Current concepts in anterior cruciate ligament rehabilitation. *Orthopaedic Review, 19*, 957-964.

Silver, R. L., & Wortman, C. B. (1980). Coping with undesirable events. In J. Garber & M. E. P. Seligman (Eds.), *Human helplessness: Theory and applications* (pp. 279-375). New York: Academic Press.

Smith, A. M., Scott, S. G., O'Fallon, W. M., & Young, M. L. (1990). Emotional responses of athletes to injury. *Mayo Clinic Proceedings, 65*, 38-50.

Smith, A. M., Stuart, M. J., Wiese-Bjornstal, D. M., Milliner, E. K., O'Fallon, W. M., & Crowson, C. S. (1993). Competitive athletes: Preinjury and postinjury mood state and self-esteem. *Mayo Clinic Proceedings, 68*, 939-947.

Sthalekar, H. A. (1993). Hypnosis for relief of chronic phantom limb pain in a paralysed limb: A case study. *The*

Australian Journal of Clinical Hypnotherapy and Hypnosis, 14, 75-80.

Taylor, A. H., & May, S. (1996). Threat and coping appraisal as determinants of compliance to sports injury rehabilitation: An application of protection motivation theory. *Journal of Sports Sciences, 14,* 471-482.

Tedder, S., & Biddle, S. J. H. (1998). Psychological processes involved during sports injury rehabilitation: An attribution-emotion investigation [Abstract]. *Journal of Sports Sciences, 16,* 106-107.

Theodorakis, Y., Beneca, A., Malliou, P., Antoniou, P., Goudas, M., & Laparidis, K. (1997). The effect of a selftalk technique on injury rehabilitation [Abstract]. *Journal of Applied Sport Psychology, 9*(Suppl.), S164.

Theodorakis, Y., Beneca, A., Malliou, P., & Goudas, M. (1997). Examining psychological factors during injury rehabilitation. *Journal of Sport Rehabilitation, 6,* 355-363.

Theodorakis,Y., Malliou, P., Papaioannou, A., Beneca, A., & Filactakidou, A. (1996). The effect of personal goals, self-efficacy, and self-satisfaction on injury rehabilitation. *Journal of Sport Rehabilitation, 5,* 214-223.

Tuffey, S. (1991). *The use of psychological skills to facilitate recovery from athletic injury.* Unpublished master's thesis, University of North Carolina at Greensboro.

Uemukai, K. (1993). Affective responses and the changes in athletes due to injury. In S. Serpa, J. Alves, V. Ferreira, & A. Paula-Brito (Eds.), *Proceedings of the 8th World Congress of Sport Psychology* (pp. 500-503). Lisbon, Portugal: International Society of Sport Psychology.

Uitenbroek, D. G. (1996). Sports, exercise, and other causes of injuries: Results of a population survey. *Research Quarterly for Exercise and Sport, 67,* 380-385.

Wiese-Bjornstal, D. M., Smith, A. M., Shaffer, S. M., & Morrey, M. A. (1998). An integrated model of response to sport injury: Psychological and sociological dimensions. *Journal of Applied Sport Psychology, 10,* 46-69.

Williams, J. M., & Andersen, M. B. (1998). Psychosocial antecedents of sport injury: Review and critique of the stress and injury model. *Journal of Applied Sport Psychology, 10,* 5-25.

Wise, A., Jackson, D. W., & Rocchio, P. (1979). Preoperative psychologic testing as a predictor of success in knee surgery. *American Journal of Sports Medicine, 7,* 287-292.

Wong, P. T. P., & Weiner, B. (1981). When people ask "why" questions, and the heuristics of attributional search. *Journal of Personality and Social Psychology, 40,* 650-663.

Chapter 5
수행력 향상 약물과 보조제

J. David Branch

역자 | 김경원(서원대학교)

서 론

　오늘날 생활체육 참여자뿐 아니라 운동선수들이 사용하고 있는 다양한 영양 보조제와 약물 그리고 훈련은 운동 수행력을 향상시키는 것으로 소문나 있거나 실제 향상 효과가 있는 것으로 나타나고 있다. 이러한 것들을 수행력 향상 보조제(ergogenic aids)라 한다. 일부 수행력 향상 보조제는 많은 국내외 관련 단체로부터 사용이 금지되었다. 그러나 일부 보조제의 사용은 일부 단체에 의해서만 금지되고 있다. 사용 합법성에 대한 결정이 아직 내려지지 않은 보조제도 있다. 다른 차원이기는 하지만, 수행력 향상 보조제 사용의 윤리적 문제도 매우 중요하다. 이 단원에서는 최근 가장 많이 사용되고 있는 몇 가지 수행력 향상 보조제에 대해 간략히 소개하고자 한다. 논의될 수행력 향상 보조제는 (a) 동화작용제(anabolic agents), (b) 에너지 대사(energy metabolism), (c) 산/염기 조절(acid/base regulation), (d) 산소 운반/지구력(oxygen transport/endurance performance), (e) 각성제(stimulants), (f) 아드레날린 차단제/중추신경 억제제(adrenergic blockers/central nervous system depressants) 등 여섯 가지이다. 본고에서 설명되는 것 이상의 정보에 관심이 있을 경우, 여기에서 논의되는 수행력 향상 보조제들에 관한 최근의 자료를 포함하여 포괄적인 내용을 담고 있는 M. H. Williams(1998)의 연구를 참고하기 바란다.

동화작용제(Anabolic Agents)

아나볼릭 안드로겐 스테로이드(AAS; Anabolic-Androgenic Steroids)

Cable(1977) 그리고 Yesalis와 Bahrke(1995)는 AAS의 수행력 향상 효과와 부작용에 대해 종합적으로 정리하였다. 다음에서는 생화학, 작용 기전, 수행력 향상 효과, 안전성, AAS 사용의 적법성과 관련하여 중요한 내용을 소개하고자 한다.

생화학 테스토스테론은 1930년대에 처음으로 화학적으로 유리되었다(Kockakian & Murlin, 1935). 테스토스테론은 기본적으로 시약 분석에 의해 분리될 수 있으며, 남성적 용모(양성 모두에 해당)와 제지방 체중의 증가(동화작용)와 관련이 있다. AAS는 내인성 스테로이드 호르몬인 테스토스테론과 유사하게 화학적으로 변형된다. AAS는 성선기능저하증(hypogonadism)의 임상치료에 사용된다. 근력종목 선수들의 제지방 증가를 위해 AAS가 불법적으로 사용된다는 사실은 1950년대에 이미 보고되기 시작하여 오늘날까지 이어지고 있다. AAS는 17-α position에서의 알킬화 혹은 17-β 수산기에서의 카르복실산의 에스테르 반응을 통해 스테롤 D-ring으로 변형한다. 왜냐하면 몸에서 빠르게 이화작용을 일으키는 내인성 테스토스테론보다 AAS의 반감기가 더 길기 때문이다.

수행력 향상의 기전 AAS는 지용성이며 내인성 테스토스테론과 마찬가지로 세포막을 통과하여 확산된다. 세포막 통과 시 세포핵의 염색질에서 AAS 수용복합체가 형성된다. 이러한 것은 마이크로 RNA의 새로운 생합성의 증가와 구조 단백질과 수축성 단백질의 형성을 가져올 수 있다. 또 다른 가능성 있는 작용 기전은 알파 운동신경세포에 있는 안드로겐 수용체의 직접적인 자극과 당질 코르티코이드와의 결합이다. 후자의 기전은 코티솔의 단백분해작용(proteolytic action)을 억제하여 AAS의 동화작용과 같은 효과를 낸다(Cable, 1997).

수행력 향상 효과의 증거 AAS는 생리적 용량보다 약간 더 높은 용량(supra-physiologic)이 주사 혹은 복용의 형태로 주입된다. 근력과 체질량의 증가는 "사이클링"(cycling, 주기적인 중지 기간 바로 이전의 주사 투약 기간)과 "스태킹"(stacking,

두 개 이상의 AAS 물질의 동시 주사투약) 상태에 있는 사람들에게서 나타나는 것으로 보고되고 있다. AAS의 사용과 관련한 많은 지식이 관찰기록이나 사례연구를 통해 나오고 있는데, 훈련을 받지 않은 사람들에 비해 훈련을 받은 사람들에게서 더 큰 수행력 향상이 있는 것으로 나타나고 있다(Cable, 1997). 잘 설계된 임상적 시도가 이루어진 연구는 매우 드물다. 다음에서 논의되겠지만, 그 까닭은 AAS 사용에 따른 건강상의 문제와 그로 인한 제도 차원에서 이러한 연구들의 승인에 대한 거부감 때문이다(Cable, 1997). AAS의 근력과 체질량 증가 효과를 지지하는 연구들을 살펴보면, 그 효과가 매우 다양하면서 상대적으로 낮은 것으로 나타나고 있다(Friedl, Dettori, Hannan, Patience, & Plymate, 1991). Elashoff, Jacknow, Shain과 Braunstein(1991)의 메타분석을 보면, 훈련을 받은 사람들을 대상으로 한 9개의 연구들에서는 근력이 5%(최하 1.2%에서 최고 18.7%) 향상된 것으로 나타난 반면에, 훈련을 받지 않은 사람들을 대상으로 한 8개의 연구들에서는 변화가 없는 것으로 나타났다. 이러한 연구결과들은 더욱 정확하게 실질적인 AAS 사용을 반영하는 주사투약 혹은 "스태킹"의 경우에 일반화시킬 수는 없다(Elashoff 등, 1991). 이러한 점을 명확히 하기 위해, 100명의 스테로이드 사용자를 대상으로 한 최근의 횡단연구는 250에서 3200mg·wk-1(Evans, 1997)의 AAS 투약을 보고하고 있다. 43명의 남성들을 대상으로 한 이중 맹검법(double-blind)에 의한 위약 효과 테스트에서 Bhasin 등(1996)은 웨이트트레이닝집단(10주 간 600mg/1주 IM), 위약집단, AAS집단, 위약/웨이트트레이닝집단의 비교 연구에서 생리적 용량보다 약간 더 높은 용량의 테스토스테론 에타네이트(testosterone ethanate) 성분의 AAS 투약을 받은 집단에서 근력과 근크기의 향상이 나타났음을 보고했다.

안전성 지질대사(lipid metabolism)의 변화(혈청[HDL-C]의 저하), 간세포 손상, 심근세포 손상, 심근증 등은 생체나 동물을 대상으로 한 AAS 투약실험을 통해 건강과 관련하여 많이 보고된 결과들이다(Cable 등, 1997; Melchert, Herron, & Welder, 1992; Melchert & Welder, 1995; Welder & Melchert 1993; Welder, Robertson, Fugate, & Melchert, 1995; Welder, Robertson, & Melcher, 1995). AAS 물질은 내생적 테스토스테론 생산의 음성 피드백 조절(negative feedback regulation)을 변화시켜 테스토스테론 생산의 저하와 고환 위축을 가져온다. 경구복용된 17α 알킬화

AAS 물질은 경구복용된 17β 에스터보다 더 큰 건강상의 위험을 초래하며, 남용은 후천성 면역결핍증이나 간염 혹은 기타 감염성 질환의 발생 위험성을 높인다는 증거가 있다(Welder, Robertson, Fugate 등, 1995). 남성과 여성의 생식기능 이상과 음핵 확장 그리고 여드름도 AAS 사용과 관련이 있다(Lombardo, Hickson, & Lamb, 1991). 임상실험에서 AAS의 사용은 윤리적 문제가 있다. 따라서 관찰기록이나 임상 사례연구, 역학적 환자-대조군 연구가 AAS 사용이 건강에 어떠한 결과를 가져오는지를 알기 위한 방법으로 계속 활용될 것이다. AAS를 가장 많이 사용하는 집단은 미식축구나 역도와 같은 근력종목의 선수들이지만(Cable 등, 1997), 남자 고등학생들과 같은 집단에서도 AAS 사용이 우려할 만한 수준으로 점차 확산되고 있다(Buckley 등, 1988; DuRant, Escobedo & Heath, 1995; Spence & Gauvin, 1996; Yesalis 등, 1989). 또한 AAS 사용은 음주운전, 안전벨트 미착용, 불건전한 성생활, 자살행동과 유의한 상관이 있는 것으로 보고되고 있다(Middleman 등, 1995). 이러한 결과는 만성적 AAS 사용자들에게서 공격성의 증가가 나타난다는 보고를 지지하는 것으로 볼 수 있다(Cable 등, 1997; Lombardo 등, 1991).

적법성 AAS 물질은 1976년 IOC로부터 사용이 금지되었다. 또한 미국대학체육협회(NCAA), 체육협회(The Athletics Congress), 국제육상경기연맹(IAAF)과 같은 아마추어와 프로스포츠를 관할하는 체육단체들에 의해서도 금지되었다(Cable 등, 1997).

인간성장호르몬(hGH; Human Growth Hormone)

AAS와 비교하여 hGH는 비교적 최근에 아나볼릭성 수행력 향상 보조제의 목록에 추가되었다. 과거 hGH는 오직 사체의 뇌하수체에서만 추출할 수 있었다. 최근 몇 십년 동안 유전자 재조합 기술을 통해 hGH를 추출했으나, 그 비용은 매우 고가이다. hGH에 대한 생화학, 임상, 수행력 향상과 관련한 구체적인 논의에 대해 관심이 있는 경우 Bradley와 Sodeman(1990), Haupt(1993), Rogol(1989), D.A. Smith와 Perry(1992)의 논문을 참고하기 바란다.

생화학 성장호르몬인 hGH는 191 잔류물질로서 22킬로달톤(kilodalton) 펩타이드이다. hGH는 수면이나 운동 또는 레보도파(L-DOPA)나 아르기닌(arginine)과 같은 자극에 의해 뇌하수체 전엽에서 분비되며, 성장호르몬 방출호르몬(GHrH)과 소마토스타틴(somatostatin)에 의해 조절된다(Lombardo 등, 1991). hGH의 대사작용은 아미노산 섭취의 증가, 단백질 합성, 장골의 골단판 성장에 영향을 미친다. hGH는 반감기는 짧지만 동화작용의 효과를 지속시키는 성장인자인 소마토메딘(예: 인슐린 유사 성장인자)의 분비를 촉진시킨다. 또한 hGH는 신장과 간에서의 포도당 신생합성뿐 아니라 지방분해를 촉진한다(Lombardo 등, 1991).

수행력 향상의 기전 및 수행력 향상 효과의 증거   임상에 있어 hGH는 아동의 뇌하수체 결핍증의 경우 처방된다. 성인의 경우, hGH는 제지방량을 증가시키고 체지방량을 감소시키는 것으로 알려져 있다. 제지방량과 골밀도의 증가 그리고 노년층의 경우 체지방량의 증가를 통해 hGH가 노화를 방지할 수 있는 가능성이 있다는 보고들이 있다(Rudman 등, 1990). hGH가 AAS보다 덜 위험하다는 생각 그리고 AAS 남용을 정당화시키고자 하는 궤변이 선수들로 하여금 hGH를 수행력 향상의 보조제로 인식하게끔 하고 있다. 그러나 근력과 제지방량의 증가가 hGH를 투입한 저항운동집단과 투입하지 않은 저항운동집단 간에 있어 차이가 없다는 연구결과는 hGH를 자극하는 단백질 합성이 수축근이 아닌 결합조직에서 일어날 수 있음을 제시하는 것으로 볼 수 있다(Lombardo 등, 1991; Yarasheski 등, 1992; Yarasheski, Zachwieja, Angelopoulos, & Bier, 1993). 수행력 향상 약물에 관한 최근의 연구들에 따르면, 인간과 동물을 대상으로 한 어떠한 연구에서도 hGH의 수행력 향상 효과가 나타나지 않았다(Smith & Perry, 1992). 뿐만 아니라 내생적 hGH의 증가를 위해 일반적으로 판매되는 아미노산 보조제를 복용하는 방식은 잘 알려져 있다. 그러나 이러한 방식은 제한적 효과만이 있다는 사실이 보고되고 있다(Fogelholm, Naveri, Kiilavuori, & Harkonen, 1993; Lambert, Hefer, Millar, & Macfarlane, 1993).

안전성   hGH 사용은 성인의 경우 말단비대증(acromegaly) 그리고 사춘기 전 시기의 청소년의 경우 거인증(gigantism)을 유발시킬 수 있다. 심근증은 말단비대증과 관련이 있다. 또한 hGH 사용은 당흡수에 문제를 일으켜 당뇨병을 유발할 수 있다. 의사의 처방 없이 hGH를 사용해서는 안 된다(Lombardo 등, 1992; Rogol, 1989).

적법성 많은 체육단체가 hGH 사용을 금지하고 있다. hGH 사용 여부를 알아내는 것은 매우 어렵다.

기타 수행력 향상 물질 – 데히데로에피안드로스테론(DHEA), 안드로스텐디온, 베타하이드록시 베타 메틸부티레이트(HMB)

DHEA(dehydroepiandrosterone), 안드로스텐디온(androstenedione), HMB(β-hydroxy β-methyl butyrate)가 근육량 확대를 위한 보조물 목록에 추가된 것은 비교적 최근의 일이다. 안드로스텐디온은 1998년 시즌에서 자신의 최고 홈런 기록을 달성한 세인트루이스 카디널스팀의 마크 맥과이어(Mark McGwire)가 사용하여 널리 알려지게 되었다. HMB는 가축을 대상으로 한 실험에서 근육량 증가의 효과가 있는 것으로 보고되었는데, 최근에는 인간을 대상으로 한 연구가 수행되고 있다. 지금까지 이러한 보조물에 대해 포괄적으로 살펴본 연구는 없다.

생화학과 수행력 향상의 기전 DHEA와 안드로스텐디온은 테스토스테론의 전구물질(precursor)이다. 이론적으로 볼 때, 이러한 물질들의 복용은 테스토스테론 생합성을 활성화시킬 수 있다. HMB는 분지사슬 아미노산(branched-chain amino acid)인 류신(leucine)의 대사산물이다. 아미노기 전이효소(transaminase) 반응에서 류신은 알파 케토이소카프로에이트(α-ketoisocaproate)로 변형되며, 이는 다시금 HMB로 산화된다. HMB의 수행력 향상 작용을 이해하기 위해서는 더 많은 연구가 이루어져야 한다. 그러나 단백질 합성의 증가보다는 운동에 의해 유발되는 단백질 분해 작용의 억제가 가장 가능성 높은 기전으로 생각된다.

수행력 향상 효과의 증거 DHEA는 쥐실험을 통해 비만과 인슐린 저항성 촉발의 예방 효과가 있는 것으로 밝혀졌다(Hansen, Han, Nolte, Chen, & Holloszy, 1997). DHEA 섭취가 근육량과 근력의 향상 그리고 특히 노년층의 경우 면역 기능의 강화에 효과가 있을 수 있다는 증거가 있다(Nestler, Barlascini, Clore, & Blackard, 1988; Yen, Morales, & Khorram, 1995). Nissen 등(1996)은 41명의 남성을 세개의 서로 다른 HMB 섭취량(0, 1½, 3g/일)과 두개의 서로 다른 단백질 섭취량(117, 175g/일)이 주어진 6개 집단 중 한 집단으로 임의 배정하였다. 피실험자들은 1~2시간/일, 3일/주의 웨이트트레이닝을 3주 간 실시하였다. HMB 섭취는 단백질 분해를 감소시켰으며(소변을 통한 [3-메틸히스티딘]검사, 이는 골격근의 약화를 의미) 또한 들어 올린 중량을 증가시켰다. 다른 집단의 경우, 피실험자들은 0 혹은 3g HMB/일을 섭취했으며, 7주 동안 2~3시간/일, 6일/주의 웨이트트레이닝을 실시하였다. 제지방량의 증가가 HMB를 섭취한 피실험자들에게서 나타났다. 연구자들은 웨이트트레이닝을 하는 동안 HMB의 1일 섭취량이 12 혹은 3g일 경우 운동에 의해 유발되는 단백질 분해 작용을 감소시킬 수 있으며, 근기능을 향상시킬 수 있다는 결론을 얻었다. 따라서 이러한 증거는 HMB의 단백질 분해 억제작용을 지지하는 것으로 볼 수 있다. Paper 등(1997)은 가축인 양을 대상으로 한 연구에서 HMB의 고농도 처방이 근육의 단백질 합성에 영향을 주지 않는다는 사실을 밝혀냈는데, 이러한 결과는 HMB의 동화작용에 대한 관점을 반박하는 것이다.

적법성과 안전성 안드로스텐디온은 대부분의 체육단체에 의해 금지 약물로 규정되어 있다. HMB의 사용은 현재 금지되지 않았다. 이러한 보조제들의 장기 복용에 따른 효과는 아직 확인되지 않았다.

에너지 대사

크레아틴 모노하이드레이트(Creatin Monohydrate)

현재 가장 널리 사용되고 있는 수행력 향상 보조제 중의 하나가 크레아틴 모노하이드레이트이다. 1997년 미국에서 크레아틴의 총 판매고는 30억 달러였다(SKW Trostburg, 1998). 세인트루이스 카디널스팀의 마크 맥과이어와 유타 재즈팀의 그레그 포스터(Greg Foster)와 같은 프로선수들이 크레아틴을 공공연히 사용하여 널리 알려지게 되었다. 최근 실시된 횡단조사에 의해 얻어진 인구통계학적 자료들은 21~35세 사이의 남성 역도선수가 크레아틴을 가장 많이 사용하는 것으로 밝혀졌다(Johnson, 1998). Greenhaff(1995), Balsom, Söderlund, Ekblom(1994), M.H. Williams, Kreider, Branch(1999)에 의해 최근에 수행된 고찰연구는 크레아틴의 생화학적 정보와 수행력 향상에 대해 더 많은 정보를 제공하고 있다.

생화학 크레아틴은 동물성 건강식품에서 발견된 질소아민이다. 또한 크레아틴은 글리신(glycine), 아르기닌(arginine), 메티오닌(methionine)과 같은 아미노산으로부터 합성된다. 채식주의자는 2g 정도의 하루 필요량을 드노보생합성계(de novo biosynthesis)에 의존한다. 섭취된 크레아틴은 장내강(intestinal lumen)을 지나 혈액 순환을 통해 여러 조직들에 의해 흡수된다. 체중이 70kg인 남성은 총 120g 정도의 크레아틴을 가지고 있으며, 그 중 95%는 골격근 특히 Type IIb 속근섬유에 있다(Casey, Constantin-Teodosiu, Howell, Hultman, & Greenhaff, 1996). 크레아틴은 삼투성의 활성물질로서 수분을 세포 내로 들어오게 할 수 있다. 세포 내에 있는 크레아틴의 60~70%는 인산화 물질이며, 세포 밖으로 나올 수 없는 크레아틴 인산(PCr)으로 존재한다. ATP-PCr 에너지 시스템을 위한 에너지 기질(energy substrate)인 크레아틴 인산은 단시간(10초 이하)의 고강도 무산소운동을 하는 동안 재인산화 ADP를 생성시키기 위해 빠른 속도로 인산기 이탈반응을 일으킨다. 따라서 크레아틴은 세포내 인산 "왕복수송"(phosphate shuttle)의 중요한 역할을 수행한다(Balsom 등, 1994; Greenhaff, 1995).

수행력 향상의 기전 보통 사람들에게 있어 근육 내 크레아틴은 약 120mmol·kg dry mass^{-1}이다. 크레아틴 투여에 대한 반응은 사람들마다 차이가 있다. 그러나 하루에 20~30g(매회 5g을 4~6회 투여) 정도의 크레아틴 투여 단계 이후 근육 내 크레아틴이 20~30% 증가하는 것으로 나타났다(Greenhaff, 1995). 장기간에 걸친 낮은 용량의 크레아틴 투여(예: 28일간 2g/일)도 근육의 크레아틴을 증가시키는 것으로 나타났다(Hultman, Söderland, Timmons. Cederblad, & Greenhaff, 1996). 탄수화물과 함께 크레아틴을 주사함으로써 크레아틴 섭취를 촉진시킬 수 있는데, 이는 인슐린 매개성 기전의 관여 가능성을 뜻한다(Green, Hultman, MacDonald, Sewell, & Greenhaff, 1996). 카페인이 크레아틴 섭취를 억제한다는 결과도 있다(Vandenberghe 등, 1996). 크레아틴 섭취 후 근육 내 크레아틴의 증가는 일회성과 반복적인 고강도 단시간 운동의 에너지 기질인 크레아틴 인산의 증가를 가져오는 것으로 생각된다.

수행력 향상 효과의 증거   크레아틴의 존재와 수행력 향상의 가능성은 이미 오래 전부터 알려졌다. 그러나 이러한 문제는 최근에 비로소 과학적 연구의 대상이 되었다. 크레아틴 섭취의 효능성을 지지하는 관찰기록과 연구결과가 많은 것은 사실이지만, 학술문헌을 살펴보면 의견이 일치하지 않고 있다. 최근의 문헌 고찰을 통해 M. H. Williams, Kreider, Branch(1999)는 크레아틴 섭취가 30초 이하의 반복적인 사이클링 운동과 등장성 및 등속성 저항운동 시 모든 경우는 아니지만 많은 경우 수행력 향상에 효과가 있음을 밝혀냈다. 크레아틴 섭취 후의 수행력 향상 효과는 달리기나 수영과 같은 현장 연구보다는 실험실에서 이루어진 수행 과제에서 더 많은 지지를 얻고 있다. 지속적으로 보고되고 있는 단기간의 크레아틴 섭취 후 1~2kg(약 2.5%)의 체중 증가는 부분적으로 크레아틴의 삼투효과로 인한 수분보유 특성과 관련이 있다. 크레아틴이 실제로 제지방조직의 성장을 자극하는지에 대한 문제는 아직 연구 중에 있다. 크레아틴 섭취와 관련한 체중 증가는 실제적으로 수영과 같은 운동시 수행력 감소를 가져올 수 있다(Mujika, Chatard, Lacoste, Barale, & Geyssant, 1996). 근육의 크레아틴 인산의 증가는 이론적으로 젖산 축적을 약화시키고 산성화를 완화시키며 또한 당분해에 대한 의존을 감소시킬 수 있다. 크레아틴 섭취 후 주로 당분해에 의존하는 비교적 긴 시간(30~150초)의 무산소운동에서 수행력이 향상된다는 일부 연구결과도 있다. 그러나 고강도의 인터벌훈련이 병행된 유산소 운동(150초 이상)의 경우 수행력이 향상된다는 결과를 지지하는 경우는 매우 드물다. 장시간 운동의 경우, ATP-PCr에 대한 의존성이 약화된다는 사실은 크레아틴 섭취가 장시간 운동의 경우 그 효과가 감소된다는 것을 의미한다.

안전성   크레아틴 섭취로 인해 근육의 경련이나 염좌가 발생할 수 있다는 관찰기록들이 있다. 크레아틴은 효소에 의존하지 않고 크레아티닌으로 변형되는데, 크레아티닌은 콩팥을 거쳐 몸에서 빠져나간다. 장기간의 크레아틴 섭취가 신장 기능에 어떠한 영향을 미치는지에 대해서는 아직 알려져 있지 않다. 근육 크레아틴과 혈액 크레아틴 그리고 크레아티닌은 섭취를 중단하고 4주가 지나면 기저 수준으로 돌아온다(Vandenberghe 등 1997). 장기간(몇 개월에서 몇 년)의 크레아틴 섭취가 건강에 어떠한 영향을 미치는지에 대한 자료는 현재 없다.

적법성 크레아틴은 건강식품점이나 통신판매업자를 통해 합법적으로 구입할 수 있다. 크레아틴은 1999년에 IOC의 의무분과위원회로부터 식품으로 인정받았다. 크레아틴은 파우더, 젤, 음료, 알약, 캔디의 형태로 구입이 가능하다. 위법한 것은 아니지만 크레아틴의 사용에 대해 이견이 없는 것은 아니다. USA Today는 프로스포츠의 115개 팀을 대상으로 크레아틴 사용에 대한 조사를 하였다. 응답한 71개 팀 중 21개 팀에서 크레아틴의 사용이 공식적으로 허용되지 않고 있었다. 다른 16개 팀에서는 크레아틴의 사용이 정식으로 허용되었으며, 24개 팀에서는 선수들에게 크레아틴을 실제로 공급하는 것으로 나타났다(Strauss, 1998). 대학 팀에서도 유사한 결과를 보였다.

산-염기 조절

중탄산나트륨($NaHCO_3$)

강도 높은 운동 동안 $NaHCO_3$의 투입을 통한 산도(acidity) 조절에 대한 연구는 1930년대 처음 시작되었으며, 최근 들어 수행력 향상의 기전이라는 관점에서 선수와 연구자 모두로부터 새롭게 관심을 받게 되었다(McNaughton 등, 1999). 다음에서는 $NaHCO_3$ 투입의 생화학적 관점과 수행력 향상의 증거 그리고 안전성과 적법성에 대해 종합적으로 살펴보고자 한다. $NaHCO_3$의 투입과 관련하여 더욱 구체적으로 알고자 하면 Matson과 Tran(1993)의 이 주제와 관련한 메타분석과 Linderman과 Grosselink(1994)의 간략한 고찰연구를 참고하도록 한다.

생화학과 수행력 향상의 기전 강도 높은 운동 동안 ATP의 주요 원천은 무산소성 해당작용이다. 아래에서는 해당작용(기질로서 포도당과 함께)의 평형방정식이 소개된다. 6탄당 포도당 분자의 불완전연소는 2개의 3탄당 젖산 분자와 2개의 양성자 그리고 2개의 ATP를 생성시킨다. 무산소성 해당작용에 대한 의존성이 커지면 젖산 분비로 인한 H^+의 축적 때문에 pH가 감소한다.

$$C_6H_{12}O_6 \text{ (포도당)} + 2ADP + 2P_i \rightarrow 2C_3H_6O_3 \text{ (젖산)} + 2H^+ + 2ATP + 2H_2O$$

피로의 기전에 대해서는 아직 확실히 밝혀진 것이 없다. 그러나 강도 높은 운동 동안 세포 내 pH의 저하는 중요 조절적 해당효소와 산화효소의 작용을 억제한다. 뿐만 아니라 산도의 증가도 근소포체(sarcoplasmic reticulum)의 측면 낭염으로부터 Ca^{++}의 분비와 알파 운동신경세포의 탈분극(depolarization)을 억제한다(Hultman & Sahlin, 1980). 대사성산중(metabolic acidosis)의 조건 하에서 중탄산염(HCO_3^-) 음이온은 탄산-중탄산염 완충시스템에서 약산인 탄산(H_2CO_3)의 형성을 위해 쉽게 양성자(H^+)를 받아들인다. 그런 후 H_2CO_3는 생리적인 범위 내에서 pH 유지를 위해 H_2O와 CO_2로 분해된다. 이론적으로 볼 때, $NaHCO_3$ 투여는 완충제인 H^-에 더 많은 HCO^3 음이온을 제공함으로써 이 완충 시스템의 능력을 향상시킨다.

$$CO_2 + H_2O + H_2CO_3 : H^+ + HCO_3^-$$

수행력 향상 효과의 기전 Matson과 Tran(1993)에 따르면, 대부분의 연구에서는 수행 1~2시간 전에 체중 1kg당 300mg이 투여되었다. 이들 연구자들의 메타분석을 보면, 연구자들의 기준을 충족시키는 35개의 연구들 중 19개 연구에서 $NaHCO_3$가 수행력을 향상시키는 것으로 나타났다. 평균 효과크기는 0.44로 위약효과에 대한 실험결과보다도 좋았다. Linderman과 Gosselink(1994)는 $NaHCO_3$ 투여가 운동량(work output)과 파워값(power output) 향상에 효과가 떨어진다는 것을 지적했다. $NaHCO_3$ 투여가 2~5분간의 고강도 운동 동안 피로가 오는 것을 지연시켜주는 효과가 있는 것으로 나타났다. 그러나 ATP-PCr 에너지 시스템(1분 이하) 혹은 산화성 인산화(30분 이상)에 의존하는 운동 시 수행력 향상 효과는 없는 것으로 나타났다(Linderman & Gosselink, 1994; McNaughton, 1992).

안전성 체중 1kg당 300mg의 중탄산염 투여는 건강에 해롭지는 않은 것으로 알려져 있으나, 위장장애, 설사, 경련, 복부팽창 등의 증상이 실험연구(Linderman & Gosselink, 1994)나 관찰기록을 통해 지속적으로 보고되고 있다.

적법성 NaHCO₃ 투여는 IOC와 여러 체육단체로부터 금지되지 않았다. 그러나 고농도 알카리성 소변 샘플은 금지물질의 복용 가능성을 의미할 수 있다. 따라서 NaHCO₃를 투여한 선수는 정상적으로 산성소변 샘플이 추출될 수 있을 때까지 금지약물을 사용한 것으로 의심받을 수 있다(Linderman & Gosselink, 1994).

산소 운반과 지구력

혈액/에리트로포이에틴 도핑

순환하고 있는 적혈구의 양을 증가시키는 방법(혈액 도핑)은 1970년대 주목을 받았었는데, 그 이유는 1972년과 1976년 올림픽에서 지구력종목의 선수들이 혈액 도핑을 했다는 소문 때문이었다. 저산소증에 대한 반응으로 콩팥에서 분비되는 조혈촉진 호르몬인 에리트로포이에틴(erythropoietin; Epo)은 적혈구 생산을 촉진한다. 유전공학의 발전으로 조혈촉진 호르몬인 rHuEpo(recombinant human Epo)의 생산이 가능해졌으며, 혈액투석 환자의 빈혈 치료를 위해 임상에서 사용된다. 일부 지구력종목의 선수들이 rHuEpo를 사용하여 순환하고 있는 적혈구의 양을 증가시켰다는 소문은 최근 10~15년 간 더욱 확산되었다. 최근의 투르 드 프랑스 대회에서 세계적인 사이클 선수들이 rHuEpo를 소지했었다는 스캔들은 이러한 소문을 사실인 것으로 인식하게끔 한다(Abt, 1998). 이러한 주제에 관심이 있을 경우, 수행력 향상 보조제로서 혈액 도핑에 대한 미국스포츠의학회(ACSM)의 견해를 참고하도록 한다(Sawka 등, 1996).

생리학과 수행력 향상의 기전 최대산소섭취량을 결정하는 요인들 중의 하나가 동맥의 산소 운반능력이다. 1g의 헤모글로빈은 1.34ml의 산소를 결합할 수 있다. 이론적으로 볼 때, 도핑에 의한 헤모글로빈과 순환하고 있는 적혈구 양의 증가는 동맥의 산소를 증가시키고, 운동 중인 말초의 근육에 산소를 운반하는 신체적 능력을 향상시킬 수 있다. 혈액 도핑은 자신의 혈액을 수혈 받는 방법과 타인의 혈액을 수혈 받는 방법이 있다. 자가수혈의 경우, 2달에 걸쳐 선수 자신의 혈액(약 450ml)을 몇 번에 걸쳐 채혈한다. 혈액을 원심분리한 후 적혈구를 모아 글리세롤에서 냉동시킨다. 그리고 선수가 마지막 채혈로부터 충분한 회복을 한 후 다시 수혈을 한다. 타인의 혈액을 수혈하는 방법은 자주 사용되지 않는다. rHuEpo를 피하에 투여하여 골수에서의 적혈구 생산이 촉진된다. rHuEpo 도핑이 지속되는 한 순환하는 적혈구의 총량은 점차적으로 증가한다(Sawka 등, 1996).

수행력 향상 효과의 증거   임상 환자의 경우, rHuEpo 투여는 심순환계 체력을 향상시킨다. 운동선수가 혈액이나 rHuEpo 도핑을 할 경우, 최대산소섭취량이 증가하며, 생리적 스트레스는 감소한다(예: 젖산 수치와 심박수 반응의 감소, pH 상승). 대표급 장거리 육상선수들을 대상으로 한 연구에서 Buick, Gledhill, Fronsoe, Spriet, Meyers(1980)는 자가수혈 하루 뒤 최대산소섭취량이 6.5% 증가했음을 보고했다. 최대산소섭취량의 95% 강도에서 운동 시 탈진에 이르는 시간이 20% 증가했다. 또한 헤모글로빈이 처음 수준으로 돌아온 다음 탈진에 이르는 시간이 더 길어졌는데, 이러한 현상은 이러한 조건을 경험한 선수들이 혈액 도핑 후 더 높은 강도에서 훈련할 수 있었음을 의미하는 것이다. 혈액 도핑이 체온조절의 기능을 개선시킨다는 결과도 있다(Sawka 등, 1996).

안전성   혈액이나 rHuEpo 도핑 후 적혈구 용적률(hematocrit)과 점도의 증가는 혈전 형성의 가능성을 높여 심근경색이나 뇌졸증을 유발할 수 있다. 의사의 감독 없이 채혈과 수혈을 하는 것은 감염의 위험성을 높인다.

적법성   혈액이나 rHuEpo 도핑은 ACSM에 의해 비윤리적인 것으로 규정되었으며(Sawka 등, 1996), 체육단체들에 의해 금지되었다. 이러한 방식의 도핑은 색출해 내기가 어렵다.

각성제

암페타민, 에페드린, 기타 교감신경 흥분제

암페타민(amphetamines)은 약물로서 모화합물(parent compound)은 베타 페닐에틸아민(β-phenylethyl amine)이다. 암페타민은 화학적으로 카테콜라민과 관련이 있지만 카테콜라민의 벤젠 고리(benzene ring)에는 메타 하이드록실기(meta-)와 파라 하이드록실기(para-hydroxyl groups)가 없다. 암페타민은 α와 β 아드레날린 수용체와는 직접적으로 상호작용을 하지 않지만 카테콜라민 대사에는 간접적인 영향을 미친다. 이러한 이유로 암페타민은 "교감신경흥분성 아민"으로 알려져 있다(Conlee, 1991). 에페드린(ephedrine)도 교감신경흥분성 물질인데, 감기나 천식의 치료를 위해서는 처방전 없이도 구입이 가능하다. 에페드린은 체중 감량 약물(예: Herbal Phen-Fen)과 생약 보충제(예: 중국 마황)에도 포함되어 있다.

생화학과 수행력 향상의 기전 암페타민은 교감신경의 노어에피네프린 분비를 촉진시킨다. 다시금 노어에피네프린은 소동맥의 알파 아드레날린 수용체를 자극하여 혈관 수축과 동맥 혈압의 상승을 가져온다. 또한 암페타민은 시상하부뿐 아니라 뇌의 쾌락 중추(pleasure system)를 자극한다. 즉, 도파민 분비의 증가 혹은 도파민 섭취의 억제나 감소에 의해 기분이 고양되고 피로에 대한 저항력이 강화된다(Conlee, 1991). 암페타민은 각성수준의 상승, 피로감의 차단, 특정 운동 과제에서 수행력 향상 등의 효과가 있다.

수행력 향상의 증거 최근에 암페타민의 수행력 향상에 대한 연구가 소수 이루어졌는데, 암페타민 사용이 일반적으로 감소하는 것으로 나타나고 있다(Conlee, 1991). 수행력과 암페타민의 관계에 대한 2개의 초기 연구의 결과는 서로 일치하지 않는다. G.M. Smith와 Beecher(1959)는 일련의 연구들을 통해 암페타민 황산염 투여(체중 1kg당 0.2mg)는 고도로 훈련된 수영선수나 육상선수 그리고 투원반선수와 투포환선수의 수행력을 향상시킨다는 것을 보고했다. 이와는 달리 Karpovich(1959)는 남자 대학생들을 대상으로 한 연구에서 10mg 혹은 20mg의 암페타민 황산염의 투여가 수영 및 달리기의 다양한 과제에서 수행력 향상의 효과가 없음을 보고했다. 1970년대에 이루어진 한 연구(Wyndham, Rogewrs, Benade, & Strydom, 1971)에서, 2명의 선수권자급 사이클선수에게 메타암페타민을 투여(10mg)하여 최대산소섭취량의 90~95% 강도에서의 운동 시 탈진에 이르는 시간과 혈중 젖산농도가 증가했음이 나타났다. Chandler와 Blair(1980)는 덱세드린(dexedrine) 투여(체중 1kg당 0.21mg) 후 슬관절 신전 근력, 가속도, 무산소 능력이 향상되었음을 보고했다. 탈진에 이르는 시간과 최대 혈중 젖산도 증가했는데, 이는 피로에 대한 저항

능력의 향상을 의미한다. 또한 이들 연구자들은 반응성에 있어 개인적으로 큰 차이가 있음을 보고했다. 암페타민 투여가 최대산소섭취량의 증가를 가져온다는 증거는 없었다(Chandler & Blair, 1980; Wyndham 등, 1971). 에페드린은 최대산소섭취량, 호흡, 최대하 혹은 최대심박수, 혈압, 수행력 지속시간 등에 효과가 없는 것으로 나타났다(Clemens & Crosby, 1993; Gillies 등, 1996).

건강 관련 암페타민은 경련, 과민성, 심실부정맥의 형성, 고혈압, 위장장애, 환각과 같은 많은 부작용을 야기할 수 있다. 장기간 복용은 체중 감량, 중독, 정신병적 행동을 초래할 수 있다(Conlee, 1991). 또한 암페타민 투여 후 나타나는 피로감의 차단은 고온의 환경과 같은 좋지 않은 조건에서 선수의 손상 가능성을 높일 수 있다.

적법성 1972년 암페타민 사용은 IOC의 의무분과위원회로부터 금지되었다. 암페타민은 각성제로 간주되어 IOC와 여러 체육단체에 의해 금지되었다. 또한 IOC는 에페드린의 사용도 금지했다. 처방전 없이 구입할 수 있는 감기약이나 생약 보충제는 에페드린 성분을 가지고 있기 때문에, 이를 사용하는 선수들은 자격이 박탈될 수 있다.

카페인

카페인(1,3,7-trimethylxanthine)은 커피, 차, 음료수, 초콜릿 또는 처방전 없이 구입이 가능한 약품(예: Vibram®200mg·tablet^{-1}) 등에 들어있다. 일반인들은 하루 평균 200mg의 카페인을 소비하는 것으로 추정된다(J. H. Williams, 1991; M. H. Williams, 1996). 다음에서는 카페인 소비와 관련한 생화학, 수행력 향상의 기전, 수행력 향상의 가능성에 대해 전반적으로 살펴보고자 한다. 더 많은 자료를 접하고자 하면, Dodd, Herb, Powers(1993)와 Spriet(1995) 그리고 Tarnopolsky(1994)와 J. H. Williams(1991)의 연구를 참고하도록 한다.

생화학과 수행력 향상의 기전 카페인은 부신 수질에서의 에피네프린 분비를 촉진시켜 혈관 확장, 지방 분해, 글리코겐 분해, 호흡곤란 완화를 유발한다. 지방 분해의 증가는 이론적으로 에너지 기질인 유리지방산(free fatty acids)의 공급을 증가시켜 근글리코겐 절약이 가능해진다. 글리코겐 절약(glycogen sparing)은 카페인 복용과 관련하여 가장 많은 연구가 이루어진 수행력 향상의 기전이다. 카페인은 효소인 포스포디에스테라아제(phosphodiesterase)의 화학반응을 억제하여 3′, 5′-고리형 아데노신 일인산(3′, 5′-cAMP)의 작용을 강력하게 하는데, 이는 포스포릴라아제(phosphorylase)와 호르몬 감수성 지방분해효소(hormone-sensitive lipase)를 활성화된 형태로 전환시키는데 중요하다. 또한 카페인은 근소포체의 측면 낭염에서의 칼슘 분비를 촉진하며, 근원섬유와 칼슘에 대한 트로포닌 C의 민감성을 증가시킨다(Dodd 등, 1993; Nelig & Debry, 1994; Tarnopolsky, 1994; J.H. Williams, 1991). 카페인은 아르기닌 바소프레신(arginine vasopressin, 항이뇨 호르몬)의 분비를 억제시켜 이뇨를 증가시킨다(J.H. Williams, 1991; M.H. Williams, 1996). 카페인은 중추신경 각성제이며, 중추신경 억제제인 아데노신 수용체의 경쟁적 길항제(competitive antagonist)이다. 최근에는 카페인이 신경계에 미치는 효과와 더불어 근력 발달에 있어 카페인의 직접적인 효과 및 수행력 향상의 기전에 관한 연구가 중점을 이루고 있다(Dodd 등, 1993).

수행력 향상의 증거 체중 1kg당 3~13mg의 카페인 투여는 실험실 환경에서 이루어지는 장시간의 지구력 수행과 고강도의 단시간 운동의 수행력을 향상시키는 것으로 보고되고 있다(Spriet, 1995). 체중 1kg당 3~9mg의 카페인 투여 후 운동 지속시간이 22~23% 증가한 것으로 나타났다(Graham & Spriet, 1995; Jackman, Wendling, Friars, & Graham, 1996; Pasman, van Baak, Jeukendrup, & de Haan, 1995). 최소한 한 연구에서는 더 많은 카페인을 투여하여 카페인 투여와 그에 따른 반응의 관계를 밝혀내는데 실패했다(Pasman 등, 1995). 카페인 투여 후 지구력 운동 동안 글리세롤과 유리지방산의 증가 및 RER(CO_2/O_2)의 감소가 일어나는 것으로 보고되고 있지만(예외 없이 β-산화의 증가를 암시), 혈중 젖산에서의 역설형 증가(paradoxical increases)(글리코겐 분해의 증가를 암시)도 보고되고 있다(Graham & Spriet, 1995; Jackman 등, 1996; Pasman 등, 1995). 따라서 글리코겐 절약의 기전은 아직 완전히 설명되지 못하고 있다. 최근의 보고에 따르면, 카페인은 고온의 환경에서 수행력 향상의 효과가 없는 것으로 나타났다(Cohen 등, 1996). 카페인의 이뇨 효과가 체온조절에 불리하게 작용할 가능성이 있다.

안전성 역학관련 문헌을 보면 카페인 소비와 건강의 관련성에 대해 논란이 있다. 카페인 소비가 건강(예: 낭성 유방암, 여성의 생식기능 장애, 고혈압, 심장질환, 지방대사의 변화)에 영향을 미친다는 연구들이 있는 반면에, 두 요인 간에 관련성이 없음을 보고하는 연구들도 있다. 중간 정도의 카페인 소비(커피 12~18온스에 들어 있는 200~300mg/1일)는 대부분의 사람들에게 건강상 유해하지 않다는 것이 일반적인 견해이다. 그리고 이 정도의 양은 소변검사에서 카페인의 배출을 12μg/ml으로 제한하고 있는 IOC의 규정에도 못 미치는 수준이다(J.H. Williams, Wendling, Friars, & Graham, 1996).

적법성 카페인은 금지 물질이 아니다. 그러나 IOC 규정에서처럼 소변검사를 통한 카페인 배출이 12μg/ml 미만의 경우에서도 수행력 향상이 나타나는 것으로 보고되고 있다(Spriet, 1995).

인삼

식물 추출물들 중 많은 것이 약효와 수행력 향상 효과를 가진 것으로 알려져 있다. 인삼은 수행력 향상 효과를 가진 것으로 사람들이 믿는 생약 보충제로서, 시중에서 손쉽게 구입할 수 있다. 인삼은 수행력 향상 보조제와 강정제로 여겨져 수천 년 간 사용되어왔다. 인삼에 대해 더 많은 자료를 접하고자 하면, Bahrke와 Morgan(1994) 그리고 Ng와 Yeung(1986)의 연구를 참고하도록 한다.

생화학과 수행력 향상의 기전 인삼은 두릅나무과(Araliaceae)에서 유래된 많은 혼합물들을 총칭하는 용어이다(Ng & Yeung, 1986). 상품화되어 구입이 가능한 인삼의 형태는 중국과 한국 인삼(Panax ginseng), 미국 인삼(Panax quinquefolium), 일본 죽절삼(Panax japonicum), 러시아/시베리아 인삼(Eleutherococcus senticosus; 가시오갈피) 등 몇 가지가 있다. 이러한 혼합물들은 글리코시드, 인삼 사포닌, 진세노사이드와 같은 특수 물질을 포함하고 있다. 진세노사이드는 에너지 대사를 촉진하고, 수행시간을 늘려주며, 피로가 오는 것을 지연시키며, 스트레스 저항력을 강화시켜주는 효과가 있는 것으로 여겨지는데, 이는 시상하부-뇌하수체-부신 축의 조절상승(upregulation) 때문인 것으로 생각된다(Brekhman & Dardymov, 1969). 또한 인삼은 조직의 산소 추출과 사용, 미토콘드리아 대사, 심근 기능을 향상시킬 수 있는 것으로 알려져 있다(Asano, Takahaski, Kugo, & Kuboyama, 1986).

수행력 향상 효과의 증거 인삼과 인삼 성분이 포함된 제품의 수행력 향상 효과는 광고를 통해 많이 알려져 있다. 그러나 수행력 향상 효과에 대한 실질적인 증거는 대부분 관찰기록에 의존하고 있으며, 과학적 연구에 의한 지지는 거의 없다. 잘 통제(이중 맹검 위약 통제)된 연구의 대부분은 최대하 혹은 최대 지구력 향상에 있어 인삼의 수행력 향상 효과를 지지하지 않는다(Allen, McLung, Nelson, & Welsch, 1998; Dowling 등, 1996; Engels & Wirth, 1997; Morris 등, 1996).

안전성과 적법성 인삼은 미국 식품의약국(FDA)에 의해 약품이 아닌 식품으로 분류되어 있기 때문에 건강식품점에서 쉽게 구입할 수 있다. 일부 인삼제품들에 금지 각성제인 에페드린이 포함되어 있다는 결과도 있다(Cui, Garle, Eneroth, & Bjorkhem, 1994). 따라서 인삼 복용은 고혈압, 신경과민증, 불면증 등을 유발할 수 있다(Beltz & Doering, 1993).

아드레날린 차단제와 중추신경 억제제

베타 교감신경 차단제

베타 교감신경 차단제(β-adrenergic blocking agents) 혹은 베타 차단제(β-blockers)는 1960년대에 개발된 의약품으로서 세포막에 존재하는 β_1과 β_2 아드레날린성 수용체에 노어에피네프린과 에피네프린이 결합하는 것을 억제하는 기능을 한다. 이러한 물질들은 임상에서 심근 후부하(myocardial afterload)를 감소시키기 위한 고혈압약 그리고 심근의 산소 요구량을 감소시키기 위한 심근경색후(postmyocardial infarction) 예방약으로 처방된다. 심장 선택성 베타 차단제는 β_1 수용체를 우선적으로 차단하는 반면에, 비선택성 물질은 β_1 아니면 β_2 수용체를 차단한다(M.H. Williams, 1991).

생리학과 수행력 향상의 기전 심장 조직의 β_1 수용체는 노어에피네프린에 의해 자극을 받는데, 이를 통해 심장의 수축력(force of contraction)과 변동성(rate of contraction) 반응이 증가한다. 에피네프린에 의한 지방조직의 β_1 수용체 자극은 지방분해를 증가시킨다. 또한 β_2 아드레날린성 수용체는 에피네프린에 의해 자극되며, 이는 글리코겐 분해, 기관지 확장, 혈관 확장을 가져온다. 베타 차단제는 수행 불안을 감소시킬 수 있다. 따라서 이러한 물질은 소근육 운동제어와 낮은 상태 불안이 성공에 필수적인 수행자들(예: 골퍼, 사격선수, 양궁선수, 연주자, 무용수)의 수행력 향상에 도움을 줄 수 있다. 초기의 연구는 베타 차단제가 β_1과 β_2 수용체의 밀도를 조절 상승시키는 효과가 있을 수 있다는 이론, 즉 베타 차단제의 복용 중지가 운동에 대한 교감신경의 과민반응을 초래할 수 있다는 이론을 지지하는 데 중점을 두었다(Kelly, 1985; Wilmore, Ewy 등, 1985; Wilmore, Freund 등, 1985). 그러나 현재 베타 차단제는 지구력 과제에서 수행력을 저해하는 것으로 간주된다. 그 이유는, 심순환계 반응(예: 심박수 저하, 흡기, 말초혈류, 체온조절)의 약화와 에너지 기질 이용도(예: 간과 근육의 해당작용, 지방분해) 장애 때문인 것으로 알려져 있다(M.H. Williams, 1991).

수행력 향상의 증거 베타 차단제는 근력과 무산소 능력을 요구하는 고강도의 단시간(10초 이하) 운동의 수행력을 저하시키지 않는 것으로 밝혀졌다. 그러나 수행 시간이 조금 긴(30~60초) 고강도의 운동은 베타 차단제에 의해 부정적으로 영향을 받는 것으로 나타났다. 그 이유는 해당작용에 대한 의존성이 커지기 때문이다. 베타 차단제는 경련과 불안을 감소시키며, 저강도의 정확성을 요구하는 소근육 운동(예: 사격, 양궁)에서는 수행력 향상에 영향을 미칠 가능성이 있다. 운동 심박수 반응은 베타 차단제를 복용하는 동안 감소한다. 그러나 1회 박출량의 증가로 인해 심박출량은 유지된다. 비선택성 물질은 심장 선택성 물질보다도 최대산소섭취량과 해당작용에 더욱 부정적 영향을 미치는 반면에, 지방분해는 이러한 두가지 형태의 물질을 복용함에 따라 약해진다(Jilka 등, 1988). 베타 차단제는 표층부 혈류량을 떨어뜨려 체온조절에 부정적인 영향을 미칠 수 있다. 일부 물질들의 사용으로 인한 무기력감과 더불어 베타 차단제의 이러한 생리적 결과는 지구력에 부정적인 영향을 미친다(M.H. Williams, 1991).

안전성 베타 차단제는 혈중지질농도를 부정적으로 변화시킬 수 있다(예: HDL-콜레스테롤의 감소, 중성지방의 증가). 근력종목에서 베타 차단제를 복용하고 있는 고혈압성 선수들(예: 역도선수 혹은 보디빌더)은 정적(등척성) 운동(예: 총말초저항 *total peripheral resistance* 증가, 동맥혈압반응 악화)의 혈류학적 효과를 이해할 필요가 있다.

적법성 IOC와 NCAA는 베타 차단제의 사용을 금지하고 있다.

에탄올

에탄올(알코올, C_2H_5OH)은 많은 사람들이 사회적 교류를 위해 소비하는 물질(social drug)이다. 다음에서는 수행력 향상 물질인 에탄올의 생화학, 대사, 수행력 향상의 증거, 안전성, 적법성에 대해 간략하게 살펴보고자 한다. 더 많은 자료를 접하고자 하면, Reilly(1997)와 M.H. Williams(1991, 1992)의 연구를 참고하도록 한다.

생화학 해당작용의 중간대사물질인 피루브산(pyruvate)은 세가지 주요 변화를 겪는다. (a) 젖산 탈수소효소(LDH; lactate dehydrogenase)에 의한 촉매작용을 통해 젖산으로 환원된다. (b) 아세틸 조효소A(acetyl CoEnzyme A)로의 산화적 탈탄산반응이 일어나는데, 이는 피루브산탈수소효소복합체(pyruvate dehydrogenase complex)에 의한 촉매작용을 통해 일어난다. (c) 무산소성 탈탄산반응/환원이 일어나는데, 이는 피루브산탈카르복시효소(pyruvate decarboxylase)와 알코올탈수소효소(alcohol dehydrogenase)에 의한 촉매작용을 통해 일어난다. 후자의 과정은 효모에 의한 곡물의 발효를 통해 일어나는데, 이를 통해 수천 년 동안 소비되어왔던 에탄올이 만들어진다. 에탄올은 수용성이며, 소장에서부터 혈액 속으로 빠르게 흡수된다. 에탄올은 1차적으로 간에서 대사작용을 통해 분해된다. 즉, 에탄올은 알코올탈수소효소의 촉매작용을 통해 아세트알데히드로 산화된다. 이어서 아세트알데히드는 아세틸알데히드 탈수소효소에 의해 아세트산염으로 산화되는데, 아세트산염은 ATP 생성을 위해 트리카르복실산 회로(TCA cycle, Krebs cycle)로 들어가거나 혹은 다양한 생체분자의 드노보 합성(de novo synthesis)을 위한 구성요소로 작용한다. 에탄올의 이화작용은 미토콘드리아 전자전달계에 의해 ATP 합성에 필요한 NADH

H+를 만들기 때문에, 에탄올은 1g당 7kcal(29kJ)의 에너지양을 가진 식품이나 약물로 간주된다. 일회성 혹은 만성적 에탄올 소비가 어떠한 결과를 초래하는지는 혈액의 관류(blood perfusion)가 가장 큰 조직들과 뇌, 폐, 간, 신장 등과 같이 에탄올의 흡수가 가장 큰 기관에서 잘 나타난다(Reilly, 1997).

에탄올의 대사 효과 에탄올은 체질량 1kg 당 1시간에 100mg의 비율로 대사된다. 에탄올은 에너지를 포함하고 있는 물질이지만, 에너지대사에 있어 에탄올의 역할은 무시해도 될 정도이다. 에탄올의 가장 즉시적이며 직접적 효과는 중추신경의 억제이다. 에탄올은 생리적 각성을 담당하고 있는 망상활성계(reticular activating system)의 활동을 억제한다. 에탄올은 신경 활성 전위(neural action potentials)의 속도를 감소시키며, 신경근 시냅스에서 분비되는 신경전달물질인 아세틸콜린의 합성과 분비를 방해한다. 에탄올을 소비한 후, 처음에는 중추신경계 내 노어에피네프린 기능이 일시적으로 증가하지만 곧 감소한다. 기분 상태는 부분적으로는 뇌 내의 카테콜라민에 의해 영향을 받기 때문에, 처음에는 에탄올에 의한 희열감과 뒤이은 우울감 상태는 이러한 카테콜라민의 변동과 관련이 있다. 또한 에탄올은 뇌의 주요 에너지 기질인 글루코스가 뇌에서 흡수되는 것을 감소시킨다. 이러한 감소가 에탄올 섭취 후의 정신적 피로와 집중력의 상실과 관련이 있는 것으로 보인다(Reilly, 1997).

수행력 향상의 증거 억제성과 떨림을 감소시키고 불안을 제거하는 에탄올의 작용이 수행력 향상의 기전일 가능성이 제기되었다. 만약 그렇다면 양궁이나 사격과 같은 종목의 선수들은 에탄올 섭취를 통해 긍정적인 효과를 기대할 수 있을지도 모른다. Reilly와 Halliday(1984)는 양궁선수의 경우 0.02%의 혈중 알코올 농도가 조준시간과 릴리스를 개선시켰지만, 0.05%의 혈중 알코올 농도는 수행력에 부정적인 영향을 미쳤음을 보고했다. 빠른 반응시간과 눈-손 협응성, 빠른 결정을 가능하게 하는 복합적인 정보 처리능력과 복합적인 움직임 패턴을 요구하는 과제에서는 에탄올 섭취가 부정적인 영향을 미친다(ACSM, 1982; Collins, Schroeder, Gilson, & Guedry, 1971; Moskowitz, Burns, & Williams, 1985; Reilly, 1997). 시합 하루 전의 에탄올 섭취는 근 글리코겐을 감소시킬 수 있다(Reilly, 1997). 이러한 이유 때문에 특히 최적 수행에 있어 저장된 글리코겐이 중요한 역할을 하는 지구력종목의 선수들의 경우, 시합 이전에 에탄올을 자제하거나 적절히 섭취하는 신중한 태도가 필요하다(M.H. Williams, 1991). 최대하 운동 바로 직전 에탄올 섭취가 어떠한 영향을 미치는지에 관한 결과들은 서로 일치하지 않는다. 그러나 역학적 효율성 저하로 인해 기준 파워값(standard power output)에서 더 많은 산소량을 보고하는 연구들이 있다. 적절한 에탄올 섭취는 최대 심혈관계 반응(예: 최대산소섭취량, 최대환기량, 최대심박출량, 최대심박수)에 영향을 미치지 않는 반면에, 많은 양의 섭취는 수행에 명백하게 부정적인 영향을 미친다는 점에는 의견이 일치하고 있다. 에탄올은 이뇨제의 성격을 가지고 있으며, 뇌하수체 후엽으로부터 아르기닌 바소프레신(항이뇨 호르몬)의 분비를 억제하여 고온의 환경에서 체온조절 기능을 저하시킬 수 있다. 또한 에탄올은 표층부 혈류량을 증가시키고 열 손실을 악화시키기 때문에 기온이 낮은 환경에서는 에탄올 섭취를 자제해야 한다(Reilly, 1997; M.H. Williams, 1991).

안전성 하루에 1~2잔 정도의 적절한 에탄올 섭취는 심혈관계 질환과 뇌졸중으로 인한 사망률을 감소시킬 수는 있지만(Klatsky, Armstron, & Friedman, 1989; Stampfer, Colditz, Willett, Speizer, & Hennekens, 1988), 과도한 섭취는 골다공증과 다양한 암 그리고 고혈압과 심근증 및 태아알코올증후군과 상관이 있다(Diamond, Satiel, Lunzer, Wilkinson, & Posen, 1989; Longnecker, Berlin, Orza, & Chambers, 1988).

적법성 에탄올이 수행력을 향상시킬 수 있을 가능성이 있다 할지라도 양궁과 같은 종목에서는 에탄올 섭취가 금지된다. 지구력종목에서 에탄올은 수행력 향상의 효과가 없으며, 실제로는 수행력을 저하시킬 가능성이 있다. 그렇지만 이러한 종목에서 에탄올 섭취는 금지되지 않는다. 최적의 건강 상태와 수행력 유지를 위해서는 에탄올을 적당히 섭취하거나 혹은 전혀 섭취하지 않는 것이 좋다. 운동선수는 시합 전날 에탄올 섭취를 자제하도록 한다.

요 약

본고에서는 최근 사용되고 있는 몇 가지 수행력 향상 보조제에 대해 논의되었다. 일부 보조제들은 잘 통제된 연구에서 수행력을 향상시키는 것으로 밝혀졌다. 수행력 향상의 효과가 있는 것으로 알려진 다른 물질들은 통제된 연구가 아닌 단지 관찰기록에 의존해 추천되고 있다. 일부 수행력 향상 보조제들에 의해 나타난 건강상의 부정적 결과로 인해 이러한 물질들의 사용을 금지시키는 것은 당연하다. 기타 물질들의 사용에 대한 통제가 현재에는 이루어지지 않고 있다. 주어진 물질에 대한 적법성과는 별도로 운동선수는 수행력 향상 보조제 사용을 결정할 때 윤리적 차원에서 심각하게 고민할 필요가 있다.

역사적으로 볼 때, 운동선수는 수행력 향상을 목적으로 아주 다양한 물질들을 사용해왔다. 본고에서 논의된 물질들 외에도 더 많이 있다. 앞으로 운동선수들은 실제 수행력 향상의 효과를 가지거나 혹은 소문으로만 효과가 알려진 기존의 물질들과 새로운 물질들을 접하게 될 것이다. M.H. Williams(1989)에 따르면, 수행력 향상과 관련하여 올바른 연구를 하기 위해서는 (a) 이중 맹검법, 위약 통제 반복측정 설계, (b) 처방-반응 간의 관계를 명확히 하기 위해 다양한 처방 설계 연구, (c) 모집단인 운동선수를 대표할 수 있는 연구대상자의 확보, (d) 투약과 주사 일정을 선수들이 실제로 실행하고 있는 일정과 비교, (e) 연구대상자들에 대한 적절한 수행 측정 등이 요구된다. 궁극적인 책임은 특정 수행력 향상 물질의 효과, 적법성, 건강에 미치는 영향, 사용과 관련한 윤리적인 문제 등에 관해 교육을 받은 개인에게 있다(United States Olympic Committee, 1996).

참고문헌

Abt, S. (1998). Top team expelled by Tour de France over drug charges. *The New York Times*. July 18, A1, C2.

Allen, J. D., McLung, J., Nelson, A. G., & Welsch, M. (1998). Ginseng supplementation does not enhance healthyyoung adults' peak aerobic exercise performance. *Journal of the American College of Nutrition, 17*, 462-466.

American College of Sports Medicine. (1982). Position statement on the use of alcohol in sports. *Medicine and Science in Sports and Exercise, 14*, ix-x.

Asano, K., Takahaski, T., Kugo, H., & Kuboyama, M. (1986). Effects of *Eleutherococcus sentocosus Maxim* on physical performance and resources in maximal and submaximal work. In *New Data on Eleutherococcus: Proceedings of the Second International Symposium on Eleutherococcus M. 1984* (pp. 229-239). Vladivostok: Far East Science Center, USSR Academy of Sciences. Bahrke, M. S., & Morgan, W. P. (1994). Evaluation of the ergogenic properties of ginseng. *Sports Medicine, 18*, 229-248.

Balsom, P., Söderlund, K., & Ekblom, B. (1994). Creatine in humans with special reference to creatine supplementation. *Sports Medicine, 18*, 268-280.

Beltz, S. D., & Doering, P. L. (1993). Efficacy of nutritional supplements used by athletes. *Clinical Pharmacology, 12*, 900-908.

Bhasin, S., Storer, T. W., Berman, N., Callegari, C., Clevenger, B., Phillips, J., Brunnell, T. J., Tricker, R., Shirazi, A., & Caseburi, R. (1996). The effects of supraphysiologic doses of testosterone on muscle size and strength in normal men. *New England Journal of Medicine, 335*(1), 1-7.

Bradley, C. A., & Sodeman, T. M. (1990). Human growth hormone: Its use and abuse. *Clinical Laboratory Medicine, 10*, 473-477.

Brekhman, I. I., & Dardymov, I. V. (1969). New substances of plant origin which increase nonspecific resistance. *Annual Review of Pharmacology, 9*, 419-428.

Buckley, W. E., Yesalis, C. E., Friedl, K. E., Anderson, W. A., Streit, A. L., & Wright, J. E. (1988). Estimated prevalence of anabolic steroid use among male high school seniors. *Journal of the American Medical Association, 260*, 3441-3445.

Buick, F. J., Gledhill, N., Fronsoe, A. B., Spriet, L., & Meyers, E. C. (1980). Effect of induced erythrocythemia on aerobic work capacity. *Journal of Applied Physiology, 48*, 636-642.

Cable, N. T. (1997). Anabolic-androgenic steroids; ergogenic and cardiovascular effects. In T. Reilly & M. Orme (Eds.), *The clinical pharmacology of sport and exercise: Proceedings of the Esteve Foundation Symposium VII* (pp. 135-141). Amsterdam: Elsevier Science B. V.

Casey, A., Constantin-Teodosiu, D., Howell, S., Hultman, E., & Greenhaff, P. L. (1996). Creatine ingestion favorably affects performance and muscle metabolism during maximal exercise in humans. *American Journal of Physiology, 271*, E31-E37.

Chandler, J. V., & Blair, S. N. (1980). The effect of amphetamines on selected physiological components related to athletic success. *Medicine and Science in Sports and Exercise, 12*(1), 65-69.

Clemons, J. M., & Crosby, S. L. (1993). Cardiopulmonary and subjective effects of a 60 mg dose of pseudoephedrine on graded treadmill exercise. *Journal of Sports Medicine & Physical Fitness, 33*, 405-412.

Cohen, B. S., Nelson, A. G., Prevost, M. C., Thompson, G. D., Marx, B. D., & Morris, G. S. (1996). Effects of caffeine ingestion on endurance racing in heat and humidity. *European Journal of Applied Physiology, 73*(3-4), 358-363.

Collins, W. E., Schroeder, D. J., Gilson, R. D., & Guedry, F. E. (1971). Effects of alcohol ingestion on tracking performance during angular acceleration. *Journal of Applied Psychology, 6*, 559-563.

Conlee, R. K. (1991). Amphetamine caffeine and cocaine. In D. R. Lamb & M. H. Williams (Eds.), *Perspectives in exercise science and sports medicine. Volume 4. Ergogenics: enhancement of performance in exercise and sport* (pp. 285-332). Dubuque, IA: WCM/Brown and Benchmark.

Cui, J., Garle, M., Eneroth, P., & Bjorkhem, I. (1994). What do commercial ginseng preparations contain? *Lancet, 344*, 134.

Diamond, T., Satiel, D., Lunzer, M., Wilkinson, M., & Posen, S. (1989). Ethanol reduced bone formation and may cause osteoporosis. *Annals of the Journal of Medicine, 86*, 282-287.

Dodd, S. L., Herb, R. A. & Powers S. K. (1993). Caffeine and exercise performance: An update. *Sports Medicine, 15*(1), 14-23.

Dowling, E. A., Dedondo D. R., Branch, J. D., Jones, S., McNabb, G., & Williams, M. H. (1996). The effect of *Eleutherococcus senticosus Maxim L* supplementation on physiological responses to submaximal and maximal exercise. *Medicine and Science in Sports and Exercise, 28*, 482-489.

DuRant, R. H., Escobedo, L. G., & Heath, G. W. (1995). Anabolic-steroid use, strength training and multiple drug use among adolescents in the United States, *Pediatrics, 96*, 23-28.

Elashoff, J. D., Jacknow, A. D., Shain, S. G., & Braunstein, G. D. (1991). Effects of anabolic-androgenic steroids on muscular strength. *Annals of Internal Medicine, 115*(5), 387-393

Engels, H. J., & Wirth, J. C. (1997). No ergogenic effects of ginseng (*Panex ginseng C. A. Meyer*) during graded maximal aerobic exercise. *Journal of the American Dietetic Association, 97*, 1110-1115.

Evans, N. A. (1997). Gym and tonic: A profile of 100 male steroid users. *British Journal of Sports Medicine, 31*, 54-58.

Fogelholm, G. M., Naveri, H. K., Kiilavuori, K. T., & Harkonen, M. H. (1993). Low-dose amino acid supplementation: No effects on serum human growth hormone and insulin in male weightlifters. *International Journal of Sport Nutrition, 3*, 290-297.

Friedl, K. E., Dettori, J. R., Hannan, C. J., Patience, T. H., & Plymate, S. R. (1991). Comparison of the effects of a high dose of testosterone and 19-nortestosterone to a replacement dose of testosterone on strength and body composition in normal men. *Journal of Steroid Biochemistry and Molecular Biology, 40*, 607-612.

Gillies, H., Derman, W. E., Noakes, T. D., Smith, P., Evans, A., & Gabriels, G. (1996). Pseudoephedrine is without ergogenic effects during prolonged exercise. *Journal of Applied Physiology, 81*, 2611-2617.

Graham, T. E., & Spriet, L. L. (1995). Metabolic, catecholamine, and exercise performance responses to various doses of caffeine. *Journal of Applied Physiology, 78*(3), 867-874.

Green, A. L., Hultman, E., MacDonald, I. A., Sewell, D. A., & Greenhaff, P. L. (1996). Carbohydrate feeding augments skeletal muscle creatine accumulation during creatine supplementation in humans. *American Journal of Physiology, 271*, E821-E826.

Greenhaff, P. L. (1995). Creatine and its application as an ergogenic aid. *International Journal of Sport Nutrition, 5*,

S100-S110.

Hansen, P. A., Han, D. H., Nolte, L. A., Chen, M., & Holloszy, J. O. (1997). DHEA protects against visceral obesity and muscle insulin resistance in rats fed a high-fat diet. *American Journal of Physiology, 273*, R1704-R1708.

Haupt, H. A. (1993). Anabolic steroids and growth hormone. *American Journal of Sport Medicine, 21*, 468-474.

Hultman, E., & Sahlin, K. (1980). Acid-base during exercise. *Exercise and Sports Science Review, 8*, 41-128.

Hultman, E., Söderland, K., Timmons, J. A., Cederblad, G., & Greenhaff, P. L. (1996). Muscle creatine loading in men. *Journal of Applied Physiology, 81*, 232-237.

Jackman, M., Wendling, P., Friars, D., & Graham, T. E. (1996). Metabolic catecholamine and endurance responses to caffeine during intense exercise. *Journal of Applied Physiology, 81*(4), 1658-1663.

Jilka, S. M., Joyner, M. J., Nittolo, J. M., Kalis, J. K., Taylor, J. A., Lohman, T. G., & Wilmore, J. H. (1988). Maximal exercise response to acute and chronic betaadrenergic blockade in healthy male subjects. *Medicine and Science in Sports and Exercise, 20*, 570-573.

Johnson, R. (1998). Demographics of creatine monohydrate users. Memorandum to Brett Hall, Experimental and Applied Sciences. July 30, 1998.

Karpovich, P. V. (1959). Effect of amphetamine sulfate on athletic performance. *Journal of the American Medical Association, 170*, 558-561.

Kelly, J. G. (1985). Choice of selective versus nonselective beta blockers: Implications for exercise training. *American Journal of Cardiology, 55*, 162D-166D.

Klatsky, A. L., Armstrong, M. A., & Friedman, G. (1989). Alcohol use and subsequent cerebrovascular disease hospitalization. *Stroke, 20*, 741-746.

Kockakian, C. D., & Murlin, J. R. (1935). Effect of male hormone on protein and energy metabolism of castrate dogs. *Journal of Nutrition, 10*, 437-459.

Lambert, M. I., Hefer, J. A., Millar, R. P., & Macfarlane, P. W. (1993). Failure of commercial oral amino acid supplements to increase serum growth hormone concentrations in male body-builders. *International Journal of Sport Nutrition, 3*, 298-305.

Linderman, J. K., & Gosselink, K. L. (1994). The effects of sodium bicarbonate ingestion on exercise performance. *Sports Medicine, 18*, 75-80.

Lombardo, J. A., Hickson, R. C., & Lamb, D. R. (1991). Anabolic/androgenic steroids and growth hormones. In D. R. Lamb & M. H. Williams (Eds.), *Perspectives in exercise science and sports medicine. Volume 4. Ergogenics: Enhancement of performance in exercise and sport* (pp. 249-284). Dubuque, IA: WCB/Brown and Benchmark. Longnecker, M. P., Berlin, J. A., Orza, M. J., & Chambers, T. C. (1988). A meta-analysis of alcohol consumption in relation to risk of breast cancer. *Journal of the American Medical Association, 260*, 652-656.

Matson, L. G., & Tran, Z. V. (1993). Effects of sodium bicarbonate on aerobic performance:A meta-analytic review. *International Journal of Sport Nutrition, 3*, 2-28.

McNaughton, L. R. (1992). Sodium bicarbonate ingestion and its effects on anaerobic exercise of various durations. *Journal of Sports Science, 10*, 425-435.

McNaughton, L., Dalton, B., & Palmer, G. (1999). Sodium bicarbonate can be used as an erogenic aid in highintensity, competitive cycle ergonometry of 1 hr duration. *European Journal of Applied Physiology, 80*, 64-69.

Melchert, R. B., & Welder, A. A. (1995). Cardiovascular effects of anabolic-androgenic steroids. *Medicine and Science in Sports and Exercise, 27*(9), 1252-1262.

Melchert, R. B., Herron, T. J., & Welder, A. A. (1992). The effect of anabolic-androgenic steroids on primary myocardial cell cultures. *Medicine and Science in Sports Exercise, 24*(2), 206-212.

Middleman, A. B., Faulkner, A. H., Woods, E. R., Emans, S. J. & DuRant, R. H. (1995). High risk behaviors among high school students in Massachusetts who use anabolic steroids. *Pediatrics, 96*, 268-272.

Morris, A. C., Jacobs, I., McLellan, T. M., Klugerman, A., Wang, L. C., & Zamecnik, J. (1996). No ergogenic effect of ginseng ingestion. *International Journal of Sport Nutrition, 6*, 263-271.

Moskowitz, H., Burns, M. M., & Williams, A. F. (1985). Skills performance at low blood alcohol levels. *Journal of the Studies on Alcohol, 46*, 482-485.

Mujika, I., Chatard, J. C., Lacoste, L., Barale, F., & Geyssant, A. (1996). Creatine supplementation does not improve sprint performance in competitive swimmers. *Medicine and Science in Sports and Exercise, 28*, 1435-1441.

Nehlig, A., & Debry, G. (1994). Caffeine and sports activity: A review. *International Journal of Sports Medicine, 15*(5), 215-223.

Nestler, J. E., Barlascini, C. O., Clore, J. N., & Blackard, W. G. (1988). Dehydroepiandrosterone reduces serum low density lipoprotein levels and body fat but does not alter insulin sensitivity in normal men. *Journal of Endocrinology Metabolism, 66*, 57-61.

Ng, T. B., & Yeung, H. W. (1986). Scientific basis of the therapeutic effects of ginseng. In *Folk Medicine: The Art and the Science*. Washington, DC: American Chemical Society.

Nissen, S., Sharp, R., Ray, M., Rathmacher, J. A., Rice, D., Fuller, J. C., Connelly, A. S., & Abumrad, N. (1996). Effect of leucine metabolite beta-hydroxy-beta-methylbutyrate on muscle metabolism during resistance-exercise training. *Journal of Applied Physiology, 81*, 2095-2104.

Papet, I., Ostaszewski, P., Glomot, F., Obled, C., Faure, M., Bayle, G., Nissen, S., Arnal, M., & Grizard, J. (1997) The effect of a high dose of 3-hydroxy-3-metylbutyrate on protein metabolism in growing lambs. *British Journal of Nutrition, 77*, 885-896.

Pasman, W. J., van Baak, M. A., Jeukendrup, A. E., & de Haan, A. (1995). The effect of different dosages of caffeine on endurance performance time. *International Journal of Sports Medicine, 16*(4), 225-230.

Reilly, T. (1997). Alcohol: Its influence in sport and exercise. In T. Reilly & M. Orme (Eds.), *The clinical pharmacology of sport and exercise: Proceedings of the Esteve Foundation Symposium VII* (pp. 281-292). Amsterdam: Elsevier Science B.V.

Reilly, T., & Halliday, F. (1985). Influence of alcohol ingestion on tasks related to archery. *Journal of Human Ergology, 14*, 99-104.

Rogol, A. (1989). Growth hormone: Physiology, therapeutic use and potential for abuse. *Exercise and Sports Science Review, 17*, 353-377.

Rudman, D., Feller, A. G., Nagraj, H. S., Gergans, G. A., Lalitha, P. Y., Goldberg, A. F., Schlenker, R. A., Cohn, L., Rudman, I. W., & Mattson, D. E. (1990). Effects of human growth hormone in men over 60 years old. *New England Journal of Medicine, 323*, 1-6.

Sawka, M. N., Joyner, M. J., Miles, D. S., Robertson, R. J., Spriet, L. L., & Young, A. J. (1996). American College of Sports Medicine position stand: The use of blood doping as an ergogenic aid. *Medicine and Science in*

Sports and Exercise, 28(6), i-viii.

SKW Trostburg. (1998). SKW Trostburg AG announces patent enforcement action, exposed inferior products and introduces CreapureTM brand creatine products. Memorandum, July 15.

Smith, D. A., & Perry, P. J. (1992). The efficacy of ergogenic aids in athletic competition. Part II. Other performance-enhancing agents. *Annals of Pharmacotherapy, 26*, 653-659.

Smith, G. M., & Beecher, H. K. (1959). Amphetamine sulfate and athletic performance. *Journal of the American Medical Association, 170*, 542-557.

Spence, J. C., & Gauvin, L. (1996). Drug and alcohol use by Canadian university athletes: A national survey. *Journal of Drug Education, 26*(3), 275-287.

Spriet, L. L. (1995). Caffeine and performance. *International Journal of Sport Nutrition, 5*, S84-S99.

Stampfer, M. J., Colditz, G. A., Willett, W. C., Speizer, F. E., & Hennekens, C. H. (1988). A prospective study of moderate alcohol consumption and the risk of coronary disease and stroke in women. *New England Journal of Medicine, 319*, 267-273.

Strauss, G. (1998, June 4). 1 in 3 pro sports teams say "no" to creatine. *USA Today*, 1A.

Tarnopolsky, M. A. (1994). Caffeine and endurance performance. *Sports Medicine, 18*(2), 109-125.

United States Olympic Committee. (1996). *United States Olympic Committee drug education handbook*. Colorado Springs, CO: Author.

Vandenberghe, K., Gillis, N., Vyan Leemputte, M., Van Hecke, P., Vanstapel, F., & Hespel, P. (1996). Caffeine counteracts the ergogenic action of muscle creatine loading. *Journal of Applied Physiology, 80*, 452-457.

Vandenberghe, K., Goris, M., Van Hecke, P., Van Leemputte, M., Van Gerven, L., & Hespel, P. (1997). Long-term creatine intake is beneficial to muscle performance during resistance training. *Journal of Applied Physiology, 83*, 2055-2063.

Welder, A. A., & Melchert, R. B. (1993). Cardiotoxic effects of cocaine and anabolic-androgenic steroids in the athlete. *Journal of Pharmacology and Toxicology Methods, 29*, 61-68.

Welder, A. A., Robertson, J. W., Fugate, R. D., & Melchert, R. B. (1995b). Anabolic-androgenic steroid-induced toxicity in primary neonatal rat myocardial cell cultures. *Toxicology and Applied Pharmacology, 133*(2), 328-342.

Welder, A. A., Robertson, J. W., & Melchert, R. B. (1995a). Toxic effects of anabolic androgenic steroids in primary rat hepatic cell cultures. *Journal of Pharmacology and Toxicology Methods, 33*(4), 187-195.

Williams, J. H. (1991). Caffeine, neuromuscular function and high-intensity exercise performance. *Journal of Sports Medicine and Physical Fitness, 31*, 481-489.

Williams, J. H., Wendling, P., Friars, D., & Graham, T. E. (1996). Metabolic, catecholamine, and endurance responses to caffeine during intense exercise. *Journal of Applied Physiology, 81*(4), 1658-1663.

Williams, M. H. (1989). Drugs and sports performance. In A. J. Ryan & F. L. Allman (Eds.), *Sports medicine* (pp. 183-210). San Diego, CA: Academic Press.

Williams, M. H. (1991). Alcohol, marijuana and beta blockers. In D. R. Lamb & M. H. Williams (Eds.), *Perspectives in exercise science and sports medicine. Volume 4. Ergogenics: Enhancement of performance in exercise and sport* (pp. 348-362). Dubuque, IA: WCM/Brown and Benchmark.

Williams, M. H. (1992). Alcohol and sport performance. *Sports Science Exchange, 4*, 1-4.

Williams, M. H. (1996). *Lifetime fitness and wellness* (4th ed.). Dubuque, IA: Brown and Benchmark Publishers.

Williams M. H. (1998). *The ergogenics edge: Pushing the limits of sports performance.* Champaign, IL: Human Kinetics.

Williams, M. H., Kreider, R. B., & Branch, J. D. (1999). *Creatine: The power supplement* Champaign, Il: Human Kinetics.

Wilmore, J. H., Ewy, G. A, Freund, B. J., Hartzell, A. A., Jilka, S. M., Joyner, M. J., Todd, C. A., Kinser, S. M., & Pepin, E. B. (1985). Cardiorespiratory alterations consequent to endurance exercise training during chronic betaadrenergic blockade with aterolol and propranolol *American Journal of Cardiology, 55*, 142D-148D.

Wilmore, J. H., Freund, B. J., Joyner M. J., Hetrick, G. A., Hartzell. A. A., Strother, R. T., Ewy, G. A., & Faris, W. E. (1985B). Acute response to submaximal and maximal exercise consequent to beta-adrenergic blockade: Implications for the prescription of exercise. *American Journal of Cardiology, 55*, 135D-141D.

Wyndham, C. H., Rogers, G. G., Benade, A. J. S., & Strydom, N. B. (1971). Physiological effects of the amphetamines during exercise. *South African Medical Journal, 45*, 247-252.

Yarasheski, K. E., Campbell, J. A., Smith, K., Rennie, M. J., Holloszy, J. O., & Bier, D. M. (1992). Effect of growth hormone and resistance exercise on muscle growth in young men. *American Journal of Physiology, 262*, E261-E267.

Yarasheski, K. E., Zachwieja, J. J., Angelopoulos, T. J. & Bier, D. M. (1993). Short-term growth hormone treatment does not increase muscle protein synthesis in experienced weight lifters. *Journal of Applied Physiology, 74*, 3073-3076.

Yen, S. S., Morales, A. J. & Khorram, O. (1995). Replacement of DHEA in aging men and women: Potential remedial effects. *Annals of the New York Academy of Science, 774*, 128-142.

Yesalis, C. E., & Bahrke, M. S. (1995). Anabolic-androgenic steroids. *Sports Medicine, 19*, 326-340.

Yesalis, C. E., Streit, A. L. Vicary, J. R., Friedl, K. E., Brannon, D., & Buckley,W. (1989). Anabolic steroid use: Indications of habituation among adolescents. *Journal of Drug Education, 19*(2), 103-116.

Chapter

6

운동과 장수

Daniel S. Rooks | Fred Kantrowitz

역자 | 김병준(인하대학교)

> 인체의 모든 부위는 각자 기능을 하도록 되어 있어 적당히 사용하거나 익숙한 일을 하면, 성장이 잘 되고 노화가 느리게 진행된다. 하지만 사용을 안 하거나 나태한 상태로 두면, 질병에 걸리기 쉽고 성장에 결함이 생기며 노화가 빨라진다.
>
> – 히포크라테스, 기원전 460년

역사적으로 볼 때 여러 문화권에서 오래 사는 것에 집착해 왔다. 알렉산더 대왕(마케도니아의 왕, 기원전 356-323년)은 생명의 연못을 찾았고, 폰세데리온(스페인 탐험가, 1460-1521)은 젊음의 분수를 찾아 나섰다. 오늘날 과학자들은 노화의 유전적 원인과 결과를 이해하기 위해 연구를 한다. 생명을 연장하는데 도움을 줄 수 있는 건강 행동과 다른 요인을 찾기 위해 수명이 평균 이상인 문화권에 대한 연구가 계속되고 있다. 오래 살고자 하는 욕망으로 수십 억대 항노화(antiaging) 산업이 생겨났는데, 그 상품은 대부분 검증이나 타당성을 받지 않고 통제도 되지 않으며 대개 값이 비싼데도 불구하고 노화를 지연시키고 수명을 연장할 수 있다고 광고한다.

지금까지 축적된 연구 결과에 따르면 신체적으로 활동적인 사람은 비활동적인 비슷한 또래의 사람이나 젊은 사람에 비해 더 건강하다. 이처럼 신체적, 정서적으로 더 건강한 것은 모든 연령층에서 나타나며, 심폐계 효율의 향상(Blair, Kampert, et al, 1996;

Haskell et al., 1992; Warren et al., 1993), 근력 향상(Frontera, Meredith, O'Reilly, Knuttgen, & Evans, 1988; Moritani, 1993; Rooks Kiel, Parsons, & Hayes, 1997), 신경운동 수행 향상(Rikli & Edwards, 1991; Rooks et al, 1997; Spirduso, MacRae, MacRae, Prewitt, & Osborne, 1988), 골밀도 증가(Kahn, 1992; Nelson et al., 1994), 인슐린 저항 증가(Ivy, 1997; Mayer-Davis et al., 1998), 무드 개선(Cramer, Nieman, & Lee, 1991), 우울증 감소(Camacho, Roberts, Lanarus, Kaplan, & Cohen, 1991) 측면에서 수량화가 가능하다. 운동이 신체 시스템에 주는 직접적인 혜택을 고려할 때 장기간의 운동은 특정 질병에 대한 예방 효과가 있고 잠재적으로 수명을 연장시킬 수 있다고 주장하는 것이 논리적으로 가능하다. 운동의 건강 증진 효과를 토대로 학자들은 운동 실천이 특정 만성 질환 및 전 원인 사망률(all-cause mortality)과 어떤 관계가 있는지를 연구하였다. 일부 종단적 코호트(cohort: 동일한 특성이나 행동 양식을 공유하는 집단-역자 주)연구에서는 신체 활동 또는 체력은 주요 사망원인인 심폐계 질환(Blair, Kampert, et al, 1996; Blair, Kohl, Paffennbarger, et al., 1989; Sandvik et al., 1993), 고혈압(Paffenbarger, Hyde, Wing, & Hsieh, 1986), 암(Blair, Kohl, Paffennbarger, et al., 1989; Oliveria & Lee, 1997), 인슐린 비의존성 당뇨병(Helmrish, Ragland, Leung, & Paffenbarger, 1991; Ivy, 1997; Mayer-Davis et al., 1998)을 포함한 여러 만성 질환의 위험과 부적인 상관관계가 발견되었다.

흥미롭게도 신체 활동과 장수 사이의 연관성은 수백 년 전에도 존재했다. 6세기 선종(Zen Buddhism) 창시자인 달마(Bodhidharma)는 인도에서 중국으로 산을 따라 걷다가 건강 상태가 나쁜 승려들을 발견했다. 달마는 그들에게 근력, 지구력, 그리고 건강 전반을 향상시키도록 일종의 신체 운동을 지도했다는 전설이 있다(Funakoshi, 1973). 그 운동은 건강 증진의 수단으로 지금까지도 널리 행해지는 무술의 초기 모습이라 할 수 있다. 의사였던 히포크라테스는 신체 활동을 적극적으로 옹호한 것으로 문헌에 전해진다. 히포크라테스는 *규칙적인 중간 강도*(regular, moderate) 운동은 건강을 증진시키고 유지하는데 꼭 필요하다고 신념을 갖고 있었다. 그는 규칙적인 신체 활동과 건강 증진 및 노화로 인한 신체 능력 저하의 지연 사이의 연관성을 연구한 것으로 알려져 있다(이 장 시작 인용문 참조). 신체 활동을 증진시켜 건강을 증진한다는 생각이 새로운 것은 아니지만, 신체 활동의 요소(양, 강도, 유형)와 건강(예, 사망률 감소) 사이의 연관성의 강도를 수량화한 역학조사 자료는 많지 않다. 본 장에서는 신체 활동과 장수의 상관성을 조사한 연구 자료를 요약한다.

운동과 장수의 관계

신체 활동과 수명의 관계를 수치화하는 노력은 여러 직업을 대상으로 질병과 사망률을 비교하는데서 시작되었다. 초기 연구에 따르면 좌업(坐業) 활동에 비해 신체 활동이 더 많은 직업에서 질병과 사망 모두 낮았다(Morris, Heady, Raffle, Roberts, & Parks, 1953; Paffenbarger, Laughlin, Gima, & Black, 1970). 이 분야의 연구는 여러 나라에서 다양한 연령층의 남녀 코호트를 대상으로 여가 신체 활동을 계량화하는 연구로 확대되었다.

영국에서 진행된 Morris와 연구진의 초기 연구(Morris, Chave, et al., 1973; Morris, Everitt, Pollard, Chave, & Semmence, 1980; Morris, Heady, et al., 1953)와 미국의 Paffenbarger와 연구진(Paffenbarger & Hale, 1975; Paffenbarger, Wing, & Hyde, 1978)의 연구는 직업 및 여가 신체 활동과 건강의 연관성을 분석하였다. 관상 동맥성 심장 질환을 분석한 Morris와 연구진은 반복해서 계단을 오르고 지속적으로 움직여야 하는 런던 시내버스 차장이, 앉아서 운전하는 버스기사에 비해 질병과 질병으로 인한 사망률이 더 낮다는 것을 발견했다. 연구 결과에 따르면 버스차장은 버스기사에 비해 심장발작이 거의 절반 밖에 나타나지 않았다. 게다가 심장발작을 겪은 사람 중에서 버스기사는 차장에 비해 두 배나 더 많이 사망했다.

Morris와 연구진은 연구를 확장시켜 여가 신체 활동이 만성질환 및 사망률과 어떤 관계가 있는지를 알아보았다. 연구진은 참가자를 여가 신체 활동 강도에 따라 좌업강도, 중간강도, 고강도로 집단을 구분했다. 연구 결과는 이전의 결과와 마찬가지로 신체 활동이 많을수록 관상 동맥성 심장질환의 빈도와 이로 인한 사망률이 낮아지는 역관계가 나타났다(Morris, Chave, et al., 1973; Morris, Everitt, et al., 1980).

대학동창생 건강연구(College Alumni Health Study)는 개인의 건강 습관과 특성이 만성질환의 발병과 어떤 관계에 있는지를 밝히는 종단 코호트 연구이다(Paffenbarger, Kampert, & Lee, 1997). 1960년에 시작된 이 연구에는 1916년부터 1954년 사이에 하버드대학(Harvard College)을 다녔던 남녀 36,500명과 1928년부터 1944년 사이에 펜실베이니아대학을 다녔던 21,000명을 포함하여 모두 57,500명이 참가했다. 종단연구 설계와 광범위한 자료 덕분에 연구진은 건강습관(생활패턴)과 건강 습관의 변화가 만성질환에 어떤 영향을 주는지를 밝힐 수 있었다.

기초선 자료(baseline data)를 분석한 결과 특정 건강행동과 만성질환 사이의 연관성이 나타났다. 흡연, 높은 체질량지수 및 고혈압은 심폐계 질환과 긍정적 연관성이 있었다. 흥미롭게도 신체 활동에 해당하는 대학 재학시절 스포츠에 참가 경력은 관상 동맥성 심장질환(CHD)의 발생과 역관계를 보였다(Paffenbarger, Hyde, Wing, & Steinmetz, 1984; Paffenbarger, Wing, et al., 1978).

Paffenbarger와 연구진은 1986년 규칙적인 운동실천은 장수에 도움이 된다는 이론을 다룬 중요한 연구결과를 발표했다(Paffenbarger, Hyde, Wing, & Hsieh, 1986). 35세에서 74세 사이의 연구 참가자 16,936명은 기초선 측정 후 12년에서 16년이 지난 시점에 후속 질문지에 응답했다. 신체 활동은 걸은 거리, 오른 계단수, 낮은 강도와 고강도 스포츠에 참가한 시간으로 측정했다. 이들 변수는 범주로 그대로 사용되거나 소모 칼로리로 변환되었고, 총합을 구해 "신체활동지수"로 활용되었다. 신체 활동이 가장 낮은 집단에서 가장 높은 집단으로 올라감에 따라 사망 위험이 점진적으로 낮아졌다. 사망률의 경우 주당 3-8마일(5-13 km)을 걷는 사람은 15%, 9마일(15 km) 이상을 걷는 사람은 21%가 낮아졌다. 낮은 강도와 높은 강도의 스포츠 참가는 전혀 스포츠를 하지 않거나 3시간 이상의 놀이를 하는 사람에 비해 전 원인 사망률(all-cause mortality)이 비례적으로 감소하는 것으로 나타났다. 주당 1-2시간의 낮은 강도 스포츠 활동은 CHD에는 영향을 주지 않았지만 다른 원인으로 인한 사망률을 24% 낮추는 것으로 밝혀졌다. 3시간 이상 스포츠 활동을 하면 이 비율이 30%로 약간 높아졌다. 고강도 스포츠 활동은 사망률과 역관계가 있었다. 여기에는 CHD로 인한 사망도 포함된다.

소모 칼로리를 500 칼로리(kcal) 단위로 구분한 신체 활동 지수는 신체 활동이 증가함에 따라 사망 위험이 점진적으로 줄어든다는 사실을 보다 잘 보여주었다. 주당 2,000 칼로리 미만에 비해 2,000 칼로리 이상을 소비하면 중년 남성의 전 원인 사망률이 28% 줄어들었다. 이러한 연관성은 노년층에서도 발견되었다. 60세에서 69세 사이의 노인 중에서 신체 활동을 가장 많이 그룹은 신체 활동이 가장 적은 그룹과 비교할 때 사망위험이 반(53%) 정도였다. 70세에서 84세 사이의 노인에서도 비슷한 결과가 나타났다(51%).

규칙적인 운동은 장수하는데 가장 중요하다. 운동의 건강혜택은 과거 경력이 아니라 현재의 운동수준과 관계가 있다. 대학선수가 졸업 후에 운동을 중단하면 중간수준의 운동(주당 500-1,999 칼로리를 소모하는 운동으로 정의함)을 지속하는 사람에 비해 사망 위험이 크게 증가한다. 좌업 생활에서 신체 활동을 하는 습관(2,000 칼로리 이상 소모)으로 바꾸면 사망 위험이 24% 감소하는 것으로 예측된다. 이러한 신체 활동의 "예방적 효과"는 운동을 하는 고혈압 환자가 운동을 하지 않은 정상 혈압인에 비해 사망 위험이 낮다는 결과에서 잘 알 수 있다. 이러한 관계는 흡연자에서도 나타난다.

운동과 장수의 연관성과 관련해서 가장 자극적인 질문은 "운동을 하는 습관을 갖고 있으면 몇 년을 더 사는가?"일 것이다. 16년간 추적 연구(Paffenbarger, Hyde, Wing, & Hsieh, 1986)는 활동량이 가장 낮은 집단(주당 500 칼로리 미만 소모)과 가장 높은 집단(주당 2,000 칼로리 이상 소모)을 비교했다. 연구진은 35세에서 80세 사이의 운동을 하는 남성의 경우 수명이 점진적으로 증가한다고 보고했다. 대체로 활동량이 많은 남성은 평균 2.3년 수명이 길었다(범위 2.5-0.42년). 주당 2,000 칼로리 미만 소모한 그룹과 2,000 칼로리 이상을 소모한 그룹으로 나누면 수명 연장 효과가 줄어들었지만 여전히 나타났다(1.5-0.30년). 이 수치는 여러 스포츠 종목을 고려해도 비슷하게 나타났다. 이 결과는 운동량과 건강의 관계에서 용량 반응 관계(dose-response relationship) 이론을 지지한다. 또 운동의 강도(중강도 또는 고강도)에 관계없이 칼리로 소모량이 운동의 건강 혜택을 결정하는 핵심 변인이라는 사실을 말해준다.

신체 활동과 장수의 연관성에 관한 Paffenbarger와 연구진이 보고한 결과는 교육 및 사회경제적 수준이 다른 집단을 대상으로 한 연구에서도 확인되었다. 1987년 Pekkanen과 연구진은 45에서 64세 사이의 636명 핀란드인을 대상으로 규칙적인 신체 활동으로 CHD로 인한 사망률을 예측할 수 있는지를 알아보았다. 앞서 언급한 동창생 연구와 달리 이 연구의 참가자는 신체적으로 힘든 일을 하는 농촌 사람들이었다. 따라서 이들이 일과 여가 시간에 하는 신체 활동의 범주는 동창생 연구와는 다르다고 할 수 있다. 운동량이 가장 많은 집단과 중간 정도인 집단을 비교한 결과 신체 활동과 사망 사이에는 역관계가 나타났다. 20년에 걸친 기간 동안 운동량이 가장 많은 집단은 기대 수명이 평균 2.1년 증가했다. 수명이 늘어난 것은 CHD에 의한 사망이 줄어든 것이 주요인이었다. 동창생 연구와는 다른 사람들임에도 불구하고 수명 증가가 비슷하게 나타난 점이 흥미롭다.

여성의 신체 활동과 질병 사이의 연관성에 대한 결론을 내릴만한 자료는 최근까지도 많지 않다. 신체 활동과 여성의 장수 사이에 긍정적 연관성을 보고한 연구가 몇 편 있다. 프래밍햄 심장연구(Frammingham Heart Study)는 50대 이상의 여성에서 신체 활동과 사망 사이에 역관계를 보고했다(Kushi, et al., 1997; Lissner, Bengtsson, Bjorkelund, & Wedel, 1996; Sherman, D'Agostino, Cobb, & Kannel, 1994a, b). 1996년 Lissner와 연구진은 기초선 측정 후 6년, 20년에 재측정을 한 1,405명의 여성 자료를 보고했다. 중간 강도의 여가 운동을 한 참가자는 좌업 참가자에 비해 사망 위험이 44% 줄었다. 6년 동안에 신체 활동을 줄인 사람들은 운동을 지속한 사람에 비해 사망 위험이 2배 (RR=2.07)가 되었다. 이 결과는 생애 동안에 운동을 안 하는 것이 위험하며, *중간 강도(moderate)*의 신체 활동이 여성의 사망 위험을 감소시킨다는 증거를 잘 보여준다.

신체 활동과 여성의 전 원인 사망률의 관계를 다룬 Kushi와 연구진의 연구에서는 55세에서 69세 사이의 여성 노인 40,417명을 7년간 추적했다(Kushi et al., 1997). 중간 강도와 고강도 운동을 바탕으로 운동 패턴을 저, 중, 고의 3단계로 분류했다. 연구 결과 신체 활동과 사망 사이에 매우 강하며 점진적인 역관계가 나타났는데, 이 결과는 기초선 측정 시의 질병(baseline disease) 유무나 고강도 운동의 포함 여부와는 상관이 없는 것이었다. 이 연구의 결과는 주당 1회로 정도로 낮다 하더라도 중간 수준의 신체 활동을 하면 여성에게 심폐계와 호흡계 질환에 대한 예방적 효과가 있다는 사실을 보여준다.

운동 유형과 운동 강도

운동과 사망의 연관성 연구에서는 여러 유형의 신체 활동을 다루었다. 여가 신체 활동으로 시내 걷기, 장거리 걷기, 조깅이나 달리기, 계단 오르기, 자전거타기, 크로스컨트리 스키, 수영, 라켓 스포츠, 눈 치우기 등을 연구했다(Hakim et al., 1998; Paffenbarger, Hyde, Wing, & Hsieh, 1986; Paffenbarger, Hyde, Wing, Lee, et al., 1993; Pakkanen et al., 1987). 이들 연구의 대부분에서는 직업활동과 여가활동을 구분하지 않았고, 대신 이 정보를 이용해서 전체 활동의 카테고리를 구분했다. 한가지 유형의 운동과 사망 사이의 연관성을 다룬 연구는 많지 않다.

Paffenbarger와 연구진(Paffenbarger, Hyde, Wing, Lee, et al., 1993)은 35세부터 74세 사이의 남성을 대상으로 9년에 걸쳐 걷기와 전 원인 사망률의 상관성을 조사했다. 주당 9마일(15 km)이상을 걸은 남성은 주당 9마일 미만을 걸은 남성에 비해 사망 위험이 16% 낮았다. 걷기의 효과에 대한 이러한 결과는 남성 노인을 대상으로 걷기와 사망 사이의 연관성을 연구한 Hakim과 연구진의 최근 연구(Hakim et al., 1998)에 의해 입증되었다. 12년에 걸친 추적 기간 동안 매일 2마일(3.2 km) 이상을 걸은 61세에서 81세 사이의 은퇴한 비흡연 남성 노인은 1마일 미만을 걸은 사람에 비해 사망률이 약 반이었다(23.8%, 40.5%).

운동으로 신체적, 정서적 혜택을 얻기 위해 요구되는 운동 강도에 대한 지침이 존재하지만(Pete et al., 1995) 수명 연장에 도움이 되는 운동 강도의 수준에 대한 자료에 대해서는 결론이 분분하다. Lee와 연구진(Lee, Hsieh, & Paffenbarger, 1995)은 하버드 동창생 연구의 자료를 이용해서 중년 남성의 경우 운동 강도가 강할수록 전 원인 사망률이 줄어드는 역관계를 보고했다. 동창생 연구에서 운동은 저강도(6 MET 이하)와 고강도(6 MET 이상, 빠르게 걷기, 달리기, 조깅, 수영, 테니스, 눈치우기 등)의 2가지로 구분했다. 주당 총 에너지 소모량은 주당 킬로줄(kilojoule)의 5개 구간으로 나눴다(630 미만, 630에서 1,680미만, 1,680에서 3,150미만, 3,150에서 6,300미만, 6,300이상). 연구진은 각 운동 강도가 사망에 어떤 영향을 주는지를 규명했다. 그 결과 주당 630 킬로줄 이상을 소모하는 격렬한 운동을 하는 사람들은 그렇지 않은 사람들에 비해 사망 위험이 약 10% 낮았다. 동창생 연구 자료에서는 저강도 활동 그 자체로는 사망률이 낮아지지 않는 것으로 나타났다. 그 이유는 과거 운동을 자기보고로 알아보는 방법으로 인해 참가자들이 운동 강도를 저평가했기 때문일 수도 있다.

중년 남성의 경우 고강도 운동은 효과가 있지만 낮은 강도는 효과가 없다는 결과는 운동이 관상 동맥성 심장 질환에 주는 영향을 다룬 연구에서도 나타났다(Morris, Everitt, et al, 1980; Siscovick et al., 1997). 노인을 대상으로 한 Siscovick과 연구진의 연구에서는 운동 강도가 심폐계 질환 위험 요소와 무증상 질환에 어떤 영향을 주는지를 횡단 연구 자료로 알아보았다. 자기보고식으로 수집한 운동 경력을 3가지 범주(저, 중, 고)로 구분해서 분석한 결과 운동 강도와 여러 관상동맥 질환 변인들 사이에는 비슷한 점진적 역관계가 나타났다. 이러한 자료는 고강도 운동에 따른 건강 혜택을 설명할 수 있는 기전, 생리적 변화에 의해 심폐계 효율성이 향상된다는 사실을 설명하는 근거가 될 수 있다.

체력과 장수

신체 활동과 사망의 연관성을 다룬 연구는 1989년까지 규칙적 활동에 대한 객관적 지표가 없어 에너지 소비량의 추정치를 사용했다. 1989년에 Blair와 연구진은 대규모 코호트 연구를 통해 운동 검사의 생리적 수행으로 측정한 체력과 사망률 사이의 연관성을 조사했다. 이 연구에서는 20세에서 60세 이상까지 남성 10,244명, 여성 3,210명이 참가했는데 이들은 쿠퍼 에어로빅 연구소(Cooper Institute for Aerobics Research)에서 예방적 건강검진의 일부로 최대 트레드밀 운동검사를 받았다. 참가자들은 평균 8년간 추적 연구되었다. 운동 검사의 점수(분)는 5개의 범주로 구분되었고 자료는 연령과 성에 따라 분석되었다.

그 결과 남성과 여성 모두에서 체력 수준과 전 원인 사망률 사이에 강하면서 점진적인 역관계가 나타났다. 체력이 가장 좋은 집단과 비교했을 때, 체력이 가장 나쁜 남성은 8년간 전 원인에 의한 사망위험이 3.4배 높았고, 여성은 4.7배 높았다. 위험이 가장 크게 줄어든 것은 체력이 가장 나쁜 집단(집단 1)과 그 다음 집단(집단 2) 사이였다(남자 상대적 위험 RR 3.4에서 1.4, 여자 RR 4.7에서 2.4). 이 결과는 중간 강도의 운동은 남성과 여성 모두에게서 사망 위험을 낮추는데 충분하다는 이론을 지지해 준다. 중간 정도의 체력이 사망 위험을 줄이는 예방적 효과는 최근에도 보고되고 있다(Blair, Kampert, et al., 1996; Sandvik et al., 1993).

체력은 전 원인 사망률뿐만 아니라 심폐계 질환과 암으로 인한 사망과도 밀접한 연관이 있다. 심폐계 질환에 의한 사망을 분석해 보면 체력이 가장 나쁜 집단의 사망률은 체력이 가장 좋은 남자에 비해 8배, 체력이 가장 좋은 여자에 비해 9.25배나 높다. 마찬가지로 체력이 가장 나쁜 사람의 암에 의한 사망은 남자는 4.3배, 여자는 16배나 높다. 이러한 결과는 몸을 움직이지 않는 생활 습관이 심폐계 질환과 암에 의한 조기 사망의 심각한 원인이라는 사실을 증명하는 것이다.

신체 활동 패턴의 변화

운동 실천이 조기 사망의 감소와 같은 건강 혜택과 연관이 있다면 이전에 몸을 움직이지 않았던 사람이 신체적으로 활동적인 라이프 스타일로 바꾼다면 같은 효과를 얻을 수 있을 것인지 궁금해진다. 지금까지 2편의 연구가 이 문제를 다루었다. Paffenbarger 와 연구진(Paffenbarger, Hyde, Wing, Lee, et al., 1993)은 운동 습관의 변화가 관상 동맥 심장 질환이나 다른 원인으로 인한 사망에 어떤 영향을 주는지를 분석했다. 1986년 연구와 마찬가지로 신체 활동 패턴은 주당 2,000 칼로리 미만과 이상, 그리고 가벼운 운동과 중간강도의 운동이라는 두가지 방식으로 구분했다. 주당 소모한 총 칼로리는 시내에서 몇 블록을 걸었는지, 계단을 얼마나 올랐는지, 어떤 스포츠 활동을 했는지를 묻는 질문지를 사용해서 계산했다. 신체 활동을 많이 하는 라이프 스타일로 바꾼 20%(운동을 안 하는 상태에서 운동을 실천하는 상태로 변화)의 경우 사망 위험이 15% 감소했다. 사망자가 많지 않아 운동을 시작한 것과 사망 사이에 나타난 역상관이 통계적으로 의미가 없었지만, 운동 강도에 따른 사망의 변화 패턴과도 일치했다. 기초선 단계에서 중간 강도의 운동을 하지 않았지만 나중에 운동 강도를 높인 사람들은 계속해서 운동을 하지 않은 사람에 비해 사망 위험이 23%가 낮았다. 새롭게 운동을 시작한 사람의 전 원인 사망 위험은 중간 강도의 운동을 계속한 사람의 사망 위험과 비슷했다(23%, 29%). 더욱이 운동을 새롭게 시작한 사람들은 심폐계 원인에 의한 사망이 43% 줄었다. 이러한 결과는 신체적으로 더 활동적인 라이프 스타일을 시작하는 것은 연령에 관계없이 모든 원인에 의한 사망위험을 줄인다는 이론을 지지해준다. 이 연구에서 활동적인 라이프 스타일을 새로 시작하거나 지속을 하면 가벼운 신체 활동을 하는 사람의 경우 4개월, 중간 강도 신체 활동을 하는 사람은 9개월의 수명 연장 효과로 해석할 수 있다. 금연의 경우 18개월의 수명 연장 효과가 예상된다.

체력 수준(생리적)의 변화가 사망위험에 미치는 영향은 신체 활동(행동적)의 변화가 사망위험에 미치는 영향과 일치한다(Blair, Kohl, Barlow, et al., 1995). 20에서 82세 사이의 남성을 대상으로 객관적 측정치로 최대 트레드밀 운동시간을 사용하여 기초선 자료를 평균 4.9년 후에 추적 측정한 자료와 비교했다. 체력이 나쁜 상태로 머문 남성은 사망률이 가장 높은 반면(122/10,000 人年), 체력이 좋은 상태를 유지한 남성은 사강률이 가장 낮았다(40/10,000 人年). 예상했던 것처럼 체력이 낮았지만 나중에 좋아진 남성은 중간 정도로 좋았다(67/10,000 人年). 체력이 향상됨에 따라 전원인 사망 위험은 44%, CHD로 인한 사망 위험은 52% 낮아진 것으로 계산되었다. 체력이 좋았지만 더 좋아진 집단은 그에 따라 사망위험도 점진적으로 낮아졌다. 체력이 좋은 상태를 계속 유지한 집단은 전 원인 사망위험은 28%, CVD 사망 위험은 52% 감소했다. 기초선 자료에 비해 트레드밀 운동시간이 1분 증가하면 사망 위험은 7.9% 감소한 것으로 나타났다. 이와 같이 체력 수준이 높음에 따라 사망 위험이 낮아지는 연관성은 연구 대상을 질병이 있는 집단("건강상태 나쁨")과 질병이 없는 집단("건강")으로 구분해도 동일하게 발견되었다.

특정 시점에 수집한 자료를 몇 년 지난 후에 일어난 사건과 연관시키면 두 시점 사이에 신체 활동 습관의 변화나 유전의 영향으로 인해 관련성이 약화될 수 있다. 두 시점을 측정하고 신체 활동이나 체력의 변화를 분석하면 오염 요인의 영향을 줄일 수 있다. 신체 활동과 사망의 독립적인 관련성에 관한 추가적인 증거는 핀란드 쌍둥이 코호트 연구에서도 나타난다(Kujala, Kaprio, Sarna, & Koskenvuo, 1998). 30대와 40대의 건강한 남성 7,925명과 여성 7,977명을 대상으로 신체 활동 패턴을 자기 보고식으로 조사한 자료를 분석하여 세 집단으로 분류했다(좌업 집단, 가끔 운동하는 집단, 규칙적으로 운동하는 집단). 코호트는 17년간 추적하였다. 좌업 집단 쌍둥이와 비교했을 때 운동하는 집단은 사망위험이 단계적으로 낮아졌는데 가끔 운동하는 집단은 21%, 규칙적으로 운동하는 집단은 48%가 낮았다. 이 연구는 신체 활동과 사망 사이에 독립적인 연관성이 있다는 증거라 할 수 있다.

결 론

신체 활동을 하는 라이프 스타일은 넓은 연령층의 남성과 여성 모두에게서 전 원인 사망률과 역관계를 보인다. 이와 같이 점진적이며 독립적인 관계는 신체 활동으로 소모한 총 칼로리, 운동 강도, 또는 신체 활동의 결과(체력)를 사용한 집단 비교에서 모두 입증되었다. 이와 같은 결과는 신체 활동을 실천하고 그 결과로 체력이 좋아지면 자주 발생하는 만성 질환의 발생을 늦추거나 예방하는 효과로 인해 수명이 연장되는 기전이 될 수 있음을 보여주고 있다. 이러한 역관계는 지난 10에서 15년에 걸쳐 이루어진 여러 연구에서 일관성있게 나타나 인과관계의 하나로 볼 수 있겠지만 무작위 대조 연구가 아니기 때문에 본질적으로 인과성을 보여주지는 못한다. 그러므로 연구 자료는 신체 활동이 직접적으로 수명을 연장시킨다는 이론을 지지해 주지는 못한다.

운동으로 인해 연장된 몇 년과 운동에 투자한 시간을 고려하면 운동은 수명 연장을 위한 효과적인 방법은 아닌 것 같다. 하지만 운동에 따른 많은 건강 혜택을 고려할 때 규칙적인 신체 활동은 "성공적으로 나이 들기"의 핵심이라 할 수 있다(Rowe & Kahn, 1998). 따라서 운동이 수명을 연장하는데 가장 크게 공헌하는 부분은 젊을 때 발생할 수 있는 질병을 예방할 수 있고, 높은 수준의 신체기능과 긍정적 태도를 노후까지 연장시킬 수 있다는 점이다.

참고문헌

Blair, S. N., Kampert, J. B. Kohl, H. W., Barlow, C. E., Macera, C. A., Paffenbarger, R. S., Jr., & Gibbons, L. W. (1996). Influences of cardiorespiratory fitness and other precursors on cardiovascular disease and all-cause mortality in men and women. *Journal of the American Medical Association, 276*(3), 205-210.

Blair, S. N., Kohl, H. W., Barlow, C. E., Paffenbarger, R. S., Gibbons, L. W., & Macera, C. A. (1995). Changes in physical fitness and all-cause mortality: A prospective study of healthy and unhealthy men. *Journal of the American Medical Association, 273*(14), 1093-1098.

Blair, S. N., Kohl, H. W., III, Paffenbarger, R. S., Clark, D. G., Cooper, K. H., & Gibbons, L. W. (1989). Physical fitness and all-cause mortality: A prospective study of healthy men and women. *Journal of the American Medical Association, 262*, 2395-2401.

Camacho, T. C., Roberts, R. E., Lazarus, N. B., Kaplan, G. A., & Cohen, R. D. (1991). Physical activity and depression: Evidence from the Alameda county study. *American Journal of Epidemiology, 134*, 220-231.

Cramer, S. R., Nieman, D. C., & Lee, J. W. (1991). The effects of moderate exercise training on psychological well-being and mood state in women. *Journal of Psychosomatic Research, 35*, 437-449.

Frontera, W. R., Meredith, C. N., O'Reilly, K. P., Knuttgen, H. G., & Evans, W. J. (1988). Strength conditioning in older men, skeletal muscle hypertrophy, and improved function. *Journal of Applied Physiology, 64*, 1038-1044.

Funakoshi, G. (1973). *Karate-Do kyohan. The master text.* Tokyo: Kodansha Int.

Hagan, R. D., Parrish, G., & Licciardone, J. C. (1991). Physical fitness is inversely related to heart disease risk: A factor analytic study. *American Journal of Preventive Medicine, 7*(4), 237-243.

Hakim, A. A., Petrovitch, H., Burchfiel, C. M., Ross, G. W., Rodriguez, B. L., White, L. R., Yano, K., Curb, D., & Abbott, R. D. (1998) Effects of walking on mortality among nonsmoking retired men. *The New England Journal of Medicine, 338*(2), 94-99

Haskell, W. L., Leon, A. S., Caspersen, C. J., Froelicher, V. F., Hagberg, J. M., Harlan, W., Holloszy, J. O., Regensteiner, J. G., Thompson, P. D., Washburn, R. A., & Wilson, P. W. F. (1992). Cardiovascular benefits and assessment of physical activity and physical fitness in adults. *Medicine and Science in Sports and Exercise, 24*, S201-S220.

Helmrish, S. P., Ragland, D. R., Leung, R. W., & Paffenbarger, R. S., Jr. (1991). Physical activity and reduced occurrence of non-insulin-dependent diabetes mellitus. *New England Journal of Medicine, 325*, 147-152.

Ivy, J. L. (1997). Role of exercise training in the prevention and treatment of insulin resistance and non-insulindependent diabetes mellitus. *Sports Medicine, 24*(5), 321-336.

Kahn, B. B. (1992). Facilitative glucose transporters: Regulatory mechanisms and dysregulation in diabetes. *Journal of Clinical Investments, 89*, 1367-1374.

Kujala, U. M., Kaprio, J., Sarna, S., & Koskenvuo, M. (1998). Relationship of leisure-time physical activity and mortality: The Finnish twin cohort. *Journal of the American Medical Association, 279*(6), 440-444.

Kushi, L. H., Fee, R. M., Folsom, A. R., Mink, P. J., Anderson, K. E., & Sellers, T. A. (1997). Physical activity and mortality in postmenopausal women. *Journal of the American Medical Association, 277*, 1287-1292.

Lee, I. M., Hsieh, C. C., & Paffenbarger, R. S., Jr. (1995). Exercise intensity and longevity in men: The Harvard alumni health study. *Journal of the American Medical Association, 273*(15), 1179-1184.

Lissner, L., Bengtsson, C., Björkelund, C., & Wedel, H. (1996). Physical activity levels and changes in relation to longevity: A prospective study of Swedish women. *American Journal of Epidemiology, 143*(1), 54-62.

Mayer-Davis, E. J., D'Agostino, R. Jr., Karter, A. J., Haffner, S. M., Rewers, M. J., Saad, M., & Bergman, R. N. (1998). Intensity and amount of physical activity in relation to insulin sensitivity: The insulin resistance atherosclerosis study. *New England Journal of Medicine, 279*(9), 669-674.

Moritani, T. (1993). Neuromuscular adaptations during the acquisition of muscle strength, power and motor tasks. *Journal of Biomechanics, 26*, S95-S107.

Morris, J. N., Chave, S. P. W., Adam, C., Sirey, C., Epstein, L., & Sheehan, D. J. (1973). Vigorous exercise in leisure-time and the incidence of coronary heart-disease. *Lancet, 1*(333), 339.

Morris, J. N., & Crawford, M. D. (1958). Coronary heart disease and physical activity of work: Evidence of a national necropsy survey. *British Medical Journal, 2*(1485), 1496.

Morris, J. N., Everitt, M. G., Pollard, R. A., Chave, S. P. W., & Semmence, A. M. (1980). Vigorous exercise in leisure time: Protection against coronary heart disease. *Lancet, 2*, 1207-1210.

Morris, J. N., Heady, J. A., Raffle, P. A. B., Roberts, C. G., & Parks, J. W. (1953). Coronary heart disease and physical activity of work: I. Coronary heart disease in different occupations. *Lancet, 2*, 1053-1057.

Nelson, M. E., Fiatarone, M. A., Morganti, C. M., Trice, I., Greenberg, R. A., & Evans,W. J. (1994). Effects of highintensity strength training on multiple risk factors for osteoporotic fractures: A randomized controlled trial. *Journal of the American Medical Association, 272*(24), 1909-1914.

Oliveria, S. A., & Lee, I. M. (1997). Is exercise beneficial in the prevention of prostate cancer? *Sports Medicine, 23*(5), 271-278.

Paffenbarger, R. S., Jr., & Hale, W. E. (1975). Work activity and coronary heart mortality. *New England Journal of Medicine, 292*, 545-550.

Paffenbarger, R. S., Jr., Hyde, R. T., Wing, A. L., & Hsieh, C. C. (1986). Physical activity, all-cause mortality, and longevity of college alumni. *The New England Journal of Medicine, 314*(10), 605-401.

Paffenbarger, R. S., Jr., Hyde, R. T., Wing, A. L., Lee, I. M., Jung, D. L., & Kampert, J. B. (1993). The association of changes in physical-activity level and other lifestyle characteristics with mortality among men. *The New England Journal of Medicine, 328*(8), 538-545.

Paffenbarger, R. S., Jr., Hyde, R. T., Wing, A. L., & Steinmetz, C. H. (1984). A natural history of athleticism and cardiovascular health. *Journal of the American Medical Association, 252*(491), 495.

Paffenbarger, R. S., Jr., Kampert, J. B., & Lee, I. M. (1997). Physical activity and health of college men: Longitudinal observations. *International Journal of Sports Medicine, 18*(Suppl. 3), S200-S203.

Paffenbarger, R. S., Jr., Laughlin, M. E., Gima, A. S., & Black, R. A. (1970). Work activity of longshoremen as related to death from coronary heart disease and stroke. *New England Journal of Medicine, 282*, 1109-1114.

Paffenbarger, R. S., Jr., Wing, A. L., & Hyde, R. T. (1978). Physical activity as an index of heart attack risk in college alumni. *American Journal of Epidemiology, 108*, 161-175.

Pate, R. R., Pratt, M., Blair, S. N., Haskell, W. L., Macera, C. A., Bouchard, C., Buchner, D., Ettinger, W., Heath, G. W., King, A. C., Kriska, A. Leon, A. S., Marcus, B. H., Morris, J., Paffenbarger, R. S., Jr., Patrick, K., Pollock, M. L., Rippe, J. M., Sallis, J., & Wilmore, J. H. (1995). Physical activity and public health: A recommendation from the centers for disease control and prevention and the American College of Sports Medicine. *Journal of the American Medical Association, 273*(5), 402-407.

Pekkanen, J., Marti, B., Nissinen, A., Tuomilehto, J., Punsar, S., & Karvonen, M. J. (1987). Reduction of premature mortality by high physical activity: A 20-year followup of middle-aged Finnish men. *The Lancet,* (June 27, 1987), 1473-1477.

Rikli, R. A., & Edwards, D. J. (1991). Effects of a threeyear exercise program on motor function and cognitive processing speed in older women. *Research Quarterly for Exercise and Sport, 62*(1), 61-67.

Rooks, D. S., Kiel, D. P., Parsons, C & Hayes, W. C. (1997). Self-paced resistance training and walking exercise in community dwelling older adults: Effects on neuromotor performance. *Journal of Gerontology, 52A*(3), M161-M168.

Rowe, J. W., & Kahn, R. L. (1998). *Successful aging.* New York: Pantheon Books.

Sandvik, L., Erikssen, J., Thaulow, E., Eriksen, G., Mundal, R., & Rodahl, K. (1993). Physical fitness as a predictor of mortality among healthy, middle-aged Norwegian men. *The New England Journal of Medicine, 328*(8), 533-537.

Sherman, S. E., D'Agostino, R. B., Cobb, J. L., & Kannel, W. B. (1994a). Does exercise reduce mortality rates in the elderly? Experience from the Framingham Heart Study. *American Heart Journal, 128*(5), 965-972.

Sherman, S. E., D'Agostino, R. B., Cobb, J. L., & Kannel, W. B. (1994b). Physical activity and mortality in women in the Framingham Heart Study. *American Heart Journal, 128*, 879-884.

Siscovick, D. S., Fried, L., Mittelmark, M., Rutan, G., Bild, D., & O'Leary, D. H. (1997). Exercise intensity and subclinical cardiovascular disease in the elderly: The cardiovascular health study. *American Journal of Epidemiology, 145*(11), 977-986.

Spirduso, W. W., MacRae, H. H., MacRae, P. G., Prewitt, J., & Osborne, L. (1988). Exercise effects on aged motor function. *Annals of New York Academy of Sciences, 515*, 363-375.

Warren, B. J., Nieman, D. C., Dotson, R. G., Adkins, C. H., O'Donnell, K. A., Haddock, B. L., & Butterworth, D. E. (1993). Cardiorespiratory responses to exercise training in septuagenarian women. *International Journal of Sports Medicine, 14*, 60-65.

Chapter 7
출산과 분만 준비

Hara D. H. Smith

역자 | 김병준(인하대학교)

출산은 여성의 삶에서 가장 의미 있고 어려운 일이다. 출산에는 거의 무한대의 변수가 관련되어 있어 연구하기에 아주 복잡하다. 출산은 자궁 수축되고, 자궁 경관이 열리고, 태아가 골반을 따라 내려오고, 산모가 아이를 밖으로 밀어내는 생리적 과정이다. 출산 그 자체는 시간 제약이 따르는 일이다. 그러나 출산 과정은 신체적으로 출산 경험이 종료된 이후 장기간에 걸쳐 영향을 준다. 출산 교육 분야에서는 산모와 주변 사람들에게 출산에 관한 유용한 정보 제공을 통해 적극적 역할을 하도록 노력해 왔다.

출산교육 운동은 두가지 아이디어에서 시작되었다. 첫째는 출산이 본질적으로 고통스럽지 않다는 점(Dick-Read, 1959)이고, 둘째는 적절한 훈련을 받으면 어떤 산모라도 완전한 무통 분만이 가능하다는 점이다(Dick-Read, 1944; Lamaze, 1965). 지난 수년간 연구 결과, 무통 분만은 이론적으로는 권장할만하더라도 실제로는 흔하지 않다는 사실이 밝혀졌다(Beck, 1978; Cogan, 1976; Melzack, 1981). 분만이 준비된 산모에게는 고통스러운 일이기는 하지만 이로 인해 출산 교육이 헛된 노력이 되는 것은 아니다. 산모는 출산의 고통에서 완전히 벗어나기 위해 출산 교육을 받는 것이 아니라 불안감과 분만통을 줄이기 위한 목적이 더 크다(Leiberman, 1990). 어떤 형태의 분만을 거치든지 관계없이 여성은 개인차가 있다. 분만 교육은 여성에게 분만 과정을 이해할 수 있는 틀과 함께 분만 과정에서 사용할 수 있는 여러 방법을 알려줘야 한다.

출산에 관한 연구의 대부분은 통증이나 조산 합병증과 같은 "문제"에 초점을 맞춰왔다. 하지만 이 장에서는 분만의 과정과 긍정적 측면에 초점을 맞췄다. 임신은 건강한 여성이 의사의 진료를 받아야 하는 신체적으로 특별한 상태이다. 임신과 출산은 "장애"가 아니라 여성의 신체가 갖고 있는 놀라운 능력이다. "좋은 출산 경험"이란 전적으로 통증을 줄이는 것이라는 일반적인 생각에 의료 전문가들이 의문을 제기하고 있다(Lieberman, 1990; Morgan, 1982). 일부 연구에 따르면 산모의 출산 만족도를 높이는 데 기여하는 것은 분만 통증을 줄이는 것이 아니라, 할 수 있다는 통제감(feeling in control)이라고 한다(Leiberman, 1990). 이러한 결과는 출산 교육 프로그램이 산모의 분만 통제감이나 성취감을 높이도록 구성해야 할 것인지에 대한 논란을 불러일으켰다. 저자의 경험이나 여러 어머니들과의 대화를 통해서나 호흡법을 벗어난 다양한 주제에 관한 교육과정이 필요하다는 것은 분명하다. 운동선수 경력을 갖고 있는 저자는 출산에 대해 스포츠 관점(sport framework)을 갖게 되었다. 스포츠, 운동선수, 트레이닝의 '기분 좋게 힘든 것'에 비유하는 것이 이 관점의 기본이다. 활동의 유형에 관계없이 트레이닝이나 신체적인 도전을 마친 후에 얻는 개인적 만족감은 부정할 수 없는 사실이다. 분투 노력을 하는 것을 보고 사람들이 시합을 끝내도록 도와주려고 약을 주지는 않는다. 대신 격려와 응원을 해준다. 스포츠 관점은 임부와 주변 사람들에게 지금까지 표준이 된 출산 교육과정에서 활용하지 않았던 인지적, 정서적, 심동적 정보와 교육을 제공하는데 초점을 둔다.

모든 임부가 자신을 운동선수라고 생각하지는 않을 것이다. 하지만 출산은 여성이 삶에서 겪는 가장 힘든 신체적인 도전일 것이다. 연구가 많이 이루어졌음에도 불구하고 여성의 신체적 컨디션과 출산 능력 사이의 상관관계는 입증되지 않았다. 운동과 관련된 변인과 출산에 영향을 주는 것으로 알려진 다른 여러 모성, 자궁, 태아, 분만 요인의 복합적인 상호작용으로 인해 직접적인 연관성을 찾기는 힘들 것이다(Clapp, 1990). 여성이 출산을 준비하거나 안 하거나에 관계없이 생리적 기전이 그 과정을 이끈다. 임신은 쉬운 것임에도 불구하고 분만은 예측하기 어려우며 돌발 상황이나 합병증이 생길 수 있다. 출산에 대비하는 가장 좋은 방법은 일어날 수 있는 상황, 가능한 대안, 그리고 대처 기술을 알고 있는 것인데, 운동선수의 용어로는 '게임 플랜'을 작성하는 것이다. 운동 시합과 마찬가지로 출산에는 통제할 수 없는 많은 변인이 개입된다. 훈련을 많이 한 선수가 변화하는 시합 상황에 대처하는 능력을 갖고 있듯이 임부는 그 플랜의 융통성이 중요하다는 점에 대해 교육받을 필요가 있다. 연구에 따르면 환자가 대비를 하는 것은 좋은 결과를 가져오는 것으로 알려져 있다(Langer, 1980; Nichols, 1988; Williams, 1978). 출산 관련 변인도 교육의 영향을 긍정적으로 받는 것으로 나타났다(Beck, 1979; Dick-Read, 1949; Hetherington, 1990; Lamaze, 1965; Nichols, 1988; Worthington, 1990). 출산을 운동 경기와 비유하는 것은 두가지 모두 신체적, 정신적 도전이 있기 때문에 논리적이라 할 수 있다.

운동선수가 훈련을 하지 않고 시합에 나가는 일은 거의 없다. 하지만 많은 임부는 분만에 대해 '훈련'할 가능성을 고려하지 않는다. 사회적으로 여자 장거리달리기 선수에 대해서는 신비해 하면서, 의료진의 도움이 없이 출산을 경험하는 여성은 '희생자'로 여긴다(Goer, 1999). 여자 선수는 체력과 지구력을 향상시키기 위한 훈련 계획을 세울 수 있다. 심리적으로도 선수들은 집중과 이완능력을 높여 최적 수준에서 신체가 경기를 할 수 있도록 멘털 트레이닝을 한다. 출산 교육 프로그램이 놓치고 있는 부분이 바로 이것이다. 즉 출산과 분만에 구체적 기법으로 적용할 수 있는 긍정적 심리 요소가 그것이다. 여기에는 이완(relaxation), 심상(imagery), 긍정적 자기암시(positive self-talk), 목표설정(goal setting), 게임 플랜(game plan)개발 등이 있다.

출산에 따른 극도의 신체적 고통을 마라톤에 비유하면, 마라토너(임부)는 지치고 의욕이 사라져 포기하고 싶은 시점이 있다. 마라토너는 이를 '벽(the wall)'이라 한다. 출산에서는 '과도기(transition)'라고 알려져 있다. 마라토너는 이 순간은 어렵지만 신체적으로나 정신적으로 준비를 해야 하는 도전의 단계라는 것을 알고 있다. 출산에서 이 순간이 오면 자궁경관이 7센티미터에서 10센티미터로 확장되고 수축이 가장 강하고 길어지며, 수축 사이의 휴식 시간이 거의 없어진다. 대부분의 여성은 분만에서 이 순간을 가장 힘들어 한다. 근육으로 보내지는 글리코겐이 줄어들면서 마라토너는 어지럽고 메스꺼우며 머리가 빈 것 같은 경험을 한다. 더 이상 달릴 수 없을 것 같은 느낌을 갖는데, 분만에서 과도기로 알려진 힘든 시기의 느낌과 유사하다. 운동선수가 심리적으로 뿐만 아니라 신체적으로 힘든 시기에 대비를 하듯이, 출산에 대비하는 여성도 이런 익사이팅하면서도 힘든 시점에 대비한 훈련을 해야 한다.

운동선수는 수행을 향상시키기 위해 스트레스에 대한 신체적 반응을 통제하는 방법을 배울 필요가 있다. 분만중인 여성도 이들 스트레스를 예측하고 다루는 방법을 배우면 도움이 될 것이다. 분만 때 통증과 스트레스가 점진적으로 증가하는 것은 중요한 기능을 담당한다. 즉 분만 여성이 곧 최고로 높아지는 힘든 시기에 천천히 지속적으로 적응을 하도록 해준다. 스트레스 호르몬은 분만 여성에게 에너지를 제공한다. 엔돌핀은 체내의 통증킬러 역할을 한다. 분만 기간에 엔돌핀 수준이 증가하지만(Kofinas, 1985), 여성이 체험하는 출산 시 엔돌핀의 '하이(high)'는 런너의 '하이'(runner's high, 역자주: 달리기 중에 고통은 사라지고 기분 좋은 느낌이 드는 현상)와 유사하다(Morgan, 1981). 개인이 스트레스 상황에서 받는 생리적 변화는 알려져 있다. 하지만 사람마다 그 반응은 다르다. 운동선수들이 그런 것처럼, 출산 교육에서는 여성들이 스트레스에 대한 개인의 반응을 알고 있을 뿐만 아니라 자신의 몸과 스트레스에 대처하는 능력에 자신감을 갖도록 배울 것을 권장해야 한다.

개인이 생활 스트레스를 인식하고 영향을 받고 대처하는 과정에서 환경이 영향을 미친다. 대처 전략이 좋거나 사회적 지지가 강한 사람은 스트레스 사건에 더 잘 대처하는 것으로 알려져 있다(Andrew, Tennant, Hewson, & Valliant, 1978). 사회적 지지와 분만과 같은 건강관련 상태 사이의 연관성에 관한 연구도 이루어졌다(Cogan, 1988; Kennell, 1991; Sosa, 1980). 연구에서는 사회적 지지를 지속적으로 받으면 태아에 긍정적인 혜택이 있는 것으로 나타났다. 즉 태아기 때 문제가 줄어들고 분만 문제도 줄어든다. 지지를 받은 산모는 지지를 받지 못한 산모에 비해 분만 후에 더 정신이 초롱초롱하고 아기와 상호작용을 많이 하는 것으로 밝혀졌다(Henneborn, 1978; Sosa, Kennell et al., 1984; Kennell, Klaus, & McGrath, 1991). 분만 과정에서 분만 동반자가 공식적인 분만 "코치"로서 보다 적극적 역할을 하도록 만드는 분위기가 필요하다. 스포츠 코치의 목적은 특정 종목에 대해서 코치만큼 잘 아는 사람(선수)을 후견(감독)하는 것이다. 분만 코칭(labor coaching) 개념에는 임부의 요구에 대한 지식과 이해가 중요하다는 점이 반영되어 있다. 분만 동반자 또는 코치는 출산을 준비할 때 꼭 필요하다. 분만 코칭과 스포츠 코칭의 유사성은 사회적지지 영역에서 더 확실해진다. 스포츠 코칭 분야의 문헌에서는 상호 신뢰와 존중, 그리고 선수를 한 개인으로 보는 것이 중요하다는 사실을 강조하고 있다(Smith, 1983). 코치도 중요한 역할을 한다는 것을 알 필요가 있다. 아버지가 출산을 체험하지 않는다고 해서 방관자가 되어서는 안 된다. 아버지는 관심과 열정을 갖고 최적 상태로 플레이를 할 수 있도록 격려해주는, "선수"의 입장에서 상징적 인물이 되어야 한다. 분만 코치는 스포츠에서와 마찬가지로 자신의 역할을 분명하게 알아야 한다. "챔피언 결정전"에 그냥 나타나기만 하는 코치는 없을 것이다. 코치는 연습을 시키고, 아이디어를 주며 열정과 사기를 유지시키는 역할을 한다. "코치"는 산모에게 큰 영향을 줄 수 있고, 분만 중에도 귀중한 도움을 줄 수 있다. 코치는 산모를 편안하게 해주는 방법을 배워서 산모가 더 이완되고 편안한 상태가 되도록 도와줘야 한다. 가장 중요한 것은 안심을 시키고 자신감을 주는 것이다. 출산 교육 프로그램은 출산이라는 긍정적 목표에 중점을 두어야 한다(출산이 어떻게 진행되는지에 중점을 두면 안 된다).

몰입(flow)은 Csikszentmihalyi(1990)가 제시한 개념으로 어떤 과제에 몰두하고 즐겁게 실천하는 순간으로 내적인 보상을 준다. 몸이 하는 모든 것은 잠재적으로 즐거운 것이다. 하지만 몸의 놀라운 능력을 경시하고 자신의 신체적 잠재능력을 활용하지 못해 한 번도 몰입에 빠지지 못한 사람이 많다. 몸이 움직인다고 저절로 몰입이 일어나거나 체험하는 것은 아니다. 마음이 항상 같이 해야 한다. 어떤 활동에 얼마나 도전하는가가 핵심이 된다. 분만의 과정은 아주 율동적이어서 산모는 "반복적이다"는 표현을 한다. 특정 박동을 세거나 팔 다리를 율동적으로 움직이는 것이 일반적이다. 이런 리듬을 느끼게 하고 그대로 진행되도록 놔두도록 조언하는 것이 산모에게 도움이 된다.

이완훈련(relaxation training)은 의학, 재활, 치과, 심리학 분야의 치료 프로그램에서 중요한 부분을 차지한다. 이완은 행동 수정뿐만 아니라 스트레스와 불안에 대한 개인의 증상을 감소시킬 목적으로 활용된다(Gregg, 1979; Jacobson, 1938). 이완을 치료 방법으로 사용하면 긴장, 불안 통증 지각을 감소시키는데 효과가 있다(Benson, 1977; Paul, 1969; Richter, 1979). 또 고혈압과 불면의 치료뿐만 아니라 병적 문제가 아닌 출산 상황에도 효과가 있다(Scott, 1979; Stevens, 1977; Wideman, 1984). 이완 훈련이 핵심 치료법이거나 스트레스 감소 프로그램의 일부로 사용되거나에 관계없이, 이완 훈련은 근육의 활동과 자율신경 활동을 감소시키는 것을 목적으로 한다. 스트레스에 대한 인체의 반응 때문에 생겨나는 호르몬의 대혼란은 에너지가 가장 많이 필요한 바로 그 순간에 선수나 분만 여성을 지치게 만든다. 교감신경계와 부교감신경계가 균형이 유지되면 이완과 휴식을 취할 수 있고, 심박과 호흡이 느려지며, 침착함과 집중력이 생겨난다. 이완 훈련은 개인이 노력과 연습을 통해서만 배울 수 있는 자기 조절 기술이다. 가능하면 임신 초기에 이완 연습을 시작한다. 대부분의 산모가 임신 마지막 3개월이 되어서야 출산 수업을 듣기 때문에 출산 전까지 평균 8주의 연습기간이 있다. 이완훈련은 인지적(cognitive), 감정적(affective, 情意的), 정신운동(psychomotor, 心動的) 측면에서 접근해야 한다. 산모와 코치 모두 스트레스의 본질, 스트레스에 따른 생리적 변화, 스트레스에 대한 개인 반응, 분만 중 스트레스에 따른 부정적 영향 등에 대한 기본 지식이 필요하다. 이완이 스트레스를 줄이고 통증 지각을 낮추는데 효과가 있다는 사실을 알고 있다면 이완을 연습하고 필요한 기술을 배우려는 동기가 더 생길 것이다. 강력한 자궁 수축을 재현한 수는 없지만 다른 불쾌한 자극을 도입해서 이완의 효과를 확인할 수 있을 것이다. 예를 들어 이완 훈련을 한 후에 코치가 무릎 위나 승모근에 실제 수축과 비슷한 시간(1분에서 1분 30초간)동안 압박을 가할 수 있다. 산모가 집중법, 이완, 심상과 같은 전략을 적용하면 코치가 손으로 무릎을 꼬집는 것을 보고 있을 때와는 전혀 다른 느낌을 받는다. 긴장이 느껴지는 부위에 인지 재구성(cognitive restructuring)을 적용할 수도 있다. 자궁 수축이 진행되면 산모는 수축 강도를 출산이라는 긍정적인 목표를 위해 자궁이 해야 할 일을 하는 것으로 해석해야 한다. 특정 과정과 관련이 없는 근육이 긴장되어 있으면 바로 인식을 하고 의식적으로 긴장을 풀어야 한다.

이완의 정의적 측면에는 물리적 환경과 정서적 환경이 포함되어 있다. 물리적 환경은 긴장을 완화시키는 방향으로 산모와 코치에게 영향을 줘야 한다. 산모는 사생활이 비교적 보장되는 편안한 공간에 있어야 한다. 분만은 힘든 과정이다. 하지만 놀랍게도 분만 중에 소리를 지르는 것이나 돌발 상황이 되는 것을 걱정하는 산모가 많다. 신체적으로 힘들면, 소리를 지를 수 있다. 신음 소리를 내는 것은 정상이라는 사실을 알려주는 것이 중요하다. 이완 기법을 배우고 연습할 때 코치가 도와주면 산모는 자신의 능력에 대해 신뢰와 자신감이 한층 커진다. 코치는 이완 연습에 대한 책임을 함께 져야 한다. 책임을 공유하면 신뢰감을 높일 수 있고 분만 때 요구되는 팀워크를 키울 수 있다.

신체적 편안함은 모든 이완 기술에서 가장 중요하고 기본이 된다. 분만 때 자세를 바꾸는 것은 아주 중요하다. 자세를 바꿔서 이완 기술을 연습해 두면 분만 때 일어나는 여러 상황에 산모와 코치가 잘 대비할 수 있다. 신경근의 재활성화 또는 몸과 마음의 연계를 이해하는 것은 이완 기술에서 필수적이다. 산모와 코치는 산모의 몸에 귀를 기울일 수 있고 긴장과 이완을 구분할 수 있어야 한다.

이완이라고 말을 하자마자 눈동자가 움직이는 것을 자주 볼 수 있다. 마취를 시킬 것이므로 이완을 연습할 필요가 없다고 생각하는 사람도 있다. 우리는 산모가 출산과 관련해서 선택할 것이 많은 시대에 살고 있다. 의사는 산모 스스로 얼마나 견뎌야 하고 약을 쓸 필요가 있는지에 대한 판단을 하도록 해야 한다. 다시 말하지만 분만에 대해 산모와 코치가 준비를 많이 해두면 어떤 일이 일어나더라도 잘 대처하게 된다. 이완 기술은 순차적으로 배워야 하는데 기본 기술을 먼저 배우고 어려운 기술을 나중에 배워야 한다. 산모와 코치는 호흡에 대한 자각에서 몸 전체, 주요 근육군, 특정 부위, 인체 내부에 대한 자각으로 단계를 높여간다. 코치는 언어적 단서를 분명하게 제공한다. 이완이 잘 되도록 촉감 단서를 줄 수 있다. 연습 때 여러 기법을 포함시킨다. 산모가 어떤 기법을 가장 좋아하고, 분만 때 가장 도움이 되는 기법이 무엇인지도 알고 있어야 한다. 이완 기법에 대한 예를 들어 보자.

출산 준비로서 이완

인간의 몸에는 투쟁 또는 도주 반응(fight-or-flight response)이라는 놀라운 기전이 갖춰져 있다. 날카로운 이빨의 호랑이와 싸워야 하는 동굴인으로서 인간은 호랑이와 싸울 것인지 도망갈 것인지에 따라 우리 몸의 자원을 한 곳으로 모으기 위해 이런 메커니즘이 필요했다. 현대 사회에서 스트레스는 훨씬 복잡하다. 우리 몸은 합당한 스트레스와 그렇지 못한 스트레스를 구분하지 못한다. 우리 몸이 일단 스트레스라고 인식을 하면 몸이 반응한다. 이완을 배워야 한다는 것도 우리는 안다. "시간이 없다"는 말은 삶에서 스트레스로 인해 고성하는 사람들이 자주 하는 말이다. 이완을 숙달시키려면 연습이 요구되기는 하지만 누구든지 이완을 배울 수는 있는 것이다. 임신의 마지막 3개월 동안 이완을 반복연습하면 분만이 시작될 때 이완이 저절로 될 수 있도록 근육의 이완 느낌을 몸에게 가르칠 수 있다.

점진적 근육 이완

편안한 자세로 이완을 연습해 보자. 임신 말기에 등을 바닥에 대고 누우면 순환에 방해가 될 수 있다. 코치가 머리와 어깨를 받쳐주거나 베개를 이용해서 반쯤 기대고 무릎을 굽힌다.

심호흡으로 공기를 들여 마셔 폐를 꽉 채우고 숨을 내쉰다. 이 과정을 반복한다.

1. 발에 힘을 준다. 뒤꿈치를 앞으로 쭉 뻗고 발가락은 코를 향해 당긴다. 근육의 긴장을 느낀다(그 상태를 약 10초간 유지한다). 이제 발을 이완시킨다. 발가락이 발에서 편안하게 매달려 있는 것을 느끼고, 발이 무릎에 편안하게 달려있는 것을 느낀다.

2. 다리 근육에 힘을 준다. 허벅지 안쪽에 힘을 주고 허벅지 위쪽 근육과 무릎 주변 근육에 힘을 준다. 긴장을 시키면서도 호흡은 계속한다. 다리를 천천히 이완시키고 힘이 완전히 빠진 것을 느낀다. 두 다리가 자연스럽게 벌려져 있고, 바닥이 자신을 떠받치는 느낌을 느낀다.

3. 골반 근육에 힘을 준다. 오줌이 아주 마려운데 화장실에 다른 사람이 있을 때처럼 꽉 힘을 준다. 이제 마침내 화장실에 간 것처럼 근육을 완전히 이완시킨다.

4. 엉덩이 근육에 힘을 주고 복부에 힘을 준다. 몇 센티미터 정도 몸을 일으킨다. 몸 전체의 긴장감을 느끼고 호흡이 힘든 것도 느낀다. 힘을 더 세게 준다. 엉덩이와 몸통 부분을 천천히 이완시키고 심호흡으로 더 편안하게 만든다.

5. 가슴 근육에 힘을 준다. 갈비뼈를 서로 당겨서 아기를 껴안는 것처럼 한다. 호흡이 어려워진 것을 느낀다. 근육을 이완시키고 호흡을 내쉰다. 호흡을 다시하면서 가슴뼈가 올라오고 흉곽이 열리는 것을 느낀다.

6. 어깨를 귀 높이까지 올린다. 마치 어깨를 귀걸이로 쓰는 것처럼. 천천히 어깨를 쇄골까지 다시 떨어뜨린다. 왁스가 녹는 것처럼. 어깨의 무거움을 느낀다.

7. 두 팔을 뻣뻣하게 만든다. 추운 날 소매가 젖은 옷을 입은 것처럼. 두 주먹을 꼭 쥔다. 따뜻한 곳의 안도감을 생각한다. 실내의 온기로 팔이 부드러워진 것을 느낀다. 손가락을 편다.

8. 마지막으로 얼굴과 목의 근육에 힘을 준다. 얼굴을 가능한 작게 만든다. 얼굴의 모든 긴장이 빠져나가게 하고, 기쁜 소식을 들을 때의 느낌을 떠올린다. 눈 주변의 작은 근육들이 편안해지게 하고, 턱에 힘을 뺀다. 이마의 주름을 펴고, 얼굴을 부드럽고 조용하며 편안하게 만든다. 심호흡으로 들이마시고 크게 내쉰다. 몸 전체가 편안해진 것을 느낀다.

접촉 이완

접촉 이완(touch relaxation)은 이완의 또 다른 도구이다. 분만 때와 마찬가지로 임신 중에 여성은 코치의 터치, 쓰다듬기, 마사지를 이완을 하라는 비언어적 단서로 사용한다. 터치 이완에는 몇 가지 유형이 있는데 분만 때 선호하는 것이 달라질 수 있으므로 모두 연습해 두는 것이 좋다.

- 정지 터치(still touch): 긴장이 사라지는 것을 느낄 때까지 코치가 한 곳을 세게 누른다.
- 압박(firm pressure): 긴장 부위에 코치가 손가락 끝이나 손으로 압력을 가한다. 압력을 천천히 줄이면 산모는 긴장을 푼다.
- 쓰다듬기(stroking): 산모의 중심부위에서 바깥 방향으로 긴장된 부위를 쓰다듬는다.
- 마사지(massage): 긴장 부위를 비비거나 주무른다.

시각화와 심상

시각화(visualization)와 심상(imagery)도 산모의 분만 통증에 대처하는데 도움을 주는 중요한 이완 방법이다. 스포츠에서 운동선수는 특정한 동작이나 전체 루틴 또는 위기에 침착하게 대처하는 것을 마음속으로 연습한다. 시각화란 단순히 완벽한 수행 장면을 꿈꾸는 것만은 아니라는 점을 알아야 한다. 시각화는 선수들이 매일 체계적으로 하는 연습법이다. 심상은 내적(internal) 심상과 외적(external) 심상으로 구분한다. 내적 심상은 주로 운동감각적인 것으로 자신이 몸 내부에서 실제로 동작을 하는 것을 상상하는 것이다. 외적 심상은 시각적인 것으로 자신이 어떤 동작을 하는 장면을 보는 것에 해당한다. 내적심상은 멘탈 그림에 세부적인 감각을 채울 수 있기 때문에 이완에 더 효과적인 방법이다. 심상의 이미지는 생생할수록 효과가 더 좋아진다(분만실이나 분만센터를 미리 돌아보고 심상 연습에 그 장면을 포함시키도록 한다).

분만 때 도움이 되는 이미지를 산모가 찾을 수 있도록 한다(개인차가 있으며 어떤 사람에게 이완효과가 있는 것이 다른 사람에게는 불편하고 놀라게 할 수도 있다는 것을 알아야 한다). 가능한 많은 감각을 동원한 내적 심상을 사용한다. 다음의 심상 연습의 예를 참고하고, 창의적으로 할 수 있도록 하자.

1. 수축의 힘은 폭포의 힘과 같다. (강력한 폭포를 거슬러 헤엄칠 수 있을까?) 폭포로 가서 강력한 폭포에 의해 평화로운 호수로 떠밀려가는 장면을 생각한다.
2. 아이의 머리 위로 거북이 목이 쭉 빠져 나오는 장면을 생각하거나, 봄꽃이 처음으로 피는 장면을 떠올려 자궁이 열리는 것을 상상한다.
3. 수축은 바다의 파도와 같다. 한번 파도가 시작되면 멈추지 않는다. 그 파도를 타는 장면을 떠올려 그 리듬을 느낀다. 파도타기 놀이가 얼마나 재미있는지 상상한다.

출산에서 산모와 태아에게 영향을 줄 수 있는 약을 최소한으로 사용하는 것은 매우 중요하다. 하지만 최소한 미국 여성의 경우 약물을 사용하지 않은 분만의 사례는 많지 않다. 마라토너나 삼종경기 선수 또는 여자 철인경기(3.9 km 수영, 180.2 km 사이클, 42.195 km 달리기) 선수에 대해 감탄하는 이유가 무엇일까? 가족, 친구, 관중이 격려를 보내면 선수들은 사기가 높아진다. 그렇다면 약을 쓰지 않고 출산에 도전하는 여성을 "미친 사람"이나 "희생자"(Goer, 1995, Chap. 13)라고 하는 이유는 무엇인가? 일부 여성은 이런 도전을 선택한다. 하지만 놀래거나 격려를 해줘야 하는 여성도 있다. 어떤 여성이 마라톤을 뛸 것이라는 소리를 들으면 첫 마디가 "그냥 42.195 km을 차를 타고 가"라고 할 것인가? 약을 쓰지 않는 분만은 스포츠 관점 안에서 모든 사람에게 적용되는 것은 아니지만 교육의 기초로 적용해야 한다. 일부 여성에게 있어 출산은 삶에서 신체적으로 가장 힘든 일이 될 수 있다. 자신의 한계를 테스트하고, 갖고 있는 능력으로 시도해 보도록 격려하는 것은 매우 중요하다. 이런 시도에 따른 시사점은 파급력이 크고 문화를 바꿀 수도 있다. 출산이라는 놀라운 "스포츠"에서 여성들이 도전을 하고, 자신의 몸을 사용할 수 있는 기회를 제공하자.

참고문헌

Beck, N. C., E. A. Geden. et al. (1979). "Preparation for Labor: A Historical Perspective." *Psychosomatic Medicine* 41(3): 243-258.

Benson, H. (1977). *The Relaxation Response*. New York, Avon Books.

Clapp, J. F. (1990). "The Course of Labor After Endurance Exercise During Pregnancy." *American Journal of Obstetrics and Gynecology 163:* 1799.

Cogan, R. (1980). "Effects of Childbirth Preparation." *Clinical Obstetrics and Gynecology 21*(1).

Csikszentmihali, M. (1990). *Flow*. New York, NY, Harper & Row.

Dick-Read, G. (1959). *Childbirth Without Fear: The Principles and Practice of Natural Childbirth*, 2nd Edition. New York, Harper and Brothers.

Goer, H. (1995). *Obstetric Myths Versus Research Realities*. Westport, CT Bergin & Garvey.

Gregg, R. H. (1979). Biofeedback and biophysical monitoring during pregnancy and labor. *Biofeedback Principles and Practice for Clinicians*. J. V. Basmajian. Baltimore, Williams and Wilkins Co.

Henneborn, W. J. a. C., R. (1975). "The Effect of Husband Participation on Reported Pain and Probability of Medication During Labor and Birth." *Journal of Psychosomatic Research 19:* 215-217.

Hetherington, S. E. (1990). "A Controlled Study of the Effect of Prepared Childbirth Classes on Obstetric Outcome." *Birth 17*(2): 86-91.

Jacobson, E. (1938). *Progressive Relaxation*. Chicago, IL, University of Chicago Press.

Kennell, J. K., Marshall (1991). "Continuous Emotional Support During Labor in a US Hospital." *JAMA 265:* 2197-2201.

Lamaze, F. (1965). *Painless Childbirth*. New York, Pocket Books.

Langer, E. J., Janis I. L. & Wolfer, J. A. (1975). "Reduction of Psychological Stress in Surgical Patients." *Journal of Personality and Social Psychology 11:* 155-165.

Lieberman, A. (1990). *Easing Labor Pain*. New York, Doubleday.

Melzack, R., P. Taenzer, et al. (1981). "Labour is Still Painful after Prepared Childbirth." *CMA Journal 125:* 357-363.

Morgan, W. P., M. L. (1977). "Psychologic Characterization of the Elite Distance Runner." *Annals of the New York Academy of Science 301:* 382-403.

Nichols, F. H. and S. S. Humenick, Eds. (1988). *Childbirth Education: Practice, Research and Theory*. Philadelphia, W.B. Saunders.

Richter, J. a. S. R. (1979). "A Relaxation Technique." *American Journal of Nursing 79:* 1960.

Scott, J. R. R. (1979). "Effect of Psychoprophylaxis on labor and delivery in primiparas." *New England Journal of Medicine 294:* 1295.

Smith, D. (1987). "Conditions that Facilitate the Development of Sport Imagery Training." *The Sport Psychologist 1:* 237-247.

Sosa, R., Kennell, J. H., Robertson, S. et al. (1980). "The Effect of a Supportive Companion on Perinatal Problems, Length of Labor and Mother-Infant Interaction." *New England Journal of Medicine 303:* 597-600.

Stevens, R. (1977). "Psychological Strategies for Management of Pain in Prepared Childbirth." *Birth 3:* 157-161.

Stevens, R. J. a. H., F (1977). "Analgesic characteristics of prepared childbirth techniques: Attention focusing and

Systematic Relaxation." *Journal of Psychosomatic Research 21:* 429.

Wideman, M. a. S., J. (1984). "The role of psychological mechanisms in preparation for childbirth." *American Psychologist 39:* 1357.

Worthington, E., L. (1982). "Which Prepared Childbirth Coping Strategies are Effective." *Journal of Obstetric, Gynecologic and Neonatal Nursing 11*(Jan): 45.

Chapter

8

영양, 식이장애 및 여자 선수 3대 문제

Debra Wein | Lyle Micheli

역자 | 김병준(인하대학교)

여자 선수가 겪는 세가지 문제, 즉 식이장애(disordered eating), 무월경(amenorrhea), 골다공증(osteoporosis)은 1992년 워싱턴 DC에서 열린 미국스포츠의학회(ACSM)에서 처음으로 다뤄지기까지 방관의 대상이거나 무시되어 왔다(Yeager, Agostini, Nativ, & Drinkwater, 1993). 세가지 문제 각각은 질병 발생율과 사망률을 높이는데, 세가지가 동시에 발생하면 매우 위험할 수 있다(Brandstater, 1995). 아직까지도 세가지 질환이 개별적으로 또는 동시에 발생했을 때 효과적인 치료법뿐만 아니라 발생 원인, 경과, 장단기 위험성에 대해서 잘 알려져 있지 않다. 본장에서는 여자 선수가 겪는 세가지 문제의 발생율, 경고 증상, 잠재적 원인, 결과, 치료법에 대해서 다룬다.

역사적으로 보면 운동선수들은 다른 선수, 코치, 부모의 영향을 받아 날씬할수록 수행이 향상된다고 믿어 왔다. 오늘날 제약적 또는 폭식적 식습관(폭식을 한 다음에 구토, 완하제, 이뇨제, 과도한 운동으로 몸에서 칼로리를 제거하는 것)은 일반 젊은 여성 인구의 최소 0.5%, 운동선수의 최대 62%에서 발견되고 있다(Eichner, Loucks, Johnson, & Nelson Steen, 1997). 9세에서 18세 사이의 여자 엘리트 수영선수 500명 대상의 대규모 연구에서 "표준체중" 선수의 60% 이상, "저체중"의 18%정도가 체중을 줄이려는 시도를 했고, 62%는 식사를 건너뛰었고, 75%는 체중을 줄이려고 식사량을 줄인 것으로 밝혀졌다. 약 13%는 구토를 했고, 2.5%는 완하제를 복용했고, 약 2%는 이뇨제를 복용했다(Dunmer, 1987). 메사추세츠주의 4천명 고등학교 운동선수를 대상으로 한 최근 조사에서는 10명중 약 3명(29%)이 약간 또는 과도한 과체중이라고 응답했으며, 5명 중에서 2명(43%)은 체중을 줄이려고 노력한다고 했다(Massachusetts Department of Education, 1998). 자신이 과체중이라고 생각하지 않은 여자 선수의 약 1/3(30%)도 체중을 줄이려고 노력하고 있었다. 여자 선수의 6~7% 정도는 최근 1개월 동안에 구토를 했거나, 완하제나 다이어트약을 복용한 것으로 나타났다. 이런 걱정스런 통계에도 불구하고 대부분의 연구는 자기보고 또는 주관적 정보에 의존하고 있다. 따라서 이런 행동들은 인정을 하고 있지 않거나 비밀로 간주되고 있어 실제 통계가 얼마인지는 알기가 매우 힘든 상황이다.

식이장애

증상과 발생율

비정상 식습관(disordered eating)은 연속선에서 평가할 수 있다. 한 극단에는 신경성 식욕부진(anorexia nervosa)과 신경성 과식증(bulimia nervosa)이 있고, 다른 극단에는 체중과 식사 제약에 집착하는 것이 있다. 3가지 문제의 나머지 2개인 무월경과 이에 따른 골다공증은 비정상식습관에 비하면 부차적인 것이다(Eichner et al., 1997).

신경성 식욕부진, 신경성 과식증, 그리고 식이장애의 정의와 진단기준은 정신질환 진단 및 통계 매뉴얼(DSM-IV; American Psychiatric Association [APA], 1994)에 제시되어 있다. 식이장애에는 신경성 식욕부진이 포함되는데, 이 질환은 저체중(키와 체중에 따른 정상 체중의 최소 5%이하)임에도 불구하고 체중이 느는 것에 대해 극도로 두려워해서 식사를 거르거나 음식 섭취를 제한하는 현상을 보인다. 신경성 과식증이 있으면 엄청난 양의 식사를 하고 나서 구토, 완하제, 이뇨제 또는 과도한 운동으로 섭취한 칼로리를 몸에서 제거하려는 시도를 한다. 신경성 식욕부진의 경고 증상으로는 급격한 체중 감소, 헐렁하거나 겹겹의 옷을 입는 것, 과도한 운동과 식사 관련 모임의 회피 등이 나타난다. 신경성 과식증의 경고 증상에는 체중에 대한 과도한 걱정, 식사 후에 화장실 가기(계속 물을 내리면서 지나치게 오랫동안 머무는 것), 우울한 기분, 폭식을 한 후에 엄격한 식사, 몸에 대한 비판의 증가 등이 있다. 〈표 8.1〉에는 식이장애의 다른 증상이 제시되어 있다.

<표 8.1> 식이장애의 경고 증상

체중 증가에 대한 극도의 두려움	치아 부식
뚱뚱해지는 것에 대한 빈번한 언급	피부 건조
음식에 대한 집착	탈모
춥다고 불만을 표시	손톱 깨짐
훈련 이외에 과도한 운동	솜털(몸에 나는 가는 털)
두툼한 옷	손등에 흉터(신경성 과식증)
수척한 외모	기분 변화, 초조함과 우울
음식 섭취 제한	여성의 무월경
식사 후에 곧바로 식탁 떠나기	

식이장애가 있는 선수를 찾아내는 방법으로 이미 개발된 기준(APA, 1994) 이외에 비정상적으로 낮은 백혈구 수, 약한 빈혈, 변비, 복부 통증, 높은 콜레스테롤, 낮은 미네랄 수준(특히 마그네슘, 아연, 인산염)과 증가된 아딜라제와 같은 인체 내부 증상뿐만 아니라(APA, 1994) 분당 심박수가 40-50회로 감소, 실신의 경력, 귀밑샘 발한, 치아 법랑질 부식 또는 심한 치과 치료, 러셀 징후(Russell's sign: 주로 쓰는 손의 첫째와 둘째 손가락과 손톱의 변화; Brandstater, 1995)과 같은 감지하기 힘든 신체적 증상을 살펴야 한다.

이런 증상들은 언제라도 나타날 수 있지만 사춘기와 어린 소녀가 식이장애에 가장 취약하다(Shisslak et al., 1988). 최근 연구에 따르면 신체상(body image)에 대한 인식과 우려가 사춘기 훨씬 이전에 나타나고, 9세 부에 안된 여아도 체중을 줄일 목적으로 다이어트를 시작하고 칼로리를 제한한다(Sands, Tricker, Sherman, Armatas, & Maschette, 1997). 여아가 사춘기를 겪으면서 식습관이 불안해지기는 하지만 비정상 식습관이 더 악화되거나 완화되는 것을 결정하는 것은 심리적인 측면이다. 부정적 신체상, 낮은 자기 존중감, 정신병과 같은 부정적 인식은 비정상적 식습관을 강화시킨다(Sands et al., 1997). 여아는 영양에 관한 가족 지식과 식습관, 미디어 이미지, 자기효능감, 온전한 발달 여부, 실제 키, 현재 체중, 동료 집단의 영향뿐만 아니라 다른 생활방식의 영향을 받아 자신의 몸매에 대한 불만이 더 커진다(Sands et al., 1997). 동성애나 양성애 성향인 남자는 다이어트를 하고(25%와 13%), 다이어트 약을 복용하고(18%와 3%), 구토를 하거나 완하제를 복용할 가능성이 더 높다(32%와 3%).

이런 현상은 성인 남성에게서도 증가하는 경향이고, 보디빌더에게서 특히 높게 나타난다(Andersen, Barlett, Morgan, & Brownell, 1995). 질문지 조사에 참가한 49명의 보디빌더의 거의 반(46%)은 시합이 끝난 후에 폭식을 한 경험이 있었고, 3/4 이상(82%)은 시합 1주일 전에 음식에 대해 걱정을 하는 빈도가 자주 또는 항상이었다고 응답했다(Andersen et al., 1995).

학자들은 DSM-IV(APA, 1994)의 기준과 정확하게 일치하지 않으면서 선수나 어린 소녀에게 나쁜 영향을 주는 준임상적 식이장애의 발생 빈도가 높다는 것을 발견하고 있다(Yeager et al., 1993). 따라서 정해진 기준에 해당하는 사람을 찾아내는 것도 중요하지만 정기적으로 칼로리를 제한하고, 음식에 상당히 집착하고, 신체상이 낮고, 음식에 대해 나쁜 태도를 가진 사람을 찾는 것도 중요하다.

식이장애와 비정상 섭식의 차이(National Eating Disorders Screening Program, 1996에서 재구성)

1. 기본적 차이
   - 비정상 섭식(disordered eating): 생활 상황에 따른 반응, 습관
   - 식이장애(eating disorder): 질병

2. 심리적 증상
   - 비정상 섭식: 몸, 음식, 식이에 대한 간헐적으로 생각하고 행동하는 것으로 건강 문제나 대인관계, 학교 및 직장문제를 초래하지 않는 것.
   - 식이장애: 몸, 음식, 식이에 대한 빈번하게 생각하고 행동하는 것으로 건강 문제나 대인관계, 학교 및 직장 문제를 초래하는 것.

3. 관련된 의료 문제
   - 비정상 섭식: 일시적 체중 변화나 영양 문제. 중대한 의학적 합병증을 거의 초래 안함.
   - 식이장애: 입원이나 사망에 이를 정도로 중대한 의학적 합병증을 초래할 수 있음.

4. 치료
   - 비정상 섭식: 교육과 자조집단(self-help group)이 도움이 됨. 심리치료와 영양 상담이 도움이 될 수 있지만 필수적인 것은 아님. 치료를 받지 않아도 문제가 사라짐.
   - 식이장애: 구체적인 의료 및 정신과 치료가 요구됨. 치료를 받지 않으면 문제가 사라지지 않음.

잠재적 원인

신체적 및 성적 학대뿐만 아니라 나쁜 대처 기술, 낮은 자기존중감, 정체성 부재와 같은 심리적 문제로 인해 식이장애가 생길 수 있다(Eichner et al., 1997). 13-16세의 여자의 경우 부모가 다이어트나 몸매에 대한 압력을 준다고 느끼면 다이어트를 할 가능성이 더 높다. 반면 부모가 자신감과 자율성을 심어주면 다이어트를 할 가능성이 낮다(Paxton, 1998). 비정상적 식습관을 유발하는 스트레스는 스포츠, 학업, 사회 등에서 성공해야 한다는 강한 욕구가 원인이 될 수 있지만 스포츠에서 요구되는 것을 살펴보면 운동선수가 가장 위험에 처해있다. 운동을 적절하고 조화롭게 실천하면 많은 건강 혜택을 얻을 수 있지만 초 고강도 신체 활동은 사춘기 지연, 월경 불순, 스트레스 골절, 연령과 무관한 골다공증의 원인이 될 수 있다(Myszkewycz & Koutedakis, 1998). 몸매가 드러나는 복장을 착용하는 종목(발레, 댄스, 피겨스케이트, 다이빙, 수영)의 선수들, 주관적 평가에 의해 수행이 결정되는 종목(댄스, 체조, 다이빙, 싱크로나이즈 수영)의 선수들, 체중이 수행에 방해가 되는 종목(장거리 달리기, 발레, 피겨스케이트, 크로스컨트리)의 선수들, 체급이 있는 종목(조정, 바디빌딩, 무도)의 선수들은 식이장애의 위험에 많이 노출되어 있다.

운동을 실천하는 사람은 그렇지 않은 사람에 비해 자기존중감이 높고 몸에 대해 보다 긍정적인 생각을 갖고 있다는 사실이 연구에서 밝혀졌음에도 불구하고(Biddle, 1993; Sands et al., 1997) 운동선수는 일반인에 비해 식이장애에 걸릴 가능성이 더 높다(Shangold, 1990). 어떤 여성의 신체적 컨디션 수준이 매우 높다할지라도 자신의 몸에 대해서는 매우 불만족할 수도 있는 것이다(Finkerberg, 1993). 〈표 8.2〉에는 운동선수의 식이장애 위험을 높이는 요인이 제시되어 있다.

<표 8.2> 운동선수의 식기장애 위험을 높이는 요인

- 낮은 대처 기술 수준
- 자기존중감 부족
- 낮은 정체성
- 비현실적인 체중 목표 달성 요구
- 성공에 대한 압력
- 사회에 기대에 대한 지각
- 기존 규범에 맞추려는 시도
- 스트레스 대처 능력 부족

결과와 치료

운동선수는 강한 훈련과 운동의 요구에 맞도록 최고의 영양 공급을 필요로 한다. 비정상적 식습관과 불충분한 칼로리 섭취는 지구력, 근력, 반응시간, 스피드, 집중력을 저하시켜 수행에 방해가 된다. 또 현기증, 저혈압과 낮은 심박, 탈수(Mitchell, Seim, Colon, & Pomeroy, 1987), 전해질 불균형, 피로 등 수행에 방해가 될 수 있는 문제들이 발생할 수도 있다. 운동선수가 칼로리를 제한하거나 건강에 해로운 다른 체중 조절 방법을 적용한다고 해서 그 즉시 운동 능력이 저하되지 않을 수도 있지만 장기간에 걸쳐 심각한 영향이 나타난다(Van De Loo & Johnson, 1995). 여기에는 월경 불순, 불가역적 골 손실, 우울과 같은 심리적 문제, 위장과 체온조절의 변화, 사망위험 등이 포함된다. 식이장애 치료를 받은 일반인의 경우 사망률이 18%로 알려져 있으며(Van De Loo & Johnson), 국립정신건강원(National Institutes of Mental Health, 1993)에 따르면 식이장애 10명 중 1명은 심장마비, 굶주림, 또는 자살로 사망한다.

좋은 뜻에서 도움을 주려는 사람들은 선수에게 정상적 식습관으로 돌아와 더 많이 먹고 위험 행동을 못하도록 하는 방식으로 식이장애를 치료하려는 잘못된 시도를 한다. 그러나 임상적 측면에서 식이장애는 정신질환으로 간주되며, 정서적 고통을 표현하기 때문에 치료를 할 때에는 음식 섭취 패턴, 음식 및 체중 관련 행동, 신체 이미지, 체중 조절과 관련된 주제를 다루어야 한다(ADA, 1994).

식이장애 치료를 받는 대부분의 환자는 외래 치료로 충분하다. 그러나 입원을 통해 광범위한 지원과 치료를 받아야 하는 경우도 있다. 그 결정은 사례에 따라 다르며 의사, 영양사, 정신건강 전문가, 코치, 부모가 포함된 치료 팀의 구성원이 해야 한다. 대체로 신경성 과식증 환자는 입원이 필요하지 않지만 신경성 식욕부진의 경우 입원할 가능성이 높다. 의료팀이 입원 여부를 결정할 때에는 감소된 체중의 정도, 체질량 지수, 체중 감소의 신속성, 평균 체중보다 20% 이상 감소, 심각한 대사 문제, 특정 심장 기능 장애, 졸도, 심동적 지체, 고도 우울 또는 자살 위험, 과도한 폭식과 구토, 정신병, 가족 위기, 일상 생활 수행의 불가, 외래환자 프로그램 부재 등과 같은 문제를 고려한다(ADA, 1994).

무월경

증상과 발생율

무월경(amenorrhea)은 식이장애의 잠재적인 결과이자 경고 증상이 될 수 있는데 월경이 사라지는 것으로 정의한다. 무월경의 잠재적인 위험에 대해 잘 모르는 선수들은 덜 번거롭게 되었다고 반기거나 강도 높은 트레이닝의 좋은 영향이라고 생각한다. 여아의 가슴이 커진 후 약 2년이 지나면 초경을 한다(Van De Loo & Johnson, 1995). 16세가 될 때까지 월경이 나타나지 않으면 1차 무월경 진단이 내려진다. 반면 2차 무월경은 월경이 이미 시작된 여성이 최소 3회에서 6회 연속 월경이 나타나지 않은 것을 말한다(Van De Loo & Johnson). 2차 무월경의 발생비율은 일반인의 경우 2~5%이지만, 운동선수의 경우 3에서 66%나 된다(Shangold, Rebar, Wentz, & Schiff, 1990). 식이장애가 있는 운동선수에게서 발견되는 또 다른 월경불순으로 월경 주기가 36일 이상인 월경 횟수 감소가 있다.

월경이상의 원인으로 운동이나 영양과 관련이 없는 요인으로 임신, 뇌하수체종양, 갑상선 이상, 다낭포난소증, 조기폐경이 있다. 식이장애로 인한 무월경을 진단할 때에는 이들 요인을 배제시켜야 한다(Shangold et al., 1990).

잠재적 원인

여성이 에너지 요구량에 해당하는 칼로리를 섭취하지 못하면 무월경이 나타난다(Van De Loo & Johnson, 1995). 하지만 무월경은 나쁜 영양섭취, 저체중, 칼로리 섭취 저하, 호르몬 상태, 심리 및 신체적 스트레스와 연관성이 있다(Myszkewycz & Koutedakis, 1998). 여성의 월경과 생식건강을 유지하는데 적정 영양 수준이 있는가에 대해서는 여전히 논란이 있다. 하지만 소비와 섭취 칼로리의 균형을 유지하는 것은 정상 월경을 회복하고 3가지 문제의 지속으로 인한 골다공증에 이르지 않도록 예방을 하는데 있어 매우 중요하다(Eichner et al., 1997). 필자의 관찰에 의하면 칼로리를 낮게 섭취하는 선수가 에너지 요구량을 맞추기 위해 추가적으로 칼로리를 섭취해도 체중이 늘지 않았다.

무월경은 에스트로젠 생성이 감소했다는 증상이며(Yeager et al., 1993), 무월경이 되면 에스트로젠이 폐경 여성 수준으로 떨어진다. 골밀도 검사에서도 일부 젊은 여성의 척추 골밀도가 80대 여성과 유사한 것으로 나타났다(Shangold et al., 1990). 에스트로젠은 골격의 건강과 강도에 중요한 역할을 한다(Myszkewycz & Koutedakis, 1998). 따라서 에스트로젠 수준이 장기간에 걸쳐 낮아지면 골밀도가 낮아져 골다공증이 생길 수 있다(Myszkewycz & Koutedakis, 1998). 운동선수가 최상의 건강을 유지하고 3가지 문제로 인해 골다공증이 발생하지 않으려면 즉시 적극적인 치료를 받아야 한다.

결과와 치료

칼로리 섭취량을 10-20% 정도 늘리면(또는 훈련량 감소) 여성의 정상월경을 회복시킬 수 있는 것으로 알려져 있지만(Eichner et al., 1997), 골밀도의 저하를 회복시키지는 못한다. 에스트로젠과 뼈 건강 사이의 연관성 때문에 의료진은 무월경 치료와 골다공증 예방을 위해 경구 피임약을 처방한다(Eichner et al., 1997).

에스트로젠이 낮은 상태가 장기간 지속되면 몸에 어떤 결과가 나타나는지는 아직까지 분명하지 않다. 에스트로젠 감소는 불가역적 뼈 손실을 유발할 수 있으며, 심폐계와 생식기관의 문제와도 연관되어 있다(Van De Loo & Johnson, 1995).

골다공증

증상과 발생율

골다공증(osteporosis)은 골량이 감소하고 골절 위험이 증가하는 특징을 보인다(National Institute of Health, 1984). 골밀도가 정상인 사람에게 부담이 되지 않는 정도의 넘어짐, 때림, 들기 동작의 경우 골다공증이 있으면 한 두개 이상의 골절로 이어질 수 있다(NIH, 1984).

수분뿐만 아니라 지방 단백질(70%), 칼슘(10%), 인, 칼륨, 아연, 마그네슘(합쳐서 20%)은 모두 뼈 발달에 기여 한다(Myszkewycz & Koutedakis, 1998). 따라서 식사에 제약이 생기면 정상적인 뼈 성장에 심각한 영향을 준다. 최대 골밀도를 예측하는 가장 강력한 지표는 유전이라고 생각되지만(Seeman, Hopper, & Bach, 1989), 월경 이력도 중요하다(Van De Loo & Johnson, 1995). 뼈 질량이 커지는 것은 아동 초기에 점진적으로 진행되다가 성적으로 성숙할 때까지 사춘기에 가속된다. 성인 골격량의 약 50%는 10대에 만들어진다(Van De Loo & Johnson, 1995). 20대까지 최대로 누적되며 18세에 최대 밀도의 95%에 도달한다(Brandstater, 1995). 최근 텔레비전 시청의 증가, 학교에서 스포츠 참가와 신체 활동의 감소에 더하여 바쁜 일정으로 인한 즉석식품(fast food) 섭취의 증가로 인해 청소년의 골 형성이 나빠지고 있다.

잠재적 원인

젊은 여성 선수의 골다공증은 무월경이나 월경 횟수 감소의 결과로 나타날 수 있고(Van De Loo & Johnson, 1995), 성장기에 뼈의 미네랄 양을 충분히 높이지 못하거나 과도한 뼈 손실이 발생했을 때도 발생할 수 있다(Myszkewycz & Koutedakis, 1998). 무월경과 같이 에스트로젠이 감소하는 것은 뼈 성장에 필수적인 물질인 칼슘 이온이 더 많이 빠져나가기 때문이다(Myburgh, Bachrach, Lewis, Kent, & Marcus, 1993).

결과와 치료

골밀도가 낮아지면 골절 빈도가 증가한다(Myszkewycz & Koutedakis, 1998). 월경 횟수 감소를 겪는 선수를 대상으로 한 연구에서는 스트레스 골절의 가능성이 6배가 높았고, 동시에 다이어트까지 할 경우 스트레스 골절 가능성이 8배로 높은 것으로 밝혀졌다(Van De Loo & Johnson, 1995). 골절로 인한 신체 활동 부족은 우울증과 식사의 추가적인 제한과 같은 문제를 야기하는데 이로 인해 3가지 문제가 더 심각해진다.

무월경이나 월경빈도감소에 의해 발생하는 골다공증은 정상 월경 회복, 에스트로젠 회복, 칼슘 보충 등이 있더라도 그 발생 이전으로 되돌릴 수 없기 때문에 예방이 중요하다(Van De Loo & Johnson, 1995). 골다공증을 예방하는 가장 좋은 방법은 발달과 성장기에 뼈를 건강하게 발달시키는 것이다(Myszkewycz & Koutedakis, 1998). 하지만 이미 골다공증을 겪고 있는 사람이라면 운동을 줄이고, 영양 섭취를 증가시키고, 체중을 늘린다면, 골 밀도를 이전의 정상으로 되돌리는 것이 어려울 수 있지만 향상시키는데 도움이 될 수 있다(Eichner et al., 1997; Shangold et al., 1990).

무월경 선수 모두가 골량이 낮은 것은 아니며(Otis et a., 1997), 무월경이 있더라도 고강도 운동을 하면 특정 부위의 골밀도를 높일 수 있는 것으로 알려져 있다. 이 결과는 월경 문제에도 불구하고 통제 집단에 비해 훨씬 높은 골밀도를 유지한 스케이트 선수집단에서 발견되었다(Van De Loo & Johnson, 1995). 장기적 관점에서 정보가 아직 부족한 상태이므로 정상 월경을 회복시키는 것이 중요하다. 따라서 건강 전문가는 골밀도가 정상일지라도 다른 위험요인이 존재할 수 있기 때문에 무월경이 골밀도 감소를 유발시킨다는 주장에만 집착해서는 안된다.

여자 선수의 3가지 문제 치료에 대한 과제

여자 선수의 3가지 문제를 예방하려면 다학문적 팀 접근은 선택이 아니라 필수다. 이들 문제에 대한 인식을 촉구하기 위해서는 질문지 조사 이상의 방법이 적용되어야 하는데, 숙련된 건강전문가가 팀에 속한 개별 선수를 대상으로 개방형 토론을 하는 연구가 필요할 수도 있다.

팀에는 최소한 의사, 영양사와 정신건강 전문가가 포함되어야 한다. 의사는 치료와 전반적인 절차를 모니터하고, 정신건강 전문가는 해당 질환을 유발하는 잠재적인 문제를 밝히는데 도움을 주며, 영양사는 선수에게 건강, 웰빙, 수행을 위한 영양 섭취 방법을 알려줄 수 있다. 의사는 관련 문제에 대한 의료적 진전 상황을 모니터하고 선수가 치료에 집중하도록 하는 사례 관리자(case manager) 역할을 할 수 있다.

영양사는 해당 종목에 필요한 최적의 영양 섭취에 관한 정보뿐만 아니라 운동 중에 인체의 영양 요구에 대한 정보를 선수에게 제공해 주기 때문에 팀에서 반드시 필요하다. 신경성 식욕부진, 신경성 과식증, 폭식행동에 대한 치료 개입에 관한 미국영양학회(ADA, 1992)의 성명문에는 식이장애 선수를 대하는 영양사가 세부적으로 어떤 목표를 추구해야 하는지가 명시되어 있다. 영양사는 구토행동과 더불어 체중 변화와 운동 및 운동습관에 관한 포괄적인 정보를 수집해야 한다. 음식에 대한 두려움을 없애고 체중과 행동 변화에 대한 목표를 설정하기 위해서는 영양사와 선수 사이에 치료 협력 관계를 유지하는 것이 중요하다. 음식, 영양, 체중 조절에 관한 정확한 개념과 원리를 가르쳐 주고 잘못된 개념은 바로 잡아 준다.

영양 치료 과정에서 선수는 굶주림, 대사과정, 비정상 및 정상 배고픔, 체중의 일일 변동, 건강 체중 범위, 체중과 대상의 안정에 요구되는 최소 음식 요구량, 건강을 위한 최적 음식 섭취 등에 따른 여러 증상과 인체의 반응을 이해할 필요가 있다. 식이장애를 성공적으로 극복한 사례를 배고픔 유형, 음식 섭취 패턴, 총 칼로리 섭취량 측면에서 유사점을 선수에게 설명해주어야 한다. 가족 교육도 성공적 회복에 중요한 목표이다. 영양사는 선수와 가족 모두에게 식사 계획, 영양 요구, 부절절한 음식 섭취 및 체중 관련 행동에 대한 대처 전략 등에 관한 조언을 제공해야 한다.

정신건강 전문가(심리학자)는 문제의 근본 원인을 찾아 대책을 마련하는데 도움을 주는데 반드시 필요하다. 식사를 할 때 스트레스를 줄여주고, 갈등을 만드는 분위기보다는 지지를 해주도록 부모를 도와주는 것도 중요한 목표가 된다. 정서가 불안해지면 음식 섭취, 체중, 행동을 변화시키려는 환자의 능력이 떨어 질 수 있다. 따라서 전문가가 선수를 지지하고 이해해주면 선수가 치료를 받는데 더 편안함을 느낀다(ADA, 1994).

여자 선수의 3가지 문제에 대한 진단, 치료, 회복의 과정에서 코치, 부모, 선수트레이너, 교사, 행정가, 물리치료사, 안무가, 무용교사 모두가 팀에 관여할 필요가 있다. 이들 모두는 3가지 문제의 구성요소뿐만 아니라 증상, 위험, 결과, 심각성, 그리고 지역에서 가능한 자원을 포함하여 선수에게 적절하게 접근하는 방법에 대해 알고 있어야 한다. 팀 구성원은 선수의 적절한 치료방법을 결정할 때 자신의 편견이나 요구를 배제시켜야 한다.

체중을 점진적으로 증가시키고 3가지 문제의 회복을 위해서는 트레이닝과 신체 활동 10-20% 감소, 칼로리 섭취의 점진적 증가, 현재 체중의 2-3% 증가, 식품과 보충제를 통해 하루 1,500mg 칼슘 섭취, 뼈 미네랄 형성을 위해 중강도 근력 트레이닝이 필요하다(Eichner et al., 1997).

여자 선수의 3가지 문제에 대한 예방

팀 예방 전략(ADA, 1994)

선수 개인별로 다음과 같은 기법과 전략을 적용할 필요가 있다.

- 음식 및 체중관련 행동을 감정이나 심리적 문제와 분리시킨다. 차이가 존재한다는 것을 알게 해주면, 객관적 사실을 구분해 내고 향상 전략을 이해하는데 도움이 된다.
- 음식 섭취, 건강, 인체의 최적 수행에 요구되는 영양 요구량 사이의 연관성을 교육한다.

- 행동 변화를 위한 교육을 한다. 예를 덜어 칼로리 섭취 증가를 제안하기 전에 영양과 에너지 요구에 대해 교육한다.
- 선수의 생활방식에서 큰 변화보다는 작은 변화를 만들어 간다. 한 번에 모든 것을 바꾸려고 하지 않도록 한다. 작은 변화가 적응과 유지에 더 좋다.
- 좌절을 겪는 것은 정상이며, 단서에 대한 반응을 바꾸는 학습 도구로 사용할 수 있다고 알려준다.
- 음식 일지와 행동 기록과 같은 자기모니터링 기법을 선수에게 교육시켜, 선수가 본인의 치료와 선택권에 대한 통제감을 가질 수 있도록 한다. 체중 증가와 변동 사항뿐만 아니라 음식, 운동, 폭식이나 구토의 빈도 등 행동을 기록한다.
- 체중 계약서, 식사 계약서를 작성한다. 그러나 선수가 너무 집착하거나 역효과가 있을 것으로 예상되면 작성하지 않는다.
- 통제감 상실 및 치료 중도 포기가 발생하기 않도록 체중은 천천히 늘리거나 줄인다.
- 건강 체중을 유지하는 방법을 교육한다. 규칙적인 식사시간, 균형잡힌 적당한 식사, 최근에 안 먹은 음식부터 점진적으로 다시 먹기 등을 권장한다.
- 치료 과정에서 선수 개인별로 필요하면 접근 방법을 평가하고 변화를 준다.
- 궁극적으로 선수가 통제감 부족을 느끼는 회식 장소에서 편안해지도록 시도한다.

다음은 선수에게 알려주기에 좋은 내용이다.

- 스포츠 참가에는 신체 건강과 정신 건강이 포함된다.
- 승리만능주의는 이상적인 철학이 아니다.
- 성공적인 수행은 모든 다량 및 소량 영양소의 적절한 섭취와 연관되어 있다.
- 근력, 체력, 신체구성은 체중보다 더 중요하다.
- 성적 성숙은 정상이다.
- 식습관, 활동 수준, 월경 패턴, 또는 수행에서 변화가 발생하면 가능한 일찍 전문가와 함께 해결한다.

식이장애가 의심되는 선수를 대상으로 할 때 다음 사항에 유의한다(Wein, 1996).

- 선수와 관계가 원만하고 긍정적인 사람이 선수에게 다가가는 것이 이상적이다.

- 편안하고 사적인 분위기에서 만난다. 단체로 만나지 말고 사적으로 접근한다.
- 항상 자신의 관점에서 접근한다. 예컨대 "네가 걱정이다" 또는 "내 생각으로는…" 이라고 말한다. 이런 방식이 "너 …. 했구나?"라고 말하는 것보다 상황을 훨씬 덜 힘들게 만든다. 선수는 다른 사람의 감정에 대해 언쟁을 하기는 쉽지 않다. 걱정을 해 주는 것은 자신의 느낌을 말하는 것이므로 잘못하는 것은 아니다.
- 선수의 반대쪽이 아니라 선수편이라고 말해준다. 선수가 무슨 말을 하더라도 비난하거나 당황하게 하지 않겠다고 분명히 말한다.
- "장애(disorder)" 또는 "질병(sickness)"보다는 "웰빙(well-being)"이란 용어를 사용한다. 선수의 잘못을 찾기 보다는 선수에게 다가간다.
- "폭식" "굶기" "토하기"와 같은 단어를 쓰면 선수가 방어를 할 수 있으므로 사용하지 않는다.
- 구체적인 진단을 내릴 위치가 아니라면 진단을 내리지 않는다. 문제가 있다고 말하거나 진단을 해 보자고 말하지 말고 그냥 도움이 필요한지 묻는다.
- 폭식이나 토하기 행동에 대한 증거를 수집하려고 하지 않는다. 이 용어를 쓰는 것만으로 선수가 압력을 더 느끼거나 방어적이 된다.
- 결과가 어떻게 나오든지 관계없이 선수가 나중에 전문가를 만나고 싶을 때 사용할 수 있도록 심리학자, 식이장애 전문가, 관련 기관의 전화번호를 준다. 〈표 8.3〉에는 식이장애 관련 자원과 의뢰 기관 정보가 제시되어 있다.
- 선수가 대화하고 싶을 때 언제든지 옆에 있다고 알려주는 것이 가장 중요하다.

스포츠의학 전문가로서 우리는 선수들의 건강한 습관과 생활방식에 초점을 두고 영양 섭취와 체력 관리를 극대할 수 있는 기회를 갖고 있다. 즐겁게 식사하고 훈련을 함으로써 질병 위험을 낮추고 궁극적으로 웰빙을 향상시키도록 선수를 교육시킬 수 있다. 모든 행위가 일시적 행동이 아니라 영구적인 생활방식 습관으로 간주하도록 가르칠 수 있다. 우리는 선수가 자신을 지나치게 공격적으로 밀어붙인다는 신호가 될 수 있는 기분과 에너지 수준의 변화에 민감하게 받아들여야 한다. 우리는 선수의 작은 성취에 보상을 주고, 건강 식습관이 퇴보하면 문제해결을 통해 대처하도록 할 수 있다. 우리는 선수들이 정상적 생활을 하고, 새로운 습관을 유지하며, 나쁜 감정을 극복하고, 감정 문제로 전문가를 만나도 괜찮다는 것을 알도록 하기 위해 친구, 친척, 팀 멤버,

<표 8.3> 여자 선수의 3가지 문제에 대한 국가 자료들

미국식이장애협회(American Anorexia/Bulimia Association)
www.members.orl.com/amanbu
전문가, 병원, 치료센터 의뢰 제공, 계간 뉴스레터 발간, 후원 그룹, 지역사회 홍보활동

미국스포츠의학회(American College of Sports Medicine)
317-637-9200 www.acsm.org
여자 선수의 3가지 문제에 대한 자료, 프리젠테이션 자료 및 기타 자료

미국영양학회(American Dietetic Association)
800-877-1600 www.eatright.org
식이장애의 치료에 관한 지역의 영양사 의뢰 및 자료 제공, 식이장애와 관련 문제를 다루는 별도 개업 전문가 집단 SCAN(Sports Cardiovascular and Wellness Nutritionists) 운영

신경성 식욕부진 및 식이장애(Anorexia Nervosa and Related Eating Disorders Inc.)
541-344-1144 www.anred.com
정보 센터, 무료 책자 제공

식이장애 인식 및 예방 협회(Eating Disorders Awareness and Prevention)
206-382-3587 www.members.aol.com/EDAPinc
매년 2월 식이장애 주간 행사 후원 및 진단 자료 배포

국제 식이장애 전문가 협회(International Association of Eating Disorders Professionals)
800-800-8126, 561-338-6494
국내 및 국제 전문가 의뢰 제공

신경성 식욕부진 및 관련 질환 협회(National Association of Anorexia Nervosa and Associated Disorders)
847-831-3438 www.healthtouch.com
환자를 위한 핫라인, 무료 전화상담 서비스, 정보 책자, 지역의 전문가와 지지 그룹에 의뢰, 예방 프로그램 제공

대학체육협회(National Collegiate Athletic Association)
913-339-1906 www.ncaa.org
비디오, 유인물, 기타 인쇄 자료 제공

미국식이장애조직(National Eating Disorders Organization)
918-481-4044 www.laureate.com
식이장애 환자를 위한 지원, 교육, 치료 및 의뢰 제공

지지 그룹과 같은 사회적지지 시스템을 사용하는 법을 가르칠 수 있다.

다른 건강 전문가에게 의뢰를 해주면 지식을 모으고 책임을 공유할 뿐만 아니라 선수를 위한 팀 협력의 모델을 보여줄 수 있다. 포괄적 치료 계획에는 개입, 치료, 회복에 관한 철학을 공유하는 전문가를 포함시킨다. 협력을 하면 여자 선수의 3가지 문제에 대

한 진단, 치료, 예방에서 더 좋은 효과를 거둘 수 있다. 선수는 스포츠의학 전문가인 우리의 도움을 받아 스포츠에서 최고 수행을 위한 방법으로 적절한 음식 섭취와 운동과 함께 잘 균형 잡힌 삶을 계획하는 방법을 배우게 될 것이며, 이는 그 자체도도 즐거움을 줄 것이다.

참고문헌

American Psychiatric Association. (1994). *Diagnostic and statistical manual of mental disorders* (4th ed.). Washington, DC: Author.

American Dietetic Association. *Position Statement on Invervention in the Treatment of Anorexia Nervosa, Bulimia, and Binge Eating.* October 18, 1987, and reaffirmed on September 12, 1992.

Andersen, R. E., Barlett, S. J., Morgan, G. D. & Brownell, K. D. (1995) Weight loss, psychological, and nutritional patterns in competitive male body builders. *International Journal of Eating Disorders, 18*(1), 49-57.

Biddle, S. (1993). Children, exercise and health. *International Journal of Sport Psychology, 24*, 200-216.

Brandstater, M. E. (1995). Female athlete triad. *Western Journal of Medicine, 162*(2), 149-150.

Culnane, C. & Deutsch, D. (1998). Dancer disordered eating. *Journal of Dance Medicine and Science, 2*(3), 95-100.

Dummer, G. M., Rosen, L. W., Huesner, W. W., Roberts, P. J., & Counsilman, J. E. (1987). Pathogenic weight control behaviors of young competitive swimmers. *The Physician and Sports Medicine, 15*(50), 75-86.

Eichner, E. R., Loucks, A. B., Johnson, M., & Nelson Steen, S. (1997). The female athlete triad. *Sports Science Exchange Roundtable, 8*(1), 27-31.

Finkenberg, M., DiNucci, J., McCune, S., & McCune, D. (1993). Body esteem and enrollment in classes with different levels of physical activity. *Perceptual and Motor Skills, 76*, 783-792.

Massachusetts Department of Education. (1998). *1997 Massachusetts youth risk behavior survey results.* Boston: U.S. Centers for Disease Control & Prevention Division of Adolescent & School Health [U87/CCU 109035-02].

Mitchell, J., Seim, H., Colon, E., & Pomeroy, C. (1987). Medical complications and medical management of bulimia. *Annals of Internal Medicine, 107*, 71-77.

Myburgh, K. H., Bachrach, L. K., Lewis, B., Kent, K., & Marcus, R. (1993). Low bone mineral density at axial and appendicular sites in amenorrheic athletes. *Medicine and Science in Sports and Exercise, 25*(1), 1197-1202.

Myszkewycz, L., & Koutedakis, Y. (1998). Injuries, amenorrhea and osteoporosis in active athletes: An overview. *Journal of Dance Medicine and Science, 2*(3), 88-94.

National Eating Disorders Screening Program. (1996, Feb. 1-8). *Eating disorders newsletter and slide presentation.* National Mental Illness Screening Project.

National Institutes of Health. (1984). Osteoporosis consensus conference. *Journal of the American Medical Association, 252*(6), 799-802.

National Institutes of Mental Health. (1993). *Eating disorders* [DHHS Publication No. (NIH) 93-3477]. Washington, DC: U.S. Department of Health & Human Services.

Otis, C. L., Drinkwater, B., Johnson, M., Loucks, A., & Wilmore, J. (1997). The American College of Sports Medicine position stand: The female athlete triad. *Medicine and Science in Sports and Exercise, 29*, i-ix.

Paxton, S. J. (1998). Current issues in eating disorders research. *Journal of Psychsomatic Research, 44*, 297-299.

Sands, R., Tricker, J., Sherman, C., Armatas, C., & Maschette, W. (1997). Disordered eating patterns, body image, self-esteem, and physical activity in preadolescent school children. *International Journal of Eating Disorders, 21*(2), 159-166.

Seeman, E., Hopper, J. L., & Bach, L. A. (1989). Reduced bone mass in daughters of women with osteoporosis. *New England Journal of Medicine, 320*, 554-558.

Shangold, M., Rebar, R. W., Wentz, A. C., & Schiff, I. (1990). Evaluation and management of menstrual dysfunction in athletes. *Journal of the American Medical Association, 263*, 1665-1669.

Shisslak, C. M., Crago, M., McKnight, K. M., Estes, L. S., Gray, N., & Parnaby, O. G. (1998). Potential risk factors associated weight control behaviors in elementary and middle school girls. *Journal of the Psychosomatic Research, 44*(3/4), 301-313.

Van De Loo, D. A., & Johnson, M. D. (1995). The young female athlete. *Clinics in Sports Medicine, 14*(3), 687-707.

Wein, D. (1996, April). Clients with eating disorders. *IDEA Today, 13*(4), 22-23.

Yeager, K., Agostini, R., Nattiv, A., & Drinkwater, B. (1993). The female athlete triad: Disordered eating, amenorrhea and osteoporosis. *Medicine and Science in Sports and Exercise, 25*(7), 775-777.

Chapter

9

스포츠 수행에서 정형외과 요인

William K. Thierfelder | Michael Gaudette

역자 | 김병준(인하대학교)

골프에서 360야드 이상 드라이버 샷을 날리거나 야구에서 시속 160 킬로 이상 투구하는 것을 생각해 보자. 이런 수준의 수행을 가능하게 만드는 요인은 좋은 부모를 만나는 것 말고도 수없이 많다. 본장에서는 이 요인들에 대해 정의를 해 보고 이들 요인의 상호작용이 어떻게 탁월한 수행을 가능하게 하거나 손상의 가능성을 높이는지 알아본다.

대체로 정형외과는 뼈와 관절의 손상과 관련된 용어라고 생각한다. 그러나 이런 좁은 관점은 우리 몸에 대해 보통 운동회로(kinetic chain)로 불리는 역동적이며 기능적으로 깨지지 않는 체인(chain)으로 보기 보다는 신체의 특정 부위로 보도록 관점을 좁혀 버린다. 요통과 360야드 드라이버 샷은 서로 다른 것이라고 생각되지만 사실은 동일한 스포츠 수행의 연속선에 있는 양 극단으로 보는 것이 보다 정확한 표현이다. 이 점에 대해서는 스포츠 수행과 정형외과적 손상에 영향을 주는 구조, 기능, 인지 요인에 대한 통합 분석을 통해 앞으로 자세하게 다룬다.

드라이버 샷이건 야구 투구이건 최대 파워를 내려면 정교한 순서와 정확한 타이밍에 따라 특정 신체 부위를 꼬아서 풀어야 한다. 이 과정을 이해하려면 운동회로를 제어하는 구성 요소인 해부학, 생체역학, 생리학, 신경학, 심리학에 대한 통합과 실용 지식이 필요하다. 정형외과와 재활 분야의 전문가는 관련 손상을 다룰 때 이들 학문을 활용한다. 건강 및 체력 전문가는 일반적 웰빙의 향상을 위해 동일 정보를 사용하고, 스포츠 수행 전문가는 수행을 향상시키기 위해 같은 지식을 활용한다. 운동회로가 일으키는 수많은 반응을 이해하는 것이 높은 수준의 스포츠 수행을 가능하게 하고 손상 위험을 최소화시키는 첫 단계가 된다.

운동회로란 체인이 연결된 것처럼 신체 분절이 연결된 것을 말한다. 한 링크에서 동작이 발생하면 거기에 부착된 여러 링크에서 움직임이 일어난다. 운동회로는 개방형이나 폐쇄형이 될 수 있다. 개방형 운동회로는 근육이 수축하고 뼈가 움직이고, 말단부(distal end)가 자유롭게 움직인다. 야구에서 투구 동작은 손이 마지막 고리(link)이고 자유롭게 움직이기 때문에 개방형 체인 동작에 해당한다. 반면 폐쇄형 운동고리(kinetic link)는 팔굽혀펴기처럼 말단부가 자유롭게 움직일 수 없다. 손은 바닥에 고정되어 있고 고정된 손 위에서 몸이 움직이므로 근육계에 다른 형태의 부담을 준다.

하지만 수행을 극대화할 수 있는 핵심은 일련의 세부적인 반응을 제어하고 최적화하기 위해 선수의 운동회로에 대한 과학적 지식을 적용하는데 달려있다. 선수가 실제로 수행한 것(실제 수행)과 의도했던 것(이상적 수행) 사이의 차이가 문제다. 그 차이를 좁혀주는 것이 해결책이다. 선수의 실제 수행을 예측하기 위해서는 다학문 관점에서 정교한 측정이 필요하다. 여기에는 초기평가, 선수 자기보고, 자기 운동감각, 관찰자 피드백, 비디오, 기타 등이 포함된다. 여러 변인들 사이의 복잡한 상호작용이 있기 때문에 이상적 수행은 선수 본인의 초기 평가와 앞에서 언급한 여러 분야의 과학적 지식에 기초해서 추정한 것으로 볼 수 있다. 실제 수행과 이상적 수행 사이의 차이를 분석하면 "이상적" 수행에 도달하지 못한 이유를 정확하게 규명하고, 효과적인 중재방법을 찾아낼 수 있다.

본장에서는 선수의 수행에 영향을 미치는 조건들을 포괄적으로 다루지는 않는다. 대신 본장의 내용은 독자가 갖고 있는 자신의 신체 시스템에 대한 이해도를 활용하여 사고 과정을 개념적으로 교육시키고 자극하도록 구성하였다. 자연과학에 중점을 두는 경향이 있는데 정형외과적 요인이 수행에 어떤 영향을 주는지 완전하게 이해하려면 기본적인 심리학 지식도 중요하다. 스포츠 수행의 기본 원칙 하나는 단순하거나 복잡하거나에 관계없이 모든 움직임은 운동회로에 토대를 두고 있으며 운동회로의 영향을 받는다는 점이다. 따라서 만성적 또는 과사용에 의한 손상은 운동회로의 문제로 인해 발생한다.

스포츠 영역에서 선수를 대상으로 하다보면 좌절과 보람을 모두 겪는다. 선수와 임상의사는 가장 신뢰로운 정보를 어디서 구하고 스포츠 수행 서비스 지원을 어떻게 할 것인가에 대해 분명한 해답을 갖고 있지 않은 경우가 많다. 여러 프로그램들은 "포장"은 잘 되어 있는데 내용과 도괄성이 부족하다. 오늘날 스포츠의학 및 과학은 운동 프로그램의 처방을 훨씬 능가하는 지식과 방법을 갖고 있다. 숙련된 스포츠 수행 전문가는 이상적 수행에 대한 문제와 방해 요인을 찾아 세쿠 평가에 근거하여 상당한 향상과 수행 극대화에 도움이 되도록 선수의 프로그램을 조정한다.

엘리트 선수의 경우 향상은 작은 단위로 여러 차례 이루어지는데 결국은 경쟁 선수와 비교할 때 더 큰 효과를 낸다. 수행에서 작은 향상을 이룩하는 것이 특별한 의미를 가지는데 이를 위해서는 계획을 잘 세우고 매우 힘든 훈련을 거쳐야 한다. 모든 선수가 스포츠 수행에 관한 과학을 쉽게 활용할 수 있기 때문에 "위대한 선수는 만들어진 것이 아니라 타고 난다"라는 말은 잘못된 것이다. 구소련과 동구권 국가에서 많은 선수들이 스포츠 의학 및 과학을 활용하고 일부는 남용해서 "제조"되었다는 확실한 증거가 있다. 놀랍게도 미국 엘리트 선수들은 육성(design)이 아니라 탈락(attrition)에 의해 지위를 상승시키는 것 같다. 이런 엘리트 수준에서도 체계적인 평가를 해 보면 스포츠 수행을 결정하는 여러 요인에서 확연히 드러나는 문제점을 찾는데 도움이 된다.

심층 평가를 하기 전에 훈련이나 시합을 판찰하면 유연성, 근력, 스피드, 민첩성, 생체역학, 운동제어와 관련된 드러진 문제를 발견할 수 있다. 평가 단계에서 실제 수행과 이상적 수행 사이의 격차를 정의할 수 있도록 이들 문제를 자세하게 평가를 해야 한다. 이 과정을 거치면 수행에 긍정적 변화를 줄 수 있는 계획을 설계하고 실천하는 것이 가능해진다. 능력에 관계없이 어떤 선수를 대상으로 하더라도 목표는 현재의 수행 수준을 최대로 향상시키는 것이다. 선수 생활과 스포츠에 대한 재미가 장기적으로 지속되게 한다는 관점에서 볼 때 미래의 향상을 희생시켜 단기적 향상을 이루는 것은 현명한 결정이 아니다.

평가를 하는 목적은 임상의사가 기대에 미치지 못하는 수행의 원인이 무엇인지 발견해서 체계적인 해결책을 찾게 하는 것이다. 포괄적이면서 체계적인 평가는 다음과 같은 질문을 통해 선수의 병력(病歷)에 대한 정보를 찾는 것부터 시작된다.

- 이전의 손상으로 인하여 제대로 수행을 못하거나 타협을 하게 됩니까?
- 당뇨병처럼 선수의 수행에 영향을 주는 어떤 질병이 있습니까?

- 지금 아픈 데가 있습니까? 어떤 통증입니까? 완화시키거나 악화시키는 것은 무엇입니까?
- 약을 복용하고 있습니까?
- 수행에 영향을 주는 시력이나 청력에 문제가 있습니까?
- 훈련 형태, 훈련 강도, 훈련량, 훈련 시간, 회복의 측면에서 선수의 트레이닝 패턴을 평가한다.
- 선수의 훈련 패턴으로 과사용 문제(overuse problems)를 확인할 수 있습니까?
- 선수가 주기화(periodization)에 대해 알고 있습니까?
- 선수의 수행 수준에서 보합상태(plateau)나 감소가 발생했습니까?

이 질문과 기타 트레이닝 질문에 대한 응답은 현재 수행 수준을 결정하는 요인에 대해 보다 명확한 진단을 내리고 앞으로 향상의 방향을 결정하는데 도움이 된다.

평가를 할 때 신체 영역에 대한 진단으로 기초선(baseline)을 설정한다. 편안하게 선 자세에서 이루어지는 자세평가를 하면 정밀검사가 필요한 잠재적 문제를 발견할 수 있다. 척추 측만증, 거북목 증후군, 둥근 어깨관절(rounded shoulder), 과도 후만증 또는 척추 전만증, 전방 골반 경사, 대퇴부의 전경 또는 후경, 전반슬(젖힌 무릎), 또는 과도한 내전(pronation) 등은 수행에 중대한 영향을 준다. 이와 같은 자세 문제는 선수가 보상 동작을 하게 되므로 역학적으로 나쁜 결과가 초래된다. 가동범위와 유연성은 선수 몸의 전 동작 영역에 걸쳐 요구되는 충분한 동작이 가능하도록 하는데 중요하다. 관절 또는 근육이 경직되면 주변 영역이 보상을 하게 되며 이로 인해 조직에서 과신장이 자주 발생한다. 이로 인해 일부 영역은 과신장이 되고 다른 영역은 가동성 저하가 나타나 불균형이 발생한다. 주요 근육에 대한 근력 측정을 통해 특정 종목에서 필요한 근력 발현 능력을 확인할 수 있다. 근력 측정을 할 때에는 동작 제어, 분절 운동의 미세 조정, 대근육과 인대의 긴장 감소를 담당하는 소근육에 대한 측정도 포함시켜야 한다. 관절의 조화와 온전함은 힘의 발현과 분절로의 전달에 중요한 역할을 한다. 여러 작은 근육이 작동을 효과적으로 하면 특히 과사용에 따른 손상을 예방할 수 있다. 유산소 능력과 근 지구력은 수행에 매우 중요하므로 측정을 하고 프로그램 개발 과정에서 고려한다.

신경근 제어와 학습에 대한 평가는 별도로 이루어진 근력 측정에서 확인이 안 되는 근육 기능에 대한 정보를 제공한다. 이때 선수는 해당 종목의 실제 신체적, 심리적 부담 상황과 유사하도록 전문 기술을 수행한다. 기술 습득 평가는 특정 종목의 전문 기술 중의 하나를 수행할 때 선수의 스포츠와 정확성을 기록하는 방법으로 진행할 수 있다. 예를 들어 테니스 선수는 고강도의 풋워크 동작을, 농구 선수는 1대 3 볼 컨트롤 기술을 할 수 있다. 전문 기술은 아니지만 가치가 높은 검사로 한발 들고 균형 잡기를 눈뜰 때와 눈 감을 때 비교하는 검사가 있다. 이러한 기술 평가를 통해 신경근 피드백 기전의 상태, 선수가 약점을 보완하는 방법에 대한 정보를 얻을 수 있다.

다관절 부위와 다중 평면 동작에서 근력 강화 역할을 하고 특정 종목의 움직임을 모방해서 이루어지는 기능 훈련을 계획에 포함시켜야 한다. 선수는 기능 훈련으로 근력을 강화시키고 힘 전달을 연습한다. 그 결과 힘의 발현, 전달, 완화에서 훈련 효과가 나타난다. 이 힘은 타격이나 수영 동작에서 물밀기와 당기기와 같이 각 종목의 전문 기술에서 여러 방식으로 사용할 수 있다.

적당한 유연성은 목표 달성을 위해 신체의 여러 분절을 순서대로 움직여야 하는 공동작용 움직임에서 상당한 역할을 하므로 개별 근육 기능에서 중요한 측면이다. 유연성은 인체 각 분절이 충분한 가동범위에서 움직이고, 근육에 사전 부하를 줄 때 필요한 "와인드업"이 가능하도록 해준다. 또 근육이 갑자기 늘어나거나 수축될 때 찢어지는 것을 막아준다. 최적 수행을 위해서는 한 근육이 실제 동작을 할 때 사용되는 것과 유사한 방식으로 훈련되어 있어야 한다. 여기에는 스피드, 지속시간, 저항, 범위가 포함된다. 예를 들어 이두근을 30도에서 90도 범위로 고저항 저스피드로 굽히는 운동은 팔꿈치를 30도에서 0도로 신전시키면서 저저항 고스피드 감속이 일어나는 야구 투구 동작에는 전이 효과가 거의 없다. 훈련의 특수성(specificity of training)에 대해서는 많이 연구되었으며, 특히 엘리트 선수를 위한 운동 프로그램을 설계할 때 여러 요인을 복합적으로 고려할 필요가 있다는 것을 알 수 있다. 특정 결함을 보완하지 않으면, 기초가 불안해지고 이상적 수행에 요구되는 움직임 패턴을 성공적으로 훈련시키지 못하게 된다. 결함을 제거해야만 인체의 모든 분절이 전체적으로 공동작용을 하게 만드는 성과를 기대할 수 있다.

특정 종목에 필요한 동작을 알면 파워가 얼마나 필요한지 결정하는데 도움이 된다. 하지 파워가 상지 파워 만큼 중요한가? 유연성이 아주 중요한가? 평소 훈련 장면과 시합을 관찰하면 그렇지 않으면 발견하지 못했을 역학적, 심리적으로 중요한 사실을 간

파할 수 있다. 최적 수행에 방해가 되는 심리적 요인을 발견하는 것도 스포츠 수행 전문가로서 성공하기 위해 중요한 부분이다. 대부분의 선수에게 스포츠는 자신의 정체성이다. 따라서 부상 공포나 다른 심리적 문제가 신체적 문제의 근저를 이루는 경우가 많다. 파워, 민첩성, 스피드, 소근 운동제어, 유연성, 지구력, 그리고 이들 요인의 상호작용을 포함한 역학적, 생리학적 부담에 주목한다. 이러한 실제적 경험은 임상의사가 스포츠의 "문화와 언어"를 이해할 수 있고 선수의 관계를 더 강하고 신뢰하게 만드는데 도움이 된다.

    이러한 포괄적인 평가 과정을 통해 임상의사는 어려우면서도 실현 가능한 개별화된 훈련 프로그램의 설계에 필요한 중요한 정보를 얻을 수 있다. 이 접근법으로 임상의사는 과거에 한 번도 시도하지 않았던 방식으로 선수의 결점을 효과적으로 보완할 수 있게 된다. 두 명의 임상의사가 동일한 자격을 갖고 있더라도 같은 문제에 대한 대처 방법은 전혀 다를 수 있다. 선수들은 숙련된 임상의사가 문제에 대한 원인을 놓칠 수 있다는 사실을 알아야 한다. 선수들은 동일한 문제에 대해 의견과 해결책이 어떻게 다른지를 알기 위해서 제 2, 제 3의 의사로부터 진단을 받을 필요가 있다. 예컨대 차가 고장이 나면 카센터에서 수리를 맡기지만 제대로 수리가 안 될 경우 차를 포기해야 할까, 아니면 다른 정비사에게 맡겨야 할까. 이 과정을 겪는 기간에 선수는 회의나 좌절감이 들겠지만 숙련된 임상의사라면 어느 정도 즉각적인 개선 효과가 나타나는 운동이나 훈련법을 선수에게 가르쳐 줄 수 있을 것이다.

    스포츠 수행에서 장기간에 걸쳐 향상이 나타나기 위해서 선수들은 자신의 몸이 실제 수행을 할 때 어떻게 움직이는지에 대한 예리한 운동감각 인식 능력을 발달시켜야 한다. 운동감각 인식은 선수가 수행을 가능한 정확하게 "느끼는" 능력을 말한다. 주의집중은 불필요한 정보를 차단하고 수행의 필수 요소에 집중하게 하는 중요한 역할을 한다. 여러 신체 기술과 심리 기술을 배우고 훈련 프로그램의 일부로 만들면 선수는 이들 기술을 급격하게 향상시킬 수 있다. 정보를 더 빠르고 더 정확하게 처리하려면 처음에는 의식적 생각이 지나치게 많이 필요하다. 하지만 반복연습을 하다보면 이 기술은 점차 무의식적으로 이루어지고 선수는 "몰입(flow)" 상태에 들어가 이상적 수준에 접근한다. 본장의 범위를 벗어나는 주제이지만 시각, 청각, 촉각 단서가 포함된 심리 기술을 선택하면 동작을 숙달하는데 도움이 되고, 종목에 특화된 생체 역학을 최적화하여 운동회로를 보다 효과적으로 적용할 수 있을 것이다.

역학적 발달의 초기 단계에서 적절한 설명을 해 주지 않으면 수행에 나쁜 영향이 지속적으로 나타나게 되며, 전문가의 개입이 필요하게 된다. 엘리트 선수가 갖고 있는 자연스런 역학적 측면을 크게 바꾸는 것은 바람직하지 않다. 선수가 현재 갖고 있는 보완적 역학은 선수의 신체 구조와 생리적 특성에 장기간에 걸쳐 적응한 결과이다. 나쁜 습관을 토대로 현재의 수행 수준이 예측이 가능해서 크게 바꿀 필요가 있다 하더라도 그 결정은 신중하게 내려야 한다. 그러나 작은 변화로 손상을 예방하고 선수의 전체적인 수행을 향상시키는 것도 가능하다. 선수의 연령, 현재의 수행 수준 또는 손상 상태에 따라 개입 결정이 내려진다.

선수를 대상으로 할 때에는 통증 부위 또는 문제 영역에만 집중하는 것보다는 "큰 그림" 접근을 하는 것이 더 좋다. 운동회로에서 손상 부위 바로 위나 바로 아래에서 역학적으로 나쁜 상태이거나 보완으로 인해 문제가 생길 수도 있다.

선수의 몸 전체를 운동회로로 간주하면 임상의사가 성공률을 크게 높일 수 있다. 예를 들어 상지에 어떤 문제가 있으면 보행의 상호영향으로 인해 하지에 문제가 생긴다. 한쪽 어깨에 제약이 따르면 걷기나 달리기 때 자연스런 움직임이 줄어든다. 이 경우 반대쪽 다리의 움직임이 줄어들어 보행 주기 전체가 달라진다. 마지막으로 상지에 제약이 있는 곳을 보완하는 부위에 비정상적인 부담이 가해진다. 이런 현상은 선수의 두 손을 가슴에 대고 달리기를 하게 하면 관찰이 가능하다. 수행이 크게 저하되고 상지를 보완하기 위해 다리를 과도하게 사용하는 것을 볼 수 있다.

에너지 저장, 에너지 방출, 체액, 근 수축, 근신경 제어, 심폐 기능, 트레이닝 효과, 환경의 영향, 영양 상태, 수행 보조제(ergogenic aids)를 포함한 생리적 요인은 모두 근력의 발현과 제어에 큰 영향을 미친다. 그 힘을 생체역학적 시스템에 가하면 기능적 운동이 일어난다. 적절한 힘 발현을 위해서는 근육이 비교적 길게 늘어나야 한다. 이상적 조건이라면 각 분절에서 발현된 힘은 몸 중심부 쪽 분절이나 하지에서 생성된 최대 힘에 더해지는 누적 효과가 일어난다. 이러한 정확한 타이밍으로 선수는 더 강하거나 더 빠른 속도를 낼 수 있는데 이를 임팩트 순간에 최대 힘을 내게 하는 협동적 힘 생성이라고 한다.

여러 운동 종목을 보면 하지에서 상당한 힘이 생성된 후에 운동회로의 각 분절이나 상지로 전달되어야 한다. 대부분의 스포츠 전문 동작은 근육이 늘어날 수 있도록 최종 결과에서 멀리 떨어진 신체의 여러 분절이 통합적으로 "굴곡(winding)"되는 것부터 시작한다. 이 자세에서 각 분절에서 힘이 생성되며 그 힘으로 몸이 의도한 방향으로 움직인다. 다리에서 팔로 힘이 전달될 때 중요한 연결 고리는 복근으로 조절되는 몸통과 골반과 사이의 부위이다. 이 부위를 흔히 몸의 "코어(core)"라고 한다. 코어는 높은 수준의 스포츠 수행과 손상 예방에서 중요한 역할을 한다. 근력과 근신경 제어 능력을 강화하면 손상 예방이 도움이 된다. 운동회로가 연결된 것처럼 코어도 이전 분절에서 운동량(momentum)을 받고, 제어할 필요가 있다. 새로운 분절은 전체 힘 생성에 기여를 하고 운동회로의 다음 분절로 운동량을 전달한다. 힘 전달이 비효율적으로 이루어지면 힘 전달의 최적 라인에서 벗어나 힘이 분산되거나, 디스크, 인대, 관절에서 에너지가 흡수되어 손상이 발생할 수 있다.

시합 분석은 트레이닝 프로그램을 설계하고 내용을 채우는데 중요하다. 골프에서 스윙의 목표는 정지된 공을 치는 것이다. 몸, 클럽, 볼을 정렬하는데 시간이 걸린다. 몸을 꼬고, 풀면 결국 누적된 힘이 클럽헤드를 통해 공으로 전달된다. 클럽을 빠른 속도로 스윙해서 정확하게 공을 치려면 엉덩이에서 다리, 어깨에서 엉덩이, 팔에서 어깨, 클럽에서 팔, 그리고 마지막으로 클럽에서 볼까지 정렬이 잘 되어야 한다. 힘 전달이나 임팩트 순간에 이들 부위 어느 한 곳에서 정렬이 나빠지면 에너지가 손실되거나 방향이 잘못되어 나쁜 결과가 발생한다. 스윙 때 동작의 보완은 셋업이나 힘 전달에서 일부 문제를 최소화할 수 있겠지만 파워와 정확성이 줄어들어 평균 이하의 수행이 나온다.

테니스에서 스윙의 목적은 날아오는 볼을 치는 것이다. 공의 위치에 따라 자세를 바르게 잡는 것은 스윙을 준비하는데 반드시 필요하고 보완 기전을 피하는데 도움이 된다. 다리 동작을 빠르게 하면 다양한 볼 움직임과 속도에 따라 적절한 자세를 취하는 것이 가능해진다. 볼 컨택이 중요함에도 불구하고, 준비 자세와 상대 코트 공 낙하지점을 강조해 왔다.

모든 스포츠 종목은 힘의 활용에서 독특한 특성을 갖고 있다. 하지만 몸 전체를 활용해서 최대 힘을 발생시키는 과정은 동일하다. 근육에 사전부하를 주기 위해 체 질량을 꼬아서 중앙으로 집중시킨다. 목표 달성을 위한 동작은 힘의 생성과 전달을 위해 꼬인 몸이 풀리는 단계부터 시작된다. 하지로부터 생성된 힘은 엉덩이와 골반이 최종 표적을 향해 열리게 하는데, 이 순간에 상지와 던지는 팔은 뒤처지면서 스트레치와 사전부하가 더 커지게 된다. 앞 발을 내딛을 때 하지의 운동량이 갑자기 멈추면 상체 몸통의 전방 회전이 가속화된다. 가슴과 어깨 앞쪽 근육이 채찍질하듯이 던지는 팔을 가속시킬 때 복부 근육은 몸통을 수축시켰다 표적 방향으로 회전시킨다.

해부학적으로 온전한 근건 단위(musculotendinous unit)와 뼈의 바른 정렬은 효율적인 힘 사용과 정확한 움직임에 필수적이다. 뼈 정렬의 문제는 바로 잡아야 하며, 그렇지 않을 경우 선수가 보완동작을 하게 되면 수행 저하와 손상이 발생할 수 있다. 스포츠 수행에 영향을 주는 다리쪽에 흔한 문제는 과도한 내전(pronation)이다. 내전은 평발(pes planus)이라고도 하는 것으로 힘을 흡수하거나 걷거나 달리기를 할 때 표면에 적응하도록 도와주는 내측종족궁이 약간 납작해진 상태이다. 폐쇄형 체인 상황에서 종골(calcaneus)을 외번(evert)시키고, 복사뼈(talus)가 내전(adduct)되고, 발바닥(planter)이 굽혀지면 내측종족궁이 무너지게 되고, 정강이뼈가 내부에서 회전한다. 이 동작의 일부는 사실 정상적이고 필요하다. 하지만 동작이 지나치거나 타이밍이 안 맞으면 문제가 된다. 발이 너무 자유롭게 움직이고 힘을 바닥으로 전달하는데 효율성이 떨어진다. 개인 맞춤 생체역학적 발 지지대를 사용하면 발을 보호하고 이와 같은 회내의 과도함과 스피드를 제어할 수 있다. 과도하게 힘이 걸리면 발에 있는 연약한 조직이 끊어질 수 있다. 대부분의 운동 경기에서는 몸을 이동시키려면 하지에서 발생된 힘을 발을 통해 바닥으로 전달해야 한다. 내전이 과도하게 일어나면 다리의 사전부하에 의해 발생된 잠재 에너지가 움직임이 시작될 때 운동 에너지로 바뀌면서 손실된다. 젖은 바닥에서 미끄러지는 것이 힘 전달이 잘못되어 에너지를 잃는 좋은 예이다.

다리에서 일어나는 체인 반응은 타격을 준비하는 타자를 생각하면 알 수 있다. 체중은 발의 외전과 함께 바깥쪽으로 회전하는 뒷발로 옮겨진다. 비복근과 가자미근이 힘을 내면 아킬레스건을 거쳐 종골에 전달되면서 발바닥이 약간 굽혀진다. 결국 발의 근육과 발바닥 근막이 발을 외전 상태로 지탱을 해 힘을 바닥으로 전달하도록 단단한 지레 역할을 하면서 스윙이 시작된다. 그와 동시에 지지하고 있던 다리가 펴지면서 이미 발생된 파워에 힘을 더한다. 지지하는 다리에 있는 둔근의 강력한 수축과 투수 마운드 방향으로 앞발의 외전 뻗음에 의해 몸의 중심은 옆 방향으로 이동한다. 중심이 투수 마운드를 통과하면서 체중은 측면에서 발의 내측 경계 지점으로 이동한다. 장비골근(peroneus longus)은 수축해서 바닥을 단단하게 잡아준다. 이 과정은 과도한 내전 작용을 막고 힘을 적당하게 이동시키는데 매우 중요하다. 뼈 정렬에 문제가 있거나 비효율적 근수축으로 인한 과도한 내전 작용은 발의 뼈의 연결 상태를 "해지"시키고, 힘을 운동회로로 전달하지 못하고 분산시킨다. 이 현상은 뉴튼의 세 번째 운동법칙에 해당한다. 즉 모든 동작에는 크기가 동일하고 반대로 작용하는 반응이 있다. 해변 달리기는 발바닥 아래의 모래가 밀리면서 상당한 에너지가 손실되기 때문에 비효율적 에너지 전달의 좋은 예라 할 수 있다.

정강이뼈, 발뒤꿈치 뼈 또는 중족골의 기형은 강제적인 다리의 내부 회전과 함께 발에 과도한 내전 작용을 유발한다. 운동회로에서 비정상적 정렬도 에너지 또는 운동량 전달에서 손실이 생긴다. X각이나 O각은 디딘 발을 기준으로 무게중심을 이동시켜 측면 운동에 영향을 주거나, 무릎뼈와 대퇴골 트래킹을 바꿔 무릎을 펴는 운동량에 영향을 줄 수 있다. 마찬가지로 다리의 내부 회전에 따른 과도한 발의 내전도 활차 홈을 무릎뼈 바로 아래에서 벗어나 안쪽으로 이동시킨다. 엉덩이 외전근과 외회전근이 약하면 다리의 내회전의 구심성 제어가 나빠져 전방 슬관절에 역학적 문제와 함께 통증이 생긴다. 운동회로의 상부에서 복근이 약하거나 몸통의 신경근 제어가 나쁘면 관절과 대퇴근을 연결하는 엉덩이 근육의 위치와 길이 관계가 비정상적이 된다. 이로 인해 하지를 제어할 수 없게 되고 허리, 엉덩이, 무릎, 발목 또는 발에 손상의 위험이 높아진다. 힘을 상지로 전달해야 하는 일부 종목의 경우 하지에서 발생한 문제로 보완 움직임이 발생하면 상지에 과부하가 걸린다.

내전에 해당하는 상지에서 문제는 견갑흉부의 장애(scapulo-thoracic dysfunction)이다. 견갑골은 상지의 몸 중심 쪽 기부이므로 팔이 바깥쪽으로 움직이는데 안정성을 제공해야 한다. 하지만 상지 작용의 복잡함으로 인해 견갑골은 역동적인 작용을 한다. 이런 조화는 매우 중요하지만 달성하기가 어렵다. 근육을 트레이닝 시켜 안정적인 견갑골이 역동적으로 움직여 어깨 관절을 최적 상태로 유지할 수 있도록 해야 한다. 이러면 뼈의 안정성을 극대화하고, 근육이 맡은 임무를 하도록 정렬 상태를 유지하여 발생된 힘을 가할 수 있다. 견갑골의 운동과 안정을 담당하는 근육은 어깨 관절과 어깨 회전의 위치와 기능을 향상시킬 수 있는 역량을 갖고 있기 때문에 중요하다.

몸의 운동회로에서 장애가 생겨 수행과 손상에 영향을 주는 것은 한 쪽 어깨의 견갑흉부 불안정성이나 하지의 발에서 발생하는 과도한 회내 작용에서만 일어나는 문제가 아니다. 기억해야 할 핵심 개념은 몸의 한 부위에만 집중하지 말라는 것이다. 모든 분절은 몸 쪽과 바깥 쪽 분절과 서로 의존하고 있다. 운동회로에서 홀로 작용하는 분절은 하나도 없다. 한 고리에서 문제가 생기면 다른 분절이 고장 난다. 반대로 한 고리에서 안정성이 회복되면 다른 고리의 기능이 향상될 수 있다.

"체인은 가장 약한 고리만큼 강하다"라는 말은 최적 수행과 손상 예방 모두에 적용된다고 하겠다. 선수가 호소하는 증상을 치료하면 단기적 효과가 날 수 있다. 하지만 보완 동작으로 인한 변화와 손상의 재발을 막기 위해서는 앞에서 설명한 것처럼 근본 원인을 확인하고 고쳐야 한다. 우수한 스포츠 수행 전문가는 이상적 수행이 발휘될 때까지 모든 변인을 고려한다.

참고문헌

Bandy, W. D., Lovelace-Chandler, V., & McKitrick-Bandy, B. (1990). Adaptation of skeletal muscle to resistance training. *Journal of Orthopedic and Sports Physical Therapy, 12*(6) 248-255.

Bobbert, M. F., & van Ingen Schenau, B. A. (1988). Coordination in vertical jumping. *Journal of Biomechanics, 21*(3), 249-262.

Bompa, T. O. (1993). *Periodization of strength*. Toronto, Ontario: Veritas Publishing.

Duncan, P. W., Chandler, J. M., Cavanaugh, D. K., Johnson, K. R., & Buehler, A. G. (1989). Mode and speed specificity of eccentric and concentric exercise training. *Journal of Orthopedic and Sport Physical Therapy, 11*(2), 70-75.

Gould, J. A. (1990). (1990). *Orthopaedic and sports physical therapy* (2nd ed.) Philadelphia: C. V. Mosby Company.

Gray, G. W. (1992, October). Chain reaction course.

Hoppenfeld, S. (1976). *Physical examination of the spine and extremities*. New York: Appleton-Century-Crofts.

Komi, P., Ed. (1992). *Strength and power in sport*. Blackwell Scientific Publications.

Kraemer, W. J., Duncan, M. D., & Volek, J. S. (1998). Resistance training and elite athletes: Adaptations and program considerations. *Journal of Orthopedic and Sport Physical Therapy, 28*(2), 110-119.

Mair, S. D., Seaber, A. V., Glisson R. F., & Garrett, W. E. (1996). The role of fatigue in susceptibility to acute muscle strain injury. *American Journal of Sports Medicine, 24*(2), 137-143.

Moffroid, M. T., & Whipple B. A. (1970). Specificity of speed of exercise. *Physical Therapy, 50*, 1692-1700.

Morrissey, M. C., Harman E. A., & Johnson, M. J. (1995). Resistance training modes: Specificity and effectiveness. *Medicine and Science in Sports and Exercise, 27*(5), 648-660.

Rooney, K. J., Herbert, R. D., & Belnave, R. J. (1994). Fatigue contributes to the strength training stimulus. *Medicine and Science in Sports and Exercise, 26*(9), 1160-1164.

Schmidt, R. (1982). *Motor control and learning: A behavioral emphasis* (2nd ed.). Champaign, IL: Human Kinetics Publisher.

Tippett, S. R., & Voight, M. L. (1995). *Functional progression for sport rehabilitation*. Champaign, IL: Human Kinetics.

Wilson, G. J., Newton, R. U., Murphy, A. J., & Humphries, B. J. (1993). The optimal training load for the development of dynamic athletic performance. *Medicine and Science in Sports and Exercise, 25*(11), 1279-1286.

Wojtys, E. M., Huston, L. J., Taylor, P. D., & Bastian, S. D. (1996). Neuromuscular adaptations in isokinetic, isotonic, and agility training programs. *American Journal of Sports Medicine, 24*(2), 187-192.

Zatsiorsky, V. (1995). *Science and practice of strength training*. Champaign, IL: Human Kinetics Publisher.

Chapter

10

유소년 근력 훈련

Avery D. Faigenbaum
역자 | 박중길(고려대학교)

서 론

최근에 들어, 아동들의 근력 발달은 일반인과 의학계로부터 많은 관심을 받고 있다. 아동들이 체력훈련으로부터 별다른 이득이 없다는 기존의 믿음과는 달리, 지난 10년 동안 실시된 기존의 연구는 체력훈련이 아동들에게 몸의 컨디션을 최적화하는 데에 안전하고 효과적인 방법이 될 수 있다는 사실을 분명하게 보여주고 있다. 많은 연구자들도 적절한 가이드라인을 제공하였다(Blimkie, 1992, 1993; Faigenbaum & Bradley, 1998; Kraemer & Fleck, 1993; Webb, 1990). 미국 대학 스포츠의학회(the American College of Sports medicine, 2000), 미국 소아과학회(the American Academy of Pediatrics, 1990), 미국 스포츠의학정형외과학회(the American orthopedic Society for Sports Medicine 1988), 미국 체력관리학회(the National Strength and Conditioning Association; Faigenbaum, Kraemer et al., 1996)는 적절히 계획되고 완벽하게 관리감독이 이루어지는 유소년 체력훈련 프로그램에 아동들이 적극 참여하도록 권장하고 있다. 더욱이, 미국 공중위생국의 보고서인 "신체 활동과 건강"에서 논의된 공중보건의 목적은 6세의 아동들과 근력과 근지구력을 향상시키고 유지시키는 신체 활동에 규칙적으로 참여하는 성인들의 수를 증가시키는 데에 목적을 두고 있다(U.S. Department of Health and Human Services, 1996).

본 장에서 근력훈련(저항훈련으로도 사용)은 개인의 능력을 증진시키기 위해 점진적인 저항을 포함하는 특별한 신체 조건의 방법으로서 정의된다. 이 용어는 폭넓은 범위의 근력운동(가벼운 저항에서 점프력운동까지)과 다양한 훈련 양태를 포함한다. 근력훈련이라는 용어는 개인이 고강도 수준에서 반복적으로 훈련을 하고 경쟁적으로 최대한의 무게를 들어올리기 위해 시도하는 웨이트 리프팅(weight lifting)과 파워 리프팅(power lifting)과 같은 스포츠와는 구분된다. 사춘기 이전(preadolescence)이라는 용어는 2차 성 특징(여자는 11세, 남자는 13세까지)이 발달되기 전의 기간을 말하며, 사춘기 또는 청소년기(adolescence)라는 용어는 아동기(childhood)에서 성인기(adulthood) 사이의 기간을 의미한다. 또한 논의를 쉽게 하기 위해 본 장에서는 아동(childhood)과 유소년(youth)이라는 용어를 사춘기 이전과 사춘기 모두를 포함하는 것으로 폭넓게 정의하였다.

비록 많은 아동들이 건강을 증진시키기 위해 체력훈련에 참여하고 있지만 효능감과 관련된 관심, 이점, 그리고 유소년들의 체력훈련과 관련된 위험요소들이 존재한다. 이 장에서는 아동의 훈련능력과 관련된 문제들, 훈련을 통한 근력 증진의 기전, 그리고 체력훈련의 위험요소들이 소개될 것이다. 그 동안 잘못 인식된 부분들은 과감히 해소하고, 연령에 맞는 체력훈련 지침이 소개될 것이다. 따라서 본 장은 유소년 체력훈련의 주요 문제만을 다루며, 유산소능력과 유연성 발달과 관련된 다른 중요한 문제들은 다루지 않을 것이다. 이들 문제는 이미 Rooks와 Micheli(1988), Rowland(1990)에 의해 소개되었기 때문이다.

유소년 근력훈련의 효과

오랫동안 의학계에서 만연되고 있는 주장은 체력훈련이 신체적으로 미성숙한 사춘기 이전의 아동들에게 적합하지 않다는 점이다. 비록 청소년들을 위한 체력훈련의 가치가 인정을 받았지만(Gallagher & DeLorme, 1949), 사춘기 이전에 훈련을 통한 근력 증진은 남성 호르몬의 순환수치가 충분하지 않기 때문에 어렵다(American Academy of Pediatrics, 1983). 1978년에 Vrijens의 보고에 의하면, "체력발달은 성적 성숙과 밀접하게 관련되어 있기 때문에 특정한 근력훈련은 후기 사춘기에서만 효과적이다"(p. 152). 여러 연구들의 결과는 빈약한 실험설계(예: 단기 실험)나 불충분한 훈련 프로그램(예:

적은 운동량(세트 × 반복횟수 × 부하량)과 같은 방법론적 한계가 연구결과에 영향을 미칠 수 있었다는 사실에도 불구하고(Docherty, Wengerm Collis, & Quinney, 1987; Hetherington, 1976), Vrijens의 주장을 뒷받침하였다. 근력은 근육량이 나이와 함께 증가하는 것처럼 정상적으로 증가한다는 사실에 비추어(Malina & Bouchard, 1991), 기존의 연구들로부터 내릴 수 있는 결론은 단기간 저강도 근력훈련 프로그램을 통한 근력증진은 성장과 성숙에 따른 증진과는 구분되지 않을 수 있다는 사실이다. 전형적으로 근력은 여성의 경우 20세 무렵에, 남성은 20세와 30세 사이에 최고점에 도달한다(Servedio, 1997).

<표 10.1> 근력훈련에 따른 건강한 청소년기 초기 학생들의 근력 향상에 관한 주요 연구

문헌	나이	성	훈련양식	기간
Westcott (1979)	8-13	여	웨이트	3주
Nielson et al. (1980)	7-19	여	등척성	5주
Baumgartner & Wood (1984)	3-6학년	남, 여	유연체조	2주
Clark et al. (1984)	7-9	남	레슬링	2주
McGovern (1984)*	4-6학년	남, 여	웨이트	2주
Servidio et al. (1985)*	11.9	남	웨이트	8주
Pfeiffer & Francis (1986)	8-11	남	웨이트	8주
Sewall & Micheli (1986)	10-11	남, 여	웨이트, 공압기기	9주
Weltman et al. (1986)	6-11	남	유압바이스	4주
Funato et al. (1987)	6-11	남, 여	등척성	2주
Sailors & Berg (1987)	12.6	남	웨이트	8주
Siegal et al. (1988)	8.4	남, 여	웨이트, 유연체조	2주
Ramsay et al. (1990)	9-11	남	웨이트	20주
Williams (1991)*	10.5	남	웨이트	8주
Westcott (1992)	9-13	남, 여	웨이트	7주
Queary & Laubach (1992)	7-11	여	웨이트	4주
Faigenbaum et al. (1993)	8-12	남, 여	웨이트	8주
Ozmun et al. (1994)	9-12	남, 여	웨이트	8주
Stahle et al. (1995)*	7-9/10-12	남	웨이트	9개월
Falk & Mor (1996)	6-8	남	유연체조	2주
Faigenbaum et al. (1996)	7-12	남, 여	웨이트	8주
Morris et al. (1997)	9-10	여	웨이트, 유연체조	10개월
Lillegard et al. (1997)	9-11	남, 여	웨이트	2주
Treuth et al. (1998)	7-10	여	웨이트	5개월

주: 연령대는 이용 가능할 때 보고됨; *초록

장기간 고강도 훈련을 적용한 최근의 과학적인 연구들은 근력훈련 자극이 충분하다면 사춘기 이전의 건강한 남녀 학생들이 훨씬 더 근력을 향상시킬 수 있다는 사실을 결정적으로 입증하였다(〈표 10.1〉 참조).

더욱이, 근력훈련은 외과적으로 수술을 받은 심장질환 아동들(Koch, Galino, Vaccaro, Vaccaro, & Buckenmeyer, 1988)이나 뇌성마비 아동들(Darrah, Fan, Chen, Nunweiler, & Watkins, 1997)에게는 효과적인 치료방법이다. 일반적으로 의사와 치료사들의 과학적 탐색과 임상적 실험은 훈련으로 인한 근력 증진이 웨이트 트레이닝을 하는 어린 학생들에게도 가능하다는 사실을 뒷받침한다. 유소년의 근력훈련에 관한 2편의 메타분석 연구(Falk & Tenenbaum, 1996; Payne, Morrow, Johnson, & Dalton, 1997)와 여러 편의 질적 연구들(Blimke, 1992, 1993; Faigenbaum & Bradley, 1998; Kraemer, Fry, Frykman, Conroy, & Hoffman, 1989; Sale, 1989; Webb, 1990)은 잘 설계된 근력훈련 프로그램이 성장과 성숙으로 향상되는 것 이상으로 사춘기 이전의 아동들의 근력을 향상시킬 수 있다는 것을 보여주었다.

6세가량의 아동들도 근력훈련을 통해 이득을 보았으며(Folk & Mor, 1996; Welman et al., 1986), 여러 연구들도 10개월까지 근력훈련을 실시하였다(Morris, Naughton, Gibbs, Carlson, & Wark, 1997). 다양한 방식의 근력훈련들 즉, 1세트 10회 반복(Westcott, 1992)에서부터 15회 반복의 5세트(Isaacs, Pohlman, & Craig, 1994), 그리고 성인용 크기의 웨이트 기구(McGovern, 1984; Pfeiffer & Francis, 1986; Ramsay, Blimkie, Smith, Garner, & MacDougall, 1990; Sewall & Micheli, 1986; Williams, 1991), 아동용 크기의 웨이트 기구(Faigenbaum, Westcott, Micheli et al., 1996; Faigenbaum, Zaichkowsky, Westcott, Micheli, & Fehlandt, 1993; Westcott, 1992), 프리 웨이트(바벨과 덤벨; Brown et al., 1992; DeRenne, Hetzler, Buxton, & Ho, 1996; Ramsay et al., 1990; Sailors & Berg, 1987; Sevedio et al., 1875), 유압바이스(Weltman et al., 1986), 공압기기(Sewall & Micheli, 1986), 등척성 수축(Funato, Fukunaga, Asami, & Ikeda, 1987; Hetherington, 1976; Nielsen, Nielsen, Behrendt-Hansen, & Asmussen, 1980), 레슬링 훈련(Clarke, Vaccaro, & Andresen, 1984), 변형된 풀-업과 푸쉬-업(Baumgartner & Wood, 1984; Falk & Mor, 1996), 그리고 유연체조(Siegel, Camaione, & Manfredi, 1989) 등이 효과적인 것으로 증명되었다. 성별에 따른 효과와 관련하여, 사춘기 이전의 남녀 아동들 사이에 근섬유 크기(Servedio, 1997)나 근력(Blimke, 1989; Sale, 1989)의 차이는 명확하지 않다.

단기(8-20주) 근력 훈련에 참여한 후 사춘기 이전의 아동들에게 약 30-40%의 근력이 증가하는 것으로 보고되고 있는데(Faigenbaum, Zaichkowsky, Westcott, Micheli et al., 1993), 일부 연구는 74%까지 증가한다고 보고하였다. 훈련을 통한 근력 증가의 정도에 차이가 나타나는 이유는 여러 가지의 요인들 때문이다. 훈련을 통한 근력 증가의 수준이 다양한 이유는 프로그램 설계, 코칭의 질, 실험기간, 검사와 훈련의 특성, 신체 활동의 수준, 그리고 학습효과에 대한 연구자들의 설명 수준 등을 포함하여 여러 가지의 요소들에 기인한다. 전반적으로 사춘기 이전의 아동들에게 있어서 상대적(향상율) 근력 증가는 성인들에게 나타나는 증가율보다 크지 않지만, 양적으로 거의 비슷한 경향을 보인다(Nielsen et al., 1980; Pfeiffer & Francis, 1986; Westcott, 1979). 반대로, 절대적 기준에서 비교될 때는 청소년과 어른들이 사춘기 이전의 아동들보다 더 크게 증가를 보인다(Sailors & Berg, 1987; Sale, 1989; Vrijens, 1978). 비록 훈련을 통한 근력 증가가 상대적 또는 절대적 기준에서 비교되어야 하는가에 대한 문제는 논쟁의 여지가 있지만, 최소한 아동의 절대적 근력의 두 배인 어른의 근력과 똑같이 아동에게 절대적인 근력의 증가를 기대한다는 것은 매우 비현실적이다.

훈련 자극의 일시적 또는 영구적인 감소 후 아동들의 근력 변화에 대한 평가는 같은 시기 동안 동시에 일어나는 성장관련 근력의 증가로 인해 매우 복잡하다. 일부 연구는 아동들에게 훈련을 통한 근력 증가가 일시적이며, 탈훈련(detraining) 기간 동안 훈련에 참여하지 않은 통제집단 수준으로 되돌아가는 경향이 있다는 것을 보여준다(Blimke, Martin, Ramsay, Sale, & MacDougall, 1995; Faigenbaum, Westcott, Micheli et al., 1996; Faigenbaum, Westcott, Micheli et al., 1996; Isaacs et al., 1994; Sewall & Micheli, 1986). 한 연구에서 연구자들은 8주간의 근력훈련 프로그램을 끝낸 후 사춘기 이전의 남녀 아동들의 상·하체 근력에서 급격한 감소를 보고하였다(Faigenbaum, Westcott, Micheli et al., 1996). 비록 이 연구에 참여한 아동들이 8주간의 훈련 기간 중 체육수업과 스포츠 활동에 참여했지만, 근력 감소의 크기는 평균적으로 매주 3%였다. 이러한 탈훈련과 관련된 정확한 메커니즘은 여전히 명확하지 않지만, 이것은 최소한 부분적으로 신경근육 기능에서의 변화 때문이다. 이 결과는 훈련을 통해 근력 증가를 유지하고 싶어하는 아동들에게 근력 유지 프로그램의 중요성을 뒷받침한다.

프로그램의 평가와 검사와 관련하여, 아동들의 최대 근력 검사는 잠재적으로 웨이트 트레이닝을 하는 어린 아동들의 미성숙한 골격에 해로울 수가 있다. 비록 경험이 많은 체육지도자와 재활치료사들이 아동들에게 체력을 평가하거나 근육결함의 정도를 평가하기 위해 근력검사를 실시하더라도, 아동들에게 있어서 최대 근력검사의 개념은 규명될 필요가 있다. 아동들의 근력검사와 관련된 대부분의 우려는 아동들이 최대 한도까지 기구를 들어올리기 위해 시도하는 중에 부상을 입었다는 초기의 사례연구 결과에서 기인한다(Jenkins & Mintowt-Czyz, 1986; Rowe, 1979; Ryan & Salciccioli, 1976). 그러나 아동들이 철저한 감독 하에서 최대 근력검사를 실시하는 동안 어떠한 부상도 발생하지 않았다는 연구결과도 일부 보고되고 있다(DeRenne et al., 1996; Faigenbaum, Westcott, Long et al., 1998; Morris et al., 1997; Ozmun, Mikesky, & Surburg, 1994; Ramsay et al., 1990; Treuth, Hunter, Pichon, Figueroa-Colon, & Goran, 1998). 만일 적절한 가이드라인을 따랐다면 예방될 수 있는 사고들에 대해 정서적 반응을 주의하는 대신에, 기존의 관련연구와 관찰기록에 대한 리뷰 논문은 적절히 실시된 최대 근력검사는 훈련 후 근력에서의 변화를 평가하는 데에 이용될 수 있다는 사실을 보여준다. 반대로, 적절한 감독이 이루어지 않고 서투르게 실시된 최대 근력 검사는 심각한 부상의 위험 때문에 어떠한 조건에서든 실시되어서는 안된다(Risser, 1991).

근력 증진 기전에 대한 이해

사춘기 이전의 아동들은 적당한 기간과 강도의 근력훈련 프로그램에 참여한다면 더욱 튼튼해진다는 사실이 일반적으로 받아들여져 있기 때문에, 최근에는 웨이트 트레이닝에 참여하는 유소년들에게 있어서 훈련을 통한 근력 증가의 정확한 메커니즘을 결정하기 위해 많은 노력이 이루어지고 있다. 비록 청소년과 성인들에게 있어서 근육 비대증이 부분적으로 훈련으로 인한 근력 증가로 설명할 수 있지만(Sale, 1989), 근육 비대증은 어린 청소년들에게 있어서 기본적으로 훈련에 의한 근력 증가(최소한 20주까지) 때문이다. 근력 크기를 증가시키기 위해 적절한 수준의 남성 호르몬이 없이는 사춘기 이전의 아동들은 성인들과 비교하여 근력훈련 프로그램 후 근육량을 증가시키는데 더 어려움을 경험한다(Ozmun et al., 1994; Ramsay et al., 1990; Vrijens, 1978).

이 주제와 관련된 연구에서 Ramsay 등(1990)은 신경 적응과 내재근 적응(예: 흥분수축연관에서의 변화, 근원섬유, 근섬유 합성)이 사춘기 이전의 아동들에게 훈련을 통한 근력 증가와 관련되어 있다고 제안하였다. 20주간의 근력훈련 후, 증가된 운동 단위

활성화와 근육 움직임의 협응과 기전에서의 변화가 사춘기 이전의 소년들의 근력 증가를 가져온 것으로 보고되었다. 또한 운동기술 수행의 향상과 관련된 근육군의 협응은 부분적으로 근력 증가와 관련이 있는 것으로 나타났다. 또 청소년기 이전의 아동들을 대상으로 실시된 다른 연구에서는 유의미한 근력 증가가 훈련된 근육군의 근전도(EMG) 진폭의 증가와 관련이 있었다(Ozmun et al., 1994). 이러한 결과를 뒷받침하는 데 있어서 여러 보고서들은 허벅지 둘레에서 동시 증가가 없이도 청소년기 이전의 아동들에게 유의한 근력 향상을 보고하였다(Faigenbaum, Zaichkowsky, Westcott, Micheli et al., 1993; McGovern, 1984; Ozmun et al., 1994; Ramsay et al., 1990; Sailors & Berg, 1987; Weltman et al., 1986). 이들 연구는 신경 영향력의 성숙(예: 운동신경 미-이엘린화)이 아동의 근력발달에 중요한 요소임을 제시하고 있다. 이와 관련된 문헌연구에서 Sale(1989)은 청소년기 이전의 아동들은 이들이 성인들과 비교하여 근육을 활성화하는 데 더 많은 어려움을 겪기 때문에, 비후성 요소들보다는 오히려 신경 요소 때문에 더 많은 근력 증가의 잠재력을 가지고 있다는 사실을 제시하였다.

비록 대다수의 증거가 신경근육 기전이 비후성 요소들과는 대조적으로 청소년기 이전의 아동의 근력 증가에 영향을 미친다는 사실을 제시하고 있지만, 일부 연구결과는 기존의 결과와는 차이를 보여주고 있다(Fukunga, Funato, & Ikegawa, 1992; Mersch & Stoboy, 1989), 따라서 근력훈련이 청소년기 이전의 아동들에게 근육 비대증을 일으키지 않는다고 볼 수는 없다. 종단적 연구, 보다 집중적인 훈련 프로그램, 그리고 고급 측정기법은 청소년기 이전의 아동들에게 있어서 훈련으로 인한 비대증의 가능성을 확인하는데 도움을 준다. 그러나 사춘기 기간과 후에 남학생들의 훈련으로 인한 근력 증가는 전형적으로 근육량에 대한 호르몬의 영향 때문에 제지방량지수의 증가와 관련이 있다(Kraemer et al., 1989). 여학생들의 경우 훈련으로 인한 비대증의 크기는 낮은 수준의 안드로겐에 의해 제한을 받는다(Sale, 1989).

잠재적 이점

유소년 근력훈련의 잠재적 이점은 근력의 증가 외에도 다른 많은 건강관련 측정에 긍정적으로 영향을 미치는 잠재력을 포함한다. 기존의 연구는 유소년 근력훈련 프로그램의 참여가 운동기술과 스포츠 수행을 향상시키고, 스포츠와 여가활동 중 부상을 줄이며, 심폐적성, 신체구성, 골밀도, 혈액의 지질, 그리고 다른 요소를 긍정적으로 개선시켜 줄 수 있다(Blimkie, 1992, 1993; Faigenbaum & Bradley, 1998; Kraemer et al., 1989).

운동기술과 스포츠 수행 아동의 운동기술과 스포츠 수행을 향상시키는 근력훈련의 잠재력은 의사와 유소년 스포츠 지도자들의 관심을 끌고 있다. 대부분의 스포츠가 근력이나 힘의 요소들을 가지고 있기 때문에, 건강한 아동일수록 스포츠와 레크리에이션 활동을 더 잘하는 경향이 있다. 기존의 연구들은 유소년 근력훈련 프로그램 후 롱점프와 수직점프 등과 같은 운동수행 기술에서 의미있는 향상을 보고하였고(Falk & Mor, 1996; Hetzler et al., 1997; Lillegard, Brown, Wilson, Henderson, & Louis, 1997; Nielsen et al., 1980; Weltman et al., 1986; Williams, 1991), 다른 연구는 단거리 달리기 속도와 시간에서 향상을 보고하였다. 유연성 향상도 스트레칭 운동을 포함한 근력훈련 연구들에서 보고되었다(Lillegard et al., 1997; Stahle, Roberts, Davis, & Rybicki, 1995; Weltman et al., 1986). 대조적으로 사춘기 이전의 아동들을 대상으로 실시된 2편의 연구도 운동수행 기술에 있어서 근력의 유의한 증가를 보고하였다(Brown et al., 1992; Faigenbaum, Zaichowsky, Westcott, Micheli et al., 1993).

이와 같이 상이한 연구결과는 부분적으로 근력훈련 프로그램의 설계에 기인한다. 운동의 선택, 움직임의 속도, 그리고 운동량과 같은 요인들이 유소년 근력훈련 프로그램의 결과에 영향을 미칠 수 있기 때문에, 훈련의 특수성에 대한 문제가 운동수행 기술과 스포츠 수행을 향상시키기 위한 근력훈련의 잠재력을 평가할 때 반드시 언급되어야 한다. 성인들과 마찬가지로(Sale & MacDougall, 1981), 아동의 훈련 적응은 움직임 패턴뿐만 아니라 움직임의 속도, 수축의 유형과 힘에 이르기까지 매우 특수적이다. 아동을 대상으로 실시되는 훈련의 특성은 Nielsen 등(1980)에 의해 관찰되었다. 이들은 달리기, 점프, 등척성 운동 등의 검사를 위해 훈련을 받은 어린 여학생들을 대상으로 연구를 실시하였다. 5주간의 훈련 후 훈련을 받은 실험집단의 여학생들의 수행능력이 크게 향상된 것으로 확인되었다. 상대적으로 빠른 속도의 움직임을 포함시킨 유소년 근력훈련 프로그램은 느린 속도의 움직임과 덜 특수적인 운동을 실시한 근력훈련 프로그램과 비교하여 선택된 운동수행 기술을 더 효과적으로 향상시킨다.

만일 근력훈련이 아동들의 선택된 운동수행 기술을 향상시킬 수 있다면, 유소년 근력훈련의 결과는 스포츠 수행에서 향상일 것이라고 가정할 수 있다. 비록 아동과 부모들이 근력훈련은 운동 능력을 향상시키는 것이라고 말하더라도, 이와 관련된 과학적인 연구결과는 운동수행이 다양한 형태로 이루어지기 때문에 매우 제한적이다. 최근까지 일부 연구만이 근력훈련이 아동의 스포츠 수행에 미치는 효과를 평가하였다(Ainsworth, 1970; Blanksby & Gregor, 1981; Bulgakova, Vorontsov, & Fomichenko, 1990; Ford & Puckett, 1983; Queary & Laubach, 1992). 2편의 연구는 수영선수들의 수행에 긍정적인 변화를 보고하였고(Blanksby & Gregor, 1981; Bulgakova et al., 1990), 1편의 연구는 선택된 체조 기술에서 주목할 만한 향상을 보고하였다(Queary & Laubach, 1992). 반대로 다른 연구들은 유소년 근력훈련 프로그램 참여 후 스포츠 수행에서 어떤 유의한 향상도 보이지 않았다는 결과를 보고하였다(Ainsworth, 1970; Ford & Puckett, 1983).

비록 스포츠 수행에 미치는 유소년 근력훈련의 효과와 관련된 결론이 분명치 않지만, 그와 관련된 직간접적인 증거는 스포츠 특수적인 유소년 근력훈련 프로그램이 스포츠 수행에 부정적인 영향을 미치지 않으며 어느 정도 향상을 가져올 수도 있다는 사실을 보여준다. 유소년 근력훈련 프로그램의 참여는 근력(Falk & Tenenbaum, 1996; Payne et al., 1997), 근지구력(Docherty et al., 1987; Weltman et al., 1986), 운동수행 기술(Falk & Mor, 1996; Nielsen et al., 1980; Weltman et al., 1986; Williams, 1991), 신체구성(Faigenbaum, Zaichowsky, Westcott, Micheli et al., 1993; Siegel et al., 1989), 부상에 대한 저항력(Cahill & Griffith, 1978; Dominguez, 1978; Hejna, Rosenberg, Buturusis, & Krieger, 1982), 재활시간 단축(Hejna et al., 1982), 그리고 정신건강과 안녕감(Faigenbaum, 1995; Holloway, Beuter, & Duda, 1988) 등을 증가시킴으로써 스포츠 수행을 향상시킬 수 있다. 더욱이 청소년기 이전의 근력훈련은 청소년기 기간 동안 극적인 근력 증가를 위한 기초를 제공해줄 수 있다.

만일 적절한 근력훈련 지침이 지켜진다면, 아동은 이들이 선택한 활동의 요구조건을 훨씬 더 잘 다룰 수 있으며, 그 결과 아동은 훨씬 더 긍정적인 스포츠 경험을 할 수 있다. 신체 활동의 즐거움을 경험하는데 준비가 잘 된 아동들이 스포츠에 보다 지속적으로 참여하고 실수나 부상으로 인해 중도에 포기하는 일이 더 적다. 그러나 불행히도 미국의 많은 유소년 프로그램들은 기초 운동능력(속도, 근력, 힘)의 발달보다는 스포츠 특수적인 기술 발달에 초점을 두고 있다. 오랫동안 많은 학부모와 코치들은 조기 스포츠 교육이 후에 스포츠에서의 성공을 거두는데 핵심이라고 주장하였다. 그러나 기존의 연구는 다양한 기술과 활동에 참가하는 것이 조기 스포츠 교육보다는 나중에 스포츠 성공과 더 관련이 있다는 사실을 보여주었다(Magill & Anderson, 1995).

기초 운동기술 대신에 스포츠 기술을 강조하는 것은 운동기술이 아직 발달되지 않은 아동들에게 해로울 뿐만 아니라 부상을 가져올 수 있다. 미국스포츠의학회(1993)는 과훈련으로 인한 아동의 부상 중 50% 이상이 스포츠 훈련보다 기초운동에 충실한 경우 예방될 수 있다고 추정하였다. 비록 아동을 위한 시즌 전 컨디셔닝의 개념이 다소 모호하지만, 조직화된 스포츠에 등록하는 아동들은 일반적으로 이들이 선택한 스포츠의 요구조건을 감당할 만한 준비가 충분히 이루어지지 않은 상태이다. 비록 유소년 스포츠의 참가가 많은 사회적, 심리적, 건강상의 이점을 제공하는 잠재력을 가지고 있지만(Baxter-Jones & Helms, 1996), 스포츠와 레크리에이션으로 인한 부상은 미국에서 아동들이 응급실을 찾는 대표적인 이유 중 하나이다(Guyer & Ellers, 1990).

적절한 보호와 유능한 지도가 이루어진다면, 아동은 재미를 느끼고, 기초 운동기술을 발달시키며, 레크리에이션 활동과 높은 수준의 신체적 컨디셔닝을 요구하는 조직적인 스포츠에 성공적으로 참여하는데 필요한 능력을 습득할 수 있다. 이러한 권장사항은 무릎을 포함하여 주요 스포츠관련 부상을 경험하는 여자 선수들에게 특히 중요하다(DeHaven & Lintner, 1986). 아동의 신체 및 운동기술 발달에 대한 이론과 훈련에 관한 문헌연구가 Zaichowsky와 Larson(1995)에 의해 수행된바 있다.

부상 예방 매년 미국에서는 스포츠에 참여하는 청소년기 이전의 아동들 가운데 약 3만 명이 부상을 경험한다(Hergenroeder, 1998). 비록 스포츠로 인한 부상을 잠재적으로 감소시키는 많은 기전들이 있지만(예: 시즌 전 의료진단, 코치 교육, 적절한 장비 등), 예방적 건강진단으로서 일반적인 신체적성의 기준 마련은 간과되어서는 안 된다. 점진적 저항운동(progressive resistance exercise; PRE)은 전통적으로 의사와 물리치료사들이 부상 후 근골격 기능을 회복시키고 향상시키기 위해 사용되었으며, 선행연구의 일부는 유소년 근력훈련 프로그램의 참여가 건강한 아동의 부상에 대한 저항력을 증가시킬 수 있다는 사실을 제시하고 있다(Cahill & Griffith, 1978; Dominguez, 1978; Hejna et al., 1982). 13-19세의 남녀 청소년들을 대상으로 실시된 연구(Hejna et al., 1982)에서 근력훈련을 받은 운동선수들이 근력훈련에 참여하지 않은 동료 선수들과 비교할 때 부상률이 더 낮고 부상으로부터 회복하는 시간이 더 짧았다는 사실을 보여주었다. 다른 연구자들도 근력훈련이 고등학교 축구 선수들의 무릎 부상의 빈도와 심각성을 감소시키고(Cahill & Griffith, 1978), 13-18세까지의 수영선수들의 어깨통증의 발생을 줄여준다고 보고하였다(Dominguez, 1978). 비록 이들 연구가 청소년들을 대상으로 실시되었지만, 적절한 훈련 지침이 지켜진다면 청소년기 이전의 아동들에게도 그와 유사한 효과들을 거둘 수 있다. 컨디셔닝이 더 심각한 스포츠관련 부상을 예방할 수 있는 가능성은 아직까지 연구되지 않았다.

비록 훈련 시의 오류, 부적절한 운동화, 과훈련과 같은 요인들이 유소년 스포츠에서 과사용 손상의 대표적인 위험 요인으로 인식되고 있지만(Micheli, 1983), 유소년 스포츠 참여자들의 신체적성 수준도 역시 고려되어야 한다. 미국 아동들의 상체 근력은 감소하는 것으로 보고되고 있으며(Ruonow, 1985), 미국의 청소년(12-21세) 중 약 과반수만이 고강도 신체 활동에 규칙적으로 참여하고 있다(Heath, Pratt, Warren, & Kann, 1994). 더욱이 아동비만의 발병률은 점차 증가하고 있고(Troiano, 1995), TV 시청과 같은 좌업 생활 추구는 아동기 기간 중 대부분의 시간을 차지하고 있다(Dietz, 1990). 비록 유소년 스포츠 부상의 위험을 줄이는 일이 비현실적인 목표이지만, 아동의 운동프로그램에 근력훈련을 포함시키는 것은 어린 운동선수들에게 훈련과 시합 상황에서 발달시키는 힘의 크기와 지속시간을 적절히 다루도록 보다 효과적으로 도움을 줄 수 있다. 그러나 스트레스 저항력에서의 개인차와 부상을 일으킬 수 있는 운동 강도가 알려져 있지 않다는 사실 때문에 근력훈련 프로그램의 빈도, 강도, 운동량, 진행은 근력훈련이 연약한 근골격계에 반복적인 스트레스를 주기 때문에 신중하게 처방되어야 한다. 근력훈련은 단순히 아동의 운동 프로그램에 추가해서는 안 되며, 오히려 1년 동안 운동 강도와 운동량에 변화를 주는 예방적 프로그램에 포함시켜야 한다. 아동의 스포츠관련 부상의 발생률을 감소시키는 최상의 방법을 결정하기 위해서는 추가적으로 임상실험이 필요하다.

건강관련 이점 유소년 근력훈련은 다른 많은 유형의 운동과 마찬가지로 근력(Weltman et al., 1986), 신체구성(Faigenbaum, Zaichowsky, Westcott, Micheli et al., 1993; Siegal et al., 1989), 골밀도(Morris et al., 1997), 혈액에서의 지질(Fripp & Hodgson, 1987; Weltman, Janney, Rians, Strand, & Kaatch, 1987), 그리고 사회심리적 요인(Holloway et al., 1988; Westcott, 1992)을 포함하여 다양한 건강지표에 긍정적으로 영향을 미친다는 사실을 보여주었다. 근력의 발달은 아동들에게 일상적인 신체 활동을 보다 힘차고 활기 있게 수행하도록 도움을 주어야 한다. 비록 유소년 근력훈련의 건강관련 이점이 명확히 확립되지 않았지만, 점차 축적되고 있는 증거들은 적절한 지침이 뒤따른다면 아동의 전반적인 건강이 근력훈련에 의해 훨씬 더 향상될 수 있다는 사실을 뒷받침하고 있다.

근력훈련과 관련된 일반적인 오해는 근력훈련이 아동에게 만성적 고혈압증이나 성장발육을 가로막을 수도 있다는 것이다. 비록 의식불명(blackouts)과 만성적 고혈압증이 경쟁적인 성인 역도선수들에게 보고되었지만(Compton, Hill, & Sinclair, 1973), 기존의 연구들은 근력훈련이 아동의 안정시 혈압에 전혀 부정적인 영향을 미치지 않는다고 보고하고 있다(Fraigenbaum, Zaichowsky, Westcott, Micheli et al., 1993; Rians et al., 1987; Servedio et al., 1985). Hagberg 등(1984)은 근력훈련에 참여하는 고혈압 청소년들의 안정시 혈압에서 감소를 보고하였으며, 다른 연구자들은 근력훈련을 희망하는 고혈압 청소년들을 위해 저강도, 고반복 근력훈련 프로그램을 권장하였다(Zahka, 1987). 전반적으로 아동의 안정시 혈압은 수준간의 근력훈련 후 변하지 않거나 감소될 수 있다는 사실을 시사한다.

유소년 근력훈련과 관련하여 가장 공통된 오해는 근력훈련 자체가 아동의 성장발달을 가로막는다는 믿음이다. 이러한 오해는 일본의 외진 지역에 거주하면서 심한 육체 노동을 하는 아동들이 성장판에 손상을 입고 결과적으로 성장이 감소했다는 초기 보고서에서 비롯된 것이다(Kato & Ishiko, 1964). 그러나 영양과 같은 병인학적 요인들은 이 연구에서 통제되지 않았다. 최근의 보고서들은 통제된 환경에서 반복적인 리프팅을 실시한 아동들에게서 성장이 감소한다는 어떤 증거도 제시하지 않고 있다(American Orthopaedic Society for Sports Medicine, 1998; Blimkie,

1993; Faigenbaum, Kraemer et al., 1996). 신체활동 프로그램(체력훈련 포함)의 참여는 어떤 발달단계에서나 성장에 긍정적인 영향을 미치지만, 유전형질에 전혀 영향을 미치지 않는다(Bailey & Martin, 1994; Ekblom, 1969).

비록 아동의 집중적인 훈련에 대한 효과는 여전히 잘 알려져 있지 않지만, 신체적 스트레스가 유소년들의 정상적인 뼈 발달에 필요하다는 것은 분명하다. 골격에 강한 충격을 주는 스포츠와 신체 활동은 낮은 강도의 스포츠 활동보다 골밀도에 더 강한 영향을 준다(Grimstone, Willows, & Hanley, 1993). 7세 정도의 어린 체조선수도 같은 또래의 통제집단보다 더 높은 골밀도를 보인 것으로 알려졌다(Cassell, Benedict, & Specker, 1996). 근력훈련은 성인들의 골밀도를 향상시켜주는 것으로 알려졌으며(Gutin & Krasper, 1992; Snow-Harter & Marcus, 1991), 일부 연구는 항상 그렇지 않지만(Blimkie et al., 1995) 이러한 유형의 운동이 아동과 청소년들의 골밀도에 긍정적인 영향을 미칠 수 있다는 사실을 제시하고 있다(Conroy et al., 1993; Loucks, 1988; Morris et al., 1997; Virvidaakis, Georgiu, Korkotsidis, Ntalles, & Proukakis, 1990).

운동이 아동의 뼈의 성장을 향상시킨다는 직접적인 증거를 제공하고 있는 1편의 연구에서 10주간의 고충격의 근력훈련 프로그램의 참여가 통제집단과 비교하여 청소년기 이전의 여학생들의 근력과 골밀도에서 유의한 향상을 가져왔다(Morris et al., 1997). 이 논문의 연구자들은 청소년기 이전 시기가 고충격 신체활동들의 기계적 하중(mechanical loadings)에 반응하는 골형성과 재형성을 위해 중요한 시간임을 제시하였다. 이와 관련하여 Bass 등(1998)은 사춘기 이전에 체조에 참여하는 것은 성인기 중에 골밀도에 이익을 제공할 수 있으며, 다른 연구자들은 테니스와 스쿼시 훈련이 골격에 제공하는 이점은 훈련이 초경 전에 시작된다면 두 배 정도 크다는 사실을 발견하였다(Kannus, Haapasalo, & Sankelo, 1995). 비록 최대 골질량이 유전적 특징에 의해 크게 영향을 받지만(Snow-Harter & Marcus, 1991), 청소년기 이전에 고충격 운동 프로그램(에어로빅 댄스와 근력훈련 등)에 규칙적으로 참여하는 것은 골육종 자극에 영향을 미친다. 물론 더 많은 연구가 필요하지만, 이러한 결과들은 골다공증의 위험을 가진 젊은 여성들에게는 특히 중요하다(Gutin & Kasper, 1992).

근력훈련의 또 다른 잠재적 이점은 신체구성에 미치는 효과이다. 미국에서 아동

비만의 발생율이 지속적으로 증가함에 따라(Troiano, 1995), 근력훈련이 체지방에 미치는 효과가 지속적인 관심을 받고 있다. 몇몇 연구들(Ramsay et al., 1990; Vrijens, 1978; Weltman et al., 1986)을 제외하고 여러 근력훈련 연구들이 청소년기 이전의 아동들을 대상으로 피하지방의 두께를 측정한 결과 체지방에서 유의한 감소를 확인하였다(Faigenbaum, Zaichowsky, Westcott, Micheli et al., 1993; Lillegard et al., 1997; Sailors & Berg, 1987; Siegal et al., 1989).

성인들을 대상으로 실시된 근력훈련도 기초대사량을 증가시킨다는 사실을 보여주었지만(Pratley et al., 1994), 일부 연구만이 근력훈련이 아동의 대사증후군에 미치는 효과만을 보고하였다. 한 연구에서 저강도 근력훈련 운동 프로그램이 청소년기 이전의 비만 여학생들의 근력을 증가시켰지만, 에너지 소비량을 유의하게 향상시키지는 않았다(Treuth et al., 1998). 이 결과는 일부분 저강도 훈련량에 의한 것이기 때문에, 더 높은 훈련량이 에너지 소비량에 더 바람직한 영향을 미칠 수 있다는 것을 시사한다. 비록 비만 아동들에게 1일 에너지 소비량을 증가시키는 훈련의 유형이 규정되지 않고 있지만, 일부 실험실 연구들은 과체중 아동들이 근력훈련을 좋아한다는 사실을 보여주고 있다. 그 이유는 근력훈련이 모든 아동에게 자신의 운동수행에 대하여 성공을 경험하고 좋은 기분을 느끼게 하기 때문이다.

유소년 근력훈련 프로그램에서 가장 간과한 이점은 사회심리적 건강에 미치는 잠재적 효과이다. 성인들을 포함한 기존의 연구결과는 근력훈련이 사회심리적 변인들(자기개념, 자아존중감, 신체상 등; Melnick & Mookerjee, 1991; Stein & Motta, 1992; Tucker, 1983)에 긍정적인 변화를 가져올 수 있으며, 또한 그와 유사한 이점들이 아동들에게도 일어날 수 있다. 여자 청소년들을 대상으로 실시된 한 연구에서 12주간의 근력훈련이 실시된 후 이들의 자기효능감과 일반 자아존중감에서 유의한 향상이 관찰되었으며(Holloway et al., 1988), 다른 연구자들은 근력훈련에 참여한 아동들에게 나타난 사회화와 정신수양 수준이 팀 스포츠에 참여한 아동들의 경험과 유사하다는 사실을 제시하고 있다(Rians et al., 1987). 더욱이, 근력훈련을 받은 아동들의 부모들을 관찰한 결과 이들의 자녀들이 근력훈련을 받은 날에는 숙제와 집안일을 더 잘하는 것으로 나타났다(Faigenbaum, 1995; Weltman et al., 1986). 일부 연구들(Holloway et al., 1988; Westcott, 1992)은 다른 연구들(Faigenbaum, Zaichowsky, Westcott, Long et al., 1997)과는 대조적으로 유소년 근력훈련 프로그램의 참여가 사회심리적 변인들에 긍정적으로 영향을 미친다는 사실을 시사하기 때문에, 앞으로 이를 지지하는 과학적인 자료도 요구되고 있다.

유소년 근력훈련의 잠재적인 사회심리적 효과는 훈련 프로그램의 강도, 빈도 및 기간뿐만 아니라 근력과 사회심리적 안녕감의 초기 수준에 따라 다를 수 있다. 앞서 성인들을 대상으로 실시된 연구들(Tucker, 1983, 1987)에서 관찰된 바와 같이, 근력훈련은 상대적으로 낮은 수준의 근력과 부정적인 신체 태도를 가지고 시작하는 아동들에게 훨씬 더 영향을 미칠 수 있다. 비록 근력훈련이 아동의 사회심리적 안녕감에 긍정적인 영향을 미친다는 사실을 뒷받침할 만한 증거들이 충분하지 않지만, 만일 프로그램이 잘 설계되고 효과적으로 감독이 이루어진다면, 근력훈련은 다른 스포츠와 활동에서 얻는 이점과 비교할 만한 사회심리적 이점을 제공할 수 있다. 반면에 비윤리적인 코칭행동과 개인의 능력을 벗어난 수준에까지 수행하도록 과도한 압박을 가하는 행동은 약물남용(Faigenbaum, Zaichowsky, Westcott, Micheli et al., 1993; Melia, Pipe, & Greenberg 1996), 탈진(Gould, 1993), 그리고 다른 바람직하지 않은 결과들(Tofler, Stryer, Micheli, & Herman, 1996)을 가져올 수 있다.

위험요인

오랫동안 근력훈련은 이러한 유형의 활동이 부상을 일으킬 것이라는 두려움 때문에 아동에게 안전하지 않은 부적합한 것으로 인식되었다. 운동 중에 부상당한 유소년 참가자들에 대한 사례연구 보고서들(George, Stakiw, & Wright, 1989; Jenkins & Mintowt-Czyz, 1986; Rowe, 1979; Ryan & Salciccioli, 1976)과 미국 소비자제품안전위원회(the U.S. Consumer product safety Commission)의 부상감독조사 보고서들은 모든 근력훈련 활동이 감독과 프로그램 설계와 관계없이 아동에게 위험하다는 믿음을 부추겼다. 그러나 이들 보고서를 주의 깊게 살펴보면, 보고된 부상들 대부분이 부적절한 리프팅 테크닉, 최대 리프트, 또는 자격을 갖춘 지도자의 감독 부재 등으로 인해 발생한다는 사실을 알 수 있다. 더욱이, 부상감독조사 자료는 근력훈련과 관련된 부상과 경쟁적인 파워 리프팅과 웨이트 리프팅과 관련된 부상을 구분하지 않았다. 비록 이들 보고서의 자료가 성인 또는 지도자의 감독을 받지 않은 상태에서 너무 무거운 중량으로 훈련하는 것은 유해할 수 있지만, 이 결과를 적절히 잘 설계되고 감독이 이루어진 유소년 근력훈련 프로그램에 일반화시키는 것은 잘못된 일이다.

최근의 결과들은 유소년 근력훈련이 아동이 규칙적으로 참여하는 다른 많은 스포츠 활동과 비교했을 때 상대적으로 더 안전하다는 사실을 보여주고 있다(Hamill, 1994; Zaricznyj, Shattuck, Mast, Robertson, & D'Elia, 1980). 주로 13-16세의 유소년들에게 발생한 근력훈련의 부상에 대한 평가는 축구, 농구, 럭비를 포함하여 다른 많은 스포츠들보다 훨씬 더 안전하다(Hamill, 1994). 역설적으로 스포츠 활동 중 아동의 관절에 가해진 힘들은 중강도 근력훈련의 프로그램에서 일어난 힘들보다는 훨씬 더 크다. 따라서 스포츠 특수적인 힘들이 미성숙한 근골격계에 잠재적으로 더 많은 스트레스를 줄 때 부상에 대한 두려움 때문에 아동들에게 잘 감독된 근력훈련 활동을 하지 못하도록 반대하는 것은 바람직하지 않다. 많은 아동들이 스포츠 참여에 준비가 되지 않은 시기에 근력훈련이 안전하지 못하다는 믿음은 어린 운동선수들의 욕구와 이런 유형의 훈련과 관련된 위험요인과 맞지 않다.

유소년 근력훈련과 관련된 전통적인 우려는 성장판에 대한 부상의 가능성을 포함한다. 이러한 부위의 뼈는 주변의 조직보다 덜 강하기 때문에 이들 성장점이 부상을 당하기 쉽다. 이 부위의 뼈의 손상은 뼈의 혈액과 영양공급을 방해할 수 있으며, 팔과 다리의 변형이나 성장을 멈추게 할 수 있다(Singer, 1984). 비록 근력훈련의 결과로서 뼈끝판의 파열의 발생빈도가 축구, 하키, 농구 등과 같은 스포츠에서 발생하는 빈도와 비교하여 더 작지만(Benton, 1982), 웨이트 트레이닝을 하는 청소년들을 대상으로 뼈끝판의 파열을 언급하고 있는 사례연구 보고서들은 시사하는 바가 크다. 일반적으로 웨이트 트레이닝을 하는 청소년들에게 부상은 전형적으로 부적절한 리프팅 테크닉 또는 감독이 이루어지지 않은 상황에서 무거운 오버헤드 리프트를 수행함으로써 일어난다(Brady, Cahill, & Bodnar, 1982; Gumbs, Segal, Halligan, & Lower, 1982; Jenkins & Mintowt-Czyz, 1986; Rowe, 1979; Ryan & Salciccioli, 1976). 성장판 파열은 적절한 훈련 부하와 면밀한 감독이 이루어진 유소년 근력훈련 연구에서는 보고된 적이 없다. 비록 모든 아동이 성장판 파열을 입기 쉽지만, Micheli(1988)는 이러한 유형의 부상이 청소년기에서 보다는 사춘기 이전의 시기에 덜 발생한다는 사실에 주목하였다. 그 이유는 어린 아동들의 성장판이 성장점을 포함하여 많은 부상의 인과적 요소로서 간주된 전단유형의 힘(shearing-type forces)에 더 강하고 저항력이 더 크기 때문이다(Mueller &

Blyth, 1981). 만일 아동들이 자격을 갖춘 어른의 면밀한 감독 하에 근력훈련을 적절히 수행하는 방법을 배운다면 성장판 부상의 위험은 낮다.

어린 나이에 중량물 훈련을 하는 선수들에 대한 가장 큰 우려는 반복적인 사용으로 인한 연골조직 부상의 위험성이다(Brady et al., 1982; Brown & Kimball, 1983; Jackson, Wiltse, Dingeman, & Hayes, 1981; Mason, 1977; Risser, 1991). 이러한 유형의 부상은 항상 의사의 치료를 받을 정도로 심각하지 않기 때문에, 반복적인 사용으로 인한 연골조직의 부상 발생율을 결정하기가 어렵다. 그럼에도 기존의 자료는 근력훈련 중 요추 부위에서 발생하는 부상의 위험은 주목할 필요가 있다(Brady et al., 1982; Risser, 1991). 거의 최대 무게로 훈련한 청소년을 대상으로 실시된 연구에서, 보고된 부상의 50%(98명 중 49명)가 요추 부위이며, 18%는 견갑골 부위에서, 17%는 하체에서, 14%는 몸통 부위에서 발생하였다(Brown & Kimball, 1983). 다른 연구에서 고등학교 운동선수 중 67%(43명 중 29명)가 컨디셔닝 프로그램의 결과로서 허리디스크 통증을 호소하였다. 즉, 점프 능력을 향상시키기 위해 설계된 기구의 부적절한 사용이 요추에 과도한 스트레스를 가한 것일 수 있다는 사실이다(Brady et al., 1982). 비록 이들 연구가 사춘기 이전의 아동들보다 더 크고 간혹 더 도전적인 기술을 시도하는 청소년들을 대상으로 실시된 것이지만, 적절한 훈련 지침을 따르지 않는다면 유사한 부상들이 사춘기 이전의 아동들에게도 발생할 수 있다.

아동들을 포함한 기존의 연구들은 근력훈련이 상대적으로 부상의 위험이 더 낮다는 것을 보여준다. 대부분의 연구에서 다양한 훈련 양식들을 사용하더라도 치료를 요하는 심각한 부상은 전혀 발생하지 않았으며, 근력훈련 프로그램 중 운동 식이요법이 이용되었다. 그러나 모든 프로그램은 면밀히 감독되었으며, 운동부하량은 개인별로 처방되었다. 한 보고서에서는 양 국면의 근골격 섬광조영술(biphasic musculoskeletal scintigraphy)과 크레아틴 인산효소(creatine phosphokinase) 측정을 통해 유소년 근력훈련의 안전이 평가되었다. 그 결과 14주간의 근력훈련 후 뼈, 성장판 또는 근육의 손상에 대한 증거는 전혀 없었으며, 크레아틴 인산효소 수준도 높아지지 않았다(Rians et al., 1987). 최근까지 2편의 연구만이 아동의 근력훈련에 의한 부상을 보고하였다. 전반적으로 근력훈련으로 인한 부상의 위험은 아동이 훈련 지침을 지킨다면 매우 낮다(〈표 10.2〉 참조).

다른 한편으로 어른의 감독이 이루어지지 않는 훈련 프로그램과 제대로 설계되지 않은 운동기구는 부상을 일으킬 수 있다. 집에서 가능한 근력훈련 프로그램을 권장하는 의사와 치료사들, 그리고 코치들은 아동이 유능한 어른들에 의해 감독되고 적절한 운동부하가 사용된다는 것을 보장해야 한다. 1년 동안 11명의 성인들이 너무 무거운 중량으로 벤치 프레스(bench press) 동작을 실시하던 중 바벨의 무게로 인해 질식사로 죽었으며(Lombardi, 1995), 9세의 어린 아동이 바벨이 가슴위로 떨어져 죽기도 하였다(George et al., 1989). 비록 어떤 운동이든 아동들에게 위험이 수반되지만, 이와 같은 사고는 면밀한 감독과 안전한 훈련 기구들의 중요성을 강조하고 있다.

<표 10.2> 근력훈련 연구에서 유소년의 부상

문 헌	부 상	운 동
Rians 등(1987)	7일 내로 해결한 어깨관절의 긴장	어깨운동(shoulder press)
Lillegard 등(1998)	5일 내로 해결한 어깨관절의 긴장	이두근 운동(barbell curl)

유소년 근력훈련을 위한 일반적 지침

다양한 근력훈련 프로그램이 아동을 위해 개발되고 권장되어왔다(Faigenbaum & Bradley, 1998; Kraemer & Fleck, 1993; Rooks & Micheli, 1988). 매우 상이한 종류의 기구와 프로그램 변인들의 다양한 조합이 나이에 맞는 가이드라인들이 지켜질 때 안전하고 효과적인 것으로 증명되었다. 비록 유소년 근력훈련 프로그램에 참여하는데 있어서 나이와 관련하여 최소한의 요구조건은 없지만, 모든 훈련 참가자들은 지시사항을 지키려는 정서적 성숙이 있어야 하며, 훈련 프로그램의 스트레스를 이겨내야 한다. 일반적으로, 아동이 어떤 스포츠에 참여할 준비가 되어 있다면, 그때 그 아동은 어떤 유형의 훈련 프로그램에 참여할 준비가 되어 있다. 외형상 건강하게 보이는 아동의 경우 훈련이 시작되기 전 건강검사가 반드시 필요하지 않지만, 건강상의 문제를 가진 아동들에게는 요구된다(Faigenbaum, Kraemer et al., 1996).

유소년 근력훈련 프로그램은 아동 개개인의 욕구에 맞아야 한다. 아동이 얼마나 크거나 튼튼하든지 간에 어른들을 위한 훈련 가이드라인과 훈련 철학(예: 고통이 없으면 얻는 것도 없다.)이 훈련에 참여하는 어린 아동들에게 강요되어서는 안 된다. 훈련의 양과 강도가 자주 아동의 능력을 초과하고, 그 회복 기간은 아동의 체력 수준에도 부적절하다. 따라서 아동의 능력을 과대평가하여 부상의 위험을 감수하는 것보다는 이들의 신체적 능력을 낮게 평가하고 점차적으로 훈련의 양과 강도를 높이는 것이 훨씬 더 바람직하다. 유소년 근력훈련 프로그램의 초점은 들어 올린 무게의 양보다는 오히려 학습에 적합한 형식과 테크닉에 두어야 한다. 매 세션마다 지도자들은 아동들에게 자신의 몸에 대하여 가르치고, 평생 체력을 촉진시키며, 근력훈련과 운동에 대한 긍정적인 태도를 심어주는 자극적인 프로그램을 제공해야 한다. 서로간에 경쟁하는 것보다는 아동들이 자기 향상에 중점을 두고 자신의 수행에 대하여 좋은 기분을 느끼는 방법을 배워야 한다. 근력훈련은 유산소, 유연성, 그리고 민첩성 운동을 포함하는 피트니스 프로그램 속으로 잘 결합되는 것이 이상적이다.

유소년 근력훈련 프로그램의 개발과 관련된 세가지의 중요한 관심 영역은 지도자의 질, 훈련 양식, 그리고 진행의 비율이다. 지도자들은 유소년 근력훈련 지침과 안전 절차를 철저히 이해하여야 한다. 지도자들은 아동들이 이해하는 수준에서 반드시 설명하고 훈련프로그램이 재미있고 도전할 만하도록 만들어야 한다. 각각의 운동은 명확히 설명되고 적절하게 시범이 이루어져야 한다. 아동은 질문을 하도록 격려되어야 하며, 이들의 모든 관심사가 언급되어야 한다. 유소년 근력훈련 수업이 시작되면 처음 몇 주간 동안 강사와 아동의 비율은 1:10 정도가 바람직하다(Faigenbaum, Kraemer et al., 1996). 그러나 모든 아동이 처음으로 운동을 배우는 경우에는 추가적인 지도가 필요하다. 체중 운동, 고무줄을 이용한 운동, 프리 웨이트, 성인용 크기의 운동기구 등을 포함하여 다양한 근력훈련 방식들이 아동들에게도 이용 가능하다. 더욱이, 아동용 크기의 유소년 근력훈련 기구는 이제 여러 회사들로부터 구입할 수 있다. 비록 아동용 크기의 기구가 다른 훈련 기구들보다 반드시 더 안전하다고 할 수 없지만, 아동용 기구들을 활용했던 연구자들은 7주에서 8주 사이에 근력이 크게 증가하는 것으로 보고하였다(Faigenbaum, Zaichowsky, Westcott, Micheli et al., 1993; Westcott, 1992). 유소년 근력훈련 기구는 사춘기 이전의 아동들에게 생체 역학적으로 뛰어나기 때문에, 훨씬 더 많은 근력증가를 제공할 수 있다. 어떤 유형의 기구가 사용되든 강사들은 호기심이 강한 아동의 특성을 충분히 이해하고 운동 공간에서 고장난 기구를 옮기거나 잠재적 위험을 차단해야 한다. 무엇보다 건전한 지도방법, 규칙의 강화, 그리고 뛰어난 감독이 실제 훈련 양식보다 청소년 근력훈련의 안전과 효율성에 더 중요하다.

또 다른 영역의 우려는 점진적인 과부하의 개념과 관련이 있다. 근력훈련의 기본 원칙은 근육이 근력훈련 자극에 적응함으로써 동일한 상대적 훈련 강도를 유지시키기 위해서 근육에 가해진 요구가 더욱 도전적이 될 필요가 있다. 저항을 증가할수록 반복

횟수나 세트의 횟수가 지속적인 증가를 위해 필요하다. 이것은 매 운동 세션이 이전의 세션보다 강도와 양을 늘리는 것이 필요함을 의미하는 것은 아니다. 비록 프로그램을 새롭고 도전할만한 것으로 유지하는 것이 중요하지만, 아동은 최소한의 근육통증과 적절히 협응하면서 발달할 수 있는 기회가 주어져야 한다. 아동을 위한 근력훈련의 주요 지침은 〈표 10.3〉에 제시되었다.

아동들에게 있어서 1 RM의 반복과 % 간의 관계와 관련된 자료는 매우 제한되어 있다. 어른의 경우 1 RM에서 수행될 수 있는 반복 횟수는 주어진 운동마다 다르며(Hoeger, Barette, Hale, & Hopkins, 1987), 비슷한 관찰이 아동들에게서 나타났다(Faigenbaum, Westcott, Long et al., 1998). 한 연구에서 사춘기 이전의 남녀 아동들이 체스트 프레스(chest press)(87.2 vs 39.2)와 비교하여 레그 프레스(leg press)에서 1 RM의 50%에서 더 많은 반복 횟수를 수행하였으며, 레그 프레스와 체스트 프레스(18.2 vs 13.4)에서 수행된 반복 횟수에서는 유의한 차이는 없는 것으로 나타났다. 이러한 결과는 주어진 반복 횟수가 아동들에게 있어서 1 RM의 동일한 %와 항상 관련이 있지 않다는 것을 시사한다. 따라서 최소 근력 역치는 1 RM의 %로 표현될 때 각 운동과 관련된 근육량 때문에 근육군 간에 매우 다를 수 있다. 아동들에게 근력훈련 프로그램을 처방하는 것과 관련하여, 최상의 접근은 먼저 반복훈련 범위(예: 10-12회)를 설정하고, 그 다음에 규정된 범위 내에서 수행할 수 있는 최대 부하량을 결정하는 것이다

어깨와 요추 부위의 부상의 위험 때문에, 재활치료 전 어깨와 몸통에 대한 운동은 근력훈련 프로그램에 포함되어야 한다. 말하자면, 어깨 부상과 등 부위의 부상의 재활을 위해 처방될 수 있는 운동들은 예방적 건강 검사의 일부로서 먼저 실시되어야 한다. 일단 아동이 기초 운동을 끝냈다면, 복합관절 운동들(예: 스쿼트)이 프로그램 속에 도입될 수 있다. 그러나 새로운 운동을 실시할 때 아동들은 이러한 운동들을 안전하면서 정확하게 실시하는데 필요한 신경근 협응과 기술을 발달시키기 위해서 가벼운 철제 봉(bar)을 가지고 시작해야 한다. 고급 복합관절 운동은 자격을 갖춘 코치들이 이용 가능하고 적절한 부하량이 이용되며, 아동이 고급 운동을 배울 만큼 충분히 성숙되어 있다면, 제공된 프로그램 속으로 결합될 수 있다. 더욱이, 코치들은 아동들에게 고급 복합관절 운동을 안전하고 효과적으로 지도하는데 필요한 시간을 알고 있어야 한다. 포괄적인 유소년 근력훈련 프로그램의 세부적인 사항은 본 장의 범위를 벗어난 것이지만, 어느 곳에서나 이용 가능하다(Faigenbaum & Westcott, 2000; Kraemer & Fleck, 1993).

<표 10.3> 아동을 위한 근력훈련 지침

- 아동은 근력훈련과 관련된 이점과 관심사를 이해하여야 한다.
- 아동은 현실적인 기대감을 갖고 새로운 기술을 배우는데 시간이 걸린다는 점을 상기해야 한다.
- 아동은 훈련 프로그램에 관한 피드백을 제공하도록 격려되어야 한다.
- 유능하고 잘 배려하는 어른의 감독이 항상 있어야 한다.
- 아동은 운동량보다는 각각의 운동의 기법을 배우는데 초점을 두어야 한다.
- 모든 회기는 5-10분 정도의 준비운동과 스트레칭으로 시작해야 한다.
- 아동은 실제 해봄으로써 가장 잘 배우기 때문에, 이들로 하여금 감독 하에 운동을 실시하도록 한다.
- 주요 근육군에 초점을 두고 여러 차례의 상·하체 운동을 1세트로 시작한다.
- 적절히 적응할 수 있도록 가벼운 부하량(예: 12회에서 15회 반복)으로 시작한다.
- 근력이 향상할 때 점진적으로 저항(5-10%)을 증가시킨다.
- 개인의 욕구와 목표에 따라 5-15회 반복을 1세트에서 3세트까지 다양하게 실시한다.
- 매 주 2-3번의 유연성 훈련을 실시한다.
- 관절의 모든 가동범위 내에서 운동을 실시한다.
- 운동 기법이 위험한 경우 반복이 계속되어서는 안 된다.
- 필요한 경우 아동의 근력훈련에 도움을 줄 수 있는 성인들을 주위에 배치한다.
- 운동의 선택, 운동 순서, 또는 세트나 반복횟수를 주기적으로 바꿔 근력훈련 프로그램을 다양하게 실시한다.

결론

유소년의 근력훈련은 적절한 훈련 지침을 준수하고 자격을 갖춘 지도자의 감독이 이루어진다면, 청소년기 학생들을 위한 안전하고 가치 있는 활동이다. 체력훈련이 아동들에게 비효과적이며 안전하지 못하다는 전통적인 우려에도 불구하고, 많은 연구결과들은 이런 유형의 운동이 남녀 청소년들의 건강과 체력에 많은 이점을 제공한다는 것을 보여주고 있다. 비록 다양한 훈련방법과 양상이 효과적임을 증명하였지만, 유능하고 잘 배려하는 성인의 감독에 대한 중요성이 간과되어서는 안된다. 유소년의 근력훈련은 유산소, 유연성 그리고 민첩성 운동을 포함하는 전체적인 체력 프로그램(total fitness program)의 일부로서 권장되어야 하는 특별히 전문화된 신체훈련 방법이다.

참고문헌

Ainsworth, J. (1970). *The effects of isometric resistive exercise with the Exer-Genie on strength and speed in swimming*. Unpublished doctoral dissertation, University of Arkansas.

American Academy of Pediatrics. (1983). Weight training and weight lifting: Information for the pediatrician. *The Physician and Sports Medicine, 11*, 157-161.

American Academy of Pediatrics. (1990). Strength training, weight and power lifting, and bodybuilding by children and adolescents. *Pediatrics, 86*, 801-803.

American College of Sports Medicine. (1993). The prevention of sports injuries of children and adolescents. *Medicine and Science in Sports and Exercise, 25* (Suppl. 8), 1-7.

American College of Sports Medicine. (2000). *ACSM's guidelines for exercise testing and prescription* (6th ed.). Baltimore: Lippincott,Williams & Wilkins.

American Orthopaedic Society for Sports Medicine. (1988). *Proceedings of the conference on strength training and the prepubescent*. Chicago: Author.

Bailey, D., & Martin, A. (1994). Physical activity and skeletal health in adolescents. *Pediatric Exercise Science, 6*, 330-347.

Bass, S., Pearce, G., Bradney, M., Hendrich, E., Delmas, P., Harding, A., & Seeman, E. (1998). Exercise before puberty may confer residual benefits in bone density in adulthood: Studies in active prepubertal and retired female gymnasts. *Journal of Bone and Mineral Research, 13*(3), 500-507.

Baumgartner, T., & Wood, S. (1984). Development of shoulder-girdle strength-endurance in elementary children. *Research Quarterly for Exercise and Sport, 55*, 169-171.

Baxter-Jones, A., & Helms, P. (1996). Effects of training at a young age: A review of the training of young athletes study (TOYA) study. *Pediatric Exercise Science, 8*, 310-327.

Benton, J. (1982). Epiphyseal plate fracture in sports. *Physician and Sports Medicine, 10*, 63-67.

Blanksby, B., & Gregor, J. (1981). Anthropometric, strength, and physiological changes in male and female swimmers with progressive resistance training. *Australian Journal of Sport Science, 1*, 3-6.

Blimkie, C. (1989). Age- and sex-associated variation in strength during childhood: Anthropometric, morphologic, neurologic, biomechanical, endocrinologic, genetic, and physical activity correlates. In C. Gisolfi & D. Lamb (Eds.), *Perspectives in exercise science and sports medicine* (Vol. 2, pp. 99-163). Indianapolis: Benchmark.

Blimkie, C. (1992). Resistance training during pre- and early puberty: Efficacy, trainability, mechanisms and persistence. *Canadian Journal of Sport Sciences, 17*, 264-279.

Blimkie, C. (1993). Benefits and risks of resistance training in youth. In B. Cahill & A. Pearl (Eds.), *Intensive participation in children's sports* (pp. 133-167). Champaign: Human Kinetics.

Blimkie, C., Martin, J., Ramsay, D., Sale, D., & Mac-Dougall, D. (1995). The effects of detraining and maintenance weight training on strength development in prepubertal boys. *Canadian Journal of Sport Sciences, 14*, 104P.

Blimke, C., Rice, S., Webber, C., Martin, J., Levy, D., Gorgon, C. (1993). Effects of resistance training on bone mass and density in adolescent females. *Medicine and Science in Sports and Exercise, 25*, S48.

Brady, T., Cahill, B., & Bodnar, L. (1982). Weight training related injuries in the high school athlete. *The American Journal of Sports Medicine, 10*, 1-5.

Brown E., Lillegard, W., Henderson, R., Wilson, D., Lewis, E., Hough, D., & Stringer, K. (1992). Efficacy and safety of strength training with free weights in prepubescents to early post pubescents. *Medicine and Science in Sports and Exercise, 24*, S82.

Brown, E., & Kimball, R. (1983). Medical history associated with adolescent power lifting. *Pediatrics, 72*(5), 636-644.

Bulgakova, N., Vorontsov, A., & Fomichenko, T. (1990). Improving the technical preparedness of young swimmers by using strength training. *Soviet Sports Review, 25*, 102-104.

Cahill, B., & Griffith, E. (1978). Effect of preseason conditioning on the incidence and severity of high school football knee injuries. *The American Journal of Sports Medicine, 6*, 180-184.

Cassell, C., Benedict, M., & Specker, B. (1996). Bone mineral density in elite 7- to 9-yr-old female gymnasts and swimmers. *Medicine and Science in Sports and Exercise, 28*, 1243-1246.

Clarke, D., Vaccaro, P., & Andresen, N. (1984). Physiologic alterations in 7- to 9-year old boys following a season of competitive wrestling. *Research Quarterly for Exercise and Sport, 55*, 318-322.

Compton, D., Hill, P., & Sinclair, J. (1973). Weightlifters' blackout. *Lancet, 2*, 1234-1237.

Conroy, B., Kraemer, W. Maresh, C., Fleck, S., Stone, M., Fry, A., Miller, P., & Dalsky, G. (1993). Bone mineral density in elite junior Olympic weightlifters. *Medicine and Science in Sports and Exercise, 25*, 1103-1109

Darrah, J., Fan, J., Chen, L., Nunweiler, J., & Watkins, B. (1997). Review of the effects of progressive resisted muscle strengthening in children with cerebral palsy: A clinical consensus exercise. *Pediatric Physical Therapy, 9*(1), 12-17.

DeHaven, K., & Linter, D. (1986). Athletic injuries: Comparison by age, sport and gender. *American Journal of Sports Medicine, 14*, 218-224.

DeRenne, C. Hetzler, R., Buxton, B & Ho, K. (1996). Effects of training frequency on strength maintenance in pubescent baseball players. *Journal of Strength and Conditioning Research, 10*, 3-14.

Dietz,W. (1990). Children and television. In M.Green & R. Hagerty (Eds.), *Ambulatory pediatrics IV* (pp. 39-41). Philadelphia:W. B. Saunders.

Docherty, D., Wenger, H., Collis, M., & Quinney, H. (1987). The effects of variable speed resistance training on strength development in prepubertal boys. *Journal of Human Movement Studies, 13*, 377-382.

Dominguez, R. (1978). Shoulder pain in age group swimmers. In B. Erikkson & B. Furgerg (Eds.), *Swimming medicine IV* (pp. 105-109). Baltimore: University Park Press.

Ekblom, B. (1969). Effects of physical training in adolescent boys. *Journal of Applied Physiology, 27*, 350-355.

Faigenbaum, A. (1995). Psychosocial benefits of prepubescent strength training. *Strength and Conditioning, 17*, 28-32.

Faigenbaum, A., & Bradley, D. (1998). Strength training for the young athlete. *Orthopedic Physical Therapy Clinics of North America, 7*(1), 67-89.

Faigenbaum, A., Kraemer, W. Cahill, B., Chandler, J., Dziados, J., Elfrink, L., Forman, E., Gaudiose, M., Micheli, L., Nitka, M., & Roberts, S. (1996). Youth resistance training: Position statement paper and literature review. *Strength and Conditioning, 18*, 62-75.

Faigenbaum, A., & Westcott, W. (2000) *Strength and power for young athletes*. Champaign, IL: Human Kinetics.

Faigenbaum, A., Westcott, W., Long, C., Loud, R., Delmonico, M., & Micheli, L. (1998). Relationship between repetitions and selected percentages of the one repetition maximum in healthy children. *Pediatric Physical Therapy, 10*, 110-113.

Faigenbaum, A., Westcott, W., Micheli, L., Outerbridge, A., Long, C., LaRosa-Loud, R., & Zaichkowsky, L. (1996). The effects of strength training and detraining on children. *Journal of Strength Conditioning Research, 10*, 109-114.

Faigenbaum, A., Zaichkowsky, L., Gardner, D., & Micheli, L. (1998). The use of anabolic steroids by middle school students. *Pediatrics, 101*, e6.

Faigenbaum, A., Zaichkowsky, L.,Westcott,W., Long, C., LaRosa-Loud, R., Micheli, L., & Outerbridge, A. (1997). Psychological effects of strength training on children. *Journal of Sport Behavior, 70*, 164-175.

Faigenbaum, A., Zaichkowsky, L.,Westcott, W., Micheli, L., & Fehlandt, A. (1993). The effects of a twice per week strength training program on children. *Pediatric Exercise Science, 5*, 339-346.

Falk, B., & Mor, G. (1996). The effects of resistance and martial arts training in 6 to 8 year old boys. *Pediatric Exercise Science, 8*, 48-56.

Falk, B., & Tenenbaum, G. (1996). The effectiveness of resistance training in children. A meta-analysis. *Sports Medicine, 22*, 176-186.

Ford, H., & Puckett, J. (1983). Comparative effects of prescribed weight training and basketball programs on basketball skill test scores of ninth grade boys. *Perceptual and Motor Skills, 56*, 23-26.

Fripp, R., & Hodgson, J. (1987). Effect of resistive training on plasma lipid and lipoprotein levels in male adolescents. *The Journal of Pediatrics, 111*, 926-931.

Fukunga, T., Funato, K., & Ikegawa, S. (1992). The effects of resistance training on muscle area and strength in prepubescent age. *Annals of Physiological Anthropology, 11*, 357-364.

Funato, K., Fukunaga, T., Asami, T., & Ikeda, S. (1987). Strength training for prepubescent boys and girls. *Proceedings of the Department of Sports Science* (pp. 9-19). Tokyo, Japan: University of Tokyo.

Gallagher, J., & DeLorme, T. (1949). The use of progressive resistance exercise in adolescence. *The Journal of Bone and Joint Surgery, 31-A*(4), 847-858.

George, D., Stakiw, K., & Wright, C. (1989). Fatal accident with weight-lifting equipment: Implications for safety standards. *Canadian Medical Association Journal, 140*, 925-926.

Gould, D. (1993). Intensive sport participation and the prepubescent athlete: Competitive stress and burnout. In B. Cahill & A. Pearl (Eds.), *Intensive participation in children's sports* (pp. 19-38). Champaign: Human Kinetics.

Grimstone, S., Willows, N., & Hanley, D. (1993). Mechanical loading regime and its relationship to bone mineral density in children. *Medicine and Science in Sports and Exercise, 25*, 1203-1210.

Gumbs,V., Segal, D., Halligan, J., & Lower, G. (1982). Bilateral distal radius and ulnar fractures in adolescent weight lifters. *American Journal of Sports Medicine, 10*, 375-379.

Gutin, B., & Kasper, M. (1992). Can vigorous exercise play a role in osteoporosis prevention? A review. *Osteoporosis International, 2*(2), 55-69.

Guyer, B., & Ellers, B. (1990). Childhood injuries in the United States: Morbidity, mortality, and cost. *American Journal of Diseases in Children, 144*, 649-652.

Hagberg, J., Ehsani, A., Goldring, D., Hernandez, A., Sinacore, D., & Holloszy, J. (1984). Effect of weight training on blood pressure and hemodynamics in hypertensive adolescents. *The Journal of Pediatrics, 104*, 147-151.

Hamill, B. (1994). Relative safety of weight lifting and weight training. *Journal of Strength and Conditioning Research, 8*, 53-57.

Heath, G., Pratt, M., Warren, C., & Kann, L. (1994). Physical activity patterns in American high school students. *Archives of Pediatric and Adolescent Medicine, 148*, 1131-1136.

Hejna, W., Rosenberg, A., Buturusis, D., & Krieger, A. (1982). The prevention of sports injuries in high school students through strength training. *National Strength and Conditioning Journal, 4*, 28-31.

Hergenroeder, A. (1998). Prevention of sports injuries. *Pediatrics, 101*(6), 1057-1063.

Hetherington, M. (1976). Effect of isometric training on the elbow flexion force torque of grade five boys. *Research Quarterly, 47*, 41-47.

Hetzler, R., DeRenne, C., Buxton, B., Ho, K., Chai, D., & Seichi, G. (1997). Effects of 12 weeks of strength training on anaerobic power in prepubescent male athletes. *Journal of Strength and Conditioning Research, 11*(3), 174-181.

Hoeger, W., Barette, S., Hale, D., & Hopkins, D. (1987). Relationship between repetitions and selected percentages of the one repetition maximum. *Journal of Applied Sport Science Research, 1*, 11-13.

Holloway, J., Beuter, A., & Duda, J. (1988). Self-efficacy and training in adolescent girls *Journal of Applied Social Psychology, 18*, 699-719.

Isaacs, L., Pohlman, R., & Craig, B. (1994). Effects of resistance training on strength development in prepubescent females. *Medicine and Science in Sports and Exercise, 26*, S210.

Jackson, D., Wiltse, L., Dingeman, R., & Hayes, M. (1981). Stress reactions involving the pars interarticularis in young athletes. *The American Journal of Sports Medicine, 9*, 304-312.

Jenkins, N., & Mintowt-Czyz, W. (1986). Bilateral fracture separations of the distal radial epiphyses during weightlifting. *British Journal of Sports Medicine, 20*, 72-73.

Kannus, P., Haapasalo, H., & Sankelo, M. (1995). Effect of starting age of physical activity on bone mass in the dominant arm of tennis and squash players. *Annals of Internal Medicine, 123*, 27-31.

Kato, S., & Ishiko, T. (1964). Obstructed growth of children's bones due to excessive labor in remote corners. In S. Kato (Ed.), *Proceedings of the International Congress of Sports Sciences*. Tokyo: Japanese Union of Sports Sciences.

Koch, B., Galioto, F., Vaccaro, P., Vaccaro, J., & Buckenmeyer, F. (1988). Flexibility and strength measures in children participating in a cardiac rehabilitation program. *The Physician and Sports Medicine, 16*(2), 139-147.

Kraemer, W., Fry, A., Frykman, P., Conroy, B., & Hoffman, J. (1989). Resistance training and youth. *Pediatric Exercise Science, 1*, 336-350.

Lillegard, W., Brown, E. Wilson, D., Henderson, R., & Lewis, E. (1997). Efficacy of strength training in prepubescent to early postpubescent males and females: Effects of gender and maturity. *Pediatric Rehabilitation, 1*(3), 147-157.

Lombardi, V. (1995). Recreational weight training injuries and deaths: Trends over the most recent decade in the U.S. *Medicine and Science in Sports and Exercise, 27*, S98.

Loucks, A. (1988). Osteoporosis prevention begins in childhood. In E. Brown & C. Brown (Eds.), *Competitive sports for children and youth* (pp. 213-223). Champaign: Human Kinetics.

Magill, R., & Anderson, D. (1995). Critical periods as optimal readiness for learning sports skills. In F. Smoll & R. Smith (Eds.), *Children and youth in sport: A biopsychosocial perspective* (pp. 57-72). Madison, WI: Brown & Benchmark.

Malina, R., & Bouchard, C. (1991). *Growth, maturation and physical activity*. Champaign: Human Kinetics.

Mason, T. (1977). Is weight lifting deleterious to the spines of young people? *British Journal of Sports Medicine*, 5(61), 54-56.

McGovern, M. (1984). Effects of circuit weight training on the physical fitness of prepubescent children. *Dissertation Abstracts International, 45*, 452A-453A.

Melia, P., Pipe, A., & Greenberg, G. (1996). The use of anabolic androgenic steroids by Canadian students. *Clinical Journal of Sports Medicine, 6*, 9-14.

Melnick, M., & Mookerjee, S. (1991). Effects of advanced weight training on body cathexis and self-esteem. *Perceptual and Motor Skills, 72*, 1335-1345.

Mersch, F., & Stoboy, H. (1989). Strength training and muscle hypertrophy in children. In S. Oseid & K. Carlsen (Eds.), *Children and exercise XIII* (pp. 165-182). Champaign: Human Kinetics.

Micheli, L. (1983). Overuse injuries in children's sports: The growth factor. *Orthopedic Clinics of North America, 14*, 337-360.

Micheli, L. (1988). Strength training in the young athlete. In E. Brown & C. Branta (Eds.), *Competitive sports for children and youth* (pp. 99-105). Champaign: Human Kinetics.

Morris, F., Naughton, G., Gibbs, J., Carlson, J., & Wark, J. (1997). Prospective ten-month exercise intervention in premenarcheal girls: Positive effects on bone and lean mass. *Journal of Bone and Mineral Research, 12*(9), 1453-1462.

Mueller, F., & Blyth, C. (1981). Epidemiology of sports injuries in children. *Clinical Sports Medicine, 15*, 229-233.

Nielsen, B., Nielsen, K., Behrendt-Hansen, M., & Asmussen, E. (1980). Training of "functional muscular strength" in girls 7-19 years old. In K. Berg & B. Eriksson (Eds.), *Children and exercise IX* (pp. 69-77). Baltimore: University Park Press.

Ozmun, J., Mikesky, A., & Surburg, P. (1994). Neuromuscular adaptations following prepubescent strength training. *Medicine and Science in Sports and Exercise, 26*, 510-514.

Payne, V., Morrow, J., Johnson, L., & Dalton, S. (1997). Resistance training in children and youth: A meta-analysis. *Research Quarterly for Exercise and Sport, 68*(1), 80-89.

Pfeiffer, R., & Francis, R. (1986). Effects of strength training on muscle development in prepubescent, pubescent and postpubescent males. *The Physician and Sports Medicine, 14*, 134-143.

Pratley, R., Nicklas, M., Rubin, J., Miller, A., Smith, M., Smith, B., & Hurley, B. (1994). Strength training increases resting metabolic rate and norepinephrine levels in healthy 50- to 60-yr-old men. *Journal of Applied Physiology, 76*, 133-137.

Queary, J., & Laubach, L. (1992). The effects of muscular strength/endurance training. *Technique, 12*, 9-11.

Ramsay, J., Blimkie, C., Smith, K., Garner, S., & Mac-Dougall, J. (1990). Strength training effects in prepubescent boys. *Medicine and Science in Sports and Exercise, 22*, 605-614.

Rians, C., Weltman, A., Cahill, B., Janney, C., Tippet, S., & Katch, F. (1987). Strength training for prepubescent males: Is it safe? *The American Journal of Sports Medicine, 15*, 483-489.

Risser, W. (1991). Weight training injuries in children and adolescents. *American Family Physician, 44*, 2104-2110.

Rooks, D., & Micheli, L. (1988). Musculoskeletal assessment and training: The young athlete. *Clinics in Sports Medicine, 7*, 641-677.

Rowe, P. (1979). Cartilage fracture due to weight lifting. *British Journal of Sports Medicine, 13*, 130-131.

Rowland, T. (1990). *Exercise and children's health.* Champaign: Human Kinetics.

Rupnow, A. (1985). Upper body strength: Helping kids win the battle. *Journal of Physical Education, Recreation and Dance, 56*, 60-63.

Ryan, J., & Salciccioli, G. (1976). Fractures of the distal radial epiphysis in adolescent weight lifters. *American Journal of Sports Medicine, 4*, 26-27.

Sailors, M., & Berg, K. (1987). Comparison of responses to weight training in pubescent boys and men. *Journal of Sports Medicine, 27*, 30-37.

Sale, D. (1989). Strength training in children. In G. Gisolfi & D. Lamb (Eds.), *Perspectives in exercise science and sports medicine* (pp. 165-216). Indianapolis: Benchmark Press.

Sale, D., & MacDougall, D. (1981). Specificity in strength training: A review for the coach and athlete. *Canadian Journal of Applied Sport Sciences, 6*, 87-92.

Servedio, F. (1997). Normal growth and development. *Orthopedic Physical Therapy Clinics of North America, 6*(4), 417-435.

Servedio, F., Bartels, R., Hamlin, R., Teske, D., Shaffer, T., & Servedio, A. (1985). The effects of weight training, using Olympic style lifts, on various physiological variables in pre-pubescent boys *Medicine and Science in Sports and Exercise, 17*, 288.

Sewall, L., & Micheli, L. (1986). Strength training for children. *Journal of Pediatric Orthopedics, 6*, 143-146.

Siegal, J., Camaione, D., & Manfredi, T. (1989). The effects of upper body resistance training in prepubescent children. *Pediatric Exercise Science, 1*, 145-154.

Singer, K. (1984). Injuries and disorders of the epiphyses in young athletes. In M. Weiss and D. Gould (Eds.), *Sport for children and youths* (pp. 141-150). Champaign, IL: Human Kinetics.

Snow-Harter, C., & Marcus, R. (1991). Exercise, bone mineral density and osteoporosis. In J. Hollowszy (Ed.), *Exercise and sports science reviews* (Vol. 19, pp. 351-388). Philadelphia: Williams & Wilkins.

Stahle, S., Roberts, S., Davis, B., & Rybicki, L. (1995). Effect of 2 versus 3 times per week weight training program in boys aged 7 to 16. *Medicine and Science in Sports and Exercise, 27*, S114.

Stein, P., & Motta, R. (1992). Effects of aerobic and nonaerobic exercise on depression and self-concept. *Perceptual and Motor Skills, 74*, 79-89.

Tofler, I., Stryer, B., Micheli, L., & Herman, L. (1996). Physical and emotional problems of elite female gymnasts. *New England Journal of Medicine 335*, 281-283.

Treuth, M., Hunter, G., Pichon, C., Figueroa-Colon, R., & Goran, M. (1998). Fitness and energy expenditure after strength training in obese prepubertal girls. *Medicine and Science in Sports and Exercise, 30*(7), 1130-1136.

Troiano, R. (1995). Overweight prevalence and trends for children and adolescents. *Archives of Pediatric and Adolescent Medicine, 149*, 1085-1091.

Tucker, L. (1983). Effect of weight training on self-concept: A profile of those influenced most. *Research Quarterly for Exercise and Sport 54*, 389-397.

Tucker, L. (1987). Effect of weight training on body attitudes: Who benefits most? *Journal of Sport Medicine, 27*, 70-78.

U.S. Department of Health and Human Services. (1996). *Physical activity and health: A report from the Surgeon General.* Atlanta: U.S. Department of Helath and Human Services, Centers for Disease Control and Prevention, National Center for Chronic Disease Prevention and Health Promotion.

Virvidakis, K., Georgiu, E., Korkotsidis, A., Ntalles, K., & Proukakis, C. (1990). Bone mineral content of junior competitive weightlifters. *International Journal of Sports Medicine, 11*, 244-246.

Vrijens, F. (1978). Muscle strength development in the preand post-pubescent age. *Medicine and Sport, 11*, 152-158.

Webb, D. (1990). Strength training in children and adolescents. *Pediatric Clinics of North America, 37*, 1187-1210.

Weltman, A, Janney, C., Rians, C., Strand, K., Berg, B., Tippit, S.,Wise, J., Cahill, B., & Katch, F. (1986). The effects of hydraulic resistance strength training in pre-pubertal males. *Medicine and Science in Sports and Exercise, 18*, 629-638.

Weltman, A., Janney, C., Rians, C., Strand, K., & Katch, F. (1987). Effects of hydraulic-resistance strength training on serum lipid levels in prepubertal boys. *American Journal of Diseases in Children, 141*, 777-780.

Westcott, W. (1979). Female response to weight lifting. *Journal of Physical Education, 77*, 31-33.

Westcott,W. (1992). A new look at youth fitness. *American Fitness Quarterly, 11*, 16-19.

Williams, D. (1991). The effect of weight training on performance in selected motor activities for preadolescent males. *Journal of Applied Sport Science Research, 5*, 170.

Zahka, K. (1987). Adolescent hypertension update. *Maryland Medical Journal, 36*, 413-414.

Zaichkowsky, L., & Larson, J. (1995). Physical, motor, and fitness development in children and adolescents. *Journal of Education, 177*(2), 55-79.

Zaricznyj, B., Shattuck, L., Mast, T., Robertson, R., & D'Elia, G. (1980). Sports-related injuries in school-aged children. *The American Journal of Sports Medicine, 8*, 318-324.

Chapter 11

노인 근력훈련의 생리·심리적 이점

Toshihiko Tsutsumi

역자 | 박중길(고려대학교)[1]

서 론

비록 신체 활동이 건강을 위한 중요한 요소로서 오랫동안 인식되었지만, 활동적인 생활양식에 대한 효과를 입증하는 새로운 증거들은 이러한 인식을 강화시켰다(Bouchard, Shephard, Stephens, Sutton, & McPherson, 1990). 급증하고 있는 의성태학적 실험연구들은 건강을 향상시키고 유지시킬 목적으로 잘 계획되고 구조화된 반복적인 신체 활동(Caspersen, Powell, & Christenson, 1985)이 심장병(Paffenbarger, Hyde, Wing, & Hsieh, 1986), 고혈압(Blair, Goodyear, & Cooper, 1984), 당뇨병(Helmrich, Ragland, Leung, & Paffenbarger, 1991), 골다공증(Snow-Harter & Maarcus, 1991), 대장암(Lee & Paffenbarger, 1991), 불안과 우울증(Taylor, Sallis, & Needle, 1985) 등을 비롯하여 다양한 만성 질환의 위험을 감소시켜준다는 사실을 보여주었다. 이같이 건강상의 혜택을 보여주는 수많은 증거에도 불구하고, 대다수의 미국 성인들은 여전히 앉아 있기만 하는 것에서 벗어나지 못하고 있다(U.S. Department of Health and Human Services [USDHHS], 1991). 노인층은 신체적인 비활동성이 강한 집단으로서 활동적인 생활양식으로부터 많은 이점을 얻을

---

[1] isometric이란 용어는 등척성 또는 등축성으로 번역되는데 여기서는 등축성으로 번역하였음.

수 있기 때문에 중요한 관심의 대상이다.

현재, 미국인의 평균 기대 수명은 약 75.8세이며, 전반적인 사망률은 계속적으로 감소하고 있다(McGinnis & Lee, 1995). 그러나 성공적인 노화란 단순히 더 오래 사는 것이 아니라 장애 없이 생활하는 것이다. 65세 이상의 노인들 중에서 약 80%는 관절염, 심장병, 고혈압, 또는 당뇨병 등과 같이 노화와 관련된 만성적 질환을 경험하는 것으로 보고되고 있다(USDHHS, 1984). 이러한 건강상의 문제들은 많은 노인들에게 잠재적인 장애를 일으킬 수 있다. 사람들이 더 오래 살수록 질병예방과 건강 증진의 문제가 중요하게 된다. 노인들이 앓고있는 만성적인 질환은 이들의 오랜 좌업 생활과 밀접하게 관련되어 있기 때문에(Danner & Edwards, 1992), 신체적으로 활발한 생활양식을 촉진시키기 위한 노력이 활발한 생활양식을 지속시키고 생의 마지막을 보다 가치 있는 삶으로 만드는데 점차 중요해지고 있다.

최근에 우리는 노인들의 근력강화를 통해 얻는 효과에 대하여 많은 것들을 배웠다. 생리학적인 수행 능력이 근력훈련을 통해 의미 있게 개선되고, 그로인해 노인들의 신체 활동 수준을 증진시켜준다는 명확한 증거들이 있다. 기존의 연구들 역시 노인들을 위한 근력훈련이 우울증을 감소시킬 뿐만 아니라 기분과 개인적인 통제감을 향상시키는 등 다양한 심리적 이점을 제공한다는 사실을 보여주고 있다. 본 장은 노인들의 신체 기능에 있어서 근력훈련의 효과를 규명하고 있는 최근의 연구들을 살펴보고, 신체적 자기효능감과 관련하여 근력훈련으로 심리적 안녕감을 향상시키는데 있어서 중요한 역할을 인지 행동적 기전에 대하여 초점을 두었다.

기능적 능력에서 나이와 관련된 변화들의 조절

노화는 신진대사와 생리학적 기능에서 수많은 변화들에 의해 일어난다. 심장 혈관 기능을 나타내는 최대 산소 섭취량(VO_2max)은 25세 이후 5에서 15% 정도 감소된다(Heath, Hagberg, Ehsani, & Holloszy, 1981). 심박출량의 감소와 동정맥 산소 분압 차이는 심혈관 기능의 약화와 관련이 있다(Fisher, Pendergast, & Calkins, 1991; Ogawa et al., 1992; Rodeheffer et al., 1984). 근력의 저하는 또 정상적인 노화현상에 따른 기능 상실의 중요한 부분으로 간주되고 있다(Mazzeo et al., 1998). 기능 능력에서 나이 관련 변화들 가운데 가장 뚜렷한 변화는 근육량의 상실이다. 노인들에게 근력이 감소되는 경우 신체 기능이 상당히 약화될 수 있다(Aniansson & Gustafsson, 1981; Fisher et al., 1990; L. G. Larsson, Grimby, & Karlsson, 1979). 일반적으로 근력의 15%가 60-70세 사이에 상실되며, 그 이후 약 30%가 추가적으로 상실되는 것으로 보고되고 있다(Donneskoild-Samssore, Kofod, Munter, & Schnohr, 1984; Harries & Bassey, 1990; L. Larsson, 1978; Murray, Duthie, Gambert, Sepic, & Mollinger, 1985). 이 같은 상실은 점차적으로 근섬유를 상실시키는 근위축증 때문이다(Lexell, henriksson-larsen, Wimblod, & Sjostrm, 1983). 근육량의 감소와 더불어 지방량은 30세 이후 점차적으로 증가한다(Cohn et al., 1980) 기초대사율에서 잇따른 감소는 개인으로 하여금 점차적으로 체중을 증가시키며, 그로 인한 비만은 당뇨병과 고혈압과 같은 만성질환을 가져오기 쉽다.

근력의 상실은 노인 여성들에게 가장 두드러지게 나타난다. 55세에서 84세까지의 노인 여성 2,654명을 대상으로 조사된 Framingham의 연구의 경우, 55세에서 64세까지의 여성 중 40%, 65세에서 74세까지의 여성 중 45%, 그리고 75세에서 85세까지의 여성 중 65%가 4.5kg의 물건을 들어올리지 못하였다(Jette & Branch, 1981). 마찬가지로 이들 중 상당수의 노인들이 집안일을 제대로 수행할 수 없었다. 중요한 사실은 노화와 관련된 근육 상실이 일상 생활에서 기능적 능력을 떨어뜨리고, 낙상으로 인한 부상의 위험을 증가시키는 신경근육질환으로서 간주된다는 점이다. 낙상을 경험한 노인들은 기능적 장애를 가져와 훨씬 더 큰 위험과 직면할 수 있는 심각한 부상으로부터 고통을 받는다(Tinetti, Liu, & Clause, 1993).

비록 생물학적 노화는 불가피한 것이지만, 최소한 퇴화로 인한 감소 부분은 신체 활동 수준을 증가시킴으로써 둔화할 수 있다. 예를 들어, 초기 연구에서 나타난 일부 부정적인 결과에도 불구하고 최근의 결과들은 심혈관계의 기능 저하가 규칙적인 유산소 운동에 의해 개선될 수 있다는 사실을 분명히 보여주었다. 다른 연구들도 노인들이 10~30%까지 최대 산소 섭취량을 개선시킬 수 있으며, 최대 산소 섭취량에 있어서 최대 증가율은 젊은 성인들의 최대 산소 섭취량에 버금간다(Hagberg et al., 1985; Seals, Hurley, Schultz, & Hagberg, 1984). 일부 연구들은 나이와 관련된 유산소 능력의 상실율은 지구력 훈련에 참여함으로써 둔화될 수 있다(Kasch, Boyer, van Camp, Verity, & Wallace, 11993; Rogers, Hagberg, Martin, Ehsani, & Holloszy, 1990; Spina, Miller, Bogenhagen, & Schechtman, 1996).

유산소 능력의 개선은 나이로 인한 저하를 차단하며, 심혈관계 질환의 위험을 줄이는 데에 매우 중요하다. 그러나 유산소 운동은 일반적으로 근력에 약간의 기능적 도움을 주는 것으로 알려져 있다(Fiatarone et al., 1994). Klitgaard 등(1990)은 청년과 노인 간, 고령의 수영선수, 육상선수, 그리고 12에서 17년 동안 체력을 단련한 사람들을 대상으로 다리와 팔의 근력을 비교하였다. 연구자들은 근력훈련에 참여한 집단이 수영선수와 육상선수들보다 훨씬 더 높은 최대 등축 회전력(maximal isometric torque)과 근육량을 보인다는 사실을 발견하였다. 비록 이러한 결과가 지구력 운동이 근육 시스템의 퇴화를 예방하는데 효과적이지 않지만, 근력훈련은 노인들에게 근육량과 근력을 유지시키도록 효과적으로 도움을 주며, 근력의 향상 능력은 나이와 관계없이 유지된다.

근력훈련에서 안전과 효능감

10년 전, 노인들을 위한 신체 활동이나 운동은 걷기, 수영, 자전거 타기 등과 같은 유산소 운동을 의미하였지만, 근력훈련의 중요성은 점차 근력과 근지구력을 유지하고 향상시킴으로써 독립심을 유지하는 수단으로 인식되고 있다. 물론 유산소성 건강이 노인들에게 일상 생활을 하는데 매우 중요한 것만은 사실이지만, 최근의 연구는 근력과 일상 생활에서 기능적 장애 간의 중요한 관계를 보고하였다. 예를 들어, 걷기는 보통 유산소 운동으로 생각되지만, 최근의 결과는 자신이 선택한 걷기 속도가 다리 근력과 관련이 있다는 것을 보여주고 있다(Bassey, Bendall, & Pearson, 1988; W. R. Frontera, Meredith, O'Reilly, & Evans, 1990). 다른 연구의 경우에 다리 근력이 걷기 속도의 분산 중 86%를 설명하는 것으로 나타났다(Bassey, Fiatarone, et al., 1992).

지난 10년간 노인들의 근력 강화의 이점을 입증하는 많은 증거들이 보고되었다. (Fiatarone, Marks, Ryan, et al., 1990; W. R. Frontera, Meredith, O'Reilly, & Knuttgen, 1988; Tsutsumi, Don, Zaichkowsky, & Delizonna, 1997). 그러나 최근까지만해도 연구자와 운동 전문가들은 혈압의 급격한 상승이나 노화된 관절에 대한 스트레스 등과 같은 위험 요소들 때문에 노인들에게 근력 훈련을 이용하는 것을 꺼려하였다. 이들은 또 노화된 근골격계에 대한 훈련 가능성에 대해서도 회의적이었다.

적절한 지도와 감독이 가능한 경우, 저항력 훈련 대한 안전은 환자들이 부상 없이 근력훈련 프로그램을 끝마친 수많은 연구에서 입증되었다. 한편의 연구가 근력훈련이 저강도 유산소 운동보다 노인들에게 더 안전하다는 사실을 보고하고 있다. Pollock 등

(1989)은 70세에서 79세 사이의 남녀 노인을 대상으로 6개월간 운동 프로그램을 실시하였다. 피험자들은 근력훈련, 걷기/조깅 운동, 비운동 통제집단으로 나뉘었다. 근력훈련 집단의 피험자들이 근력을 유의하게 증진시킨 반면, 유산소 운동 집단의 피험자들은 통제집단에 비해 유산소능력을 증가시켰다. 따라서 두가지의 중재 프로그램이 체력을 향상시키는데 성공적이었다. 비록 어떠한 부상도 근력훈련 프로그램의 참여자들에 의해 보고되지는 않았지만, 걷기/조깅 운동에 참여한 많은 피험자들은 조깅을 실시하기 전 3개월 동안 걷기 프로그램을 수행한다는 사실에도 불구하고 부상을 보고하였다. 이 결과는 노인들에게 근력훈련이 조깅보다는 더 안전한 운동이 될 수 있다는 것을 시사한다.

그러나 근력훈련이 마술(magic)은 아니다. 매우 낮은 강도나 점진적 강도의 부족 등과 같은 보수적인 방법은 근력을 유의하게 증진시키는 데에 실패하였다(Aniansson & Gustafson, 1981; Hagberg, Graves, et al., 1989; Larsson, 1982). 그럼에도 적절한 훈련 강도와 방법이 주어졌을 때, 남녀 노인들은 상대적으로 짧은 기간에도 불구하고 젊은 사람들과 비교될 만큼 근력을 회복하였다. 초기 연구에서 Moritani와 DeVries(1980)는 평균 나이가 70세인 5명의 노인 남성과 5명의 젊은 성인들을 대상으로 8주간의 점진적 근력훈련(1 RM의 66%)을 실시하였다

8주간의 훈련 후 노인들은 굴근의 등척성 팔 근력을 약 23% 정도 증진시켰으며, 근력의 증가 비율은 젊은 성인들과 비슷한 수준이었다. 연구자들은 신경요인에서의 변화가 노인들의 향상된 등척성 근력과 관련이 있다고 결론지었다.

Frontera 등(1988)은 건강하지만 좌업 생활을 하는 평균나이 64세의 노인 남성들을 대상으로 무릎 관절의 신전과 굴곡을 위한 고강도(1 RM의 80%) 근력훈련 프로그램의 효과를 검증하였다. 그 결과 노인들은 무릎 신전에서 107%, 무릎 굴곡에서 227%의 근력을 증진시켰다. 측정된 신전과 굴곡의 등척성 최고 회전력도 초당 60도 각도에서 10.0과 18.5%, 초당 240도 각도에서 16.7과 14.7% 정도 증가하였다. 이 연구에서 허벅지 중간 부위의 신처 구성은 Moritani와 DeVries(1980)의 연구에서 사용된 방법에 비해 보다 세련된 기술인 컴퓨터 단층촬영을 이용하여 분석되었다. 연구자들은 노인 피험자들이 전체 허벅지 중간 부위에서 약 11%, 사두근 부위에서 약 9.3%를 증진시킬 것으로 보고하였다. 따라서 이 연구는 근육 비대증이 근력훈련 이후 노인들에게 일어날 수 있다는 증거를 발견하였다.

Fiatarone, Marks 등(1990)은 근육 비대증이 고령의 노인들에게도 나타난다는 사실을 발견하였다. 이들은 87세에서 96세까지의 남녀 노인 10명(평균 나이 90세)을 대상으로 주 3회씩 점진적 저항운동을 실시하였다. 운동 과제는 8주간의 면밀한 감독하에 고강도(1 RM의 80%) 수준에서 무릎 신전을 실시하는 것이었다. 피험자들은 무릎 신전에서 약 174% 정도, 그리고 보행 속도계로 측정한 걷기 수행에서 약 16% 정도 근력 향상을 보였다. 이 연구는 또한 피험자들이 허벅지 중간 부위의 근육에서 9%를 증가시켰다고 보고하였다. 연구자들은 96세까지 요양원에서 거주하는 노인들이 근력, 근육의 길이, 그리고 기능적 이동을 유의하게 증진시켰다고 결론지었다. 이 연구에서 근력훈련 프로그램에 참가한 노인들에게 나타난 가장 중요한 결과는 걷는데 지팡이가 필요한 2명의 노인이 지팡이의 도움 없이도 걸을 수 있었고, 의자에서 일어나기 위해 팔을 사용해야 하는 한 명의 노인이 아무런 도움 없이도 일어설 수 있었다는 점이다. 이 결과는 근력훈련이 노인들에게 매우 일반적으로 나타나는 신체적 노약 증상을 최소화하거나 회복시키는 데에 효과가 있다는 것을 시사한다. 더욱이, 8주간의 훈련기간을 통해 노인들 중 어느 누구도 근골격계 부상을 보고하지 않았다. 근육의 약화와 그와 관련된 이동성 장애가 낙상의 위험을 가중시키기 때문에, 근위축증 회복은 노인들에게 기능적 의존성을 피하는데 가장 중요한 요소일 수 있다.

　　기능적 능력의 향상 외에도, 근력훈련은 노인들에게 공통적으로 나타나는 수많은 노인병증후군에 중요한 치료효과가 있다. Nelson 등(1994)은 좌업 생활을 하는 50-70세의 여성들을 대상으로 골절에 대한 다중 위험 요소들이 근력 훈련을 통해 개선되는지를 평가하기 위해 연구를 수행하였다. 1년동안 피험자들은 다섯 가지의 상이한 운동으로 구성된 고강도 근력훈련(1 RM의 75-85%)을 실시하였다. 근력훈련을 받은 여성들은 대퇴부 골밀도와 요추 골밀도를 증가시켰으며, 통제집단은 이들 변인에서 감소하였다. 전반적인 신체 골밀도는 근력훈련 집단에서 유지된 반면에 통제집단에서는 감소되었다. Menkes 등(1993)은 근력훈련이 중년 이상 남성들에게 운동 부위의 골밀도를 증가시킨다는 사실을 발견하였다. 이러한 효과는 뼈 건강에 있어서 전형적인 나이관련 퇴화를 상쇄시키는 것으로 기대된다.

　　더욱이, 근력 훈련은 인슐린에 대한 생체의 감수성과 위장관 전이시간을 개선시키고, 관절염의 통증과 장애를 덜어주며, 체지방과 중추성 비만증을 감소하며, 수면의 질을 향상시켜준다(Mazzeo et al., 1998). 근력훈련은 또한 노인들에게 기초 대사율을 높여줌으로써 체중을 감소시키는데 효과가 있다(Campbell, Crim, Dallal, Young, & Evans, 1994). 비록 근력 훈련이 기능적 능력을 개선시켜줌으로써 좌업 생활의 위험을 감소시키는 데에 효과적인 방법이지만, 이 같은 예방적/치료적 이점은 활동적인 생활 기대수준을 높여주는데 기여한다. 즉, 신체 활동 수준의 증가는 잠재적으로 삶의 질에 영향을 미칠 수 있다는 것이다.

신체 활동과 우울 증상

비록 근력 훈련이 기능적 능력을 향상시킴으로써 노인의 일상 생활의 질에 영향을 주지만, 최근의 연구는 근력 훈련이 심리적 건강도 향상시켜 이들의 삶의 질에 기여할 수 있다는 사실을 보여주고 있다. 생리적 기능과 마찬가지로, 심리적 기능도 나이가 들어가면서 약화된다. 사실 뚜렷한 신체적 또는 정신적 질환이 없는 노인들이 젊은 사람들보다 더 불쾌한 기분 상태를 보이는 경향이 있는 것으로 보고되었다(Blazer, 1980). 문제해결 기술과 새로운 정보를 통합하는 능력과 같이 인지적 기능의 쇠퇴도 건강한 노인들에게도 관찰된다(Emery & Blumenthal, 1991). 나이가 들면서 스트레스성 생활사건에 대처하는 생리적, 심리적 기능 모두 바뀔 수 있다. 다양한 스트레스에 장기간 노출된 후 노화된 유기체들은 젊었을 때와 비교하여 생활 스트레스에 대한 적응력이 떨어지게 된다. 또한 물건 옮기기, 걷기, 그리고 계단 오르기 등과 같이 과거에 쉽게 수행된 일상적인 활동들이 만성적이며 과도한 스트레스 자원이 된다.

노인들 가운데 가장 빈번하게 보고된 불쾌한 증상은 우울증이다(Blazer, 1989; Buschmann, Dixon, & Tichy, 1995). 노인들 중 약 15%가 우울 증상으로부터 고통을 받는 것으로 추정되며(Koenig & Blazer, 1992), 우울증의 유병율은 개인이 나이가 들어감에 따라 증가할 수 있다(Wallace & O'Hara, 1992). 노후생활에서 우울증은 노화로 인한 다양한 상실에 의해 일어난다. 비록 기능적 능력에서 중요한 상실이 노인들에게 우울 증상을 가져올 수 있지만, 친구, 사랑한 사람, 그리고 사회적 지위의 상실도 일시적으로 부정적인 기분 상태를 느끼도록 만들 수 있다. 우울한 사람들은 전형적으로 무기력, 활력 부족, 사고과정의 둔화, 식욕 상실, 흐릿한 정신적, 신체적 기능, 기억 상실, 흥미 부족과 같은 증상으로부터 고통을 받는다. 이러한 증상들은 개개인의 삶의 질을 심하게 손상시킨다.

그러나 사람은 나이가 들어가면서 좌업 생활양식의 결과보다는 오히려 노화의 결과로서 건강상의 변화를 받아들인다. 많은 심리적 현상과 생리적 증상들이 상호 관련이 있기 때문에, 이러한 심리적 쇠퇴는 개인이 좌업 생활을 하는 경우 더 빠르게 일어난다. 비록 인과적 관계가 아직까지 확인되지 않았지만, 많은 연구자들은 좌업 생활을 하는 노인들이 신체적으로 활동적인 생활양식을 채택할 때 우울 증상을 덜 경험한다고 보고하였다(Camacho, Roberts, Lazarus, Kaplan, & Cohen, 1991; Mobily, Rubenstein, Lemke, O'hara, & Wallace, 1996). 그러나 이들 연구결과는 횡단적 연구설계, 작은 표본 크기, 불충분한 통제, 제한된 체력 측정도구 등과 같이 많은 측정도구와 방법론적 문제들 때문에 결정적이지 못하다(Dunn & Dishman, 1991). 그럼에도 상반된 관계가 분명히 노인들로 하여금 보다 활동적인 생활양식을 채택하도록 만든다는 사실을 뒷받침하는 일관된 실험 증거가 있다.

20년간의 종단적 코호트 연구에서 Camacho 등(1991)은 1965년에 활동적이지 않은 남녀 성인들이 추적검사에서 활동적이었던 사람들보다 훨씬 더 우울증 위험과 관련이 있지만, 이들의 신체 활동의 증가가 활동적인 사람들과 같은 수준으로 우울증의 위험을 감소시킨 것으로 보고하였다. Mobily 등(1991)이 수행한 코호트 연구는 우울 증상이 높은 피험자들이 매일 걷기운동을 실시하는 경우 우울 증상을 크게 개선시킨다고 보고하였다. 다른 연구들의 결과도 역시 노인들이 좌업 생활에서 최소의 신체 활동을 하는 생활양식으로 전환하면, 우울 증상으로부터 고통을 덜 겪는다는 사실을 제시하고 있다.

임상적 우울증에서 근력훈련

신체 활동을 감소시키는 가장 중요한 원인이 신체적 한계이기 때문에, 근력훈련은 기능적 능력을 향상시켜 신체 활동 수준을 증가시킴으로써 우울증의 위험을 최소화하도록 도움을 줄 수 있다. 다른 한편으로, 근력훈련을 우울증을 위한 비의학적 치료로서 이용하는 사례들도 보고되었다. 비록 이 효과에 관한 연구가 주로 유산소 운동에 초점을 두고 있지만, 운동과 우울증의 관계에 대한 실험적 증거는 근력훈련이 유산소 운동과 유사한 치료효과가 있다는 것을 제시하고 있다. 젊은 환자들을 대상으로 수행한 2편의 연구와 노인 환자들을 위한 1편의 연구가 보고되었다. 임상적으로 우울증을 앓고 있는 젊은 여성을 대상으로 수행한 연구에서, Doyne 등(1987)은 유산소 운동과 근력훈련의 효과를 비교하였다. 8주간의 운동에 참여한 후 두 운동집단의 환자들 모두 Beck의 우울감 척도(Beck Depression Inventory), Lubin의 우울증 척도(Lubin's Depression Adjective List), Hamilton의 우울증 척도(Hamilton Rating Scale for Depression)에서 낮은 점수를 보였다. 또한 이들 운동 프로그램 모두 우울증을 감소시키는 데에 똑같이 효과가 있는 것으로 확인되었다.

Martinsen, Hoffart와 Solberg(1989)는 그와 유사한 연구를 실시하였다. 중증 우울증, 가벼운 우울증, 우울장애를 가진 99명의 환자들이 8주간 주 3회씩 유산소 운동이나 근력훈련에 참여하였다. 운동 후 우울증 점수가 두 집단에서 모두 유의하게 감소하였지만, 두 집단 간에 유의한 차이는 발견되지 않았다. 유산소 운동 집단의 경우 유산소성 건강에서의 유의한 증진이 우울증 감소와 약하게 관련이 있었다. 기대했던 것처럼, 근력훈련 집단에서는 유산소성 건강이 전혀 증진되지 않았다. 이 결과는 비록 운동이 우울장애를 가진 환자들에게 우울증상을 감소시키는 데에 효과가 있지만, 유산소성 건강은 우울증 감소에 영향을 미치는 요인이 아니라는 사실을 보여준다. 따라서 이들 연구는 우울증 치료에 있어서 근력훈련과 유산소 운동의 효과를 보여주고 있다.

Singh, Clements와 Fiatarone(1997)이 우울증을 앓고 있는 노인들을 대상으로 수행한 연구는 의미 있는 효과를 보고하였다. 이 연구에서 연구자들은 중증 및 경도 우울증을 겪는 32명의 노인들(평균 나이는 71세)에게 운동을 실시하였다. 피험자들은 면밀한 감독하에서 10주간 고강도(1 RM의 80%) 점진적 저항훈련을 실시하였다. 10주 후 노인들은 자기보고식과 치료사가 평정하는 우울증 검사 점수에서 유의미한 감소를 경험하였다. 또한 16명의 노인들 가운데 14명이 임상적 우울증 기준에 해당되지 않는 것으로 보고되었다. 피험자들은 또한 단축형 의료 결과 검사지(Medical Outcome Survey Short Form; SF-36)로 측정된 삶의 질 점수에서 유의한 향상을 보고하였다. 노인들은 기준선과 비교하여 신체적 기능, 활력, 사회적 기능, 정서적, 정신적 건강 수준을 향상시켰다. 더욱이 이들 노인들은 통제집단에 비해 활력, 통증, 정서적/사회적 건강에서 더 높은 점수를 보고하였다. 근력훈련 집단에서 삶의 질의 점수는 같은 연령대의 기준에 근접하거나 초과한 반면, 통제집단은 이들 점수보다 더 낮았다. 이 결과는 근력훈련이 임상적으로 우울증을 겪는 노인들에게 효과적인 치료 수단이며, 다양한 정서적, 사회적 건강 측면에 영향을 미침으로써 노인들의 삶의 질을 향상시킨다는 것을 시사한다.

기분, 정서적 안녕감과 스트레스 감소

비록 근력훈련이 임상치료를 받고 있는 노인들에게 다양한 방식으로 긍정적인 효과를 준다는 사실을 아는 것은 중요하지만, 비임상 환자들을 대상으로 정서적 건강에 있어서 이러한 효과의 일반화는 지역사회에 거주하는 대다수의 노인들이 정신적으로 문제가 없기 때문에 매우 중요하다. 지난 10년 동안 많은 연구가 운동은 심리적 건강과 관련이 있다는 사실을 보여주었다(Brown, 1992; Folkins & Sime, 1981; McAuley & Rudolph, 1995; Sonstroem & Morgan, 1989). 비록 어떤 운동이 다른 운동들보다 더 좋다는 결정적인 증거는 없지만, 근력훈련은 심리적 건강을 증진시키는데 있어서 매우 효과가 있는 것으로 알려져 있다.

Tsutsumi, Don, Zaichowsky, Takenaka 등(1998)은 근력훈련이 노인들의 기분과 불안에 미치는 효과를 검증한 연구를 실시하였다. 이 연구에서 건강하지만 활동적이지 않는 노인들이 중·고강도 근력훈련에 참여하였다. 평균 나이가 69세인 실험집단의 노인들에게는 고강도(1 RM의 75-85%)나 중강도(1 RM의 55-65%) 근력훈련이 실시되었다. 근력훈련은 12주 동안 주당 3회씩 실시되었다. 훈련 후 중·고강도 훈련 프로그램은 통제집단과 비교하여 근력과 신체 구성에서 유의미한 향상을 가져왔다. 두가지 훈련 집단에 참여한 노인 여성들은 긍정적인 기분을 유의미하게 향상시켰으며, 중·고강도 집단은 통제 집단과 비교하여 특성 불안을 유의하게 감소시켰다. 비록 이러한 결과가 노인 여성들의 기분 상태를 향상시키는 근력훈련의 효과를 입증하는 증거를 제공하지만, 중·고강도 훈련 모두 노인들의 심리적 건강을 향상시키는데 도움이 되고, 고강도 훈련보다는 중강도 훈련이 노인들의 심리적 건강을 향상시키는 데에 훨씬 더 효과적이다.

근력훈련의 효과를 검증한 Norvell과 Belles(1993)는 근력훈련의 심리적 이점이 기분 상태 점수보다 훨씬 더 크고 스트레스를 감소시키는 효과를 수반한다는 사실을 발견하였다. 연구자들은 또 남자 경찰관들을 실험집단과 통제집단으로 나누어 실험집단에게는 서키트 트레이닝(1 RM의 70-80%)을 실시하였다. 16주 동안 프로그램을 실시한 후, 근력훈련 프로그램에 참여한 경찰관들은 우울, 불안, 지각된 스트레스 감소에 따른 적개심 수준이 유의하게 낮아졌다. 경찰관은 가장 스트레스를 받는 직업 중 하나로 알려져 있으며, 이들은 자주 스트레스 관리 프로그램의 주요 대상이다(Malloy & Mays,

1984). 연구자들은 근력훈련 후 기분상태의 향상이 스트레스 감소와 관련이 있는지를 규명한다. 따라서 연구자들은 직업적으로 높은 스트레스에 노출된 사람들을 위한 스트레스 관리 중재 프로그램에 근력훈련을 포함시키도록 권장하고 있다.

우리는 이제 근력훈련이 스트레스를 받는 상황에서 심혈관계 생리반응을 감소시킨다는 사실을 알고 있다(Tsusumi, Don, & Zaichowsky, 1999). 과거에 연구자들은 개인으로 하여금 심리적 스트레스에 대한 심혈관계 생리반응을 감소시키도록 하는 것이 유산소 컨디셔닝이라고 생각하였다. 체력적으로 건강한 사람들의 생리적 과부하에 대한 교감신경반응이 더 낮기 때문에, 이들 역시 심리적 스트레스에 덜 반응할 수 있다. 비록 스트레스에 대한 유산소성 적응의 효과가 일부 연구자들에 의해 입증되었지만(Blumenthal, Emery, et al., 1988; Blumenthal, Fredrickson, et al., 1990; Takenaka & Zaichowsky, 1990), 다른 연구자들은 효과가 있거나 전혀 없는 것으로 보고하였다(De Geus, van Doornen, de Visser, & Orlebeke, 1990: Roskies et al., 1986). 유산소 운동이 스트레스 반응에 미치는 효과를 규명한 연구들의 결과는 모호하지만, 몇몇 연구자들은 무산소 운동이 특정한 근력훈련에서 스트레스에 대한 심혈관 생리반응을 감소시킬 수 있다는 사실을 확인하였다.

Don, Zaichowsky와 Tsusumi(1996)는 근력훈련 프로그램이 여자대학생들의 심리적 스트레스에 대한 심혈관 생리반응에 미치는 효과를 규명하였다. 35명의 여자 대학생이 고강도 근력훈련(1 RM의 80%), 중강도 근력훈련(1 RM의 65%), 통제집단으로 각각 무선배치되었다. 근력훈련 집단의 피험자들은 면밀한 감독하에서 점진적 저항운동을 실시하였다. 훈련 10주 전후로 모든 피험자에게 근력, 근지구력, 신체 구성, 유산소능력, 심박수, 그리고 스트레스에 대한 혈압 반응에 대한 검사가 실시되었다. 그 결과 중·고강도 근력 프로그램이 유산소능력을 제외한 신체적성 검사에서 모든 수준을 유의하게 향상시킨다는 사실을 보여주었다. 더욱이, 두 실험집단 모두 통제집단과 비교하여 다양한 심리적 스트레스를 받는 동안 심박수와 혈압 반응을 유의하게 감소시켰다. 이 연구는 무산소 근력훈련도 스트레스에 대한 심혈관 반응을 감소시키는데 효과가 있다는 사실을 보여주고 있다.

Don 등(1996)이 노인여성을 대상으로 실시한 연구결과의 타당성을 검증하기 위해, Tsusumi, Don과 Zaichowsky(1999)는 근력훈련이 노인들의 심혈관 스트레스 반응에 미치는 효과를 규명한 연구를 실시하였다. 이들 연구자는 건강하지만 활동이 부족한 노인들(60-84세)을 선정하여 고강도 집단(1 RM의 80%), 중강도 집단(1 RM의 60%), 비운동 통제집단으로 각각 무선 배치하였다. 운동 집단의 피험자들은 12주 동안 주당 3회씩 점진적 근력운동 프로그램을 실시하였다. 이들 피험자들은 엄격한 감독을 받았다. 신체검사에는 팔과 다리의 근력, 유산소 능력, 신체 구성, 심박수, 그리고 다양한 사회 심리적 스트레스에 대한 혈압 반응이 포함되었다. 이 연구의 결과는 전반적으로 Don 등의 결과를 뒷받침하였다. 중·고강도 근력훈련 프로그램은 모든 심리 검사에서 똑같이 유의한 효과를 가져온 반면, 유산소 능력은 전혀 변화를 보이지 않았다. 근력훈련 집단의 노인들은 통제집단과 비교하여 다양한 과제에 대한 수축기 혈압과 이완기 혈압 반응에서 유의한 감소를 보였다. 따라서 이 연구의 결과는 근력훈련에 참여한 노인들이 스트레스에 대한 심혈관 반응을 유의하게 줄인다는 사실을 보여주며, 이는 근력 컨디셔닝이 스트레스로부터 보호함으로써 노인의 정신 건강에 영향을 미칠 수 있다는 사실을 시사한다.

 이러한 연구결과는 중요한 시사점을 제공해준다. 스트레스에 대한 심리적 반응의 감소는 근력훈련 때문에 심리적 또는 정신적 원인에서 비롯된 스트레스를 줄여줌으로써 노인들의 삶의 질에 크게 기여할 수 있다. 더욱이, 스트레스에 대한 생리적 적응 역시 스트레스가 중요한 위험요소로 간주되기 때문에 노인들로 하여금 심장이상 기록계에서 낮은 수치를 유지하도록 도움을 줄 수 있다. 심혈관계 질환은 75세 이상 노인들의 사망률 중 70%를 차지하며(Kannel, 1995), 신체 장애의 주된 원인이다. 운동 훈련과 스트레스 반응 간의 관계는 스트레스 반응을 조절하는데 있어서 그 효과에 대한 더 많은 증거를 확인하기 위해 지속적으로 규명되어야 할 것이다. 그러나 기존 연구들의 결과는 노인들에게 근력훈련에 참여하도록 권장하는 이유를 제공해준다.

근력훈련과 신체적 자기효능감

 잠재적인 심리적 이점을 보여주는 증거에도 불구하고, 어떻게 근력훈련이 심리적 기능을 증진시키는지에 관한 정보는 여전히 명확하지 않다. 많은 연구자들이 부정적인 심리적 상태가 낮은 수준의 유산소성 건강과 관련이 있다고 생각하기 때문에, 유산소 운동이 심리적 건강에 미치는 효과는 큰 관심을 가지고 연구되었다. 이와 관련된 한가지 이유는 심리적으로 불안한 사람들 대다수가 건강하지 않다는 사실이다. 하지만 긍정적인 효과 역시 유산소 운동에서부터 무산소 근력훈련 또는 요가와 같은 유연성 운동에 이르기까지 폭넓게 발견되고 있다. 이는 유산소성 건강이 심리적 변화를 일으키는데 필요한 것이 아니라 심리적 변화를 가져오는 특정한 기전을 확인하는 것을 어렵게 만든다는 사실을 나타낸다.

최근까지 운동 연구에서 가장 빈번하게 보고된 심리적 기능의 측면들 중 하나는 신체적 과제에서 개인적 통제감 또는 신체적 자기효능감의 역할이다. 자기효능감 이론은 Bandura(1977a, b; 1986)에 의해 발전된 사회인지 이론의 핵심 요소로서 특정한 행동을 수행하기 위한 개인의 능력 지각을 설명한다. 개인적 통제 효능감은 주어진 행동 과제를 수행하는 개인의 지각된 능력으로서 정의될 수 있다(Ewart, 1989). 그것의 놀라울만한 심리적 효과는 노인들의 운동 행동(McAuley, Sheaffer, & Rudolph, 1995), 공포증, 금연, 경력개발관리(Bandura, Adams, & beyer, 1977; Condiott & Lichtenstein, 1981; Hackett & Betz, 1981), 그리고 아동들의 학업성취(Schunk, 1982) 등을 포함하여 모든 연령층의 다양한 심리적 기능에 적용되어왔다.

심장병 환자들을 대상으로 수행된 일련의 연구에서 Ewart(1989)는 신체 활동에 대한 개인적 통제 효능감이 정상적인 생활을 회복하는데 중요한 역할을 하며, 근력훈련이 재활치료 기간 동안 환자들의 신체적 자기효능감과 관련된 정서적 안녕감을 향상시킨다고 주장하고 있다. 갑작스런 심장마비를 경험하는 환자들이 약화된 자기통제감에 의해 더욱 위축되고, 자신의 개인적인 능력을 적절히 지각하지 못하는 것으로 알려져 있다(McCartney & McKelvie, 1996). 이같이 잘못된 편견은 심장병 환자들로 하여금 일상생활에서 어려움을 경험하도록 만들고, 이것은 결과적으로 기분장애와 무활동을 가져올 수 있다. 그래서 개인적 통제감은 심장병 환자들에게 중요한 요소가 될 수 있다. 근력훈련은 이러한 환자들에게 자신의 신체적 능력에 대해 자신감을 되찾도록 도움을 준다. 근력운동은 또 강력한 긍정적 피드백으로서 역할을 수행하며, 정서적 안녕감에 많은 영향을 미친다. 더욱이, 개인적 효능감에 대한 신체 표지자(somatic indicators)는 특히 신체적 성취를 포함하는 영역과 관련이 있다. 즉, 근력훈련은 "환자들의 신체적 능력과 관련하여 직접적이면서 다양하고 매우 신뢰할만한 정보를 제공하는 중요한 변인이다"(Ewart, 1989, p. 683).

Kelemen 등(1986)은 재활 프로그램에 등록된 심장병 환자들을 대상으로 근력훈련이 자기효능감에 미치는 효과를 연구하였다. 연구자들은 40명의 환자들에게 근력훈련이나, 유산소성 활동(걷기와 조깅)과 여가적인 발리볼을 포함한 전통적인 재활 프로그램을 실시하였다. 근력훈련 집단은 동일한 유산소 운동과 낮은 강도의 근력운동을(1 RM의 40%)을 실시하였다. 10주 후 근력훈련 집단의 환자들은 근력에서 유의한 증가를 보였지만, 통제집단은 거의 효과를 보이지 않았다. 실험집단은 또한 팔과 다리 근력을 요구하는 활동에 대하여 자기효능감의 증가를 보였지만, 통제 집단은 이들 변인에서 전혀 변화를 보이지 않았다.

후속 연구에서, Stewart, Kelemen과 Ewart(1994)는 3년간의 근력훈련 프로그램이 심장병 재환 환자들의 신체적 자기효능감에 미치는 효과를 평가하였다. 훈련기간 동안 전체 회기의 50% 이상 참여한 17명의 환자들이 전통적인 재활 프로그램을 끝마친 8명의 환자들과 비교되었다. 3년 전에 측정한 기준값과 비교하여 근력훈련 집단의 환자들이 팔 근력에서 13%, 다리 근력에서 40%, 팔에 대한 자기효능감에서 16%, 다리에 대한 자기효능감에서 16% 정도를 증진시켰다. 통제집단의 환자들은 팔에서 11%, 다리에 대한 자기효능감에서 20%를 증진시켰다. 이들의 연구결과는 근력훈련만이 훈련 과제와 유사한 활동에 대한 자기효능감을 향상시킬 수 있었다는 사실을 보여준다. 이는 근력훈련을 포함시킨 심장병 재활 프로그램이 유산소 운동만을 포함시킨 프로그램보다 더 효과가 있다는 것을 시사한다.

행동 과제의 참여에 영향을 미치는 것 외에도, 근력훈련은 신체적 자기효능감뿐 아니라 정서적 안녕감을 증진시키는 데에 중요한 역할을 하는 것으로 나타났다. 예를 들어, Stewart, Kelemen과 Ewart(1994)는 약물치료를 동시에 병행하고 있는 고혈압 환자 41명(25-59세의 성인 남자)에게 근력훈련을 실시하였다. 피험자들은 베타 수용제 차단약 투여집단, 칼슘길항제 투여집단, 또는 플라시보 약을 투여하는 집단으로 각각 배치되었고, 10주간 저강도(1 RM의 40%) 서키트 근력훈련과 중강도 유산소 운동에 참여하였다. 베타 수용제 차단약은 유산소성 컨디셔닝 효과를 차단하기 위해 사용되었다. 기대한 것처럼, 운동훈련은 칼슘길항제 집단에서 유산소 능력을 유의하게 증진시켰지만, 베타 수용제 차단약 집단에서는 효과를 보이지 않았다. 세 실험집단 모두 팔과 다리 근력에서 자기효능감이 유의한 증가를 보였으며, 이러한 효과는 좋아진 기분과 관련이 있었다. 모든 피험자는 활력에서 증가를 보이는 대신에 긴장과 전반적인 기분 장애에서는 감소를 보였다. 이 결과는 정서적 안녕감의 변화가 생리적 변화에 좌우되기보다는 오히려 향상된 자기통제 지각이 기분 향상과 더 관련이 있다는 사실을 보여준다.

심장병 환자들에게 나타난 실험결과에 비추어, 신체적 자기효능감의 개념은 노인들에게도 효과적으로 적용될 수 있다. 나이가 들수록 개인적인 통제감의 촉진은 신체적, 감각적, 인지적 기능에서의 약화가 개인적 통제감의 상실을 느끼도록 만들기 때문에 신체적, 생리적 건강에 모두 중요하다(Hickey, Owen, & Fromen, 1992). 심장병 환자들과 마찬가지로, 노인들에게 있어서 기능적 능력의 잠재적인 상실에 대한 지각과 신념 상실은 일상적인 활동의 수행을 제한시킬 수 있으며, 노인들은 자신의 실제 능력보다 더 낮은 수준의 자신감을 쉽게 가질 수 있다. 심장병 재활 환자들에게 나타난 것처럼, 근력훈련은 기능적 한계로부터 고통을 겪는 노인들에게 일상적인 활동을 수행하는 지각된 능력을 향상시킴으로써 이들의 유능감을 변화시킬 수 있다.

많은 연구결과에도 불구하고, 자기효능감 이론이 노인들에게 적용되고 있다는 점에서, 어떻게 근력훈련이 노인들의 자기효능감에 영향을 미치는지는 거의 알려진 바가 없다. 하지만 한편의 연구가 근력훈련이 기분과 신체적 자기효능감을 효과적으로 증진시킨다는 결과를 보여주었다. Tsutsumi, Dcn, Zaichkowsky와 Delizonna(1997)는 건강하지만 활동하지 못하는 남녀 노인들(평균 나이 68세)에게 12주간의 근력훈련을 실시하고 심리적 적응력을 분석하였다. 연구자들은 중강도에서 고강도(1 RM의 55-85%)까지의 점진적 저항운동이 근력, 신체 구성, 기분과 신체적 자기효능감에 미치는 효과를 평가하였다. 12주간의 중재 프로그램을 실시한 결과, 근력 프로그램에 참여한 노인들이 근력 강화, 기분 향상, 불안 감소, 신체적 자기효능감의 증진을 보였다. 12주간의 중·고강도 근력훈련의 참여는 노인들에게 근력과 신체 구성을 좋아지게 함으로써 신체적 자기효능감과 기분을 증진시키도록 도움을 주었다.

따라서 근력훈련은 신체적 자기효능감을 증진시키는 데에 매우 효과적이다. 근력과 근 기능의 향상은 신체 과제에 대한 노인들의 지각된 통제감에 강하게 영향을 미칠 수 있다. 더욱이, 자신의 능력을 판단하는 중에, 사람들은 생리적, 정서적 상태에 의해 전달된 신체 정보에 일부분 의존한다(Bandura, 1997). 근력, 근육량, 기능적 능력의 증가와 더불어 저항운동의 영향을 통해 매우 신뢰할 만한 신체 감각(Ewart, 1989)도 역시 노인들에게 자신의 기능적 능력에 대하여 더 많은 자신감을 가질 수 있도록 도움을 준다. 근력훈련은 자신의 수행목표에 대하여 새로운 경험을 제공하는 가치가 있다. 이것은 운동을 하는 사람들에게 지속적인 도전과 성공과 숙달에 대한 기분을 제공해준다. 마지막으로, 트레이너, 동료, 아동들로부터 받은 긍정적 피드백과 같이 근력훈련의 심리적 측면들은 개인의 성공과 성취감을 촉진시켜준다(Faigenbaum, 1995). 이러한 경험은 노인들에게 스스로 일상 생활을 잘 통제하고 있고 정서적 안녕감을 느끼도록 만들 수 있다.

결 론

근력훈련은 인간의 건강을 증진시키는 데에 상당한 잠재력을 갖고 있다. 특히, 이러한 형식의 운동훈련은 기능적 능력을 상실하여 고통을 받고 있는 노인들에게 도움을 줄 수 있는 요소이다. 기존의 연구들은 근력훈련이 노인들의 체력, 근육량, 기능적 능력의 증가와 관련이 있다는 사실을 보여주었다. 이러한 이점은 나이가 많은 연약한 노인들에게도 입증되고 있다. 더욱이, 최근의 연구는 근력훈련이 스트레스, 우울, 불안의 영향을 완화시키고, 정서적 안녕감을 증진시키는 데에 도움이 된다는 사실을 제안하고 있다. 자기효능감 이론의 적용도 기능적 능력의 상실로부터 고통을 받는 많은 성인들에게 중요한 시사점을 제시하고 있다. 강한 자기효능감을 가진 노인들은 장애의 부정적인 영향으로부터 스스로를 보호하고 건강관련 행동을 성공적으로 관리할 수 있다(Bandura, 1997). 노인들에게 건강 상태를 향상시키는 일은 건강 문제가 상실을 가져오고 삶의 질을 심각하게 떨어뜨리기 때문에 특히 중요하다. 신체적 제한이 있더라도 강한 효능감은 스트레스를 극복하고 보다 높은 자율성과 정서적 안녕감을 느낄 수 있는 능력을 증진시킨다.

이와 같은 심리적, 생리적 이점의 조합은 건강과 관련된 변인에 크게 영향을 미치며, 삶의 마지막 단계에서 독립적인 생활양식을 유지하는 데에 중요한 역할을 해야 한다. 그러나 노인들의 정신건강을 위한 근력훈련과 향상된 신체적 자기효능감의 효과와 관련된 적용도 매우 최근의 일이다. 앞으로의 연구는 노인들을 대상으로 근력훈련의 심리적 이점과 자기효능감이 근력훈련에 영향을 미치는 방식, 그리고 심리적, 행동적 기능의 변화들을 보다 명확히 규명하는 것이 필요하다.

참고문헌

Aniansson, A., & Gustafsson, E. (1981). Physical training in elderly men. *Clinical Physiology, 1*, 87-98.

Bandura, A. (1986). *Social foundations of thought and action*. Englewood Cliffs, NJ: Prentice Hall.

Bandura, A. (1977). Self-efficacy: Toward a unifying theory of behavioral change. *Psychological Review, 84*, 191-215.

Bandura, A. (1997). *Self-efficacy: The exercise of control*. New York: B. H. Freeman and Company.

Bandura, A., Adams, N. E., & Beyer, J. (1977). Cognitive processes mediating behavioral change. *Journal of Personality and Social Psychology, 35*, 125-139.

Bassey, E. J., Bendall, M. J., & Pearson, M. (1988). Muscle strength in the triceps surae and objectively measured customary walking activity in men and women over 65 years of age. *Clinical Science, 74*, 85-89.

Bassey, E. J., Fiatarone, W. A., O'Neil, E. F., Kelly, M., Evans, W. J., & Lipsitz, L. A. (1992). Leg extensor power and functional performance in very old men and women. *Clinical Science, 82*, 321-327.

Blair, S. N., Goodyear, N. N., & Cooper, K. H. (1984). Physical fitness and incidence of hypertension in healthy normotensive men and women. *The Journal of American Medical Association, 252*, 487-490.

Blazer, D. (1989). Current concepts: Depression in the elderly. *New England Journal of Medicine, 320*, 164-166.

Blazer, D. (1980). The epidemiology of mental illness in late life. In E. W. Busse & D. G. Blazer (Eds.), *Handbook of geriatric psychiatry* (pp. 142-157). New York: Van Nostrand.

Blumenthal, J. A., Emery, C. F., Walsh, M. A. Cox, D. R., Kuhn, C. M., Williams, R. B., & Williams, R. S. (1988). Exercise training in healthy Type A middle-aged men: Effects on behavioral and cardiovascular responses. *Psychosomatic Medicine, 50*, 418-433.

Blumenthal, J. A., Fredrickson, M., Kuhn, C. M., Ulmer, R. L., Walsh-Riddle, M., & Appelbaum, M. (1990). Aerobic exercise reduced levels of cardiovascular and sympathoadrenal responses to mental stress in subjects without prior evidence of myocardial ischemia. *American Journal of Cardiology, 65*, 93-98.

Bouchard, C., Shepherd, R. J., Stephens, T., Sutton J. R., & McPherson, B. U. (Eds.). (1990). *Exercise, fitness, and health: A consensus of current knowledge*. Champaign, IL: Human Kinetics.

Brown, D. R. (1992). Physical activity, ageing, and psychological well-being. *Canadian Journal of Sports Science, 17*, 185-193.

Buschmann, M. T., Dixon, M. A., & Tichy, A. M. (1995). Geriatric depression. *Home Healthcare Nurse, 13*(3), 47-56.

Camacho, T. C., Roberts R. E., Lazarus, N. B., Kaplan, G. A., & Cohen, R. D. (1991). Physical activity and depression: Evidence from the Alameda County Study. *American Journal of Epidemiology, 134*, 220-231.

Campbell, W. W., Crim, M. C., Dallal, G. E., Young, V. R., & Evans, W. J. (1994). Increased protein requirements in the elderly: New data and retrospective reassessments. *American Journal of Clinical Nutrition, 60*, 167-175.

Caspersen, C. J., Powell, K. E., & Christenson, G. M. (1985). Physical activity, exercise, and physical fitness: Definitions and distinctions for health-related research. *Public Health Reports, 100*, 126-131.

Cohn, S. H., Vartsky, D., Yasumura S., Savitsky, A., Zanzi, I., Vaswani, A., & Ellis, K. J. (1980). Compartmental body composition based on total-body potassium and calcium. *American Journal of Physiology, 239*, E524-E530.

Condiotte, M. M., & Lichtenstein, E. (1981). Self-efficacy and relapse in smoking cessation programs. *Journal of Consulting and Clinical Psychology, 49*, 648-658.

Danner, R., & Edwards, D. (1992). Life is movement: Exercise for the older adult. *Activities Adaptation & Aging, 16*, 15-26.

De Geus, E. J. C., van Doornen L. J. P., de Visser, A. C., & Orlebeke, J. F. (1990). Existing and training induced differences in aerobic fitness: Their relationship to physiological response patterns during different types of stress. *Psychophysiology, 27*(4), 457-478.

Don, B. M., Zaichkowsky, L. D., & Tsutsumi, T. (1996). Effects of strength training on cardiovascular reactivity to stress and psychological well-being in college women. *The Journal of Applied Sport Psychology, 9*, S20.

Donneskoild-Samsore, B., Kofod, V., Munter, J., Grimby, G., & Schnohr, P. (1984). Muscle strength and functional capacity in 77-81 year old men and women. *European Journal of Applied Physiology, 52*, 123-135.

Doyne, E. J., Ossip-Klein, D. J., Bowman, E. D. Osborn, K. M., McDougall-Wilson, I. B., & Neimeyer, R. A. (1987). Running versus weight lifting in the treatment of depression. *Journal of Consulting and Clinical Psychology, 55,* 748-754.

Dunn, A. L., & Dishman, R. K. (1991). Exercise and the neurobiology of depression. *Exercise and Sport Science Review, 19*, 41-98.

Emery, C. F., & Blumenthal, J. A. (1991). Effects of physical exercise on psychological and cognitive functioning of older adults. *Annals of Behavioral Medicine, 13*, 99-107.

Ewart, C. K. (1989). Psychological effects of resistive weight training: Implication for cardiac patients. *Medicine and Science in Sports and Exercise, 21*, 683-688.

Faigenbaum, A. D. (1995). Psychosocial benefits of prepubescent strength training. *Strength and Conditioning, 17*, 28-32.

Fiatarone, M. A., Marks, E. C., Ryan, N. D., Meredith, C. N., Lipsitz, L. A., & Evans,W. J. (1990). High-intensity strength training in nonagenarians: Effects on skeletal muscle. *The Journal of American Medical Association, 263*, 3029-3034.

Fiatarone, M. A., O'Neill, E. F., Ryan, N. D., Clements, K. M., Solares, G. R., Nelson, M. E., Roberts, S. B., Kehayias, J. J., Lipsitz, L. A., & Evans,W. J. (1994). Exercise training and nutritional supplementation for physical frailty in very elderly people. *New England Journal of Medicine, 330*, 1769-1775.

Fisher, N., Pendergast, D., & Calkins, E. (1991). Muscle rehabilitation in impaired elderly nursing home residents. *Archives of Physical Medicine and Rehabilitation, 72*, 181-185.

Folkins, C. H., & Sime, W. E. (1981). Physical fitness training and mental health. *American Psychologist, 36*, 373-389.

Frontera, W. R., Meredith, C. N., O'Reilly, K. P., & Knuttgen, H. G. (1988). Strength conditioning in older men: Skeletal muscle hypertrophy and improved function. *Journal of Applied Physiology, 64*, 1038-1044.

Frontera, W. R., Meredith, C. N., O'Reilly, K. P., & Evans,W. J. (1990). Strength training and determinants of VO2max in older men. *Journal of Applied Physiology, 68*, 329-333.

Hackett, G., & Betz, N. (1981). A self-efficacy approach to the career development of women. *Journal of Vocational Behavior, 18*, 326-339.

Hagberg, J. M., Allen,W. K., Seals, D. R., Hurley, B. F., Ehsani, A. A., & Holloszy, J. O. (1985). A hemodynamic comparison of young and older endurance athletes during exercise. *Journal of Applied Physiology, 58*, 2041-2046.

Hagberg, J. M., Graves, J. E., Limacher, M.,Woods, D., Cononie, C., Leggett, S., Gruber, J., & Pollock, M. (1989).

Cardiovascular responses of 70- to 79-year-old men and women to exercise training. *Journal of Applied Physiology, 66*, 2589-2594.

Harries, U. J., & Bassey, E. J. (1990). Torque-velocity relationships for the knee extensors in women in their 3rd and 7th decades. *European Journal of Applied Physiology and Occupational Physiology, 60*, 187-190.

Heath, G., Hagberg, J., Ehsani, A., & Holloszy, J. (1981). A physiological comparison of young and older endurance athletes. *Journal of Applied Physiology, 51*, 634-640.

Helmrich, S. P., Ragland. D. R., Leung, R. W., & Paffenbarger, R. S. (1991). Physical activity and reduced occurrence of non-insulin-dependent diabetes mellitus. *New England Journal of Medicine, 325*, 147-152.

Hickey, M. L., Owen, S. V., & Froman, R. D. (1992). Instrument development: Cardiac diet and exercise selfefficacy. *Nursing Research, 41*, 347-351.

Jette, A. M., & Branch, L. G. (1981). The Framingham disability study: II — Physical disability among the aging. *American Journal of Public Health, 71*, 1211-1216.

Kannel, W. B. (1995). Epidemiological insights into atherosclerotic cardiovascular disease — From the Framingham Study. In M. L. Pollock, & D. H. Schmidt (Eds.), *Heart disease and rehabilitation* (pp. 3-16). Champaign, IL: Human Kinetics.

Kasch, F., Boyer, J., Van Camp, S., Verity, L., & Wallace, J. P. (1993). Effect of exercise on cardiovascular ageing. *Age and Ageing, 22*, 5-10.

Kelemen, M. H., Stewart, K. J., Gillan, R. E., Ewart, C. K., Valenti, S. A., Manley, J. D., & Kelemen, M. D. (1986). Circuit weight training in cardiac patients. *Journal of the American College of Cardiology, 7*, 38-42.

Klitgaard, H., Mantoni, M., Schiaffino, S., Ausoni, S., Gorza, L., Laurent-Winter, C., Schnohr, P., & Saltin, B. (1990). Function, morphology and protein expression of aging skeletal muscle: A cross-sectional study of elderly men with different training backgrounds. *Acta Physiologica Scandinavica, 140*, 41-54.

Koenig, H. G., & Blazer, D. G., (1992). Epidemiology of geriatric affective disorders. In G. S. Alexopoulos (Ed.), *Clinics in geriatric medicine* (pp. 235-252). Philadelphia: Saunders.

Larsson, L. (1978). Morphological and functional characteristics of the aging skeletal muscle in man. *Acta Physiologica Scandinavica, 457* (Suppl), 1-36.

Larsson, L. (1982). Physical training effects on muscle morphology in sedentary males at different ages. *Medicine and Science in Sports and Exercise, 14*, 203-206.

Larsson, L. G., Grimby, G, & Karlsson, J. (1979). Muscle strength and speed of movement in relation to age and muscle morphology. *Journal of Applied Physiology, 46*, 451-456.

Lee, I., Paffenbarger, R. S., & Hsieh C. (1991). Physical activity and risk of developing colorectal cancer among college alumni. *Journal of the National Cancer Institute, 83*, 1324-1329.

Lexell, J., Henriksson-Larsen, K., Wimblod, B., & Sjostrom, M. (1983). Distribution of different fiber types in human skeletal muscles: effects of aging studied in whole muscle cross sections. *Muscle and Nerve, 6*, 588-595.

Malloy, T. E., & Mays, G. L. (1984). The police stress hypothesis: A critical examination. *Criminal Justice and Behavior, 11*, 197-224.

Martinsen, E. W., Hoffart, A., & Solberg, O. (1989). Comparing aerobic and non-aerobic forms of exercise in the treatment of clinical depression: A randomized trial. *Comprehensive Psychiatry, 30*, 324-31.

Mazzeo, R. S., Cavanagh, P., Evans, W. J., Fiatarone, M., Hagberg, J., McAuley, E., & Startzell, J. (1998). Exercise and physical activity for older adults. *Medicine & Science in Sports & Exercise, 30*, 992-1009.

McAuley, E., & Rudolph, D. (1995). Physical activity aging, and psychological well-being. *Journal of Aging and Physical Activity, 3*, 67-96.

McAuley, E., Shaffer, S., & Rudolph, D. (1995). Affective responses to acute exercise in elderly impaired males: The moderating effects of self-efficacy and age. *International Journal of Aging and Human Development, 41*, 13-27.

McCartney, N., & McKelvie, R. S. (1996). The role of resistance training in patients with cardiac disease, *Journal of Cardiovascular Risk, 3*, 160-166.

McGinnis, J. M., & Lee, P. R. (1995). Healthy people 2000 at mid decade. *The Journal of the American Medical Association, 275*, 1123-1129.

Menkes, J. Mazel, D. & Redmond, C. (1993). Strength training increases regional bone mineral density and bone remodeling in middle-aged and older men. *Journal of Applied Physiology, 74*, 2478-2484.

Mobily, K. E., Rubenstein, L. M., Lemke, J. H., O'Hara, W., & Wallace, R. B. (1996). Walking and depression in a cohort of older adults: The Iowa 65+ rural health study. *Journal of Aging and Physical Activity, 4*, 119-135.

Moritani, T., & DeVries, H. (1980). Potential for gross muscle hypertrophy in older men. *Journal of Gerontology, 35*, 672-682.

Murray, M. P., Duthie, E. H., Gambert, S. T., Sepic, S. B., & Mollinger, L. A. (1985). Age-related differences in knee muscle strength in normal women. *Journal of Gerontology, 40*, 275-280.

Nelson, M. E., Fiatarone, M. A., Morganti, C. M., Trice, R. A., Greenberg, R. A., & Evance,W. J. (1994). Effects of high-intensity strength training on multiple risk factors for osteoporotic fractures. *The Journal of the American Medical Association, 272*, 1909-1914.

Norvell, N., & Belles, D. (1993). Psychological and physical benefits of circuit weight training in law enforcement personnel. *Journal of Consulting and Clinical Psychology, 61*, 520-527.

Ogawa, T., Spine, R., Martin III,W., Kohrt,W. Schechtman, K., Holloszy, J., & Ehsani, A. (1992). Effects of aging, sex and physical training on cardiovascular responses to exercise. *Circulation, 86*, 494-503.

Paffenbarger, R. S., Hyde, R. T., Wing, A. L., & Hsieh, C-C. (1986). Physical activity, all-cause mortality, and longevity of college alumni. *New England Journal of Medicine, 314*, 605-613.

Pollock, J. L., Graves, J. E., Leggett, S., Jones, A. E., & Colvin, A. B. (1989, May). *Injuries and adherence to aerobic and strength training exercise programs for the elderly*. Paper presented at the annual meeting of the American College of Sports Medicine, Baltimore.

Rodeheffer, R., Gerstenblith, G., Becker, L., Fleg, J., Weisfeldt, M., & Lakatta, E. (1984). Exercise cardiac output is maintained with advancing age in healthy human subjects: Cardiac dilatation and increased stroke volume compensate for a diminished heart rate. *Circulation, 69*, 203-213.

Rogers, M., Hagberg, J., Martin, W., Ehsani, A., & Holloszy, J. (1990). Decline in VO2max with aging in master athletes and sedentary men. *Journal of Applied Physiology, 68*, 2195-2199.

Roskies, E., Seraganian, P., Oseasohrn, R., et al. (1986). The Montreal Type A intervention project: Major findings. *Health Psychology, 5*, 45-69.

Schunk, D. (1982). Effects of effort attributional feedback on children's perceived self-efficacy and achievement. *Journal of Educational Psychology, 74*, 548-556.

Seals, D. R., Hurley, B. F., Schultz, J., & Hagberg, J. M. (1984). Endurance training in older men and women: I.

Cardiovascular responses to exercise. *Journal of Applied Physiology, 57*, 1024-1029.

Singh, N. A., Clements, K. M., & Fiataron, M. A. (1997). A randomized controlled trial of progressive resistance training in depressed elders. *Journal of Gerontology, 52*, M27-M35.

Snow-Harter, C., & Marcus, R. (1991). Exercise, bone mineral density, and osteoporosis. *Exercise and Sports Science Review, 19*, 351-388.

Sonstroem, R. J., & Morgan, W. P. (1989). Exercise and self-esteem: Rationale and model. *Medicine and Science in Sports and Exercise, 21*, 329-337.

Spina, R. J., Miller, T. F., Bogenhagen, W. H., & Schechtman, K. B. (1996). Light training improves muscular strength and self-efficacy in cardiac patients. *Journal of Cardiopulmonary Rehabilitation, 8*, 292-296.

Takenaka, K., & Zaichkowsky, L. D. (1990). Physiological reactivity in acculturation: A study of female Japanese students. *Perceptual and Motor Skills, 70*, 503-513.

Taylor, C. B., Sallis, J., & Needle, R. (1985). The relationship of physical activity and exercise to mental health. *Public Health Reports, 100*, 195-202.

Tinetti, M. E., Liu, W. L., & Clause E. (1993). Predictors and prognosis of inability to get up after falls among elderly persons. *The American Journal of Medical Association, 269*, 65-70.

Tsutsumi, T., Don, B. M., & Zaichkowsky, L. D. (1999). Psychophysiological effects of strength training on cardiovascular stress reactivity in older adults. In M. Sato, H. Tokura, & S. Watanuki (Eds.), *Recent advances in physiological anthropology* (pp. 329-338). Fukuoka: Kitakyushu University Press.

Tsutsumi, T., Don, B. M., Zaichkowsky, L. D., & Delizonna, L. L. (1997). Physical fitness and psychological benefits of strength training in community dwelling older adults. *Applied Human Science, 16*, 257-266.

Tsutsumi, T., Don, B. M., & Zaichkowsky, L. D., Takenaka, K., Oka, K., & Ohno, T. (1999). Comparison of high and moderate intensity of strength training on mood and anxiety, in older adults. *Perceptual and Motor Skills, 87*, 1003-1011.

U.S. Department of Health and Human Services. (1984). *Executive summary: Aging and health promotion: Market research for public education.* Washington, DC: U.S. Government Printing Office.

U.S. Department of Health and Human Services. (1991). *Healthy people 2000: Summary report.* Boston: Jones and Bartlett Publishers.

Wallace, J., & O'Hara, M. W. (1992). Increases in depressive symptomatology in the rural elderly: Results from a cross-sectional and longitudinal study. *Journal of Abnormal Psychology, 101*, 398-404.

Chapter

12

신체 운동과 간질

Hege R. Eriksen | Bjørn Ellertsen | Knut A. Hestad

역자 | 박중길(고려대학교)

서 론

현대 사회에서 신체운동은 점차 중요해지고 있다. 그 이유는 개인의 신체 활동 수준이 감소하고 있으며, 이것은 최소한 부분적으로 좌업 생활로 인해 신체적 욕구가 줄어들기 때문이다. 이러한 사실은 과거와 비교하여 여가 시간의 신체 운동을 더욱 중요하게 만들고 있다. 비록 여가 시간 중 신체운동에 참여하는 비율이 증가하고 있지만, 미국과 영국, 호주의 인구 가운데 약 1/3이 심폐능력을 향상시키는 데에 충분하지 못한 빈도와 강도의 활동에 참여하고 있다(Stephens & Caspersen, 1994).

신체운동은 이제 "건강한 개인들(health individuals)"이라도 건강상의 문제를 예방하고 줄이기 위해 직장에서 자주 제공되고 있다. 또한 장애를 가진 사람들을 위한 신체 활동도 증가하고 있다. 이 때문에 신체운동은 관상 동맥 질환과 비만(Anderson et al., 1995), 요통(Biering Sorensen, Bendix, Jorgensen, Manniche, & Nielsen, 1994)과 같이 다양한 의학적 질병을 가진 사람들에게 적극 권장되고 있다. 전통적으로 스포츠와 운동에 참여하는 것을 가로막는 의학적 질병은 많이 감소하였다. 그러나 이러한 감소는 여전히 많은 연구자들에게 알려져 있지 않다. 간질 환자들에게 있어서 운동에 대한 전통적인 접근은 최소한 발작을 유발하거나 사고의 위험을 가져올 수 있는 운동에 참여하지 않도록 주의해야 한다.

1960년에, Lennox는 간질 환자들이 한마디로 말해서 비활동 상태(stagnation)에 있다고 말하였다. 그에 의하면, 간질 환자들은 움직임, 생각, 의사소통, 배변 등이 느리다. 있을 수 있는 수많은 원인들이 제시되었으며, 그 중에는 간질병 문제 자체, 약물치료의 부작용, 일반 치료정책, 그리고 신체 활동의 부족 등이 있다. 임상실험에서 나타난 결과는 간질 환자들이 어떤 종류의 운동에도 참여하지 않는 것이 좋다는 사실을 보여주고 있다. 우리의 입장은 그와 정반대이다.

그 동안 환자들을 위한 권장 사항들이 임상적 경험과 유사 사례에 기초하여 제시되어왔다. Mendell(1984)은 발작이 신체 활동과 연계되어 거의 일어나지 않으며, 활용할 수 있는 연구도 부족하다고 주장하였다. 그러나 방법론적으로 안전한 경험적 연구들이 일부 이용 가능하다는 사실에도 불구하고, 기존의 문헌들은 신체 활동의 참여와 관련하여 몇 가지 규칙과 조항들을 제시하고 있다. 본 장에서는 운동과 간질의 관계, 위험 요인과 이득, 그리고 어떻게 새로운 지식이 적용될 수 있는지에 대하여 논의된다. 운동을 하거나 신체적으로 활동적인 간질 환자들이 비활동적이거나 운동에 참여하지 않는 환자들보다 더 발작이 많다는 사실을 보여주는 연구들은 매우 적다(Ellertsen, Eriksen, Mostofsky, & Ursin, 1993).

그럼에도, 많은 간질 환자들이 부상에 대한 두려움(Bjørholt, Nakken, Roehme, & Hansen, 1990)이나 운동으로 인한 발작의 두려움(Williams, Roth, & Ruiz, 1991) 때문에, 다양한 활동으로부터 배제되거나 규제를 받고 있다. 일반적으로, 대다수의 연구들은 간질을 앓고 있는 아동과 성인 모두 신체 활동에 참여하도록 권장하고 있다(Gates, 1991; van Linschoten, Back, Mulder, & Meinardi, 1990; Livingstone, 1971). Livingstone(1971)에 의하면, 간질 아동들은 또래들과 똑같이 신체 활동에 참여하도록 허용되고, 발작이 통제된다는 사실이 제공되어야 한다. 사실, 제한된 신체 활동의 결과는 발작의 부정적인 결과보다 더 심각한 문제를 야기할 수 있다. 여기에서 중요한 핵심은 과보호, 사회심리적 문제, 부정적인 자아 이미지, 낙인 효과(American Academy of Pediatrics, 1983; Freeman, 1985; Livingstone, 1971), 불안/혼란(Gates, 1991), 신체 활동으로부터 긍정적인 생리적 효과의 부족(van Linschoten et al., 1990) 등이다.

간 질

Lennox(1960)는 간질병 환자의 5가지 특징을 (a) 의식 상실이나 불면증, (b) 과도한 근긴장/움직임 또는 상실, (c) 환각 증상, (d) 자율신경계의 교란, (e) 비정상적인 사고 과정이나 기분으로 정의하였다.

바꾸어 말하자면, 간질은 단기에서부터 장기간에 걸쳐 그 자체로 다양한 증상으로 나타난다. 간질성 발작은 부분적인 뇌장애에 의한 실행증, 실인증 등의 소증상과 대뇌반구에서의 뇌파 변화 등의 특징이 있다. 이러한 발작은 일차성 간질과 이차성 간질로 구분된다. 일차성 간질에서, 환자는 신경학적으로 건강하고, 뇌전도(EEG)의 활동은 정상이며, 자기공명 영상이나 컴퓨터 단층촬영도 정상적인 결과를 보여준다. 이차성 간질에서, 임상적 또는 실험실 결과들은 중추신경계에서 질병이나 손상을 확인시켜준다. 간질성 발작은 손 저림, 발한, 안면신경마비 등과 같은 다양한 방식으로 나타난다.

발작은 또 어떠한 임상적 증상도 보이지 않는 잠복성 형태일 수 있다. 이 경우에 신경심리검사는 지연된 반응시간이나 자극들 간 판별이 어려운 상황과 같이 비정상적인 뇌파 활동 중에 인지적 손상을 보여줄 수 있다(Rugland, 1990). 간질보다는 다른 병들이 유사한 증상들을 일으킬 수 있다. "난치성 간질(intractable epilepsy)" 환자들 중의 약 1/5이 간질을 가지고 있지 않으며, 이 환자들 중 대부분은 심인성 발작(Lesser, 1996), 과호흡증후군에 의한 공황 발작, 편두통이 있으며(Cordova, 1993), 또는 다양한 미주신경성 실신 증상을 보인다(Sander & O'Donoghue, 1997). 후자의 사례로는 미주신경성 실신과 심원성 서맥 등이 있다. 심원성 실신 가운데 희귀한 부정맥(long Q-T syndrome)은 특별한 관심을 받았는데, 이 질환은 발작을 이끌어낼 수 있다(Gordon, 1994). 이 병은 베타 수용체 차단약으로 치료될 수 있으며, 간질과 혼동해서는 안 된다. 의사들도 간혹 과호흡과 관련이 있는 저혈당증과 혈액의 수소이온 농도(pH)의 변화를 반드시 고려해야 한다. 따라서 정확한 진단이 매우 중요하다(Sander & O'Donoghue, 1997). 의식 수준에 영향을 미치는 간질성 발작은 국소증상을 나타내는 간질들(focal epilepsies)보다는 신체 활동과 관련하여 훨씬 더 문제가 크다.

운동과 간질

생물학적 변인들에 있어서 항상성 균형의 모든 변화는 간질성 발작을 일으키는 위험 요소이다. 실제로 격렬한 정서적 반응들이 발작을 일으키는 가장 공통된 요소 중 하나로서 보고되었다(Aird, 1983). 그러나 연구 상황들은 간혹 수면부족과 관련이 있었으며, 이러한 수면장애는 발작을 유발하는 것으로 보고되고 있다(Aird, 1983). 신체운동 중에 발작은 빈번하지 않지만 일어날 수가 있다(Eriksen et al., 1994; Korczyn, 1979; Ogunyemi, Gomez, & Klass, 1988). 상대적으로 이러한 경우는 많지 않지만, 관심을 가져야 되는 이유는 스포츠 활동 중에 때때로 일어나는 발작이 앞으로 스포츠 활동에 참여할 때 영향을 미치기 때문이다. 아직까지 스포츠에서 간질성 발작의 정확한 발병율에 관한 구체적인 자료는 없는 실정이다.

발작을 일으키는 요소들은 운동을 하는 도중에 발생하는 생리적 변화들과 그 운동에 포함된 심리적 요소들과 관련이 있다. 운동은 뇌파(EEG)에서 변화를 일으키며, 또한 뇌파에서 간질병 같은 활동에 영향을 미칠 수 있다. 기존의 연구도 역시 운동(예; 무릎 구부리기, 자전거 에르고미터 등)은 성인과 아동 모두에게 간질병 같은 활동을 감소시키는 데에 도움이 된다(Götze, Kubicki, Munter, & Teichman, 1967; Horyd, Gryziak, Niedzielska, & Zielinski, 1981; Nakken, Løyning, Løying, Gløersen, & Larsson, 1997). 하지만 그 상황은 간질병 같은 활동에서 뇌파의 급격한 증가가 일부 환자들에게 운동 후에 나타나기 때문에 훨씬 더 복잡하다(Berney, Osselton, Kolvin, & day, 1981; Götze et al., 1967; Horyd et al., 1981; Kuijer, 1978). 간질병 같은 활동에서 이와 같은 운동 후의 증가는 혈액의 낮은 수소이온 농도와 관련이 있다(Esquivel, Chaussain, Plouin, Ponsot, & Arthuis, 1991). 운동으로 발작이 일어난 두 명의 아동들에 대한 사례연구도 어떠한 병리생리학적 기전을 명확히 확인하지 못하였다(Schimitt, Thun Hohenstein, Vontobel, & Boltshauser, 1994).

운동과 발작 통제

앞서 언급한 바와 같이, 신체운동 자체가 발작 증상을 증가시킨다는 생각을 뒷받침하는 증거는 아직까지 없다. 대다수의 연구자들은 최소한 몇 가지 유형의 신체운동을 모든 간질 환자들에게 권장하고 있다. 그러나 신체운동이 간질에 미치는 효과와 관련하여 믿을만한 연구결과는 찾아보기가 어려운 실정이다. 병리학, 발작위험, 그리고 발작 빈도에 있어서 변화성은 더 많은 피험자 집단과 보다 엄격한 선정기준을 요구한다. 또한 대부분의 간질 환자들이 임상적으로 잘 통제되기 때문에, 그와 같은 연구들을 수행하는 것도 어려움이 있다. 훨씬 더 심각하고 치료가 어려운 발작 증상을 보이는 환자들도 상대적으로 매우 적다.

물론 치료가 불가능하거나(Eriksen et al., 1994) 덜 심각한 간질 환자들(Nakken, Bjørholt, Johannessen, Løyning, & Lind, 1990)을 포함하여 매우 적은 수의 환자들을 대상으로 사전-사후 실험설계를 적용한 연구사례들도 보고되고 있다. 이러한 연구들은 환자들이 유산소성 운동에 참여했을 때 발작 빈도가 감소된다는 사실을 보여주었다. 이 유산소성 운동은 근육통, 수면장애, 피로에 효과가 있다(Eriksen et al., 1994).

삶의 질과 주관적인 건강에 대한 이러한 이차적인 효과는 일반적인 운동의 심리생리적 측면에 기인하며, 운동의 심리생리적 효과는 발작의 발병율을 감소시켜준다(Eriksen et al., 1994). 개인적인 생활조건과 개인에게 직면한 도전을 잘 통제하고 있다고 느끼는 주관적인 경험들은 스트레스 반응을 감소시켜준다(Levine & Ursin, 1991). 이 때문에 도전과 스트레스 원인을 처리할 수 있다는 기대감은 일종의 대처를 의미하며(Levine & Ursin, 1991), 그와 같은 기대감을 가진 사람들은 스트레스 원인에 덜 반응하며 훨씬 더 양호한 주관적인 건강을 보여준다(Ursin, 1998).

발작 발생의 저항력에 대한 효과의 병리생리학적 기전은 여전히 불확실하지만(Götze et al., 1967), 항상성 불균형으로 인해 일어나는 일관적인 발작 증상의 원리와 일치한다. 따라서 병리생리학적 기전은 이 균형을 유지시키는 어떤 사건에 의해 약화될 수도 있다. 보통 신체적으로 건강한 사람은 스트레스를 잘 이겨내기 때문에, 신체적으로 건강한 간질 환자들은 발작 증상을 피하는데 더 좋은 기회를 가지고 있다고 가정할 수 있다.

정서적 혼란과 간질

많은 간질 환자들이 외적으로 통제되고 있다는 느낌을 보고하고 있으며, 우울증과 불안과 관련된 검사에서 높은 점수를 나타내는 것으로 알려져 있다(Ettinger et al., 1998). 다수의 연구들도 신체 운동이 환자들의 우울증과 불안 증상을 감소시키는 데에 긍정적인 영향을 미친다는 결과를 보여주고 있다(Martinsen, Hofart, & Solberg, 1989; Martinsen, Medhus, & Sandvik, 1985; Martinsen, Strand, Paulsson, & Kaggestad, 1989; Morgan & Goldstone, 1987; Steptoe, Edwards, Moses, & Mathews, 1989). 위에서 제시된 연구들에 의하면, 그 이유가 간질 환자들에게 매우 중요하다. 간질 환자들과 우울증 또는 불안 증상이 다른 사람들보다 신체 운동으로부터 더 적은 이득을 얻는다고 믿을만한 이유는 전혀 없다. 그러나 신체 운동이 정서적 문제들을 일으키고, 이러한 문제들 자체가 발작과 관련하여 위험 요소로 작용할 수 있기 때문에, 간질 환자들이 일반인들보다 더 많은 이득이 필요하다.

간질 운동선수의 수행

간질 자체가 어떤 형식의 신체 운동에서든 수행에 영향을 미친다고 믿을 만한 이유는 전혀 없다. 그러나 여기에는 최상의 수행을 방해할 수 있는 두가지의 요소들이 있다. 첫번째 요소는 간질 운동선수가 스포츠 환경에서 직면하는 심리적, 사회적 장애이다. 어떤 선수들은 이러한 장애를 극복하는 데에 충분한 힘과 자원을 가지고 있으며, 실제로 간질 운동선수 가운데 뛰어난 수행을 보여주는 사례들도 있다. 운동선수들이 하나의 핸디캡으로 생각할 수 있는 어떤 조건들을 가지고 있다는 것을 알고 있다는 것이 선수들에게 어느 정도 중요한지를 알기란 어려운 일이다.

그러나 이러한 지각은 중요한 시합이 시작되기 전 마지막 심리적 강화에서 일부 운동선수에게는 중요한 역할을 할 수 있다는 것은 분명한 사실이다. 따라서 시합 전에 마지막 심리적 준비를 할 때, 발작에 대한 두려움이나 자신감 결여를 극복하는 것이 필요하다(Pensgaard, Roberts, & Ursin, 1999). 최상의 수행을 방해할 수 있는 두 번째 요소는 반 간질병 약물치료에 의한 간섭이다. 물론 이것은 그 약물의 복용량과 내성, 그리고 운동선수가 참여하고 있는 활동의 유형에 달려 있다.

경험적 자료: 정말로 위험한가?

간질 환자들을 위한 신체운동과 스포츠와 관련된 일반적인 권장사항은 1960년대 이래 지속적으로 바뀌었다. 1960년에 Lenox는 신체 활동이 발작을 억제하는 역할을 한다고 주장하였지만, 미국의학협회 스포츠 의학분과 위원회(the American Medical Association Committee on the Medical Aspects of Sports)는 난치성 발작이 있는 환자들은 다양한 유형의 스포츠 활동으로부터 배제되어야 한다고 주장하였다. 이러한 관점은 많은 비난을 받았으며(Livingstone et al., 1978), 후에 이 권장사항은 수정되었다. 오늘날, 많은 연구들이 간질 환자들을 위한 신체 운동과 관련된 권장사항들이 지나치게 엄격하다고 주장하고 있다(Eriksen et al., 1994; Gates & Spiegel 1993; van Linschoten et al., 1990). 스웨덴의 전 국대대표 스키선수인 Jan Boklöv는 월드컵 대회에서 그의 뛰어난 수행과 새로운 스키 점프 테크닉("V" 스타일)의 개발, 그리고 간질 환자로 유명해진 선수이다. 그러나 간질을 앓고 있는 대다수의 환자들에게 스키 점프, 스카이 다이빙, 또는 암벽 등반과 같은 활동은 크고 작은 발작 증상이 일으킬 수 있는 치명적인 결과 때문에 권장되지 않는다(American Academy of Pediatrics, 1983; Spack, 1984).

미국소아과학회(American Academy of pediatrics. 1983)는 만족스러운 발작 통제와 적절한 상담은 위험요소가 포함된 신체 활동에 참여하는 아동들에게 중요하다고 주장하였다. 이제 발작이 자주 일어나고 쓰러지는 환자들은 자신의 활동에 제한을 두어야 한다는 것은 일반적으로 받아들여지고 있다(Cordova, 1993; Gates, 1991). 그럼에도 일부 연구자들은 다이빙과 등반과 같이 일부 활동을 제외하고 이러한 주장조차도 반대하고 있다(Mendell, 1984). Greensher(1985)는 다른 아동들과 비교하여 간질 아동들에게 혼수상태의 위험이 4배로 높다고 주장하였다. 그럼에도 간질 병력이 있는 직업 운동선수들은 바람직스럽지 않은 결과에 대한 구체적인 증거가 없는 상태에서 위에서 언급한 스포츠에 참여하고 있다.

장애와 극복방안

간질 환자들이 활동적인 삶을 살고 스포츠와 운동에 참여해야 한다는 것은 일반적으로 동의를 하지만(Eriksen et al., 1994; Gates & Spiegel, 1993; Nakken, Bjørholt et al., 1990; Nakken & Kornstad, 1998; Nakken, Løyning, Løying, Gløersen, & Larsson, 1997), 이 문제는 아직까지 실제 생활에서 실현되기가 매우 어렵다. Hanai(1996)는 간질을 가진 교사들 중 55%와 아동의 가족들 중 60%만이 "체육수업과 학교 활동에 참여하는데 있어서, 발작이 통제될 수만 있다면 아동들이 모든 활동에 참여해야 한다"(p. 29)라는 질문에 긍정적으로 응답하였다고 보고한바 있다. "발작이 통제되든 안 되든 아동들이 모든 활동에 참여해야 한다"라는 응답은 교사들보다는 가족들에게서 더 많았으며, 이 응답은 장애 학생들이 있는 학교의 교사들과 그 가족들에게서 더 많았다.

운동을 하는 중에 발작을 경험한 사람들이 그렇지 않은 사람들에 비해 운동을 하고 싶어 하지 않는다는 것은 분명한 사실이다. 현재 우리가 알고 있는 지식을 만족스럽게 실행하기 위해서는 어떻게 간질 환자들이 활발한 생활양식에 대처할 수 있는지에 대하여 실현 가능한 접근이 요구된다. 그러한 도전은 분명 확인되고 충족되어야 한다. 간질 환자들에게 활발한 생활양식을 얻도록 하는데 있어서 한가지 중요한 장애는 충분한 자격을 갖춘 사람들이 부족하다는 점이다. 간질 환자들은 활동적이든 비활동적이든 모두 운동을 하는데 어려움을 보고하고 있다.

Roth, Goode, Williams와 Faught(1994)의 연구에서, 비활동적인 환자들 중 38%, 활동적인 환자들 중 18%가 운동을 하는 중에 발작으로 인한 두려움을 느낀다고 보고하였다. 더욱이, 비활동적인 환자들 중 37%, 활동적인 환자들 중 21%가 전혀 운동경험이 없었으며, 그리고 비활동적인 환자들 중 34%, 활동적인 환자들 중 15%가 운동 프로그램을 시작하는 방법을 알지 못하였다. Roth 등(1994)은 비활동적인 환자들이 활동적인 환자들보다 간질과 관련된 두려움과 장애를 더 많이 경험한다고 보고하였다. 비활동적인 환자들은 또 운동 중에 훨씬 더 많은 발작을 경험하였다. 그러나 이 연구에서 인과관계는 확인되지 못하였다. 그 장애는 극복되거나 아니면 최소한 자격을 갖춘 사람들의 감독을 통해 줄어들 수 있다. 따라서 고치기 어려운 간질 환자들을 위한 운동은 물리치료사들의 지원과 감독이 요구된다(Eriksen et al., 1994).

권고 사항

운동의 유형과 관련하여 어떤 조언을 하기 전, 간질의 유형과 빈도, 치료의 효과, 그와 관련된 반응들이 각 환자들마다 고려되어야 한다. 환자들에게 제공되는 조언은 운동 중에 뇌졸중을 발생시키는 위험요소와 특정한 스포츠의 특성에 따른 잠재적 뇌졸중의 결과와 관련이 있어야 한다. 그 조언은 또한 운동의 일반적인 효과와 뇌졸중 발생에 미치는 일반적인 영향에 초점을 두어야 한다. 다른 유형의 '발작(fits)' 즉, 혈관 운동성 실신의 서맥(braycardia with vasovagal syncope), 심장탓 실신(cardiogenic syncope), 심인성 실신(psychogenic syncope), 공황 발작(panic attacks), 만성두통(migraine equivalents) 등도 배제되어야 한다(Cordova, 1993).

대부분의 간질 환자들이 피해야 하거나 또는 최소한 신체 활동에 참여하기 전에 매우 주의 깊게 고려해야 될 스포츠 유형도 있다. 이러한 유형의 스포츠에는 비행과 스카이다이빙, 자동차 경주, 등산과 암벽 등반, 하이 다이빙, 스쿠버 다이빙, 잠영, 행글라이딩, 현수하강(abseiling) 등이 있다. Cordova(1993)는 이런 유형의 스포츠를 절대적으로 금기해야 한다고 주장하고 있다. 그는 또한 다음과 같은 스포츠도 금기해야 될 유형으로 간주하고 있다: 양궁과 사격과 같은 표적 스포츠, 접촉형 스포츠(예: 권투), 아동의 경우 자전거 타기, 그리고 다소 위험한 트램폴린(trampoline)과 같은 체조. 또한 그는 오스트레일리아 사람으로서 스키와 아이스 스케이팅에 대해서도 주의를 시키지만, 사실 이러한 금기사항은 북극 사람들에게 받아들이기 어려운 스포츠들이다. 마지막으로, 그는 또 축구뿐만 아니라 럭비와 미식축구도 금하고 있다. 그러나 뇌진탕성의 경련에 관한 연구를 고려할 때(McCrory, Bladin, & Berkovic, 1997), 이러한 주장은 다소 지나친 예방조치이다.

머리에 어떤 충격이 가해지면서 발생하는 뇌진탕성 경련은 외상 후 일어나는 대표적인 뇌졸중의 유형으로 알려져 있다. 그러나 McCrory 등(1997)은 이러한 경련을 간질로 분류하는 데에 문제를 제기하였다. 이들은 머리에 작은 부상을 입은 후 뇌진탕성 경련을 경험하고 있는 22명의 호주 축구선수들을 대상으로 연구를 수행하였다. 그 결과 이들은 뇌진탕성 경련이 심각하지 않고, 회복이 빠르며, 뇌졸중으로 이어지지 않는다고 결론지었다. Jennett(1975)는 머리 부상 시에 일어난 간질이 뒤이은 간질과 관련이 없다는 사실을 관찰하였다.

결 론

일반적으로 운동이 간질 환자들에게 금기사항은 아니다. 간질 환자들이 신체운동과 스포츠 활동으로부터 이익을 얻는다는 사실을 보여주는 증거가 있다. 그러나 운동의 잠재적 효과는 간질의 유형과 다른 관련 요인들에 따라 더욱 세밀하게 탐색되어야 하며, 기존의 연구들보다 훨씬 더 폭넓고 잘 통제된 연구들이 필요하다. 만족할 만한 수준의 간질 통제와 적절한 상담이 위험 요소를 포함하고 있는 신체 활동에 참여하는 아동과 성인들을 위해 매우 중요하다. 비록 일부 연구자들은 다른 의견을 제시하고 있지만, 발작 증상이 빈번한 사람들에게는 다이빙과 등산과 같이 몇 가지 활동을 제외하고 신체 활동을 제한하는 것이 일반적인 사실이다(Mendell, 1984). 최근의 연구들은 간질 환자들로 하여금 신체운동에 참여하도록 권장하고 지지하는 것이 바람직하다는 사실을 보여주고 있다. 그 이유는 고립감과 무력감에서 벗어나고 운동으로부터 생리적, 심리적 이득을 얻을 수 있기 때문이다. 비록 신체 활동 자체가 운동을 하는 중이나 후에 어떤 사람들에게 발작을 일으킬 수도 있지만, 간질에 미치는 일반적인 효과는 좋은 것으로 나타나고 있다.

참고문헌

Aird, R. B. (1983). The importance of seizure inducing factors in the control of refractory forms of epilepsy. *Epilepsia, 24*, 567-583.

American Medical Association Committee on Medical Aspects of Sports of the American Medical Association. (1976). *Medical evaluation of the athlete: A guide*. Washington, DC: American Medical Association.

American Academy of Pediatrics. Committee on Children with Handicaps and Committee on Sports Medicine. (1983). Sports and the child with epilepsy. *Pediatrics, 72*(6), 884-885.

Andersen, S. A., Haaland, A., Hjermann, I., Urdal, P., Gjesdal, K., & Holme, I. (1995). Oslo diet and exercise study: A one year randomized intervention trial; effect on hemostatic variables and other coronary risk factors. *Nutrition, Metabolism and Cardiovascular Diseases, 5*, 189-200.

Berney, T. P., Osselton, J. W., Kolvin, I., & Day, M. J. (1981). Effects of discotheque environment on epileptic children. *British Medical Journal, 282*, 180-182.

Biering Sorensen, F., Bendix, T., Jorgensen, K., Manniche, C., & Nielsen, H. (1994). Physical activity, fitness, and back pain. In C. Bouchard, R. J. Shephard, & T. Stephens (Eds.), *Physical activity, fitness, and health: International proceedings and consensus statement* (pp. 737-748). Champaign, IL: Human Kinetics Publishers.

Bjørholt, P. G., Nakken, K. O., Roehme, K., & Hansen, H. (1990). Leisure time habits and physical fitness in adults with epilepsy. *Epilepsia, 31*, 83-87.

Cordova, F. (1993). Epilepsy and sport. *Australian Family Physician, 22*(4), 558-562.

Ellertsen, B., Eriksen, H. R., Mostofsky, D. I., & Ursin, H. (1993). Exercise and epilepsy. In D. I. Mostofsky & Y. Løyning (Eds.), *The neurobehavioral treatment of epilepsy* (pp. 107-122). Hillsdale: Lawrence Erlbaum Associates.

Eriksen, H. R., Ellertsen, B., Gronningsaeter, H., Nakken, K. O., Loyning, Y., & Ursin, H. (1994). Physical exercise in women with intractable epilepsy. *Epilepsia, 35*(6), 1256-1264.

Esquivel, E., Chaussain, M., Plouin, P., Ponsot, G., & Arthuis, M. (1991). Physical exercise and voluntary hyperventilation in childhood absence epilepsy. *Electroencephalography and Clinical Neurophysiology, 79*(2), 127-132.

Ettinger, A. B., Weisbrot, D. M., Nolan, E. E., Gadow, K. D., Vitale, S. A., Andriola, M. R. Lenn, N. I., Novak, G. P., & Hermann, B. P. (1998). Symptoms of depression and anxiety in pediatric epilepsy patients. *Epilepsia, 39*(6), 595-599.

Freeman, J. M. (1985). Epilepsy and swimming [Letter to the editor]. *Pediatrics, 76*(1), 139.

Gates, J. R. (1991). Epilepsy and sports participation. *The Physician and Sports Medicine, 19*(3), 98-104.

Gates, J. R., & Spiegel, R. H. (1993). Epilepsy, sports and exercise. *Sports Medicine, 15*(1), 1-5.

Gordon, N. (1994). The long Q-T syndromes. *Brain and Development, 16*(2), 153-155.

Greensher, J. (1985). Epilepsy and swimming [letter to the editor]. *Pediatrics, 76*(1), 139.

Götze, W., Kubicki, S., Munter, M., & Teichman, J. (1967). Effect of physical exercise on seizure threshold. *Diseases of the Nervous System, 28*(10), 664-667.

Hanai, T. (1996). Quality of life in children with epilepsy. *Epilepsia, 37* (Suppl. 3), 28-32.

Horyd, W., Gryziak, J., Niedzielska, K., & Zielinski, J. J. (1981). Exercise effect on seizure discharges in epileptics. *Neurologia I Neurochirurgia Polska, 5-6*, 545-552.

Jennett, B. (1975). *Epilepsy after non missile head injuries* (2nd ed.). London: Heineman.

Korczyn, A. D. (1979). Participation of epileptics in sports. *Journal of Sports Medicine, 19*, 195-198.

Kuijer, A. (1978). *Epilepsy and exercise—an investigation into some physiological effects of exercise in people with epilepsy: Electroencephalographic and biochemical studies*. Academisch proefschrift, Universiteit van Amsterdam.

Lennox, W. G. (1960). *Epilepsy and related disorders*. London: J. & A. Churchill LTD.

Lesser, R. (1996). Psychogenic seizures. *Neurology, 46*, 1499-1507.

Levine, S., & Ursin, H. (1991). What is stress? In M. R. Brown, G. F. Koob, & C. Rivier (Eds.), *Stress, neurobiology and neuroendocrinology*. (pp. 3-21). New York: Marcel Dekker Inc.

van Linschoten, R., Back, F. J. G., Mulder, O. G. M., & Meinardi, H. (1990). Epilepsy and sport [Review article]. *Sports Medicine, 10*(1), 9-19.

Livingstone, S. (1971). Should physical activity of the epileptic child be restricted? *Clinical Pediatrics, 10*(12), 694-696.

Livingstone, S., Pauli, L., & Pruce, I. (1978, January). Epilepsy and sports [Letter to the editor]. *Journal of American Medical Association, 239*(1), 22.

Martinsen, E. W., Hofart, A., & Solberg, Ø. (1989). Aerobic and non-aerobic forms of exercise in the treatment of anxiety disorders. *Stress Medicine, 5*, 115-120.

Martinsen, E. W., Medus, A., & Sanzvik, L. (1985). Effects of aerobic exercise on depression: A controlled study. *British Medical Journal, 291*, 109

Martinsen, E. W., Strand, J., Paulsson, G., & Kaggestad, J. (1989). Physical fitness level in patients with anxiety and depressive disorders. *International Journal of Sports Medicine*, *10*, 58-61.

McCrory, P. R., Bladin, P. F., & Berkovic, S. F. (1997). Retrospective study of concussive convulsions in elite Australian rules and rugby league footballers: Phenomenology, aetiology, and outcome. *British Medical Journal, 314*, 171-174.

Mendell, J. R. (1984). The nervous system. In R. H. Strauss & W. B. Saunders (Eds.), *Sports medicine* (pp. 149-174). Philadelphia: Saunders.

Morgan, W. P., & Goldstone, S. E. (1987). *Exercise and mental health*. Washington, DC: Hemisphere.

Nakken, K. O., Bjørholt, P. G., Johannessen, S. I., Løyning, T., & Lind, E. (1990). Effect on physical training on aerobic capacity, seizure occurrence, and serum level on antiepileptic drugs in adults with epilepsy. *Epilepsia*, *31*, 88-94.

Nakken, K. O., & Kornstad, S. (1998). Do males 30-50 years of age with chronic epilepsy and on long-term anticonvulsant medication have lower-than-expected risk of developing coronary heart disease? *Epilepsia, 39*(3), 326-330.

Nakken, K. O., Løyning, A., Løying, T., Gløersen, G., & Larsson, P. G. (1997). Does physical exercise influence the occurrence of epileptiform EEG discharges in children? *Epilepsia, 38*(3), 279-284.

Ogunyemi, A. O., Gomez, M. R., & Klass, D. W. (1988). Seizures induced by exercise. *Neurology, 38*, 633-634.

Pensgaard, A. M., Roberts, G. C., & Ursin, H. (1999). Motivational factors and coping strategies of Norwegian Paralympic and Olympic winter sport athletes. *Adapted Physical Activity Quarterly*.

Roth, D. L., Goode, K. T., Williams, V. L., & Faught, E. (1994). Physical exercise, stressful life experience, and depression in adults with epilepsy. *Epilepsia, 35*(6), 1248-1255.

Rugland, A. L. (1990). "Subclinical" epileptogenic activity. In M. Sillanpaa, S. I., Johannessen, G. Blennow, & M. Dam (Eds.), *Pediatric epilepsy* (pp. 217-224). Petersfild: Wrightson Biomedical Publ. Ltd. Sander, J. W. A. S., & O'Donoghue, M. F. (1997). Epilepsy: Getting the diagnosis right. *British Medical Journal, 314*, 158.

Schmitt, B., Thun Hohenstein, L., Vontobel, H., & Boltshauser, E. (1994). Seizures induced by physical exercise: Report of two cases. *Neuropediatrics, 25*(1), 51-53.

Spack, N. P. (1984). Medical problem of exercising child: Asthma, diabetes, and epilepsy. In L. J. Micheli (Ed.), *Pediatric and adolescent sports medicine* (pp. 124-133). Boston: Little, Brown.

Stephens, T., & Caspersen, C. J. (1994). The demography of physical activity. In C. Bouchard, R. J. Shephard, & T. Stephens (Eds.), *Physical activity, fitness, and health: International proceedings and consensus statement* (pp. 204-213). Champaign, IL: Human Kinetics Publishers.

Steptoe, A., Edwards, S., Moses, J., & Mathews, A. (1989). The effects of exercise training on mood and perceived coping ability in anxious adults from the general population. *Journal of Psychosomatic Research, 5*, 537-547.

Ursin, H. (1988). Expectancy and activation: An attempt to systematize stress theory. In D. Hellhammer, I. Florin, & H. Weiner (Eds.), *Neurobiological approaches to human disease* (pp. 313-334). Toronto: Hans Huber.

Ursin, H. (1998). The psychology in psychoneuroendocrinology. *Psychoneuroendocrinology, 23*(6), 555-570.

Williams, V. L., Roth, D. L., & Ruiz, L. L. (1991, August). *Barriers to exercise in adults with epilepsy*. Poster session presented at the annual meeting of the American Psychological Association, San Francisco.

Chapter

13

운동에서의 통증 관리

C. Zvi Fuchs | Kim Larsson | Leonard D. Zaichkowsky

역자 | 정지혜(숙명여자대학교)

    운동과 체력이 건강 증진과 유지에 중요하다는 것은 잘 알려진 사실이다. 또한 건강을 증진시키는 대부분의 방법은 신체 활동과 관련되어 있다. 운동은 급성 및 만성 통증을 동반하는 신경계, 근 골격계 질환 및 다양한 심혈관계 질환의 진행을 막고, 그 회복에 도움이 될 수 있다. 이러한 검증된 임상 실험은 연구의 주요 내용을 통해 뒷받침된다. 미국질병 관리위원회(Centers for Disease Control and Prevention)와 미국 스포츠 의학회(American College of Sports Medicine)는 최근 다음과 같은 운동 권고안을 제시하였다.

    "모든 건강한 성인은 중강도의 신체 활동을 하루에 30분 이상씩, 가급적 매일하여야 한다"(Pate et al. 1995, p. xx). 해당 신체 활동은 종목에 상관없이 매일 2마일(1.6km)씩 빠르게 걷기 정도의 강도로 명시하였다. 이러한 운동은 지속적이거나 주기적일 수 있으며 필요에 의해 지도를 받을 수도 있다.

    아이러니하게도 통증을 겪고 있는 대부분의 환자들이 통증을 완화하기보다는 운동 프로그램 참여함으로써 오히려 통증을 유발하고 있었다. 평균적으로 미국 인구의 25% 정도가 일정 주기로 운동을 하는데(Deuster, 1996), 그 중 단 4%만이 만성 통증의 호전을 위해 충분한 운동을 한다고 한다(Linchitz, 1987). 운동을 하지 않았던 건강한 사람이 운동 프로그램을 시작한 후, 급성 단기 통증을 경험하는 것은 일반적이다. 이는 혈액과 근육에서의 젖산 분비 증가로 인한 것으로, 이 짧은 통증은 1시간 내에 소멸된다(Cailliet, 1995; Fox, 1979). 일반적으로 비 운동자의 통증은 운동의 시작과 연관이 있으며, 평균 운동 후 24시간에서 72시간 뒤 시작되어 지속된다. 이러한 증상을 지연발생 근육통(delayed onset muscle soreness, DOMS)라 하며, 운동 중 근육의 불편한 감각이나 통증을 의미한다. 이러한 통증은 가장 일반적으로 확장을 수반하는 운동(증가한 무게에 대해 저항하는 동안의 근육의 이완) 수행 후 느낄 수 있을 뿐만 아니라, 복합적인 정상 신진대사와 미세 손상을 근육-건 결합부와 근육 세포 연결에도 영향을 미친다. 운동 후 통증이 72시간 이상 지속될 경우, 이는 염증성 근 질환, 신진대사 이상, 빈혈과 같은 내재 조건이 악화되어 나타나는 통증이거나 새로운 부상의 발생일 수 있으므로 병원을 찾아야한다.

운동을 통해 건강해지면 통증 및 부상의 증가 위험을 경시하게 되므로, 모든 회복 프로그램에 운동 요법을 포함하는 것이 논리적인 것처럼 보인다. 사실, 20여년 전 Fordyce(1976)는 운동은 행동 관련 통증 관리 프로그램의 중추이며, 통증 행동을 감소시키는 동시에 치료 후의 건강 촉진 행동에서의 유지 패턴을 확립하게 한다고 하였다. 그러나 임상의로서, 우리는 통증 환자의 운동 준수 및 기피가 병리학 범위와 관련 있다고 말한다. 통증 확장 및 갑작스러운 통증에 대한 공포는 통증과 우울감을 감소시키는 효과가 있는 리드미컬한 운동 중에 증가하는 엔돌핀 분비의 분명한 증거이다. 통증 자극제와도 같은 운동치료에 대한 공포는 치료사의 안심되는 말, 설명, 느리고 단계적인 진전 그리고 운동 요법의 대체를 통해서도 감소되지 않는다. 통증 증가에 대한 공포로 인해 운동 프로그램을 고수하는 것도 주요한 문제이다. 이 장(chapter)에서는 신체 활동과 만성 요통, 사지 통증, 관절염, 두통과 섬유근육통 등의 임상 통증 증후군에서의 엄격한 운동 주기에 대한 임상 연구 결과에 대하여 요약하려고 한다. 이 질환들은 모두 통증을 동반하며, 통증은 증상, 진단 및 치료를 결정짓는데 중요한 역할을 한다. 또한 종합적인 통증 관리 접근법에서의 주요 요소로서의 운동 프로그램 실행 권유에 대해서도 논의할 것이다. 이 이론을 통하여 건강을 촉진하고 특히 통증을 동반한 질환의 통증 감소에 도움이 될 것이다.

요통

요통은 내원, 입원 장애의 주요 원인 중 하나이다. 통계적으로 선진국 인구의 60~80%가 요통을 경험한 적이 있다고 한다. 통증은 급성 및 아급성 통증, 만성 통증으로 구분한다. 매년 5%의 성인 미국인이 요통을 경험한다. 5백만 명의 환자가 요통으로 인해 부분장애를 입을 가능성이 있으며, 2백만 명은 전신 장애 가능성을 가지고 있다. 이는 미국 경제에 연간 25~50억 달러의 영향을 미칠 것으로 추정된다. 급성 요통이 수일에서 6주 정도 지속될 경우, 휴식을 취하고, 단계적으로 제한적인 운동을 해야 하며 주로 진통제 또는 약한 진정제를 약물치료에 사용한다. 모르핀 등의 마약성분(narcotic)은 잘 사용하지 않으며, 사용할 경우에는 아주 짧게만 허용한다. 운동과 같은 더 적극적인 치료방법은 이후에 더 자세히 소개하기로 할 것이다. 아급성 통증이 3개월 간 지속된다면, 급성 요통과 같은 방법으로 약물을 처방하며 단계적으로 정상 활동으로 돌아간다. 통증이 3~6개월 혹은 그 이상 지속될 경우 만성 요통이라 한다. 통증이 오래 되었거나 또는 다양한 처방 후, 통증 감소가 전혀 없거나 약간의 감소 효과를 얻었을 때 만성 요통으로 볼 수 있다. 사실 만성 요통은 원인 또는 객관적 자료(X-ray, CT, MRI, 특정 신경계 결함)가 있거나 없는 경우로 나눌 수 있으며, 주로 불면증, 우울감 또는 간혹 통증 증가에 대한 두려움으로 인한 회피 반응에서 기인하는 불안감이 복합적으로 작용한 것이다. 가장 오래되었지만 현재도 종종 사용되고 있는 해결 방법은 휴식이지만, 운동이 가장 주요한 치료방법으로 보인다. 약물치료는 주로 비스테로이드성 항염증제(NSAID), 삼환계 항울제(tricyclics), 항 우울제로 제한된다. 마취제 역시 내성과 중독 우려가 높아 제한적으로 사용된다. 또한 많은 임상의들은 대부분 만성 요통 환자의 통증 유발 행동 규모가 초기 부상의 불균형 또는 "환자의 심리를 반영"한다고 믿고 있다. 이는 고통의 호소가 과장되었거나 신체화, 암 등을 가지고 있는 환자에 의해 만들어졌다고 볼 수 있다. 또는 만성적인 통증을 지속시키는 스트레스나 긴장 등에 의한 2차 산물일 수 있다.

수십 년간, 대다수의 환자와 임상의들은 운동이 가장 중요하고 하나뿐인 고유한 방식의 요통 치료 및 관리 방법이라는 것을 알고 있었다. 몇몇 환자들은 물건을 들어 올리거나(역도, Lifting) 또는 다른 격렬한 활동 시 등 근육과 연관된 갑작스럽거나 극심한 움직임에서 통증이 시작됨을 느꼈다. 이러한 접근방식은 무엇이 동작에서 야기되는

지와 운동으로 치료 가능한 것이 무엇인가의 개념에 부분적으로 영향을 미쳤다. 요통 환자의 신체 컨디션 저하가 만성 요통의 결과물이 아닐 수 있지만 만성 요통을 야기할 수 있다는 사실이 증명되었다. 운동이 척추 주변 근육을 강화시키고, 요통을 감소시킬 뿐 아니라 다른 통증의 유발 또는 재발을 늦추거나 예방할 수 있다는 점에서 위 이론은 논리적이라 볼 수 있다. 운동 요법과 관련된 많은 연구들은 운동이 손상되거나 통증이 있는 등의 몸통 근육계 근력을 안정, 강화, 향상시켜 직·간접적으로 요통 발생 가능성을 예방할 수 있다고 추정한다.

이러한 운동 요법은 그 종류가 많고 다양하다. 대표적인 운동 요법 중 Sobel과 Klein (1994)의 유명한 책인 "요통 : 운동의 효과"를 살펴보도록 하겠다. 이 책은 스트레칭, 근력 강화(Strengthening), 에어로빅 등의 실내 운동을 위한 책으로 좋은 참고 자료이다.

환자들은 책을 통해 예방 및 유지에 도움을 받을 수 있다. 이 책의 장점은 간결하고 단순한 문장과 운동 동작이 들어있다는 점이다. 그러나 물리적 약물 양상의 역할에 대한 더 나은 임상적 이해를 위해 간략하지만 정확하게 많은 운동 양상을 기술하고 있는 Soric(1989)과 Revel(1995)의 책을 권한다.

휴식, 온열치료, 냉 적용(cold application)과 같은 수동적인 치료법은 신경근의 압박을 해소한다고 알려진 윌리엄 굴곡운동(William's flexion excercise)과 복강 내 압력을 증가시켜 복근을 강화하고, 요추의 스트레스를 감소시키는 데이비드 굴곡법(David's flexion method)과 같이 논의되고 있다. 맥킨지(McKenzie)의 가장 유명한 운동법은 척수신경에서의 수핵 배열 이동을 위한 것으로 설명된다. 스트레칭 요법의 지지자들은 스트레칭이 척추의 축 압력 감소에 중요한 역할을 한다고 말한다. Soric 역시 걷기, 조깅, 그리고 수영 같은 유산소 운동이 통증 감소에 중요하다고 하였다. 스트레칭은 통증 개선에 중요한 말초 순환계에 베타 엔돌핀 분비를 촉진한다. Soric은 자세 조절 운동(postural adjustment exercise), 기동(mobilization), 수축(traction), 조작(manipulation) 등 다른 신체적 기술에 대해서도 검토하였다. 기타 일상 생활 복귀나 요통 재활치료를 위한 운동에 관련된 짧지만 좋은 자료들은 Hartigan, Miller, 그리고 Liewehr(1996)의 논문에서 찾아볼 수 있다.

"요통 환자 재활 프로그램(Back school)"에 대한 좋은 검토 자료로 Hall(1989)의 관련 자료를 추천하는 바이다. Hall은 Back school이 1970년대 초 스웨덴에서 시작되었다고 밝혀냈다. 그는 Back school 원래 의도가 교육적인 인체공학(ergonomics) 및 척추의 자연 치유 능력을 촉진하고 신체 활동 수준을 높이는 것이었다고 강조한다. 이후에 신체적 치료의 연장, 저강도 유산소 운동과 같은 대부분의 척추 운동이 몇몇 Back school에서 진행되었다. 이러한 종합적인 접근법은 요통환자 교육과 관련한 제네바(스웨덴) 회의 결과를 요약한 Nordin에 의해서도 추천되었다.

결정적으로, 요통의 척추교정지압요법(chiropractic)은 의학계에서는 가장 양면적인 운동법이지만, 환자들에게는 점점 더 인기를 끌고 있다. Burns와 Mierau(1997)은 척추 교정 운동에 대해 종합적으로 기술하고 있다. 그들은 기동(mobilization)과 조작(manipulation) 운동을 명확히 구분하고 있다. 기동은 주로 부드럽고 진동하고 진폭이 크며 저속의 스트레칭 동작을 말하며, 반면에 조작은 빠르고 힘이 있으면서도 통제된 척추의 추진력을 뜻한다. 조작은 관절을 동작의 생리적 정상 범위 이상으로 가볍게 움직이는 것으로 일반적으로 뼈 부딪히는 소리를 동반하며 통증을 완화한다. 접골사(osteopaths)와 일부 물리치료사들도 사용하는 척추 교정 운동은 신전 운동(extension exercise) 보다는 요부 굴곡 운동(lumbar flexion)이며, 이는 주로 집에 있는 환자들에게 실행되는 운동 프로그램에 따른 것이다.

대부분의 연구자와 임상의는 요통은 척추와 주변 지지 근육의 구조 역학적 기능 장애와 감정적, 행동적, 사회경제적 그리고 논쟁 상황 등과 같은 생물학적 과정 사이의 복잡한 상호작용으로 인한 질환이라는 데에 동의한다. 이는 반응과 강화가 통증 역학에 주요한 역할을 하고 있음을 알 수 있다. 하지만 오늘날 모든 치료 방법은 종합적인 접근법으로 요통 재활에 적용되고 있는 것은 의심의 여지가 없는 사실이다.

이 장에서는 모든 치료 방법이 따로 명시되지 않는 한 종합적이라고 전제한다. 치료 요법에서 운동의 정확한 역할을 구분하는 것은 어려운 일이지만 지배적인 구성 요소로서 운동 관련 연구 하나를 검토할 것이다. 마지막으로 많은 연구가 요통 관리에 도구의 역할을 하고 있기 때문에 우리는 해당 주제의 가장 포괄적인 고찰 연구를 검토할 것이다. 실제로 많은 고찰 연구들은 내용과 결론에 다양한 사전 심사 절차를 기준으로 채택하고 있으며, 고찰 연구 선정하는데 있어 중요한 요소이다. 많은 논문이 부적합한 통제 집단, 모호한 표현, 운동이 개입된 요법의 부족한 기준과 같은 방법론의 결함과 계획, 실행, 자료 분석 방법 및 결과 보고 등의 구체적인 문제로 인하여 비판을 받는다. 하지만 이러한 광범위한 자료 속에서 투입된 정보가 불완전할지라도 우리는 분명한 정보를 발췌할 것이다. 우리는 또한 이 고찰 연구를 통하여 보편적인 결론에 기초한 확실한 지침을 도출하기 위해 노력할 것이다. 하지만 마지막 부분에는 고찰 연구를 통해 얻은 결론에 반박하거나 옹호하기 위하여 몇 가지 개별 연구 모델을 포함시킬 것이다.

1990년대 초, Koes, Bouter, Beckerman, van der Heizden 그리고 Knipschild(1991)는 처음으로 이전 24년간(1966~1990)의 요통 치료를 위한 물리치료 운동의 연구결과를 평가하고자 하였다. 그들은 컴퓨터 검색(MEDILINE)을 이용하여 무작위로 23개의 대조 연구를 스크리닝 하였다. 블라인드 리뷰를 통해 다음과 같이 카테고리에 따라 분류하여 연구의 질을 점수화하였다.

(a) 연구 그룹의 인원 수
(b) 개입
(c) 효과의 측정
(d) 자료 제출
(e) 통계적 분석
(f) 저자의 주요 결론

23개의 연구 중에서 4개의 연구들만이 50점 이상(100점 만점)을 받았고 기타 19개 연구들은 하위권으로 분류되었다. Koes 외 공동 집필자들(1991)은 "운동 치료가 요통 치료를 위한 다른 보존적 치료보다 효과적인지 또는 특정 타입의 운동이 더 효과적인지에 대한 어떠한 결론도 내리지 못했다"고 밝혔다.

Faas(1996)은 같은 데이터베이스와 다른 스크리닝 기법을 사용하여 코어스(Koes)의 연구를 진행하였다. Faas 또한 연구를 급성, 아급성, 만성 통증으로 구분하였다. 그는 1991년부터 1995년까지 11개의 연구들만을 검토하였다. Faas는 운동 치료가 급성 통증에는 효과적이지 않으며, 아급성 통증에는 점진적으로 강도 높이는 형식의 운동 프로그램을 진행하는 것이 효과가 있을 것으로 보았다. 만성 통증에는 강도 높은 운동 프로그램이 가장 효과적인 것으로 나타났으나 이 결과들은 1년 후 사라졌다. 그는 특히 맥킨지 운동법이 효과적인 주요 운동법으로 주목해야 한다고 언급하였다. 이 연구는 두가지 방향에서 시사점을 제공한다. 첫째, 급성 통증에는 활동적인 물리치료 방법의 사용을 금해야 한다. 둘째, 만성 통증에 강도 높은 운동이 효과적인 것은 사실이지만,

치료가 끝난 후 환자가 운동을 하지 않으면 그 효과는 지속되지 않는다. 또 다른 MEDLINE 문헌 연구를 시작한 Lahad, Malter, Berg, 그리고 Deyo(1994)는 27년간 (1966~1993)간 190개의 논문들을 검토하였다. 그 중 요통의 치료의 정확한 방법에 대한 기본 자료를 가지고 있는 64개의 논문들만이 더 비판적으로 검토되었고, 16개만이 운동 연구들이었다. 게다가 무작위로 선정된 논문들만을 사용하여 논문 고찰 내용에 대한 기준이 매우 평범하였다. 예를 들어 몇몇 검토된 연구들은 사전에 요통을 가지고 있었는지 여부 상관없이 환자들을 선정하였다. Lahad는 유산소 운동을 포함한 다양한 근육 운동이 요통을 예방할 수 있고, 요통의 발생 빈도와 기간을 줄이는 것과 연관이 있다는 결론을 내렸다. 이 연구들에서 자각 증상이 없는 질병은 첫 번째 결론을 뒷받침하였다. 그러나 예방책으로서의 운동에 대한 강력한 권유의 부재와 부족한 선택 기준, 그리고 검토된 논문들은 주로 임상이 아니라 현장에서 이루어진 연구라는 사실은 이러한 명백한 결론을 단지 피상적으로 만들었다. Scheer, Radack 그리고 O'Brien (1995)은 좀 더 선택적인 검토를 시도하였다. 그들은 상업적인 급성 요통의 분석과 결론을 위해 1975년부터 1993년까지의 10편의 논문들을 엄선하였다. 선정 과정에서 4,000편의 논문 중 35개만이 그들의 무작위 추출의 방법론적 엄격함, 통제 그리고 질을 평가하는 26가지 원리를 만족시켰다. 이중 그들은 다양한 운동 개입이 포함된 10개의 논문들에 집중하였다. 그 중재전략에는 척추 굴곡(spinal flexion), 신전(extension), 몸통 근육의 등축성 근력 강화 운동(isometric strengthening), 유산소 운동, 수중 운동, 스트레칭, 조작, 안정성, 자세 향상 및 기타 활동적인 신체 활동 등이 있다. 나열한 운동 방법들이 사용되었음에도 그 결과들은 매우 강하고 분명하게 나타났다. 첫째, 누운 상태에서의 짧은 휴식과 운동을 하지 않는 것은 급성 요통 환자에게 추천된다. 둘째, 일반적인 체력 프로그램은 장기적인 요통 예방에 크게 효과적이다. 셋째, 요통 환자 재활 프로그램(Back school) 및 척추 교정은 급성 요통 치료에 있어서의 그 효과를 입증하기 위해 심층적인 연구가 필요하다. Scheer, Watanabe, 그리고 Radack(1997)는 2년간의 지속적인 조사를 거쳤지만 아급성 및 만성 요통 치료에서의 운동의 효과를 명확하게 뒷받침할 어떠한 연구도 찾지 못하였다. 급성 요통 치료에 대한 운동 개입의 역할을 연구한 다른 문헌고찰 연구들은 중요한 방법론적, 의사 결정적 결함을 입증하였다. 그러나 그 연구들의 결론은 앞서 이루어진 다른 고찰들과 대부분 연관되어 있었다. 문헌 고찰 선정에 비 특이적 기준을 사용했던 Towmey와 Taylor(1995)는 수동적

교정과 재활은 급성 요통의 회복 속도를 높이는데 매우 효과적이라는 사실을 발견하였다. 그러나 자연 치유에 대한 통제는 충분하지 않았다. 자연 치유 및 능동적인 교정/재활 운동은 이러한 자기 제어(self-limiting)에 주요한 요인이 될 수 있다.

Towmey와 Taylor는 또한 고찰 연구에 대한 충분한 증거 없이도, 운동 특히 격렬한 운동 프로그램은 만성 요통에 좋은 결과를 가져올 수 있다고 결론지었다. Wheeler와 Hanley(1995)는 유사한 일반 고찰에서, 급성 단계에서의 격렬한 운동에 대한 반대 의견을 제시하였다. 아급성 및 만성 요통 단계에서는 늘어나는 저항에 대항하여 점차적으로 운동을 실행하는 것이 바람직하다. 이 두 고찰에서는 요통의 예방을 위해 일반 체력(유산소 및 무산소)의 종합적인 접근 및 심리 사회적인 개입이 도움이 된다고 설명한다. 보기에는 대조적이지만, Malkia와 Ljunggren(1996)은 운동 재활이 신체적 장애에 긍정적인 역할을 미친다는 결론을 얻었다. 그러나 종합적인 접근을 제외한 운동만으로는 사회적, 직업적 활동으로 이어질 수 없다. Menniche(1995, 1996)의 덴마크에서의 집단 연구를 기초로 한 유사한 두가지 뛰어난 고찰은 다음 두가지 이유에서 흥미롭다. 몇몇 스칸디나비아식 연구의 내용이 주류인 영문 저널을 고려하고 있지는 않다는 것과 수술 전/후의 디스크 환자에 대한 치료 요법으로서의 운동에 주목하고 있다는 것이다. 총 555명의 만성 요통 환자가 참여한 그의 6개 연구들에 대한 그의 광범위한 설명은 다음과 같다. Menniche(1995, 1996) 디스크 수술 전/후 아급성 및 만성 요통 환자들은 부작용이 거의 없고 주로 고강도 운동으로 이루어진 일상 복귀 재활 프로그램을 통해 견딜 수 있고 도움을 얻는다고 설명한다. 그의 연구는 만성 요통 및 좌골 신경통으로 기능적 일상 장애, 심각한 업무 제한 등을 겪고 있는 수술 후 환자를 위한 광범위한 운동 요법과 유사하게 유의한 효과를 보여주는 다른 요추부 추간판 탈출증(lumber disc herniation) 연구를 통해 뒷받침된다. 대조적으로 적극적인 신체 운동을 포함하는 기능적인 회복 프로그램에 대한 한 캐나다 연구는(Teasell & Health, 1996) 일상 복귀 비율에 있어 비 운동 프로그램과 유사한 결과를 보여준다. 그들은 심각한 방법론적 결함과 편견을 가진 연구를 비판하였지만, 적절하게 무작위로 선정되고 통제된 실험 역시 일상 복귀 프로그램에서의 운동 그룹의 뚜렷한 차이를 보여주지 못했다(78% vs 79%). 이 문헌고찰의 주요 목표는 아주 좁은 범위, 다시 말해 일상 복귀에 있다.

다른 문헌 고찰 연구들은 직장에서 요통 재활을 위한 운동의 비용 효율성에 대한 문제를 정착시키는데 도움이 되는가를 통해 운동 프로그램을 평가하였다. Karas, Cohn

그리고 Conrad(1996)는 1987년부터 1994년까지 엄격한 포함 기준을 통해 요통 연구를 고찰하였다. 15개의 연구를 선정한 후, 주요 방법론적 문제에도 불구하고 운동/유연성 프로그램과 요통 재활 프로그램(back school)은 교육 프로그램, 고정화(허리벨트, back belt) 보다 운동이 더 나은 결과를 가져온다는 결론을 내렸다. 한 영문 출판물에 프랑스에서 진행된 연구가 포함되었고, Revel(1995)은 요통 치료에 대한 신체적 치료법에 대하여 고찰하였다. 그는 타당성과 적용가능성 기준을 만족하는 30개의 연구만을 선정하였다. Revel은 운동을 포함하지 않거나, 고강도의 운동 요법을 배제한 대부분의 요통 재활 프로그램(back school)은 실패했다는 결론을 얻었다. 척추 굴곡/신장(spinal flexion/extension) 운동조차 긍정적 효과를 단기적으로 나타내었기 때문에, 물리 치료사가 투입된 방법은 고려하지 않았다. 그러나 단계별 운동에 기초한 기능적 회복 프로그램은 장기 신체적, 심리 사회적 혜택을 동반한다.

또 다른 고찰연구에서 Campello, Nordin 그리고 Weiser(1996)은 요통 연구의 부족한 설계/방법론 및 적용된 운동 방법의 강도, 빈도, 지속 등에 대한 정확한 보고의 부족에 대한 불만을 토로하였다. 이러한 결함은 그들로 하여금 요통에 대한 다른 치료법과 비교한 운동의 독특한 기여도에 대한 해석을 어렵게 만들었다. 그러나 그들의 고찰은 휴식과 무활동은 증상을 악화시키며, 정상 활동 상태 회복을 지연시키고, 요통 환자에게 야기될 수 있는 기타 부정적인 정신물리학적 문제를 일으킨다고 설명한다. 그들은 운동을 통한 신체적 상태의 회복은 아급성 및 만성 요통의 가장 효과적인 관리 방법이라는 논리적인 결론을 얻었다. 급성 요통과 운동 치료와 관련하여 고찰의 결과는 매우 명백하다. 통증의 제한 범위 내에서의 정상 활동의 지속 후 2~3일의 짧은 휴식 또는 접골 의사(osteopathic physician), 척추 교정사(chiropractor), 그리고 물리치료사에 의해 실행되는 부드러운 수동적 재활이 급성 요통에는 가장 효과적이다. 그러나 주로 척추 교정사에 의해 관리되는 재활은 급성 요통 치료에 가장 비싼 치료법지만 그 효과는 주치의, 일반의에 의한 적은 비용의 치료법 또는 임상 간호사의 15분짜리 교육 프로그램과 비슷하거나 더 나쁘기도 하다. 이러한 결과들은 특수한 전문적인 운동요법 개입이 본래의 급성요통 질병 상태를 쉽게 변경할 수 없음을 강하게 제시한다.

대부분의 고찰 연구들은 대부분 요통의 급성 단계에서는 운동의 효과가 없음에 동의한다. 사실상 급성 단계에서의 운동은 요추부 다열근(lumbar multifidus muscles)의 회복 속도를 늦추고 증상에 대한 빈약한 결과와 재발률을 낮추며, 급성 단계에서의

콜라겐 합성의 증가를 방해할 것이다. 또한 만성 요통에서 운동 프로그램은 요법 또는 운동 요법의 혼합 여부와 상관없이 확실히 유익하며, 이는 거의 모든 연구와 광범위한 고찰을 통해 분명하게 나타나 있다. 이러한 보편적인 동의는 치료 또는 예방을 위한 다수의 매우 공격적인 운동 개입을 만들었다. Manniche, Lundberg, Chistensen, Bentzen 그리고 Hesselsoe(1991)은 만성 요통 환자에 대한 강도 높은 역학 등 운동의 단기 효과를 연구하였고 3개월 후, 강도가 더 높을수록 더 나은 결과를 얻을 수 있다는 사실을 발견하였다. 그러나 이 연구는 요신경근 압박증 환자 그리고 척추 분리증 또는 척추의 골연화증의 방사선 신호에 대해서는 배제하였다. 최근 Ljunggren, Weber, Kogstan, Thom 그리고 Kirkesola(1997)는 가정용 체중 저항 운동 기구(TerapiMaster)를 이용하여 직장의 결근을 75~80% 낮추는데 성공했다고 밝혔다. 또 다른 연구는 감독을 최소화한 3년간의 추적 연구를 통해 체력 센터에서의 만성 요통 환자를 위한 고강도 재활 프로그램을 완성하였고, 좋은 결과와 부작용이 없음을 보고하였다. 마침내 Rainville(1997)은 저항증가에 대항한 몸통 근육 강화를 포함한 적극적인 척추 재활 프로그램에 참여한 선정된 만성 요통 환자 집단에서 위험하지 않고 성공적인 결과를 입증하였다. 이는 현재 연구들이 점점 높은 저항, 고 강도 그리고 최소한의 전문적인 감독으로 만성 요통의 병태생리(pathophysiology)를 고려하지 않은 지속적인 운동을 포함하고 있음을 보여준다. 미국과 스칸디나비아에서의 사전 경험을 바탕으로 일본의 후생노동성은 요통에 대한 예방책으로서 출근 전 및 직장에서의 구체적인 운동에 대한 의무적인 가이드라인을 발의하였다(Yamamoto, 1997).

만성 요통에 대한 선택적인 운동 요법이 아직 증명되지 않았고 환자에 따라 다르겠지만(Malkia & Kannus, 1996), 만성 요통의 재발 방지 및 치료에는 척추 주위 근육을 강화하는 신장 운동과 복근 강화를 위한 등축성 운동 그리고 전체 몸통의 유연성을 위한 스트레칭 운동은 유산소 피트니스 프로그램과 함께 진행하는 것이 필수적이다(Sullivan, Kues, & Mayhew, 1996). 하나 이상의 운동을 선호하는 것에 대한 불충분한 증거는 조합, 개인화의 선호 요법의 교대가 가장 좋은 개입이라는 것을 보여준다. 우리는 치료사뿐만 아니라 환자도 이러한 결과를 장애물이 아닌 자산으로 받아들이기를 바란다. 이러한 결과들은 어떤 운동 치료법과 유지 프로그램에서 주요 문제인 운동집착(exercise adherence)의 증가를 가져오는 다양화와 개인화를 가능하게 한다. 만성 요통을 위한 종합적인 운동 프로그램의 포함에 대한 강하고 보편적인 증거 고찰 후, 미국 의사 1,200명을 상대로 진행된 국가적 설문 조사를 통해 여전히 많은 의사가 만성 요통에 대해 마취제를 처방하거나 누워서 휴식을 취할 것을 권한다는 실망스러운 결과가 드러났다. 이중 80%의 의사가 물리치료가 만성 요통 치료에 가장 효과적인 방법이라고 생각한다는 것을 감안하면 이는 매우 불만스러운 결과이다. 단성 요통에는 운동이 매우 효과적이라는 것이 최근 자료에도 불구하고, 의사들은 운동 치료를 주저하고 거부하는 환자들을 설득하고 도입하려는 노력이 부족하다.

우리가 모든 형태의 요통을 고려한 연구를 할 때, van Tulder(1997)은 무작위 통제 실험에서의 급성 및 만성 비 특이적 통증에서의 다양한 운동 개입의 역할에 대해 가장 개정되고 체계적인 고찰을 완성했다. 이 뛰어나고 종합적이며 관련 증거가 많은 연구들은 저급의 연구가 다수임에도 불구하고 35%의 급성 요통 관련(28개), 25%의 만성 요통 관련(20개) 등 소수의 연구들에서만이 질이 높다. 이 연구들의 결론은 모두 확고하다. 급성 요통에 대해서 운동 요법의 사용을 피하거나 보존 요법 보다 효과가 낮은 것은 명백한 사실이다. 그러나 만성 요통에서는 주요 재활 요법으로서의 운동과 운동이 포함된 프로그램은 매우 효과적이다. 특히 단기 효과가 탁월하며, 스스로 꾸준히 운동하는 환자에게 이러한 긍정적인 효과는 확대되고 오래 지속될 수 있다고 강조한다. 요통 치료법으로서의 다양한 운동의 효과는 더 명확해 보인다. 대부분의 고찰 연구와 우리의 개별적이고 선택적인 대표 연구들은 급성 요통 단계에서는 격렬한 운동을 권하지 않으며 오히려 해로울 수 있다는 것을 보여준다. 장기간의 급성 요통에서 침상 안정은 2~3일 정도로 제한되어야 한다. 아급성 요통은 점차적으로 일상 활동을 늘리고, 부위별 일반적인 운동/체력 프로그램을 권유할 것을 강하게 추천한다. 다양하고 격렬한 운동과 주기적인 체력은 만성 요통 치료에 매우 효과적이다. 운동의 지속, 빈도 그리고 강도를 점차 늘리는 것은 운동의 주기보다 중요하다. 적절한 예방책이 동반된 프로그램에 대한 부작용은 없다. 요통 발병 전후의 인생 목표는 비 임상적 설정에서 진행될 수 있는 장기적이고 개인화된 운동 프로그램을 만드는 것이다. 이러한 평생 활동은 요통의 재발 예방 및 재활 과정에 있어 특히 중요하다. 드디어 연구 결과를 통해 입증되지 않았던 요통 환자에게 나타나는 우울, 불안 그리고 불면 등과 같은 문제에 대한 운동 프로그램의 역할이 밝혀졌다. 이는 만성 요통의 증상이 대부분 운동에 의해 크게 완화될 수 있는 부가 조건들을 포함한다는 점에서 밝혀져야 하는 중요한 영역이다.

상/하지

상/하지에서의 만성적인 통증 장애에 대하여 우리는 보편적으로 이러한 통증이 사지에 국한될 것이라 생각한다.

수근관 압박 증후군(carpal tunnel syndrome), 반사성 교감신경이영양증후군(reflex sympathetic dystrophy syndrome), 흉곽 출구 증후군(thoracic outlet syndrome) 그리고 만성 운동성 구획 증후군(chronic exertional compartment syndrome)와 같은 반복되는 동작에 의한 부상 등이 이 범주에 속하며, 상/하지의 만성 통증 조건의 좀 더 일반적인 타입을 반영한다. 척골 신경(ulnar nerve)과 정중 신경(median nerve) 장애가 존재한다고 해도 이러한 조건들은 앞서 언급한 것들보다 일반적이지 않다. 또한 요통은 이전 장에서 이미 언급되었다. 따라서 이번 장에서는 이 후반 영역은 연구 및 임상적 불만에 대한 발전적인 영역이라는 점을 감안할 때, 목/어깨 부분의 만성 통증 장애를 포함하는 상/하지의 만성 통증 장애의 일반적인 형태에 초점을 맞추어야 할 것이다. 반복 동작성 손상(repetitive motion injuries, RMI)은 반복적인 동작으로 인한 연(軟) 조직의 긴장으로 발생하는 만성 통증 상태를 말한다. 일반적으로, 이러한 반복적인 동작은 문서처리 작업이나 악기 연주와 같이 업무 관련 또는 취미생활로 인한 경우가 많다. 연구자들은 RMI가 같은 자세를 한 시간 이상 유지하는 것이 요구되는 일을 하는 동안 발생한다고 말한다. 공장 조립 라인의 노동자가 이러한 업무 환경에 처해 있으며, 수근관 압박 증후군(CT)이라고 불리는 일반적인 RMI 증상을 가지고 있는 것으로 보고되고 있다. CT는 가장 일반적인 타입의 RMI로 보고되며, 이러한 만성 통증 관리에서의 운동의 역할을 보여주는 예라고 할 수 있다. 미국 인구의 약 1%가 CT를 겪고 있다. 실용적인 연구에서는 조개 포장 직원과 같은 생산직의 35%는 몇 가지 CT 증상을 겪고 있을 것으로 추정한다. 또한 과학자들은 여성의 대부분은 반복적인 동작이 요구되는 업무 환경을 가진 경우가 많아, CT와 같은 만성 통증으로 발전할 위험이 많다고 밝혔다. CT는 수근관을 지나 손목뼈의 배면과 수지장측의 손목인대를 가로지르는 손가락 굴근건을 따라 지나가는 정중신경의 압박으로 인해 발생한다. 굴곡의 반복, 손목의 내전 및 외전과 같은 반복적인 동작과 손목 전체의 수축을 동반하는 반복적인 자세 그리고 손바닥의 압력을 가하는 동작은 CT와 같은 장애 상태를 야기할 수 있다. CT의 전형적인 증상은 밤 시간의 얼얼한 느낌과 유사한 무겁고 치통과 같은 통증이 있다. 다른 일반적인 증상에는 엄지, 검지, 중지 손가락 쪽 손바닥 표면의 마비가 있다. 이런 마비는 새끼손가락을 제외한 손 전체에서 느껴지기도 한다. 종종 팔뚝 전체, 심지어 드물게는 어깨와 목 부분에 통증이 퍼지기도 한다. 그렇지만 CT는 한쪽의 증상 표현에서 양쪽의 증상 표현으로 진행되는 것이 일반적이다.

전문가들은 반사성 교감신경이영양증후군(reflex sympathetic dystrophy syndrome, RSD)이 신경 계통의 사지의 말초 부분에 영향을 미치는 단성 통증 상태라는 것을 알고 있다.

RSD의 정확한 원인이 규명되지 않았다고 하더라도, RSD의 원인의 82%는 상지(팔) 부분의 상완 신경층과 정중신경의 손상, 하지 부분의 좌골 및 경골 신경 손상으로 인한 것이다. 대부분의 손 RSD는 남자는 타박상에 의한 산업 부상, 여자는 정중신경 손상을 동반한 손목 골절 등에 의해 발생한다. 다른 형태의 RSD는 허혈성 심질환(ischemic heart disease), 심근 경색증(myocardial infarction), 경추 및 척수 장애 또는 뇌병변(cerebral lesion)에 기인한 것일 수 있다. RSD는 손/발 또는 신체 일부에 영향을 미치는 신체의 여러 시스템과 관련된 장애 상태이다. 통증은 가장 처음 나타나며, 중요한 증상이다. 부기, 운동 기능 감소, 수전증, 피부 변화, 혈관 운동 불안정, 골다공증 그리고 관절 팽창 및 유연함 등은 3단계로 진행되는 RSD에서 나타나는 증상들이다. 각 단계에서 동반되는 증상들은 다음과 같다.

- 1단계 - 부상 부위에 극심하고 타는 듯한 통증(burning pain)이 나타난다. 다음으로 증상은 부위별로 나타난다. 부종, 과민증, 근경련, 결림, 제한적 움직임, 혈관 경련, 따뜻하고 붉고 건조했던 피부가 차가워지고, 청색증 증상이 나타나며 땀이 많이 나게 된다. 일반적으로 이러한 증상들은 1~3개월가량 지속된다.
- 2단계 - 더 극심하고 분산된 통증이 시작된다. 부위별로 진행되던 부종의 범위가 넓어지며, 단단한 형태로 변한다. 탈모가 진행되며 손톱이 잘 부러지고 깨지거나 심하게 파인다. 관절이 뻣뻣해지고, 근육이 쇠약해지며 골다공증이 부분적으로 진행되기 시작하여 넓고 빠르게 퍼지게 된다. 이러한 증상들은 3~6개월간 지속된다.
- 3단계 - 되돌릴 수 없는 변화들이 진행된다. 특히 통증이 치료가 힘들 정도로 심해지며, 팔 전체로 확장된다. 근육 위축이 심해지고, 손과 발의 관절이 매우 약해져 움직임에 심각한 제한을 받게 된다. 때때로 관절의 경직, 굴근건(flexor tendons) 수축 및 아탈구(subluxation)가 발생하며, 뼈 탈골이 뚜렷해지고 분산된다.

흉곽 출구 증후군(thoracic outlet syndrome, TO)은 상지(팔)와 가슴, 목, 머리 그리고 어깨 부분에 나타나는 장애이다. 이 증후군은 흉곽 출구 부위에 가해지는 신경과 혈관의 압박에 의해 발생하는 신경혈관 장애이다. 특히, 완신경총동맥(brachial plexus artery), 쇄골 하 동맥(subclavian artery) 및 정맥 그리고 신경 시스템이 분포되어 있는 척추 동맥 등과 연관되어 있다. 연구자들은 그 압박의 원인이 경부 늑골 또는 비정상적인 1번 늑골, 섬유띠(fibrous band)의 존재 그리고 사각근의 해부학적 다양성에 의한 것으로, 머리를 빗거나, 기계공들이 자주하는 팔을 머리 위로 올리는 동작, 무거운 짐을 자르는 것과 같은 동작을 할 때 통증을 느끼고, 움직임이 저하되거나 장애를 느끼게 된다고 밝혔다.

이 장애의 증상은 혈관계와 신경계로 분류된다. 혈관계 증상에는 부종 및 팔과 손이 붓는 증상, 손이 파랗게 변색되는 증상, 손과 팔이 무겁게 느껴지는 증상, 목과 어깨 부분의 무거운 통증이 밤에 더 심하지는 것 같은 느낌, 손과 팔이 쉽게 지치는 증상, 쇄골 위 부분의 맥박이 뛰는 혹이 잡히는 것, 손의 정맥이 눈에 띄게 팽창하는 것 등이 있다. 신경계 증상에는 C8 및 T1 신경근의 무기력으로 인한 팔 안쪽과 손바닥의 저림, 근육 쇠약과 긴 손가락 굴근(long finger flexors), 악력근(gripping muscle), 무지구(엄지손가락 밑부분의 불룩한 부분, thenar)와 손의 내인성 소근육의 위축, 손의 소근육 움직임의 어려움, 긴 손가락 굴근의 경련, 손과 팔의 통증, 목/어깨 부분과 손/팔의 저림 등이 있다. 이 장애의 유병률은 아직 규명되지 않았다.

상/하지의 일반화된 장애들에 대하여 간략하게 알아보았다. 운동이 유도한 만성 통증이 원인으로 인식되고 있는 만성 운동성 구획 증후군(chronic exertional compartment syndrome, CEC)은 정강이 부목(副木, shin splints), 내측 경골 증후군(medial tibial syndrome) 또는 전경골 증후군(anterior tibial syndrome)으로 불리기도 한다. CEC가 발병하면, 구획 내 압력이 증가하여 하지 조직으로의 혈류 흐름을 둔화시켜 통증을 유발하고, 일시적인 신경학적 결함을 일으키기도 한다. 이러한 증상은 특히 전문 운동선수 및 육상선수들에게 나타나기 쉬우며 남/여가 비슷한 증상을 경험한다. 이 장애의 유병률 역시 아직 규명되지 않았다.

CEC의 주요 증상은 하지부분으로 확산되는 반복되는 통증을 포함하며, 이는 스포츠 활동에 의해 유발된다. 이 통증은 운동을 지속함에 따라 확산되며, 뻐근하고 경련과 같거나 조이는 듯한 증상이 계속된다. 몇몇 선수들은 무력감 및 발목 또는 발의 꺾임과 동반되는 일시적인 마비 또는 하수족(下垂足, foot drop)현상을 경험하였다. 목과 어깨 부분의 만성적인 통증(chronic stain of the cervical musculature)은 부상 또는 자궁 근육의 만성 반점에 의한 것으로 목/어깨 부분의 만성 통증 장애로 규정되고 있다. 덴마크의 한 연구는 목과 어깨 부위의 통증은 요통만큼 일반적이라는 사실을 보여준다. 이 연구는 덴마크 인구의 30%이상이 1년 미만의 목과 어깨의 통증을 경험한 적이 있으며 이 통증은 환자들이 척추 지압을 찾는 주요 이유라고 밝혔다. 만성적인 목/어깨 통증은 자궁 근육계의 기능적 능력 제한이라는 결과를 수반한다. 이는 강화, 지구 능력 그리고 관절 가동 범위가 현저히 제한됨을 의미한다. 이러한 증상들은 나이와 성별에 관계없이 동등하게 나타나고 악화된다. 만성 목/어깨 통증 문제가 심화되면 결근이 많아지는 등 더 큰 문제를 동반하게 된다.

일반적으로 상/하지의 만성 통증 장애에는 운동이 권유되며, 운동이야말로 이러한 만성적인 상태의 관리와 예방에 가장 좋은 방법으로 여겨진다. 운동 요법은 일차 진료 기관에서 의사에 의해 관리되는 것이 좋으며, 임상의에게는 현장에서 만성 통증 장애 치료를 위한 운동 재활 프로그램을 제공할 것을 권우한다. 최근 고찰에서도 역시 비악성 근골격 통증 운동 재활 프로그램과 심리교육적 접근의 통합이 제안된다. 특히 몇몇 연구는 만성 통증 환자들이 효과적인 의사 소통법, 문재해결법 그리고 운동하는 법을 배우는 동안 통증의 현저한 감소를 느끼거나 기능적 움직임의 뚜렷한 향상을 경험한다는 사실을 밝혀냈다.

이 장에서는 만성 통증 상태 관리에서의 운동의 역할을 집중적으로 다루고, 다음 장에서는 상/하지의 만성 통증 장애 관리 관련 운동 연구 결과에 대해 알아보도록 하겠다. 운동 훈련 프로그램을 접목한 심리 교육적 접근법의 중요성을 고려할 때, 이 치료 요법이 자연히 권유되는 운동 요법의 한 부분이 될 것이라는 사실을 이해할 것이다.

수근관 압박 증후군(CT)과 같은 반복 동작성 손상(repetitive motion injuries, RMI) 치료에는 어떤 재활 프로그램이든 일단 시작하는 것을 추천한다. 이것은 통증 증상이 시작되는 시점에서의 최소한의 외과적인 물리 치료 요법의 적용과 습열요법(moist heat therapy) 및 부목 고정에 수반되는 24~48시간 동안의 얼음찜질과 같은 개입과 관련되어 있으며, 전형적으로 적용된다. 부목 고정은 3개월 정도 지속하여야 하며, 특히 수면과 업무 활동에 사용되고 추가적인 압박을 줄여주는 역할의 수근관 부위를 추가적으로 지지하여 주므로 매우 중요하다. 등장성 및 등축성 운동은 유용하며 초기 개입 전략의 일부분으로 권유된다. 특히 근력 강화 운동은 수근관 부위의 조직을 강화하고 유연성을 늘려 회복을 촉진하며, 움직임의 둔화와 결림 증상을 감소시킨다. 초기 단계에서는 근력 강화 운동을 하지 않으면, 수근관 부위의 관절 가동 범위가 늘어나고, 약해져 스테로이드 주사나 수술과 같은 더 적극적인 방식의 개입이 필요하게 될 것이다. 수술 이후에 운동은 수술 후 재활 프로그램의 일부로서 처방될 것이다.

중요하게 평가되는 또 다른 부분은 신체 위치(body positioning)다. 부적절한 신체 위치는 RMI를 악화시킬 수 있다. 반복적인 업무 관련 활동 중 환자가 어떻게 몸을 정지하고 움직이는지에 대한 평가는 필요하며, 이는 환자가 특정 업무 관련 활동에서의 평소 자세를 수정 또는 자제해야 하는지를 결정하는데 도움을 준다. 이러한 예방적 개입은 RMI의 발생을 줄일 수 있으며, 어떤 운동 재활 프로그램에든 적용할 수 있다. 여전히 운동 재활 프로그램에 참여하는 RMI는 환자들에게는 통증 관리 개입이 필요하다. 이러한 가능한 수요에 대한 평가는 운동 재활 프로그램이 초기에 처방된 경우에 진행되어야 하며, 적절한 통증 관리 개입은 운동 요법 시작 전에 결정 되어야 한다.

반사성 교감신경이영양증후군(reflex sympathetic dystrophy syndrome, RSD) 환자가 정상 신체 활동을 유지하는 것은 만성 통증을 가지고 살아가기 위하여 매우 중요하기 때문에 물리 치료와 주기적 운동은 중요하다는 연구결과가 있다. 또한 지나치게 장시간 또는 격렬한 운동 프로그램은 운동을 안 한 것과 같이 상태를 악화시키기 때문에 모든 운동 프로그램은 주의 깊게 관리되어야 한다고 연구 결과는 말한다. 게다가, RSD의 진행 단계에 따라 적용되어야 할 운동의 종류가 결정되어야 한다. 일반적으로 모든 운동 프로그램은 부드럽고, 통증이 없고, 다양한 운동 요법을 포함하여야 한다. 다양한 운동 프로그램은 기술적 능력을 최적화하고, 근력, 지구력, 관절 가동 범위를 강화한다. 이와 같은 활동은 RSD 환자로 하여금 일상적인 활동에 참여하게 할 뿐만 아니라 팔/다리를 지속적으로 움직이게 한다. RSD는 3단계로 분류되며, 각 단계별 추천 운동은 다음과 같다. 각 운동은 물리 치료사의 감독 아래 진행되어야 한다.

- 1단계 - 이 단계에서는 활동적인 관절 가동 범위 운동, 가벼운 조직 마사지와 근력과 지구력을 키우는 압력 하중 운동으로 높은 치료 효과를 볼 수 있다. 만약 통증이 운동을 방해한다면, 통증 관리가 권유된다. 비 스테로이드성 항염제(NASIDs)의 구강 복용이 처방되며, 약물 치료를 통해 부종을 완화시켜 결과적으로 통증을 감소한다.

- 2단계 – 통증과 관련하여 운동 프로그램을 통한 더 강한 관리가 요구된다. 2단계 환자들은 1단계의 증상에 사용되는 운동이 권유된다. 그러나 통증 관리가 포함된 운동 프로그램 구성이 좀 더 복잡해진다. 이 단계의 종합적 증상은 근육 내 또는 정맥의 신경계 폐색 관리와 같이 더 적극적이고 침습적으로 측정된다. 통증이 완화되면 운동 요법을 시작한다.
- 3단계 – 모든 운동 프로그램은 고도로 개별화되고 통증 관리 전문가의 지도가 필요해진다. 이 단계에서는 골다공증 위험이 증가하기 때문에 팔/다리와 관절의 긴장 및 좌상, 통증의 악화 가능성을 고려하여 수중 치료가 자주 권유된다.

이 3단계의 질병 과정에서 특히 RSD 3단계에서는 주기적인 운동 치료 진행을 위해 고도로 개별화된 관리가 요구된다.

흉곽 출구 증후군(thoracic outlet syndrome, TO)에는 물리치료와 운동이 처방되며 최대한 빨리 진행되어야 한다. 불량한 자세와 약해진 어깨 근육이 TO 증상을 악화시킬 수 있기 때문에, 운동 프로그램의 목적은 자세 교정과 어깨 근육 강화이다. 근육을 강화할 뿐 아니라 유연성과 지구력을 증강하는데 효과적이고, 심리적인 안정과 만성 통증 완화에 도움에 되는 아쿠아 테라피와 같은 운동이 권유된다. 사실 최근 연구들은 재활에 성공하면 환자들은 무력하고 소극적인 터도에서 자원을 동원하여 실생활에 작용하는 능력으로의 뚜렷한 인식의 전환을 보인다. 이러한 연구 결과들은 TO를 겪고 있는 환자들에게 운동의 다양한 장점을 알려준다.

만성 운동성 구획 증후군(chronic exertional compartment syndrome, CEC)의 치료는 일반적으로 수술 또는 적당한 운동이라는 두가지 방법으로 제한된다. 물리치료, 휴식, 발 교정기(orthotics) 및 약물 치료 등으로는 치료 효과를 얻을 수 없다. 게다가, 활동의 단계를 단축할 것을 거부하는 운동선수의 경우에는 수술이 통증을 관리하는 유일한 방법이다. CEC에서는 적절한 운동이 보존 요법이며 대다수 전문가들은 CEC의 가장 적절한 치료방법은 수술이라고 말한다.

목/어깨의 만성 통증 치료를 위해서는 운동 요법이 처방된다. 적절한 운동량과 지속 시간이 정해져 있는 것은 아니다. 연구자들은 적절한 운동량은 훈련의 횟수 및 빈도와 훈련별로 진행된 운동량을 합하여 결정된다는 데에 동의한다. 운동을 지속함으로서 근력 강화라는 목표를 달성할 수 있다. 최적의 지구력 훈련은 2개월 이상 매주 2~3회 이상 운동을 지속하는 것이다. 운동은 상/하지의 만성 통증 관리를 위한 주요한 수단이다. 성공적인 재활은 안전하고 효과적인 방식의 조절 운동(conditioning exercise)을 통해 달성된다. 적당한 운동량과 환자의 의지는 모든 재활 프로그램을 도전적으로 만든다. 적당한 운동량은 통증을 감소하고, 기능을 강화하며 삶의 질을 현저히 향상시킨다. 그러나 임상적인 타당성은 확실하고 충분한 연구 결과를 바탕으로 하기 어려운 것처럼, 우리가 권유하는 운동은 주로 소규모 샘플로 진행된 입증되지 않은 연구들을 바탕으로 하였다.

관절염

사전적 정의에 따르면, 관절염(arthritis)은 전염성, 신진대사 또는 체질상의 이유로 발병하는 관절의 염증을 의미한다. 의학적으로 관절염은 100여 가지의 다른 종류의 질병과 상태를 나타내는 단어이며, 1차 치료 설정에서 보이는 가장 일반적인 만성 질병 중 하나로 보고되고 있다. 1990년대, 미국 인구의 15% 정도인 60세 이상 인구 약 37,900,000명이 관절염을 가지고 있는 것으로 조사되었다. 관절염은 미국에서 여성에게 나타나는 가장 보편적인 만성 질병이다. 1990년대 관절염의 자진 보고된 여성 유병률은 22,800,000명이었다. 이 수치는 2020년에는 360,000,000명까지 증가할 것으로 예상된다. 또한 관절염은 미국에서 가장 많은 장애를 유발하는 질병 중 하나이다. 미국 여성에게 관절염은 일상 생활 장애를 초래하는 주요 요인으로 보고되고 있다. 집안일, 글쓰기, 타이핑 또는 들어 올리는 동작 등이 점점 힘들어지게 된다. 남성에게 관절염은 드물지만 장애의 주요 원인이 될 수 있다.

관절염은 다양한 만성 질병과 관련이 있기 때문에 이것은 섬유화가 깊이 진행되어 이러한 틈이 연골하골까지 닿게 한다. 이러한 틈이 깊어짐에 따라 연골의 끝부분은 찢어지게 된다. 이렇게 찢어진 연골의 조각들은 관절 틈으로 들어가게 되며, 연골이 얇아지게 된다. 동시에 효소는 연골 부피를 감소하는 연골 매트릭스를 부식시킨다.

관절 연골 약화는 움직임을 어렵게 하고 통증과 여러 문제를 동반한다. 류마티스 관절염 RA은 관절의 전반적인 염증으로 인한 만성 및 염증성 근 골격계 질환으로 피로와 무력감 같은 증상을 동반한다.

류마티스 관절염 환자인 운동선수들은 염증과 통증이 복합적으로 작용하여 근력의 약화와 사용하지 않는 근육의 위축을 가져온다. 이러한 과정은 관절의 통증이 관절의 움직임을 어렵게 하고, 움직이지 않는 관절은 주변 근육을 사용 하지 않게 되어 악순환 될 수 있다. 사용하지 않는 근육은 세포체 덩어리를 잃어 퇴화하게 된다. 근육 세포체 덩어리가 일반적인 세포체 덩어리에서 뚜렷한 비중을 차지하는 것을 고려하면, 체력과 체기능, 체질량은 감소하게 될 것이다.

류마티스 관절염 환자는 세포체 덩어리의 손실 류마티스성 악액질로 나타나며, 약물 부작용, 영양 불균형, 사이토카인 프로파일의 이화작용 그리고 신체 활동의 감소 등의 몇 가지 요인과 관련된다고 믿는다. 비록 세포체 덩어리 손실이 진행된 류마티즘 환자의 정확한 수치는 알 수 없지만, 암, AIDS, 세포 굶주림 등 에 대한 연구에서는 세포체 덩어리 손실률이 40%에 이르면 세포 죽음이 발생한다고 밝히고 있다. 또한 25년 기대 연구에 따르면 평균적으로 류마티즈 환자인 남자 운동선수는 7년, 여성은 3년의 기대 수명이 단축된다고 한다. 류마티스 관절염은 양성 질환은 아니다.

사실, RA는 미국에서 장애 발생원인 2위의 질병이다. 이것은 뚜렷한 기능적 감소 때문이며 이 감소의 심각한 결과는 직업 기능의 상실이다. 연구에 따르면 50%의 RA환자는 발병 10년 이내에 그들의 직업적 역할을 할 수 없게 된다고 한다. 다른 연구에 따르면 4백만 RA 환자의 2/3 가까이나 35~50세이며 눈에 띄는 기능적 장애를 가지고 있다고 한다. 류마티스 관절염의 특징을 정의하자면 신체적 그리고 직업과 관련된 기능이 모두 포함된다. 이것은 결국, 사회적인 기능에도 영향을 미치며 모든 범위에서 기능의 저하를 가져온다.

실증적인 연구들은 모두 골 관절염의 치료, 예방 및 관리의 일부로 주기적인 운동을 권유한다. 관절이 노화가 천천히 진행됨에 따라 손상되었다면, 주기적이고 가벼운 적당한 운동은 관절에 도움이 되며, 추가적 손상 없이 관절 강화 및 관절 움직임을 향상시킬 수 있다. 최근 노화에 의한 골 관절염의 경우 관절 가동 범위, 관절 강화 및 지구력 훈련이 추천된다. 이러한 운동은 급성 골 관절염 증상 치료 뿐 아니라 예방, 그리고 골관절염 환자의 상태를 호전시킨다.

관절 가동 범위는 일반적으로 준비운동 또는 스트레칭을 포함한다. 이러한 운동을 통하여 편안하게 관절을 움직일 수 있게 되며, 관절의 고통 없이 더 멀리 스트레칭을 할 수 있게 된다. ROM 운동은 근육과 관절의 긴장을 풀고 관절 움직임을 증가 및 유지하게 하며, 관절 기능이 향상되는 동안의 관절통을 줄여준다. 또한 관절염 환자의 기능적 상태를 현저히 향상하는데 도움이 된다. 연구자들은 준비 및 정리 ROM 운동을 근력 강화 및 근 지구력 운동 프로그램의 일부로 동시에 사용하고 있다. 신체적 활동의 향상 및 통증과 신체적 장애의 감소라는 결과를 나타낸다. 몇몇 연구에서는 ROM 운동의 효과 뿐 아니라 모든 운동 요법에서의 스트레칭의 중요성 역시 잘 정리되어 있다.

강화 운동은 근력을 강화하고 약한 관절을 안정화하는데 도움을 준다. 이러한 운동은 관절 주변의 근육을 사용하며, 직접적으로 관절을 움직이지는 않는다. 무릎 관절염 환자를 조사하는 연구 결과에 따르면 관절염 환자에게는 관절의 통증을 완화하고 움직임을 증가하는 치료법이 중요하다고 한다. Schlike와 그의 동료의 연구에 따르면, 8시간의 등속성 강화 훈련 운동 참여 후, 환자들의 관절의 통증, 뻣뻣함, 움직임이 현저히 향상되었음을 알 수 있다. 이러한 연구 결과들을 바탕으로 강화 운동이 중요하다는 결과를 얻을 수 있다. 강화운동은 관절을 보호하고, 관절의 통증을 완화하며, 관절염 구조를 강화하고, 관절의 통증에 대하여 추가적인 지원을 동반하기 때문이다. 유사한 연구결과가 다른 연구에 의해서도 확인되었다. 강화 운동은 관절염 환자의 기능적 상태를 향상시킬 수 있다는 이점을 가지고 있다.

지구력 운동은 심혈관계를 강화하고, 체력을 증진시킨다. 걷기, 수영, 고정된 사이클 운동 등과 같은 지구력 운동은 골관절염 환자에게 권유된다. 최근, 미국 관절염 재단(American Arthritis Foundation)은 지구력 강화를 위하여 수중, 관절 그리고 다른 레크레이션적인 프로그램을 권유하고 있다. 그들은 운동 요법은 개인의 요구와 치료 목표에 따라 맞춰질 필요가 있다고 강조한다. 그들은 또한 체계적이거나 여가적인 운동을 주기적이고 최대한 즐겁게 진행해야한다고 강조한다. 환자가 치료법 및 결과에 대한 중요성을 인지한다면 만성 통증 치료 계획이 유지될 것이다. 걷기와 같은 다양한 관리 프로그램에서 무릎 골관절염 환자들은 무작위로 걷기 지구력 운동 그룹에 포함되었다. 주기적인 걷기 운동 프로그램에 참여한 환자들은 걷는 거리와 기능적 상태가 향상되었고, 통증이 감소되었으며 약물 복용 횟수가 줄어드는 결과를 얻을 수 있었다. 비만인 환자의 경우에는 무릎 및 엉덩이 골관절염 및 치료에 위험 요인에 대해 고려하여야 한다. 지구력 운동은 유산소 운동으로 체중 감소와 유지에 있어 중요한 역할을 하며, 무릎 및 엉덩이 관절염의 예방 뿐 아니라, 골 관절염 환자의 삶의 질을 향상시킨다. 운동은 골 관절염의 진행과 사망률에 대해서도 영향을 미친다. 몇몇 새로운 연구는 정상인이 기능적 장애의 향상을 위해 주기적으로 운동을 하는 것은 정상인이 운동을 하지 않는 것보다 향상되는 속도가 더 느리다고 보고한다. 정상인이 주기적인 운동을 하면 비정기적 운동을 하는 것보다 생존율이 높아진다.

골 관절염 관련 연구와 마찬가지로, 최근 연구들은 류마티스 관절염의 치료에도 주기적인 운동이 필수적이라고 말한다. 운동은 만성적인 통증 관리와 부종에 도움을 주고, 관절 가동 범위의 제한을 막고, 근력을 강화하며 근골격계 및 심혈관계의 향상, 기능적 상태의 향상, 피로 회복 및 류마티스 관절염 환자의 삶에 있어서 심리사회적 요인에 긍정적인 영향을 미친다. 사실, 5년간의 추적 연구는 매주 5시간 이상의 운동을 하는 컨디셔닝 프로그램에 참여하는 류마티스 관절염 환자의 방사선 촬영 결과, 관절 손상 진행이 덜 진행되었음을 발견하였다. 또한 이 프로그램에 참여하지 않은 동료들보다 짧은 입원기간과 더 낮은 빈도의 업무 장애가 보고되었다. 6개월 간의 근육 훈련 프로그램에 참여하였던 류마티스 관절염 환자에 대하여 근육 운동 중단 및 근육 비활동을 조사한 연구가 있다. 이 프로그램에 참여했던 환자들은 프로그램 기간 동안 근력 강화라는 효과를 얻었다. 이 그룹은 근육 훈련 프로그램에 참여하지 않고도 일상 생활의 평균치를 유지하는 류마티스 환자들과 비교되었다. 근육 훈련 프로그램에 참여하는 동안 증가되었던 모든 근력은 운동중단 기간 동안 소실되었다. 근육 훈련 프로그램에 참여하지 않았던 환자들은 근육 기능과 몸통 굴곡(trunk flexion)과 신장(extention) 움직임에서 눈에 띄는 감소를 보였다. 류마티스 환자의 기능적 상태를 유지하는데 운동은 부정적인 영향을 미치며, 운동 부족은 질병의 진행과 관련이 있다. 앞서 논의하였던 대로, 류마티스 관절염은 골 관절염과 같이 ROM, 강화 훈련 그리고 지구력 훈련 운동을 통해 긍정적인 효과를 얻을 수 있다. 하지만 류마티스 관절염의 질환 진행의 특성상, 환자의 진행 상태, 관절 부종의 정도, 기능적 이상의 한계, 활동 가능 수준 등을 고려하여야 한다. 이 요인들을 고려하여, 대부분 류마티스 관절염 운동 프로그램에는 강화 훈련 운동을 최적화 할 수 있는 활동적인 ROM 운동이 포함되어 있다. 소극적인 ROM 운동은 관절 내 온도와 백혈구 수치를 높일 수 있기 때문에 포함하지 않는 경향이 있다. 그러나 어떤 타입의 ROM 운동을 선택하든, 환자가 운동 요법에 참여하기 전에는 반드시 올바른 신체 위치를 배워야 한다고 연구들은 주장한다. 만약 강화 운동이 적절하지 않게 진행된다면, 환자는 무의식적으로 관절에 힘을 주게 되어 아탈구(subluxation)가 발생할 수 있다. ROM 운동은 모든 강화 훈련을 시작하기 전에 진행되며, 모든 강화 훈련 운동은 환자의 현재 기능적 한계와 관절의 부종 정도를 고려하여 결정된다. 일반적으로, 대부분의 연구자들은 환자가 급성 관절 부종이 있다면 등축성 운동을 포함할 것을 권한다. 관절의 부종이 완화되면, 연구자들은 류마티스 관절염 환자들은 자신이 매일 진행하는 운동 요법에 강화 훈련 운동을 포함시킬 것이라고 말한다. 모든 등축성 운동 프로그램은 가벼운 무게로 적은 횟수를 반복하는 것부터 시작해야하며, 운동의 목표는 안전하고 효율적인 방법으로 점차 근력을 강화하고 유지하는 것이다. 만약 운동 요법(특히 ROM 운동)이 끝난 후 통증이 한 시간 이상 지속된다면, 지나치게 과도하게 운동을 한 것이므로 주의해야한다. 어떤 운동이든 점차적이고 주의하여 진행하여야 한다. 지구력 운동이 류마티스 관절염 환자에게 좋은 것은 지구력 운동이 심혈관계 기능과 심리 사회학적 요인 및 심리적 행복을 증진하기 때문이다. 강화 훈련과 ROM 운동에 관한 많은 연구들이 있지만, 지구력 운동이 중요한 역할을 한다는 사실에는 모두 동의한다. 지구력 훈련 운동이 환자의 활동 한계 레벨을 고려해서 진행된다면 피로와 심리사회적 행복에 긍정적인 영향을 미치는 것으로 나타났다. 휴식이 포함된 기간은 일반적으로 지구력 훈련 목표를 방해하지 않는다.

연구자들은 또한 통증 관리가 운동을 지속하는데 중요한 요인이라는데 동의한다. 몇몇 연구자들은 임상의는 만약 통증으로 인해 주기적인 운동을 할 수 없다면 통증 치료를 위해 적극적으로 약물 치료를 해야 한다고 말한다. 또 다른 연구자들은 류마티스 관절염의 만성적인 통증은 스트레스, 불안, 우울 등에 의해 악화되며, 환자들에게 올바른 휴식 방법을 지도하는 것은 통증 관리 치료법의 하나로서 약물 치료만큼 중요하다고 말한다. 통증 관리 요법은 두가지 접근법이 바람직하다고 여겨진다. 아주 개별화된 통증 관리 프로그램 역시 질병의 상태와 피로도, 휴식 기간의 필요도 등을 고려하여 최적화된다.

골 관절염에서와 같이 류마티스 관절염 치료에서 체중관리 운동은 아주 중요한 요소이다. 체중이 늘어나면 주기적인 운동에 대한 가능성과 동기에 방해가 될 뿐만 아니라, 만성적인 류마티스 관절염 통증을 악화시킨다. 비만은 관절을 긴장시키고, 염증을 악화시키며, 골 관절염으로의 전이를 유발하는 것으로 알려져 있다. 그 결과, 비 활동과 피로는 기능적 장애를 유발한다. 기능적 장애는 삶의 질을 저하시킨다.

두통

두통(headache)은 전 세계적으로 가장 대중적인 건강상의 문제 중 하나이다. 두통은 국가의 생산성, 의료 시스템, 개인, 가족 그리고 사회에 영향을 미치며, 막대한 경제적, 심리사회적 그리고 인간적인 부담이 된다. 미국에서는 반복적 또는 만성적인 두통이 병원을 찾는 10대 이유 중 하나로 꼽혔다. 약 5천만의 미국 시민이 만성 두통에 시달리고 있으며, 70%의 미국 가정에서 적어도 한 명 이상이 두통으로 고통 받고 있다. 미국에서는 매년 심각한 두통으로 인해 150만 시간의 근무 시간을 허비하고 있다. 두통은 우리 사회에 심각한 영향을 미치고 있다. 연구자와 임상의들은 만성적 두통을 치료하는 가장 효과적인 방법을 찾아내지 못하였다.

1988년 국제 두통 학회 규명 위원회(International Headache Society Classification Committee)는 두통의 진단 기준을 발표하였다. 그 진단 기준에 따르면, 상세 증상은 100여 가지에 이르며, 이 장에서 다루고자하는 요점과는 거리가 멀고, 특히 기본적인 두통에 대하여 논란의 여지가 많다. 게다가, 이장의 목표는 만성 통증에 대한 운동의 역할을 규명하는 것이다. 전형적인 만성 두통의 몇 가지 일반적으로 받아들여지는 정의와 특징은 긴장성 두통(tension headache), 편두통, 군집성 두통(cluster headache) 등이며 그 특징은 다음과 같다.

긴장성 두통은 가장 전형적인 타입의 두통이다. 특징은 중·경등도의 일반적이고 대칭적인 통증으로 설명되며, 주로 머리와 목 주변의 압박 및 긴장감을 호소한다. 긴장성 두통은 여자에게서 더 많아 나타나며, 불규칙적이고 매일 발생하기도 한다. 주요 원인은 일상 생활에서의 스트레스와 불만이다. 기타 요인으로는 눈의 피로(eye strain)와 특히 목과 어깨 부분의 바르지 못한 자세 등이 있다. 최근 머리와 목의 만성 근육계 장애가 긴장성 두통이 만성화 되는 주요 원인이 될 수 있다는 주장이 제기되었다. 이러한 연구 결과들은 만성 긴장성 두통의 가능한 원인을 규명할 수 있고, 지속적인 통증의 치료 가능성을 최적화 할 수 있다.

편두통은 매년 2,600백만 명의 미국인을 괴롭히는 질병이다. AMA는 편두통은 전구증상의 유무와 상관없이 신경학적 장애로 규명하고, 남자보다 여자에게서 더 많이 나타난다고 한다. 편두통은 보통 4~72시간 정도 지속되며, 발생 빈도는 이후 이 장에서 논의될 다양한 요인에 의해 영향을 받는다. 전구증상이 없는 편두통은 일반적인 편두통으로 불린다. 이러한 타입의 두통은 통증에 의해 한쪽만 통증이 있거나, 맥박, 증상이 심해지는 것 등으로 구분되며, 메스꺼움, 구토, 광선 공포 및 음성 공포 등의 증상과 관련된다. 전구증상을 동반하는 두통은 대표적인 편두통으로 불린다. 이러한 타입의 두통은 전구증상이 없는 편두통과 같은 증상을 보인다. 그러나 동측성 시각 교란, 편측 무감각, 손발 저림, 편측 위약 또는 언어장애 등의 전구증상의 신경학적 증상들을 나타낸다. 전구 증상은 1시간도 안 되는 짧은 지속시간으로 뇌졸중 전조증상과 구별된다. 그러나 전구증상과 일과성뇌허혈증(transient ischemic attack)의 구분은 더 어려우며 급성 임상학적 평가가 요구된다. 편두통의 정확한 원인은 아직 규명되지 않았다. 그러나 식이적 트리거(카페인, 초콜릿, 치즈), 약물(아스파탐, 질산염, 니코틴, 에스트로겐, 프로게스테론), 식품 보존료(질산염, 글루탐산모노나트륨), 수면장애, 스트레스, 월경, 술 그리고 두부외상 등이 요인이 편두통에 영향이 미치거나 악화시킨다고 보고 있다. 최근 연구 결과에 따르면 혈중 지방(blood lipid)과 유리 지방산(free fatty acid)이 편두통 발병의 명확하고 근본적인 요인일 것으로 추정하고 있다. 편두통의 원인은 다면적으로 고려되어야 한다.

군집성 두통(cluster headache)은 미국 인구의 4% 정도에게 발병하는 편두통만큼 일반적인 질환은 아니며 여성보다 남성에게서 더 많이 발병한다. 군집성 두통에는 만성과 간헐성, 두가지 종류가 있다. 군집성 두통은 주 단위로 주기적으로 발생하여 1년 정도 지속되면 만성으로 분류된다. 간헐적으로 발생, 또는 수개월간 지속되는 회복기간을 가진다면 간헐성으로 분류된다. 일반적으로 10~20%의 군집성 두통 환자가 만성 타입의 두통을 가진다. 군집성 두통은 극심한, 찌르는 듯한, 편측의 통증 등으로 통증으로 구분되거나 상안와(supraorbital), 안와(orbital) 또는 통증이 20~30분간 지속되는 측두부 등 부위로 구분된다. 증상에는 눈물, 결막 충혈, 편측성 코의 충혈, 비루, 이마와 얼굴의 땀, 수축되었지만 반응하는 동공, 안검하수, 안검 부종 등이 있다. 군집성 두통 환자는 극심한 통증으로 쉽게 앉거나 누울 수 없다. 간헐적인 군집성 두통의 또 다른 타입은 편두통 증상을 수반하기도 한다. 이는 군집성 편두통이라고 불리며 적절한 진단이 가능하다. 최근 연구 결과들에 따르면 두통에 대한 진단 기준이 군집성 편두통과 같은 두가지 형태의 두통이 동시에 작용하는 가능성에 대해서 고려하고 있지 않다. 군집성 편두통의 진단과 치료는 복잡하다.

일반적이지 않은 부비동 두통(sinus headache)은 두 만성 두통이 혼재하는 타입으로 정기적인 진찰이 요구된다. 혼합 두통은 긴장성 두통과 편두통의 증상이 복합적으로 나타난다. 부비동 두통은 만성적인 부비동 질환과 관련되어 있으며 부비동 부위의 두통으로 나타난다. 부비동 두통의 증상은 전두동 부위 또는 측두부 및 두정엽 연접 부위의 맥박과 두근거리는 듯한 감각으로 묘사된다. 이 장에서는 긴장성 두통, 편두통 그리고 군집성 두통에 대한 운동의 역할에 초점을 맞출 것이지만, 다른 형태의 두통을 알아두는 것도 유용할 것이다.

운동은 통증을 예방하고 치료할 뿐 아니라 건강과 체력을 알리는 가장 강력한 방법이다. 통증 관리에서 운동의 역할은 통증 관리 연구에서 뚜렷한 주목을 받지 못하였다. 사실 통증 관련 출판물들의 내용을 분석한 결과, 단지 몇몇 저자가 예방과 통증 치료에서의 운동의 역할에 더해 언급하고 있으며 간략하고 연구 지원이 부족하다는 논의가 이루어지고 있었다.

현대인에게 만성 두통이 만연하고 있으며 치료 비용이 많이 든다. 저자와 연구자들은 두통 관리의 핵심은 두통을 예방하는 것이라는 데에 동의하였다. 실증적인 연구들은 운동이 건강한 행위이며, 생활의 일부이고, 사건 발생 감소 또는 긴장성 두통, 편두통, 군집성 두통의 완화에 결정적인 역할을 한다고 밝혔다. AMA는 만성 두통 관리를 건강한 행위와 생활 습관의 변화를 권장하며, 건강한 생활 방식과 행동의 변화를 위하여 적당한 운동을 할 것을 권유한다. 운동은 만성 두통의 치료 및 관리에 도움이 될 뿐 아니라, 두통 환자들의 기능적 상태를 향상시키는 역할도 한다. 긴장성 두통의 더 일반적인 원인은 일상 생활의 스트레스와 불안이며, 적당하고 주기적인 운동 특히 매일 운동을 하는 것은 스트레스 반응을 감소시키고, 전체 신체적 및 심리 사회학적 행복에 도움이 된다. 간략하고 집중적인 두통 치료 프로그램은 만성 긴장성 두통 완화에 효과적이다. 구체적으로 6주 치료 프로그램은 인체공학적인 자세 교육의 효과, 경근(cervical muscles)의 등장성 강화 운동 그리고 긴장성 두통의 증상 완화를 위한 마사지 및 스트레칭 등을 연구하였다. 연구 결과, 병 영향 도표(SIP, Sickness Impact Profile) 점수가 상승한 것과 반대로, 긴장성 두통의 빈도는 뚜렷하게 감소하였다. 이와 유사하게, 만성 두통 치료를 위한 10주 매스 미디어 행동 프로그램은 멀티미디어 요법을 실행하였는데, 프로그램이 끝난 후와 이후 진행된 4주간의 추가 평가에서 두통과 약물 투약 횟수, 결근율에 있어서 아주 뚜렷한 감소를 나타내었다. 프로그램에는 비디오테이프, 오디오 카세트, 텔레비전 그리고 워크북 활동 등의 멀티미디어 도구가 사용되었다. 연구 결과, 40~60%의 두통 완화 효과가 입증되었다. 이 연구들의 한계는 6주 프로그램의 작은 표본 크기와 대중매체 프로그램의 시험 성향(pilot nature)이었다. 대중매체 연구는 편두통의 치료를 위한 방법들의 효율성과 긴장성 두통의 치료를 위한 행동 방법의 효율성에 대하여 더 조사하고 비교하였다. 하지만 연구자들은 두 두통 집단과 진단과 치료의 상호작용에 대하여 어떠한 뚜렷한 차이점도 발견하지 못하였다. 긴장성 두통 및 편두통의 분류가 행동적인 두통의 치료에 도움이 되었을 수 있기 때문에 다른 연구결과와 마찬가지로 적절한 결과이다. 앞서 논의한 대로 전구증상이 있는 편두통과 없는 편두통은 모두 다이어트, 약물치료, 호르몬 변화, 수면장애, 스트레스, 음주, 보존료 그리고 두부외상과 같은 다양한 요인들에 의해 발현된다. 적당한 운동이 두통 치료에는 효과 만점이라는 것과 격렬한 운동이 편두통 치료에 도움이 되지 않는다는 것에 많은 연구들은 동의하고 있다. 높은 혈중 지방과 유리 지방산은 편두통 발현의 가장 일반적인 요인이다. 편두통을 치료하기 위해서는 생활 습관의 변화를 통하여 높은 혈중 지방과 유리 지방산을 유발하는 요인을 최소화하여야 한다. 연구자들은 혈중 지방과 유리 지방산의 감소를 위하여 운동을 포함한 다음 방법을 권유한다.

1. 저지방 식단을 섭취한다.
2. 복합 탄수화물 섭취를 늘린다.
3. 격렬한 운동이 아닌 적당한 운동을 한다.
4. 끼니를 거르거나 장시간 공복을 유지하지 않는다.
5. 금연한다.
6. 알코올과 카페인 섭취를 줄인다.
7. 휴식을 통해 스트레스를 줄인다.

연구자들은 편두통이 심혈관계 질환과 같은 만성 질병을 유발하는 체내의 생화학적 불균형의 경고 신호일 수 있다고 말한다. 이러한 결과들은 우리가 어떻게 건강을 관리하고 개념화 할 것인가에 대해 다시 생각하게 하며, 분자 생물학이 우리의 건강을 관리할 수 있는 것처럼 과학의 역할에 대한 이해를 높여준다. AMA는 편두통의 발현을 막기 위해 적당한 운동을 권한다. AMA의 다른 연구자들에 따르면 중강도의 편두통 증상이 시작되면, 어떠한 주기적인 움직임이나 신체적 활동도 극심한 편두통을 유발할 수 있다고 한다. 또한 운동선수나 다른 피트니스 전문가와 같이 신체 활동이 직업의 일부인 사람들에게 월 2회 이상의 편두통 증상이 발현된다면 문제가 될 수 있다. 매우 제한적인 경우에 적용되는 이러한 특별한 상관관계는 전문적인 위험으로 고려되며, 운동이 아닌 약물의 예방적 사용이 나타난다. 비 스테로이드성 항염증제, 항우울제, 베라파민, 베타 차단제 등의 약물은 보통 일차적인 방어에 사용된다. 하지만 편두통 예방 약물치료의 사용은 같은 편두통 환자에게 선택사항이 아니다. 해당 약물은 부작용 가능성을 가지고 있고 간 독성, 중독 또는 반동성 두통(rebound heacache)을 유발할 수 있기 때문이다. 군집성 편두통이 치료하고 관리하기가 더 어려운 이유는, 발생 빈도가 일정치 않고, 특정한 패턴을 가지고 있지도 않기 때문이다. 결과적으로 두통은 예방이 중요하다.

AMA가 심각한 군집성 두통에는 에르고타민과 같은 약물 치료를 권유하고, 두통 예방에는 리튬(lithium)을 권유하고 있기는 하지만, 그들은 이러한 산발적 두통의 비 의학적인 치료 방법을 일차적으로 추천하지는 않는다. 연구 결과를 조사한 결과, 만성 군집성 편두통의 관리에 있어서의 운동의 역할에 대한 충분한 자료를 찾지는 못하였다. 그러나 임상적 경험으로 추론하여 볼 때, 군집성 두통과 편두통 증상에 대한 몇몇 연구자의 입증되지 않은 조사 자료는 군집성 두통의 예방은 편두통 치료에서 그랬던 것처럼 주기적이고 적당한 운동이 도움이 될 수 있을지에 대해 의문을 가지고 있다. 이러한 의문에 대하여 연구자들은 군집성 두통과 편두통은 혼재할지도 모르며, 편두통이 군집성 두통으로 변형될 수 있다는 점에 대한 선입관을 지원한다. 한가지 두통을 이미 가지고 있거나, 다른 두통과 인과 관계를 가지고 있을 경우, 군집성 두통이 편두통과 유사한 증상을 가지고 있다면 진단이 확정되지 않는 경우가 종종 있다고 말한다. 이 연구가 10명의 작은 표본 규모라는 제한을 가지고 있지만, 두가지 타입의 두통의 공존 가능성을 배제하는 국제 두통 협회(International Headache Society)와 AMA 및 다른 단체를 비판하는 사람에게 이 결과는 아주 설득력이 있다.

요약을 통하여, 공존하는 두통이 완전히 무시되거나 아직 발견되지 않았다는 사실을 알 수 있다. 두통이 공존하는 상황에서의 운동의 역할은 상상 이상이다. 현재, 만성 두통의 치료를 위하여 운동이 공식적인 역할을 해야 한다는 생각은 아주 합리적이다. 그러나 연구에서는 그 사실이 적절하게 뒷받침되지 못하였다. 여전히, 운동 효과의 역할을 위해서 두통의 공존 가능성에 대한 역사와 평가는 만성 두통 환자에 대한 포괄적인 치료 계획 수립 단계에서 필요한 단계이다.

평가 도구는 두통 환자 그리고 헬스케어 전문가에게 다른 사무실 방문을 통하여 쌓은 자료의 베이스 라인을 제공하며, 두통 증상과 발생 패턴, 빈도, 강도 그리고 증상의 지속도 뿐 아니라 가능한 두통 유발 요인 역시 기록한다. 진행 중인 이런 타입의 평가는 운동이 창의적이고 보상적인 치료 방법이 될 수 있도록 통합한다.

섬유근육통

섬유근육통(fibromyalgia, FM)은 주로 여성에게 나타나며, 근골격계 통증과 뻣뻣함을 특징으로 하는 장애이다. 허약, 관절 부종 및 피로 누적, 신경혈관의 차가움, 무감각, 떨림, 얼룩덜룩 또는 그물망 모양의 피부결 등이 일반적인 증상이다. 수면 방해, 우울감 및 불안감 역시 주요한 요인이다.

Wolfe와 동료들(1990)은 미국 대학의 류마티스학과를 통해, 다른 만성 피로 증후군과 완전히 구분하는 FM의 더 확실한 기준을 세우려고 하였다. 그의 기준은 허리와 위/아래와 축 골격 통증과 같은 대칭되는 신체 통증으로 구분되는 광범위한 통증의 병력을 강조한다. 디지털 검진에서의 18개 중 11개의 압통점(tender points) 위치는 주요 진단 도구이다. 밝혀지지 않은 병인학과 결론이 없는 병태생리학(pathophysiology)에서 가장 일반적으로 추천하는 치료법은 소량의 화학적 항 우울제 투여, 선택적 세로토닌 재흡수 억제제(SSRIs), 근막 주사, 저 등급의 유산소 운동, 몇 가지 심리치료 등이다. 운동을 FM의 부가적인 치료법으로 사용하고 있는 연구를 살펴본 결과, 증상을 나타내는 것이 중요한 역할을 한다고 밝혔다. 운동은 근 골격계 통증, 뻣뻣함, 연조직 압통점을 예방하는 것뿐만 아니라 수면 방해, 중고강도의 우울감 그리고 불안감을 감소하는 데도 도움이 된다. 이러한 심리 사회학적인 증상은 운동이 불가능할 정도이다. 그러나 일부 FM 환자들이 운동으로 인한 통증의 악화를 나타낸 것과 반대로, 통증의 완화를 나타낸 환자들도 있다. 이렇게 평가가 엇갈리는 것은 환자별로 진행된 운동치료 횟수가 달랐기 때문일 수 있다. 유산소 운동은 수면 연구에 참여한 마라톤 선수들에 대한 Moldosky의 초기 관찰에서 기원한 선호되는 FM의 부가적인 치료 방법이다. 연구 결과, 이 주제에서 통증이 있는 섬유 조직염(fibrositic)의 허약한 지점(압통점, tender point)을 찾기는 아주 힘들다. 마라톤 선수의 올림픽 정신이 아니라 유산소 운동을 고려하면,

이 지속성의 주요 원인은 다음에 제시되는 FM 환자를 상대로 진행된 유산소 훈련 연구일 것이다. 개척적인 두 조사에서 McCain은 심혈관계와 유연성 프로그램을 비교하여 그러한 연구에 대한 예비 기초를 얻었다. 20주간 주 3회의 적정 강도의 운동 프로그램을 진행한 결과, 객관적인 평가 방법과 FM 환자들의 자기 보고를 통해 심혈관계 건강과 통증 감소라는 상당히 중요한 결과를 얻을 수 있었다. 그러나 이 연구들의 통계적 분석 결과는 원하는 결과와는 많이 달랐다.

이러한 주요한 심혈관계 조사를 통해 다음의 치료 프로그램의 대부분은 유산소, 무산소, 치료법에 대한 심리 행동적 조건을 포함한다. Mengshole, Komnaes 그리고 Forre(1992)는 20주간 매주 2회, 60분간 지속되며 FM의 통증을 악화시키지 않는 역학적인 지구력 프로그램을 제시하였지만 극히 일부에서의 기능적 향상이 관찰되었다. Nichols와 Glenn(1994)은 8주간 주 3회, 20분간의 적정 강도의 걷기 프로그램의 결과로 주로 심리학적 향상과 통증 완화 프로그램을 제시하였다. Burchhardt, Mannerkorpi, Hecenberg 그리고 Bjelle(1994)는 압통점의 통증 완화 및 교육 프로그램과 주 3회 20분 이상 적정 강도의 걷기를 진행한 FM 환자 그룹의 삶의 질과 자기 효능감(self-efficacy)을 동반한 열린 연구를 제시하였다. Buckelew, Murray, Hewet, Johnson 그리고 Huyser(1995)에 의해 작성된 6주간의 운동 및 행동학적 방법을 통해 향상된 신체 활동 및 통증 완화와 높은 자기 효능성과 같은 유사한 결과가 도출되었다. 2년간의 통증, 분위기, 극복 의지에 대한 추적 연구 결과, 약물 또는 물리치료 보다 주기적인 자가 운동이 효과적이라는 결론이 나왔다. 이러한 주요 연구에 대한 간략한 연구검토를 보면, 정기적인 유산소 활동 프로그램에 참여하고 있는 FM 환자들은 몸을 많이 움직이지 않는 환자와 비교하여 증상이 완화되는 것으로 드러났다. 그러나 이러한 연구들에 대해 결과 측정 도구에 대한 구성 타당도와 신뢰도, 그리고 다른 연구가 준수하지 않는 기초 연구 요건의 개선이 이루어졌다.

더 격렬하고 더 통제된 운동 연구가 최근 진행되었다. Horven Wigers, Stiles 그리고 Vogel(1996)은 14주의 치료를 4년간 시험 기간을 두고 비교하였다. 세 그룹의 FM이 연구되었다. 첫번째 집단은 주 3회, 20~45분간, 최대 심박수의 60~70%의 강도로 유산소 운동을 진행하였다. 두번째 집단은 스트레스 관리 집단으로, 인식되는 행동학적 스트레스 관리 기술을 집에서 실시하였다. 세번째 집단은 통제 그룹으로 사용되었으며, 정기적인 치료법을 지속하였다. 14주 후, 앞의 두 그룹은 기대한 심리적 효과를 얻을 수 있었다. 가장 효과적인 방법은 유산소 운동이었다. 프로그램 종료 이후 참가자들은 감독이 없어지자 프로그램을 지속적으로 이행하지 않아 그 효과를 유지하지 못하였다.

6개월간 주 1회 행동학적 개선, 스트레스 관리, 가족의 지원 및 집에서 할 수 있는 운동법에 대한 강의를 결합한 관련된 장기 그룹 프로그램에서, 실험 FM 집단은 2년간 추적되었으며, 프로그램에 참여하지 않는 FM 환자들과 비교되었다. 프로그램의 적극적 진행 이후, 실험 집단은 신체적, 정신적 향상을 나타내었으며, 2년의 추적기간 동안 그 향상 결과가 유지되었다. 프로그램에 참여하지 않은 그룹과 비교하여 통증과 우울감 감소도 눈에 띄게 향상되었다. 인상적인 결과에도 불구하고, 이 연구는 적절한 통제가 부족했고, 결과 측정 과정이 맹목적이었다.

Martin 등(1996)은 60명의 환자를 운동과 안정, 두 집단으로 나누었다. 각 그룹은 6주간 주 3회 만나 1시간 동안 감독하에서의 치료를 받았다. 운동 집단은 20분의 충분한 걷기로 개인별 최대 심박수의 60~70%까지 끌어올렸다. 이후 20분은 일반적인 유연성 운동을, 남은 20분간은 피트니스 센터에서 저도 저항성 체중 훈련이 진행되었다. 안정 그룹은 시각화, 가벼운 요가, 자발적 안정 등 3 종류의 안정 기술의 시간에 따라 분류되었다. 연구의 마지막에서 운동 그룹은 압통점 갯수의 뚜렷한 향상을 보였고 안정 그룹과 근육통성 점수가 비교되었다. 이 연구는 FM 환자 통증에 대한 운동의 긍정적인 효과 뿐 아니라, 이 환자들이 종합 운동 프로그램에 부정적 효과 없이 참여 가능하다는 것을 보여주었다는 점에서 중요하다. 그러나 장기 추적 결과가 없다는 점에서 섬유 근육통(fibromyalgia)과 같은 변수 조건이 결정적이다.

Borenstein(1995)은 FM 및 FM 통증 환자 집단만을 위한 12개월 간 매일 최대 30분의 증가된 속도에서 감독되지 않는 걷기를 포함하는 종합적인 프로그램을 사용하였다. 그는 초기 섬유 근육통 환자는 척추 통증을 동반하는 2차적인 섬유 근육통 환자보다 낫다고 결론지었다. Goldenberg(1991)는 그의 초기 연구에서, 210명의 FM/결합조직염(fibrositis) 환자를 대상으로 적어도 주 3회 이상 15분간의 스트레칭을 포함한 주기적인 운동을 실행하였다. 그는 수면 방해와 피로 증상에 대해 측정하였을 때, 심한 관절 과운동성을 가지고 프로그램에 참여한 환자들에게서 그렇지 않은 환자들보다 더 향상된 결과가 관찰되었다고 하였다. 그는 운동 프로그램이 느슨한 관절과 관련된 증상 향상에 도움이 되는 근육지지, 근긴장도와 혈류를 향상시킬 것이라고 추정하였다. 하지만 초기 단계의 FM 연구에 연관된 대부분의 물리치료사들에 의한 기초 근육 생리학, 운동 프로그램 그리고 측정 방법 개념에 대한 이해 부족의 좋은 예이다. 그러나 이 연구는 그 당시 혁신적인 개념의 초기 연구와 마찬가지로 FM 환자들도 다양한 방식과 효과를 가지고 운동이 가능하다는 점을 강하게 나타내고 있다. FM과 운동에 대한 최근 연구의 대부분은 최적화된 운동 주기를 찾기가 어렵다고 판단한다. 사실, 이 연구들은 FM 환자들의 체력 감소에 관련하여 정확한 기전을 규명하려한다. 또한 FM의 가능한 발병원인을 밝히기 위해 짧고 복합적인 치료 방법을 시도한다. 이러한 연구들은 세포 수준에서의 손상 활동 및 근육 통증 유발과 같은 숨은 기전에 초점을 두고 있다. 최대 수축치(maximal voluntary contraction, MVC)의 감소는 근력을 약화시키는 기계적 기전의 하나로 추정된다. 통증과 피로는 전기적 또는 대사적 근육 특성의 불완전한 회복으로 인한 수축으로 인해 근육을 이완할 수 없는 상태와 관련이 있다. 표면 근전도 검사(surface electromyography)와 다양한 신진대사 과정은 FM 환자들의 근육 휴식, 운동 그리고 탈진 등을 이해하기 위하여 진행된다. Jacobson, Wildschiodtz 그리고 Danneskoid-Samsoe(1991)는 등축성 운동 중의 근전도 검사를 통해 FM 환자에게서 더 많은 대퇴사두근(quadriceps muscle) 경련이 일어난다는 사실을 밝혀냈다. Norregaard, Bulow 그리고 Danneskoid-Samsoe(1994)는 FM 환자의 2차적인 통제와 비교하여 근전도 신호간의 EMG 차이를 발견하지 못하였다. Lindth, Johansson, Hedberg 및 Grimsby(1994)와 Mengshole, Saugenm Forre, Vollestad 등(1995)은 대퇴사두근(quadriceps muscle)의 피로도가 증가하는 동안의 EMG의 증가를 발견하였지만 이것은 정상적인 근육 컨디션 악화 반응이다. Miller, Gabrielle, 그리고 Grandevia(1996)은 상완이두근(biceps brachii)을 테스트하여 통증 억제와 근육 수축 실패는 FM 환자의 피로 발생에 어떤 작용도 하지 않는다는 사실을 발견하였다. 또한 앞 정강이근(anterior tibial)운동 중 및 회복 시의 근전도-대사 간의 EMG 이상은 없다는 사실이 Vestergaard Pousem에 의해 발견되었다. 이 같은 연구결과는 비정상적인 전기적 변식, 요약 또는 무리한 개요 범위에 대한 유사한 결과이고 초기 논문의 대부분에서 이미 밝혀진 사실로 놀랍지 않다.

EMG는 FM 환자의 근육의 휴식, 활동 및 탈진 등 신진 대사 과정의 복합적인 조사를 유도하였다. Yunus, Kalyan-Raman, Masi(1968), Bengtsson, Henriksson, 그리고 Larsson(1986)에 의해 진행되었던 초기 연구 결과만이 에너지를 생성하는 근절(筋節) 병리학적 변화를 밝혀내었다. 그럼에도 불구하고, 이후 대부분의 더 정교한 연구들은 이러한 증거를 찾는데에 실패하였다. Norregaard, Bulow, Mehlson 그리고 Danneskiold(1994)는

FM 환자들과 자전거 에르고미터(ergometer)에서 운동한 저하된 건강 통제 집단 사이의 포타슘(potassium), 젖산(lactate), 크레아틴 키나아제(creatine kinase) 및 미오글로빈(myoglobin) 농도가 크게 차이 나지 않는다는 사실을 보여주었다. 그러나 같은 운동량에서는 FM 환자들이 더 통증을 많이 느끼는 것으로 보고되었다. Jacobson, Jensen, Thomsen, Danneskiold-samsoe, 그리고 Henriksen(1992)은 31 핵 자기 공명(31 phosphorous nuclear magnetic resonance, 31 PNMR) 분광학(spectroscopy)을 이용하여, 장딴지 근육(calf muscle)의 동적 운동과 회복에 있어 FM 환자와 같은 근육량을 가진 비 환자와 비교하여 무기질(inorganic phosphorous)과 크레아티닌 인산 비율(creatinine phosphate ratio)(Pi/Pcr)의 차이가 없음을 확인하였다. 그러나 무산소 정적 운동(static exercise)에서는 이러한 차이가 드러난다($P < 0.003$).

Vestergaard-Pousen(1995)는 더 광범위한 연구를 반복하여 유사하고 평범한 대사 차이를 발견하였다. Jubrians, Bennett, Klug(1994)는 같은 연구 방법을 이용하여 FM 환자와 일반인에게 더 철저한 상완 운동을 진행하였다. 그들은 운동 중에는 Pi/Pcr 비율이 비슷하였으나, 운동이 끝난 후 FM 환자에게서 더 높은 대사 활동(37% vs 12%)이 관찰되었다. 그들은 이 차이가 운동 프로그램과 관련 있는 것이 아니라, 근소포체막(sarcolemmal) 이상 때문일 가능성이 있으며 더 연구가 필요하다고 밝혔다.

Simms(1994)는 상부 승모근(upper trapezius) 운동 중 뚜렷한 대사 변화가 없었으며, 휴식, 운동, 회복 중 전경골근(tibialis anterior)에서의 대사 변화도 없었다는 사실을 밝혀냈다. 그들은 또한 FM 환자는 2차 통제와 유사한 근육 에너지 신진대사를 나타내며, 인 에너지(phosphorus energy) 대사는 FM의 발병 원인과 직접적 연관이 없다는 결론을 얻었다. 이전의 모든 리뷰 연구에서 FM 환자의 근육 대사간의 차이를 발견하지 못하였거나 미세한 차이만을 발견하였다면, 오직 한 통제된 연구만이 다른 환자들 및 건강한 통제 집단과 비교하여, 운동 중인 FM 환자의 주요한 대사 이상을 발견하였다는 것은 중요한 사실이다. 하지만 이것은 심각한 연구가 더 필요한 연구이다.

결론적으로, FM 환자의 무산소 운동 능력과 특히 유산소 운동의 허용범위는 일관적으로 낮게 나타난다. 그러나 FM 환자의 낮은 VO_2와 최대 운동 허용범위는 병리학적으로 규명된 것보다 증가한 통증으로 인하여 낮은 노력으로 더 효과적이다. 이러한 가능성은 다른 연구자들의 결론에서도 항상 언급되는 것이지만 심도 있는 연구가 진행되지는 않았다. 통증과 피로는 운동 중인 근육의 말초 전기적 그리고 대사 메커니즘과 관련이 거의 없다고 보여진다. 낮은 통증 한계치로 인한 지각된 운동은 주로 집중적인 치료가 필요하다고 추정한다.

다음은 이 장을 결론으로 매우 적절해 보이는 근육 한계치, 피로 그리고 통증 분야의 뛰어난 연구자 중 하나인 Cafarelli의 발언이다. "근육 감각은 말초적 피드백과 중앙적 피드 포워드에서 발생되며, 근육계의 최적 통제가 요구된다." 통증의 왜곡된 개념은 중요한 세포 이상 보다 움직임이 없는 건강한 사람과 FM 환자를 구분하는 주요 메커니즘이다. 이러한 다른 개념들은 확실하고 긍정적인 효과에도 불구하고 평생 운동 요법에 불규칙적으로 참여하는 FM 환자에게 영향을 미친다. 그러나 FM 환자의 왜곡된 중심적 통증 개념의 변화와 연관될 수 있는 말초적 메커니즘을 제외하기는 어렵다.

결 론

허리, 목, 어깨, 상/하지의 통증, 류마티스성 질병, 두통, 섬유화 등의 근골격 및 신경계의 장애는 전 연령대에서 신체적, 정신적 기능을 제한한다. 이러한 질병은 약 10%의 미국인에게서 나타나며, 그들의 개인적 및 국가적 손실은 막대하다. 운동은 이러한 질병에 큰 도움이 되며, 가장 주요한 증상인 통증에 대해 상당히 효과적이다.

이 결론은 관련 논문에 대한 고찰을 통해 작성된 것으로, 운동이 이러한 대부분의 질병의 진전, 예방, 치료에 해결책이 될 것이라는 사실을 확인하였다. 이 광범위한 논문 고찰은 다양한 운동 요법은 몇몇 예외를 제외하고는 종합적인 통증 치료 접근법의 유일하거나 주요 구성 요소로 사용되고 있다는 사실을 강하게 뒷받침하고 있다. 더 구체적으로는 다음과 같이 정리할 수 있다.

급성 단계의(초반 2~3일간) 요통 환자는 활동적인 운동을 지양하여야 한다. 그러나 치료 목적의 적극적인 운동은 효과가 있을 수 있다.

아급성, 특히 만성 단계의 요통 환자에게는 다른 운동 요법을 추천한다. 증가된 저항 강도에 대응하는 운동을 포함한 고 강도의 부위별 또는 일반화된 운동과 유산소 운동이 만성 요통의 예방, 유지 및 치료에 효과적이다.

치료 목적의 자가 운동 요법은 목, 어깨 그리고 상/하지 통증 장애의 재활 및 회복에 도움이 되는 ROM 운동과 강화 운동이 포함된다.

ROM 운동과 스트레칭, 저항에 대항하는 운동(수중 운동, 웨이트 트레이딩 등)은 모든 단계의 퇴행성 및 류마티스 관절염 환자에게 권유된다.

두통과 운동에 대한 연구 범위는 아직 결론을 제시하기는 이른 단계이다. 하지만 다양한 운동 방법이 대부분의 두통에 효과적인 것으로 보여진다. 두통, 특히 편두통이 있는 상태에서의 운동은 추천하지 않는다.

섬유 근육통 치료에는 유산소 운동이 매우 중요한 역할을 하며, 이 연구 결과를 통해서도 입증되었다. 무산소 운동 역시 효과가 있을 것으로 예상되지만 아직 추가적인 연구가 필요하다.

모든 운동 요법이 운동 전문가나 물리치료사의 감독 하에 진행되는 것이 가장 좋다는 사실이 스트레스를 유발할 것이다. 다음은 전문 의료진에 의해 기술된 안전하고 효과적인 운동 프로그램 진행법에 대한 몇 가지 가이드라인이다.

1. 모든 운동은 천천히 시작해야한다. 점차적으로 운동량과 시간을 늘려가는 것이 가장 좋다. 이는 신체의 긴장과 부상을 예방한다.
2. 운동 프로그램은 유지되어야 하며, 몸의 반응을 살펴야 한다. 몸이 피로 또는 불편이 느껴지면, 운동 프로그램을 어떻게 진행하면 좋을지와 피로, 통증에 대하여 의사와 상담하여야 한다.
3. 몸의 피로를 느낄 때는, 낮은 강도의 운동으로 교체하여야 한다. 이는 신체의 활동적인 상태를 유지시켜주고, 중요한 습관을 가지도록 도와준다.
4. 피로와 부상을 막기 위하여 반드시 바른 자세를 배워야 한다.
5. 부상을 막기 위하여 신발과 관절 보호대, 손/헤드기어와 같은 적절하게 맞는 운동 장비들을 착용하여야 한다.
6. 운동 참가자들은 근력 강화 훈련의 진행을 위해 더 넓고 강하게 관절을 사용하고 발달시키는 법을 배워야한다.
7. 모든 운동 치료는 적절한 준비 운동과 마무리 운동으로 시작하고 끝내야 한다. 준비 운동 및 마무리 운동에 10분의 ROM 운동을 하는 것이 일반적이다.
8. 운동은 다른 근육을 사용하여 다양하게 이루어져야 한다. 이러한 운동 방법은 근력, 지구력, 유연성 강화에 중요한 요소이다.
9. 운동하는 사람은 운동이 생명 연장 활동이며 질병 예방과 건강 유지에 필수 요소라는 사실을 인지하여야 한다.

참고문헌

Accerro, P., & Braggs, W. J. (1993). Reflex sympathetic dystrophy: Challenges of diagnosis and management. *Journal of the American Academy of Physician Assistants, 16*, 24-31.

Allegrant, J. P. (1996). The role of adjunctive therapy in the management of chronic nonmalignant pain. *The American Journal of Medicine, 101*(Suppl. 1A), 35S-39S.

Altmaier, E. M., Lehmann, T. R., Russell, D. W., Weinstein, J. N., & Kao, C. F (1992). The effectiveness of psychological interventions for the rehabilitation of low back pain: A randomized controlled trial evaluation. *Pain, 49*, 329-335.

American Medical Association (1998). *Health Insight* [Online]. Available at: www.ama-assn.org/insight/spec-on/migraine/whatis/htm.

Arthritis Foundation. (1998). *Living well with arthritis* [Online]. Available at: www.arthritis.org/resource/tips/lwwo.shtml/

Bakker, C., Rutten, M., van Santen-Hoeufft, M., Bolwijn, F., van Doorslaer, E., Bennett, K., & van der Linden, S. (1995). Patient utilities in fibromyalgia and the association with other outcome measures. *Journal of Rheumatology, 22*, 1536-1543.

Bakker, C., van der Linden, S., van Santen Hoeufft, M., Bolwijn, P., & Hidding, A. (1995). Problem elicitation to assess patient priorities in ankylosing spondylitis and fibromyhalgia. *Journal of Rheumatology, 22*, 1304-1310.

Bartels, E. M., & Danneskiold-Samsoe, B. (1986). Histological abnormalities in muscle from patients with certain types of fibrositis. *Lancet, 1*, 755-757.

Baumstark, K. E., & Buckelew, S. P. (1992). Fibromyalgia: Clinical signs, research findings, treatment implications, and future directions. *Annals of Behavioral Medicine, 14*(4), 282-291.

Bengtsson, A., Henriksson, K. G., & Larsson, J. (1986) Reduced high-energy phosphate levels in the painful muscles of patients with primary fibromyalgia. *Arthritis and Rheumatism, 29*, 817-821.

Bennett, R. M. (1989) Physical fitness and muscle metabolism in the fibromyalgia syndrome: An overview. *Journal of Rheumatology,* (Suppl.), *19*, 28-29

Bennett, R. M., Burckhardt, C. S., Clark, S. R., O'Reilly, C. A., Wiens, A. N., & Campbell, S. M. (1996). Group treatment of fibromyalgia: A 6 month outpatient program. *Journal of Rheumatology, 23*, 521-528.

Bentsen, H., Lindgärde, F., & Manthorpe, R. (1997). The effect of dynamic strength back exercise and/or a home training program in 57-year old women with chronic low back pain: Results of prospective randomized study with a 3-year followup period. *Spine, 22*(13), 1494-1500.

Bic, Z., Blix, G., Hopp, H., & Leslie, M. (1998). In search of the ideal treatment for migraine headache. *Medical Hypotheses, 50*, 1-7.

Blake, C., & Garrett, M. (1997). Impact of litigation on quality of life outcomes in patients with chronic low back pain. *The Irish Journal of Medical Science, 166*(3), 124-126.

Blanchard, E. B. (1980). Migraine and tension headache: A meta-analytic review. *Behavior Therapy, 11*, 613-631.

Blanchard E. B., & Andrasik, F. (1982). Psychological assessment and treatment of headache: Recent developments and emerging issues. *Journal of Consulting and Clinical Psychology, 50*, 859-879.

Borenstein, D. (1995). Prevalence and treatment outcome of primary and secondary fibromyalgia in patients with spinal pain. *Spine, 20*(7), 796-800.

Bove, A. A. (1983). Exercise in the elderly. In A. A. Bove & D. T. Lowenthal (Eds.), *Exercise medicine: Physiological principles and clinical applications* (pp. 173-181). Orlando, FL. Academic Press Inc.

Bronfort, G., Goldsmith, C. H., Nelson, C. R., Boline, P. D., & Anderson, A. V. (1996). Trunk exercise combined with spinal manipulative or NSAID therapy for chronic low back pain: A randomized, observer-blinded clinical trial. *Journal of Manipulative Physiological Therapeutics, 19*(9), 570-582.

Buckelew, S. P., Huyser, B., Hewett, J. E., Parker, J. C., Johnson, J. C., Conway, R., & Kay, D. R. (1996). Selfefficacy predicting outcome among fibromyalgia subjects. *Arthritis Care and Research, 9*(2), 97-104.

Buckelew, S. P., Murray, S. E., Hewett, J. E., Johnson, J., & Huyser, B. (1995). Self-efficacy, pain and physical activity among fibromyalgia subjects. *Arthritis Care and Research, 8*(1), 43-50.

Burckhardt, C. S., Mannerkorpi, K., Hedenberg. L, & Bjelle, A. (1994). A randomized, controlled clinical trial of education and physical training for women with fibromyalgia. *Journal of Rheumatology, 21*(4), 714-720.

Buckwalter, J., & Lane, N. (1997). Athletics and osteoarthritis. *The American Journal of Sports Medicine, 25*, 873-881.

Burns, S. H., & Mierau, D. R. (1997). Chiropractic management of low back pain of mechanical origin. In L. G. F. Giles & K. P. Singer (Eds.), *Clinical anatomy and management of low back pain* (pp. 344-357). Oxford, UK: Butterworth-Honemann, Reed Educational and Professional Publishing, Ltd.

Cafarelli, E. (1988). Force sensation in fresh and fatigued human skeletal muscle. In K. B. Fandolf (Ed.), *Exercise and sport sciences reviews* (Vol. 16, pp. 139-168). New York: Macmillan Pub. Co.

Cailliet, R. (1995). *Low back pain syndrome* (5th ed.). Philadelphia: F. A. Davis Company.

Callahan, L. F., Rao, J., & Boutaugh, M. (1996). Arthritis and women's health: Prevalence, impact, and prevention. *American Journal of Preventive Medicine, 12*, 401-409.

Campello, M., Nordin, M., & Weiser, S. (1996). Physical exercise and low back pain. *Scandinavian Journal of Medicine and Science in Sport, 6*(2), 63-72.

Carey, T. S., Garrett, J., Jackman, A., McLaughlin, C., Fryer, J., Smucker, D. R., & The North Carolina Back Pain Project. (1995). The outcomes and costs of care for acute low back pain among patients seen by primary care practitioners, chiropractors, and orthopedic surgeons. *New England Journal of Medicine, 333*, 913-917.

Cherkin, D. C., Deyo, R. A., Street, J. H., Hunt, M., & Barlow, W. (1996). Pitfalls of patient education: Limited success of a program for back pain in primary care. *Spine, 21*, 345-355.

Cherkin, D. C., Deyo, R. A., Wheeler, K., & Ciol, M. A. (1995). Physician views about treating low back pain: The results of a national survey. *Spine, 20*, 1-20.

Clanton, T., & Solcher, B. (1994). Chronic leg pain in the athlete. *Clinical Sports Medicine, 13*, 743-759.

Cooper, C, Inskip, H., Croft, P., Campbell, L., Smith, G., McLaren, M., & Coggon, D. (1998). Individual risk factors for hip osteoarthritis: Obesity, hip, injury, and physical activity. *American Journal of Epidemiology, 147*, 516-522.

D'Amico, D., Centonze, V., Grazzi, L., Leone, M., Richetti, G., & Bussone, G. (1997). Co-existence of migraine and cluster headache: Report of 10 cases and possible pathogenetic implications. *Headache, 37*, 21-25.

Dabis M., Ettinger, W., & Neuhaus, J. (1990). Obesity and osteoarthritis of the knee: Evidence from the National Health and Nutrition Examination Survey (NHANES I). *Seminars in Arthritis and Rheumatology, 20*, 34-41.

Daniels, J. M. (1997). Treatment of occupationally acquired low back pain. *American Family Physician, 55*, 587-596.

de Brujin-Kofman, A. T., Van de Wel, H., Groenman, N. H., Sorbi, M. J., & Klip, E. (1997). Effects of a mass media behavioral treatment for chronic headache: A pilot study. *Headache, 37*, 415-420.

DeMichele, P. L., Pollock, M. L., Graves, J. E., Foster, D. N., Carpenter, D., Garzarella, L., Brechue, W., & Fulton, M. (1997). Isometric torso rotation strength: Effect of training frequency on its development. *Archives of Physical Medicine and Rehabilitation, 78*, 64-69.

Deuster, P. A., (1996). Exercise in the prevention and treatment of chronic disorders. *Women's Health Issues, 6*(6), 320-331.

Deyo, R. A. (1998, August). Low back pain. *Scientific American, 279*, 49-53.

Deyo, R. A., & Phillips, W. R. (1996). Low back pain: A primary challenge. *Spine, 21*, 2826-2832.

Dubbert, P. (1992). Exercise in behavioral medicine. *Journal of Consulting and Clinical Psychology, 60*, 613-613.

Eisenberg, D. M., Kessler, R. C., Foster, C., Norlock, R. E., Calkins, D. R., & Delbanco, T. L. (1993). Unconventional medicine in the United States: Prevalence, costs and patterns of use. *New England Journal of Medicine, 328*(4), 246-252.

Eisinger, J., Plantamura, A., & Ayavou, T. (1994). Glycolysis abnormalities in fibromyalgia. *Journal of the American College of Nutrition, 13*(2), 144-148.

Ettinger,W. H., Burns, R., Messier, S. P., Applegate,W., Rejeski, W. J., Morgan, T., Shumaker, S., Berry, M. J., O'Toole, M., Monu, J., & Craven, T. (1997). A randomized trial comparing aerobic exercise and resistance exercise with a health education program in older adults with knee osteoarthritis. *Journal of the American Medical Association, 277*, 25-31.

Faas, A. (1996). Exercises: Which ones are worth trying, for which patients, and when? *Spine, 21*(24), 2874-2878.

Faas, A., van Eijk, J. Th. M., Chavannes, A. W., & Gubbels, J. W. (1995). A randomized trial of exercise therapy in patients with acute low back pain: Efficacy on sickness absence. *Spine, 20*, 941-947.

Farrar, D. J., Locke, S. E., & Kantrowitz, F. G., (1995). Chronic fatigue syndrome I: Etiology and pathogenesis. *Behavioral Medicine, 21*, 5-16.

Felson D. T., Zhang,Y., Anthony, J. M., Naimark, A., & Anderson, J. J. (1992). Weight loss reduces the risk for symptomatic osteoarthritis in women: The Framingham Study. *Annals of Internal Medicine, 116*, 535-539.

Flavell, H. A., Carrafa, G. P., Thomas, C. H., & Disler, P. B. (1996). Managing chronic back pain: Impact of an interdisciplinary team approach. *Medical Journal of Australia, 165*(5), 253-255.

Foltz-Gray, D. (1997). In the swim. *Arthritis Today, 10*, 18-24.

Fordyce,W. (1976). *Behavioral methods for chronic pain and illness*. St. Louis: Mosby.

Fox, E. L. (1979). *Sports paysiology*. Philadelphia:W. B. Saunders Company.

Fuchs, Z., & Zaichkowsky, L. (1997). Exercise in aging and pain control. In D I. Mostofsky, D. & J. Lomranz (Eds.), *Handbook of pain and aging* (pp. 347-364). New York: Plenum Press.

Gatchel, R. J., & Turk, D. C. (1996). *Psychological approaches to pain management, A practitioner's guidebook*. New York: Guilford Press.

George, E., Creamer, P., & Dieppe, P. (1994). Clinical subsets of osteoarthritis. *The Journal of Musculoskeletal Medicine, 11*, 14-29.

Godfrey, R. G. (1996). A guide to the understanding and use of tricyclic antidepressants in the overall management of fibromyalgia and other chronic pain syndromes. *Archives of Internal Medicine, 156*, 1047-1052.

Goldenberg, D. L. (1994). Fibromyalgia, chronic fatigue syndrome and myofascial pain syndrome. *Current Opinions in Rheumatology, 6*, 223-233.

Gotlieb, H., Strite, L. C., Koller, R., Madorsky, A., Hockersmith,V., Kleeman, M., & Wagner, J. (1977). Comprehensive rehabilitation of patients having chronic low back pain. *Archives of Physical Medicine and Rehabilitation, 58*, 101-108.

Granges, G., Zilko, P., & Littlejohn, G. O. (1994). Fibromyalgia syndrome: Assessment of the severity of the condition 2 years after diagnosis. *Journal of Rheumatology, 21*(3), 523-529.

Gremillion, R. B., & Vollenhoven, R. F. (1998). Rheumatoid arthritis: Designing and implementing a treatment plan. *POSTGRADUATE Medicine, 103*, 103-123.

Hakkinen, A., Malkia, E., Hakkinen, K., Jappinen, I., Laitinen, L., & Hannonen, P. (1997). Effects of detraining subsequent to strength training on neuromuscular function in patients with inflammatory arthritis. *British Journal of Rheumatology, 36*, 1075-1081.

Hall, H. (1989). The Back School. In C. D. Tollison & M. L. Kriegel (Eds.), *Interdisciplinary rehabilitation of low back pain* (pp. 291-304). Baltimore, MD: Williams and Wilkins.

Hammill, J., Cook, T., & Rosecrance, J. (1996). Effectiveness of a physical therapy regime in the treatment of tension-type headache. *Headache, 36*, 149-153.

Hartigan, C., Miller, L., & Liewehr, S. C. (1996). Rehabilitation of acute and subacute low back and neck pain in the work-injured patient. *Orthopedic Clinics of North America, 27*(4), 841-860.

Haskell, W. L. (1994). Health consequences of physical activity: Understanding and challenges regarding doseresponse. *The Official Journal of the American College of Sports Medicine, 26*, 649-660.

Heller, A. (1994). Carpal tunnel syndrome－an industrial epidemic. *Clinical Review, 7/8*, 61-74.

Hewett, J. E., Buckelew, S. P., Johnson, J. C., Shaw, S. E., Huyser, B., & Zheng Fu, N. G. (1995). Selection of measures suitable for evaluating change in fibromyalgia clinical trials. *Journal of Rheumatology, 22*, 2307-2312.

Hides, J. A., Richardson, C. A., & Jull, G. A. (1996). Multifidus muscle recovery is not automatic after resolution of acute, first episode low back pain. *Spine, 21*(23), 2763-2769.

Hørven Wigers, S., Stiles, T. C., & Vogel, P. A. (1996). Effects of aerobic exercise versus stress management treatment in fibromyalgia. *Scandinavian Journal of Rheumatology, 25*, 77-86.

Hupli, M., Hurri, H., Luoto, S., Risteli, L., Vanharanta, H., & Risteli, J. (1997). Low synthesis rate of type I procollagen is normalized during active back rehabilitation. *Spine, 22*(8), 850-854.

Hutchinson, M., & Ireland, M. (1994). Common compartment syndromes in athletes. *Sports Medicine, 17*, 200-208.

Huyser, B., Buckeley, S. P., Hewett, J. E., & Johnson, J. C. (1997). Factors affecting adherence in rehabilitation interventions for individuals with fibromyalgia. *Rehabilitation Psychology, 42*(2), 75-91.

International Headache Society. (1988). Classification and diagnostic criteria for headache disorders, cranial neuralgias and facial pain. *Cephalalgia, 8* (Suppl. 7), 1-96.

Jacobsen, S., Jensen, K. E., Thomsen, C., Danneskiold-Samsoe, B., & Henriksen, O. (1992). 31P Magnetic resonance spectroscopy of skeletal muscle in patients with fibromyalgia. *Journal of Rheumatology, 19*(10), 1600-1603.

Jacobsen, S., Wildeschiodtz, G., & Danneskiold-Samsoe, B. (1991) Isokinetic and isometric muscle strength combined with transcutaneous electrical muscle stimulation in primary fibromyalgia syndrome. *Journal of Rheumatology, 18*, 1390-1393.

Jensen, R., Bendsten, L., & Olsen, J. (1998). Muscular factors are of importance in tension-type headache. *Headache, 38*, 10-17.

Jordan, A., & Ostergaard, E. (1996). Rehabilitation of neck and shoulder pain in primary health care clinics. *Journal of Manipulative Physiological Therapies, 19*, 32-36.

Jubrias, S. A., Bennett, R. M., & Klug, G. A. (1994). Increased incidence of a resonance in the phosphodiester region of 31P nuclear magnetic resonance spectra in the skeletal muscle of fibromyalgia patients. *Arthritis and Rheumatism, 37*(6), 801-807.

Karas, B. E., Cohn, S., & Conrad, K. M., (1996). Back injury prevention interventions in the workplace: An integrative review. *American Association of Occupational Health Nurses Journal, 44*(4), 189-196.

Katz, R. T. (1994). Carpal tunnel syndrome: A practical review. *American Family Physician, 49*, 1371-1379.

Koes, B. W., Bouter, L. M., Beckerman, H., van der Heijden, G. J., & Knipschild, P. G., (1991). Physiotherapy exercises and back pain: A blinded review. *British Medical Journal, 302*, 1572-1574.

Koes, B. W., Bouter, L. M., & van der Heizden, G. J. (1995). Methodological quality of randomized clinical trials on treatment efficacy in low back pain. *Spine, 20*(2), 228-235.

Komatireddy, G. C., Leitch, R. W., Cella, K., Browning, G., & Minor, M. (1997). Efficacy of low load resistive muscle training in patients with rheumatoid arthritis Functional Class II and II. *Journal of Rheumatology, 24*, 1531-1539.

La Croix, A. Z., Newton, K. M., Leville, S. G., & Wallace, J. (1997). Healthy aging: A women's issue. *Western Journal of Medicine, 157*, 220-232.

Lahad, A., Malter, A. D., Berg, A. O., & Deyo, R. A. (1994). The effectiveness of four interventions for the prevention of low back pain. *Journal of the American Medical Association, 272*(16), 1286-1291.

Lane, N. E., & Thompson, J. M. (1997). Management of osteoarthritis in the primary care setting: An evidence-based approach to treatment. *American Journal of Medicine, 103* (Suppl. 6A), 25S-30S.

Leonardi, M., Musico, M., & Nappi, G. (1998). Headache as a major public health problem: Current status. *Cephalalgia, 18* (Supp. 21), 66-69.

Linchitz, R. M. (1987). *Life without pain*. Reading, MA: Addison-Wesley Publication Co.

Lindh, M. H., Johansson, L. G., Hedberg, M., & Grimsby, G. L. (1994). Studies on maximal voluntary muscle contraction in patients with fibromyalgia. *Archives of Physical Medicine and Rehabilitation, 75*, 1217-1222.

Ljunggren, A. E., Weber, H., Kogstad O., Thom, E., & Kirkesola, G., (1997). Effect of exercise on sick leave due to low back pain: A randomized, comparative, long-term study. *Spine, 22*(14), 1610-1617.

Lobstein, D. D., Rasmussen, C. L., Dunphy, G. E., & Dunphy, M. J. (1989). Beta-endorphin and components of depression as a powerful discriminators between joggers and sedentary middle-aged men. *Journal of Psychosomatic Research, 33*(3), 293-305.

MacIntyre, D. L., Reid, W. D., & McKenzie, D. C. (1995). Delayed muscle soreness: The inflammatory response to muscle injury and its clinical implications. *Sports Medicine, 20*(1), 24-40.

Maizels, M. (1998). Topic in primary care medicine: The clinician's approach to the management of headache. *Western Journal of Medicine, 168* 203-212.

Mälkiä, E., & Kannus, B. (1996). Editorial: Low back pain B to exercise or not to exercise? *Scandinavian Journal of Medicine and Science in Sport, 6*, 61-62.

Mälkiä, E., & Ljunggren, A. E. (1996). Exercise programs for subjects with low back disorders. *Scandinavian Journal of Medicine and Science in Sport, 6,* 73-81.

Malmivaara, A., Häkkinen, U., Aro, T., Heinrichs, M. J., Koskenniemi, L., Kuosma, E., Lappi, S., Paloheimo, R., Servo, C., Vaaranen, V., & Hernbrg, S. (1995). The treatment of acute low back pain: Bed rest, exercises, or ordinary activity? *New England Journal of Medicine, 332*(6), 351-355.

Manniche, C. (1995). Assessment and exercise in low back pain. With special reference to the management of pain and disability following first time lumbar disc surgery. *Danish Medical Bulletin, 42*(4), 301-313.

Manniche, C. (1996). Clinical benefit of intensive dynamic exercises for low back pain. *Scandinavian Journal of Medicine and Science in Sport, 6*(2), 82-87.

Manniche, C., Hesselsøe, G., Bentzen, L., Christensen, I., & Lundberg, E. (1988). Clinical trial of intensive muscle training for chronic low back pain. *Lancet, ii 24/31.* 1473-1476.

Manniche, C., Lundberg, E., Christensen, I., Bentzen, L., & Hesselsøe, G. (1991). Intensive dynamic back exercises for chronic low back pain: A clinical trial. *Pain, 47*(1).

Marlowe, S. M. (1994). It's time to stop treating arthritis generically. *Advance PA, 1,* 15-16.

Martin, L., Nutting, A., Macintosh, B. R., Edworthy, S. M., Butterwick, D., & Cook, J. (1996). An exercise program in the treatment of fibromyalgia. *Journal of Rheumatology, 23,* 1050-1053.

McCain, G. A. (1986). Role of physical fitness training in the fibrositis/fibromyalgia syndrome. *The American Journal of Medicine, 81* (Suppl. 3A), 73-77.

McCain, G. A., Bell, D. A., Mai, F. M., & Halliday, P. D. (1988). A controlled study of the effects of a supervised cardiovascular fitness training program on the manifestation of primary fibromyalgia. *Arthritis and Rheumatism, 31*(9), 1135 B1141.

McCracken, L. M., Zayfert, C., & Gross, R. T. (1992). The pain anxiety symptoms scale: Development and validation of a scale to measure fear of pain. *Pain, 50,* 67-73.

McGill, S. M. (1997). Distribution of tissue loads in the low back during a variety of daily and rehabilitation tasks. *Journal of Rehabilitation Research and Development, 34*(4), 448-458.

Mengshoel, A. M., Saugen, E., Førre, ø., & Vøllestad, N. K. (1995). Muscle fatigue in early fibromyalgia. *Journal of Rheumatology, 22,* 143-150.

Mengshoel, A. M., Vøllestad, N. K., & Førre, ø. (1995). Pain and fatigue induced by exercise in fibromyalgia patients and sedentary healthy subjects. *Clinical and Experimental Rheumatology, 13,* 477-482.

Miller, T. A., Gabrielle, M. A., & Gandevia, S. C. (1996) Muscle force, perceived effort, and voluntary activation of the elbow flexors assessed with sensitive twitch interpolation and fibromyalgia. *Journal of Rheumatology, 23,* 1621-1627.

Moldofsky, H., & Scarlsbrick, P. (1976). Induction of neurasthenic musculoskeletal pain syndrome by selective sleep stage deprivation. *Psychosomatic Medicine, 38,* 35-44.

Murphy, D., Lindsay, S., & Williams, A. C. (1997). Chronic low back pain: Predictions of pain and relationship to anxiety and avoidance. *Behavioral Research and Therapy, 35*(3), 231-238.

Nasim, A. (1997). Surgical decompression of thoracic outlet syndrome; Is it a worthwhile procedure? *The Royal College of Surgeons of Edinborough, 42,* 319-323.

National Institutes of Health: Consensus Development Conference Statement. (1986). *The Integrated Approach to the*

Management of Pain. (3). Bethesda, MD: U.S. Department of Health and Human Services.

National Institute of Neurological Disorders and Stroke. (1996). *Thoracic outlet syndrome* [Online]. Available at www.ninds.nih.gov/healinfo/discrder/thoracic/thoracic/htm.

Nelson, B. W., O'Reilly, E., Miller M., Hogan, M.,Wegner, J. A., & Kelly, C. (1995). The clinical effects of intensive, specific exercise on chronic low back pain: A controlled study of 895 consecutive patients with 1-year followup. *Orthopedics, 18*(10), 971-981.

Neuberger, G. B., Press A. N., Lindsley H. B., Hinton R., Cagle P. E., Carlson K., Scott S., Dahl J., & Kramer B. (1997). Effects of exercise on fatigue, aerobic fitness, and disease activity measures in persons with rheumatoid arthritis. *Research in Nursing and Health, 20*, 95-204.

Newcomber, K., & Jurisson, M. I. (1994). Rheumatoid arthritis: The role of physical therapy. *The Journal of Musculoskeletal Medicine, 11*, 14-26.

Nicholas, M. K., Wilson, P. H., & Goyen, J. (1992). Comparison of cognitive-behavioral group treatment and an alternative nonpsychological treatment for chronic low back pain. *Pain, 48*, 339-347.

Nichols, D. S., & Glenn, T. M. (1994). The effects of aerobic exercise on pain perception, affect, and level of disability in individuals with fibromyalgia. *Physical Therapy, 74*, 327-332.

NIH Technology Assessment Panel. (1996). Special communication: Integration of behavioral and relaxation approaches into the treatment of chronic pain and insomnia. *Journal of the American Medical Association, 276*, 313-318.

Nordin, M. (1995). Back pain: Lessons from patient education [Patient Education 2000 Congress, 1994, Geneva, Switzerland]. *Patient Education & Counseling, 26*(1-3), 67-70.

Nørregaard, J., Bülow, P. M., & Danneskiold-Samsoe, B. (1994). Muscle strength, voluntary activation, twitch properties and endurance in patients with fibromyalgia. *Journal of Neurology, Neurosurgery, and Psycaiatry, 57*, 1106-1111.

Nørregaard, J., Bülow, P. M., Lykkegaard, J. J., Mehlsen, J., & Danneskiold-Samsoe, B. (1997). Muscle strength, working capacity and effort in patients with fibromyalgia. *Scandinavian Journal of Rehabilitation Medicine, 29*, 97-102.

Nørregaard, J., Bülow, P. M., Mehlsan, J., & Danneskiold-Samsoe, B. (1994) Biochemical changes in relation to a maximal exercise test in patients with fibromyalgia. *Clinical Physiology, 14*(2), 159-167.

Pate, R., Pratt, M, Blair, S. N., Haskell, W. L., Macera, C. A., Bouchard, C., Buchner, D., Ettinger,W., Heath, G. W., King, A. C., Kriska, A., Leon, A. S., Marcus, B. H., Morris, J., Paffenbarger Jr., R. S., Patrick K., Polloc, M. L., Rippe, J. J., Sallis, J., & Wilmore, J. H. (1995). Physical activity and public health: A recommendation from the Centers for Disease Control and Prevention and the American College of Sports Medicine. *Journal of the American Medical Association, 273*(5), 402-407.

Physical Therapy Corner. (1998). *Thoracic outlet syndrome: More than just a pain in the neck* [Online]. Available at www.nismat.org/ptcor/thoracic_outlet/index.html.

Rainville, J., Sobel, J., Hartigan, C., Monlux, G., & Bean, J., (1997). Decreasing disability in chronic back pain through aggressive spine rehabilitation. *Journal of Rehabilitation Research and Development, 34*(4), 383-393.

Rall, L. C., Meydani, S. N., Kehayias, J. J., Dawson-Hughes, B., & Roubenoff, R. (1996). The effects of progressive resistance training in rheumatoid arthritis. *Arthritis and Rheumatism, 39*, 415-426.

Reflex Sympathetic Dystrophy Association. (1998). *Hope* [Online]. Available at: www.rsdshope.org/medical/medical/html.

Reflex Sympathetic Dystrophy Syndrome Association of America. (1998). *Reflex sympathetic dystrophy syndrome* [Online]. Available at: www.rsdsd.org/#What.

Repetitive Motion Injuries. (1998). *Repetitive motion disorders* [Online]. Available at: www.dogpile.com/repetitive motion disorders/ IM-airport.com/html.

Reveille, J. D. (1997). Soft-tissue rheumatism: Diagnosis and treatment [Review]. *American Journal of Medicine, 102*(1A), 23S B29S.

Revel, M. (1995). Rehabilitation of low back pain patients: A review. *Revue de Rhumatisme English Edition, 62*, 35-44.

Ross, C. (1997). A comparison of osteoarthritis and rheumatoid arthritis: Diagnosis and treatment. *Nurse Practitioner, 22*, 20-28.

Saal, J. A. (1996). Natural history and nonoperative treatment of lumbar disc herniation. *Spine, 21*(24 Suppl), 2S-9S.

Sarno, J. E. (1998). *The mindbody prescription: Healing the body, healing the pain.* New York:Warner Books.

Scheer, S. J., Radack, K. L., & O'Brien, D. R., Jr. (1995). Randomized controlled trials in industrial low back pain relating to return to work. Part 1. Acute interventions. *Archives of Physical Medicine and Rehabilitation, 76*, 966-973.

Scheer, S. J., Watanabe, T. K., & Radack, K. L. (1997). Randomized controlled trials in industrial low back pain. Part 3. Subacute/chronic pain interventions. *Archives of Physical Medicine and Rehabilitation, 78*, 414-423.

Schepsis, A. A., & Lynch, G. (1996). Exertional compartment syndromes of the lower extremity. *Current Opinion in Rheumatology, 8*, 143-147.

Schlike, J., Johnson, G., Housh, T., & O'Dell, J. (1996). Effects of muscle-strength training on the functional status of patients with osteoarthritis of the knee joint. *Nursing Research, 45*, 68-72.

Shekelle, P. G., Adams, A. H., Chassin, M. R., Hurwitz, E. L., & Brook, R. H. (1992). Spinal manipulation for low back pain. *Annals of Internal Medicine, 117*, 590-598.

Shekelle, P. G., Markovich, M., & Louie, R. (1995). Comparing the costs between provider types of episodes of back pain care. *Spine, 20*, 221-227.

Shepard R. J., & Shek, P. N. (1997). Rheumatoid disorders, physical activity, and training with particular reference to rheumatoid arthritis. *Exercise, Immunology, Review, 3*, 53-67.

Shields, R. K., & Givens Heiss, D., (1997). An electromyographic comparison of abdominal muscle synergies during curl and double straight leg lowering exercises with control of the pelvic position. *Spine, 22*(16), 1871-1879.

Sietsema, K. E., Cooper, D. M., Caro, X., Leibling, M. R., & Louie, J. S. (1993). Oxygen uptake during exercise in patients with primary fibromyalgia syndrome. *Journal of Rheumatology, 20*(5), 860-865.

Simms, R. W., Roy, S. H., Hrovat, M., Anderson, J. J., Skrinar, G., LePocle, S. R., Zerbini, C. A., de Luca, C., & Jolesz, F. (1994), Lack of association between fibromyalgia syndrome and abnormalities in muscle energy metabolism. *Arthritis and Rheumatism, 37*(6), 791-800.

Smidt, G. L., Blanpied, P. R., & White,W. R. (1989). Exploration of mechanical and electromyographic responses of trunk muscles to high-intensity resistive exercise. *Spine, 14*(8), 815-830.

Sobel, D., & Klein, A. C. (1994). *Backache: When exercises work.* New York: St. Martin's Press.

Sollner, W., & Doering, S. (1997). Psychologishe therapieverfahren bei chronischen nicht-radikularen ruckenschmerzenk.

Orthopade, 26(6), 535-543.

Soric, R. (1989). Role of physical medicine modalities, In C. D. Tollisson & M. L. Kriegel (Eds.), *Interdisciplinary rehabilitation of low back pain* (pp. 101-105). Baltimore, MD:William and Wilkins.

Stenstrom, C. H., Arge, B., & Sundbom, A. (1997). Home exercise and compliance in inflammatory rheumatic disease: A prospective clinical trial. *The Journal of Rheumatology, 24*, 470-480.

Stewart, W. F., Linet, M. S., Celentrano, D. D., & Reed M. L. (1991). Prevalence of migraine headache in the United States. Relation to age, income, race, and other sociodemiographic factors. *American Journal of Epidemiology, 134*, 1111-1120.

Sullivan, M. S., Kues, J. M., & Mayhew, T. P. (1996). Treatment categories for low back pain: A methodological approach. *Journal of Orthopedic and Sport Physical Therapy, 24*(6), 359-364.

Swain, R., & Kaplan, B. (1997). Diagnosis, prophylaxis and treatment of headache in the athlete. *Southern Medical Journal, 90*, 878-888.

Szabo, R., & Madison, M. (1992). Carpal tunnel syndrome. *Orthopedic Clinics of North America, 23*, 103-108.

Teasell, R. W., & Harth, M. (1996). Functional restoration: Returning patients with chronic low back pain to work: Revolution or fad? *Spine, 21*(7), 844-847.

Thorén, P., Floras, J. S., Hoffmann, P., & Seals, D. R. (1990). Endorphins and exercise: Physiological mechanisms and clinical applications. *Medicine and Science in Sports and Exercise, 22*(4), 417-428.

Turner, J. A., Clancy, S., McQuade, K. J., & Cardenas, D. D. (1990). Effectiveness of behavioral therapy for chronic low back pain: A component analysis. *Journal of Consulting and Clinical Psychology, 58*(5), 573-579.

Twomey, L., & Taylor, J. (1995). Exercise and spinal manipulation in the treatment of low back pain. *Spine, 20*(5), 615-619.

Exercise and arthritis: the importance of a regular program. [University of California at Berkeley Wellness Letter]. (1994). Berkeley: University of California at Berkeley Publishers.

Van Tulder, M. W., Koes, B. W., & Bouter, L. M., (1997). Conservative treatment of acute and chronic nonspecific low back pain: A systematic review of randomized controlled trials of the most common interventions. *Spine, 22*(18), 2128-2156.

Vestergaard-Poulsen, P., Thomsen, C., Nørregaard, J., Bülow, P., Sinkjaer, T., & Henriksen, O. (1995) P NMR spectroscopy and electromyography during exercise and recovery in patients with fibromyalgia. *Journal of Rheumatology, 22*, 1544-1551.

Webster's new collegiate dictionary (2nd ed.). (1981). Springfield: G. & C. Merriam Company

Wheeler, A. H. (1995). Diagnosis and management of low back pain and sciatica. *American Family Physician, 52*(5), 1333-1341.

Wheeler, A. H., & Hanley, E. N., Jr. (1995). Nonoperative treatment for low back pain: Rest to restoration. *Spine, 20*(3), 375-378.

Wilke,W. S. (1995). Treatment of "resistant" fibromyalgia [Review]. *Rheumatic Diseases Clinics of North America, 21*(1), 247-260.

Wilke,W. S. (1996). Fibromyalgia: Recognizing and addressing the multiple interrelated factors. *Postgraduate Medicine, 100*(1), 153-170.

Wolfe, F., Smythe, H. A.,Yunus, M. B., Bennett, R. M., Bombardier, C., Goldenberg, D., Tugwell I., Campbell, P.,

Abeles, S. M., Clark, P., Fam, A. G., Farber, S. J., Fiechtner, J. J., Franklin, C. M., Gatter, R. A., Hamaty, D., Lessard, J., Lichtbroun, A. S., Masi, A. T., McCain, G. A., Reynolds, W. J., Romano, T. J., Russel, I. J., & Sheon, R. P. (1990). The American College of Rheumatology 1990 criteria for the classification of fibromyalgia. *Arthritis and Rheumatism, 33*(2), 160-172.

Yamamoto, S. (1997). A new trend in the study of low back pain in workplaces. *Industrial Health, 35*, 173-185.

Yunus, M. B., Kalyan-Raman, U. P., Kalyan-Raman, K., & Masi, A. T. (1986). Pathologic changes in muscle in primary fibromyalgia syndrome. *American Journal of Medicine*, (Suppl. 3A), *81*, 38-42.

Yunus, M. B., Masi, A. T., Calabro, J. J., Miller, K. A., & Feigenbaum, S. L. (1981). Primary fibromyalgia (fibrositis): Clinical study of 50 patients with matched normal controls. *Seminars in Arthritis and Rheumatism, 11*, 151-171.

Chapter

14

수면상의 문제점들

Glenn S. Brassington

역자 | 육영숙(성신여자대학교)

이 장(章)의 목적은 수면상의 문제점(sleep problems)들과 운동 행동 사이의 관계에 대한 현재의 지식을 제공하고, 수면상의 문제가 있는 환자들에게 운동을 처방하기 위한 실질적인 가이드라인을 제공하기 위함이다. 이 장(章)은 다섯 부분으로 구성되어 있다.

- 첫째, 수면 연구와, 수면상의 문제를 치료하기 위한 효율적이고 비(非)약물적(non-pharmacological)인 방법 개발을 지속적으로 하는 것의 중요성이 토론된다.
- 둘째, 수면변수들이 과학 문헌에서 어떻게 평가되어 오고 있는지 독자들이 이해할 수 있도록 전형적으로 연구되어져 온 수면변수들을 제시한다.
- 셋째, 재검증 논문, 메타 분석(meta-analyses), 그리고 진실험과 함께 수면상의 문제를 치료하는 방법으로서 운동에 대한 조사가 제시된다.
- 넷째, 운동이 수면을 어떻게 개선시키는 지를 설명하기 위해 제안되어 온 기전이 개략적으로 설명된다.
- 마지막으로, 수면상의 문제점들을 치료함에 있어서 운동을 의학적으로 활용하는 것에 대해 앞으로 진행될 연구 방향들이 제안된다.

위에서 설명되어진 내용들을 본격적으로 토론하기에 앞서서 짚고 넘어가야 할 사실은 특정한 수면 장애(예를 들어 폐쇄성수면무호흡증(obstructive sleep apnea))에 운동이 미치는 영향에 대해서는 참고할만한 문헌이 거의 없다는 점을 독자들이 알아야 한다는 것이다. 그러나 그보다는 수면과 운동 사이의 관계에 대해 실시되었던 조사들은 생리학적인 변수, 수면의 질, 혹은 특정한 수면 장애라기보다는 소위 불면증이라고 불리는 증세들과 관련이 있었다. 이런 이유로 인해, 수면에 대해 언급할 때 수면 *장애*(disorders)라는 용어보다는 수면 *문제*(problems)라는 용어가 사용될 것이다.

수면 문제 연구의 중요성

수면 문제들이 우리 사회에 만연해 있다. 1993년에 국회에 제출된 '깨어나라 미국이여: 수면 장애 연구에 대한 국가 위원회의 전국적인 수면 경고 보고서(*Wake Up America: A National Sleep Alert Report of the National Commission on Sleep Disorders Research*)'에서 연구자들은 대략 7천만 명의 미국인들이 수면 문제를 겪고 있는데 이들의 60%는 만성적인 수면 장애를 앓고 있다고 주장했다(수면 장애 연구에 대한 범국가 위원회, 1993). 이 보고서의 저자들에 따르면 수면 문제는 모든 연령, 인종, 그리고 사회경제적인 계층(cioeconomic class)에 영향을 주고 있다고 한다. 더 나아가, 인구 통계국의 예측에 따르면 미국의 인구 증가와 수면 문제의 발생 정도, 보급 정도에 별다른 변화가 없다면 2010년경에는 대략 7,900만 명의 미국인들이 잠드는 데 어려움을 겪을 것이며, 대략 4,000만 명의 미국인들이 심신을 쇠약하게 만드는 수준의 주간 졸림증을 경험할 것이라고 한다. 흥미로운 것은 수면 문제가 미국인들에게만 국한된 것이 아니라는 사실이다. 공동 거주하는 65세 혹은 그 이상 되는 2,398명의 이탈리아 사람들을 대상으로 한 최근의 연구에서 연구자들은 남성의 36%, 그리고 여성의 54%에게서 불면증이 나타나고 있음을 보고했다(Maggi 등, 1998). 주요한 수면 장애라는 관점에서 수면 무호흡증이 5백만 명에서 1천만 명의 미국인들에게 영향을 끼치고 있는 반면, 발작성 수면(narcolepsy)은 25만에서 37만 5천명의 미국인들에게 영향을 끼치고 있다고 추정되고 있다(수면 장애 연구에 대한 국가 위원회).

방해받는 수면은 환자의 삶의 질이라는 측면에서 깊은 영향을 미칠 수 있다. 환자들은 그 다음 날 자신이 직업적으로, 그리고 가족 구성원으로서의 책임을 다하기 위한 노력을 함에 있어서 십중팔구 부실하게 수행을 하게 될 것이라는 사실을 알고 있기에 밤에 잠들 수 없다는 것에 대해서 굉장한 좌절과 걱정을 보고하고 있다. 그렇지만 밤에 잠들지 못하는 문제와 연관이 있는 좌절의 수준을 뛰어넘는 것은 부실한 수면이 사람들의 낮시간의 기능 수준에 영향을 미칠 수 있다는 점이다. 부실한 수면은 우울한 기분과 동기부여의 저하와 관련이 있음이 나타나고 있다. 또한 부실한 수면은 우울증의 증상뿐만 아니라 저하된 정신력(즉, 집중력, 기억력, 인식 과정), 부실한 신체적 수행 능력과도 연관이 있다.

수면 문제는 개인의 생활에서 기쁨을 차츰 무너뜨리고 동기부여를 약하게 할 수 있는데, 이는 개인으로 하여금 제대로 된 활동을 못하게 할 정도까지 이르게 할 수 있다. 많은 사람들은 부실한 수면과 약간의 '우울한' 느낌을 연관 지을 수는 있어도, 그들의 신체적인 수행 능력이 질 좋은 수면의 결여로 방해받는다는 사실은 종종 믿지 못한다. 불행하게도, 이러한 믿음은 잘못 이해되어져 수면 연구 공동체를 벗어나 증종 입문서(入門書)들에서 활성화되어져 왔다(Weiten, 1995). 질 높은 수면의 양이 부적절한 경우 직업적 손실, 자동차의 손상, 그리고 다른 신체적 손상뿐만 아니라 부진한 작업 수행 능력과 연관 짓는 자료가 상당히 많이 존재하고 있다. 최근에 이루어진 19개의 독창적인 연구조사의 메타 분석에서 연구자들은 수면 박탈이 사람의 기능을 강력하게 손상시켰음을 보고했다(Pilcher & Huffcutt, 1996). 메타 분석의 결과는 수면이 부족한 피험자들은 수면이 부족하지 않은 피험자의 표준편차보다 낮은 1.37의 표준편차에서 수행했음을 보고했다. 조사결과를 대변하는 다른 방법은 수면이 부족한 집단의 50/100번째 순위의 사람이 수행하는 능력은 수면이 부족하지 않은 집단의 91/100번째 순위의 사람이 수행하는 능력과 대략 같다고 했다(수면부족과 졸음의 영향에 대해 보다 더 자세한 토론을 원한다면 Monk, 1991을 보시오).

수면상의 문제가 만연한 가운데 그러한 문제들은 개인의 행복과 수행 능력에 미치는 영향력 외에도 의료비에 많은 영향을 미친다. 습관적으로 수면이 부족한 사람들은 높아진 질병률과 사망률의 위험에 처해 있다. 9년 동안 이루어진 한 추적연구에 따르면, 매일 밤 채 6시간을 못 자는 개인들은 매일 밤 7시간 혹은 8시간을 자는 개인들과 비교할 때 70% 이상 높은 사망률을 보여주고 있다고 한다(National Commission of Sleep Disorders Research, 1993). 이러한 연관성은 연령, 성별, 인종, 흡연력, 신체 활동의 비(非)활동성, 알코올 소비, 사회적 지원, 그리고 신체적 건강을 통제한 후에도 상당히 중요하다(수면장애연구 국가위원회: National Commission of Sleep Disorders Research,

1993). 더 나아가, 근무 교대를 하는 근로자들은 그렇지 않은 근로자들보다 위장 장애나 심혈관 질환과 같은 질병의 발병률이 더 높을 뿐만 아니라 훨씬 더 높은 사망과 질병률을 갖는 것으로 관찰되고 있다. 수면 장애 연구 국가 위원회에서 활동하는 한 경제전문가는 수면상의 문제로 인해 한 해에 소요되는 의료비용이 460억 달러에 이르는 것으로 추정된다고 밝혔다.

지대한 관심을 받고 있는 부실한 수면에서 주목받고 있는 또다른 점은 자동차 사고이다. 모든 자동차 사고의 1~3%에 있어서 운전자의 졸음이 그 원인이 되는 요소로 추정되고 있다(Lyznicki, Doege, Davis, & Williams, 1998; Webb, 1995). 전국 고속도로 교통 안전 협회(The National Highway Traffic Safety Administration: NHTSA)는 경찰이 보고한 연간 10만 건의 자동차 사고는 그 원인이 되는 요소로 졸음을 꼽고 있다고 밝히고 있다. 더욱이 NHTSA에 따르면 모든 치명적인 자동차 사고의 4% 혹은 1,500명 이상의 죽음은 운전자의 졸음에 원인이 있다고 한다. 마지막으로, 수면상의 문제를 의학적으로 치료하는 것이 역효과를 가져올 수도 있다는 점이다. 예를 들어, 처방된 약, 그리고 처방전 없이 살 수 있는 수면제는 개인들에게, 특히 나이든 성인들에게 부작용을 가져올 수 있는데 여기에는 낮시간의 졸음, 넘어짐, 혼란스러움, 그리고 다른 약과의 위험한 상호작용이 포함될 수 있다(Morin & Azrin, 1988). 그러므로 환자의 삶의 질, 생산성의 실종, 의료비용, 사고의 측면에서 수면상의 문제가 미국 사회에서 갖는 영향력은 가히 충격적이다.

수면측정

수면에는 빠르지 않은 눈운동(non-REM) 수면과 빠른 눈운동(REM) 수면이라는 각기 다른 두 종류의 수면이 있다. 수면의 이 두 상태는 수면 상태와 깨어 있는 상태가 다른 것만큼이나 서로 매우 다르다. 이 두 수면의 상태는 지속적인 뇌파 기록(EEG), 전기안구도 기록(EOG), 그리고 근전도(EMG) 측정에 의해 정의되고 묘사되어진다. 빠르지 않은 눈운동 수면은 비교적 비활동적인 생리학적인 상태로 이루어진다. 빠르지 않은 눈운동 수면은 일반적으로 잠을 자지 않는 상태에서 수면으로 가는 상태 중 제일 먼저 발생하며 수면의 75~80%를 차지한다. 빠르지 않은 눈운동 수면은 수면의 깊이에 따라 대략 4단계로 나뉜다(즉 1, 2, 3, 4). 1단계는 깨어 있다가 잠드는 상태로 이동하는 국면인 반면, 2단계는 보통 수면 개시로 간주된다. 3, 4단계에서는 수면이 점진적으로 깊어진다. 이러한 수면의 두 단계(3, 4단계)는 서파수면(徐波睡眠, slow-wave sleep: SWS)으로 총괄하여 알려져 있다. 서파수면(SWS)은 뇌파기록에서 고진폭(高振幅; high-amplitude)과 저주파(低周波, low-frequency waves)로 구성된다. 서파수면(SWS) 동안에 신체의 산소 소비가 가장 낮으며, 초기 단계와 비교했을 때 사람을 깨우는 것이 훨씬 어렵다(Chokroverty, 1999). 1968년에 문서화 되어진 단계별 수면에 대해 국제적으로 수용된 기준들이 있다(Rechtschaffen & Kales, 1968). 그렇지만 최근 들어서, 정교해진 통계기술(예를 들어 스펙트럼분석(분광분석分光分析))과 짝을 이루어 컴퓨터로 용이해진 수면의 단계는 보다 더 정확하게 수면생리학(Dijk, Hayes, & Czeisler, 1993; Geering, Achermann, Eggimann, 1993)을 수량화하기 위해 사용되고 있다. 빠르지 않은 눈운동 수면의 단계와는 달리 빠른 눈운동 수면은 빠른 눈운동, 보다 더 높은 단계의 뇌의 활동성, 혈류의 증가, 심장박동의 상승, 체온 조절의 상실, 턱의 근육을 포함한 일부 근육의 마비로 특징지어진다. 빠르지 않은 눈운동 수면과 빠른 눈운동 수면은 밤새 내내 대략 매 90~100분마다 주기적으로 반복된다. 빠르지 않은 눈운동 수면은 보통 제일 먼저 발생해서 수면의 75~80%를 차지하는 반면, 빠른 눈운동 수면은 매일 밤 수면의 20~25%를 차지한다(National Commission of Sleep Disorders Research, 1993).

운동과 수면 사이의 관계를 조사해 온 대부분의 연구들이 수면다원검사(睡眠多元檢査)를 사용해서 수면을 다루어 왔음에도 불구하고 몇몇 연구자들은 수면 자기보고(self-report) 측정을 채택해오고 있다. 현재까지 문헌에서 사용되고 있는 자기보고 측정에는 피험자들에게 특정한 기간 안에서(예를 들어 30일) 자신들의 수면 특징을 떠올리도록 요구하는 회고적인 설문지나 혹은 향후 수면 일기가 있다. 더 자주 사용되는 회고적 측정의 한 예는 피츠버그 수면의 질 지수(Pittsburgh Sleep Quality Index)(Buysee, Reynolds, Monk, Berman, & Kupfer, 1989)이다. PSQI는 스스로를 점수 매기는 설문지로 30일이라는 기간에 걸쳐 수면의 질과 방해를 평가한다. 여기에는 19개의 개별적인 아이템에서 비롯된 7개의 3점짜리 구성 점수가 있다(예를 들어 주관적인 수면의 질, 수면의 잠복기, 수면의 지속기간, 습관적인 수면효율, 수면방해, 약물 사용, 그리고 낮동안의 기능장애). 이러한 구성 점수들은 전체적인 점수를 산출하기 위해 집계된다.

수면의 향후 기록을 이용하고 있는 연구자들은 피험자들에게 14일짜리 수면 일기를 완성하도록 보통 요구하고 있는데, 매일 아침 잠에서 깨자마자 그리고 매일 밤 침대에 들자마자 기입을 하는 것이다. 피험자들은 그들이 잠자리에 들었던 시간과 잠이 드는데 걸린 대략적인 시간, 밤 동안에 깼던 횟수와 대략 그 시간이 얼마나 되었는지, 아침에 잠이 깬 시간, 잠을 잔 총 시간, 낮잠을 잔 횟수, 그리고 각 낮잠의 길이에 대한 보고를 하도록 요구받는다(Brassington & Hicks, 1995). 수면 일기를 완성하고 있는 피험자에 대해 다른 정보들(예를 들어 약물 사용)이 수집될 수 있다(King, Oman, Brassington, Bliwise, & Haskell, 1997). 비록 자기보고 측정이 수면다원검사처럼 수면의 일부를 정확하게 포착하지는 못할 지라도(예를 들어 수면시작 잠복기, 수면의 지속), 자기보고 측정은 피험자에게 자신의 수면 인식에 대한 정보를 제공하는데, 이는 환자의 고통이라는 측면에서 중요한 정보이다. 또한 수면다원검사 측정에 기초한 그들의 수면 양식은 정상인데도 편안한 수면을 경험하지 못하는 사례의 피험자들이 있을 수도 있다.

직접적으로 밤의 수면을 측정하는 것 외에도 많은 연구자들은 개인의 수면의 질을 측정하는 수단으로 낮동안에 깨어 있거나 졸려 하는 수준도 살펴보았다. 낮동안의 졸림은 따분한 강의에 출석하거나 지겨운 업무 과제(Monk, 1991)에 종사하는 것과 같은 외부적인 조건보다는 부적절한 밤의 수면에 기인한다고 증명되고 있다. 낮동안의 졸림을 측정하는 훌륭한 기준은 복합적인 수면 잠복 테스트(Multiple Sleep Latency Test: MSLT; Carskadon, Dement, & Mitler, 1986)이다. MSLT 동안에, 피험자들은 어둡고 조용한, 방해요소가 없는 방에 누워서 잠을 자도록 요구받는다. 지속적인 뇌파기록(EEG), 근전도(EMG), 그리고 전기안구도(EOG) 기록이 수집되며 피험자가 잠이 드는 데 걸리는 시간이 숫자로 기록된다. 적절한 수면의 양을 가지고 있는 피험자가 잠드는 데 약 20분이 걸리는 반면, 수면상의 문제가 있는 피험자들의 경우는 잠들기까지 채 5분이 안 걸릴 수 있다(Carskadon, 1994; Dement, 1992). 밤의 수면의 측정과 함께 낮동안의 졸음에 대한 자기보고 측정이 있다. 이런 측정 유형의 한 예는 수면척도(Epworth Sleepiness Scale: ESS; Johns, 1991)이다. ESS는 피험자로 하여금 낮동안에 빈번하게 일어나는 많은 활동(예를 들어 앉아서 독서하기, TV 시청하기) 중간에 그들이 졸거나 잠이 들 것 같은 가능성을 점수 매기도록 한다 — 그 척도는 *절대 졸지 않음*에서 *졸 가능성이 꽤 높음*까지이다. — ESS는 폐쇄성수면무호흡증, 발작성 수면, 그리고 특발성 질환 수면 과잉을 갖고 있는 많은 수의 진단 그룹의 피험자들 속에서 정상적인 피험자들을 구분한다고 알려져 오고 있다(Johns, 1991).

수면 문제 해결을 위한 치료로서의 운동

수면과 운동사이의 관계에 대한 연구는 디자인상 일반적으로 역학적인, 실험적인, 혹은 준(準)실험 설계적인 것으로 범주가 정해질 수 있다. 역학적 연구는 대규모 지역사회 샘플에서 습관적인 신체 활동의 현재 수준들 사이에서의 관계를 알아보는 것에 초점이 맞춰져 있다. 예를 들어 최근의 실험적인 수면 연구는 폐쇄성 기도 질환의 Tucson 역학적 연구(Sherrill, Kotchou, & Quan, 1998)의 참여자들을 대상으로 실시되었다. 피험자들은 1,655 가구의 3,805명의 개인 중, 무작위로 층을 이루는 대규모 샘플에서 자격을 갖춘 722명의 개인들이었다. 연구의 저자들은 더 높은 수준의 습관적인 신체 활동의 수준이 높을수록 더 나은 수면의 질과 연관이 있다고 결론을 내렸다. 준(準)실험 설계적 혹은 단면연구법(cross-sectional study) 디자인은 적합한 수면 그룹 대 적합하지 않은 개인으로, 혹은 습관적으로 운동을 하는 사람 대 주로 앉아서 생활을 하는 개인들을 일반적으로 비교했다. 실험적인 연구와 준(準)실험 설계적인 연구/단면연구의 주요한 한계 중 하나는 운동과 수면 사이에서 관계의 방향이 결정될 수 없다는 점이다. 이러한 유형의 연구들이 운동과 수면 사이의 관계에 조명을 비추기는 했지만, 그 연구들은 운동이나 신체적 활동에 참가하는 것이 수면의 질을 높였는지, 혹은 훨씬 잘 자는 개인들이 건강을 촉진하는 행위, 예를 들어 운동을 포함하는 다양한 활동에 더 많이 참여하고 싶음을 느꼈는지를 알 수 없다는 것이다. 역으로, 진실험(true-experimental) 연구는 운동의 수준이 조종되고, 디자인에 통제그룹이 포함되며, 혼동변수(confounding variables)를 잠재적으로 통제하기 위한 시도가 있는 연구이다. 이 디자인 유형의 장점은 그것이 연구자들로 하여금 수면에 있어서 변화의 한 요인으로 운동에 대해서 말하는 것을 허용한다는 점이다.

지난 15년간 운동과 수면 사이의 관계에 대해 다수의 검토와 메타 분석이 실시되었다(Driver & Taylor, 1996; Horne, 1981; Kubitz, Landers, Petruzzello, & Han, 1996; O'Connor & Youngstedt, 1995; Shapiro, 1981; Shapiro & Drivers, 1988; Torsvall, 1981; Trinder, Montgomery, & Paxton, 1988; Youngstedt, O'Connor, & Dishman, 1997). 이 장(章)의 이 부분에서는 지난 최근 몇 년까지 수면과 운동에 대해 알려진 내용을 독자들이 잘 이해할 수 있도록 이러한 검토들의 결과물을 요약하고 통합할 것이다. 뒤이어, 과

거의 검토들에 포함되지 않은, 성공적으로 실시된 실험 연구의 예들이 제시될 것이다.

1981년에 대략 30개의 연구가 포함된, 운동과 수면 사이의 관계를 살피는 3개의 서술적 검토 논문(narrative review articles)이 발행되었다(Horne, 1981; Shapiro, 1981; Torsvall, 1981). 이 세 검토 논문의 저자들은 신체적으로 적합한 피험자에게 있어서 운동이 서파수면(SWS; 3 & 4단계)을 증가시킨다고 의견의 일치를 보였다. 덧붙여, Torsvall과 동료들은 보고된 야간의 피로 증가, 늘어난 수면의 지속기간, 그리고 감소된 수면시작잠복기에 운동이 관련되어 있다고 보고했다.

1988년에는 대략 50개의 연구(Shapiro & Drivers, 1988; Trinder 등, 1988)가 포함된 수면과 운동 문헌에 대한 서술적 보고서가 2개 더 발행되었다. Shapiro와 Driver가 1981년의 검토글의 저자들이 내린 것과 거의 똑같은 결론을 내렸음에도 불구하고, Trinder와 동료들은 운동이 수면에 영향을 끼친다는 개념에 대한 지지에서 어느 정도 물러났다. Trinder와 동료들은 1981년에 검토된 연구 중 단 3개의 연구에서만 서파수면(SWS에) 있어서 애매모호한 증가를 보여주었고, 6개의 연구에서는 서파수면 혹은 그것의 구성 요소(즉, 3단계 혹은 4단계)에서 운동의 그 어떤 효과도 보여주지 못했다고 주장했다. 더 나아가 Trinder 등은 1981년에 검토된 다른 연구 중 9개의 연구에서도 애매한 결과가 나왔다고 주장했다. 따라서 Trinder와 동료들의 주장에 따르면, 초기 검토자들은 이러한 연구들의 결과를 잘못 해석해서 대체적으로 긍정적인 결론을 내렸으며, 특히 격렬한 운동(즉, 한차례 한바탕하는 운동)의 효과라는 측면에서는 더더욱 그렇다고 했다. 그럼에도 불구하고 Trinder와 동료들은 습관적인 인내력 훈련이 수면 매개변수, 구체적으로 서파수면(SWS)과 전체적인 야간 수면에 미치는 효과에 대한 증거가 있다고 결론 내렸다. 이러한 수면 매개변수에 미치는 운동의 영향은 연구되어지는 피험자의 신체적 적합도의 수준과는 관계없이 명백했다. 모든 검토글에서는 공통적으로 이 검토들에 포함된 연구의 대부분이 다수의 방법론적 한계로(예를 들어, 적은 수의 피험자, 운동의 빈약한 측정) 인해 곤란했다는 점에 대해 비난하고 있다.

1995년과 1997년 사이에, 수면과 운동 문헌에 대해 4개의 검토가 실시되었다(Driver & Taylor, 1996; Kubitz 등 1996; O'Connor & Youngstedt, 1995; Youngstedt 등, 1997). 포괄적인 서술형 검토에서 O'Connor와 Youngstedt는 1994년까지 실시된 모든 연구를 6개의 범주로 나누었다(즉, 역학적이고 단면적인 비교, 종단적인 조사, 격렬한 운동 실험, 환경에 대한 엄격한 통제가 이루어지는 가운데의 실험). O'Connor와 Youngstedt는 소소한 역학적 증거는 운동이 잠을 촉진하는데 있어 도움이 된다고 피험자들이 인식하고 있다고 결론 내렸다. 그러나 저자들은 이런 유형의 역학적 자료에 의해 관계의 방향성은 결정될 수 없다고 경고했다. 횡단 비교라는 측면에서, O'Connor와 Youngstedt는 앉아서 생활하는 피험자 그룹보다 신체적인 활동력이 훨씬 높은 그룹이 잠을 더 잘 잤다(예를 들어 더 높은 SWS, 더 짧은 수면 시작 잠복기)라는 사실을 증명한 Trinder와 동료들의 조사의 상당한 양을 인용했다. 주목할 만한 흥미로운 사실은 Trinder와 동료들에 의한 연구 중 한 연구에서 유산소 운동에 참여한 피험자들은, 중량물 운동 그룹과 통제 그룹에 비해 훨씬 더 짧은 수면시작 잠복기와 훨씬 더 많은 양의 서파수면(SWS)을 나타냈다는 점이다(Trinder, Paxton, Montgomery, & Fraser, 1985). 그러므로 이 연구에서 도출된 자료는 개인이 참여하는 운동의 유형이 수면시작 잠복기와 SWS에 영향을 미칠 수 있다는 사실을 뒷받침한다.

종단적인 연구 측면에서, O'Connor와 Youngstedt(1995)는 잘 통제된 실험 연구는 거의 찾아보기 힘들었다고 보고했다. 더 나아가 O'Connor와 Youngstedt의 검토에 적합한 중재연구는 연구를 시작하면서 수면에 문제가 거의 없었던 피험자들을 관찰했다, 즉 주관적인 수면의 질을 향상시킬 가능성이 배제된 조건이었던 것이다. 그리고 O'Connor와 Youngstedt에 따르면 거의 구할 수 없었던 몇 안 되는 연구들에서 수면에 대한 운동의 영향력과 관련 있는 결과들은 일관성 없이 뒤죽박죽이었다.

메타 분석이라고 불리는 새로운 통계 기술을 사용하면서 Kubitz와 동료들은(1996) 격렬한 운동과 장기간에 걸친 운동이 수면에 미치는 영향을 관찰했다. 메타 분석은 일단의 연구 결과를 양적으로 종합하기 위해 고안된 통계 기술이다. 많은 연구자들은 이것이 전통적인 서술형 검토를 넘어서는 진일보한 형태라고 믿는데, 이는 메타 분석이 검토로부터 도출된 결론을 편향되게 하는 연구자의 주관적 의견이 미치는 영향력을 최소화하기 때문이다. Kubitz와 동료들은 격렬한 운동이 수면에 미치는 영향을 관찰한 32개의 연구를 발견했다. 그들은 828개의 효과크기(effect size: ES)를 계산할 수 있었다. 유효한 평균 효과크기가 단계 3과 4, 종합 서파수면(SWS), 빠른 눈운동(REM) 수면, 수면시작 잠복기, 전체적인 수면 시간, 그리고 REM 잠복기에 대해 구해졌다. 가장 큰 효과크기는 4단계였으며(ES = 0.75), 그리고 가장 작은 효과크기는 빠른 눈운동 수면(REM)(ES = -0.14)이었다. 여기에 맞추어, 이 연구자들은 관찰된 REM 수면, 수면시작 잠복기, 그리고 밤에 깨어있는 시간에 대한 부정적인 효과크기뿐만 아니라 서파수면

(SWS)과 전체적인 수면 시간에 대한 긍정적인 효과크기에 습관적인 운동이 관련되어 있다는 사실을 보고했다.

수면다원검사뿐만 아니라 자기보고에 의해 수면을 측정한 연구들을 포함하고 있는 Kubitz와 동료들에 의한 메타 분석과는 다르게(1996), Youngstedt와 동료들은(1997) 격렬한 운동과 수면을 대상으로 한 검토에 수면다원검사법을 사용해서 수면을 측정한 연구만을 포함했다. Youngstedt와 동료들의 검토는 유효함을 보고했지만, 효과크기는 Kubitz 연구에 의해 보고된 것들보다 더 작았다. 그들은 서파수면(SWS), 빠른 눈운동 수면(REM), 빠른 눈운동 수면 잠복기 그리고 전체 수면시간에 대해 중간 효과크기를 보고했다. 두 메타 분석은 검토된 모든 연구에서 드러난 중요한 한계는 그 어떤 연구도 부실한 수면을 취하는 수면자에게 격렬한 운동이 미치는 영향을 평가하지 않은 사실이라고 언급했다. 이 연구의 모든 참여자들에게 수면상의 문제는 전혀 없었으며, 그것이 아마 십중팔구 그들의 수면에서 목격이 기대되는 변수의 양을 제한했을 것이다.

요약하건대, 보다 더 최근의 메타 분석 검토들은 격렬한 운동과 장기적인 운동 둘 다 수면의 다양한 양상(즉, 서파수면, 수면시작 잠복기, 밤에 깨는 것, 빠른 눈운동 수면, 그리고 전체적인 수면 시간)에 원만한 영향을 끼친다는 개념을 지지한다. 그러나 불행하게도, 통제그룹을 포함하고, 효과적으로 운동 수준을 조정하는 연구는 거의 없다. 더 나아가, 그 디자인에 수면에 문제가 있는 피험자들을 포함하는 연구 또한 거의 드물었다. 마지막으로, 주관적으로 수면의 등급을 구하려고 한 연구도 거의 없었다; 대신 그들은 일반적으로 수면다원검사 측정법에 의존했다. 불행히도 이러한 연구 디자인 상의 특성은 수면에 미치는 운동의 영향에 대해 끌어낼 수 있는 추론을 제한한다.

이러한 과제들을 다루기 위해 디자인된 최근의 연구가 King과 동료들에 의해 Stanford 질병 예방 연구 센터(Stanford Center for Research in Disease Prevention)에서 실시되었으며(King 등, 1997), 수면과 운동의 관계에 대한 우리의 지식을 진전시키기 위해 필요한 연구의 유형을 묘사할 뿐만 아니라 수면의 질을 향상시킴에 있어서 운동이 미치는 영향력에 대한 증거를 제공하기 위해 그 연구에 대해 기술하려고 한다. 이 연구는 무작위로 통제된 실험이었는데, 이는 16주간의 운동 훈련이 자기보고 된 수면의 질에 미치는 영향력을 테스트하기 위해 고안되었다. 피험자들은 스스로 지원한 표본 집단으로, 29명의 여성과 14명의 남성이었으며, 연령은 50세에서 76세 사이로 좌업 생활을 하는 사람들이었고(즉, 한 주에 2회 이상, 적어도 한 세션이 30분 지속되는 정규적인 프로그램에 참여하지 않거나, 혹은 앞선 6개월 동안 한 주에 적어도 2회의 스포츠에 참여하지 않는 참가자들), 심혈관 질환이 없으며, 수면에 대한 불만 정도가 보통인 사람들이었다. 중간정도의 수면불만은 수면 설문지와 깨어있는 상태 측정(Sleep Questionnaire and Assessment of Wakefulness; Miles, 1982)에서 도출된 세 개의 수면 아이템 중 두 개에서 5점짜리 척도에서 3등급 혹은 그보다 더 높은 등급으로 규정되었다. 피험자들은 그들의 현재 활동과 현재 생활양식 수준을 유지하도록 요구받는 대기자 통제그룹과 16주 운동-훈련 프로그램 그룹 중 하나에 두작위로 배정되었다. 운동-훈련 프로그램에 속한 피험자들은 제한적인 증상 트레드밀 운동 테스트에 근거한 운동 처방을 받았다. 심전도 12-lead가 기록되었으며, 산소 섭취는 실험 중에 결정되었다. 운동 강도는 트레드밀 테스팅에서 나왔던 최고조 심박수에 근거해 연구의 첫 6주에 걸쳐 여유 심박수의 60%에서 75%까지 점점 높아졌다. 피험자들은 16주의 훈련 기간 중 1주 당 4번, 60분의 운동 세션에 참여하도록 요구되었다. 1주당 2번의 운동은 연구 스태프의 감독 하에 지역 YMCA에서 실시되었고, 여기에는 낮은 영향력의 유산소 운동이 최소한 30분 포함되었다. 그리고 나머지 2번의 운동에 대해서 피험자들은 집에서 혼자, 그리고 저녁 식사 전에 마칠 것을 요구받았다. 집에서 하는 운동은 활발한 보행과 자전거 모양의 실내 운동 기구(페달을 밟는)로 구성되었다. 16주 훈련 기간이 끝날 때쯤 심혈관의 기능적 용량에 있어서 소소하거나 원만한 변화가 관찰되었다. 이것은 십중팔구 운동처방의 원만한 강도와, 연구가 진행되는 짧은 기간 때문이었을 것이다.

수면의 질은 Pittsburgh Sleep Quality Index(PSQI: Buysee 등, 1989)와 14일 수면일기에 의해 측정되었다. PSQI의 목표점수(baseline)는 피험자를 수면상의 문제에 있어 중간 범주에 두었다. 운동그룹에 있어서 중대한 변화가 PSQI 소척도의(즉, 등급이 매겨진 수면의 질, 수면시작 잠복기, 수면의 지속 시간) 몇몇에서뿐만 아니라 PSQI의 전반적인 척도에 있어 목격되었다. 〈표 14.1〉은 이러한 평균적인 차이점들을 보여주고 있다.

<표 14.1> 운동그룹과 통제그룹에 대한 평균 수면 점수

구 분	운동그룹		통제그룹	
	목표점수	사후검사	목표점수	사후검사
수면시작 잠복기(분min.)	28.4	14.6	26.1	23.8
수면지속기간(시간hrs.)	6.0	6.8	5.8	6.0

PSQI에서 구해진 결과들은 14일 수면일기 자료에 의해 한층 더 지지받고 있다. 운동그룹의 피험자들은 통제그룹에 의해 기록된 수면과 비교했을 때, 전반적인 수면의 질, 수면시작 잠복기, 아침에 잠에서 깼을 때의 원기회복에 있어서 개선을 보였다. 흥미롭게도 수면에서의 개선은 피험자들이 연구에 참여하고 난 뒤 8주가 되었을 때는 나타나지 않았다. 그러므로 개인이 수면에 있어서 개선을 성취하기 위해서는 8주 이상 되는 기간 동안 운동에 참여해야만 한다고 할 수 있을 것이다. 통계적으로 중요하지는 않다고 하더라도, 운동그룹에서 수면제 복용에 있어 약간의 감소가 관찰되었다. 이러한 자료는 체력의 증가와는 상관없이 적당한 강도의 운동 프로그램에 참여하는 것이 스스로 점수를 매긴 수면의 질에 있어 긍정적인 영향을 미칠 수 있다는 인식에 지지를 보내고 있다.

잘 디자인된, 무작위로 통제된 다른 연구가 Harvard Medical School(Singh, Clements, & Fiatarone, 1997)에서 실시되었는데, 연구자들은 꾸준하게 고강도로 실시하는 대근육군의 저항 트레이닝(즉, 역도 훈련)이 우울증 환자들의 수면에 미치는 영향을 관찰했다. 피험자들은 건강-교육 관심 통제 프로그램과 10주 동안, 1주에 3일, 기구를 위주로 하는 근력-훈련 프로그램 중 하나에 무작위로 배정되었다. 운동 저항은 1회 최대로 반복할 수 있는 횟수의 80%에 맞춰졌다. 각 운동 세션은 60분 동안 지속되었고, 저항은 각 피험자가 인내할 수 있는 정도까지로 증가되었다. 세션의 90%를 연구의 실험 책임자가 감독했다. 연구자들은 운동그룹 처방의 93%에 이르는 이행을 보고했다. 주관적 수면의 질은 PSQI와 조사자들에 의해 만들어진 2가지 Likert-유형 척도에 의해 측정되었다. 결과를 보면 우울증의 수준이 그랬던 것처럼 전반적인 주관적 수면의 질은 관심 통제그룹과 비교했을 때 운동그룹에서 향상된 것을 알 수 있었으며, 반면 (비운동) 활동은 운동그룹과 통제그룹 둘 다에 있어서 변화가 없었다. 이 잘 통제된 연구는 실제로 많이 연구되지 않았던 운동의 유형(즉, 근력 운동)의 효과에 대한 우리의 지식에 공헌을 할뿐만 아니라 이 유형의 운동이 수면에 영향을 미칠 수 있는(즉, 우울증 증상을 감소시킴으로서) 가능한 기전을 제안하기도 한다.

요약컨대, 과거의 문헌고찰과 현재의 무작위로 통제된 연구를 종합해 보면 격렬한 운동과 장기적인 운동, 지구적 운동(持久的 運動)과 저항운동 둘 다 수면의 자기보고 차원에서뿐만 아니라 심리적인 수면 차원을 향상시키는 데 있어서 역할을 할 수 있다. 그럼에도 불구하고, 운동과 수면을 연구하는 것은 잘 통제된 연구와, 운동이 수면을 개선시킬 수 있는 기전을 이해하는 측면에서 보면 상대적으로 초기 단계에 있다. 그러므로 이 장(章)의 마지막에서는 이 분야에서 앞으로 행해질 연구에 대한 길을 제시할 뿐만 아니라 운동과 수면 사이의 관계를 설명할 수도 있을 기전을 제안하고자 한다.

운동이 수면에 영향을 미칠 수 있는 기전

어떤 기전에 의해 운동이 수면에 영향을 미치는 가에 대해서는 경험적으로 알려진 바가 거의 없다. 문헌에서 가장 많이 인용되는 기전들은,

1. 체온 가설과
2. 원기회복 가설이다.

체온 가설(temperature hypothesis)은 운동 중에 일어나는 체온의 상승이 수면 구조에 긍정적인 영향을 미치고 있음을 주장한다(Horne & Staff, 1983). 그러나 이 가설은 최근에 이루어진 2개의 메타 분석(Kubitz 등, 1996; Youngstedt 등, 1997) 중 어느 것에 의해서도 지지를 받지 못했다. 그렇다고 운동의 발열 효과가 수면에 전혀 영향을 미치지 못한다는 것은 아니다. 몇몇 연구자들은 발열이 생물학적 체온 리듬을 변화시킴으로써 수면에 영향을 미칠 수 있다고 주장해오고 있다(Trinder 등, 1988).

원기회복 가설(restorative hypothesis)은 신체는 자신을 원상복귀 시키고 싶어 하며, 운동의 고단함으로부터 회복할 필요가 있기 때문에 운동 뒤에 취하는 수면은 훨씬 더 깊을 수 있다고 주장한다. 이 개념은 증가한 운동과 관련해서 증가된 서파수면(SWS, 즉 수면의 더 깊은 단계)을 보여주는 연구들에 의해 지지받는다.

운동에 대한 대부분의 연구들이 인지, 다른 행동, 그리고 환경적 요인들과 같은 가능한 매개변수 측정을 포함하지 않았다고 가정하면, 운동이 수면에 어떻게 영향을 끼치는 가에 대해 오늘날까지 경험적으로 알려진 것은 불행하게도 거의 없다. 그러므로 운동이 수면에 어떻게 영향을 미치는 가에 관한 일반적인 구조를 제안하는 것은 기전의 토론을 확장할 수 있으며, 연구에 있어서 몇몇 새로운 길을 제시할 수 있다. 수면상의 문제와 관련이 있을 수 있는 다른 변수들(예를 들어 우울함, 걱정)을 조절함으로써 운동이 수면을 개선시키는, 즉 수면에 간접적인 영향을 미치는 것뿐만 아니라, 직

접적인 영향을 미치는(예를 들어 발열, 원기회복, 일일(一日)주기 심장박동기) 것으로 생각하는 것이 도움이 될 수 있다. 〈그림 14.1〉은 운동이 영향을 미친다고 알려졌던, 그리고 수면상의 문제에 종종 연루되었던 변수들의 카테고리를 보여주고 있다.

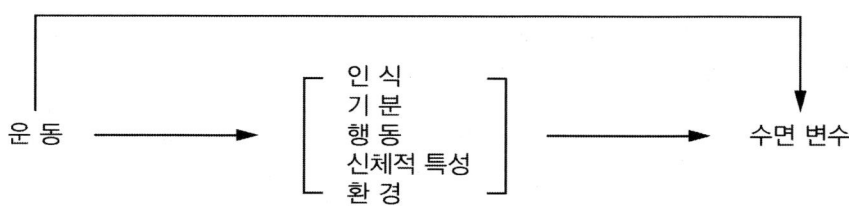

그림 14.1 수면상의 문제에 영향을 미치며, 수면상의 문제에 연루되어 있다고 알려진 변수들의 카테고리

〈그림 14.1〉에서 볼 수 있듯이, 위에 열거된 5개 변수의 카테고리 각각은 수면에 영향을 미치고 있다. 우울함이나 불안장애와 연관이 있는 인식과 기분은 카페인 소비, 부실한 식사, 음주와 같은 행동들처럼 부실한 수면과 관련이 있다. 더 나아가, 증가된 각성과 공포와 같은 신체적인 반응이 수면을 방해한다고 알려져 있다. 마지막으로 햇빛에 노출되는 것과 같은 환경적 요인들은 부실한 수면의 형성과 유지에 연관이 있다. 중요한 사실은, 이 모든 변수들은 운동에 의해 긍정적인 영향을 받을 수 있다는 것이다. 운동은 기분을 고조시키고, 각성과 근심을 감소시키며, 다른 건강 행동들을 채택하도록 독려하며, 그리고 만일 낮시간에 행해진다면 햇빛에 노출되는 시간을 증가시킬 수 있다고 알려져 있다.

우울증, 걱정, 스트레스, 신체적 증상과 같은 심리적인 변수에 의해 중재가 이루어진 수면에 나타난 운동의 효과와는 대조적으로, 적어도 한 연구는 수면에 미치는 운동의 고유한 효과를 얻어내려고 시도했다. Brassington과 Hicks(1995)는 규칙적인 운동을 하는 나이가 든 성인의 수면의 질(PSQI에 의해 측정된)을 주로 앉아서 생활을 하는 그룹의 그것과 비교를 했고, 그 결과 두 그룹은 전반적인 수면지수, 수면의 질, 수면시작 잠복기, 낮동안의 기능장애에서 차이를 나타냈다. 그러나 공분산분석(共分散分析, analysis of covariance)이 실행되었을 때, 걱정, 우울증, 스트레스, 신체적인 증상, 전반적인 수면지수, 수면시작 잠복기, 그리고 낮동안의 기능장애 평균에 대한 통제는 간신히 유의성에 접근했다. 이 결과들은 심리적인 변수의 조절에 의존적이지 않은 수면의 질의 전반적인 등급에 있어 운동이 한정된 영향력을 미치고 있음을, 그러나 이 직접적인 영향력은 작다는 사실을 말해주고 있다.

결론과 미래의 연구 방향

수면상의 문제에 대한 치료로서 운동을 연구하는 것은 분명히 수백만 명의 사람들을 도와줄 수 있는 중요한 조사 영역이다. 이 관계를 잘 이해하고 있다고 말할 수 있기 전에 우리가 앞으로 가야할 길이 상당히 멀다는 것도 그에 못지않게 분명하다. 그럼에도 불구하고, 수면의 질에 대한 자기보고 측정뿐만 아니라 생리학적인 측정 둘 다에서 운동이 긍정적인 영향을 미친다는 증거가 상당히 개연성이 있다고 결론을 내리는 것이 합리적일 것이다. 운동은 더 깊고, 더 편안한 수면과 관련이 있는 서파수면(SWS)과 같은 수면의 생리학적인 매개변수를 증가시키는 것으로 보인다. 지구력 운동과 저항 운동, 둘 다 밤에 잠드는 데 걸리는 시간과 밤에 깨는 횟수를 감소시키는 것으로, 그리고 수면의 편안함을 증가시키는 것으로 나타난다.

비록 현재까지의 증거가 유망하다고 할지라도, 많은 방법론적인 요소들이 이 중요한 연관에 대한 우리의 이해를 진전시키고자 하는 미래의 디자인에 포함되어야만 할 것이다. 첫째, 무작위로 통제되는 실험들이 보다 더 많이 시행될 필요가 있는데, 그 실험에서 운동과 수면은 엄격하게 측정되어야 한다. 이것은 운동과 수면 사이의 용량반응(dose-response) 관계(즉, 최적빈도, 지속된 기간, 그리고 강도)에 대한 우리의 지식을 높여 줄 것이다. 둘째, 수면다원검사법(睡眠多元檢查法)과 자기보고 측정이 연구에 함께 포함될 필요가 있다. 이런 정보의 유형은 수면의 생리학적인 측정과 수면의 질에 대한 주관적인 평가 사이의 관계를 연구자들이 결정짓는 데 도움을 줄 것이다. 수면에 대한 몇몇 생리학적인 측정의 의미들은 수면의 질과 연관될 때 잘 이해가 가지 않는다. 뇌전도 활동을 수량화 하는 새로의 기술의 도래에 부응하여 수면에 대한 많은 새로운 생리학적 측정법이 사용될 수 있게 되었는데, 이런 측정법들이 개인의 야간수면 경험, 혹은 낮시간대의 기능에 어떻게 관련이 있는지에 대한 올바른 이해 없이 사용될 수도 있다. 셋째, 수면의 질을 향상시키기 위해 최적 운동시간대를 결정할 수 있게끔 운동을 하는 시간대가 통제되는 실험들이 실시될 필요가 있다. 넷째, 위의 연구들은 그들의 수면에 있어서 적어도 적당한 정도의 어려움이 있는 피험자들, 혹은 수면 장애의 진단을 받은 피험자들을 대상으로 실시될 필요가 있다. 이와 같은 피험자들을 포함해야 운동이 특정한 수면 장애에 미치는 영향을 결정할 수 있게 될뿐 아니라 시간이 지남에 따라 수면에 발하는 변화들을 관찰할 수 있게 될 것이다. 마지막으로 운동이 수면을 향상시키는 기전에 대한 이해를 시작하기 위해서 앞으로 진행될 운동과 수면 연구에는 매개변수 측정이 반드시 포함될 필요가 있다.

참고문헌

Brassington, G. S., & Hicks, R. A. (1995). Aerobic exercise and self-reported sleep quality in elderly individuals. *Journal of Aging and Physical Activity, 3,* 120-134.

Buysee, D. J., Reynolds, C. F. I., Monk, T. H., Berman, S. R., & Kupfer, D. J. (1989). The Pittsburgh Sleep Quality Index: A new instrument for psychiatric practice and research. *Psychiatry Research, 28,* 193-213.

Carskadon, M. A. (1994). Measuring daytime sleepiness. In M. H. Kryger, T. Roth, & W. C. Dement (Eds.), *Principles and practice of sleep medicine* (2nd ed., pp. 961-966). Philadelphia: W. B. Saunders Company.

Carskadon, M. A., Dement, W. C., & Mitler, M. M. (1986). Guidelines for the Multiple Sleep Latency Test (MSLT): A standard measure of sleepiness. *Sleep, 9,* 519-524.

Chokroverty, S. (Ed.). (1999). *Sleep disorders medicine: Basic science, technical considerations, and clinical aspects* (2nd ed.). Boston: Butterworth-Heinemann.

Dement,W. C. (1992). *The sleepwatchers.* Stanford, CA: Stanford Alumni Association.

Dijk, D. J., Hayes, B., & Czeisler, C. A. (1993). Analysis of spindle activity by transient pattern recognition software and power spectral analysis. *Sleep Research, 22,* 426.

Driver, S., & Taylor, S. R. (1996). Sleep disturbances and exercise. *Sports Medicine, 21*(1), 1-6.

Geering, B. A., Achermann, P., & Eggimann, F. (1993). Period-amplitude analysis and power spectral analyis: A comparison based on all night EEG recordings. *Journal of Sleep Research, 2,* 121-129.

Horne, J. A. (1981). The effects of exercise upon sleep: A critical review. *Biological Psychology, 12*(4), 241-290.

Horne, J. A., & Staff, L. H. (1983). Exercise and sleep: Body-heating effects. *Sleep, 6*(1), 36-46.

Johns, M. W. (1991). A new method for measuring daytime sleepiness: The Epworth Sleepiness Scale. *Sleep, 14*(6), 540-545.

King, A. C., Oman, R. F., Brassington, G. S., Bliwise, D. L., & Haskell, W. L. (1997). Moderate-intensity exercise and self-rated quality of sleep in older adults: A randomized controlled trial. *Journal of the American Medical Association, 277*(1), 32-37.

Kubitz, K. A., Landers, D. M., Petruzzello, S. J., & Han, M. (1996). The effects of acute and chronic exercise on sleep. A meta-analytic review. *Sports Medicine, 21*(4), 277-291.

Lyznicki, J. M., Doege, T. C., Davis, R. M., & Williams, M. A. (1998). Sleepiness, driving, and motor vehicle crashes. *Journal of the American Medical Association, 279*(23), 1908-1913.

Maggi, S., Langolis, J. A., Minicuci, N., Grigoletto, F., Pavan, M., Foley, D. J., & Enzi, G. (1998). Sleep complaints in community-dwelling older persons. *Journal of the American Geriatic Society, 46*, 161-168.

Miles, L. E. (1982). A sleep questionnaire. In C. Guilleminault (Ed.), *Sleeping and waking disorders: Indications and techniques* (pp. 383-413). Menlo Park, CA: Addison-Wesley.

Monk, T. H. (1991). *Sleep, sleepiness, and performance.* New York: John Wiley & Sons.

Morin, C. M., & Azrin, N. H. (1988) Behavioral and cognitive treatments of geriatric insomnia. *Journal of Consulting and Clinical Psychology, 56*, 748-753.

National Commission on Sleep Disorders Research. (1993). *Wake up America: National sleep alert.* Rockville, MD: U.S. Department of Health and Human Services.

O'Connor, P. J., & Youngstedt, S. D. (1995). Influence of exercise on human sleep. *Exercise & Sport Sciences Reviews, 23*, 105-134.

Pilcher, J. J., & Huffcutt, A. I. (1996). Effects of sleep deprivation on performance: A meta analysis. *Sleep, 19*(4), 318-326.

Rechtschaffen, A., & Kales, A. (1968). *A manual of standardized terminology: Techniques and scoring system for sleep stages of human subjects.* Los Angeles: UCLA Brain Information Service/Brain Research Institute.

Shapiro, C. M. (1981). Sleep and the athlete. *British Journal of Sports Medicine, 15*(1), 51-55.

Shapiro, C. M., & Drivers, H. S. (1988). *Exercise and sleep - A review. NATO Colloquium.* New York: Plenum Press.

Sherrill, D. L., Kotchou, K., & Quan, S. F. (1998). Association of physical activity and human sleep disorders. *Archives of Internal Medicine, 158*(17), 1894-1898.

Singh, N. A., Clements, K. M., & Fiatarone, M. A. (1997). A randomized controlled trial of the effect of exercise on sleep. *Sleep, 20*(2), 95-101.

Torsvall, L. (1981). Sleep after exercise: A literature review. *Journal of Sports Medicine & Physical Fitness, 21*(3), 218-225.

Trinder, J., Montgomery, I., & Paxton, S. J. (1988). The effect of exercise on sleep: The negative view. *Acta Physiologica Scandinavica. Supplementum, 574*, 14-20.

Trinder, J., Paxton, S. J., Montgomery, I., & Fraser, G. (1985). Endurance as opposed to power training: Their effect on sleep. *Psychophysiology, 22*(6), 668-673.

Webb, W. (1995). The cost of sleep-related accidents: A reanalysis. *Sleep, 18*, 276-280.

Weiten, W. (1995). *Psychology themes and variations.* New York: Brooks/Cole Publishing Co.

Youngstedt, S. D., O'Connor, P. J., & Dishman, R. K. (1997). The effects of acute exercise on sleep: A quantitative synthesis. *Sleep, 20*(3), 203-214.

Chapter 15
우울증 관리에서 운동의 역할

Egil W. Martinsen

역자 | 한명우(선문대학교)

지난 20년 동안, 대부분의 의사들은 환자들이 채택하는 생활방식에 대해 거의 주의를 기울이지 못했다. 오랜 세월 동안 의사들이 환자에게 주는 가장 공통적인 충고는 마음을 편안하게 하라는 것이었으며 휴식을 취하는 것이 건강을 잘 유지하는 가장 최선의 방법인 것으로 생각되었다. 건강에 관련된 직업을 가진 사람들은 운동을 그리 중요하게 생각하지 않았지만 많은 사람들은 직관적으로 신체 활동이 정신건강에 효과가 있다는 것을 알게 되었다. 이것은 다음의 인용에 잘 나타나 있다.

> 무엇보다도 걷겠다는 의지를 잃지 않도록 하라. 나는 매일 하루의 안녕(well-being)과 질병으로부터 멀어지기 위하여 걷는다. 그렇게 걷다보면 나는 최선의 생각에 도달하게 된다. 그리고 힘든 생각이 사라지고 그 상태에서 떠나갈 수 있는 사람은 아무도 없다는 것을 알게 된다.
> — Søren Kerkegaard, 덴마크 철학자(1813-1847)

> 나는 항상 운동은 신체적 건강 분만 아니라 마음의 평화를 가져오는 열쇠라고 믿어왔다. 지난 날 분노와 혼란을 느끼게 되면 나는 친구나 심지어 경찰관에게 말로 내뱉어 버리는 대신에 많은 시간을 샌드백을 두드려 견서 폭발시켰다. 운동은 긴장을 사라지게 하며 긴장은 고요함의 적(敵)이다. 나는 나의 신체적 컨디션이 좋을 때 업무를 더 잘 하고 생각을 더욱 명확하게 하게 된다는 것을 발견하였다. 따라서 운동하는 훈련은 내 일생 동안 움직일 수 없는 원칙가운데 하나가 되었다.
> — Nelson Mandela, 남아프리카 대통령, 1995

우울증은 중요한 건강 문제 가운데 하나이다. 지역사회에서 평생 동안 우울장애(depressive disorder)에 대한 유병률(prevalence, 유병력율, 有病力率: 일정 지역에서 일정 기간 내에 존재한 이환자(罹患者)의 총수)은 17%로 추정되는데 13%는 남자, 그리고 21%는 여자에게서 나타난다. 기분변조(氣分變調 또는 氣分低下症, dysthymia: 주요우울장애와 증상이 비슷하지만, 그 정도가 가벼우면서 2년 이상 지속되는 증상)의 평생 유병률은 여자는 5-6%, 남자는 8%이다(Kessler 등, 1994). 우울증으로 고통 받는 사람들의 절반만이 치료를 하고 이들 중 1/3만이 정확한 진단을 받는다.

우울증 치료의 표준 형태는 항우울증 약을 복용하는 것과 다양한 형태의 심리치료가 있다. 그리고 심한 경우에는 전기경련충격요법(電氣痙攣衝擊療法, electro-convulsive therapy: ECT로 약기(略記) 함. 전류를 뇌의 특정구역에 흘려보내어 그 구역에 경련이 나도록 하여 치료하는 방법)을 사용하기도 한다. 심리치료요법은 비용이 많이 들며 처치능력은 필요로 하는 수준에 훨씬 미치지 못한다. 개발되고 있는 항우울증 약 역시 비싸며 약을 복용한다는 것은 부작용을 수반한다는 문제점이 있다. 심리치료 요법이나 항우울증 약을 복용하는 것, 그 어느 것도 항상 효과적이지는 못하다. 항우울증 약을 복용하는 환자들이 처음에 반응하는 숫자는 중도 포기하는 사람들의 숫자를 감안한다면 처치를 시작하는 모든 환자들의 50% 미만이다(Nelson, 1998).

우울증 환자들이 제대로 치료받지 못하는 심각한 상태에 있다는 증거는 넘치고도 남는다(Hirshfield 등, 1997). 건강보장 시스템은 아마도 이 많은 환자들의 처치에 필요한 기준을 결코 충족시킬 수 없다. 만일 운동처럼 단순하고도 비싸지 않은 방법이 있다면 우울증 예방과 치료에 도움이 될 것이다. 이것이 대중 건강을 위해 중요한 점일 것이다.

선행연구들은 특정하게 주어진 시점에서의 신체 활동수준과 정신건강 사이에는 명백한 상관관계가 있다는 것을 보여주었다(Stephens, 1988). 우울증 환자들은 일반인들에 비해 신체능력이 떨어진다는 것이 보고되어 왔다(Martinsen, Strand, Paulsson, & Kaggestad, 1989; Morgan, 1969). 이러한 종류의 상관관계를 보인 증거들은, 그러나, 인과성에서는 의문의 여지가 남는다. 즉, 우울증 환자들의 체력 수준이 저하되고 비활동적이라서 우울한 것인가? 아니면 체력저하와 우울증 두가지와 관련된 제 3의 요인이 있는 것인가? 하는 질문들이 아직 밝혀지지 않았다.

종단연구(longitudinal studies) 방법을 활용한 연구에 의하면 기초선 조사에서 우울증이면서 좌업 생활을 하는 피험자들이 우울증이면서 활동적인 피험자들에 비해서 훨씬 더 우울해 한다는 것이 밝혀졌다(Farmer 등, 1983). 그러나 그러한 연구들조차도 자기선택의 문제 때문에 인과적인 증거를 보여주지는 못했다. 이러한 질문에 답변하기 위해서는 실험적 중재방법의 효과를 살펴본 연구가 필요하다. 이 장은 임상적으로 우울증이 있는 개인들에게 운동을 실시한 결과로 나타나는 항우울효과에 대해 집중적으로 살펴볼 것이다.

우울증 평가

현대 정신의학에서는 기준에 근거한 진단체계가 진단의 신뢰도를 크게 향상시켜왔다. 연구진단기준(Research Diagnostic Criteria: RDC; Spitzer, Endicott, & Robins, 1978), 정신이상 진단 및 통계 편람 III(the Diagnostic and Statistical Manual of Mental Disorder: DSM III, American Psychiatric Assocaition, 1980) 및 DSM-IV(American Psychiatric Assocaition, 1994) 등이 공통적으로 사용되는 도구들이다. 이러한 진단체계를 활용하면 연구들 간의 결과를 훨씬 더 쉽게 비교할 수 있다.

우울증세의 수준을 측정하는 몇 가지 도구가 개발되어 왔다. Beck 우울증검사지(Beck Depression Inventory: BDI; Beck, Ward, Mendelsohn, Mock, & Erbaugh, 1961), 자기평가 우울증척도(the Self-Rating Depression Scale: SDS; Zung, 1965)는 타당도가 잘 검증된 자기보고식 도구이다. Hamilton 우울증 평가척도(Hamilton Depression Rating Scale: HDRS; Hamilton, 1960), 종합 정신병리평가척도(the Comprehensive Psychopathological Rating Scale: CPRS), 우울증 하위척도(depression subsclae, Asberg, Perris, Schalling, & Sedvall, 1978)와 Montgomery Asberg 우울증 평가척도(Montgomery Asberg Depression Rating Scale: MADRS: Montgomery & Asberg, 1979) 등은 보조자가 도와주는 평가척도 도구로 주로 사용된다.

이들 가운데 몇 가지 척도들은(예: BDI, SDS) 문항점수의 정상범위가 주어져 있어서 우울증의 사례나 환자를 파악하는데 사용될 수 있다. 몇 편의 운동중재기법 연구에서는 이 척도의 점수들이 주어진 환자를 파악하는 유일한 방법으로 사용되고 정식 진단은 이루어지지 않았는데 이것은 바람직한 연구가 아니다. 우울증 점수가 높아지는 것과 관련된 것으로는 임상적 우울증 이외에도 다양한 신체적 및 정신적 이상, 또는 애도반응(grief reaction)과 같은 몇 가지 조건이 더 있다. 우울증 점수가 높게 나온 연구들에서는 이 점수가 우울증 분류의 유일한 구분이었으므로 이 연구결과를 다른 집단의 사람들에게 일반화시키기가 어렵다는 제한점을 지닌다.

임상적 운동중재 연구

지난 몇 년 동안 임상적으로 우울한 피험자를 대상으로 운동중재의 효과를 살펴 본 준(準) 실험(quasi-experimental) 및 실험연구(experimental studies)들이 나타나기 시작하였다. 이런 연구들 가운데에는 운동의 다양한 형태가 비교되었다.

Sime(1987)은 BDI 점수가 중간정도인 15명의 피험자를 대상으로 다중 기초선 사례연구 설계(multiple-baseline single-case design)를 사용하였다.

우울증 점수는 운동을 실시하기 2주 전인 선별단계(screening phase)에서는 유의하게 변하지 않았으나 20주 동안의 운동실시 기간 동안 현저하게 감소하였다. Doyne, Chambless와 Beutler(1983)는 RDC 점수로 중증의 우울증(major depression)이 있는 4명의 여자환자를 대상으로 같은 연구설계를 사용하였다. 6주 동안의 운동실시 후 우울증 점수를 비교한 결과, 6주 후의 우울증 점수가 크게 감소하였는데 이는 운동전 선별 단계에서 나타난 것보다 훨씬 더 크고 통계적으로 유의한 것이었다.

이와 관련된 첫 번째 실험연구는 Greist 등(1979)에 의해 수행되었다. RDC 점수로 경증의 우울증(minor depression)이 있는 28명의 외래환자를 대상으로 달리기와 2가지 형태의 다른 심리요법의 효과가 비교되었다. 12주 후에 이 세가지 처치효과 사이에서 유의한 변화는 발견되지 않았다. 그러나 세 집단 모두에게서 통계적으로 유의한 우울증 점수의 감소가 발견되었다.

Mueter, Mutrie와 Harris(1982)는 정식으로 의료 진단을 받지 않았으나 BDI 점수가 높은 18명의 피험자에 대해 연구를 진행하였다. 이들은 상담을 받는 집단 또는 상담을 받으면서 달리기를 지도받는 집단으로 무선배정되었다. 연구결과 상담만을 받은 집단보다 상담과 달리기를 혼합한 집단의 피험자들에게서 우울증 점수가 유의하게 감소한 것으로 나타났다.

Klein 등(1985)은 RDC 점수가 경증 및 중증인 우울증 환자 74명을 대상으로 연구를 수행하였다. 피험자들은 무선으로 달리기 집단, 명상-이완 집단, 또는 집단심리요법을 받는 집단에 배정되었다. 12주 운동 후 각 집단별로 우울증 점수에서 현저한 감소가 나타났으나 집단별 차이는 나타나지 않았다. 후속분석결과 달리기오·명상-이완 집단의 점수가 더 낮은 것으로 나타났다.

McCann과 Holmes(1984)는 정식 진단이 없이 BDI점수가 높은 41명의 여성을 피험자로 선정하고 이들을 무선으로 유산소성 운동 집단과 이완훈련 집단 및 통제집단에 할당하여 연구를 실시하였다. 10주 후, 유산소 운동과 이완훈련 집단에서 우울증 점수의 감소가 현저하게 나타났다. 그러나 유산소 운동 그룹에서의 감소가 이완훈련 집단이나 통제집단에 비하여 유의하게 훨씬 크게 나타났다.

정식 진단이 없이 BDI 점수만 높은 사람들을 대상으로 한 연구가 한편 더 있다. Freemont와 Craighead(1987)는 49명의 피험자를 인지요법 집단과 유산소성 운동, 또는 이 두가지를 혼합한 집단에 무선으로 할당하였다. 10주 후에 측정한 우울증 점수에서 모든 집단에서 시작 전보다 통계적으로 유의한 감소가 나타났으나 집단 간에 유의한 차이는 발견되지 않았다.

Martinsen, Medhus와 Sandvik(1985)이 수행한 연구의 피험자는 남녀 모두 평균 40세였고 DSM-III 상으로 중증의 우울증(major depression) 입원환자 49명이었다. 피험자는 무선으로 유산소성 운동집단과 통제집단으로 할당되었다. 훈련집단에 속한 피험자들은 유산소성 운동을 6-9주 동안 실시하였는데 주로 빠르게 걷기와 조깅을 한 번에 1시간씩 일주에 3회를 하는 것이었다. 반면에 통제집단의 피험자들은 작업 요법(occupational therapy: 기분 전환 또는 신체상의 결함을 고치기 위해 가벼운 작업을 시키는 치료 요법)에 참석하였다. 두 집단의 환자 모두 개인적으로 그리고 집단으로 심리치료를 받았다. 유산소성 능력의 증가와 우울증 점수(CPRS와 BDI)의 감소가 훈련집단에서 유의하게 나타났는데 이 결과는 환자들의 유산소 운동과 체력의 증가는 항우울증 효과와 관련이 있다는 것을 의미하는 것이다.

이 연구에서 발견한 또 다른 중요한 한가지는 항우울증 효과가 유산소성 능력의 증가에 의존하는 것 같다는 점이다. 훈련집단에 속한 환자들이라도 최대산소섭취량이 15% 미만으로 증가한 피험자의 우울증 점수는 통제집단의 피험자들과 비슷하였던 것에 비해, 중간(15-30%) 또는 크게(30% 이상) 증가한 피험자는 우울증 점수에서 큰 감소를 보였다. 이 자료를 더 분석한 결과 이러한 관계는 특히 남자 피험자들에게 중요한 것으로 나타났다(Martinsen, 1987).

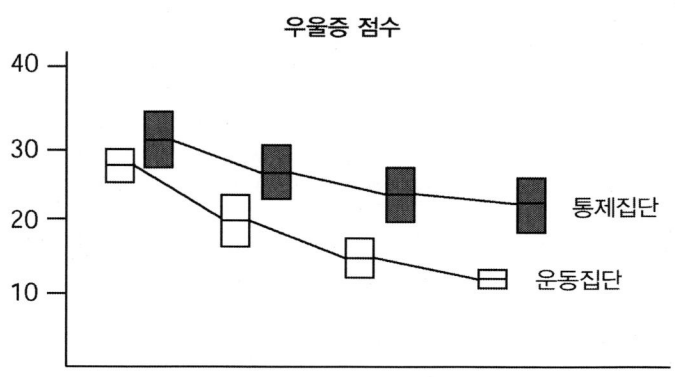

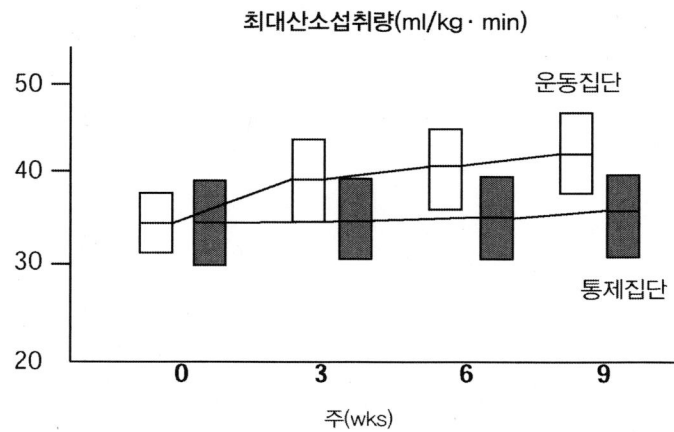

그림 15.1 우울증 검사와 최대산소섭취량의 평균점수
(British Medical Journal 1985, 291권 p. 109.)

유산소능력의 증가와 BDI 점수의 감소 사이의 상관관계는 .40(남자, $p<.05$)이었고 여자는 -.13($p>.05$)으로 나타났다.

유산소 운동 vs. 다른 운동 형태

이 흥미로운 발견을 더 조사하기 위하여 Martinsen과 동료들은 유산소 운동과 무산소 운동의 형태를 비교하는 또 다른 연구를 수행하였다(Martinsen, Hoffart, & Solberg, 1989). 이 연구에 참가한 남녀 99명(평균 41세)은 DSM-III-R에서 분류한 주요우울증(major depression) 환자, 기분부전장애(dysthymic disorder) 또는 우울장애(depressive disorder) 환자로 구성되었다. 이들은 유산소 운동(빠르게 걷기 또는 조깅) 집단과 무산소성 운동(근력운동/지구성 운동, 이완 및 유연성) 집단에 무선으로 배정되었으며 주 3회, 1회 1시간씩 8주 동안 운동을 하였다.

유산소 운동그룹에 소속된 환자들이 유산소성 능력이 현저하게 증가한데 비하여 무산소성 운동에 속했던 환자들에게서는 변화가 없었다. 두 집단 모두에게서 MARDS와 BDI 점수가 현저하게 줄어들었는데 집단간 차이는 통계적으로 유의하지 않았다. 유산소성 능력이 15% 이상 현저하게 증가한 환자들의 우울점수는 유산소성 능력에서 전혀 변화가 없었거나 조금 증가한 환자들과 비슷하였다. 증가된 유산소성 능력과 3DI 우울점수 감소와의 상관관계는 남자가 .26이었고 여자는 .13이었다. 남자의 경우는 평균이 유의수준에 가깝기는 했지만 남녀 모두 통계적으로 유의한 차이가 나타나지는 않았다. 따라서 연구자들은 자신들의 첫번째 연구와 같은 결과를 얻지 못했다. 두번째 연구가 훨씬 더 큰 규모로 진행되었지만 남녀를 막론하고 체력(유산소성 능력)의 증가와 우울점수의 감소 사이에 통계적으로 유의한 상관관계를 발견하지 못했다.

다른 연구자들도 같은 방법으로 유산소 운동과 다른 형태의 운동의 효과를 비교하는 연구들을 수행하여 왔다.

Mutrie(1988)는 정식 의료진단을 하지는 않았지만 BDI 점수가 높은 24명의 피험자를 무선으로 스트레칭(유산소성 운동) 그룹과 무산소성 운동인 근력운동 그룹, 그리고 대기자 명단 그룹(통제집단)에 배정하였다. 피험자들은 각자 독자적으로 주당 3회 운동을 실시하였고 매 2주마다 체육지도자를 만나 지시를 받고 신체 기능테스트를 하였다. 4주 운동후 두 집단의 피험자들 모두 통제집단의 피험자들보다 BDI 점수가 현저하게 감소한 것으로 나타났으며 유산소성 운동 그룹이 가장 큰 감소를 보였다. 유산소성 집단과 통제집단 사이에서 통계적으로 유의한 차이가 나타났다. 이것은 아마도 각 집단의 인원이 적은 것이 그 이유일지도 모른다.

Doyne 등(1987)은 RDC 중증 또는 중증 우울증으로 나타난 40명의 외래환자를 대상으로 달리기(유산소성 운동)와 웨이트(무산소성 운동)의 효과를 분석하였다. 두 집단 피험자들의 우울증 점수가 대기자 명단에 있는 통제집단에 비해 훨씬 많이 감소하였으나 운동 집단 간의 차이는 통계적으로 유의하지 않았다.

Sexton, Maere와 Dahl(1989)은 DSM-III 분류상 단극성 우울증(unipolar depression) 입원환자 25명을 걷기와 달리기 집단에 배정하고 운동의 효과를 연구하였다. 두 집단에서 모두 우울증 점수가 현저하게 감소하였으나 집단 간의 차이는 별로 없어 통계적으로 유의하게 나타나지 않았다.

운동중재 연구에 대한 논의

이제까지 소개한 연구들은 모두 같은 방향을 가리키고 있다. 즉, 유산소성 운동이 운동을 하지 않는 것보다는 더욱 효과적이지만 심리치료요법을 포함한 다양한 다른 치료형태와는 통계적으로 유의하게 효과적이지 않다는 점이 바로 그것이다. 이러한 결론은 메타분석(North, McCullagh, & Tran, 1990; Stich, 1998)과 문헌고찰 연구(Emst, Rand, & Stevinso, 1998)에서도 지지 되었다. 유산소성 능력이 증가하는 것은 그리 중요한 것 같지는 않다. 그 이유는 생리적인 효과를 얻지 못한 환자들도 유산소성 능력이 개선됨에 따라 얻게 되는 심리적인 효과를 얻었기 때문이다.

이제까지 소개한 연구들은 외래 및 입원환자, 남녀 및 17세에서부터 60세에 이르는 연령대의 피험자를 다루었다. 운동여건은 집에서 혼자 하는 운동에서부터 입원환자나 외래환자가 임상조건에서 하는 것과 같이 다양하였다. 모든 연구에서 비슷한 경향이 나타났는데 이는 일반적으로 항우울효과는 운동과 관련이 있다는 것을 보여주는 것이다.

이러한 결과는 경증으로부터 중간정도의 우울증으로 표시되는 단극성 우울증 환자의 경우로만 한정된다. 미국 질병의 공식적 분류체계인 DSM-IV는 우울증에 대한 특별한 언급이 없으면 우울증은 주요우울증(major depression), 기분부전장애(dysthymic disorder), 그리고 기분부전증(depressive disorder)의 경증에서부터 중간정도까지를 포함한다.

단극성 우울증 환자에게 적용된 이러한 결과가 심한(重症) 우울증 환자에게도 일반화될 수 있을지는 아직 질문의 여지가 남아있다. 마찬가지로 우울증의 가장 심한 형태를 앓고 있는 사람들에게 운동중재기법의 가치를 강조할 수 있는 좋은 연구가 단 한 편도 없다. 그러나 임상경험은 '운동은 제한된 가치를 갖는다'(Greist, 1987)는 것을 가리킨다. 심한 우울증은 운동을 보조수단으로 하고 보통 투약과 전기충격요법, 그리고/또는 심리치료를 주 수단으로 사용하는 것이 필요하다.

체계적인 운동이 단극성 우울증의 재발을 예방할 수 있는지에 대한 연구는 아직 없다. 필자는 개인적으로 남성 우울증 환자 3명을 추적 조사한 바가 있다. 이들은 20-40세의 나이에다 모두 달리기를 열성적으로 하는 사람들이었으며 리튬 복용자(lithium responders)였다. 이들은 모두 리튬 복용을 줄이기를 원하였으며 매일의 운동(달리기)이 이를 대체할 수 있는지를 알기 원하였다. 이들은 모두 일 년 이내에 재발하였으며 리튬을 다시 복용하였다. 필자의 견해로는 운동은 단극성 우울증환자에게 안녕감과 숙달감, 그리고 자긍심을 줌으로 해서 많은 이로운 효과를 주지만 조울증이나 양극성 장애(bipolar disorder: 들뜬 기분(조증)과 침울한 기분(우울증)이 반복되는 정신질환)를 예방하기에는 아마도 효과적이지 못하다.

몇 편의 연구(Freemont & Craighead, 1987; Greist 등, 1979; Klein 등, 1985)가 우울증 치료에 미치는 운동과 심리치료요법과 상담의 효과를 비교해 보았다. 심리치료 연구 분야 내에서 이와 관련된 연구가 급격하게 발전되어 왔다. 이러한 연구들은 심리치료연구에서 현대적인 연구방법의 요구를 충족시키지는 못하지만 흥미로운 관점을 열어놓고 있으며 새롭고 더 나은 연구설계를 한 후속연구들의 출현을 기다리고 있다.

우울증 분야에 관련된 연구편수는 아직 상대적으로 적으며 상당수의 연구가 방법론상의 문제를 가지고 있다. 몇 편의 연구는 BDI 점수를 유일한 분류기준으로 삼았는데 운동의 형태와 강도, 빈도, 기간 등이 명확하게 언급되어 있지 않으며 어떤 연구들은 체력 수준을 측정하지 않았다. 따라서 아직도 연구방법론적으로 잘 설계된 연구물이 더 필요하다.

예 방

한가지 흥미로운 질문은 '운동이 우울증에 취약한 사람이 우울증에 걸리는 것을 예방할 수 있는가?'의 여부와 '조울증에서 회복한 사람들의 재발을 방지할 수 있는가?' 하는 것이다. Gotestam과 Stiles(1990)는 스트레스가 심한 생활환경에 노출된 노르웨이 군인들을 대상으로 연구를 실시하였다. 12주 동안 스트레스가 심한 생활환경에 노출된 후에 측정한 결과 스포츠에 적극적으로 참가한 군인들은 좌업 생활을 선호한 군인들에 비해서 우울증이 훨씬 덜 하였다는 것이 밝혀졌다.

Martinsen, Sandvik과 Kolbjornsrud(1989)는 병원에서 퇴원한지 일 년이 된 정신병력이 없는 환자들에게서 성인 이전에 운동과 스포츠를 경험한 사람이 그렇지 않은 사람에 비해 재발 확률이 더 적다는 것과 지속적으로 운동을 한 사람들이 증상을 나타내는 점수도 낮은 것과 관련이 있다는 것을 발견하였다. 기초선 측정시 우울하지 않으면서 좌업 생활을 한 피험자들이 일정기간이 지나면 신체적으로 더욱 활동적인 피험자들보다 훨씬 더 우울해하는 것 같다(Camacho, Roberts, Lazarus, Kaplan, & Cohen, 1991; Farmer 등, 1988).

운동은 아마도 예방적인 효과를 가지고 있는 것 같다. 그러나 이 결론이 안전하게 인정받기 위해서는 더 많은 증거가 필요하다.

환자의 평가

Martinsen과 Medhus(1989)는 자신들의 1985년 연구의 후속연구로 1년 동안 수행한 연구에서 환자들에게 병원에 머무는 동안 다른 형태의 치료요법과 신체적인 체력훈련의 유용성을 평가하도록 요청하였다. 환자들은 개인적인 심리치료요법보다 신체적인 체력훈련을 그들을 가장 많이 도와준 치료적 요소로 선정하였다.

정신병이 아닌 다양한 형태의 정신장애를 겪고 있는 92명의 입원환자를 대상으로 실시한 다른 연구(Martinsen, Sandvik 등, 1989)에서도 같은 경향이 발견되었다.

Sexton 등(1989)은 자신들의 연구에서 똑같은 경향을 보고하였다. 즉, 많은 환자들이 심리치료요법과 투약을 포함하는 전통적인 형태의 치료요법보다도 신체적인 체력훈련이 자신들을 더 많이 도와주었다고 보고하였다.

이러한 연구들은 물론 운동의 처치효과에 대한 어떤 증거를 제공하는 것은 아니지만 발견된 결과의 내용은 흥미롭다.

실제적 관리

우울증세를 구성하는 몇 가지 요소는 운동하는 것을 어렵게 하기도 한다. 피로, 권태/나른함, 낮은 자긍심, 그리고 정신운동 지연(psychomotor retardation)이 공통적인 증상들이다. 항우울증 약을 복용하는 사람들은 입안이 마르거나, 졸음, 심박수 증가 등과 같은 또 다른 문제를 야기시킬 수가 있다. 이 점은 항우울제를 복용하는 노인들에게는 특히 그렇다.

이러한 요인들 때문에 많은 환자들이 운동을 시작할 때에는 격려와 지지가 필요하다. 대부분의 환자들은 체력이 약하므로 운동강도를 너무 세게 하지 않게, 즉 숙달할 수 있는 정도로 하는 것이 중요하다. 즉 운동을 시키는 목적이 환자들로 하여금 운동을 할 때마다 숙달했다는 경험을 할 수 있도록 배려하는 것이 되어야 한다는 뜻이다. 작년 한 해 동안 필자는 병원 운동프로그램에 참석한 100여명 이상의 환자들을 관찰하였다. 그 경험에 의하면, 우울증 환자들의 대부분에게 정기적인 운동을 시작하도록 하여 이들을 돕는 것은 가능하다.

운동과 투약

삼환계 우울증 치료제(Tricyclic antidepressant agents, TCA)를 복용하는 환자들에게는 일어설 때나 운동 중일 때 저혈압을 경험할 가능성이 있다는 점에 대한 정보를 반드시 제공해야만 한다. 이런 환자들은 운동 중에 넘어지거나 현기증이 나서 기절할 수 있는 위험이 더 높다. 최대 운동 중에 이 약물들의 영향에 대한 연구는 수행되지 않았다(Powles, 1981). 기립성 저혈압(orthostatic hypotension) 역시 모노아민 옥시다제 억제인자(MAOI, 항우울증제의 일종) 복용으로 나타나는 공통적인 부작용이다.

지난 수십 년 동안 새로운 종류의 항우울증제가 개발되어 왔다. 일반적으로 선택적 세로토닌 재흡수 억제제(Selective Serotonin Reuptake Inhibitors, SSRI: 우울증, 불안 장애, 또 몇 가지 인격 장애를 치료하는 데 쓰이는 항우울제의 일종)가 부작용이 적고 운동할 때 부작용으로 방해받는 것이 이전에 개발된 항우울제보다는 적다(Martinsen & Stanghelle, 1997)고 보고되고 있다. 저자는 개인적으로 다양한 형태의 운동 프로그램을 실시한 수백 명의 환자를 추적 조사하였는데 운동과 투약 두가지를 혼용하였을 경우에 심각한 부작용을 경험한 환자는 없는 것으로 관찰되었다.

운동과 투약을 같이 하면 그 효과가 더 강력하게 될 수 있는지에 알아 본 연구가 두 편이 있다. 첫 번째 연구에서 Martinsen(1987)은 DSM-III-R에서 분류한 주요우울증(major depression) 환자 43명을 대상으로 운동과 TCA를 혼합한 결과를 운동만 한 결과와 비교하였다. 그 결과 두가지 요인을 혼합한 상승효과는 발견되지 않았다. DSM-III-R에서 분류한 단극성 우울증(unipolar depressive disorder) 환자 99명을 대상으로 한 두 번째 연구에서 저자들은(Martinsen, Hoffart, 등, 1989) TCAs를 복용하고 운동도 함께한 환자들이 운동만 실시한 환자들보다 우울증 점수가 더 깊이 감소하는 경향을 보였지만 통계적으로 유의하지는 않았다는 것을 보고하였다. 현재로서는 운동이 항우울제의 효과를 더 강력하게 하는지 아니면 반대로 항우울제가 운동의 효과를 더 강력하게 하는지에 대해서는 알 수 없다.

기전에 대한 가설

운동과 관련된 심리적 효과가 어떻게 중재되는지를 설명하기 위해 몇 가지 가설들이 제기되어 왔지만 이 가설들의 대부분은 경험적인 증거가 상당히 부족하다. 다음에 그 가설들 가운데 중요한 내용이 간단하게 소개되어 있다.

> **인류학적 가설(anthropological hypothesis)** 수천년 동안 인류는 채집인(gatherers)이면서 동시에 수렵인(hunters)이었다. 힘든 신체적 노동을 하지 않고서도 살아남을 수 있었던 인구가 많아진 것은 오직 지난 수 십 년 동안에만 가능한 일이었다. 신체를 움직이지 않는 것은 신체건강에 해로우며 정신건강에도 역시 좋지 않다(Astrand & Rodahl, 1985).

> **생물학적 가설(biological hypothesis)** 신체 활동을 하는 동안에 신체 내부온도는 상승하게 된다. 이와 같은 일시적 온도상승은 열발생가설(thermogenic hypothesis)이라는 운동의 심리적 효과를 설명할 수 있을지 모른다. 이 가설을 검증하기 위하여 신체운동을 격렬하게 하면 신체의 중심온도(core temperature: 심장, 폐, 뇌 및 주요 장기의 온도, 즉 신체 중심의 체온)도 상승하는지를 알아보았으나 이러한 노력들은 일관된 결과를 찾지 못했다. 현재까지의 자료를 볼 때 이 온도가설(temperature hypothesis)은 아직 가설로 유지될 수 있다고 보는 것이 합리적이다(Koltyn, 1997).

> **엔돌핀 가설(endorphine hypothesis)** 동물 및 인간을 대상으로 한 실험자료의 결과는 모두 장기적인 유산소성 운동은 중추신경계에서 내생적인(內生的, endogenous) 마약성분(opioids)을 방출하도록 한다는 것을 가리키고 있다. 이것이 운동과 관련된 심리적 효과를 설명할 수 있는지 없는지는 아직 해결되지 않은 문제이다(Hoffmann, 1997).

모노아민 가설(monoamine hypothesis) 중추 세로토닌 및 노아드레날린 시스템은 많은 항우울제를 위한 목표이다. 동물 및 인간을 대상으로 한 연구에서 추출된 자료는 신체적 활동에 의해 중추 세로토닌 시스템(central serotonergic systems)이 변경된다는 가설을 지지한다. 그러나 그러한 기여가 운동을 하는 사람들에게 현저하게 영향을 미치는지 아닌지를 보여줄 수 있는지는 미지수이다(Chauloff, 1997). 지속적인 운동은 질적으로 약리학적인 중재효과와 비슷한 방법으로 뇌의 노아드레날린에 의해 활성화된 신경계(noradrenergic systems)에 영향을 미칠 수 있다는 것 또한 가능하다(Dishman, 1997).

심리학적 가설(psychological hypothesis) 그동안 몇 가지의 심리학적인 가설들이 제시되어 왔다. Bahrke와 Morgan(1978)은 운동으로 얻어지는 심리적인 이익은 스트레스를 야기시키는 자극들로부터 단지 신경을 쓰지 않기 때문인 것일지도 모른다는 것을 제안하였다(distraction hypothesis). 이들은 그 가설의 근거로 자신들이 수행한 연구결과를 들고 있다. 이 연구에서 이들은 일회성 운동은 상태불안의 감소와 관련이 있다는 점을 발견하였다. 나중에 이들은 이와 같은 불안을 완화시키는 효과(anxiolytic effects)는 피험자들을 조용한 방에서 쉬게 하는 것만으로도 얻어질 수 있다는 것을 발견하였다.

또 다른 연구자들은 정기적이고 단조로운 운동을 의식상태의 변화를 유도하는 자기최면이나 명상과 같은 종류라고 생각하기도 한다. 또 다른 연구자들은 운동에 대해서 중요한 점은 긍정적인 중독(positive addiction)이 발전되는 점이라고 주장한다(Glasser, 1976). 자신감과 숙달(White, 1959)이라는 개념은 쉽게 운동심리학과 맞아떨어지는 것 같다. 사회학습이론의 관점에서는 Bandura(1977)가 만일 자기숙달에 대한 경험을 잘 정리하여 자기효능감의 느낌을 심어준다면 처치가 효과적일 것이라고 주장하는 자기효능감 이론을 발표하였다.

다른 가설들이 가능하지만 그 가설들을 지지하는 경험적인 증거는 제한적이다. 아마도 운동의 심리적인 효과를 중재하는 하나의 유일한 기전은 없는 것 같다. 서로 다른 기전이 아마도 서로 다른 대상자들에게 효과가 있는 것 같으며 생물학적, 심리학적, 그리고 사회적 기전도 함께 상호작용을 하는 것으로 보인다.

요 약

 임상적으로 우울증을 겪고 있는 환자들에게는 유산소성 운동이 아무런 처치를 하지 않는 것보다 더 효과적인 것처럼 보이며 다양한 형태의 심리요법을 포함하는 다른 중재기법들과 큰 차이가 나지 않는다. 유산소성 및 무산소성 운동 형태는 모두 같은 효과를 보인다. 이러한 결과는 단극성 우울증(unipolar depression)을 경증 또는 중등도로 앓고 있는 사람으로만 제한되는 것이다. DSM-IV(정신질환 진단 및 통계 편람. Diagnostic and Statistical Manual of Mental Disorders-IV. 이 책자는 미국 정신의학 협회(American Psychiatric Association)가 출판하며 정신질환의 진단에 있어 가장 널리 사용되고 있다. 비슷한 목적으로 많이 사용되는 책으로는 질병 및 관련 건강 문제의 국제적 통계 분류(International Statistical Classification of Diseases and Related Health Problems, ICD)가 있는데, DSM은 정신질환에 집중하는 반면 ICD는 모든 종류의 질병을 다룬다. 양쪽 모두 독자가 기본적인 의학적 개념들을 인지하는 것으로 가정하고, 질병을 체계적으로 진단하기 위한 기준들을 제시한다)에서 특별한 언급이 없으면 경증 및 중간이라는 표현은 주요우울증(major depression), 우울장애(depressive disorder) 및 기분저하증(氣分低下症)[또는 기분 변조(氣分變調), dysthymia: 정신적인 의기 소침 또는 지적인 이상]을 말한다. 환자들은 운동의 가치를 잘 인식하고 고마워하며 운동이 치료의 유용한 형태가 될 수 있다는 것을 안다. 신체적 운동은 경증 또는 중간 정도의 단극성 우울증을 앓는 환자의 전통적인 처치방법에 부가적으로 사용되거나 대안으로 활용할 수 있다.

참고문헌

American Psychiatric Association. (1980). *Diagnostic and statistical manual of mental disorders* (3rd ed.). Washington, DC: Author.

American Psychiatric Association. (1994). *Diagnostic and statistical manual of mental disorders* (4th ed.). Washington, DC: Author.

Åsberg, M., Perris, C., Schalling, D., & Sedvall, G. (1978). The CPRS: Development and applications of a psychiatric rating scale. *Acta Psychiatrica Scandinavica* (Suppl. 271), 1-27.

Åstrand, P. O., & Rodahl, K. (1985). *Textbook in work physiology.* New York: McGraw-Hill.

Bahrke, M. S., & Morgan, W. P. (1978). Anxiety reduction following exercise and meditation. *Cognitive Therapy and Research, 4*, 323-333.

Bandura, A. (1977). Self-efficacy: Toward a unifying theory of behavioral change. *Psychological Review, 84*, 191-215.

Beck, A. T., Ward, C. H., Mendelson M., Mock, J., & Erbaugh, H. (1961). An inventory for measuring depression. *Archives of General Psychiatry, 4*, 561-571.

Camacho, T. C., Roberts, R. E., Lazarus, N. B., Kaplan, G. A., & Cohen, R. D. (1991). Physical activity and depression: Evidence from the Alameda County Study. *American Journal of Epidemiology, 134*, 220-231.

Chauloff, F. (1997). The serotonin hypothesis. In W. P. Morgan (Ed.), *Physical activity and mental health* (pp. 179-198). Washington, DC: Taylor & Francis.

Dishman, R. (1997). The norepinephrine hypothesis. In W. P. Morgan (Ed.), *Physical activity and mental health.* Washington, DC: Taylor & Francis.

Doyne, E. J., Chambless, D. L., & Beutler, L. E. (1983). Aerobic exercise as a treatment for depression in women. *Behavioral Therapy, 14*, 434-440.

Doyne, E. J., Ossip-Klein, D. J., Bowman, E. D., Osborn, K. M., McDougall-Wilson, I. B., & Neimeyer, R. A. (1987). Running versus weight-lifting in the treatment of depression. *Journal of Consulting and Clinical Psychology, 55*, 748-754.

Ernst E., Rand J. I., & Stevinson C. (1998) Complementary therapies for depression. *Archives of General Psychiatry, 55*, 1026-1032.

Farmer, M. E., Locker, B. Z., Moscicki, E. K., Dannenberg, A. L., Larson, D. B., & Radloff, L. S. (1988). Physical activity and depressive symptoms: The NHANESI epidemiologic followup study. *American Journal of Epidemiology, 128*, 1340-1351.

Freemont, J., & Craighead, L. W. (1987). Aerobic exercise and cognitive therapy in the treatment of dysphoric moods. *Cognitive Therapy and Research, 2*, 241-251.

Glasser, W. (1976). *Positive addiction.* New York: Harper & Row.

Gøtestam, K. G., & Stiles, T. C. (1990). *Physical exercise and cognitive vulnerability: A longitudinal study.* Paper presented at the Annual Meeting for the Association for the Advancement of Behavior Therapy, San Francisco.

Greist, J. H. (1987). Exercise intervention with depressed outpatients. In W. P. Morgan & S. E. Goldston (Eds.), *Exercise and mental health* (pp. 117-121). Washington, DC: Hemisphere.

Greist, J. H., Klein, M. H., Eischens, R. R., Faris, J., Gurman, A. S., & Morgan, W. P. (1979). Running as treatment for depression. *Comprehensive Psychiatry, 20*, 41-54.

Hamilton, M. (1960). A rating scale for measuring depression. *Journal of Neurology, Neurosurgery and Psychiatry, 23*, 56-62.

Hirshfield, R. M. A., Keller, M. B., Panico, S., Arons, B. S., Barlow, D., Davidoff, F., Endicott, J., Froom, J., Goldstein, M., Gorman, J. M., Gutrie, D., Marek, R. G., Maurer, T. A., Meyer, R., Phillips, K., Ross, J., Schwenk, T. L., Sharfstein, S. S., Thase, M. E., & Wyatt, R. J. (1997). The national depressive and manic-depressive association consensus statement on the undertreatment of depression. *Journal of the American Medical Association, 277*(4), 333-340.

Hoffman, P. (1997). The endorphin hypothesis. In W. P. Morgan (Ed.), *Physical activity and mental health* (pp. 163-177). Washington, DC: Taylor & Francis.

Kessler, R. C., McGonagle, K. A., Zhao, S., Nelson, C. B., Hughes, M., Eshleman, S., Wittchen, H.-U., & Kendler, K. (1994). Lifetime and 12-months prevalence of DSM-III-R psychiatric disorders in the United States. *Archives of General Psychiatry, 51*, 8-19.

Kierkegaard, S. (1991). *Collected works*. Copenhagen: Gyldendal.

Klein, M. H., Greist, J. H., Gurman, A. S., Neimeyer, R. A., Lesser, D. P., Bushnell, N. J., & Smith, R. E. A. (1985). A comparative outcome study of group psychotherapy vs exercise treatments for depression. *International Journal of Mental Health, 13*, 148-177.

Koltyn, K. (1997). The thermogenic hypothesis. In W. P. Morgan (Ed.), *Physical activity and mental health* (pp. 213-226). Washington, DC: Taylor & Francis.

Mandela, N. (1995). *Long walk to freedom*. London: Abacus.

Martinsen, E. W. (1987). The role of aerobic exercise in the treatment of depression. *Stress Medicine, 3*, 93-100.

Martinsen, E. W., Hoffart, A., & Solberg, Ø. (1989). Comparing aerobic and nonaerobic forms of exercise in the treatment of clinical depression: A randomized trial. *Comprehensive Psychiatry, 30*, 324-331.

Martinsen, E. W., & Medhus, A. (1989). Exercise adherence and patients' evaluation of exercise in a comprehensive treatment programme for depression. *Nordic Journal of Psychiatry, 43*, 521-529.

Martinsen, E. W., Medhus, A., & Sandvik, L. (1985). Effects of aerobic exercise on depression: A controlled study. *British Medical Journal, 291*, 109.

Martinsen, E. W., Sandvik, L., & Kolbjørnsrud, O. B. (1989). Aerobic exercise in the treatment of nonpsychotic mental disorders. *Nordic Journal of Psychiatry, 43*, 411-415.

Martinsen, E. W., & Stanghelle, J. K. (1997). Drug therapy and physical activity. In W. P. Morgan (Ed.), *Physical activity and mental health* (pp. 81-90). Washington, DC: Taylor & Francis.

Martinsen, E. W., Strand, J., Paulsson, G., & Kaggestad, J. (1989). Physical fitness in patients with anxiety and depressive disorders. *International Journal of Sports Medicine, 10*, 58-61.

McCann, I. L., & Holmes, D. S. (1984). Influence of aerobic exercise on depression. *Journal of Personality and Social Psychology, 46*, 1142-1147.

Montgomery, S. A., & Åsberg, M. (1979). A new depression scale designed to be sensitive to change. *British Journal of Psychiatry, 134*, 382-389.

Morgan, W. P. (1969). A pilot investigation of physical work capacity in depressed and nondepressed psychiatric males. *Research Quarterly, 39*(4), 1037-1043.

Mutrie, N. (1988). Exercise as a treatment for moderate depression in the UK health service. In *Sport, health, psychology and exercise symposium* [Proceedings]. S. Biddle (Ed.) Bisham Abbey National Sports Centre, Buckinghamshire.

Nelson, J. C. (1998). Overcoming treatment resistance in depression. *Journal of Clinical Psychiatry, 59*(Suppl. 16), 13-19.

North, T. C., McCullagh, P., & Tran, Z. V. (1990). Effects of exercise on depression. *Exercise and Sport Science Reviews, 18*, 379-415.

Powles, A. C. P. (1981). The effects of drugs on the cardiovascular response to exercise. *Medicine and Science in Sports and Exercise, 13*, 252-258.

Rueter, M., & Mutrie, N., & Harris, D. (1982). *Running as an adjunct to counseling in the treatment of depression.* Unpublished manuscript, The Pennsylvania State University.

Sexton, H., Mære, Å., & Dahl, N. H. (1989). Exercise intensity and reduction in neurotic symptoms. *Acta Psychiatrica Scandinavica, 80*, 231-235.

Sime, W. E. (1987). Exercise in the treatment and prevention of depression. In W. P. Morgan & S. E. Goldston (Eds.), *Exercise and mental health* (pp. 145-152). Washington, DC: Hemisphere.

Spitzer, R. L., Endicott, J., & Robins, E. (1978). Research diagnostic criteria: Rationale and reliability. *Archives of General Psychiatry, 35*, 773-782.

Stephens, T. (1988). Physical activity and mental health in the United States and Canada: Evidence from four population surveys. *Preventive Medicine, 17*, 35-47.

Stich, F. A. (1998). *A meta-analysis of physical exercise as a treatment for symptoms of anxiety and depression.* Unpublished doctoral dissertation, University of Wisconsin-Madison.

White, R. W. (1959). Motivation reconsidered: The concept of competence. *Psychological Review, 66*, 297-333.

Zung, W. W. K. (1965). Self-Rating Depression Scale. *Archives of General Psychiatry, 12*, 63-70.

Chapter

16

스포츠와 운동에 있어서의 당뇨병

Tony Morris

역자 | 육영숙(성신여자대학교)

　Michael은 11세이다. 그는 스포츠, 그 중에서도 축구를 정말로 좋아한다. 격렬한 축구 시합을 하던 중 Michael이 사망하고 만다. Michael은 당뇨병을 앓고 있는 중이었다. 그는 자신의 혈당 수치가 위험한 수준까지 올라가지 않도록 인슐린 주사를 스스로 투약하며 자기관리를 하고 있었다. Michael은 약을 복용했지만 축구라는 극도의 신체적인 활동은 인위적으로 낮춰 놓았던 혈당을 소년이 그 시합을 계속하기에 충분한 에너지를 갖지 못하는 수준으로 감소시켰던 것이다. Michael에게 있어 스포츠에 참여하는 것은 고혈당과 저혈당 사이의 좁은 부분에 있어 혈당을 유지시키려고 애쓰면서, 일상생활에서 해야만 하는 일종의 균형을 맞추는 행위였던 것이다.

　Ellen은 57세이다. 그녀는 정상 체중에서 15킬로그램이 더 나가며 거의 앉아서 생활을 하는 편이다. 그녀는 현기증, 폐경기 여성이 겪는 일과성 열감, 낮에 느끼는 심한 갈증과 밤에 빈번하게 화장실 출입을 하는 문제들을 겪게 되면서 의사를 찾아갔다. 혈액 검사 결과 Ellen에게 당뇨병이 있었다. 그녀의 의사는 식단의 변화와 규칙적인 운동 프로그램을 처방했다. Ellen은 막막했다. 그녀가 가장 좋아하는 고든 음식이 금지되었다. 무엇보다도 나쁜 점은 그녀가 신체적인 활동을 아주 꺼려한다는 것이었다. 그녀에게 있어 신체적인 활동은 유해하다고 할 정도로 고통스럽고 항상 불쾌했다. 그녀는 자신이 직면해야 할 생활양식의 도전을 스스로 감당할 수 있을 지 확신하지 못한다.

Michael과 Ellen의 경우에서 당뇨병이라는 것이 사람들의 생활에 중대한 영향을 미치면서 생명을 위협하는 조건이 될 수 있다는 사실을 알 수 있다. 또한 그것이 매우 복잡하다는 것도 확실하다. 당뇨병은 겉으로 보기에 활동적이고 평범한 아이들에게 진단될 수도 있으며, 혹은 전형적으로 비만이고 비활동적인 사람들에게서 훨씬 나이가 든 후 나타날 수 있다. 몇몇 경우에 있어서 신체 활동은 신중하게 접근되어져야 한다. 그리고 다른 경우에 있어서는 신체 활동이 치료에 있어 중심 요소가 될 수 있다. 당뇨병에 대한 우리의 이해는 최근에 상당히 증가하고 있지만, 많은 질문도 불러오고 있다. 지금 현재 당뇨병에는 몇 가지 다른 유형이 존재한다고 알려져 있다. Michael은 인슐린 의존형 당뇨병을, Ellen은 인슐린 비의존형 당뇨병을 앓고 있었다.

당뇨병은 모든 곳의 사람들에게 영향력을 미치는 일단의 조건들이지만 그것은 개발도상국보다는 서구 사회에 더 만연해 있다. 이것은 당뇨병과 식단, 그리고 운동 사이의 연결고리(예를 들어 Wing, 1989)와 당뇨병과 스트레스 사이의 연계성들과 관련이 있다(예를 들어, Halford, Cuddihy, & Mortimer, 1990). 그것은 그러한 사회의 토착민들에게 특히 퍼져 있다. 예를 들어, 미국의 원주민들은 백인들보다 11배 이상의 당뇨병을 앓을 수 있다(예를 들어, Harris, 1985). 서구식 생활양식, 특히 식단, 비(非)활동성, 스트레스가 세계의 많은 지역에 침투함에 따라 개발도상국에서 당뇨병 발생 빈도가 상승할 것임을 예측할 수 있다.

당뇨병은 건강에 대한 염려 중 중요한 부분이다. 예를 들어 미국 당뇨병 협회(American Diabetes Association, 1993)는 미국의 당뇨병 환자가 1,300만 명 이상일 거라고 예측하고 있다. 이는 미국 인구의 5% 이상에 해당되는 것이다. 미국에서의 당뇨병 발생빈도는 매년 6% 이상 증가하고 있다. 이에 따라 당뇨병은 미국에서 세 번째로 만연한 만성 질병으로 여겨지고 있는데, 이는 당뇨병에서 직접적으로 연유하거나 아니면 당뇨병으로부터 생기는 합병증을 통해 나타나는 160,000명 이상의 죽음을 설명하고 있다. 비슷한 통계가 캐나다(Derksen & Rorke, 1996)와 호주(M. W. Simmons & Owen, 1992)와 같은 다른 서구사회에도 적용된다.

당뇨병은 췌장이 인슐린을 생산하지 못하거나, 아니면 신체가 인슐린을 효율적으로 사용하지 못하는 것에서 기인한다. 인슐린은 혈액으로부터 포도당을 세포로 옮기는데 밀접하게 관련되어 있다. 만일 당뇨병이 치료되지 않으면, 포도당이 혈액에 쌓이며 이는 고혈당을 초래한다. 이 고혈당은 혼수상태를 유발하거나 궁극적으로 죽음까지도 불러올 수 있다(Taylor, 1995). 운동은 특히 인슐린이 존재는 하지만 제대로 기능을 하지 못할 때, 포도당이 혈액에서 세포로 이동하는 것을 용이하게 한다. 그러므로, 인슐린 비의존형 당뇨병의 치료에는 운동이 처방된다. 반대로, 당뇨병이 약물로, 특히 인슐린 주사로 치료될 때는, 세포로의 포도당 이동이 인위적으로 조절되는데, 이는 평균 수준으로 혈당을 유지하기 위해서이다. 과도한 신체적 활동, 특히 당뇨병 환자가 약을 복용한 바로 직후의 활동은 혈액의 포도당 수치를 너무 낮추어서 저혈당을 초래할 수 있다. 그러므로 상황에 따라 스포츠와 운동은 당뇨병 환자에게 위험할 수도 있는 반면 당뇨병 치료에 있어서 신체 활동이 중요한 요소일 수도 있다.

이 장(章)에서는 당뇨병과 스포츠와 운동 사이의 관계를 살펴볼 것이며 그 관계의 심리학적인 측면에 초점을 맞추려고 한다. 당뇨병에 대한 이해를 돕기 위해, 먼저 당뇨병의 본질이 짤막하게 다루어질 것이다. 당뇨병의 병리생리학과 역학에 관한 적절한 재검토글들(reviews)이 있으므로(예를 들어 Kaplan, Sallis, & Patterson, 1993; Taylor, 1995) 이 논의는 제한적이 될 것이다. 뒤이어 당뇨병이 있는 사람들이 스포츠와 운동 활동에 참여하는 것에 대해 초점이 맞춰질 것인데, 이때 아이들과 청소년들을 위주로 해서 당뇨병이 생활에 미치는 영향을 강조하면서 살펴볼 것이다. 이 장(章)에서의 가장 큰 관심은 당뇨병의 자기관리에 주어질 것이다. 이는 자기관리야말로 가장 큰 영향을 미칠 수 있는 잠재력을 가지고 있기 때문이다. 신체 활동과의 연대를 고수하는 것은 자기치유에 있어서 중심이 된다. 그리고 당뇨병 예방이 짧게 다뤄질 것이며, 연구의 중요한 영역에 대한 토론과 함께 이 장(章)은 결론을 맺을 것이다.

당뇨병이란 무엇인가?

당뇨병이라는 용어는 신체 에너지 시스템의 기능장애를 포함하는 많은 조건들을 포괄하고 있다. 인슐린은 혈액에서 세포로 포도당 전이를 하는 데 있어서 중요한 역할을 한다. 우리가 섭취하는 음식물에서 추출되는 포도당은 에너지의 주요 공급원이다. 포도당이 효율적으로 신진대사가 되지 않을 때 신체의 에너지 시스템은 원활하게 작동하지 않는다. 혈액에서 순환하는 과도한 포도당은 시간이 지나면서 두 다리뿐만이 아니라 심장, 신장, 눈과 같은 주요 장기에 손상을 입힌다. 가장 흔한 당뇨병의 두가지 유형은 인슐린 의존형 당뇨병과 인슐린 비의존형 당뇨병이다.

인슐린 의존형 당뇨병

유형 I이라고 불리는 인슐린 의존형 당뇨병(IDDM; 초기 발병 당뇨병, 연소자형 당뇨병)은 가장 심각한 질병의 형태이다. 이는 당뇨병의 약 10%를 차지한다(Kaplan, Sallis 등, 1993). 진단은 주로 5세에서 6세 사이의 아동기, 혹은 10세에서 13세 사이의 청소년기에 이루어진다. 시기는 다양하게 나타나는데, 예를 들어, 일반적으로 소년들보다 더 빠른 시기에 소녀들에게서 인슐린 의존형 당뇨병이 발병한다. 흔한 증상으로는 음식, 그 중에서도 단 것에 대한 강렬한 열망이 있음에도 나타나는 체중 감소; 극심한 갈증; 특히 밤에 더 심한 빈번한 배뇨; 힘이 없음과 피로; 어지러움과 실신 등이다 (Taylor, 1995).

인슐린 의존형 당뇨병(IDDM)은 췌장이 인슐린 생산을 멈출 때 발병한다. 인슐린 의존형 당뇨병에 있어서 그 병이 자체적으로 발생하는 것보다는 개인으로 하여금 쉽게 병에 걸리게 하는 유전적 특징이 역할을 담당한다는 증거가 있다(예를 들어 Harris, 1985). 그 상태의 진전은 바이러스성 감염과도 연관이 있는데(예를 들어 Rossini, Mordeis, & Handlar, 1989), 이는 일정한 역할을 하기는 하지만 인슐린 의존형 당뇨병(IDDM)의 원인을 구성하지는 않는다. 현재 선호되어지는 견해는 인슐린 의존형 당뇨병(IDDM)은 병에 걸리기 쉬운 유전적 소인과 상호작용 하는 홍역이나 볼거리와 같은 감염에 의해 야기되는 자가면역 장애라는 것이다. 인슐린 의존형 당뇨병(IDDM)은 생명을 위협하는 질병이며 매일 인슐린을 주사함으로써 반드시 치료되어야 한다(미국 당뇨병 협회, 1986).

인슐린 비의존형 당뇨병

유형 II, 고령에 발생하는 혹은 성인에게 발생하는 당뇨병인 인슐린 비의존형 당뇨병(NIDDM)의 발생 빈도 추정치가 최근에 상당히 증가하고 있다. 모든 당뇨병의 약 90% 정도를 차지한다고 믿어지고 있다. 인슐린 비의존형 당뇨병의 전개는 점진적이다. 그것은 주로 40세 이상의 사람들에게서 전형적으로 진단되고 있다. 인슐린 비의존형 당뇨병을 앓고 있는 사람들의 대부분은 과체중 혹은 비만인데, 그 측정치는 60%에서

90% 사이로 다양하다(Herman, Teutsch, & Geiss, 1987). 그 증상은 입이 마르거나 갈증; 빈번한 배뇨(특히 밤에); 다리, 발 혹은 손가락에 느껴지는 통증이나 경련; 베인 상처나 멍의 느린 치료; 그리고 나른함이다. 인슐린 비의존형 당뇨병에 걸릴 위험성이 높은 사람들은 종종 앉아서 생활을 한다. 인슐린 비의존형 당뇨병은 느린 발병 때문에 인슐린 의존형 당뇨병보다 진단을 하기에 훨씬 어렵다. 호주와 같은 나라에서는 인슐린 비의존형 당뇨병으로 확인된 숫자만큼 진단을 받지 않은 인슐린 비의존형 당뇨병 환자들이 있는 것으로 추정되고 있다(M. W. Simmons & Owen, 1992).

인슐린 비의존형 당뇨병(NIDDM)에서 인슐린은 포도당을 혈액에서 세포로 이동시키는 기능을 더 이상 하지 않는다, 즉 인슐린 저항이라고 이름이 붙여진 상태이다. 그러므로 과다한 포도당이 혈액에 남아 있다. 구체적인 기전은 아직 확인되지 않고 있다. 인슐린 비의존형 당뇨병은 식사, 운동, 혈당 추적을 결합해서 치료될 수 있다. 이 모든 것이 합쳐져 혈당이 정상적인 범주 안에 있도록 혈당 통제를 향상시킬 수 있다(Kaplan 등, 1993). 식사와 운동을 통한 체중 감량이 혈당 통제를 진작시킬 수 있다는 증거가 있다(Wing, 1989). 불행하게도, 사람들은 당뇨병 식이와 규칙적인 운동 프로그램 유지와 같은 생활양식의 변화에 잘 따르지 못한다. 그러므로 많은 인슐린 비의존형 당뇨병(NIDDM) 환자들은 식사와 운동을 보충하기 위해 경구투여 처방으로 넘어간다.

당뇨병의 두 주요 유형인 인슐린 의존형 당뇨병(IDDM)과 인슐린 비의존형 당뇨병(NIDDM)은 신체 활동과 서로 다른 연관을 가지고 있다. 인슐린 비의존형 당뇨병의 경우, 신체적 활동은 치료의 주요 양상으로 여겨진다. 한편, 인슐린 의존형 환자들에게 있어서 운동은 치료의 주요한 요소가 될 수 있지만, 또 그 반대일 수도 있다. 조사에 따르면, 운동은 인슐린 의존형 당뇨병을 앓고 있는 사람에게 있어서 혈당을 감소시키지는 못하지만, 관상동맥 질병과 같은 합병증의 발병을 감소시키는 데 있어서는 중요하다고 한다(Albright, 1997). 혈당통제가 잘 안 될 때 운동은 혈액 내의 당 수치를 증가시킬 수 있다. 혈당통제가 잘 될 때의 주요한 관심사는 신체 활동이 저혈당을 유도하지 않도록 하는 것이다.

당뇨병을 앓고 있으면서 신체 활동에 참여하기

당뇨병 환자가 신체 활동의 체계적인 요법을 시작할 때, 그들은 자신들의 당뇨병 상황을 관찰해야만 한다. 당뇨가 있는 사람들의 신체 활동과 관련된 과제들에 대한 다음의 토론은 경쟁적인 스포츠에 참여하는 것에 집중되는데, 이는 이것이 가장 복잡하기 때문이다. 토론되어진 원칙과 실천의 대부분은 운동활동에 참여하는 것에도 적용된다.

경쟁하는 스포츠에 있어서 당뇨병에 대한 주요 관심은 인슐린 의존형 당뇨병에 초점을 맞추게 되는데, 여기에 참여하는 이들이 어린아이들이나 청소년, 그리고 젊은 성인인 경우가 많기 때문이다. 인슐린 비의존형 당뇨병은 주로 인생의 후반기에 인식된다. 서구 사회에서, 영향력 있는 스포츠 참가자들은 대중매체의 우상인데 이들은 뒤따르는 세대들의 꿈을 형성한다. 부모와 학교는 건강, 사회적 그리고 기술 개발의 이점을 위해 스포츠 참여를 빈번하게 격려한다. 아이들은 또한 그들의 친구들이 참여하기 때문에 스포츠에 매료되기도 한다. 아동기 초기에 당뇨를 진단받은 아이들은 스포츠 참여를 못 하게 될 수도 있는데, 이것은 그들로 하여금 자신들이 친구들과 다르다고 느끼게 할 수 있다. 그들은 또래집단의 사회적인 활동에서 배제될 수 있다. 청소년기에 당뇨를 진단받은 환자들의 경우, 이미 성공적인 주니어 스포츠 경력이 진행 중일 수 있다. 청소년기 후기와 성인기에 속해 있는 경우에도 스포츠 조직에서 이해의 부족이 있을 가능성이 있다. 영국 당뇨병 협회 이사회 의장은 스포츠 의학 영국 저널 (*British Journal of Sports Medicine*)에 '당뇨병을 앓고 있는 사람들은 스포츠 단체에서 장애가 있는 것으로 종종 처우 받는다'라고 썼다(Hall, 1997). Hall은 당뇨병 환자라는 이유로 시합에 참여하지 못하는 운동선수들의 사례들을 인용했다. 동시에, 그는 당뇨를 앓고 있으면서도 여러 스포츠에서 경쟁 중인 뛰어난 전문적인 운동선수들도 언급했다. Hall은 혈당을 세심하게 모니터하면서 인슐린 섭취와 먹는 음식을 조정함으로써 당뇨가 있는 사람들이 높은 수준의 스포츠를 포함, 대부분의 신체적 활동에 참여할 수 있다고 강조했다.

스포츠와 운동에 참여하는 것은 인슐린 의존형 당뇨병을 갖고 있는 사람들에게 많은 이점을 가지고 있다. 그것은 당뇨병 환자들의 사망에 있어 주요한 원인인 심혈관 질환의 위험을 낮출 수 있다(Bell, 1992). 신체 활동은 또한 콜레스테롤과 트리글리세리드 수치를 낮추는 것과 고혈압 감소, 그리고 인슐린 감수성 증가와 연관이 있다(Horton, 1988). Fahey, Stallkamp, 그리고 Kwatra(1996)는 운동은 당뇨병 환자에게 있어서 자기 존중감과 자기 신체에 대한 심상을 확장시킬 수 있다고 주장했다. 신체 활동에 참여하는 것은 인슐린 의존형 당뇨병을 앓고 있는 사람들에게 있어 위험이 따르기는 한다.

그 위험에는 혈당 통제가 잘 안 될 때는 고혈당을, 활동 중간과 활동 뒤에는 저혈당이 포함된다; 신경장애가 있는 사람들에게는 발의 손상; 그리고 시각의 합병증이 있을 수 있는데 이는 망막증이 있는 인슐린 의존형 당뇨병 환자들에게서 발생한다, 특히 역기와 같이 혈압이 상당히 상승하는 활동을 하는 가운데 그렇다.

세심한 추적과 혈당 수치의 통제는 활동 전, 활동 중간, 그리고 활동 후에 필수적이다. 일반적으로, 타이트한 혈당 통제는 당뇨병성 망막증, 신경 장애, 신장해(臟障害)의 위험을 35%에서 70%까지 감소시킨다(당뇨병 통제와 합병증 실험 연구 그룹, 1993). 적절하게 혈당 관리를 하고 있는, 인슐린 의존형 당뇨병을 앓고 있는 사람이 운동의 효과를 용납할 수 있는 그 어떤 조정도 없이 상당한 시간 신체 활동에 마음껏 빠져 있을 때 그러한 추적과 통제가 저혈당의 위험을 감소시킨다는 사실은 무척 중요하다. 활동에 참여하기 전과 후에 인슐린 섭취와 소비되는 칼로리를 개인별로 수정할 필요가 종종 있다(Puffer, 1996). 신체적으로 활동적인 사람들에게 추천되는 인슐린 치료의 형태는 하루에 3번 혹은 그 이상의 인슐린 주사 또는 외부 인슐린 펌프의 사용이다(Fahey 등). 이것은 인슐린 복용량에 있어 한 번에 큰 용량을 사용하는 것보다 적은 용량을 여러 차례 나누어 사용함으로써 훨씬 더 미세하게 인슐린 복용량이 조절될 수 있기 때문이다. 고혈당의 위험은 당뇨를 앓고 있는 운동선수가 혈당 통제를 부실하게 하는 동안에 보통 발생한다. 이것은 혈당이 250 mg/dl 이상일 때 운동은 포도당 수치를 감소시키기보다는, 그 수치를 훨씬 더 많이 증가시키기 때문이다(Berg, 1996). 당뇨병 환자는 경쟁적인 스포츠에서 운동을 하거나 혹은 운동활동에 참여하기 전에 반드시 적절한 혈당 통제 상태에 있는 것이 강력하게 권장된다(Fahey 등).

일단 프로그램이 시작되면, 포도당은 활동 전, 활동 중간, 활동 후에 관찰되어야만 한다. 각 개인마다 식사, 약물, 그리고 운동에 대한 반응에 있어 독자적인 패턴을 가지고 있으므로 다른 많은 요소들이 관찰되어지는 게 중요하다. 이러한 것들에는 인슐린의 유형과 양, 주어지는 시간; 인슐린 주사 위치; 소비되어지는 음식의 유형과 양 그리고 식사 횟수; 그리고 활동이 지속되는 기간과 강도가 포함된다. 훈련이나 경쟁과 관련 있는 혈당량에 이런 모든 요소들이 미치는 효과를 관찰함으로써 개별화된 요법의 개발을 이끌어 낼 패턴들이 관찰될 수 있다. 활동 전에 주어지는 인슐린 복용량은 운동 세션의 강도와 지속시간이 원만한 경우에도 저혈당을 예방하기 위해 종종 30%에서 50% 정도 감소될 필요가 있다(Kemmer, 1992; Shiffrin & Parikh, 1985). Fahey 등(1996)

은 신체 활동 전의 인슐린 주사 위치에 대해서는 논쟁의 여지가 있다고 지적했지만, 다른 사람들은 운동과 관련된 주요 근육군은 사용되어서는 안 된다고 결론내리고 있다(예를 들어 Berg, 1996; Thompson, 1996). Bantle, Neal, 그리고 Frankamp(1993)는 복부가 효과적인 위치라는 사실을 알아냈다. 복부는 많은 운동에 적합한데, 이는 팔과 다리는 자주 심하게 사용되므로 팔다리에 인슐린이 주사되는 경우 평상시보다 훨씬 빠르게 혈액으로 흡수될 수 있음을 의미하며, 이로 인해 혈당수치가 급격하게 저하하고 저혈당의 위험이 증가되기에 이른다.

스포츠나 운동에 참여를 한 후 밤에 혈당 수치를 관찰하는 것이 중요하다(Fahey 등). 운동은 신진대사뿐 아니라 인슐린 감수성을 증가시킨다. 이러한 증가는 저녁까지 연장될 수 있다. 저녁에 활동이 일어날 때는 그 효과가 밤 동안에도 유지된다. 이것은 야간의 저혈당을 일으킬 수 있다. 정기적인 모니터링을 통해 확인되어지는 혈당 수치에 의거해, 수면시 인슐린 복용량은 감소될 필요가 있을지도 모른다.

선행연구 결과에 의하면, 인슐린 의존형 당뇨병을 앓고 있는 사람들이 규칙적인 운동을 함에도 불구하고 결과적으로 전반적인 혈당 통제에 있어서 향상이 나타나지 않는데, 그 이유는 그들이 운동에 대한 기대감에서 과식을 하는 경향이 있기 때문이라고 한다(Zinman, Zuniga-Guajardo, & Kelly, 1984). 식단은 70%의 탄수화물과 불포화지방, 대략 20% 정도의 단백질, 그리고 10% 미만의 포화지방으로 구성되어야 한다. 하나의 지침서로, Fahey 등은 당뇨를 앓고 있는 운동선수들은 1시간 이상 지속되는, 인내력이 요구되는 활동에 참여하기 2시간에서 6시간 전 사이에 85g에서 200g의 탄수화물로 구성된 식사를 해야 한다는 제안을 보고했다. 당뇨가 있는 사람들이 자연스러운 신체 활동에 참여할 때, 그들은 활동 전과 활동 중간에 탄수화물을 섭취함으로써 그들의 혈당 수치를 관리할 수 있다. Berg는 연장된 활동 혹은 하루 종일 지속되는 체육 토너먼트에 참여하는, 당뇨를 갖고 있는 운동선수들은 매 30분마다 탄수화물을 소비해야만 한다고 했다. 물 종류의 섭취 또한 운동 중에 모니터 되어질 필요가 있다. 1시간 미만으로 지속되는 이벤트의 경우에는 물이 최고의 음료수이다. 탄수화물 해결법은 시간이 오래 걸리는 이벤트나 하루 종일 계속되는 토너먼트에 있어서 물 종류와 탄수화물의 유용한 원천이 될 수 있다.

인슐린 의존형 당뇨병을 앓고 있는 사람들의 경우, 경쟁하는 스포츠를 포함하는 신체 활동에 참가함에 있어 참여 전에 상당한 추가적인 준비가 필요하다는 것이, 또 이벤트 중간에 혈당을 모니터할 필요가 있다는 것이 이 섹션의 토론에서 분명히 드러난다. 이것은 상당히 손이 많이 가는 일이며, 경쟁의 스포츠인 경우 다른 참가자들에게 방해가 될 수 있을 것이다. 당뇨를 앓고 있는 운동선수가 안전한 플레이를 하려면 코치나 팀 동료들의 도움이 절실하다. 시합 중에 당뇨병 예방 조치를 깜박하는 것은 아마도 아이들에게서 가장 많이 나타날 수 있는데, 특히 일단 그들이 자신들이 즐기는 활동에 몰두하게 될 때 그럴 것이다. 그러므로 부모들이 중요한 역할을 해야 한다. 일반적으로, 신체 활동과 그것을 둘러싸고 있는 당뇨병 훈련이 가능한 한 규칙적이고 체계적이 되도록 만드는 것이 중요한 양상인 것처럼 보인다. 일단, 개인적으로 균형이 잡힌 상태에서, 활동, 약물 치료, 식사의 수준이 관리가 된다면 통제는 훨씬 쉬워질 것이다. 이러한 조건에서 Hall(1997)이 언급한대로 당뇨가 있는 사람들은 국제적 그리고 전문적 수준의 많은 스포츠에 참여할 수 있다.

당뇨병 치료: 신체적 활동의 역할

오늘날 인슐린 비의존형 당뇨병(NIDDM) 치료의 필수적인 부분으로 운동이 추천되고 있는 반면, 인슐린 의존형 당뇨병(IDDM)에서는 운동의 추천 여부에 있어 그 경계가 덜 명확한 가운데 일반적으로 지지되고 있는 상황이다. 비록 몇몇 의사들은 상태가 심각한 경우에 환자들이 침대에 있을 것을 제안했지만(Rollo), 놀랍게도 내과의사들은 적어도 200년 동안 당뇨병에 대한 치료로 운동을 추천해왔다(예를 들어 Allen, Stillman & Fitz, 1919; Rollo, 1798; Trousseau, 1882). 인슐린 의존형 당뇨병에 대한 연구는 혈당 통제가 좋지 않을 때(혈당치가 250 mg/dL을 넘을 때) 운동의 역설적인 효과를 포함, 운동의 역할이 단순하지 않고 복잡할 수 있다고 밝히고 있다. 이 연구에서 운동은 포도당 수치의 증가를 가져온다. 한편 운동과 인슐린 비의존형 당뇨병에 관한 연구는 불과 지난 20년 동안에 본격적으로 이루어졌다. 연구의 결과는 규칙적인 신체 활동이 혈당 수치를 감소시킨다는 것이지만(예를 들어 Blair 등, 1996; Vranic, Wasserman, & Bukowiecki, 1990), 여전히 답을 얻지 못한 많은 질문들이 있다. 인슐린 비의존형 당뇨병은 인슐린 저항과 연관이 있다; 즉 인슐린은 혈액에서 생산되어지고 이동되지만 세포는 그것에 저항한다. 세포가 저항하는 이유는 많은 가설이 있음에도(Vranic 등, 1990) 불구하고 아직 밝혀지지 않고 있다. 더 나아가, 운동이 끼치는 영향은 개인의 비만 여부, 치료에 식이요법, 경구용 약물, 혹은 인슐린 주사가 들어가 있는지 등의 여부를 포함한 많은 요소들에 달려있다. Vranic 등(1990)은 항상성을 유지하기 위한 시도 속에 운동 중 신체에 신진대사와 혈액순환의 변화가 일어난다고 보고했다. 극심한 운동을 한바탕 하는 도중과 그 후에 나타나는 혈당 수치의 변화 범위는 활동의 유형, 강도, 그리고 지속시간; 운동을 하는 사람의 신체적인 상태; 개인의 영양 상태, 그리고 운동에 사용된 근육 등을 포함하는 많은 요소들에 달려있다. 규칙적으로 강렬하거나 원만한 신체 활동에 참여하는 것은 증가된 포도당 내성과 강화된 인슐린 감수성을 포함하고 있는 인슐린 비의존형 당뇨병(NIDDM)을 갖고 있는 사람들에게 있어서 장기적인 순응을 가져온다(Vranic 등, 1990). 장기적이고 정기적인 운동의 중요성은 이러한 변화들이 운동 중이나 운동 바로 직후뿐만이 아니라 휴식을 취할 때도 분명하다는 것이며, 운동요법이 종료된 후에도 그것들은 한동안 지속된다(Vranic 등, 1990). 그러나 Hasson(1994)은 그 효과가 20주에서 25주가 못 갈 정도로 운동프로그램의 지속적인 효과는 거의 없다고 보고했다. 당뇨병 환자에게 있어서 격렬하고 장기적인 신체 활동의 생리학적 효과에 대한 보다 더 광범위한 토론을 위해 Vranic 등(1990), Hasson(1994), 또는 Blair 등(1996)을 살펴볼 것을 권한다.

비록 Vranic 등(1990)과 같은 연구자들이 인슐린 비의존형 당뇨병에 있어서 격렬한 운동과 신체상태 효과, 둘 다에 대한 더 광범위한 연구의 필요성을 강조했지만, 지금까지 진행된 연구들은 운동이 당뇨병 환자들의 신진대사 과정을 관리하는 데 있어서 핵심적인 역할을 한다는 사실을 분명하게 지지하고 있다. 또한 연구에 따르면 인슐린 비의존형 당뇨병이 있는 사람들은 치료요법을 관리하는데 있어 능한 편은 아니라고 한다. 그들은 반드시 해내야만 하는 생활방식의 변화(식사와 운동)를 관리하는데 있어 최악이었다(M. W. Simmons & Owen, 1992; Wing, 1992). 이 장(章)에서는 당뇨병 관리요법에 있어서 신체 활동을 유지하는 것의 어려움에 대해 다루려고 한다.

당뇨병에 있어서의 신체 활동 관리

신체 활동은 전형적인 당뇨병 치료요법에 있어서 중요한 요소이다. 여기서 선호되는 신체 활동(physical activity)이라는 용어는 경기, 조직화된 운동 프로그램, 그리고 일상적인 활동의 범위를 확장시키기 위한 생활 방식의 변화들을 모두 망라한다. 비록 연구자들이 당뇨병의 신진대사에 신체 활동이 미치는 영향력의 근간에 있는 기전을 이해하기 위해 지금도 애쓰고 있지만, 스포츠와 운동이 인슐린 비의존형 당뇨병을 앓고 있는 개인들에게 있어 증가된 포도당 신진대사와 강화된 인슐린 감수성과 연관이 있으며, 또한 인슐린 의존형 당뇨병을 앓고 있는 사람들에 대해서는 심혈관 질환과 고혈압에 대한 보호와 연관이 있다는 사실이 폭넓게 수용되고 있다. 양쪽 집단에 있어, 운동은 스트레스를 완화시키는데, 이는 포도당 신진대사에 영향을 미친다. 신체 활동은 특정한 식이요법을 고수하는 것과 혈당의 규칙적인 관찰, 그리고 종종 경구용 투약, 혹은 인슐린 주사를 요구하는 복잡하고 다성분적인 치료 요법의 한 부분으로 보통 처방되어진다. 당뇨병은 만성적인 질병이므로 이러한 행동양식들은 평생 지속되어야 한다. 당뇨병 치료의 여러 요소를 관리하는 것은 수명과 삶의 질에 영향을 미친다. 그러므로 당뇨병 요법의 요소를 관리하는 이슈는 당뇨가 있는 개인의 장기적인 관리에 있어 아주 중요하다. 이 섹션에서는 인슐린 의존형 당뇨병과 인슐린 비의존형 당뇨병을 가지고 있는 개인의 치료요법에 있어 신체 활동 관리의 중요한 이슈를 다룰 것이다.

인슐린 의존형 당뇨병의 관리

인슐린 의존형 당뇨병은 전형적으로 아동기 혹은 청소년기 초기에 확인된다. 관리를 위해 그들의 부모와 가족들에게 막중한 요구가 부여된다. 인슐린 의존형 당뇨병이 있는 아이들은 그 병의 본질을 이해하고, 위험을 인식하고, 고혈당과 저혈당의 증상을 알아야 하며, 치료 요법의 모든 요소들을 기억해야 하며, 예상보다 길어진 신체 활동에 참여가 기대되는 것과 같은 구체적인 환경에서 그 요소들을 어떻게 수정해야 하는지 이해해야만 한다. 아이들이 많이 어릴 때는 부모들이 도와줄 수 있겠지만, 인슐린 의존형 당뇨병을 갖고 있는 아이들은 그들의 친구들이 그러는 것처럼 독립심을 키워가야만 한다. 결과적으로 조만간 그들의 당뇨병은 자기관리(self-management)의 사안이 되어야만 한다.

아동의 인슐린 의존형 당뇨병의 자기관리에 대한 연구는 기억과 이해력을 포함하는 요소들로 인해 복잡하며, 이는 자기보고의 신뢰도를 약화시킬 수 있다. Johnson, Silverstein과 그들의 동료들(1986)은 아동들과 청소년들의 인슐린 의존형 당뇨병 관리를 연구하면서 24시간을 기억해내는 인터뷰(24-hour interview)를 사용했는데, 이는 원래는 식이요법 행동양식을 연구하기 위해 고안되었지만 Johnson의 연구그룹에 의해 당뇨병 관리의 모든 영역으로 그 범위가 확장되었다(Johnson, Silverstein, Rosenbloom, Carter, & Cunningham, 1986). 그들은 아동들과 청소년들은 정확한 자기보고를 할 수 있으며, 이는 부모(Johnson 등, 1986)와 객관적인 관찰자들(Reynolds, Johnson, & Silverstein, 1990)에 의해 입증될 수 있다고 했다. 더 어린 아동들은 그렇게 정확한 보고서를 작성할 수 없음이 확인되었지만, 다수의 인터뷰를 통해 그들의 기억력은 증가했다(Freund, Johnson, Silverstein, & Thomas, 1991). 또한 더 어린 아동들은 나이가 더 든 아동들에 비해 운동에 소요된 시간의 양과 활동의 격렬한 정도를 축소평가 하는 경향이 있음이 밝혀졌다(Freund 등; Johnson 등, 1986; Reynolds 등). Johnson, Silverstein, 그리고 그들의 동료들이 방법의 다양성에 근거를 둔, 아동들의 24시간을 기억해 내는 기술의 사용에 있어 만족스러운 신뢰도와 타당성을 보여주었다는 사실은 중요하다.

Johnson-Silverstein 그룹은 24시간 기억에 의해 측정되는 준수와 혈당통제에 반영되는 건강상태 간의 관계를 고찰했다. 초기의 연구는 종합점수를 산출하기 위해 당뇨병 요법의 모든 양상을 전형적으로 결합했다. 이러한 연구의 결과는 애매모호했다. 몇몇 연구들은 준수와 당뇨병 통제 간에 그 어떤 중요한 연관성도 발견하지 못한 반면(Cox, Taylor, Nowacek, Holley-Wilcox, & Pohl, 1984; Hanson, Henggeler, & Burghen, 1987a; Simonds, Goldstein, Walker, & Rawlings, 1981), 낮지만 통계적으로 중요한 상관관계가 다른 이들(Brownlee-Duffeck 등, 1987; Hanson, Henggeler, & Burghen, 1987b)에 의해 발견되었다. 강력한 상관관계는 Kaplan, Chadwick 그리고 Schimmel(1985)에 의해 밝혀졌지만, 그들은 당화(糖化) 헤모글로빈 수치와 허위척도(lie scale)의 점수 사이에 중요한 상관관계가 있음도 또한 밝혀냈다. 그래서 자기보고 준수 자료의 타당성에 일정한 의심이 주어져야만 한다(Johnson, Tomer, Cunningham, & Henretta, 1990). Johnson 등(1990)은 증거는 당뇨병 요법 행동들이 상대적으로 독립적임을 암시하고 있다고 주장했다(예를 들어, Glasgow, McCaul, & Schafer, 1987; Johngson 등, 1990). Glasgow 등(1987)은 부모가 요법을 따르는 것과 그들의 당뇨병 통제사이에는 일관성 있는 관련이 없다는 사실을 밝혔다. 이것은 Glasgow 그룹(Schafer, Glasgow, McCaul, & Dreher, 1983)의 초기 연구에 상반되는 것이었지만, 보다 더 큰 샘플을 포함하고 있는 다른 연구와는 일관성을 나타냈다(Schafer, McCaul & Glasgow, 1986).

Johnson 등(1990)은 13 준수 측정(measures of adherence)을 사용하면서 Glasgow를 따랐는데, 여기에는 운동 빈도 지표, 지속시간, 그리고 유형이 포함된다. Johnson(1990) 등은 여기에서 더 나아가 방법론적 세련됨을 더해서 환자뿐 아니라 주(主)양육자에게서 24시간 기억 보고를 받았다. 그들은 또한 당뇨통제 측정이 되어진 시기와 같은 기간에 다수-요법(multiple-regimen) 준수 평가를 9번 실시했다. (당뇨병 통제의 일상적인 측정인 당화 헤모글로빈은 지난 3개월 이상의 평균 통제를 반영하는 반면, 채혈이 되는 시기에 보통 측정되는 기억은 지난 24시간에 걸친 준수를 평가한다. 그래서 Johnson 등은 1990년, 당뇨병 통제 측정에 의해 커버되는 3달의 첫째 주, 중간 주, 그리고 마지막 2주에 대해 3번의 24시간 기억 테스트를 구했다.) 인구통계적 특성에 근거해서는 차이점이 거의 없었지만, 소년들은 소녀들보다 훨씬 더 많은 운동을 했다. 또한 나이별 4 그룹의 비교(6-9, 10-12, 13-15, 16-19) 결과, 연령이 높아지면서 운동요법의 준수가 감소하는 현상을 보여주었다. 당뇨병 통제의 예측변수로서 인구통계적인 특징과 준수 측정을 살펴볼 때, 운동요법 준수는 계층별 복합적 후퇴에 대한 그 어떤 독특한 변수에 기여하지 않았다. Johnson 등(1990)은 또한 트리글리세이드 수치(triglyceride level)를 측정했는데 이는 인슐린 의존형 당뇨병으로 고통받는 사람들이 성인기에 동맥경화성 심장질환(atherosclerotic heart disease)으로 사망하기 쉽기 때문이다(Barrett-Connor & Orchard, 1985). 이 사례에서, 운동은 연구 초기에 당화헤모글로빈과의 상호작용에서 그 감소에 많은 공헌을 했다. 그러므로 운동 스케줄(이 사례에서는 더 많은 운동)을 더 준수하는 것이 더 낮은 트리글리세이드와 연관이 있었지만, 이는 혈당 통제가 부실한 참여자에게서만 그랬다. 운동은 소녀들에게 있어서 또한 더 강한 예측변수였다. Johnson 등(1990)은 준수행동은 환자가 뛰어난 당뇨병 통제를 하느냐, 아니면 부실한 당뇨병 통제를 하느냐에 따라 다르다고 결론내렸다. Johnson 등(1992)은 구조방정식모형을 사용해서 분석된 종적인 임의모델을 실험했다. 임의적인 연관을 위한 실험에서 구조방정식모형의 강점에도 불구하고 밝혀진 사실은 거의 없었으며, 그 어떤 것도 운동과 연관되지 않았다. 정리하면, 준수와 당뇨병 통제는 피험자가 나이가 들면서 퇴보했으며, 요법의 다양한 양상에 대한 준수 측정은 급간상관(級間相關: intercorrelation)이 거의 없었다.

Bond, Aiken, Somerville(1992)은 인슐린 의존형 당뇨병을 앓고 있는 10세에서 19세에 해당하는 청소년 56명을 상대로 한 단면연구법에서 건강신념 모델(health belief model: HBM)을 실험했다. 건강신념을 위해, 민감성과 격결함은 와해되어 협박 측정(threats measure)으로 되었으며, 비용과 이익은 서로 합쳐졌으며, 행동에 이르는 자극은 독립적으로 남았다. 당뇨 식이요법 준수의 다중 지표(multiple indicators)는 Johnson 등(1990), MuCaul, Glasgow, Schafer(1987) 등에 의해 개발된 측정법에 근거를 두고 있다. 계층 간 복합적 퇴보에 있어서 나이가 더 든 청소년일수록 준수를 덜 한다는 결과가 나왔다. 당화헤모글로빈에 의해 측정된 대로, 신진대사 통제와는 일반적인 준수도, 그리고 특정한 운동 준수도 전혀 관련이 없었다. Bond 등은 신진대사 통제 측정에 근거해, 준수에 대한 가설을 만들지 않도록 운동전문가들이 주의해야 한다고 주장했다. 협박은 낮고 혜택이 높을 때 최고의 준수가 발생했다. Bond 등은 건강 전문가들은 준수를 위한 동기부여책으로 협박을 사용해서는 안 된다는 주장에 주목했다. 신진대사 통제는 협박은 낮고 계기가 높을 때 최고였다. 연구가 단면적이었기 때문에 관계의 방향성에 대해서는 그 어떤 추론도 있을 수 없었다. Bond 등은 또한 부모의 70%가 그들 자녀의 행동을 신뢰성 있게 보고할 수 없었다고 기록했다.

인슐린 의존형 당뇨병에 대한 연구는 아이들보다 청소년들의 운동준수에 더 많은 관심이 필요하다고 주장한다. 이것은 청소년기에 있어 또래들의 영향력은 증가하는 반면, 부모에 의한 지시와 관찰에 있어서는 감소가 발생하는 현상을 포함하는 다수의 요인들의 효과를 반영하는 것일 수 있겠다. 놀랍게도 이 패턴의 근간에 있는 이유들이 체계적으로 조사된 것처럼 보이지는 않는다. 당뇨병 요법의 다른 양상들을 준수하는 것 사이에서 드러난 관계의 부재는 적절하게 설명되어 오지 않은 일관성 있는 결론이다. 일관성의 이런 부재의 이유에 대해 각 개인을 조사하려는 작업은 거의 없다. 마지막으로, 준수와 당뇨병 통제 사이의 그 어떤 강한 관계의 부재는 방법론적으로 더 정교해진 연구에 의해 최근에 다시 정립되고 있다. 이것은 인슐린 의존형 당뇨병을 갖고 있는 어린아이나 청소년의 동기 부여에 있어서 실질적인 영향을 미칠 수 있다. 즉, 요구된 요법을 지나치도록 철저하게 따랐는데 결과적으로 3개월에 걸친 당화헤모글로빈 테스트가 형편없는 당뇨병 통제를 보여준다는 통보를 듣게 된다. 이런 종류의 경험을 하고 난 뒤 몇 년 후 청소년들은 그들의 치료에 대해 실망감을 갖게 된다. 그러므로 건강 전문가들은 자신들의 의도와는 반대로 부주의하게 준수의 결핍에 관여하고 있는 것인지도 모른다. 더 진전된 연구가 이 문제에 있어서 필요하다.

인슐린 비의존형 당뇨병의 관리

전반적으로 당뇨병의 90% 정도를 차지하고 있는 인슐린 비의존형 당뇨병은 일반적으로 나이가 있는 사람(40세 이상), 과체중 특히 비만인 사람, 그리고 앉아서 생활하는 사람들에게 영향을 미친다. 인구통계에 따르면 나이가 많은 사람들이 다가올 사회에서 차지할 비중은 더 커질 거라고 한다. 생활양식에 중대한 변화가 일어나지 않는다면 인슐린 비의존형 당뇨병의 발병률과 그것이 부과하는 개인적, 사회적 그리고 경제적 요구는 증가할 것이다. 그러므로 건강정책 입안자들과 연구자들의 관심은 지난 15년간 인슐린 비의존형 당뇨병에 훨씬 더 집중되어지고 있다. 이 장에서는 인슐린 비의존형 당뇨병의 관리에 대한 연구를 여러 관점에서 고려해 보려고 하는데 여기에는 효율적인 관리와 관계가 있는 특징; 행동 방법론의 적용; 지식과 실천, 그리고 건강 상태 사이의 관계; 장애물 확인과 문제해결 기술 등이 포함된다.

관리에 영향을 미치는 특징들 6년에 걸친 프로젝트에서, Anderson 등(1995)은 유럽과 중국계 후손인 캐나다 여성들을 대상으로 여러 변수들과 당뇨병 관리의 연계를 조사했다. 민족지학상의 연구(ethnographic study)에서 나온 결과에 근거해, Anderson 등은 전문적인 관리를 인식하는 것의 영향을 연구했으며, 사회적인 지원의 수준, 자기보고 된 생체의학 지식, 영어의 유창성, 그리고 똑같은 인터뷰 섹션에 의해 측정된 자기관리의 표준영역에 있어서의 민족성을 보고했다. Anderson 등은 그 어떤 변수도 당뇨병 관리의 영역과 관련이 없다는 사실을 발견했다. 운동 관리는 가족과 친구로부터의 사회적 지원에 대한 만족이라는, 오직 한가지 변수와만 관련이 있었고, 약물관리는 전문적인 치료의 인지된 질과 연관이 있었다. 가장 놀라운 결과는 196명 중 어느 한 명도 캐나다 당뇨병 협회의 추천에 근거를 둔 효과적인 운동관리의 범주를 만족시키지 못했다는 사실이었다. Anderson 등은 당뇨병 관리는 복잡하고 다면적인 과정이라고 결론을 내렸다.

많은 연구들은 인슐린 비의존형 당뇨병 환자들이 현재 실행하고 있는 요법에 대한 준수를 관찰했다. 몇몇 연구는 특정한 당뇨병 프로그램에 참여하는 것에 대해 조사했다. Wierenga와 Wuethrich(1995)는 당뇨병 프로그램에서 아프리카계 미국인과 백인 미국인의 귀속성을 고찰했다. 당뇨병 교육 프로그램에서 아프리카계 미국인들의 귀속성은 백인 미국인에 비해 거의 2배에 달하는 것으로 나타났다(Brownlee-Duffeck 등, 1987). 인슐린 비의존형 당뇨병을 앓고 있는 171명의 샘플 중, 80명이 아프리카계 미국인이었고 91명은 백인 미국인이었으며, 그들 중 20%에서 50%는 과체중인 사람들이었다. Wierenga, Wuethrich는 아프리카계 미국인들은 백인 미국인들과 비교해서 자신들이 식이요법, 약물 복용, 운동에 대해서 더 많은 사회적인 지원을, 식이요법과 운동에 있어서는 더 많은 장애물을, 그리고 약물 복용에서는 장애가 훨씬 적음을 경험했다고 인식했다. 아프리카계 미국인 그룹의 33%가 그 프로그램에서 중도 하차한 반면 백인 미국인의 경우는 10%만이 중간에 그만두었다. 프로그램에 잔류한 사람들은 당뇨병을 가지고 사는 것에 대해 더 큰 어려움을, 참여의 결과로 건강 행동에 나타날 변화에 대해서는 더 큰 기대를, 그리고 체중 감량에 있어서는 더 적은 이전의 성공을, 그리고 식이요법에 있어서는 더 적은 장애물들을 연구의 초기에 보고했다. 이러한 결과들은 교육 프로그램이 각기 다른 문화그룹에 알맞도록 맞춰지는 것이 중요하다는 사실을 암시한다.

Wierenga(1994)는 다수의 생활양식의 변수와 당뇨병 환자의 건강 상태 사이에 있는 관계를 조사했다. 메타 분석은 당뇨병 교육 프로그램이 당뇨병에 대한 지식을 증가시키기는 하지만(Brown, 1988, 1990), 이 지식이 당뇨병 관리에 필요한 식사와 운동에 있어서 행동양식 변화를 가져오기에 충분하지 않을 수도 있다고 지적했다(Bernal, 1986). Zimmerman, Connor(1989)는 사회적인 지원이 당뇨병 관리의 다른 양상들보다 운동 행동에 더 영향을 미친다는 사실을 알아냈다. 다중회귀(多重回歸: multiple regression)를 이용해서, Wierenga는 지식과 사회적 지원이 건강 실천에 영향을 미치며, 그 건강 실천은 건강 상태에서 가장 커다란 변수(18%)를 설명했다. Anderson 등(1995)에 의한 연구와 더불어 이 연구에 있어서의 의구심은 준수 측정을 포함해 모든 측정들이 자기보고라는 사실이다.

당뇨병 관리에 행동학적 접근 Wierenga(1994)는 행동 수정 프로그램이 '치료의 초석'이라고 간주되었기 때문에 체중 감량을 장려하기 위해 그 프로그램을 시행했다(Wierenga, p. 33). Prochaska와 DiClemente의(1983) 변화 단계 모델(stages of change model)과 Marlatt와 Gordon(1980)의 재발방지 모델(relapse prevention model)에 근거하여, 중재는 평생 동안 하는 운동과 식습관 패턴을 점진적으로 수정하는 것에 목표를 두었다. 그것은 1주당 5회, 5주간 90분 그룹 세션으로 구성되었고, 한 가지 행동을 선택하는 것에 초점을 맞췄는데, 그것은 수정하거나 이전 상태로 돌아갈 높은 위험이 있는 장애물과 상황 확인, 그리고 사회적인 지원 소스를 확인하기 위함이었다. 4개월에 걸친 추적조사에서 변화가 관찰되었다. 분석 결과, 치료그룹에서 자기보고 된 건강 실천은 통제그룹에서 보다 훨씬 더 많이 변호했음을 보여주었다. 생활양식 프로그램은 사회적인 지원이나 건강 상태를 고양시키지 않았으며 체중 감량이라는 면에서도 아무런 이점이 없었다. Wierenga는 건강 상태 질문지에서의 초기의 높은 점수가 아마도 천정효과(ceil effect)를 일으킨 것 같다고 언급했다. 그녀는 당뇨병 교육 프로그램이 행동 변화에 있어서의 지식 증가를 뛰어넘는다는 Beeny와 Dunn(1990)의 권고에 동의했다.

Wing과 그녀의 동료들은(Wing, 1992) 인슐린 비의존형 당뇨병을 앓고 있는 개인들이 선택할 치료는 체중감소라고 주장했다. 미국의 한 주요한 설문조사에서, 20세에서 79세의 사람들 중 과체중인 사람들이 그렇지 않은 사람들에 비해 당뇨병에 걸릴 상대적인 위험성은 2.9배가 되었다(VanItallie, 1985). 전향적 연구는 비만과 당뇨병 사이에 비선형(非線型) 관계를 보여주었다; 즉 대부분의 체중 범위를 망라했을 때는 중등도의 관련이 있지만, 비만인 사람들 거의 전부에게는 당뇨병의 높은 증가가 있다(Jarret, 1989). 인슐린 비의존형 당뇨병을 앓고 있는 사람들의 60%에서 90%는 비만이다(Wing, Nowalk, & Guare, 1988). 비만은 또한 당뇨병 합병증의 가능성도 증가시킨다. 예를 들어, Pirart(1979), Ballard 등(1986)에 의해 증가된 망막증과 신장해(腎障害)가 발견되었다. 그러나 다른 사람들은 이런 패턴을 발견하지 못했다(Wing, 1992). Manson 등(1990)은 30세에서 55세 사이의 115,886명의 여성들을 대상으로 8년에 걸쳐 진행한 한 전향적 연구에서 관동맥성 심장병(CHD)의 위험이 증가된 것을 발견했다. 비만이지도 않고 당뇨병을 앓고 있지 않는 여성들과 비교했을 때, 비만이지는 않지만 당뇨병인 여성들이 관동맥성 심장병에 걸릴 위험은 2배인 반면, 비만이고 당뇨병을 앓고 있는 여성들은 그 병에 걸릴 위험도가 12배에 달했다. Wing(1992)은 체중감량의 단기적인 효과에 대한 연구를 보고했다; 즉 체중이 감소한 바로 직후 관찰된 효과는 혈당 통제에 있어 빠른 개선을 암시한다. 증가된 인슐린 분비와 지엽적인 인슐린 저항의 감소 둘 다에 대한 증거가 있다. 1년 이상 지속된 추적조사는 앞서서의 체중감량 수준과 비교해 훨씬 더 줄어든 개선을 보여주었지만(Wing, 1985), 그러나 이것은 초기의 체중감량을 유지함에 있어서 경험된 어려움에 의해 주로 설명되어진다. 그러므로 비만인(즉, 대부분의) 당뇨병 환자가 체중감량을 이룰 수 있도록 도와주는 프로그램들은 그들의 당뇨병 통제에 대단한 이점이 될 것이며, 합병증의 개연성도 줄일 것이며, 특히 그러한 프로그램이 장기간 유지되는 체중감량을 이끌어 낼 수 있다면 삶의 질을 고양하기 쉬울 것이다.

Wing과 Jeffery(1979)는 행동 수정이 당뇨병이 없는 사람들의 장기적인 체중 감량을 향상시킨다는 사실을 알아냈다. Wing, Epstein, Nowalk, Koeske 그리고 Hagg(1985)는 행동 조건이 영양 교육에 비해 놀라울 정도로 훨씬 더 많은 체중 감량을 이끌어 낸다는 사실을 16주 프로그램의 말미에 알아냈지만, 1년간의 추적 조사에서는 아무런 차이가 없었다. 신진대사의 측면에서, 결과는 행동 치료를 선호하지 않았다. 특히 더 장기적인 관점에서, 행동 프로그램의 효과를 증진시키기 위해 Wing과 그녀의 동료들은 프로그램의 요소들을 보다 더 면밀하게 조사했다 (예를 들어, Wing, Epstein, Paternostro-Bayles 등, 1988). 식습관 하나와만 비교했을 때 운동이 체중 감량을 증진시킨다는 증거가 있음에도 불구하고, 당뇨병에 있어 식이요법에 부속된 것으로서 운동의 효과를 관찰한 연구는 거의 없었다(Wing, 1992). Bogardus 등(1984)은 12주에 걸쳐 아주 낮은 칼로리 식사(VLCD) 하나만을 실천한 경우와, 그리고 아주 낮은 칼로리 식사(VLCD)에 덧붙여 운동을 했을 경우, 체중 감량에 있어 둘 사이에 눈에 띠는 차이가 없다는 것을 발견했다. 그러나 식이요법은 9.9 kg의 체중 감량(식이요법과 운동을 병행했을 때 11.1 kg 감량과는 대조적으로)을 이뤄냈으므로 그것은 이 연구에 있어서 식이요법만으로 보여준 결과의 최대치였을지도 모른다. Wing, Epstein, Paternostro-Bayles 등(1988)은 식이요법과 운동을 병행하는 그룹은 식이요법만을 실천하는 그룹보다 10주, 20주, 그리고 1년 뒤의 추적조사에서 훨씬 더 많은 체중 감량을 보여주었다고 했다. 혈당 통제에 있어서의 개선은 10주와 1년(20주에 대한 결과는 없었다) 뒤 양쪽 그룹에 있어서 괄목할만했지만 두 그룹 사이에 차이는 없었다. 이러한 결과는 약물에서 상당한 감소를 보여준 운동 그룹에 의해 성취되었다. Hartwell, Kaplan, Wallace(1986)는 프로그램의 말미에 체중 감량은 보통이었을지라도, 식이요법만 하는 것보다 식이요법과 운동을 하는 것이 혈당 통제에 있어서 장기적인 이점이 있음을 또한 발견했다. Wing과 그녀의 동료들은 인슐린 비의존형 당뇨병 샘플을 대상으로 한 연구에서, 아주 낮은 저칼로리 식사(VLCDs)와 행동 수정을 병행하는 것이 행동 수정만 하는 것보다 훨씬 더 큰 단기적 그리고 장기적인 체중 감량을 이끌어 낸다는 사실을 알아냈다(Wing, Marcus, Salata 등, 1991). Beck의 우울증 척도(Depression Inventory)와 상태-특성 불안 척도(State-Trait Anxiety Inventory)의 상태 특성 부척도(subscale)를 가지고 측정한 결과, 기분에 있어서의 호전이 발견되었지만(Wing, Marcus, Blair, & Burton, 1991), 혈당을 세심하게 자기-모니터링 하는 것은 아무런 효과도 없었다(Wing, Epstein, Nowalk, & Scott, 1988; Wing 등, 1986). Wing(1992)은 조사에서 보고된 장기적인 체중 감량은 대개 원만했다고 결론을 내렸지만, 그들의 긍정적인 신체적 그리고 심리적인 효과를 위한 지원을 언급했다(예: Bauman, Schwartz, Rose, Eisenstein, & Johnson, 1988; Wing 등, 1987).

장애물과 문제 해결, 그리고 자기 관리 아마도 주요한 요소로서 운동의 역할을 포함하는 당뇨병 자기 관리를 이해하는 것과 관련되어 가장 중요한 성과는 Glasgow와 그의 동료들의 연구이다. Glasgow(1994)는 인지적이고 행동적 개념을 포함하는 사회학습 접근을 채택했다. 여기에서 Glasgow의 모든 연구를 검토하는 것은 불가능하다. 대신 3개의 주요한 양상이 소개될 것이다, 즉 자기 관리의 수준, 자기 관리에 있어서의 장애, 그리고 자기 관리를 확장시키기 위한 문제 해결에 관한 연구이다.

Toobert와 Glasgow(1994)는 *구체적인 자기 관리의 수준*(levels of specific self-care)과 *행동*(behaviors)이라는 용어가 "그들의 의지를 다른 것에 굽히는 한 사람"(p. 352) 혹은 "의사가 지시한 대로 실천하는 환자"(p. 352)를 암시하는 것처럼 느껴지는 단어들인 '*수락*(compliance)'과 '*준수*(adherence)'에 대한 관심으로부터 발달했다고 설명했다. Shillitoe와 Christie(1990)는 또한 *수락*(compliance)이라는 용어를 기피하는 것에 대해 변론을 했다. Toobert와 Glasgow는 의학계의 혹은 다른 건강 전문가들의 충고에 따라 개인의 행동을 구체적으로 비교하기 위해 *준수*(adherence)라는 단어를 쓰겠다고 하면서, 요법 행동의 절대 빈도 혹은 일관성을 언급하기 위해 *당뇨병 자기 관리 수준*(levels of diabetes self-care)이라는 용어를 선호했다.

Glasgow와 동료들은 자기 관리 행동을 측정하기 위해 당뇨병 자기 관리 행동 요약(Summary of Diabetes Self-Care Activities: SDSCA) 설문지를 개발했다(예를 들어, Glasgow, McCaul, & Schafer, 1987; Schafer 등, 1983; Toobert & Glasgow, 1994). 그것은 Schafer 등에 의해 처음으로 사용되었고(1983) 그러고 나서 Glasgow 등에 의해(1987) 사용되었다. SDSCA는 개선되었고, Toobert와 Glasgow에 의해(1994) 제시된 양식은 12개의 항목으로 구성되었다. 자기 관리는 식이요법, 운동, 약물관리, 그리고 포도당 테스트를 위해 측정되었다. 운동에 대한 3개의 항목은 지난 7일간 각 개인이 20분 혹은 그보다 긴 신체적 운동(절대적인 자기 관리 측정)에 몇 번이나 참여했는지, 각자의 주치의에 의해 제시되어진 양에 있어서 각 개인은(지난 7일간) 시간의 몇 퍼센트를 운동했는지(준수 측정), 그리고 회사일이나 집안일과는 별도로 특정한 운동 세션에 있어서 몇 번이나 당뇨병 환자들이 참여를 했는지(구조화된 운동의 훨씬 구체적이고 절대적인 측정)를 물었다. 3개의 연구가 SDSCA를 입증하기 위해 시작되었다. 그 연구들은 수용 가능한 재실험법의 신뢰성, 내적 일관성, 인자 구조, 그리고 동시타당도(Glasgow 등, 1992; Glasgow, Toobert, Mitchell, Donnelly와 Calder, 1989; Glasgow, Toobert, Riddle 등, 1989)를 보여주었다. 예언 타당도(predictive validity)는 두 연구에서 기대되어진 체중과 중요한 상호 관련만을 보여 주는 당화 헤모글로빈 혹은 공복 혈당(fasting blood glucose), 그리고 운동과 상호 연관이 있는 당뇨병 자기 관리 행동 요약(SDSCA)의 부척도 없이는 그다지 설득력이 없었다. Glasgow(1994)는 신진대사 통제는 자기 관리보다는 요소들의 범위에 의해 영향을 받을 수도 있다고 주장했다. 이러한 것들에는 요법의 적합성, 당뇨병의 형태와 지속기간, 스트레스에 반응하는 개인별 차이, 사회적인 지원 그리고 유전들을 포함된다. 그러므로 자기 관리와 신진대사 통제 사이에 아무 연관이 없다는 사실이 계속 밝혀지는 것은, 그것이 비록 앞에서 주목한 대로 장기적인 치료의 유지에 있어서 문제가 많음에도 불구하고 그다지 놀랄만한 일은 아니다.

Glasgow(1994)는 자기 관리에 있어서의 장애물로 비용, 시간, 사회적 압력, 경쟁적인 수요, 그리고 요법을 확실하게 따르려는 시도에 영향을 미치는 요법의 양상들과 연관이 있는 생각과 같은 것들을 그 요인들로 묘사했다. 당뇨병 요법이 다면적이기 때문에 요법의 각 구성 요소는 그 자체만의 장애물 세트를 가질 수 있다. 분리된 장애물 부척도가 자기 관리의 각 요소별로 개발되었다. 31개 항목의 자기 관리 척도의 장애물(Barriers to Self-Care Scale)은 인슐린 의존형 당뇨병을 위해 개발된 초기의 15개 항목 척도(Glasgow, McCaul, & Schafer, 1986)에 근거하고 있다. 일반적 사용을 위해 수정된 척도는 각 항목이 개인에게 있어 얼마나 자주 일어나는지를 물으면서, 운동 장애물 부척도(subscale)의 7개 항목을 포함했다. 항목들의 예로는 "내가 운동을 하고자 할 때 날씨가 나쁘다" 그리고 "나는 운동을 하는데 시간이 얼마나 걸리는지에 대해 생각한다." 등이다. 대답은 1 (*거의 드물거나 절대 없음*)부터 7 (*매일*), 그리그 0 (*나에게는 해당되지 않는다*)이라는 Likert의 척도에서 이루어진다. 척도는 당뇨병 자기 관리 행동 요약(SDSCA)도 테스트한 처음의 두 연구에서 테스트되어졌다(Glasgow, Toobert, Mitchell 등, 1989; Glasgow, Toobert, Riddle 등, 1989). 두 연구에서 식이요법에 있어서 자기 관리의 장애가 가장 빈번하게 보고되었으며, 운동 장애가 그 뒤를 이었고, 테스팅과 약물 복용에는 문제가 많지 않았다. 내적 타당도(internal consistency), 3개월에서 6개월에 걸친 안정성, 그리고 구성 타당도(construct validity)는 동시에 발생하면서 예측도 하는, 서로 보완적인 관계였는데, 6개월간의 전향적 자기 관찰 측정에서 나타나는 운동에 더해서만 유일하게 중요하지 않은 상관관계였다. Irvine, Saunders, Blank, 그리고 Carter (1990)는 또한 장애 척도를 개발했는데, 그것은 준수 척도에 대한 환경 장애(Environmental Barriers to Adherence Scale: EBAS)의 60개 항목으로 이루어졌다. Glasgow는 만일 어떤 것이 준수를 막지 않는다면 그것은 장애가 아닌 반면, 당뇨병 환자들은 한 장애물을 극복하기 위해 굉장한 노력을 쏟을지도 모른다는 가설이 준수 척도에 대한 환경 장애(EBAS)에 있는 것 같다고 주장했다. 예를 들어, 과체중에 좌업 생활을 하는 많은 사람들에게 있어서 운동은 달갑지 않은 경험이지만, 많은 사람들은 여전히 그들의 요법에 의해 처방된 대로 운동을 한다. 이러한 종류의 사고와 감정을 탐구하는 것은 미래의 연구에 있어 중요한 방향을 나타낸다.

　Glasgow와 등료들은 운동과 관련된 것들과 같은 장애물들이 예측된 방향으로 자기 관리에 영향을 끼친다는 사실을 보여주었다(예: Glasgow 등, 1989a, 1989b). 당뇨병과 같은 만성 질병의 장기적인 관리는 병을 앓고 있는 개인들이 자신만의 요법에 대해 책임감을 가질 수 있도록 자기-규제 기술의 개발을 요구한다. 그래서 Glasgow는 당뇨병을 앓고 있는 사람들이 대면할 수 있는 자기 관리와 준수에 있는 장애물들(그 장애물들이 기원에 있어서 개인적, 사회적 아니면 환경적이든 간에)에 대처할 문제 해결 기술에 관심을 집중했다. Toobert와 Glasgow(1991)는 당노병 교육은 복잡한 당뇨병에 성공적으로 대처하는 것과 연관이 있는 구체적인 문제 해결 기술을 확인함으로써 도움을 받아야 한다고 주장했다. 더 나아가 그러한 문제 해결 기술에서 훈련을 필요로 하는 당뇨병을 앓고 있는 개인들을 확인할 수 있다는 것이 가치가 있을 것이다.

일반적으로 인슐린 의존형 샘플과 함께 개발되었던 이전의 문제 해결 방법인 지필 검사 측정(paper-and-pencil measures)은 자기 관리 또는 준수와 중요한 관계를 드러내지 않았기에(Johnson 등, 1982; McCaul 등, 1987), Toobert와 Glasgow(1991)는 구조화된 인터뷰 도구를 개발하기로 했다. 당뇨병 문제 해결 인터뷰(Diabetes Probelm Solving Interview: DPSI)는 당뇨병 자기 관리를 방해할 수 있는 13가지의 상황에 당뇨병이 있는 사람들이 어떻게 대처하는 가를 묘사하기 위해 그들을 초대했다. 보호(care)의 5가지 주요 영역과 관련이 있는 5개의 부분(section)이 있다. 각 부분은 당뇨병을 앓고 있는 사람들에게 가설 상황을 묘사하는 것으로 시작되는데, 그러면 사람들은 그들이 어떻게 대처할 것인지를 설명한다. 그리고 나서 당뇨병 환자들은 그 영역에서 자신들이 실제로 경험했던 문제의 상황을 묘사하도록, 그리고 그들이 어떻게 처리했는지 설명하도록 요구받는다. 마지막으로 그들은 그 영역에서 자신들이 일반적으로 문제에 대처하는 법을 보고하도록 요구받는다. Toobert와 Glasgow(1991)는 운동이 식이요법처럼 폭넓은 범위의 전략을 만들어 내지는 못했지만, 포도당 테스팅보다는 운동 문제 해결을 위해 더 많은 수의 전략이 제안되었음을 알게 되었다. 계층적 다중 회귀 분석(hierarchical multiple regression)은 운동 문제 해결 변수들이 환자의 특성보다도 훨씬 더 강한 자기 관리 예측 변수라는 사실을 밝혀냈다. 인지 전략은 운동 요법 준수와 가장 강력하게 밀착되어 있었다. Toobert와 Glasgow(1991)는 행동 문제 해결 기술은 아마도 식이요법 영역에서 더 중요한 것 같다고 결론 내렸는데, 여기에서의 대처는 "사람 사이의 상호작용의 거의 지속적인 흐름"을 포함하므로(p. 82), 당뇨병이 있는 사람은 적합하지 않은 음식 섭취를 피하기 위해 많은 행동들을 채택해야만 한다. 한편, 운동은 장기적인 측면에서 효과를 보기 위해 개인으로 하여금 준수와 자기 관리를 위하여 동기부여를 하는 전략을 개발하도록 아마도 요구할 것이다. Toobert와 Glasgow(1991)는 문제 해결 접근법이 효과가 있으며, 더 진일보된 정교함의 가치가 있다고 생각했다.

신체 활동을 통한 당뇨병 자기 관리에서, Glasgow 그룹이 요법 준수에 자신들이 참여했음을 증명해 보이며 중요한 변수들을 확인함에 있어서 이뤄낸 발전은 주목할 만하다. Glasgow의 연구는 또한 당뇨병 관리의 몇몇 중심적인 원칙들도 확인했다. 여기에서의 탁월한 점은 자기 관리가 일원화되지 않았다는 것이다. 어떤 사람들은 당뇨병 요법의 모든 면을 유지하는데 있어서 뛰어난 반면, 다른 어떤 사람들은 모든 영역에서 부실할 것이라는 직관은 반박을 받아오고 있다. 왜 그런가를 결정하는 것은 가치가 있는 연구 방향처럼 보인다. 이 단계에서, 실질적인 의미는 건강 전문가들이 자기 관리라는 측면에서 그들이 개인적으로 치료하는 당뇨병 환자 개개인과 작업을 해야 하며, 각 개인을 위해 각 요법 영역을 분리해서 고려해야 한다는 사실인 것 같다. 특히, 본인의 역할이 환자들로 하여금 장기적인 운동 요법을 해야 하게 하는 전문가라면, 비록 각 개인에 대해 그들이 그리는 그림이 완벽하다고 확신하는 것이 현명할지라도, 당뇨병 자기 관리의 다른 영역에서의 행동에 의존하지 말아야 한다. Glasglow 그룹과 다른 이들이 이뤄낸 또 다른 소중한 결과는 훌륭한 자기 관리 혹은 준수가 원활한 신진대사 통제를 이끌어 낸다는 오해를 완화시켜 온 것이다. Toobert와 Glasgow(1994)는 당뇨병 통제에 영향을 줄 수 있는 많은 요소들을 나열했지만 그것들은 준수와 관련이 없었다. 장애물들과 그것들에 대처하기 위한 문제 해결 전략에 의해 예측된 자기 관리가 있는 모델은 매우 그럴듯하다, 비록 운동에 국한된 버전이 또다시 개발될 필요가 있음에도 불구하고 말이다. 도형 접근법(modeling approach)은 연구에 있어 흥미 있는 방향일 뿐만 아니라 치료에 대한 그것의 암시는 즉각적이면서도 설득력이 강하다. 문제 해결 기술에 있어서 운동 장애물과 훈련을 확인하는 것은 많은 당뇨병 환자들이 신체 활동을 더 잘 관리할 수 있도록 도와야 하는데, 그것은 나이가 더 많고, 주로 비만이면서, 주로 앉아서 생활하는 인슐린 비의존형 환자군에게 특히 어려운 것으로 증명되고 있다.

운동치료

당뇨병에 대한 운동치료를 다루고 있는 최근의 논문들은 당뇨병 치료에 있어서 운동의 중요한 역할에 초점을 맞추고 있는데, 종종 프로그램의 실질적인 개발에 대해서는 상대적으로 짧은 부분을 할애하고 있다(Albright, 1997; Iverson, 1996; Staten, 1991).

Albright는 만성 질병과 장애를 가진 개인들을 위한 운동관리를 다룬 American College of Sports Medicine의 본문에서 당뇨병을 앓고 있는 개인에게 운동이 미치는 주요 영향들을 나열했다. 그녀는 "모든 이점들이 당뇨를 앓고 있는 각 개인에게 반드시 구현되는 것은 아닐지라도"(p.96) 당뇨병을 앓고 있는 거의 모든 사람이 운동으로부터 이득을 취할 수 있다고 말했다. Artal(1996)은 임신을 하게 될 인슐린 비의존형 당뇨병을 앓고 있는 여성들뿐만 아니라, 당뇨병을 앓고 있으면서 현재 임신 중인 여성들도 운동을 시작할 수 있다고 보고했다. Artal은 집에서 주로 하는 프로그램과 병원에서 주로 하는 프로그램을 서술했는데, 두 프로그램 다 각각 엄마와 태아에 대한 정기적인 실험식 체크가 포함되어 있다. 두 경우 다에 있어서 여성들에게 나쁜 영향은 나타내지 않았다. Albright는 당뇨병에 있어서 운동을 해야 하는 이유에 대해 실질적인 글을 썼음에도 불구하고, 그녀는 칼럼의 반도 채 안 되는 섹션에서 운동부하검사(exercise testing)에 대한 추천을 언급했다. 그녀는 관상동맥 질환의 위험에 있는 사람들을 위해 사용된 치료계획서가 당뇨를 앓고 있는 개인 대부분에게도 적용되어야 한다고 충고했다. Albright는 운동부하시험을 실행하는 주요 이유들에도 주목했다. 그 목적은 관상동맥 질환이 나타났는지 여부와 그 정도를 확인하고, 그러한 개인에게 있어 유산소 운동 트레이닝의 적절한 강도 범위를 결정하기 위함이었다. 그녀는 "당뇨병을 앓고 있는 사람들을 위한 운동 프로그램 추천"이라고 이름 붙여진 Albright의 장(章)의 마지막 부분에서 프로그램들이 약물치료, 당뇨병 합병증, 그리고 프로그램의 목표에 따라 각 개인별로 개별화되어야 한다고 짧게 언급했다. 금기를 나타내는 것에 뒤이어 주의해야 할 목록이 주어졌다. 여기에는 운동 중에 이용 가능한 빠르게 반응하는 탄수화물의 원천을 갖는 것; 운동 전, 운동 중간, 운동 후에 적절한 물 종류를 소비하는 것; 발 관리를 잘 하는 것; 적절한 신발을 신는 것; 그리고 건강진단 증명서를 가지고 다니는 것들이 포함된다. 이 지점에서 논문은 다소 갑작스럽게 끝난다. "운동관리"에 대한 독창적인 본문에서 당뇨병에 대한 부분에는 준수를 증가시킬 기술에 대한 충고를 포함, 당뇨병이 있는 사람들을 위한 운동관리 프로그램에 대한 약간의 정보가 들어가 있어야 한다.

운동치료에 대한 다른 논문들이 프로그램을 개발하는 것에 대한 더 많은 지침을 주고 있다고 하더라도, 장기적인 생활양식 변화를 성취하는 주요한 과제를 독립적으로 다루고 있는 논문이 없다. Staten(1991)은 운동의 관점에서, 나이가 든 성인들의 당뇨병을 관리하는 것에 중점을 두었다. 그녀는 운동 지속시간과 강도, 그리고 운동요법이 얼마나 빨리 진전을 해야 하는지 결정하는 것뿐만 아니라, 적절한 운동의 유형을 결정하는 것과 같이 운동을 시작하면서 고려해야 할 점들을 지적했다. 그녀는 안전한 목표 심장박동수를 정하기 위해 운동부하검사를 실시할 것을 추천했다. 말초 혹은 자율신경병증이 손과 발의 감각 상실을 이끌 수 있기 때문에 Staten은 도움이 되는 신발을 신는 것 외에도 운동을 하는 사람들이 운동 전과 운동 후에 적열 상태(redness)에 대비해 발을 살피고 신발을 갈아 신어야 하며, 만일 적열상태가 지속되면 운동의 형태는 중단되어야 한다고 충고했다. Staten은 나이가 있는 개인에게 있어서 운동관리의 첫 시작은 운동과 인슐린, 영양, 포도당과의 관계를 제대로 아는 것이라고 했다. 그리고 나서 운동 생리학자를 방문함으로써 심혈관 질환에 대한 공포가 처리될 필요가 있을 지도 모른다. Staten에 따르면, 쓰러지는 것, 안전하지 않은 집주변에서 운동을 하거나 혼자 걷는 것들에 대한 공포는 공감대가 이루어지는 가운데 다루어져야 한다. 그녀는 이런 경우 쇼핑몰을 걷거나, 성인들을 위해 고안된 유산소 교실을 제안했다. 그녀는 또한 운동 전과 운동 후에 혈당량을 체크하는 과정에서 혈당량 감소를 종종 목격할 때 동기부여가 될 수 있다고 주장했다. Staten은 당뇨병을 앓고 있는 식구에게 가족들이 관심을 가져주거나, 같이 운동에 참여하는 것이 동기부여를 높이고, 동기부여를 지속시킬 수 있으므로 가족들의 지원을 권장했다. Staten은 당뇨병을 앓고 있는 건강하고 독립적인 개인은 세션마다 20분과 60분 사이에서 운동 지속시간을 점차 늘릴 것을, 그리고 한 주당 3~5 세션을 해야 한다고 제안했다. 강도는 최대 심장박동의 60%에서 90% 사이여야 한다. Staten은 가장 중요한 원칙은 개인이 긍정적인 경험을 할 수 있도록 첫 번째 운동요법을 수월하게 만드는 것이라고 했다. 마지막으로 Staten은 운동의 건강한 혜택을, 그리고 그것이 충분히 즐길만하다라는 사실을 강조하는 것이 중요하다고 했다.

Iversen(1996)은 인슐린 비의존형 당뇨병을 앓고 있는 사람들을 위해 추가적인 제안을 했다. 그녀는 당뇨병을 앓고 있지 않은 사람들보다 인슐린 비의존형 당뇨병을 앓고 있는 사람들의 훨씬 더 낮은 최대 산소 섭취량과 인내심을 인정하는 가운데, 더 낮은 범주에서 운동 강도가 유지될 것을, 그리고 인지되는 노력에 의해 관찰될 것을 충고했다. 발에 문제가 생길 가능성이 있기 때문에 낮은 영향력의 유산소 운동이 선호되어지는데, 예를 들어, 수영이나 사이클링이 달리기나 스텝 에어로빅스보다 훨씬 낫다. 동기부여에 관해 Iversen은 단 하나의 짧은 코멘트만 남겼는데, 그녀는 그 논평 안에서 동기부여가 문제라는 사실을 인정했다, 그러므로 "인슐린 비의존형 당뇨병을 위한 운동 프로그램은 다양성, 개인적인 인센티브와 사회적 지원을 포함해야 한다."(p.27)고 했다.

운동치료에 대한 문헌은 당뇨병을 앓고 있는 사람들의 신체적이고 생리적인 운동양상에 아주 강력하게 맞춰져 있는 것처럼 보인다. 당뇨병을 앓고 있는 사람들에게 운동을 장려하는 것과 연관이 있는 건강전문가들이 이런 사실들을 알아야 하는 것이 중요하다고 할지라도, 운동 프로그램을 장기적으로 준수하는데 영향을 미치기 쉬운 심리적인 요소들에 대해 현재 접근 가능한 지침을 제시해주는 논문들의 필요성이 절실하다.

당뇨병 예방을 위한 프로그램

이 장(章)의 초점이 신체 활동임에도 불구하고, 당뇨병 예방을 위한 신체적인 활동의 중요한 역할에 대해 언급하지 않으면 태만하다고 할 수 있겠다. 이 장(章)의 앞부분에서 토론 되었듯이 유전과 다른 생물학적 요소들이 일정한 역할을 할지라도, 인슐린 비의존형 당뇨병은 주로 비만, 그리고 신체의 비(非)활동성과 연관되어져 있다. 그러므로 식단을 개선하고 운동을 늘리는 방향으로 생활양식에 변화를 가져오는 것이 이런 형태의 당뇨병 예방에 최우선이라고 제안되고 있다(Stern, 1991, Zimmet, 1988). Herman 등(1987)은 인슐린 비의존형 당뇨병 사례의 거의 50%가 생활양식 변화로 예방되어질 수 있다는 의견을 제시했다. 중재(intervention)로 운동을 포함하고 있는 연구에 따르면, 손상된 포도당 내성을 가진 사람들에게 있어, 특히 중재가 체중 감량을 이끌어낼 수 있는 경우, 인슐린 비의존형 당뇨병은 예방되거나 혹은 지연될 수 있다고 한다(D. Simmons, Fleming, Cameron, & Leakehe, 1996). 지속적인 생활양식의 변화를 확보하는 실질적인 문제가 만만치 않을지라도(Cox & Gonder-Frederick, 1992), 그것은 고위험, 문화 그룹(cultural groups)들에게서조차 가능하다. 예를 들어 Heath, Leonard, Wilson, Kendrick & Powell(1987)은 Zuni 인디언들에게 체중감소와 운동습관을 장려하기 위해 문화적으로 맞춰진 성공적인 중재를 사용했으며, Foreyt, Ramirez and Cousins (1991)는 멕시칸 미국인들에게서 비슷한 효과를 달성했다.

최근 연구에서 D. Simmons 등(1996)은 문화적으로 적합한 당뇨병 교육과 생활양식 중재를 New Zealand의 Auckland에 있는 다민족 병원 보조 근무인력에게 제시했다. 참가자들의 대다수가 인슐린 비의존형 당뇨병의 높은 유병률을 보이고 있는 마오리와 태평양 제도민이었다(D. Simmons, Gatland, Leakehe, & Fleming, 1995). 그 표본은 또한 주로 건강하지 못하고 비만인 여성들이었지만 그 당시에 당뇨병 진단을 받지는 않았었다. 중재그룹(intervention group)은 같은 인종의 당뇨병 교육자들에 의해 운영되는 소규모 당뇨병 교육 세션에 참여했고, Let's Stop Diabetes Now!(이제 당뇨병을 멈추자!)라는 17분짜리 당뇨병 의식에 관한 비디오를 시청했으며, 물리치료사에 의해 주관된 낮은 영향력의 운동 수업에 참여했다. 통제그룹은 목표점수 실험을 완수했고, 중재 기간 동안 모니터되었다. D. Simmons 등(1996)은 중재의 결과로 운동에 높은 참석률이 기록되었고 지식도 증가했다고 보고했다. 검토된 자료는, 증가를 보였다는 사실이 중요하기는 하지만, 그 증가가 미약했다고 지적했다. 그래서 6개월이 되었을 때 전체적인 지식 점수는 중재그룹의 경우 35%, 통제그룹은 26%로, 실험에서 가능한 점수의 약 1/4에서 1/3이었다. 프로그램의 종료 한 달 후, 규칙적인 신체 활동 보고에서 9%의 감소를 보인 통제그룹과 비교하여 중재그룹에서는 2%의 증가를 보였다. D. Simmons 등(1996)은 문화적으로 알맞게 맞춰진 운동프로그램과 당뇨병 교육의 조합을 통해 건강하지 못한 참가자들에게 있어 당뇨병 지식과 운동은 향상될 수 있다고 결론을 내렸다. 이 연구에서 흥미로운 점은 민족적으로 매치된 당뇨병 교육자가 고용이 되지 않고, 적합한 자격을 갖추지 못한 개인이 지역사회 프로젝트를 진행했다는 것이다.

D. Simmons 등(1996)의 프로젝트처럼 지역사회에 근거한 프로그램이 중요하다고 할지라도, 성인이나 더 나이든 사람들에게 있어 이미 굳어버린 생활양식을 변화시키는 것이 상당히 어렵다는 데에 폭넓은 동의가 이루어지고 있다. 당뇨병 예방에 구체적인 생활양식의 변화를 학교에 있는 어린아이들을 주요 타깃으로 한다면 가장 효과적일 것이다. 비록 당뇨병에 특별한 생활양식-교육 프로그램에 대한 연구를 그 어떤 문헌에서도 발견하지는 못했지만, Derksen과 Rorke(1996)는 그러한 연구의 기초가 될 수 있는 모델 프로그램을 제안했다. 그 프로그램은 캐나다의 생활양식과 교육적인 필요에 부합하도록 디자인 되었지만, 일반적으로도 사용될 수 있을 것처럼 보인다. Derksen과 Rorke는 이 장(章)에서 논의되어진 이유들로 비만에 관심이 주어져야 한다고 주장했다. 그들은 스트레스가 인슐린 비의존형 당뇨병의 발병에 일정한 역할을 하는 것으로 보여지므로, 스트레스 관리도 포함되어야 한다고 주장했다. Derksen과 Rorke는 사업장 근로자의 건강증진을 위해 개발된 프레임워크를 채택했다(Association for Fitness in Business, 1992). 이 접근법에는 네 단계가 있다: 초기 계획, 개념 정의, 실행, 그리고 평가. Derksen과 Rorke는 각 국면에 있는 근본적인 과정의 세부사항과 활동의 구체적

인 프로그램을 수치의 형태로 제시했는데, 본문에서는 논의하지 않았다. 그들은 교육 관료들과 건강 관료들이 지원을 제공해야만 하는 하향식 접근 방법에 찬성하는 의견을 냈지만, 동시에 선생님과 학생들 또한 주체의식(ownership)에 대한 책임을 질 필요가 있다. 그들은 당뇨병 교육과 일관성을 이룰 수 있도록 환경적인 변화에 대한 필요성을 강조했다. 예를 들어 학교 급식시설은 적절한 영양적인 선택권을 제공해야만 한다; 학교 스포츠와 운동시설은 모든 학생들과 직원이 폭넓게 접근할 수 있도록 접근 용이성을 갖추어야 한다; 그리고 가르치고 평가하는 과정은 스트레스를 감소시키는 구조를 갖추고 있어야 한다.

지역사회, 직장, 그리고 학교에 있어서 당뇨병-특수예방 프로그램의 개발은 아직 초기 단계에 있는 것처럼 보인다. 아마도 일반적인 건강-교육 프로그램이 같은 목표를 달성하는 것으로 생각되고 있는 것 같다. 확실한 것은, 보다 더 보편적인 프로그램의 일부분으로서든, 아니면 당뇨병-특수교육으로서든, 인슐린 비의존형 당뇨병과 그로 인해 수명과 삶의 질에 끼치기 쉬운 영향력과 식이요법 그리고 운동 사이의 분명한 상관관계는 당뇨병 교육에 강력한 영향력을 미칠 수 있는 잠재력을 준다. 연구는 지식의 제공에 뒤이어 생활양식 변화를 성취하기 위해 제공되어져야 하는 그러한 교육과 지원의 형태로서 필요하다. 예방 연구와 예방 프로그램이 먼저 우선시 되어야만 한다.

결 론

이 장(章)에서는 당뇨병 관리에 신체 활동이 미치는 영향을 다루었다. 신체 활동이 당뇨병 치료의 한 부분으로 오랫동안 인식되어져 왔음에 주목하면서, 아주 사소한 사례에서만 신체 활동이 금지된 가운데, 저자는 인슐린 의존형 당뇨병과 인슐린 비의존형 당뇨병의 병리생리학을 묘사했다. 오늘날, 의학 그리고 생리학 연구자들은 기저에 있는 기전을 계속해서 찾고 있다. 또한 질병 관리의 어려움들이 토론되었다. 인슐린 의존형 당뇨병을 앓고 있는 어린이들에게 있어서 너무나 빈번한, 혹은 너무나 강렬한 신체 활동에 참여하는 위험이 이러한 어려움 가운데 포함되어 있는데, 활동 전에 혈당이 적절하게 통제되어 있으면 저혈당으로 발전할 수 있고, 운동 전에 혈당 통제가 부실하다면 고혈당으로 갈 수 있다. 스포츠에 참여하는 당뇨병 환자들은 이런 두 가능성에 대비해 사전에 주의를 기울여야만 한다.

인슐린 의존형 당뇨병 그리고 특히 인슐린 비의존형 당뇨병을 앓고 있는 개인들의 주요한 관심은 복잡한 당뇨병 관리요법에 있어 운동이 중요한 요소라는 사실이다. 조사에 따르면 식이요법과 함께 다른 생활양식 요인, 신체 활동 요법이 장기적으로 유지하기에 가장 어렵다고 한다. 따라서 이 장(章)에서는 특정한 신체 활동을 언급하면서 당뇨병 요법의 관리에 대한 연구에 집중했다. 일관성을 보이는 많은 결과들이 확인되었다. 첫째, 당뇨병에 대한 지식의 증가가 요법 행동에 있어 변화를 이끌어내지 않는다. 또한 당뇨병 요법의 다른 요소에 있어서 자기관리는 독립적이기에, 각 요소는 각기 다른 방식으로 고려될 필요가 있다. 더 나아가, 운동을 포함하는 당뇨병 요법을 준수하는 것은 원활한 신체대사 통제와 강하게 연관이 지어지지 않는다. 내과의사의 궁극적인 목표가 대개 환자의 정상적인 혈당 유지이므로 이 사실은 당뇨병 환자에게는 특히 절망적이다. 이 장(章)에서는 유명한 세 그룹의 연구를 특별히 검토해 보았다. Johnson의 그룹은 인슐린 의존형 당뇨병을 앓고 있는 청소년 개인들에게 나타나는, 점점 나빠지고 있는 신체 활동 자기관리에 대한 우려를 강조했다. Wing은 인슐린 의존형 당뇨병을 앓고 있는 개인의 행동수정, 상당한 저칼로리의 식사, 그리고 비만 상태인 개인의 체중감소를 위한 운동의 혼합에 관심을 가졌다. Glasgow와 동료들은 자기관리에 있어서의 장애물과 문제 해결을 통해 그것들을 극복하는 방법을 살펴보았다.

이 시점에 있어, 당뇨병 환자의 생활양식 관리에 만병 통치약이라는 것은 없다. Wierenga(1994)가 취했던 접근법을 개선하면서, 몇몇 기술과 관점을 조합하는 것이 유망해 보인다. 이러한 것들에는 사회인지 이론(Bandura, 1986); 장애물 문제 해결; 건강신념 모델(Becker & Maiman, 1975)에 근거한 인지적, 그리고 행동수정 기술; 병의 재발 방지(Marlatt & Gordon, 1980); 그리고 변화 단계 혹은 범이론적 모형(Prochaska & DiClemente, 1983) 등이 포함되었다. Prochaska의 접근법이 운동의 다른 영역에서 거둔 성공을 고려할 때(토론을 원하면 Prochaska & Marcus, 1994를 보시오), 당뇨병 연구에 있어서 많은 관심을 받지 못하고 있다는 사실은 의외이다.

현재까지의 연구에 기초를 둔 채, 당뇨병 관리에 관계하고 있는 건강 전문가들이 암시하고 있는 많은 사실들이 제안되었다. 첫째, 당뇨병 교육이 반드시 광범위한 지식으로 이어지는 것은 아니다(예를 들어 D. Simmons 등, 1996), 그래서 내과 의사들과 간호사들은 자신들이 언젠가 얘기한 것들이 기억되어지고 있다고 추정해서는 안 된다. 둘째, 지식이 존재할 때조차도 이것이 행동 변화를 보통 이끌어내지는 못한다, 특히 오랫동안 굳어진 행동양식이 뒤집어져야 할 때는 더 그렇다. 행동적 접근은 당뇨병에 대한 지식 습득을 뒤따라가야 한다. 변화는 요법 요소들이 각 개인별로 고려되어질 때 점진적으로 가장 잘 처리되는 것으로 보인다. 식이요법과 운동양식을 단기간 내에 광범위하게 수정하려는 시도는 당연히 실패할 수밖에 없으며, 이는 미래의 변화에 대한 자기 효능감을 감소시킨다. 한 영역에서 보여진 훌륭한 준수가 모든 영역에서의 좋은 관리를 암시하는 것이 아니므로, 운동, 그리고 당뇨병 관리의 모든 다른 요소들은 개별적으로 고려되어야만 한다. 그러므로 부실한 관리에 대한 이유들은 십중팔구 각 개인별로 자기관리의 다른 영역에서 다양할 것이다. 건강 전문가들은 신진대사 통제의 표준화를 요법 준수의 목표로 삼아서는 안 된다고 주의를 받았다. 많은 요인들이 그러한 통제에 영향을 미치므로 그들의 요법을 효과적으로 관리하는 개인들, 그러나 여전히 높은 혈당 수치를 나타내고 있는 개인들은 이러한 접근법에 마주하게 되면 동기부여를 잃을 것이다. 크지 않으면서 점진적인 목표, 그리고 구체적인 영역에서 운동을 모니터링 하는 것에 초점이 주어져야만 한다.

당뇨병 관리를 연구하는 것은 실천하기에 어렵다. 문제점에는 표본에 접근하는 것의 어려움, 방법의 높은 비용, 그리고 높은 귀속비율이 있는 반면, 중재의 성공적인 결과는 흔치 않으며, 심각한 민족적인 이슈가 일반적으로 해결되어야 한다. 그럼에도 불구하고 향상된 당뇨병 관리가 당뇨병 환자들의 수명과 삶의 질을 개선시킬 수 있으므로, 특히 주로 앉아서 생활을 하는 사람들의 신체 활동에 대한 더 많은 연구가 필요하다. 인슐린 비의존형 당뇨병을 예방하기 위한 연구는 실천하기에, 특히 학교에서 실천하기에 어렵지 않을 수도 있다. 그것은 상당히 중요한 부분인데, 현재 상황으로는 부족해 보인다. 예방에 대한 연구는 지역사회에 기반을 둔 예방 프로그램의 이행으로 이어져야만 한다. 당뇨병 관리와 예방에 대한 연구는 계속 되어야 하지만, 인슐린 의존형 당뇨병과 인슐린 비의존형 당뇨병 둘 다 15년 전의 상황과 비교했을 때 훨씬 더 잘 이해되어지고 있음을 인정해야만 한다. 이는 현재 당뇨병을 앓고 있는 많은 사람들의 삶의 질에 개선을 가져올 잠재력을 제공한다.

참고문헌

Albright, A. L. (1997). Diabetes. In American College of Sports Medicine (Ed.), *ACSM's exercise management for persons with chronic disease and disabilities* (pp. 94-100). Champaign, IL: Human Kinetics Publishers.

Allen, F. M., Stillman, E., & Fitz, R. (Eds.) (1919). *Exercise*. New York: Rockefeller Institute.

American Diabetes Association. (1986). *Diabetes facts and figures*. Alexandria, VA: Author.

American Diabetes Association. (1993). *Diabetes 1993 vital statistics*. Alexandria, VA: Author.

Anderson, J. M.,Wiggins, S., Rajwani, R., Holbrook, A., Blue, C., & Ng, M. (1995). Living with a chronic illness: Chinese-Canadian and Euro-Canadian women with diabetics - exploring factors that influence management. *Social Science and Medicine, 41*, 181-195.

Artal, R. (1996). Exercise: An alternative therapy for gestational diabetes. *Physician and Sports Medicine, 24*, 54-56, 59-60, 62-63, 66.

Association for Fitness in Business. (1992). *Guidelines for employee health promotion programs*. Champaign, IL: Human Kinetics Publishers.

Ballard, D. J., Melton, L. J., Dwyer, M. S., Trautmann, J. C., Chu, C. P., O'Fallon,W. M., & Palumbo, P. J. (1986). Risk factors for diabetic retinopathy: A population-based study in Rochester, Minnesota. *Diabetes Care, 9*, 334-342.

Bandura, A. (1986). *Social foundations of thought and action: A social cognitive theory*. Englewood Cliffs, NJ: Prentice-Hall.

Bantle, J. P., Neal, L., & Frankamp L. M. (1993). Effects of the anatomical region used for insulin injections on glycemia in type I diabetes subjects. *Diabetes Care, 16*, 1592-1597.

Barrett-Connor, E., & Orchard, T. (1985). Diabetes and heart disease. In National Diabetes Data Group (Ed.), *Diabetes in America* (NIH Publication No. 851468, pp. 1-41). Washington, DC: U.S. Department of Health and Human Services/Public Health Service.

Bauman, W. A., Schwartz, E., Rose. H. G., Eisenstein, H. N., & Johnson, D. W. (1988). Early and long-term effects of acute calorie deprivation in obese diabetic patients. *American Journal of Medicine, 85*, 38-46.

Becker, M. H., & Maiman, L. A. (1975). Sociobehavioral determinants of compliance with health and medical care recommendations. *Medical Care, 13*, 10-23.

Beeny, L. J., & Dunn, S. M. (1990). Knowledge improvement and metabolic control in diabetes education: Approaching the limits? *Patient Education and Counseling, 16*, 217-229.

Bell, D. S. (1992). Exercise for patients with diabetes. *Postgraduate Medicine, 92*, 183-198.

Berg, K. E. (1996). Guidelines for physically active diabetics. In M. B. Mellion (Ed.), *Office sports medicine* (2nd ed.). Philadelphia: Hanley & Belfus. Bernal, H. (1986). Self-management of diabetes in a Puerto Rican population. *Public Health Nursing, 3*, 38-47.

Blair, S. N., Horton, E, Leon, A. S., Lee, I-Min, Drinkwater, B. L., Dishman, R. K., Mackey, M., & Kienholz, M. L. (1996). Physical activity, nutrition, and chronic disease. *Medicine and Science in Sports and Exercise, 28* 335-349.

Bogardus, C., Ravussin, E., Robbins D. C.,Wolfe, R. F., Horton, E. S., & Sims, E. A. H. (1984). Effects of physical training and diet therapy on carbohydrate metabolism in patients with glucose intolerance and non-insulin-dependent diabetes mellitus. *Diabetes, 33,* 311-318.

Bond, G. G., Aiken, L. S., & Somerville, S. C. (1992). The health belief model and adolescents with insulin-dependent diabetes mellitus. *Health Psychology, 11,* 190-198.

Brown, S. A. (1988). Effects of educational interventions in diabetes care: A meta-analysis of findings. *Nursing Research, 37,* 223-230.

Brown, S. A. (1990). Studies of educational interventions and outcomes in diabetic adults: A met-analysis revisited. *Patient Education and Counseling, 16,* 189-215.

Brownlee-Duffeck, M., Peterson, L., Simonds, J. F., Goldstein, D., Kilo, C., & Hoette, S. (1987). The role of health beliefs in the regimen adherence and metabolic control of adolescents and adults with diabetes mellitus. *Journal of Consulting and Clinical Psychology, 55,* 139-144.

Cox, D. J., & Gonder-Frederick, I. (1992). Major developments in behavioral diabetes research. *Journal of Consulting and Clinical Psychology, 60,* 628-638.

Cox, D. J., Taylor, A. G., Nowacek, G., Holley-Wilcox, P., & Pohl, S. L. (1984). The relationship between psychological stress and insulin dependent diabetic blood glucose control. Preliminary investigations. *Health Psychology, 3,* 63-75.

Derksen, C. W. F., & Rorke, S. C. (1996). Diabetes prevention: A school-based model of intervention. *Canadian Association for Health, Physical Education, Recreation and Dance Journal, 62,* 4-8.

Diabetes Control and Complications Trial Research Group. (1993). The effects of intensive treatment of diabetes on the development and progression of long-term complications in insulin-dependent diabetes mellitus. *New England Medical Journal, 329,* 977-986.

Fahey, P. J., Stallkamp, E. T., & Kwatra, S. (1996). The athlete with Type I diabetes: Managing insulin, diet and exercise. *American Family Physician, 53,* 1611-1617.

Foreyt, J. P., Ramirez, A. G., & Cousins, J. H. (1991). Cuidando El Corason—a weight reduction intervention for Mexican Americans. *American Journal of Clinical Nutrition, 53,* 1639S-1641S.

Freund, A., Johnson, S. B., Silverstein, J., & Thomas, J. (1991). Assessing daily management of childhood diabetes using 24-hour recall interviews: Reliability and stability. *Health Psychology, 10,* 200-208.

Glasgow, R. E. (1994). Social-environmental factors in diabetes: Barriers to diabetes self-care. In C. Bradley (Ed.), *Handbook of psychology and diabetes: A guide to psychological measurement in diabetes research and practice* (pp. 335-350). Chur, Switzerland: Harwood Academic Publishers.

Glasgow, R. E., McCaul, K. D., & Schafer, L. C. (1986). Barriers to regimen adherence among persons with insulindependent diabetes. *Journal of Behavioral Medicine, 9,* 65-77.

Glasgow, R. E., McCaul, K. D., & Schafer, L. C. (1987). Self-care behaviors and glycemic control in Type I diabetes. *Journal of Chronic Disease, 40,* 399-417.

Glasgow, R. E., Toobert, D. J., Hampson, S. E., Brown, J. E., Lewinsohn, P. M., & Donnelly, J. (1992). Improving self-care among older patients with Type II diabetes: The "Sixty Something..." study. *Patient Education and Counseling, 19,* 61-74.

Glasgow, R. E., Toobert, D. J., Mitchell, D. L., Donnelly, J., & Calder, D. (1989). Nutrition education and social learning interventions for Type II diabetes. *Diabetes Care, 12,* 150-152.

Glasgow, R. E., Toobert, D. J., Riddle, M., Donnelly, J., Mitchell, D. L., & Calder, D. (1989). Diabetes-specific social learning variables and self-care behaviours among persons with Type II diabetes. *Health Psychology, 8,* 285-303.

Halford, W. K., Cuddihy, S., & Mortimer, R. H. (1990). Psychological stress and blood glucose regulation in Type I diabetic patients. *Health Psychology, 9,* 516-528.

Hall, M. (1997). Sport and diabetes. *British Journal of Sports Medicine, 31,* 3.

Hanson, C. L., Henggeler, S. W., & Burghen, G. A. (1987a). Model of associations between psychosocial variables and health-outcome measures of adolescents with IDDM. *Diabetes Care, 10,* 752-758.

Hanson, C. L., Henggeler, S. W., & Burghen, G. A. (1987b). Race and sex differences in metabolic control of adolescents with IDDM: A function of psychosocial variables? *Diabetes Care, 10,* 313-318.

Harris, M. (1985). The prevalence of non-insulin-dependent diabetes mellitus. In National Diabetes Data Group, *Diabetes in America: Diabetes data compiled 1984* (NIH Publication 85-1468, (pp. 1-10).

Hartwell, S. L., Kaplan, R. M., & Wallace, J. P. (1986). Comparison of behavioral interventions for control of type II diabetes mellitus. *Behavior Therapy, 17,* 447-461.

Hasson, S. M. (1994). Exercise tolerance and training for patients with genetic metabolic disorders, diabetes, and obesity. In S. M. Hasson (Ed.) *Clinical exercise physiology* (pp. 44-61). Toronto: Mosby.

Heath, G. W., Leonard, B. E., Wilson, R. H., Kendrick, J. S., & Powell, K. E. (1987). Community based exercise intervention: Zuni diabetes project. *Diabetes Care, 10,* 579-583.

Herd, J. A. (1990). Brain/body linkages in health enhancement: Effects of lifestyle change. In K. D. Craig & S. M. Weiss (Eds.), *Health enhancement, disease prevention, and early intervention: Biobehavioral perspectives* (pp. 27-45). New York: Springer.

Herman, W. H., Teutsch, S. M., & Geiss, L. S. (1987). Diabetes mellitus. In R. W. Amier & H. D. Dull (Eds.), *Closing the gap: The burden of unnecessary illness* (pp. 72-82). New York: Oxford University Press.

Horton, E. S. (1988). Exercise and diabetes mellitus. *Medical Clinician of North America, 72,* 1301-1321.

Irvine, A. A., Saunders, J. T., Blank M., & Carter, W. (1990). Validation of scale measuring environmental barriers to diabetes regimen adherence. *Diabetes Care, 13,* 705-711.

Iverson, S. (1996). Exercise therapy for Type II diabetics. *American Fitness, 14,* 24-27.

Jarret, R. B. (1989). Epidemiology and public health aspects of non-insulin dependent diabetes mellitus. *Epidemiological Reviews, 11,* 151-171.

Johnson, S. B., Kelly, M., Henretta, J. C., Cunningham, W. R., Tomer, A., & Silverstein, J. (1992). A longitudinal analysis of adherence and health status in childhood diabetes. *Journal of Pediatric Psychology, 17,* 537-553.

Johnson, S. B., Pollak, T., Silverstein, J. H., Rosenbloom, A. L., Spillar, R., McCallum, M., & Harkavy, J. (1982). Cognitive and behavioral knowledge about insulindependent diabetes among children and parents. *Pediatrics, 69,* 708-713.

Johnson, S. B., Silverstein, J., Rosenbloom, A., Carter, R., & Cunningham,W. (1986). Assessing daily management in childhood diabetes. *Health Psychology, 5,* 545-564.

Johnson, S. B., Tomer, A., Cunningham, W. R., & Henretta, J. (1990). Adherence in childhood diabetes: Results of a confirmatory factor analysis. *Health Psychology, 9,* 493-501.

Kaplan, R. M., Chadwick M. W., & Schimmel, L. E. (1985). Social learning intervention to promote metabolic control in Type I diabetes mellitutis: Pilot experiment results. *Diabetes Care, 8,* 152-155.

Kaplan, R. M., Sallis, J. F., Jr., & Patterson, T. L. (1993). *Health and human behavior.* New York: McGraw-Hill.

Kemmer, F. W. (1992). Prevention of hypoglycemia during exercise in type I diabetes. *Diabetes Care, 15,* 1732-1735.

Manson, J. E., Colditz, G. A., Stampfer, M. J., Willett, W. C., Rosner, B., Monson, R. R., Speizer, F. E., & Hennekens, C. H. (1990). A prospective study of obesity and risk of coronary heart disease in women. *New England Journal of Medicine, 322,* 882-889.

Marlatt, G. A., & Gordon, J. R. (1980). Determinants of relapse: Implications for the maintenance of behavior change. In P. O. Davidson & S. M. Davidson (Eds.), *Behavioral medicine: Changing health lifestyles* (pp. 410-452). New York: Brunner Mazel.

McCaul, K. D., Glasgow, R. E., & Schafer, L. D. (1987). Diabetes regimen behaviors: Predicting adherence. *Medical Care, 25,* 868-881.

Pirart, J. (1979). Do degenerative complications differ between normal weight and obese diabetics? In J. Vague & P. H. Vague (Eds.), *Diabetes and obesity: Proceedings of the Fifth International Meeting of Endocrinology, Marseilles, June18-21, 1978* (pp. 270-276). New York: Elsevier.

Prochaska, J. O., & DiClemente, C. C. (1983). Stages and processes of self-change of smoking: Toward an integrative model of change. *Journal of Consulting and Clinical Psychology, 51,* 390-395.

Prochaska, J. O., & Marcus, B. H. (1994). The transtheoretical model: Applications to exercise. In R. K. Dishman (Ed.), *Advances in exercise adherence* (pp. 161-180). Champaign, IL: Human Kinetics Publisher.

Puffer, J. C. (1996). Medical problems in athletes. In J. E. Zachazewski, D. J. Magee, & W. S. Quillen, (Eds.), *Athletic injuries and rehabilitation* (pp. 829-837). Philadelphia: W. B. Saunders.

Reynolds, L. A., Johnson, S. B., & Silverstein, J. (1990). Assessing daily diabetes management by 24-hour recall interview: The validity of children's reports. *Journal of Pediatric Psychology, 15,* 493-509.

Rollo, J. (1798). *Cases of diabetes mellitus with the results of the trials of certain acids and other substances in the cure of the Lues Venerea* (2nd ed.). London.

Rossini, A. A., Mordeis, J. P., & Handlar, E. S. (1989). The "tumbler hypothesis": The autoimmunity of insulin-dependent diabetes mellitus. *Diabetes Spectrum, 2,* 195-201.

Schafer, L. C., Glasgow, R. E., McCaul, K. D., & Dreher, M. (1983). Adherence to IDDM regimens: Relationship to psychosocial variables and metabolic control. *Diabetes Care, 6,* 493-498.

Schafer, L. C., McCaul, K. D., & Glasgow, R. E. (1986). Supportive and non-supportive family behaviors: Relationships to adherence and metabolic control in persons with Type I diabetes. *Diabetes Care, 9,* 179-185.

Shiffrin, A., & Parikh, S. (1985). Accommodating planned exercise in type I diabetic patients on intensive treatment. *Diabetes Care, 8,* 337-342.

Shillitoe, R., & Christie, M. (1990). Psychological approaches to the management of chronic illness: The example of diabetes mellitus. In P. Bennett, J. Weinman, & P. Spurgeon (Eds.), *Current developments in health psychology* (pp. 177-208). London, England: Harwood Academic Publishers.

Simmons, D., Fleming, C., Cameron, M., & Leakehe, L. (1996). A pilot diabetes awareness and exercise programme in a multiethnic workforce. *New Zealand Medical Journal, 109,* 373-376.

Simmons, D., Gatland, B. A., Leakehe, L., & Fleming, C. (1995). Frequency of diabetes in family members of probands with non-insulin-dependent diabetes mellitus. *Journal of Internal Medicine, 237,* 315-321.

Simmons, M. W., & Owen, N. (1992). Perspectives on the management of Type II diabetes. *Australian Psychologist,*

27, 99-102.

Simonds, J., Goldstein, D., Walker, B., & Rawlings, S. (1981). The relationship between psychological factors and blood glucose regulation in insulin-dependent diabetic adolescents. *Diabetes Care, 4*, 610-615.

Staten, M. A. (1991). Managing diabetes in older adults: How exercise can help. *Physician and Sportmedicine, 19*, 66-68, 70, 72, 74, 76-77.

Stern, M. P. (1991). Primary prevention of Type II diabetes mellitus. *Diabetes Care, 14*, 399-410.

Taylor, S. E. (1995). *Health psychology* (3rd ed.). New York: McGraw-Hill.

Thompson, K. (1996). Swimming with diabetes. *Swimming Times, 73*, 29-30.

Toobert, D. J., & Glasgow, R. E. (1991). Problem-solving and diabetes self-care. *Journal of Behavioral Medicine, 14*, 71-86.

Toobert, D. J., & Glasgow, R. E. (1994). Assessing diabetes self-management: The Summary of Diabetes Self-Care Activities questionnaire. In C. Bradley (Ed.), *Handbook of psychology and diabetes: A guide to psychological measurement in diabetes research and practice* (pp. 351-375). Chur, Switzerland: Harwood Academic Publishers.

Trousseau, A. (1882). *Glycosuria: Saccharine diabetes. Lectures delivered at the Hotel Dieu, Paris*. Philadelphia: P. Blakiston.

VanItallie, T. B. (1985). Health implications of overweight and obesity in the United States. *Annals of Internal Medicine, 103*, 983-988.

Vranic, M., Wasserman, D., & Bukowiecki, L. (1990). Metabolic implications of exercise and physical fitness in physiology and diabetes. In H. Rifkin & D. Porte, Jr. (Eds.), *Ellenberg and Rifkin's diabetes mellitus: Theory and practice* (4th ed., pp. 198-219). New York: Elsevier.

Wierenga, M. E. (1994). Life-style modification for weight control to improve diabetes health status. *Patient Education and Counseling, 23*, 33-40.

Wierenga, M. E., & Wuethrich, K. L. (1995), Diabetes program attrition: Differences between two cultural groups. *Health Values: The Journal of Health Behavior, Education and Promotion, 19*, 12-21.

Wing, R. R. (1985). Improving dietary adherence in patients with diabetes. In L. Jovanovic & C. M. Peterson (Eds.), *Nutrition and diabetes* (pp. 161-186). New York: Alan R. Liss.

Wing, R. R. (1989). Behavioral strategies for weight reduction in obese Type II diabetes patients. *Diabetes Care, 12*, 139-144.

Wing, R. R. (1992). Very low calorie diets in the treatment of Type II diabetes: Psychological and physiological effects. In T. A. Wadden & T. B. VanItallie (Eds.), *Treatment of the seriously obese patient* (pp. 231-251). New York: Guilford Press.

Wing, R. R., Epstein, L. H., Nowalk, M. P., Koeske, R., & Hagg, S. (1985). Behavior change, weight loss and physiological improvements in Type II diabetic patients. *Journal of Consulting and Clinical Psychology, 53*, 111-122.

Wing, R. R., Epstein, L. H., Nowalk, M. P., & Scott, N. (1988). Self-regulation in the treatment of type II diabetes. *Behavior Therapy, 19*, 11-23.

Wing, R. R., Epstein, L. H., Nowalk, M. P., Scott, N., Koeske, R., & Hagg, S. (1986). Does self-monitoring of blood glucose levels improve dietary compliance for obese patients with type II diabetes? *American Journal of Medicine, 81*, 830-836.

Wing, R. R., Epstein, L. H., Paternostro-Bayles, M., Kriska, A., Nowalk, M. P., & Gooding, W. (1988). Exercise in a behavioral weight control programme for obese patients with type 2 (non-insulin-dependent) diabetes. *Diabetologia, 31*, 902-909.

Wing, R. R., & Jeffery, R. W. (1979). Outpatient treatments of obesity: A comparison of methodology and clinical results. *International Journal of Obesity, 3*, 261-279.

Wing, R. R., Koeske, R., Epstein, L. H., Nowalk, M. P., Gooding, W., & Becker, D. (1987). Long-term effects of modest weight loss in type II diabetic patients. *Archives of Internal Medicine, 147*, 1749-1753.

Wing, R. R., Marcus, M. D., Blair, E. H., & Burton, L. R. (1991). Psychological responses of obese type II diabetic subjects to very-low-calorie diet. *Diabetes Care, 14*, 596-599.

Wing, R. R., Marcus, M. D., Salata, R., Epstein, L. H., Miaskiewicz, S., & Blair, E. H. (1991). Effects of very lowcalorie diet on long-term glycemic control in obese type 2 diabetic subjects. *Archives of Internal Medicine, 151*, 1334-1340.

Wing, R. R., Nowalk, M. P., & Guare, J. C. (1988). Diabetes mellitus. In E. A. Blechman & K. D. Brownell (Eds.), *Handbook of behavioral medicine for women* (pp. 236-252). Oxford, England: Pergamon Press.

Zimmerman, R. S., & Connor, C. (1989). Health promotion in context: The effects of significant others on health behavior change. *Health Education, 1989, 16*, 57-75.

Zimmet, P. (1988). Primary prevention of diabetes mellitus. *Diabetes Care, 11*, 258-262.

Zinman, B., Zuniga-Guajardo, S., & Kelly, D. (1984). Comparison of the acute and long-term effects of exercise on glucose control in type I diabetes. *Diabetes Care, 7*, 515-519.

Chapter 17

운동과 면역의 심리학: HIV 감염환자를 위한 함의(含意)

Frank M. Perna | Randal W. Bryner

역자 | 한명우(선문대학교)[1]

스트레스 반응에 대한 운동의 효과는 HIV-1에 감염된 사람들과 별다른 병이 없는 일반인들의 건강유지에 필요한 운동과 면역의 역할에 대한 이해의 배경을 제공한다. 이장의 목적은 독자들에게 면역계통(immune system)의 개요, 스트레스 요인이 신경내분비(neuroendocrine) 선(腺)의 분비와 면역기능에 기치는 영향, 그리고 운동과 면역이 갖는 연관성의 근거에 대한 기본적인 이해를 돕는 것이다.

운동에서부터 건강결과에 이르는 신체적·심리적 경로에 대한 개관

지속적으로 운동을 하는 것은 전통적으로 심혈관계 및 근골격계의 능력과 일반인들의 신체적 안녕을 전반적으로 개선시키기 위한 신체적 중재기법의 하나로 여겨져 왔다. 운동은 또한 심혈관계 질환이나 HIV-1 감염자, 그리고 아주 최근에는 암과 같은 장기적 질병을 가진 사람들에게 도움이 되는 보조처치의 하나로 잘 알려져 있다. 정기적으로

---

[1] 원본에는 각주가 없으나 내용이해와 의미전달을 높이기 위하여 전문적인 의학용어에 한하여 번역자가 각주를 달았으며 각주 내용에 대한 책임은 전적으로 번역자에게 있음.

운동에 참가하는 것은 질병률(morbidity) 및 사망률(mortality)과 역(逆) 관계가 있으며 운동은 미국에서의 주요사망 원인인 비만이나 고혈압과 같은 건강위험요인(health-risk factors)을 감소시키는 것과 인과적인 연관이 있다(Blair & Connelly, 1996; US Department of Health and Human Services, 1996). 운동의 신체적 효과는 건강과 인생의 질을 개선시키는데 직접적인 관계가 있다. 이와 마찬가지로 많은 연구들은 운동이 불안과 우울증을 감소시키고 자긍심과 대처능력을 향상시킨다는 내용을 포함하는, 운동이 심리적 변인에 미치는 긍정적인 효과(운동의 심리적 효과)를 강력하게 보고하여 왔다. 그리고 이 '운동의 심리적 효과'는 건강과 삶의 질 두가지 요인 모두에 직간접적으로 영향을 미친다는 것을 강력하게 주장한다(Biddle, 1995; Dubber, 1992; Leith, 1994).

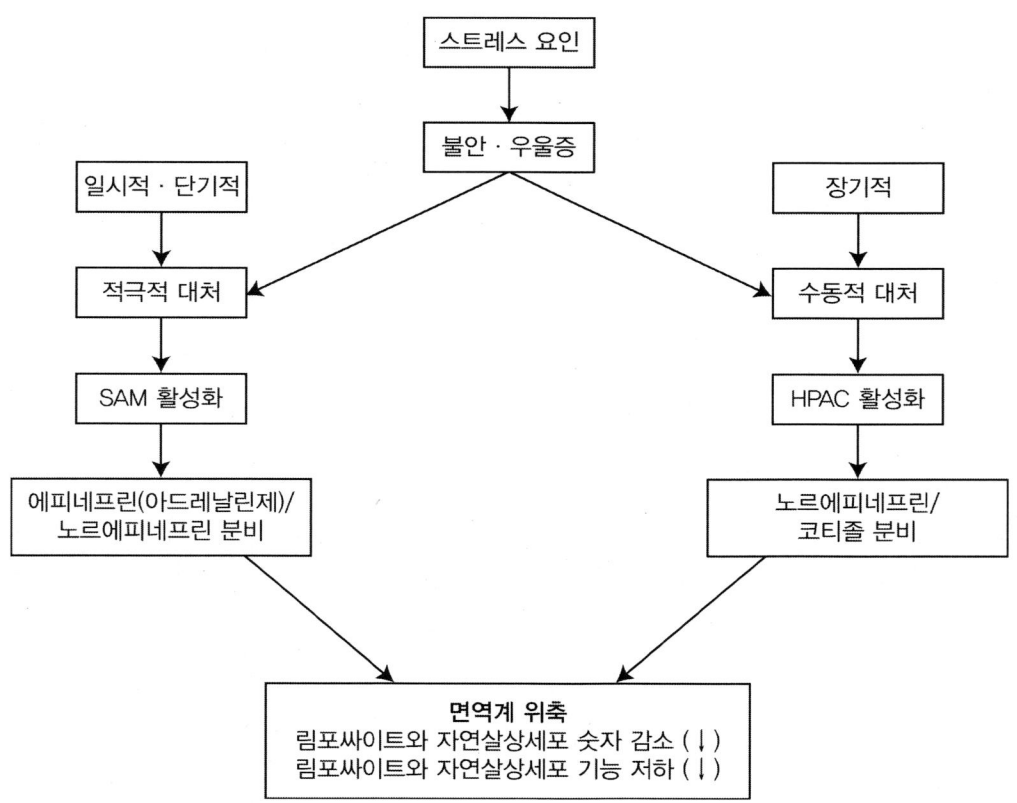

그림 17.1 스트레스 관련 면역계 조절기 효과(stress-related immunomodulator effects)를 설명해 주는 정신신경면역학적(psychoneuroimmunologic: PNI) 모형

출처: HIV-1 환자의 운동과 건강유지(Laperriere, M.Antoni, M.Fletcher, et. al., in Clinical Assessment and Treatment of HIV-1 edited by M.L.Galantino, Slack, Inc., 1992, p.67)

정신신경면역학(psychoneuroimmunology, 이하 PNI)은 스트레스, 부정적 정서, 대처방안 등과 같은 심리적인 요인들과 신경계통(nervous system) 및 면역계통(immune system)과의 관계를 검증하는 분야이다. 운동이 이 각각의 분야에 영향을 미치는 것으로 알려져 있기 때문에 운동과 정신신경면역학에 대한 관심이 높아져 왔다(LaFerriere, Ironson, Antoni, et al., 1994; Perna, Schneiderman, & LaPerriere, 1997).

LaPerriere와 동료들(LaPerriere et al., 1994)은 대부분 PNI 분야에서 발견된 결과를 인용하여 운동과 면역과의 관계에 대한 가장 종합적인(comprehensive) 모형을 제시하였다(그림 17.1과 17.2 참조). 이 모형은 원래 심리적인 스트레스가 생리적으로 어떤 영향을 미치는가와 운동과 심리적인 중재기법이 HIV-1 보균자들에게 어떤 영향을 미치는가에 대한 논리적 근거를 설명하기 위하여 제시되었음에도 불구하고 이 모형의 기본은 질병이 진행되는 과정에서 심리적 스트레스와 면역기능 사이에 어떤 관련성이 있다고 인식되어온 몇가지 만성질병에도 잠재적으로 적용될 수 있다(Ironson, Antoni, &

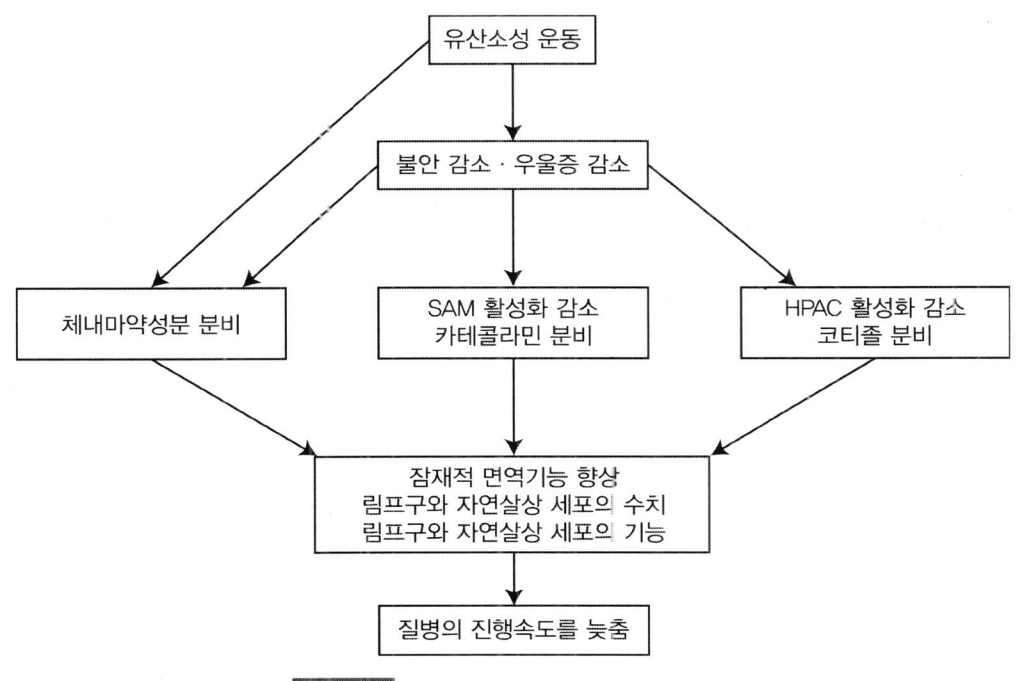

그림 17.2 운동과 PNI모형의 발견적 방법

※ 이 모형은 지속적인 운동이 질병의 진행을 어떻게 늦추는지를 보여준다.
출처: HIV-1 환자의 운동과 건강유지(Laperriere, M.Antoni, M.Fletcher, et al., in Clinical Assessment and Treatment of HIV-1 edited by M.L.Galantino, Slack, Inc., 1992, p.67)

Lutgendorf, 1995; Kiecolt-Glaser & Glaser, 1992).

이 모형의 가정은 심리적인 스트레스 요인이 개인으로 하여금 그 스트레스 요인을 극복하려는 노력을 시작하도록 하며 그 결과로 신경내분비물(neuroendocrines), 뉴로펩티드(neuropeptides)[2], 당질 글루코코르티코이드(glucocorticoids)를 방출하여 자율신경계(autonomic nervous system: ANS)가 활성화 된다는 것이다.

많은 면역세포들은 신경내분비계와 당질 코르티코이드에 대한 수용체(receptors)를 가졌으며 면역세포가 존재하는 많은 조직은 교감신경계(sympathetic nervous system: SNS)에 의해 자극된다. SNS와 호르몬 작용에 의해 직접 방출이 되면 뇌와 뇌 기능과 관련된 인지-정서적 처리과정(예: 스트레스 요인을 위협으로 평가하는 것 등)에서 면역기능 전반에 어떤 영향을 미치는지 그리고 특별히 면역억제에 어떻게 영향을 미치는지를 설명하는데 사용되는 기전적 단서(mechanistic link)를 제공한다(Ader, Felten, & Cohen, 1991). 이 모형에서 또 한가지 분명히 나타난 것과 같이 스트레스 요인의 형태와 기간(일시적 vs. 만성적), 그리고 이와 관련된 부정적인 감정의 정도와 개인이 이 스트레스 요인을 극복하는 지각능력 또한 자동적으로 반응하는 것에 영향을 미치며 이는 반대로 ANS 활성과 면역 반응에 영향을 미친다. 이와 비슷하게 운동은 생활 속에서의 스트레스 요인과 관련된 정서(우울)와 인지적 과정(극복하려는 지각능력)과 내인성 진정제(endogenous opiates)의 분비에 영향을 미치므로 그동안 운동은 특별히 면역기능의 변화를 조절하는 잠재적인 조절기로 가정되어 왔다. 우리는 이 모형의 특징들을 알아보기에 앞서 면역체계를 살펴보기로 한다.

면역체계: 표현형(表現型, Phenotypes)[3]과 그 기능에 대한 개요

면역기능의 주된 목적은 알레르기항원(allergens)[4]과 종양성장(tumor growth), 그리고 외부에서 침입하는 미생물(microorganism)로부터 신체를 보호하는 일이다. 면역체계는 이 일에 대단히 효과적이어서 대부분의 감염은 곧바로 치유된다. 그러나 아무리

---

2) 신경계의 활동이나 기능에 영향을 미치는 아미노산 화합물.
3) 표현형은 육안으로 볼 수 있는 생물의 형질을 말하며 이와는 다르게 잠재된 능력을 유전자형(genotype)이라고 한다. 표현형은 환경의 변화 및 나이에 따른 생리학적·형태적 변화로 인해 생명체의 생애를 통해 항상 변한다.
4) 알레르겐이라고도 하며 알레르기 반응을 일으키는 물질로 꽃가루, 동물의 털, 생선, 옻 따위가 있다. 항원은 면역반응을 일으켜 항체를 생산하도록 하는 물질로 생명체내에서 이물질로 간주되는 물질(병원균, 바이러스, 다당류, 인공적으로 합성된 물질, 암세포 등)에 대한 총칭이다.

건강한 사람이라 할지라도 특정한 미생물(예: HIV-1)이 몸에 침범하면 이 미생물의 영향이 너무 강해서 사람의 면역체계가 그 전염성 인자나 종양 세포의 확산을 더 이상 억제하지 못 할 때도 있다.

면역체계는 두가지 주요 기능을 하는 부분으로 구성되어 있다. 하나는 선천적 면역(innate immunity)이고 다른 하나는 후천적 면역(acquired/adopted immunity)이다. 선천적 또는 자연면역(innate/natural immunity)은 침범하는 미생물에 대항해서 싸우는 제 1방어선이다. 선천적 면역 반응은 침범한 병원체(pathogen)에 사전노출의 필요성이 없으며 그 미생물이 전체 감염을 일으키기 전에 잠재적인 병원체의 대부분을 억제시키는 능력이 있다. 그러나, 만일 그 병원체가 선천면역에 의해 저지되지 않으면 후천적 반응이 일어난다. 후천적 면역은 병을 야기 시키는 병원체에 대해 구체적으로 반응하며 그 병원체에 자꾸 반복되어 노출됨으로써 그 반응이 정상보다 높아지게 된다. 따라서 일단 감염인자가 면역반응을 야기 시켜왔으면 후천적 면역 체계는 그 특정 인자를 '기억'하게 되며, 그 다음에 노출되는 동안에도 질병에 걸리는 것을 예방할 수 있다. 선천적 그리고 후천적 면역은 <표 17.1>에 나타난 것과 같은 기능을 갖춘 많은 수의 분자(molecules)와 신체에 퍼져 있는 세포를 필요로 한다.

백혈구(leukocytes)는 면역체계의 주요 세포이며 두가지의 영역으로 구분된다. 그 하나는 (a) 림프구(lymphocytes)로 후천성 반응을 통제하며 다른 하나는 (b) 식균세포(phagocytes)로 이는 중성친화적 동질이상체(neutrophil polymorphs), 단핵백혈구(mono-

<표 17.1> 면역체계의 주요 부분과 구성 요인

	선천성 면역반응	후천성 면역반응
	반복되는 감염에 저항력이 약해짐	반복되는 감염에 저항력이 개선됨
가용성 요인	라이소자임(lysozyme)* 보체(補體, complement)** 급성단계단백질(acute phase proteins, 예: 인터페론)	항체(antibody)
세 포	식균작용(phagocytes) 자연살상세포(natural killer cells: NK) 단핵백혈구(Monocytes) 대식세포(macrophages)	T-림프구 B-림프구
신체적 방벽	피부, 점액	

* 박테리아 용해 효소의 일종
** 혈액, 림프액 속에 있는 항체

cytes), 그리고 대식세포(macrophages)의 세가지를 포함하는데 이들은 선천성 면역체계의 일부를 이룬다.

림프구(lymphocytes) 이는 면역반응을 통제하는 주요 세포로 외부 물질을 인식하고 이 외부물질을 자기 신체의 조직과 구별해 낼 수 있다. 림프구는 주요 임파기관(lympoid organs, 흉선 및 성인의 뼈에 있는 골수)에서 생성되는데 매일 약 10^9개의 비율로 세포를 만든다. 평균적인 일반인은 대략 10^{12}개의 임파세포를 갖고 있으며 이는 성인 순환계에 있는 전체 백혈구(leukocytes)의 약 20%에 해당된다. 림프구는 두가지 종류가 있는데 하나는 T-림프구이고 다른 하나는 B-림프구이다.

T-림프구 T-림프구는 바이러스성 감염 세포를 인식하고 파괴하는 능력, B-세포에 의해 항체생성을 촉진하거나, 특정한 형태의 면역반응을 억제시키거나, 염증반응의 확산을 야기 시키는 것 등과 같은 중요한 조절기능을 많이 가지고 있다. 미생물이 침범하면 그 표면에 항체가 발생하게 되는데 림프구는 세포 표면에 있는 특정 항체 수용체 분자에 의해 외부 물질을 인식한다. 각각의 림프구는 이 세포에게 고도의 특수성을 갖는 오직 한가지 형태의 항체 수용체만을 가진다. 그러나 T-세포는 각자 자기복제를 통하여 서로 다른 항체 수용체를 형성하기 때문에 전체 림프구는 다양하고 수많은 외부 물질을 구별할 수가 있다.

T-세포는 거의 모든 형태의 세포 면역(cellular immunity)을 차지하는데 세포성 림프용해(cell-mediated lympholysis), 늦게 나타나는 지발(遲發) 형태의 과민반응(delayed-type hypersensitivity), 그리고 이식편대숙주질환(graft-versus-host disease: 移植片對宿主疾患)[5]이나 동종이식거부반응(allograft rejection, 同族移植拒否反應)[6]과 같은 이식반응(transplantation)을 포함한다(Sprent, 1993).

T-세포는 골수 내에 있는 조혈줄기세포(hemato poietic stem cell)에서 나오며 흉선에서 분화를 한다(이런 이유로 '흉선에서 나온' 또는 T-림프구라는 이름이 붙여졌다). 그런 다음에는 비장(spleen)이나 임파절(lymphoid nodes)과 같은 말초신경의 림프조직으로 이동하고 다시 림프구의 재순환풀(recirculation pool)로 이동한

---

[5] 이식편의 세포가 피이식자의 세포를 공격함으로써 생기는 질환.
[6] 같은 종(種) 내의 공여자와 수여자를 갖는 이식을 동종이식이라고 하는데 동종이식을 했을 때 같은 종으로 인식하지 못하고 거부반응을 일으키는 것을 의미한다.

다. T-세포는 두가지 종류로 대별되는데 하나는 T-helperinducer 세포(보조 T 세포, T_H)와 독성/억제 T-세포(T-cytotoxic/suppressor, T_C/T_S)이다. 이 두가지 종류의 세포에 대한 인식은 이들이 표현하는 세포 표면의 수용체 단백질에 근거한다.

예를 들면, 보조 T 세포(T_H)는 표면 수용체 분자에 CD4(집합 지정 4, cluster designation 4)라고 표시하는 반면에, 독성/억제 T-세포(T_C/T_S)는 CD8 단백질로 표시한다(Bierer, Sleckman, Ratnofsky, & Burakof, 1989). CD4 세포는 등급 II 분자로 된 주요 조직적합유전자 복합체(major histocompatibility complex: MHC)와 결합된 항원과 마주치게 되면 활성화가 된다. 이에 비해서 CD8 세포는 일단 항원 단백질을 인식하면 MHC 등급 I 분자(class I molecules)들과 함께 활성화 된다. 이 두가지 종류의 세포는 이들의 구체적인 기능에 관한한 현저하게 다르다. T-세포의 반응은 세포 증식테스트(blastogenesis, 무성생식)로 생체 밖 실험실에서도(in vitro, 실험실내에서) 측정될 수 있는데 이 테스트에서는 혈액 샘플이 마이토젠(유사 분열(有絲分裂) 촉진 유기물질, 예: ConA, 암세포의 성장을 막는 식물성 단벅질) 또는 피토헤마글루티닌(phytohemagglutinin, PHA: 식물성적혈구응집소)에 노출되며 그 결과로 T-세포 분리가 계산된다. 일반적으로 말해서 높은 숫자는 상대적으로 T-세포의 기능이 더 크다는 것을 의미한다.

보조 T-세포는 일반적으로 외부 단백질, 그리고 다른 T-세포에 의존하는 항원에 대한 항체반응을 생성하는 B-세포의 능력을 향상시키는 T-세포로 정의된다. T-세포는 항체 반응을 위한 세포 접촉, 또는 림프카인이 중재된 도움(나중에 논의될 것임), 이 두가지 기능을 제공하기 위하여 활성화되는 것임에 틀림없다. 일단 활성화 되면 보조 T-세포는 처음의 B-세포가 분화하기 시작하도록 하고 면역글로불린(항체)을 방출하도록 함으로써 B-세포를 결합한다(Noelle & Snow, 1991). 이 세포는 또한 단핵백혈구와 대식세포의 살균활동을 촉진시킨다.

다른 T-세포는 특정 항원을 나타내는 세포들을 죽이는 능력을 가지고 있으며 이를 집합적으로 독성 T-세포(cytotoxic T-cell, T_C)라고 한다. 이러한 독성 활동을 하는 대부분의 세포는 목표 세포 내에 있는 단백질로부터 나오는 펩티드(아미노산 화합물)를 인식하는 CD8 T-세포이다(Rammensee, Falk, & Rotzschke, 1993). T_C 세포에 의해 세포가 죽게 되는 정확한 기전은 아직 밝혀지지 않았다. 이제까지 소개된 한가지 기전은 T_C 세포가 목표 세포의 표면에 구멍을 내어 결과적으로 목표 세포를 죽이는 물질인 퍼포린(perforin)7)을 분비한다는 것이다. 그러나 모든 Tc 세포가 퍼포린을 가지고 있는 것은 아니며 목표세포 안에서 세포의 죽음이 프로그램되는 세포죽음 활성화와 같은 다른 독성 기전 역시 소개된 바가 있다(Paul, 1993).

외부에서 병원균이 침범하면 면역체계가 작동되어 활성화되는 능력을 가져야만 하는 것과 꼭 마찬가지로 그 작동이 중지되는 기전을 갖추는 것 역시 중요하다. 그런 효과를 갖는 세포들은 CD 8 T-세포(Ts)라고 불린다. 이 세포들이 어떻게 작용하는지에 대한 정확한 속성, 또는 이 세포들이 정말로 억제 세포인지 아닌지에 관해서는 아직 논쟁의 여지가 있다. 특정한 T-세포에 의해서 특정 면역 반응이 억제된다는 것은 단순히 특별히 구별되는 림포카인을 생성하는 생물개체의 표현형(phenotypes)을 가진 T-세포의 집합이 하나의 다른 활동을 방해하는 사실을 나타내는 것인지도 모른다. T-세포의 한가지 집합의 활동이 단순히 면역 반응을 재조정하고 다른 세포들을 억제시키지 않는 것인지도 모르는 것이다.

B-림프구(B-세포)   B-림프구는 온 몸을 순환하는 림프구의 약 5-15%를 차지하며 조혈줄기세포(hematopoietic stem cells)로부터 만들어진다(Roitt, Brostoff, & Male, 1989). B-세포는 표면표식 수용체인 CD19, CD20 및 CD22에 의해 확인된다. B-세포 성숙분열을 일으키는 기전은 태아의 간에서 이루어지며 성인은 주로 골수(bone marrow) 안에서 발생한다(골수에서 주로 만들어진다고 해서 골의 두문자인 B-세포라는 명칭이 생겼다). B-세포가 자극을 받으면 B-세포는 자신을 증식시켜 다양한 형태의 면역글로불린(immunoglobulin, 즉 항체)을 생성한다. 그런 다음에 서로 다른 다양한 기능을 발휘한다. B-세포에 의해 표면에 분비된 항체는 침입한 세포위에 항체 수용체와 결합한다.

중요한 면역글로불린으로는 IgA, IgG, IgD, IgM과 IgE가 있다(관련된 내용에 대한 고찰은 Roitt et al., 1989을 참조하기 바람). 이들 각각의 역할을 살펴보면 다음과 같다.

- IgA: 주로 점막액(mucosal fluids) 내에서 생성되며 상기도(upper respiratory) 감염 예방에 중요한 역할을 하는 것으로 여겨진다.

---

7) 킬러 T-세포나 자연 살상세포의 세포질 내 과립 속에 존재하는 당단백질.

- IgG: 중요한 혈액 면역 글로불린이며 대부분의 항원에 대항하여 주항체 효과 (main antibody effect)를 제공한다.
- IgD: 혈액 내에 소량으로 발견되며 많은 B-세포를 위해 세포표면 수용체(cell surface receptor)로서 작용한다.
- IgM: 외부로부터 침입한 미생물을 식세포(phagocytic cells)라는 목표로 파악하고 단백질(complement, 보체)로 덮어버린다.
- IgE: 앨러지 반응(예: 천식과 건초열/꽃가루병: hay fever)을 조정한다.

성숙한 B-세포는 항원과 맞닥뜨릴 때는 직접적으로 활성화되어질 수가 있고 T$_H$ 세포와 결합되고 난 다음에는 간접적으로 활성화 될 수 있다(Noelle & Snow, 1991). B-세포 활성화는 세포로 하여금 분리와 분화를 준비하도록 하여 항체를 분비하는 세포 또는 기억세포의 두가지 중 하나가 되도록 한다. *유사분열 촉진인자* (*poke weed mitogen: PWM*)를 활용한 분석으로 B-세포의 증식반응을 테스트 한다.

기억세포(memory cell) 기억세포는 특정한 항원의 도전에 의하여 활성화 되어진 B-세포이다. 똑같은 항원에 지속적으로 노출되면, 기억세포는 이전보다 훨씬 더 빨리 다량의 항체를 분비하게 되며 그 항원에 대한 친화성이 더 높아진다.

예를 들면, 기억 B-세포의 기능은 백신접종(예: 홍역 또는 B형 간염)을 위한 근거를 제공한다. 특정 바이러스(예: Epstein-Barr 바이러스: 포진 바이러스의 일종으로 단핵 백혈구 증가증 - mononucleosis - 을 일으킨다)에 대한 항체가(抗體價, antibody titer)[8]는 감시하고 있는 잠복성의 바이러스를 그대로 유지시킬 수 있는 면역체계의 능력을 시험하는데 사용될 수 있다. 예를 들면, 위에서 언급한 Epstein-Barr 바이러스에 대한 의대생들의 항체수준은 의대 시험기간 중에 증가하는 것으로 밝혀졌는데 이것은 스트레스를 받는 조건에서는 면역체계가 그 바이러스의 활동상태를 감시하기 위하여 더 많이 활동해야만 한다는 것을 제시하는 것이다(Glaser et al., 1987).

---

[8] 응집반응 양성을 나타내는 응집소의 최대 희석배수로 나타내거나, 침강반응에서 침강소량으로 나타내는 항체로서의 역가(力價). 역가란 적정(滴定)에 쓰는 표준 용액의 작용의 세기로 표준 용액 1밀리리터로 정량(定量)할 수 있는 피적정 물질의 무게로 나타낸다. 일반적으로 화학 시약(試藥)의 순수 정도를 나타내기도 하며 적정용 표준액 1mL가 조정되는 물질의 어느 정도의 양에 해당하는가를 나타내는 값을 말한다. 적정량(滴定量)이라고도 한다.

자연살상세포(NK-cells)　자연살상세포(NK-cells)는 다양한 종류의 종양과 생체 외에서(in vitro) 바이러스에 감염된 세포들에 대항할 때 관찰되는 "자연적인 세포독성(natural cytotoxicity)"에 책임이 있다(Berke, 1993). T-세포와는 다르게 NK-세포는 외부세포 또는 비정상적인 세포를 죽이는데 있어 죽이기 이전이나 죽이기 오래 전부터 이들 외부 또는 비정상 세포들에게 노출되어야 할 필요가 없다. NK-세포는 종양 저항성, 바이러스 및 다른 미생물 감염에 대한 자기 면역(host immunity), 그리고 림프구와 조혈세포의 숫자 조절과 관련되어 있는 것으로 보인다(Berke, 1993).

인간에서의 NK-세포는 정상적으로 CD16과 CD56 세포의 표면표지(surface marker)를 표시한다. 이들 세포의 정확한 계통에 대해서는 명확하지 않다. NK-세포는 대형과립상 림프구(large granular lymphocytes: LGL)와 연관되어 정상적으로 발견된다. LGL은 모든 림프구의 약 15%로 이루어져 있으며 말초혈관, 비장(spleen) 및 간에서 발견된다. NK-세포의 숫자와 독성활성(cytotoxic activity: NKCA)은 보통 실험실 검사를 통하여 측정된다.

식균세포(phagocytes)　식균세포(phagocytes)는 외부에서 침입한 병원균을 먹어 치우는 식세포(食細胞)작용을 하며(phagocytosis)[9], 이들의 세포막(cell membrane)을 파괴하고 손상된 조직과 감염된 자기 세포(self cell)를 깨끗하게 청소한다. 많은 다른 형태의 세포들이 식균능력을 가지고 있으며 이러한 세포들 각각은 골수줄기 세포로부터 나온다. 혈액식균세포(blood phagocytes: 백혈구·임파구 등)는 중성백혈구(neutrophils)와 단핵식균세포(monocytes)를 포함한다.

일단 자극을 받으면 단핵식균세포는 대식세포(macrophage)[10]의 조직 안으로 분화할 수 있다. 단핵식균세포나 대식세포의 숫자는 몸을 순환하는 백혈구의 약 10-15%까지를 차지한다. 이 세포들은 약간 크며(10-18μm)이며 미생물의 식균 작용 및 림프구에 대한 항원제시(presentation of antigen) 등의 방법을 동원하는 조기 면역반응에 관련되어 있다. 중성백혈구는 가장 많이 있는 백혈구이며 전체 백혈구 숫자의 약 60%를 차지한다. 중성백혈구는 생물세포질의 과립(알갱이)(cytoplasmic granules)으로부터 프로테아제(단백질 분해 효소)를 분비하거나 과산화수소(hydrogen peroxide)

---

9) 살아 있는 세포인 식세포가 다른 세포/입자들을 섭취하거나 삼키는 과정. 식균(食菌)작용이라고도 함.
10) 비특이성 식작용 및 세포흡수작용, 미생물의 살해, T 및 B림프구에 대한 항원의 소화 등의 기능을 담당하는 조직에서 볼 수 있는 많은 형의 단핵식세포.

와 같은 독성 분자를 방출함으로 해서 소화된 미생물을 파괴한다.

식균세포는 다른 많은 백혈구에 의해 생산되는 주화성 요인(chemotaxis)[11]에 의한 방법으로 감염지역으로 이동한다. 식균세포에 있는 수용체는 식균세포들이 주어진 항원을 나타내는 다양한 미생물을 결합시키도록 하는 것을 허용한다. 만일 미생물이 식균세포와 상호작용을 하기 전에 "준비되어(primed)" 있으면 이 결합은 크게 향상된다. 이것은 옵소닌화 또는 옵소닌 작용(opsonization)[12]으로 알려진 보체(complement, 혈액·림프액 속에 있는 보체(補體), B-세포 설명시 다시 논의될 것임)로 미생물을 코팅함으로써 달성된다. 두가지의 중성 백혈구와 대식세포는 이 보체를 구체적으로 결합시키는 수용체를 가지고 있으며 이 수용체는 식균세포가 목표를 알 수 있도록 해 준다.

식균작용(phagocytosis)의 과정 식균작용(phagocytosis)의 과정은 식균세포가 감염지역으로 이동 → 침입한 미생물을 결합시킴 → 미생물을 삼켜서 내면화시킴(internalizing) → 미생물 파괴로 요약될 수 있다. 이렇게 해서 외부에서 침입한 항원(foreign antigens)은 일단 분해(degradation) 처리가 되고 식균세포의 표면에 나타난다. 항원제시 과정은(抗原提示, antigen presentation, 항원전달이라고도 함)[13] T-림프구의 활성화에 결정적인 처리과정이다.

항원제시란 용어는 백혈구를 활성화시키는 필수 세포와 생화학적 사항을 기술(記述)하는데 사용되는 용어이다. 항원을 삼키고 이를 림프구를 자극시킬 수 있는 형태로 나타내는 항원전달세포(antigen-presenting cell, APC)에는 다양한 종류가 있다.

가장 많은 APC는 식균세포이다. 항원은 APC 표면에 묶이는 주조직 적합 유전자복합체(主組織適合性複合體, major histocompatibility: MHC)[14]에 의해 부호화된

---

11) 화학적인 농도구배에 따라 개개의 세포가 이동하는 것. 화학주성(化學走性), 주화성(走化性)이라고도 한다.
12) 세균 및 다른 세포가 이식작용을 받게 되도록 하는 것 또는 혈액내에서 옵소닌으로 알려진 항체가 침입한 미생물의 표면에 부착하여 식세포작용을 촉진하는 과정.
13) 대식세포나 수지상세포 등이 체내에 침입한 항원을 T-세포가 감지하도록 제시하는 과정이다. 일부 획득면역이 작동하기 위해서는 내재면역계가 먼저 위험한 항원과 그렇지 않은 물질을 구분하여 획득면역계에 항원을 제시해야 한다. 세균이나 바이러스에 감염된 세포 등은 자기 자신의 세포와 다른 항원을 가지고 있으므로 이를 인식하여 비자기 물질을 찾는다. 항원(antigen)은 몸 안에 침입하여 항체(抗體, antibody)를 만들거나 거나 비정상세포의 표면에 나타나는 단백질 분자로 세균이나 독소 따위가 있다.
14) MHC 분자는 대부분의 척추동물에서 면역계와 자가 면역에 중요한 역할을 한다. MHC는 합성된 단백질 조각을 그 세포의 표면에 보여주는 역할을 한다(단백질 조각을 소시지에 비유한다면, MHC는 소시지를 둘러싸고 있는 빵과 같은 형태로 존재함). MHC-단백질 복합체가 세포의 표면에 위치하면, 근처에 있는 면역 세포

단백질 분자와 함께 출현한다. T-림프구는 세포 표면에 항원-HMC와 결합하는 수용체를 가지고 있는데 이 수용체는 궁극적으로 T-세포의 활성화를 초래한다.

림프구 활성화로 이끄는 연속적인 과정은 다음과 같다.

APC에 의한 단백질 항원을 흡수함(uptake) → APC 세포 표면에 분자(molecules)를 제시함 → 항원을 생화학적으로 처리하고 MHC 분자와 연관시킴 → 림프구의 성장과 분화(differentiation)를 가져오는 항원-HMC와 림프구 세포 표면수용체를 결합시킴.

싸이토카인[15]

T-세포가 자기들끼리 기능하고 대화할 수 있는 대부분의 방법은 싸이토카인(cytokines)이라고 불리는 집합적인 일련의 단백질을 통해서이다. 싸이토카인은 세포의 성장, 염증, 면역, 구분 및 회복에 연관된 단백질 매개물(mediator)이다(Howard, Miyajima, & Coffman, 1993). 싸이토카인은 종종 처음에 만들어진 장소에 의해 분류된다. 림프구에 의해 생성된 싸이토카인은 림포카인(T-세포가 방출하는 가용성 단백질 전달 물질)이 되는데 비해 단핵백혈구(monocyte)에 의해 생성된 싸이토카인은 총체적으로 모노카인(monokines)이 된다.

싸이토카인 가운데 중요한 것으로는 인터루킨-2(IL-2: 대식세포, 살상 T-세포와 B-세포, 그리고 면역체계의 다른 구성 물질을 증진시키는 림포카인), IL-3, IL-4, IL-5, IL-6, IL-9, IL-10, 과립형백혈구 대식세포군 자극요인(granulocyte-macrophage colony stimulating factor: GM-CSF), 감마 인터페론(IFN-γ), 종양괴사(壞死)인자 알파(tumor necrosis factor alpha, TNF-α)와 베타(TNF-β)가 있다.

싸이토카인은 T-세포에 의해서 자연적으로 생성되지는 않지만 수용체가 중재된 T-세포활동(receptor-mediated T-cell activation)에 따라 유발된다. 대개의 경우 이 활동은 APC가 T-세포에 대한 항원제시를 함으로써 야기된다. 이 분자군(family of molecules) 가운데 특별하게 뚜렷한 형태로 나타나는 두가지는 다면발현성(多面發現性: extensive pleiotropy, 한 집단 내에 유전적으로 조절되지 않는 몇 가지 표현형이 나타나는 일)과

(주로 T세포나 자연 살상세포)가 합성된 단백질을 확인할 수 있게 된다. 만약 확인된 단백질이 자기단백질이 아닌 것으로 판명되면, 면역 세포는 그 감염된 세포를 죽인다.

15) 면역응답의 발현이나 조절 등의 세포 간 상호 작용에 관여하는 생물활성인자의 총칭. 여러 세포에서 분비되며, 호르몬과 같이 저분자량의 단백질 성분을 가지고 있다. 분비된 후 대식세포의 증식을 유도하거나 자기 자신의 분화를 촉진하여 다른 세포나 자신에게 영향을 준다.

중복성(또는 대리기능성, redundancy)이다. 즉, 각각의 싸이토카인은 여러 가지의 기능을 가지며 어떤 기능 하나라도 일반적으로 한 개 이상의 싸이토카인에 의해 중재된다(Paul, 1989).

> **인터루킨(Interleukin, IL)** 인터루킨은 림프구 성장 요인이며 T-세포에 의해 주로 분비된다. 그러나 대식세포인 B-세포와 LGL에 의해서도 분비된다. IL-1부터 IL-6까지가 가장 많이 연구되었고 각각의 특징이 알려졌으나 현재까지 인간에게는 적어도 12종류의 IL이 있음이 밝혀졌다(Mackinnon, 1992). 각각의 특징을 간단하게 살펴보면 다음과 같다.

- IL-1: 다른 세포 형태도 IL-1 활동을 생성하는 것으로 알려져 있기는 하지만 IL-1은 대식세포(macrophages)에 의해 주로 생성된다. 이것은 면역세포와 비면역세포를 아우르는 대단히 넓은 범위에 영향을 미칠 수 있는 다면발현성(多面發現性: 1개의 유전자가 2개 이상의 결과를 낳는 것) 싸이토카인(pleiotropic cytokine)의 가장 좋은 예 가운데 하나이다. 이러한 다면발현성 활동은 IL-2 생성과 TH 세포(T helper 또는 helper T-cell의 약자)에 IL-2 수용체 표현하기. 다른 싸이토킨(즉, IL-6와 TNF)의 단핵백혈구(monocyte)와 대식세포의 생성, B-세포 증식과 구분, 그리고 항체생성 증가시키기 등을 포함하며 신생물(neoplastic) 목표세포(예: 암세포)를 죽이는 능력을 최대로 함으로써 Tc[16], 자연살상세포(NK cell) 및 활성화된 대식세포와 직접적으로 상호작용을 한다. IL-1은 또한 비면역세포의 활동에도 깊은 영향을 준다. IL-1이 중추신경계 세포 기능을 변화시키고 프로스타글란딘 생성을 향상시켜 간접적으로 열을 유발하는 능력 등이 이러한 예이다.

- IL-2: 주로 T-세포에 의해서 생성되며 면역성 흉선림프구(immunocompetent thymocytes)에 의해 조금 덜 한 정도로 생성된다. IL-2의 주요 활동은 단연 T-세포를 위한 성장(증식) 자극제로서의 역할을 하는 것이다. IL-2는 TH 및 Tc 세포의 성장과 구분을 야기시키고 또한 IFN-γ이나 림포톡신(lymphotoxin, 세포장애인자)과 같은 림포카인(lymphokine, T세포가 창출하는 가용성 단백 전달 물질), 그리고 B-세포 성장과 구분을 하는 인자들로부터 나온 다른 T-세포의 생합성

---

16) 흉선(胸腺) 의존성 임파구(球). 세포 매개성 면역이나, B 세포와 공동으로 면역 글로불린의 합성에 관여한다.

(biosysnthesis)을 향상시킨다. IL-2는 IL-4와 B-세포 성장 요인들의 활동을 향상시켜 B-세포의 성장과 구분을 유발시키는 것으로 보고되고 있다. IL-2는 또한 자연살상세포의 활동을 증가시킨다.

- IL-3: 활성화된 T_H 세포에 의해 생성되며 주요기능은 대식세포와 단핵백혈구의 구분을 자극하는 것이다.
- IL-4: IL-4는 B-세포 자극요인(Howard et al., 1982)으로 파악되어 왔다. 이것은 또한 T_H 및 T_C 림프구의 성장을 단기간에 이루도록 하는, 성장을 돕는 공동각성제이기도 하다(Mosmann, Bond, Coffman, Ohara, & Paul, 1986). 뿐만 아니라 IL-4는 II급 MHC 항원 표현능력과 복막 대식세포(peritoneal macrophages)의 종양자멸유도(tumorcidal) 활동을 증가시킬 뿐만 아니라 골수로부터 나온 대식세포의 항체능력을 보여주는 기능을 향상시키기도 한다.
- IL-5: IL-5는 에오신 호산성(好酸性) 백혈구(eosinophils, 백혈구 중 산소를 좋아하는 과립구의 일종)로 하여금 성숙한 효과를 갖는 세포가 되도록 이를 증식하고 이 세포들을 구분하도록 하는 잠재적 조절기이다. IL-3 역시 이 구분기능에 관여하는 것으로 여겨진다. IL-5는 또한 B-세포 성장의 자극제로서의 역할을 한다.
- IL-6: IgG 분비를 자극하고 T-세포의 활성화를 향상시켜 B-세포 구분에 관여한다.

종양괴사인자(腫瘍壞死因子)[17]

TNF는 대식세포와 다른 세포들이 활성화됨으로써 생성되며 면역세포 및 비면역세포 모두를 포함하는 많은 다른 목표 세포에 대해 광범위한 생물학적인 활동범위를 가진다(Durum & Oppenheim, 1993). TNF는 처음에 생체(in vivo)의 특정 종양에서 출혈괴사(hemorrhagic necrosis)를 유발키는 능력 때문에 발견되었으며(Old, 1985) 카켁틴(cachectin, TNF-α)[18]이라고도 알려져 있다. 이는 중요한 염증 매개체로 여겨진다. T-세포 생성물

---

[17] Tumor Necrosis Factor(TNF). 혈청중의 종양세포에 대하여 매우 선택적으로 세포 장애활성을 갖는 인자로 특정 종양의 혈관 내피에 작용하여 종양을 현저히 퇴축(退縮)시키는 역할을 한다.
[18] 대식세포에 의해 체내에서 생성되는 단백질. 대식세포가 내독소(endotoxin)로 알려진 세균이 갖고 있는 독성물질과 접하게 될 때 만들어지며 신체에 이롭거나 해로운 작용을 모두 하는 것으로 생각된다. TNF는 암이나 만성세균감염·만성기생충감염으로 고통받는 일부 환자들에게서 나타나는 심한 체중감소(악액질 惡液質, cachexia)를 일으키기도 하지만 신체 전반에 염증 및 면역반응을 조절하는 데 있어 훨씬 더 광범위하고 긍정적인 역할을 한다고 알려져 있다. 예를 들면, 말라리아 기생충에 대해 신체를 방어해주는 것도 TNF로 여겨지고 있으며, 실험연구에서는 특정 형태의 암세포를 파괴할 수 있는 것으로 나타났다.

인 림포톡신(lymphotoxin, 서포 장애인자)은 또한 TNF-β로도 불려왔는데 그 이유는 이것의 많은 활동이 TNF-α의 활동과 비슷하며 둘이 목표 세포섬유의 같은 수용체에 결합하기 때문이다.

인터페론

많은 특징을 바탕으로 인터페론(interferons)은 세가지의 독특한 부류, 즉 알파, 베타, 그리고 감마로 구분된다. IFN-α와 INF-β는 세포에 바이러스가 감염된 직접적인 결과로서 유발되는 전형적인 인터페론이다. 이와는 대조적으로 INF-γ는 바이러스 감염에 의해 직접적으로 유발되지 않고 면역 자극에 의해서만 유발된다. 이것은 세포 안에서 항바이러스 활동을 유발하기도 하지만 이 활동은 IFN-α와 INF-β보다 몇 배 더 적다. 그러나 INF-γ는 다른 두 종류의 인터페론보다 면역조절기로서 100배에서 10,000배 더 활동적이다.

스트레스 요인의 형태와 신경내분비 반응

앞에서 우리는 심리적 스트레스 요인과 운동은 SNS와 스트레스와 관련된 호르몬이 활성화되어 면역체계에 영향을 줄 것이라는 것을 제시하였으며 면역체계에 대한 개관을 제시하였다. 그러므로, 스트레스 요인이 스트레스 호르몬 반응에 어떻게 영향을 미치는가를 이해하는 것이 중요하다.

Selye(1956)는 스트레스 반응은 서로 다른 많은 자극들 가운데 어떤 것에 의해서도 야기될 수 있는 일반적인 경고 반응이라고 가정하였다. 이와 유발된 반응은 특정한 생리적 패턴을 따른다고 여겨지는데 이 생리적 반응은 스트레스를 야기 시키는 사건들 가운데 특정한 것에만 반응한다. 스트레스 반응의 특징은 시상하부 - 뇌하수체 - 부신피질(hypothalamas - pituitary - adrenocortical: HPA) 축의 활성화라고 여겨진다.

스트레스에 대한 반응 패턴에 대한 기존의 사고방식은 구체적이지 않은 한가지 반응 패턴일 것이라는 것이었다. 그러나 이러한 기존의 생각은 신체적 그리고 심리적 스트레스 요인이 다양할 때마다 호르몬이 다른 곳에서 분비된다는 것을 관찰한 연구자들에 의해서 틀린 생각이라고 비판을 받게 되었다(Mason, 1975).

동물행동에 대한 실험실 연구결과는 스트레스 요인에 직면하는 포유동물은 적절한 극복반응이 시도될 때에는 심폐기능이 활성화되는 것(방어반응)의 한가지 패턴을 나타내는 경향을 보이지만, 극복반응이 사용되지 못할 것 같은 상당히 불리한 상황에서는 전혀 다른 패턴(극복억제: inhibitory coping)을 보인다(Abrahams, Hilton, & Zbrozyna, 1960; Cannon, 1992; Hess, 1957; Perna et al., 1997). 먼저 소개된 형태는 일반적으로 움직임과 관련이 있는 반면에 후자의 형태는 움직임의 억제와 관련이 있다(Schneiderman, 1978; Schneiderman & McCabe, 1989).

스트레스에 반응하는 인간을 검증해보면 위에서 설명한 비슷한 이분법이 존재한다. 그러므로 한편으로는 신체적인 움직임(겉으로 나타나고 예상이 되거나 실제적인)을 포함하는 상대적으로 일시적이고 적극적인 극복활동(패턴 1)이 일시적으로 SAM(sympathoadrenal medulla: 교감신경아드레날린-척수) 활동을 증가시키는 방어반응을 닮은 반응들을 일으키는 경향이 있다. SAM 활동은 교감신경절후(節後) 뉴런(post-ganglionic sympathetic neurons)으로부터 분비되는 노르에피네프린(NE: 부신 수질에 생기는 호르몬), 부신수질(adrenal medulla)에 의해 분비되는 에피네프린(E), 그리고 혈류에 대한 총 말초저항(total peripheral resistance to blood flow)의 감소에 의해 특징 지워진다(Perna et al., 1997).

그러나 다른 한편으로는 억제극복(패턴 2)을 포함하는 활동은 SAM 활동의 장기적인 증가를 가져올 수 있으며 총 말초저항에서 감소가 아닌 증가와 HPA-축 활성화의 증가를 초래할 수가 있다(Herwitz et al., 1993). HPA-축 활성화는 시상하부에서 분비되는 부신피질자극방출 호르몬(corticotropin releasing hormone: CRH), 뇌하수체에서 분비되는 부신피질 호르몬(adrenocorticotropic hormone: ACTH), 그리고 부신피질(adrenal cortex)에서 분비되는 코티졸의 분비와 관련이 있다.

또한 Frankenhaeuser(1990)는 스트레스 요인을 극복하는 개인의 인식능력에 좌우되는 스트레스 요인에 반응하는 구체적인 호르몬의 특성을 보고하였다. Frankenhaeuser와 동료들은(McCabe & Schneiderman, 1985) 카테콜라민(에피네프린과 노르에피네프린)의 증가는 일반적으로 SAM이 활성화되었다는 것을 나타내며 정서의 강도는 스트레스 요인이나 도전과 관련이 있다고 하였다. 반면에 코티졸의 증가는 스트레스 요인과 관련된 부정적인 스트레스의 정도를 나타낸다는 것을 제시하였다. Frankenhaeuser는 '부정적인 스트레스가 없는 노력(effort without distress)'이라는 용어를 사용해 왔는데 이것은 스트레스의 극복은 SAM의 활성화와 HPA-축 활성화의 제한과 관련이 있다는 것을, 그리고 '부정적인 스트레스에 대한 노력(effort with distress)'이라는 용어는 스트레스의 극복은 SAM 활성화와 HPA-축 활성화가 뚜렷한 것과 관계가 있다는 것을 기술(記述)하기 위한 것이었다.

McCabe와 Schneiderman역시 이와 비슷하게 코티졸 분비는 스트레스 상황에 대한 인지적 평가에 주로 의존한다는 것을 주장하였다. 부가적으로, 최초의 코티졸 증가는 스트레스 반응에 필요할 수도 있지만 HPA-축이 지속적으로 활성화 되는 것은 인체에 해롭다. 그러므로 패턴 1(적극적 극복 또는 부정적 스트레스가 없는 노력)과 패턴 2(억제적 극복 또는 부정적 스트레스에 대한 노력) 반응은 두가지 모두 SAM 활성화와 연관이 있다(McCabe & Schneiderman, 1989). 그러나 HPA-축 활성화는 정서적인 상태와 스트레스요인이나 도전을 극복할 수 있는 인지된 능력에 영향을 미치는 스트레스 요인의 강도, 기간 및 다른 특징들에 의해 결정된다.

그러므로 일반화된 스트레스 반응이라는 Selye(1956)의 개념과는 대조적으로 우리는 스트레스요인의 구체적인 형태가 신경내분비계에 서로 다른 영향을 끼치고 이로 인하여 신경내분비계의 반응이 일어난다는 것을 알 수가 있다. 예를 들면, 서로 다른 스트레스 반응에 대한 기술에서 우리는 또한 같은 스트레스 요인을 대한다 하더라도 서로 다른 인지적 평가를 통해서 개인이 신경내분비계에서 어떻게 다른 반응을 보이는지를 알아보았다. 이처럼 신경내분비계에서 다른 반응을 보이게 되면 그 결과로 면역 반응에도 다른 영향을 미치게 된다. 또한 '스트레스 반응'의 활성화는 대단히 잘 사용될 수 있고 필요하다는 점을 아는 것이 대단히 중요하다. 스트레스 반응의 활성화는 사람들로 하여금 도전적인 상황에 대비하게 하고 인지적이고 신체적인 과제에 대한 수행력은 카테콜라민 분비의 수준과 정적으로(positively) 관련이 있다(Dienstibier, 1989; Frankenhaeuser, 1990).

운동 vs. 심리적 스트레스: 면역체계와 중재기법을 위한 함의

운동이 사람의 신체 조직과 내장기관(內臟器官)에 도전을 던져주므로 사실 운동은 스트레스 요인으로 작용할 수 있다. 심리적 스트레스 요인과 함께 신경내분비 형태는 운동의 특징(예: 운동강도)에 따라 다르다. 이는 고강도 대 중간강도의 운동에 대한 면역반응 역시 다르다는 것을 부분적으로 설명해 준다. 운동이 스트레스 요인임에도 불구하고 중강도의 운동은 심리적인 스트레스 요인(예: 배우자 사망 등과 같은 삶의 부정적인 사건)이 야기 시키는 것과는 아주 다른 정서적, 인지적, 그리고 생리적인 반응을 야기 시킨다. 예를 들면, 스트레스를 느끼는 삶의 사건과 다르게 운동에 참가하는 것은 일반적으로 자신이 통제할 수 없는 불쾌한 인생사건이 아닌 자신의 통제 하에서 즐길 수 있는 즐거운 일로 인식된다. 운동은 또한 만성질병으로 진단받거나 그 치료와 같은 삶의 고통스러운 사건을 당할 때 느끼게 되는 무기력감과는 대조적으로 전반적인 자신감(self-efficacy) 및 낙천성(optimism)과 관련이 있다(Kavussanu & McCauley, 1995; LaPerriere, Ironson, Antoni, et al., 1994). 정기적인 운동은 또한 부정적인 정서, 특히 우울증을 감소시키는 것으로 잘 알려져 있다(North, McCullagh, & Tran, 1990; Petruzzello, Landers, Hatfield, Kubitz, & Salazar, 1991). 이것은 HPA-축 활동과 정적으로(positively) 관련되어 있음을 나타내는 것이다(Nemoroff et al., 1984).

생리학적으로, 운동은 심리적인 스트레스와 구분된다(Dienstbier, 1989; McCabe & Schneiderman, 1985; Schneiderman & McCabe, 1989). 예를 들면, 심리적 스트레스는 노르에피네프린에 대한 에피네프린의 우선 방출(preferential release)을 야기하는 것으로 알려져 있다(McCabe & Schneiderman, 1985). 이와는 대조적으로 심리적인 스트레스에 대해서는 중강도의 신체적 운동이 에피네프린에 대한 노르에피네프린의 우선방출을 야기시킨다. 오랫동안 지속적인 운동(exercise training)은 베타-2 아드레날린 활동이 감소한 기능의 하나이자 부교감신경계 활동이 증가한 휴식시 심박수를 감소시키는 것으로 알려져 왔는데 이것은 이완반응의 전형적인 특징이다(Frick, Elovainio, & Sommer, 1967; Frick, Kottinen, & Sarajas, 1963; LaPerriere, Ironson, Antoni, et al., 1994). 부가적으로 에어로빅 운동 역시 심리적 스트레스에 대한 SAM 반응을 감소시키는 것으로 보고되었다(Blumenthal, et al., 1990).

게다가 Dienstbier(1989)는 스트레스 반응의 동물 및 인간모델을 만들어냈으며 이를 바탕으로 운동은 "생리적인 강인함(physiological toughness)"으로 이끌어준다고 주장하였다. 이 생리적 강인함은 스트레스 요인이 나타날 때 코티졸 분비를 제한시키면서 적정한 카테콜라민을 분비한다는 특징이 있다. 운동은 인지, 정서 및 생리적인 면을 변화시킬 수 있으므로 Dienstbier는 신체적 운동은 다음에 나타나는 심리적 스트레스 요인에 대한 생리적인 반응을 유리하게 변화시키는 하나의 행동이라는 것을 제시하고 이를 스트레스 완충 효과(stress-buffering effect)라고 하였다. 모든 연구자들이 이 스트레스 완충효과를 지지해 온 것은 아님에도 불구하고(Duda, Sedlock, Melby, & Thaman, 1988; Roth, 1989), 다른 많은 연구자들은 이를 지지하였다(Brown, 1988; LaPerriere et al, 1990, Rejeski, Thompson, Brubaker, & Miller, 1992).

에피네프린은 노르에피네프린이 베타-2 아드레날린 수용체(beta2-adrenergic receptors)에 미치는 것보다 훨씬 더 강력한 친화력을 가지고 있고 많은 면역세포와 조직들이 베타-2 아드레날린 수용체를 표시하기 때문에, 일시적인 심리적 스트레스 요인은 면역체계에 부적으로(negatively) 영향을 미친다(Perna et al., 1997). 이와 대조적으로 이완훈련이나 운동과 같은 행동은 스트레스 반응을 변화시킴으로써 면역체계에 유리한 영향을 미치는 것으로 여겨진다(Kiecolt-Glaser, 1992).

내분비-면역 상호작용

코티졸, ACTH 및 베타-2 아드레날린 수용체가 림프구에서 식별되므로 HPA-축과 SAM 체계에서 방출되는 호르몬은 면역체계에 영향을 미치는 것으로 여겨진다. 예를 들면, 선행연구들은 CRH[19]는 자연살상세포의 독성활동(natural killer cell cytotoxic activity) 억제시킬 수가 있다는 것과(Pawlikowski, Zelazowski, Dohler, & Stepien, 1988), ACTH는 항원(CD-3 항체) 및 LMF[20]의 자극에 대한 T-림프세포의 반응을 손상시킨다는 것을 보여주었다(Kavelaars, Ballieux, & Heijnen, 1988). 부신피질 호르몬 역시 T-림프구(Cupps & Fauci, 1982), 대식세포(Pavlidis & Chirigos, 1980), 및 NKCA (Levy, Herberman, Lippman, & d'Angelo, 1987)를 포함하는 세포 면역의 구성요인 몇 가지를 손상 또는 변형시킨다.

이와 비슷하게, 말초 카테콜라민의 증가는 면역체계에 영향을 미친다. 교감신경계의 노아드레날린 신경섬유는 몇 개의 림프기관에 있는 림프구의 유조직(柔組織, parenchymal)[21] 구역과 관련 세포뿐만 아니라 맥관구조(vasculature)[22]도 자극시킨다.

---

19) 부신피질자극 호르몬 방출 호르몬(corticotropin-releasing hormone). CRH로 약기. 뇌하수체 전엽의 부신피질자극호르몬 생산세포에 작용하여 ACTH-β-엔돌핀, β-리포트로핀을 분비시키는 호르몬.
20) 백혈구유사분열인자(白血球有絲分裂因, leukocyte mitogenic factor). 백혈구의 유사분열(세포 분열 과정에서 염색체가 나타나고 방추사가 생기는 핵분열. 또는 하나의 세포가 유전적으로 동일한 2개의 딸세포가 되는 세포의 복제 또는 생식과정)에 관여하는 인자.
21) 식물체의 기본조직 대부분을 차지하는 유세포로 이루어진 조직. 세포막이 얇으며 원형질을 포함하고 있다. 물렁조직·유연 조직이란 용어도 함께 쓰인다.
22) 혈액 따위의 체액이 흐르는, 몸속에 퍼져 있는 관. 혈관(血管)과 림프관(管)이 있다.

이 기관들에 있는 말단신경(nerve terminals, 모든 척추동물에서 후각신경의 앞쪽에 있는 뇌신경)은 일반적으로 T-세포의 구역으로 향한다(Felten, Felten, Carlson, Olschawaka, & Livnat, 1985). 활성화는 이러한 림프구가 말초 순환계로 방출되는 것을 야기시킨다. 그러나 후속연구들은 베타 아드레날린 작용물질(agonist, 특정 생체작용물질의 수용체에 결합해서 그 물질과 같은 작용을 하는 물질 또는 약제)은 NKCA의 감소(Katz, Zeytoun, & Fauci, 1982) 및 T-세포 증식(proliferation) 감소(Plaut, 1987)와 관련이 있다는 것을 보고하여 왔다. 이러한 발견은 림프구에서 베타 아드레날린 수용체의 존재가 발견된다는 점에서 앞뒤가 맞는 내용이 된다.

일반적으로, 카테콜라민은 NKCA를 포함한 생체 밖에서(in vitro) 대부분의 면역기능을 감소시키는 경향이 있다(Bourne et al., 1974; Plaut, 1987). 그러나 최근의 생체연구에서는 일시적 정서적 스트레스 요인은 말초신경 순환(peripheral circulation)에 있는 NK 세포 숫자의 증가를 가져온다는 것이 보고되었다(Benschop, Oosteveen, Heijnen, & Ballieux, 1993). 휴식상태에서 NK-세포는 동맥벽의 세포층 내피에서 발견된다(Atherton & Born, 1972). 이는 혈관의 변연대(邊緣帶, vessel's marginal zone)[23]를 구성한다.

휴식시에 NK-세포와 혈관내피(endothelium) 사이의 내부압력(adhesive force)은 유리된(free) NK-세포가 순환하는 림프구 풀 안으로 이동하도록 하는 전단력(剪斷力, shear forces: 물체의 단면에 평행하게 작용하는 힘) 보다 더 크다. 고강도의 유산소 운동을 포함하여 일시적으로 스트레스를 받는 동안에는 동맥에 체계적으로 증가한 혈류량이 내부압력과 전단력 사이의 평형성을 변화시킨다. 그리고 이 차이는 NK-세포로 하여금 순환할 수 있도록 한다. 뿐만 아니라, 림프구의 베타-2 아드레날린 수용체를 더 자극하면 NK-세포가 내피에 들러붙는 것을 방해한다(Benschop et al., 1993). 이러한 방법으로 순환하는 림프구 풀의 차이로부터 얻어진 자연살상 세포의 숫자가 일시적으로 증가하는 것이다.

림프구, 특히 CD8 억제세포 역시 일시적 스트레스를 경험하는 동안이나 경험한 후에 일시적으로 증가할 수가 있다. 그러므로 스트레스가 야기되면 목표세포의 살상에

---

23) 변연계 B-세포(marginal B cell, MZ B-cell)가 생성되며 Ig(immunoglobulin, 면역 글로불린: 혈액 속의 항체의 구실을 하거나 면역성을 만들어 내는 단백질의 총칭. 그 구조에 따라 IgA, IgD, IgE, IgG, IgM으로 분류됨) 항원복합체(antigen complexes)와 결합한다.

필요한 자연 살상세포와 림프구는 그 숫자를 늘려서 순환풀로 이동하며 그 숫자는 병세를 약화시키기에 충분함에도 불구하고(Benschop et al., 1993) 만일 SAM이 지속적으로 활성화 된다면(특히 이 활성화가 HPA-축의 활성화와 함께 나타나게 되면) 스트레스 요인으로부터 회복하는 동안의 NKCA 활동이 감소될 수도 있다(Bourne et al., 1974; Hellstrand & Hermodsson, 1989).

운동과 면역체계의 상호작용

일시적 유산소성 운동은 SAM 활성화를 통하여 카테콜라민을 증가시키고 심박출량을 증가시킴과 동시에 총 말초저항(total peripheral resistance)을 감소시켜 운동이라는 과제를 적극적으로 극복하도록 해준다(Landmann et al., 1984; Neiman et al., 1994; Schneiderman & McCabe, 1989). 대부분의 경우, 코티졸 분비는 운동의 강도와 지속시간에 달려있다(Cashmore, Davis, & Few, 1977; Farrell, Garthwaite, & Gustafson, 1983). 그러나 코티졸은 운동을 하는 사람이 탈진상태에 이르는 고강도의 수준에 이를 때까지는 휴식할 때 나타나는 수치 이상으로 증가하지 않고 처음에는 오히려 감소할 수도 있다(Tharp, 1975). 기능적 능력의 80% 이상의 고강도 운동 후에는 코티졸 수준이 운동 전 수준으로 회복되는 형태는 다양하다. 어떤 경우에는 몇 시간 동안 지속되거나 며칠 동안 지속되는 경우도 있다(Neiman et al., 1994; Urhausen & Kinderman, 1987). 그러나 엘리트 유산소 종목 선수들 가운데에는 격렬한 운동 직후에 곧바로 코티졸 수준이 현저하게 감소하거나 기초선 수준과 별다른 차이가 없이 그대로인 경우도 있다(Perna & McDowell, 1995; Snegovskaya & Viru, 1993; Tharp, 1975). 이러한 발견은 생리적 요구뿐만 아니라 심리적 요인이 HPA-축 조절과 운동 중에 어떤 역할을 한다는 것을 제시하는 것이다.

고강도 운동이 면역체계에 미치는 결과는 일반적으로 ConA(콘카나발린 A)[24]에 반응하는 임파구 수치가 감소하고 NKCA는 증가하는 것과 동시에 면역세포의 빠른 증가, 특히 CD8(세포 항치)과 NK 세포가 증가되는 것을 포함한다. 그리고 이것은 NKCA와 ConA에 대한 반응증식이 기초선 수준 아래로 일시적으로 감소한 후에 나타난다(Field,

---

24) concanavalin A(Con A로 표시함). 완두콩 종자(canavalia ensiformis)에서 얻어진 분열촉진성 렉틴으로 암세포의 성장을 막는 식물성 단백질. 암세포를 정상 세포로 환원시키는 작용을 한다.

Gougeon, & Marliss, 1991; Fry, Morton, & Keast, 1992; Neiman et al., 1994; Tvede et al., 1989). 대조적으로 중간강도의 운동은 코티졸이나 에피네프린의 유지나 증가 없이 면역세포 숫자에 약간의 변동을 초래한다. 그리고 어떤 경우에는 NK, NKCA, 또는 T-림프구에 대한 증식반응이 증가하기도 한다(Nehlsen-Cannarella et al., 1991; Neiman et al., 1994; Shepard & Shek, 1994; Tvede et al., 1989).

그러므로 신경호르몬 반응이 일반적인 심리적 스트레스와 운동이라는 스트레스 요인에 대해서 일시적으로 면역반응과 그 회복에 영향을 미친다는 것은 명백하다. 이상을 요약하면, 심리적인 스트레스와 고강도 또는 지속적인 운동은 NK와 B세포의 두가지의 이상(二相, biphasic) 면역반응과 보조 T-세포(CD4 세포) 비율의 감소를 나타낸다. 스트레스 요인에 대한 반응으로 CD4 세포가 증가함에도 불구하고 이 증가는 CD8 항체/독성세포의 증가만큼 크지는 않다. 따라서, 순환 CD4 세포의 상대적 비율(%)과 이와 관련된 활동은 일시적으로 감소한다. NK와 B세포의 세포 독성 반응(cytotoxic response)은 주로 세포수가 증가한 결과로 일시적으로 증가하지만 그 후 회복단계에서는 세포가 말초혈액(peripheral blood)으로부터 혈관 변연대 풀(marginating pool)과 신경호르몬으로 돌아감에 따라 기초선 이하로 떨어지게 된다. 그리고 코티졸은 남아있는 개별 세포 단위 당(lytic unit, 분해단위) 독성 활동을 손상시킨다.

세포숫자와 세포 활동에서 증감이 있는 이유는 고강도 운동 또는 림프구 숫자가 운동전 수준으로 감깐 내려가는 장기적인 운동 이후의 시간동안의 면역체계에 대한 함의를 나타낸다(Neiman et al., 1994). 많은 연구들이(Mackinnon, 1992; Mackinnon, Ginn, & Seymour, 1991; Shepard & Shek, 1994) 고도의 훈련을 받는 선수들에게 고강도 운동은 바이러스 감염에 대한 '민감성의 창(the window of susceptibility)'을 만들어내는 역할을 하는 이상(二相) 면역 반응(biphasic immune response)이라는 점을 언급하여 왔다. 심리적 스트레스와 격렬한 운동과는 대조적으로 Nieman과 동료들(Nieman et al., 1994)은 NK 세포의 세포독성활성(cytotoxic activity)이 중간정도의 운동 후에 증가하지만 격한 운동 후에는 감소한다는 것을 보여주었다. 더군다나 HIV-1 환자를 대상으로 한 여러 편의 연구들은 중강도의 적절한 유산소 운동 후에 CD4 세포와 NK세포가 증가하였다는 것을 보고하였다(LaPerriere et al., 1990; 1991; Perna et al., 1999). 중강도 운동은 최근에 유방암 수술을 받은 환자들에게서 NK 세포의 활동을 증가시켰다는 것을 보고한 연구(Lotzerich et al., 1994)도 있는 반면에 유방암 수술을 받은지 오랜 후에 운동을 한 환자들에게서는 NK 세포의 수치나 기능에 변화가 없었다는 연구(Nieman et al., 1995)도 있다.

운동, 스트레스, 장기질병: HIV-1을 중심으로

"스트레스 반응(stress response)"은 무척 필요하고 잘 쓰일 수 있음에도 불구하고, 일반적으로 다음과 같은 세가지 조건하에서는 잠재적으로 불리한 효과가 나타나는 경향이 있다.

1. SAM과 HPA-축의 활성화가 자주 야기 시키는 일시적 스트레스 요인을 너무 많이 경험하게 될 때
2. 스트레스 요인에 대해 개인이 생리적 그리고 심리적으로 일반적으로 반응하는 것보다 과도한 스트레스 반응(스트레스 반응성)을 할 때
3. 만성질병과 같이 오랫동안 지속되는 스트레스 요인을 극복하고자 할 때(그 결과로 또 다른 일시적 스트레스요인을 자주 겪게 된다)

예를 들면, HIV-1로 진단 받게 되면 이것은 일시적으로 많은 심리적 스트레스 요인과 의료치료와 관련된 스트레스 요인을 일으키는 만성적인 스트레스 요인이다. 그리고 이 질병으로 인한 재정적인 스트레스 요인 역시 사회적 유대감을 쫓아낸다. 만성적인 질병, 특히 HIV-1은 그 자체의 속성으로서 삶의 질을 손상시키고 질병의 진행을 더욱 빠르게 한다고 가정되어 온, 일시적이고 만성적인 심리적 스트레스요인을 많이 유발시킨다(Chesney & Folkman, 1994; Ironson et al., 1995).

행동적, 인지-정서적 및 심리생리학적인 반응들이 스트레스가 건강 – 특히 면역체계에 관여하는 내용에 의존하는 건강 결과 – 에 어떻게 영향을 미치는지를 설명할 수 있는 중재 기전(mediatiing mechanism)으로서 제시되어 왔다(Baum, Herberman, & Cohen, 1995; Ironson et al., 1985). 운동 또는 장기간의 스트레스에 대한 행동반응은 수면부족이나 부정적인 정서로부터 자신을 잊기 위한 음주를 포함한다. 이러한 행동들은 면역기능을 억제시킬 수 있을 뿐만 아니라 운동의 효과를 잠재적으로 손상시킬 수가 있다(Irwin, Smith, & Gillin, 1992).

불안과 우울증, 그리고 일반적으로 부정적인 기분상태 등과 같은 부정적인 정서는 면역억제 효과를 가지는 것으로 보고되어 왔다(Herbert & Cohen, 1993). 뿐만 아니라, HIV-1과 싸울 수 있는 약리학적인 진보가 많이 이루어졌음에도 불구하고(예: protease inhibitors, 프로테아제 억제제), 약물을 복합투여하는(drug cocktail) 처치방법을 사용하는 것은 전적으로 행정적인 절차를 철저하게 준수하는 것(예: 투약원칙)과 자기조절 행동의 수준을 높게 만드는 것에 달려있다.

심리적인 스트레스는 자기조절 행동을 손상시키는 것으로 알려져 있으며 이는 HIV-1에 관한한 심각한 결과를 초래할 수도 있다(Chesney & Folkman, 1994; Heatherton & Renn, 1995). 만일 투약원칙이 지켜지지 않으면 그 결과로 약리학적인 처방이 비효과적일 뿐만 아니라 HIV-1의 약제내성(drug resistant)으로 인한 돌연변이(mutation)가 나타날 수도 있다. 그러므로 질병의 결과와 삶의 질에 미치는 스트레스와 스트레스 감소기법(stress reduction techniques)의 기여도를 인식하는 것이 중요하다. 심리적인 중재기법은 면역을 변화시키고 잠재적으로 HIV-1 질병 진행을 개선시키며 암과 같은 다른 장기적인 질병에도 효과가 있는 것으로 보고되어 왔다(Antoni et al., 1990; Ironson et al., 1995; Kiecolt-Glaser, & Glaser, 1992; Lutgendorf et al., 1997). 운동은 정서를 조절하고 자신이 주도하는 생각에 영향을 미치며 그 자체로 수정이 가능한 행동이기 때문에 인지 행동적 중재기법의 한 형태로 여겨져 왔다(Dubbert, 1992). 운동을 한 후에 부정적인 정서가 감소하는 것 역시 심혈관 능력 효과는 나타나지 않으면서 발생하는 것일지도 모른다(Leith, 1994).

HIV-1의 병리생리학

HIV-1 질병의 발생은 면역체계를 감염시키는 HIV-1의 성향을 근거로 한다(Fauci, 1988). HIV-1 감염은 세포성(cell-mediated, T세포)와 체액성(humoral, B세포) 면역에서의 이상(abnormalities) 뿐만 아니라 NK 기능의 감소와 관련이 있다(Fauci, 1984, 1988). 그러나 HIV-1의 주요 목표는 T-세포, T 도움세포/CD4 세포의 부분집합이다(Farrell et al., 1983; Fauci, Macher, & Longo, 1983; LaPerriere et al., 1997; Rosenberg & Fauci, 1990).

HIV-1 바이러스는 표면 세포막 수용체(surface membrane receptor)에 붙어서 CD4 세포의 DNA 속으로 흡착된다(Fauci, 1984; Fauci et al., 1983). 그렇게 되면 CD4 세포

의 조절 및 효과기(效果器, effector: 신경 자극에 대한 반응을 전달하는 조직이나 세포, 효소 합성의 작동체) 기능은 결과적으로 그 세포가 죽을 때까지 면역 반응이 제대로 발휘되지 못하게 된다(Fauci, 1984). CD4 세포는 다른 많은 면역세포들의 조절에 필수적이기 때문에 CD4 세포가 지속적으로 줄어드는 것(이것은 곧 HIV-1 진행을 나타내는 주요 지표이다)은 전체 면역체계의 기능에 가장 중요한 일이다(Katz, 1987; LaPerriere, Schneiderman, Antoni, & Fletcher, 1989).

HIV-1이 CD4 세포에 미치는 정성적이고 정량적인 결과로 HIV-1에 감염된 개인은 예사롭지 않은 다양한 감염과 면역억제 환경을 많이 만드는 종양에 쉽게 노출된다(Fauci, 1984, 1988; Rosenberg & Fauci, 1990). 이러한 감염은 '병원체나 질병이 면역체계가 약해졌을 때만 발생하는 기회성 감염(opportunistic infections)'으로 언급되며, HIV-1 질병의 사망률의 중요한 근원이다(Kaplan, Wofsky, & Volberding, 1987). HIV-1에 감염된 개인은 전형적으로 여러 단계의 면역억제 및 임상적인 징후(manifestation)를 거치기 때문에 질병의 진행은 오랜 시간에 걸쳐서 나타난다. 그리고 HIV-1 감염은 만성질환(chronic disease)으로 분류된다(Antoni et al., 1990).

미국 질병통제예방센터(CDC, 1992)와 국제보건기구(WHO, 1990)는 CD4 세포의 수치와 증상 및 면역체계가 약해졌을 때만 발생하는 기회성 감염(opportunistic infection)이 있거나 악성종양이 있을 때 등을 기준으로 HIV-1 단계에 대한 기준을 개발하여 왔다. 이들은 HIV-1 단계의 기준을 무증상단계(asymptomatic), 초기 증상 및 AIDS 전 단계(Symptomatic Pre-AIDS), 그리고 AIDS 단계의 세 단계로 구분하였다.

1. 무증상단계(CDC 분류 범주 A) 동안에는 길게는 15년 정도 지속할 수 있으며 이때 개인은 이 질병을 다른 사람에게 옮길 수가 있으며 CD4 세포 수치가 변동하지 않을 수 있다(Klimas et al., 1991; Munoz et al., 1990; Stevens, Taylor, & Zang, 1986; WHO, 1990). 그러나 이 단계에 속한 개인은 HIV-1과 관련된 증상이 나타나지 않고 완전하며 상대적으로 건강하다(Munoz et al., 1990).
2. 초기 및 AIDS 전단계는(CDC 분류 범주 B) 미열, 1개월 이상 지속되는 설사, 의지와는 상관없는 체중감소, HIV-1과 관련된 감염질병의 진단, 세포면역 상에서의 결핍(defect, 예: 구강백반증, 여러 군데의 포진 등)의 특징을 보인다. 이 단계 또한 몇 년 동안 지속되며 CD4 세포 수치는 대개 200-800 사이의 분포를 보인다

(Munoz et al., 1990).

3. AIDS 단계는 개인의 CD4 세포수치가 200 이하로 떨어지거나, 주요 면역체계가 약해졌을 때만 발생하는 감염(opportunistic infection)이 있거나, 악성종양이 있을 때이며 이런 증상을 보이면 AIDS로 진단된다(CDC 분류 범주 C).

HIV-1 관련 합병증 바이러스에 대한 치료요법뿐만 아니라 이 질병에 대한 공격적인 요법이 발전함에 따라 AIDS 진단을 받은 후에도 몇 년을 더 높은 삶의 질을 유지하면서 사는 것이 가능해졌다(Schooley, 1995).

운동과 CD4 세포[25]

CD4 세포의 수치는 HIV-1 질병 진행의 지표를 나타내는 것으로 가장 광범위하게 인정되는 것이며 일상적으로 HIV-1질병에 대한 임상적 시험의 효과를 나타내는 지표로 사용된다(LaPerriere et al., 1997). CD4는 또한 면역체계의 많은 기능을 조절한다. 그러므로 CD4 세포에 미치는 운동의 효과를 결정하는 중요성은 무척 명백해진다. 질병의 여러 단계에서 약물요법이 면역체계에 서로 다른 효과를 크게 미치는 것과 마찬가지로 운동 역시 개인이 AIDS 단계, AIDS 전단계, 또는 무증상단계에 따라 서로 다른 면역효과를 불러일으킨다고 결론짓는 것은 합리적이다(LaPerriere et al., 1997). 따라서 HIV/ADIS 질병에서의 CD4 세포에 미치는 운동의 효과를 조사할 때에는 질병의 같은 단계에 있는 동일집단을 얻는 것이 중요하다(LaPerriere et al., 1997; Perna et al., 1999). 안타깝게도 운동의 효과를 검증한 대부분의 연구에 보고된 피험자들은 HIV-1 질병의 모든 단계를 나타내는 환자들을 포함한다. 따라서 위에서 언급한 세가지 단계 중 한 단계에 속하는 환자들을 대상으로 운동의 효과를 다룬 연구결과를 살펴보는 것은 쉽지가 않다. 그러므로 AIDS 진행의 서로 다른 단계에 속한 집단의 피험자를 다룬

---

[25] cluster designation 4. CD4 세포란 T림프구 중 CD4 수용체를 갖는 세포로 바이러스에 감염된 세포의 표면에 있는 항원을 인식하고 림포카인(lymphokines, 림프구가 항원에 자극되어 산출하는 가용성 물질의 총칭)을 분비한다. 림포카인은 림프구의 B-세포와 살상세포를 자극하여 이들 세포를 활성화시키는 역할을 한다. 보조(helper) T-세포는 AIDS 바이러스에 의해 감염되어 죽지만 B-세포와 살상세포는 AIDS 바이러스를 공격하여 죽인다. 세포성 면역의 정도를 나타내며 혈액 ml내의 수치(mm^3)로 표현한다. CD4 세포의 수치는 정상인의 경우 800~1000/μl이상이며, 500이하로 떨어지면 면역기능이 저하된 상태로 여러 가지 기회감염이 나타날 수가 있다. 따라서 HIV-1 환자가 이 수치를 정기적으로 확인하는 것은 건강 유지에 매우 중요한 요소이다.

연구를 고찰할 때에는 평균 CD4 세포수치가 참가자들의 AIDS 진행단계를 구분하는 주요 기준으로 사용되어 왔다(LaPerriere et al., 1997).

무증상 단계

지금까지 한 편의 연구만이 HIV-1 전(前) 단계에 감염된 환자들의 CD4 세포에 대한 운동의 효과를 보고하였다(LaPerriere et al., 1997). LaPerriere 등(1997)은 16명의 환자를 대상으로 무작위로 통제된 연구를 수행하였다. 이들은 모두 HIV-1에 감염된 남성동성애자들이었다. 이것은 정맥주사약물 사용과 같은 고위험 행동이 면역체계에 미칠 수 있는 영향으로부터 나타날 수 있는 혼동을 사전에 방지하기 위한 조치였다. 피험자 각각은 CDC가 분류한 A 범주 기준(CDC, 1992)에 맞게 AIDS 전단계 상태를 확인하는 신체적 의학적 내력을 검진 받았다. 심혈관 능력을 검사하기 위하여 점진적 운동부하 방법으로 피험자들의 VO_2 섭취량을 측정하였다. 이들은 10주의 유산소성 운동집단 또는 운동 실시 기간 전후에 측정만 하는 통제집단으로 무작위로 배정되었다. 운동은 하루 45분씩 주 3회 좌식 자전거 에르고미터를 타는 것이었고 운동강도는 최대심박수의 70-80%로 설정하였다. 운동 프로그램을 실시한 후 측정한 결과 운동집단은 VO_2와 CD4 세포 수치가 증가하였으나 통제집단은 아무런 변화가 없었다.

이와 비슷하게 LaPerriere와 그 동료들(1990)은 50명의 남성동성애자를 대상으로 5주의 운동 프로토콜을 사용하여 운동의 스트레스 완충 효과(stress buffering effect)를 검증하였다. 이 피험자들은 HIV 증상이 없고 이전에 운동을 하지 않는 좌업 생활자였으며 HIV-1 혈청학적인 상태는 알려지지 않았다. 기초선 측정으로 이들의 체력 수준(VO_2)을 결정하기 위하여 운동부하검사가 실시되었고 면역적인 분석을 위하여 채혈을 하였으며 정서적인 스트레스를 측정하기 위하여 기분상태를 측정하였다. 그리고 5주째(혈청상태[26] 공지 전), 6주 째(혈청상태 공지 후)에 이 요인들을 다시 측정하였다. 이 연구자들은 운동실시 집단이 비운동집단과 비교했을 때 혈청반응 양성자(seropositive)와 음성자(seronegative)이면서 운동을 실시한 모두에게서 심혈관능력이 10% 정도 개선되었다고 보고하였는데 이는 이전의 연구결과와 비슷한 정도이다. 더욱 중요한 점은 혈청상태 공지이후에 양성반응자이면서 통제집단에 속한 피험자의 불안과 우울증이 양

---

[26] serostatus. 혈청테스트에서 혈청의 반응이 특정 질병에 노출되었는지(양성) 아닌지(음성)를 나타내는 상태.

성반응자이면서 운동실시자(실험집단)에 비해 현저하게 증가되었으며 NK 세포수치는 현저하게 감소했다는 것이다. 그리고 이들의 NK 세포 수치와 스트레스 수준은 HIV-1 음성환자 집단과 비슷했다는 점이다. 연구자들은 CD4 세포의 집단 간 변화는 통계적으로 유의하지 않았음에도 불구하고 양성반응을 보인 운동집단의 CD4 세포의 수치는 평균 56세포가 증가하였지만 양성반응자이면서 통제집단에 속한 환자들은 평균 36세포나 감소하였다는 점을 지적하였다.

이를 종합하면 이 전형적인 연구들은 유산소 운동이 HIV-1에 감염되었으나 아직 증상을 보이지 않은 환자 개개인의 체력을 개선시키고 심리적인 스트레스를 감소시킬 수 있다는 것을 보여준다. 뿐만 아니라 이들 연구결과는 유산소 운동은 면역체계의 중요한 특성에 좋은 영향을 미친다는 것을 제시하는데 예를 들면, 우리가 강력하고 부정적인 심리적 스트레스 요인을 경험할 때 심리적, 면역적으로 받을 수 있는 악영향을 잠재적으로 완충시켜준다는 것이다.

AIDS 전단계의 증상

유산소 운동 훈련의 효과를 평가한 몇 편의 연구들은(Lox, McAuley, & Tucker, 1995; Perna et al., 1999; Rigsby, Dishman, Jackson, Kaclean, & Raven, 1992; Stringer, Berezovskaya, O'rien, Beck, & Casaburi, 1998; Wagner, Rabkin, & Rabkin, 1998) HIV-1 증상을 보이는 환자들의 심혈관계 기능, 삶의 질 및 면역기능에 대해 보고하였다. Wagner, Rabkin과 Rabkin(1998)는 운동이 약물요법의 효과를 향상시켰다는 것을 보고하였다. 연구자들은 AIDS 단계에 속하여 테스토스테론(남성호르몬) 요법을 받는 환자 또는 전 단계의 증상을 보이는 HIV-1 감염환자 가운데 운동을 정기적으로 하는 환자와 그렇지 않은 비운동 환자에 대한 횡단연구(cross-sectional study)를 실시하였다. 이들은 운동을 하는 환자가 비운동 환자에 비해서 제지방체중(lean body mass)은 현저하게 증가하고 우울증과 전반적인 스트레스 지표가 감소되었다는 것을 보고하였다(Wagner et al., 1998).

CD4 세포 수치가 100-500 사이인 HIV-1 감염환자를 무작위로 배정하고 6주 동안 운동을 시킨 실험연구는 운동을 전혀 하지 않은 통제집단에 비해서 운동집단(중강도 및 고강도) 환자들에게서 CD4 세포의 현저한 증가는 발견되지 않았으나 유산소성 능력이 개선되고 삶의 질이 개선되었다는 것을 보고하였다(Stringer et al., 1998). 그러나 고강도 운동 조건에서 가장 큰 유산소성 능력이 개선되는 효과가 나타났음에도 불구하고 중강도 운동 집단에서만 칸디다 진균(Candida albican)[27] 항원(antigen) 피부 테스트에서 현저한 면역적인 개선이 나타났으며 혈장(plasma) HIV-1 RNA(리보핵산) 복제가 감소되는 경향을 보였다.

Schienzig와 동료들(LaPerriere et al., 1997에서 인용)은 28명의 HIV-1 혈청반응 양성 환자를 무작위로 통제집단과 실험(운동)집단에 배정한 연구를 수행하였다. 이 환자들은 HIV-1 질환의 모든 증세를 가지고 있었으며 운동은 심혈관 저항력을 개선시키기 위하여 고안된 다양한 스포츠게임으로 구성되었다. 각 게임은 전문가가 감독하였고 운동은 주 2일, 하루에 한 시간씩 8주 동안 진행되었다. 그 결과, 8주의 운동 후에 운동집단에서 CD4 세포가 증가하는 경향이 관찰되었다. 그러나 통제집단에서도 비슷한 증가가 나타났다.

Rigsby 등(1992)은 HIV-1 질병의 모든 단계를 보이는 37명의 환자를 대상으로 유산소 운동과 근력훈련 프로그램으로 구성된 복합운동의 효과를 보고하였다. CD4 세포의 평균 수치는 325mm^{3}이었다. 그러므로 이 집단은 또한 AIDS 사전단계에 있는 면역반응이 제대로 발휘되지 못하는 환자들이다. 이들은 무작위로 12주 동안 운동을 하는 실험집단이나 상담을 받는 통제집단으로 배정되었다. 12주 운동 후에 실험집단에서만 심혈관 능력, 근력과 유연성에서 현저한 개선이 관찰되었다. 뿐만 아니라 현저하지는 않았지만 운동집단에서만 CD4 세포가 증가하는 경향이 나타났다.

Perna와 동료들의 연구(1999), 그리고 LaPerriere, Perna와 Goldstein의 연구(1998)는 AIDS 전단계의 증상을 보이는 동일집단을 대상으로 유산소성 운동의 효과를 보여주는 유일한 증거를 제공한다. 이들은 CDC 분류 B 범주(CDC, 1992; 평균 CD4 수치=453)에 속하는 28명의 HIV-1 환자를 12주의 유산소 운동집단과 측정치만 확인하는 통제집단에 무작위로 배정하였다. 이 연구의 2차 목적이 운동을 제대로 하지 않는(exercise nonadherence) 원인을 결정하는 것이었으므로 운동집단은 운동기간 동안 출석을 잘하는 집단과 그렇지 않은 집단으로 다시 구분되었다. 운동은 고정식 자전거 타기(45분/1일, 3일/1주)였으며 운동강도는 점진적인 부하를 주면서 최대심박수의 70-80%로 고정

---

[27] 진균류에 속하는 칸디다균이라는 곰팡이의 증식과 감염으로 일어나는 염증. 폐, 기관지, 여성의 질 등에 번식하여 질환을 일으킨다.

되었다. 운동훈련 프로그램에 잘 참석한 피험자들은 그렇지 않은 집단보다 우울증 지표에서 현저한 개선을 보였으며 최대산소섭취량에서도 12%의 증가를 보였다. 운동을 열심히 한 환자들이 CD4 세포 수치에서 현저한 증가(13%)를 보인 반면에 그렇지 않은 사람들은 현저하게 감소(18%)한 것으로 나타났다. 그 뿐만 아니라 질병 관련 요인과는 반대로 행동적, 심리적인 요인 역시 열심히 운동하는 집단과 그렇지 않은 집단을 구분하는 것으로 나타났다. 연구자들은 HIV에 감염된 환자들에게 유산소성 운동을 실시하는 것은 건강에 대한 위험이 최소화이며 심혈관계 기능, 우울증, 그리고 CD4 세포 수치개선을 시킬 수 있다고 결론지었다. 그러나 이들은 이러한 이익에도 불구하고 만일 운동이 보조적인 치료수단으로 처방되기 위해서는 운동에 열심히 참석하는 것과 관련된 요인에 대한 주목이 필요하다고 결론지었다.

AIDS 단계

유산소성 운동의 효과를 평가한 몇 몇 연구는 AIDS가 진행 중인 환자들 가운데 심폐기능(cardiopulmonary), 삶의 질 및 면역기능에서의 변화를 보고하고 있다. 한 연구(MacArthur, Levine, & Birk, 1993)는 면역기능이 심하게 훼손된 25명의 HIV-1에 감염된 환자를 24주 동안의 운동프로그램에 참가시키고 그 결과를 조사하였다(이들의 평균 CD4 세포의 수는 144였다). 운동 프로그램은 유산소성 인터벌 운동으로 하루에 1시간, 주 3일씩 진행되었다. 환자들은 고강도운동(최대산소섭취량의 75-85%) 또는 저강도운동(최대산소섭취량의 50-60%) 집단의 하나에 무선 할당되었다. 24주 후에 두 집단 모두에서 통계적으로 유의한 훈련효과(즉, 최대산소섭취량이 24% 증가)가 보고되었지만 CD4 세포의 숫자는 유의하게 증가하지 않았다. 그러나 대부분의 참가자들이 운동프로그램의 요강을 제대로 완료하지 않았다.

마지막으로 Florijin과 Geiger(1991)는 HIV-1 양성반응을 보이고 평균 CD4 세포의 숫자가 200 미만인 42명의 환자를 치료를 위한 스포츠 프로그램 그룹과 통제그룹으로 나누어 할당하였다. 운동 프로그램은 워밍업 스트레칭, 에어로빅 운동과 스포츠 게임으로 이루어 졌고 하루에 1.5시간, 주 1회씩 거행되었다. 운동 그룹에 속한 피험자들은 자신들이 원하는 장소(집 또는 체육관)에서 운동 하도록 하였다. 이 운동의 결과로 CD4 세포의 숫자는 증가하지 않았으나 운동을 지속적으로 실시한 실험집단에 속한 환자들은 CD4 세포의 숫자가 18개월 동안 200으로 유지되었으나 통제그룹에 있던 환자들은 모두 CD4 세포의 숫자가 100 미만을 보여 100(실험전보다 1/2) 이상 현저하게 감소하였다는 것을 보여주었다.

운동과 HIV-1: 방법론 및 해석에 대한 함의

운동의 효과를 다룬 자료들은 특히 HIV-1에 감염된 증후성 또는 무증후성 환자들의 유산소성 능력을 개선시키는 유산소성 운동의 효율성을 명확하게 지지하고 있다. 이 효율성은 환자들의 일상 생활 활동에 필요한 신체적 요구를 충족시킬 수 있는 능력에 잠재적으로 그리고 유리하게 영향을 미치며 그 결과로 전반적인 삶의 질 향상에 기여한다. 더군다나 운동이 이들에게 심리적으로 이로움을 주는지를 검증한 연구는 거의 없음에도 불구하고 심리적인 효과가 바람직하지 않다고 보고한 연구는 한 편도 없으며 대부분 바람직한 효과를 발견하였다.

그러나 CD4 세포에 대한 운동의 효과는 덜 명확하다. 예를 들면, 몇 몇 연구는 유산소성 운동이 CD4 세포의 숫자를 증가시키거나 더 이상 줄어드는 것을 완화시키며, 특히 감염자들이 심리적으로 스트레스를 받는 환자들에게는 더욱 그렇다는 것을 보여주었다(LaPerriere et al., 1991, 1997; Perna et al., 1999). 그러나 다른 연구들은 (MacArthur et al., 1993; Rigsby et al., Stringer et al., 1998) 이들에게서 CD4 세포의 증가를 발견하지 못하였음을 보고하였다.

부가적으로 운동이나 부정적인 정서가 없는 것의 이로움은 운동을 잘 따라하는 환자들에만 적용되는 것으로 보인다. 예를 들면, 중간정도의 운동은 고강도의 운동에 비해서 일반적으로 면역적인 위협을 야기 시키지 않는 것으로 여겨지지만 중간정도의 유산소성 운동일지라도 면역적인 반응이 잘 되지 않는 증상이 이미 진행되었으면서 운동을 잘 따라하지 않는 사람에게는 면역억제 효과(immunosuppressive effect)를 발휘한다(Perna et al., 1999). 즉, 운동을 비정기적으로 하는 HIV-1 보균자는 운동에 생리학적으로 적응하기 보다는 면역적으로 적응하는데 실패할지도 모른다.

앞에서 언급한 연구들에서 나타난 문제점들, 즉 통제집단이 없거나 표집이 비정상적이거나 운동 시작 후 중단(exercise-relapse)에 대한 자료 부족 등은 전조증상이 있는 HIV-1 보균자를 대상으로 유산소성 운동의 효과를 평가하는데 더 큰 어려움을 주고 있다. 예를 들면, Rigsby 등의 연구(1992)와 MacArthur 등의 연구(1993)의 표집인원은 CD4 림프구 숫자에 근거한 미국 질병통제본부(CDC)의 AIDS 진단기준을 충족시키는 참가자들을 포함한다. 다른 연구들은 HIV-1 질병의 단계에 따른 다양한 환자를 샘플로 하였다(Lox et al., 1995; Stringer et al., 1998). 또한 거의 예외 없이, 운동을 중도에 포기하는 비율은 보고되지 않았으며 통제집단이 포함되지 않았다. 운동 시작 후 중단한 비율이 제공된 연구에서는 한결같이 운동을 따라하지 않는 이유(예: 게으름)가 하나도 언급되지 않았다.

동일 표집이 부족하고 운동중단에 대한 적절한 정보가 부족한 상태에서 질병의 서로 다른 단계에 있는 환자에게 운동의 효과를 평가하거나 운동을 약속대로 실시해야 하는 동안에 일어나는 게으름이 운동중단 비율과 관련이 있는지 아닌지를 결정하는 것은 어려운 일이다. 환자에 대한 표집과 운동을 약속대로 따라하지 않는 것은 특별히 중요하다. 그 이유는 한 연구에서 상대적으로 적은 수의 인원만이(25% 미만) 전체 25주 운동 프로그램을 완료했고 환자의 절반이 채 안 되는 인원만이 12주 동안 운동을 따라하였다(MacArthur et al., 1993). 전조 증상이 있는 환자를 대상으로 진행된 가장 최근의 그리고 잘 통제된 연구는 6주 동안에 23%의 포기율을 보였으며(Stinger et al., 1998), 12주째에는 39%의 포기율을 보였다(Perna et al., 1999). 이렇게 나중에 수행된 연구들이 중도포기는 게으름 때문이 아니라고 결론지었음에도 불구하고 Stringer 등(1998)의 연구는 무척 짧고 CD4 세포 숫자와 관련된 환자의 표집이 서로 다른 집단을 포함하였다. 따라서 이 문제에 대한 해답은 후속연구가 더 집적되어야 할 것으로 보인다.

현실적 적용

운동 훈련(exercise training)은 HIV-1 감염자들이 어떤 단계에 있다하더라도 다양한 혜택을 준다(Calabrese & LaPerriere, 1993; LaPerriere, Klimas, Major, & Perry, 1997). 예를 들면, 정기적으로 운동을 하는 것과 신체적으로 적극적인 활동을 하는 것은 HIV-1 보균자나 AIDS 환자들이 더 오래 살아남는데 기여하는 두드러진 한가지 요인인 것으로 나타났다(LaPerriere 등, 1997; Solomon, Temoshok, O'Leary, & Zich, 1987). 그러나 HIV-1 질병으로 인한 사망이나 사망률에 운동이 직접적인 관련이 있다는 과학적으로 충분한 증거는 아직 얻어지지 않고 있다. 운동에 집착하는 요인과 운동에 순응하

<표 17.2> HIV 감염의 각 단계별 운동에 대한 권고사항

일반적 고려사항
HIV-1에 감염된 사람은 모두 운동 프로그램을 시작하기 전에 　1. 완전한 건강 검진을 받을 것. 　2. 의사 또는 적절한 운동처방을 할 수 있는 운동전문가와 운동계획에 대해 논의할 것. 　3. 증상이 나타날 때와 재발할 때에 적응할 수 있는 운동과 훈련에 대해 논의할 것. 증상이 나타나지 않는(asymptomatic)인 사람은 　1. 운동 활동에 대해 제한이 없음. 　2. 경쟁적인 스포츠에 이미 적극적으로 참여하고 있으면 계속해도 좋음. 　3. 과도한 훈련을 삼갈 것. 증상이 있는(symptomatic) 사람은 　1. 중강도의 운동을 계속할 것. 　2. 경쟁 스포츠를 중단할 것. 　3. 지칠 정도의 운동을 피할 것. AIDS로 진단 받은 사람은 　1. 신체적 활동은 활발하게 하되 증상에 따라 적절하게 제한된 상태의 운동·훈련을 할 것 　2. 힘이 드는 운동을 피할 것 　3. 단기적 질병이 있는 동안에는 운동을 중지하거나 대폭 줄일 것.

주 : "Human Immunodeficiency Virus Infection, Exercise and Athletics"(by L.H. Calabrese & A. LaPeriere, 1993, Sports Medicine, 15, p. 10)에서 인용

지 않는 것과 관련된 부정적인 효과에 대해서는 별로 알려진 것이 없다. 그럼에도 불구하고 이제까지 수행되어 온 몇 몇 연구들은 운동은 아마도 부정적인 정서를 감소시킬 뿐만 아니라 체력을 증가시키며 특히 심리적으로 스트레스를 받고 있고 면역반응이 제대로 되지 않는 사람의 면역체계에 이로움을 주는 것이라는 것을 제시하는 자료들을 제공하고 있다.

실질적인 적용을 촉진시키기 위하여 LaPerriere와 동료들은 HIV-1 환자를 위한 운동검사 및 훈련에 대한 안내지침을 만들었다(Calabrese & LaPerriere, 1993; LaPerriere 등, 1997; <표 17.2> 참조). 이 가이드라인은 운동 프로그램을 시작하기 전에 유산소성 능력, 근력, 신경근육기능 및 유연성에 대한 종합적인 평가를 받을 것을 강력하게 권한다. 이 가이드라인은 또한 운동처방의 개인적인 속성은 질병의 단계, 면역반응이 제대로 되지 않는 수준 및 총체적 징후(symptomatology)를 고려해야 한다는 점을 제안하고 있다. 뿐만 아니라 운동에 대한 훈련은 전반적인 의학적 치료관리의 범위 내에서 협동되어야 하는 보조요법으로 간주되어야 한다. 이러한 틀 안에서 운동에 대한 훈련은

HIV-1 질병 관리에 중요한 역할을 할 것이다.

마지막으로, 유산소성 운동 프로그램이 HIV-1 감염환자들의 심혈관계(cardiovascular)에는 단기적으로, 그리고 면역체계에는 잠재적인 이익을 준다는 것이 보고되어 왔다(LaPerriere, Antoni, Ironson, Perry 등, 1994; LaPerriere 등, 1990, 1991, 1997; Perna 등, 1999; Stringer 등, 1998). 일반인들과 만성질병을 가진 사람들 가운데 운동에 적응하고 운동을 지속을 증진시키는 것은 운동에 참가하는 사람이 운동처방에 관한 정보가 부족해서라기보다는 행동적, 사회적 그리고 심리적 요인에 의한 것으로 보인다(Dubbert, 1992; USDHHS, 1996). 한 고찰논문에 의하면 HIV-1 보균자 가운데 치료에 불응하는 사람들과 관련된 행동적 및 심리적인 사항들로는 약물남용, 실험의 부작용에 대한 공포, 실질적인 불편함, 그리고 특히 우울증이 주요인이었다는 점을 보여 주고 있으며 이들은 운동을 중재기법으로 사용하는 것에도 제대로 따라주지 않았다(Chesney & Folkman, 1994).

우울증 감소와 다른 위험요소를 감소시키는 분야를 목표로 하는 것, 특히 금연과 체중을 감소시키는 데 있어 운동 프로그램과 집에 기반을 둔(home-based) 중재기법을 사용하는 것은 운동을 지속하는데 필요한 중재기법이라는 점이 꾸준히 제시되어 왔다(King et al., 1992; King, Haskell, Young, Oka, & Stefanick, 1995; LaPerriere, Antoni, Fletcher, & Schneiderman, 1992; Perna et al., 1999).

참고문헌

Abrahams, V. C., Hilton, S. M., & Zbrozyna, A. (1960). Active muscle vasodilation produced by stimulation of the brain stem: Its significance in the defense reaction. *Journal of Physiotherapy, 154*, 491-513.

Ader, R., Felten, D. L., & Cohen, N. (1991). *Psychoneuroimmunology* (2nd ed.). San Diego, CA: Academic Press, Inc.

Antoni, M. H., Schneiderman, N., Fletcher, M. A., Goldstein, D., Ironson, G., & LaPerriere, A. (1990). Psychoneuroimmunology and HIV. *Journal of Consulting Clinical Psychology, 58*, 1-12.

Atherton, A., & Born, G. V. (1972). Quantitative investigations of the adhesiveness of circulating polymorphonuclearleucocytes to blood vessel walls. *Journal of Physiotherapy, 222*, 474-474.

Baum, A., Herberman, H., & Cohen, L. (1995). Managing stress, managing illness: Survival and quality of life in chronic disease. *Journal of Clinical Psychology in Medical Settings, 2*(4), 309-333.

Benschop, R. J., Oosteveen, F. G., Heijnen, C. J., & Ballieux, R. E. (1993). Adrenergic stimulation causes detachment of natural killer cells from cultured endothelium. *European Journal of Immunology, 23*, 3242-3247.

Berke, G. (1993). The functions and mechanisms of action of cytolytic lymphocytes. In W. E. Paul (Ed.), *Fundamental immunology* (3rd ed.) (pp. 965-1014). New York: Raven Press.

Biddle, S. (1995). Exercise and psychological health. *Research Quarterly for Exercise and Sport, 66*(4), 292-297.

Bierer, B. E., Sleckman, B. P., Ratnofsky, S. E., & Burakof, S. J. (1989). The biologic roles of CD2, CD4, and CD8 in T-cell activation. *Annual Review of Immunology, 7*, 579-599.

Blair, S. N., & Connelly, J. C. (1996). How much physical activity should we do? A case for moderate amounts and intensities of physical activity. *Research Quarterly for Exercise and Sport, 67*(2), 193-205.

Blumenthal, J., Fredickson, M., Kuhn, C., Ulmer, R., Walsh-Riddle, M., & Applebaum, M. (1990). Aerobic exercise reduces levels of sympathoadrenal responses to mental stress in subjects without prior evidence of myocardial ischemia. *American Journal of Cardiology, 65*, 93-98.

Bourne, H. R., Lichtenstein, L. M., Melmon, K. L., Henney, C. S., Weinstein, Y., & Shearer, G. M. (1974). Modulation of inflammation and immunity by cyclic AMP. *Science, 184*, 19-28.

Brown, J. D. S., J. M. (1988). Exercise as a buffer of life stress: A prospective study of adolescent health. *Health Psychology, 7*(4), 341-353.

Calabrese, L. H., & LaPerriere, A. (1993). Human immunodeficiency virus infection, exercise and athletics. *Sports Medicine, 15*(1), 6-13.

Cannon, W. R. (1992). *Bodily changes in pain, hunger, fear and rage* (2nd ed.). New York: Appleton.

Cashmore, C. G., Davis, C. T., & Few, J. D. (1977). Relationship between increase in plasma cortisol concentration and rate of cortisol secretion during exercise in man. *Journal of Endocrinology, 72*, 109-110.

Chesney, M. A., & Folkman, S. (1994). Psychological impact of HIV disease and implications for intervention. *Psychiatric Clinics of North America, 17*(1), 163-182.

Centers for Disease Control. (1992). *Revised classification system for HIV infection and expanded surveillance case definition for AIDS among adolescents and adults* [Morbidity and Mortality Weekly Report 41]. Atlanta, GA: U.S. Department of Health and Human Services, Public Health Service.

Cupps, T., & Fauci, A. (1982). Corticosteroid-mediated immunoregulation in man. *Immunological Review, 65*, 133-155.

Dienstbier, R. A. (1989). Arousal and physiological toughness: Implications for mental and physical health. *Psychological Review, 64*, 35-41.

Dubbert, P. M. (1992). Exercise in behavioral medicine. *Journal of Consulting and Clinical Psychology, 60*(4), 613-618.

Duda, J. L., Sedlock, D. A., Melby, C. L., & Thaman, C. (1988). The effects of physical activity level and acute exercise on heart rate and subjective response to a psychological stressor. *International Journal of Sport Psychology, 19*, 119-133.

Durum, S. K., & Oppenheim, J. J., (1993). Proinflammatory cytokines and immunity. In W. E. Paul (Ed.), *Fundamental immunology* (3rd ed., pp. 801-836). New York: Raven Press.

Farrell, P. A., Garthwaite, T. L., & Gustafson, B. (1983). Plasma adenocorticotropin and cortisol response to submaxinial and exhaustive exercise. *Journal of Applied Physiology, 55*, 1441-1444.

Fauci, A. S. (1984). Immunologic abnormalities in the acquired immunodeficiency syndrome (AIDS). *Clinical Research, 32*, 491-499.

Fauci, A. S. (1988). The human immunodeficiency virus: Infectivity and mechanisms of pathogenesis. *Science, 239*, 617-622.

Fauci, A. S., Macher, A. M., & Longo, D. L. (1983). Acquired immundeficiency syndrome: Epidemiologic, clinical, immunologic, and therapeutic considerations. *Annals of Internal Medicine, 100*(92).

Felten, D., Felten, S., Carlson, S., Olschawaka, J., & Livnat, S. (1985). Noradrenergic and peptidergic innervation of lymptioid tissue. *Journal of Immunology* (Suppl. 2), 755s-765s.

Field, C. J., Gougeon, R., & Marliss, E. B. (1991). Circulating mononuclear cell numbers and function during intense exercise and recovery. *Journal of Applied Physiology, 71*, 1089-1097.

Florijin,Y., & Geiger, A. (1991, September). *Community based physical activity program for HIV-1 infected persons*. Paper presented at the Biological Aspects of HIV Conference, Amsterdam, Netherlands.

Frankenhaeuser, M. (1990). *A psychobiological framework for human stress and coping*. New York: Plenum.

Frick, M. Elovainio, R., & Sommer, T. (1967). The mechanism of bradycardia evoked by physical training. *Cardiolgia, 51*, 46-54.

Frick, M., Kottinen, A., & Sarajas, S. (1963). Effects of physical training on circulation at rest and during exercise. *American Journal of Cardiology, 12*, 142-147.

Fry, R. W., Morton, A. R., & Keast, D. (1992). Acute intensive interval training and T-lymphocyte function. *Medicine Science Sports Exercise, 24*, 339-345.

Glaser, R., Rice, J., Sheridan, J., Fertel, R., Stout, J., Speicher, C., Pinsky, D., Kotour, M., Post, A., Beck, M., & Kiecolt-Glaser, J. (1987). Stress related immune suppression: Health implications. *Brain, Behavior, and Immunity, 1*, 7-20.

Heatherton, T. F., & Renn, R. J. (1995). Stress and the disinhibition of behavior. *Mind/Body Medicine, 1*, 72-81.

Hellstrand, K., & Hermodsson, S. (1989). An immunopharmacological analysis of adrenaline-induced suppression of human natural killer cell cytotoxicity. *International Archives of Allergy Applied Immunology, 89*, 334-341.

Herbert, T., & Cohen, S. (1993a). Depression and immunity: A meta-analytic review. *Psychological Bulletin, 113*(3), 472-486.

Herbert, T. B., & Cohen, S. (1993b). Stress and immunity in humans: A meta-analytic review. *Psychosomatic Medicine, 55*, 364-379.

Hess,W. R. (1957). *Functional organization of the diencephalon*. New York: Grune & Stratton.

Howard, M. C., Farrar, J., Hilfiker, M., Johnson, B., Takatsu, K., Hamaoka,T., & Paul,W. E. (1982). Identification of a T cell derived B cell growth factor distinct from interleukin 2. *Journal of Experimental Medicine, 155*, 914-917.

Howard, M. C., Miyajima, A ., & Coffman, R. (1993). T-Cell-derived cytokines and their receptors. In W. E. Paul (Ed.), *Fundamentals of immunology* (3rd ed., p. 763). New York: Raven Press.

Hurwitz, B. E., Neloesen, R. A., Saab, P. G., Nagel, J. H., Spitzer, S. B., Gellman, M. D., McCabe, P. M., Phillips, D. J., & Schneiderman, N. (1993). Differential patterns of dynamic cardiovascular regulation as a function of task. *Biological Psychology, 36*, 75-79.

Ironson, G., Antoni, M. H., & Lutgendorf, S. (1995). Can psychological interventions affect immunity and survival? Present findings and suggested targets with a focus on cancer and human immunodeficiency virus. *Mind/Body Medicine, 1*(2), 85-110.

Irwin, M., Smith, T. L., & Gillin, J. C. (1992). Electroencephalographic sleep and natural killer activity in depressed patients and control subjects. *Psychosomatic Medicine, 54*, 10-21.

Kaplan, L. D.,Wofsky, C. B., & Volberding, P. A. (1987). Treatment of patients with acquired immunodeficiency syndrome and associated manifestations. *Journal of the American Medical Association, 257*, 1367-1376.

Katz, H. (1987). *The immune system*. Los Altos, CA: Lange Medical Publications.

Katz, P., Zeytoun, A., & Fauci, A. (1982). Mechanisms of human cell-mediated cytotoxicity. Modulation of natural killer cell activity by cyclic nucleotides. *Journal of Immunology, 129*, 287-296.

Kavelaars, A., Ballieux, R. E., & Heijnen, C. (1988). Modulation of the immune response by proopiomelanocortin derived peptides. II. Influence of adrenocorticotropic hormone on the rise in intracellular free calcium concentration after T cell activation. *British Journal of Behavior Immunology, 2*, 57-66.

Kavussanu, M., & McAuley, E. (1995). Exercise and optimism: Are highly active individuals more optimistic? *Journal of Sport & Exercise Psychology, 17*, 246-258.

Kiecolt-Glaser, J. K., & Glaser, R. (1992). Psychoneuroimmunology: Can psychological interventions modulate immunity? *Journal of Consulting and Clinical Psychology, 60*, 569-575.

King, A. C., Blair, S. N., Bild, D. E., Dishman, R. K., Duppert, P. M., Marcus, B. H., Oldridge, N. B., Paffenbarger, R. S., Powell, K. E., & Yeager, K. K. (1992). Determinants of physical activity and interventions in adults. *Medicine and Science in Sports and Exercise, 141*(6), S221-S236.

King, A. C., Haskell,W. L.,Young, D. R., Oka, R. K., & Stefanick, M. L. (1995). Long term effects of varying intensities and formats of physical activity on participation rates, fitness, and lipoproteins in men and women aged 50 to 65 years. *Circulation, 91*, 2596-2604.

Klimas, N. G., Caralis, P., LaPerriere, A., Antoni, M. H., Ironson, G., Simoneau, J., Schneiderman, N., & Fletcher, M. A. (1991). Immunologic function in a cohort of human immunodeficiency virus type 1-seropositive and -negative healthy homosexual men. *Journal of Clinical Microbiology, 29*, 1413-1421.

Landmann, P. M., Muller, F. B., Perini, C. H.,Wesp, M., Eme, P., & Buhler, F. R. (1984). Changes of immunoregulatory cells induced by psychological and physical stress: Relationship to catecholamines. *Clinical Experimental Immunology, 58*, 127-135.

LaPerriere, A., Antoni, M., Fletcher, M. A., & Schneiderman, N. (1992). Exercise and health maintenance in HIV-1. In M. L. Galatino (Ed.), *Clinical assessment and treatment of HIV* (pp. 65-76). Newark, NJ: Slack, Inc.

LaPerriere, A., Antoni, M. H., Ironson, G., Perry, A., McCabe, P., Klimas, N., Helder, L., Schneiderman, N., & Fletcher, M. A. (1994a). Effects of aerobic exercise training on lymphocyte subpopulations. *International Journal of Sports Medicine, 15*, S127-S130.

LaPerriere, A., Antoni, M. H., Schneiderman, N., Ironson, G., Klimas, N., Caralis, P., & Fletcher, M. A. (1990). Exercise intervention attenuates emotional distress and natural killer cell decrements following notification of positive serologic status for HIV. *Biofeedback Self Regulation, 15*, 229-242.

LaPerriere, A., Fletcher, M. A., Antoni, M. H., Klimas, N., Ironson, G., & Schneiderman, N. (1991). Aerobic exercise training in an AIDS risk group. *International Journal of Sports Medicine, 12*, S53-S57.

LaPerriere, A., Ironson, G., Antoni, M. H., Schneiderman, N., Klimas, N., & Fletcher, M. A. (1994c). Exercise and psychoneuroimmunology. *Medical Science Sports Exercise, 26*, 182-190.

LaPerriere, A., Klimas, N., Fletcher, M. A., Perry, A., Ironson, G., Perna, F., & Schneiderman, N. (1997). Change in CD4+ cell enumeration following aerobic-exercise training in HIV-1 disease: Possible mechanisms and practical applications. *International Journal of Sports Medicine, 18* (Suppl. 1), S56-S61.

LaPerriere, A., Klimas, N., Major, P., & Perry, A. (1997). Acquired immune deficiency syndrome (AIDS). In L. Durstine (Ed.), *A CSM's Exercise management for persons with chronic diseases and disabilities* (pp. 132-136). Champaign, IL: Human Kinetics.

LaPerriere, A., Perna, F., & Goldstein, A. (1998, August). *Exercise and psychoneuroimmunology in HIV/AIDS.* Paper presented at the meeting of the American Psychological Association, San Francisco, CA.

LaPerriere, A., Schneiderman, N., Antoni, M. H., & Fletcher, M. A. (1989). *Aerobic exercise training and psychoneuroimmunology in AIDS research.* Hillsdale, NJ: Erlbaum.

Leith, L. M. (1994). *Foundations of exercise and mental health.* Morgantown,WV: Fitness Information Technology.

Levy, S., Herberman, R., Lippman, M., & d'Angelo, T. (1987). Correlation of stress factors with sustained depression of natural killer cell activity and predicted prognosis in patients with breast cancer. *Journal of Clinical Oncology, 5*, 348-353.

Lotzerich, H., Peters, C., Niemeier, B., Schule, K., Hoff, H. G., & Uhlenbruck, G. (1994). Influence of endurance training on natural cytotoxicity and behaviour in cancer patients. *Psychologische-Beitrage, 36*, 47-52.

Lox, C. L., McAuley, E., & Tucker, R. S. (1995). Exercise as an intervention for enhancing subjective wellbeing in an HIV-1 population. *Journal of Sport and Exercise Psychology, 17*(4), 345-362.

Lutgendorf, S. K., Antoni, M., Ironson, G., Klimas, N., Kumar, M., Starr, K., McCabe, P., Cleven, K., Fletcher, M. A., & Schneiderman, N. (1997). Cognitive-behavioral stress management decreases dysphoric mood and herpes simplex virus-type 2 antibody titers in symptomatic HIV-1 seropositive gay men. *Journal of Consulting and Clinical Psychology, 65*, 31-43.

MacArthur, R. D., Levine, S. D., & Birk, T. J. (1993). Supervised exercise training improves cardiopulmonary fitness in HIV-infected persons. *Medical Science Sports Exercise, 25*, 684-688.

Mackinnon, L. T. (1992). *Exercise and immunology: Current issues in exercise science.* Champaign, IL: Human Kinetics.

Mackinnon, L. T., Ginn, E., & Seymour, G. (1991). *Effects of exercise during sports training and competition on salivary IgA levels.* Boca Raton, FL: CRC Press.

Mason, J. W. (1975). A historical view of the stress field. *Part II Journal of Human Stress, 1*, 22-36.

McCabe, P. M., & Schneiderman, N. (1985). *Psychophysiologic reactions to stress.* Hillsdale, NJ: Erlbaum.

Mosmann, T., Bond, M., Coffman, R., Ohara, J., & Paul, W. E. (1986). T-cell and mast cell lines respond to B-cell stimulatory factor 1. *Proceedings of the National Academy of Science, USA, 83*(15), 5654-5658.

Munoz, A.,Wang, M. C., Good, R., Detels, H., Ginsberg, L., & Phair, J. (1990). *The natural history of HIV infection, in Sande, Volberding.* Philadelphia, PA: Sanders Co.

Nehlsen-Cannarella, S. L., Neiman, D. C., Jessen, J., Chang, L., Gusewitch, G., Blix, G. G., & Ashley, E. (1991). Effects of acute moderate exercise on lymphocyte function and serum immunoglobulin levels. *International Journal of Sports Medicine, 12*, 391-398.

Nemeroff, C. B.,Widerlov, E., Bissette, G.,Walleus, H., Karlsson, I., Kilts, C. D., Vale,W., & Loosen, P. T. (1984). Elevated concentrations of CSF cortotropin-releasing factorlike immunoreactivity in depressed patients. *Science, 226*, 1342-1344.

Nieman, D. C., Cook, V. D., Henson, D. A., Suttles, J., Rejeski, W. J., Ribisi, P. M., Fagoaga, O. R., & Nehlsen-Cannarella, S. (1995). Moderate exercise training and natural killer cell cytotoxic activity in breast cancer patients. *International Journal of Sports Medicine, 16*, 334-337.

Nieman, D. C., Miller, A. R., Henson, D. A., Warren, B. J., Gusewitch, G., Johnson, R. L., Davis, J. M., Butterworth, D. E., Herring, J. L., & Nehlsen-Cannarelia, S. L. (1994). Effects of high-versus moderate-intensity exercise on lymphocyte subpopulations and proliferative response. *International Journal of Sports Exercise, 26*, 128-139.

Noelle, R. J., & Snow, E. C. (1991). T helper cell-dependent B cell activation. *Federation of American Society for Experimental Biology Journal, 5*, 2770-2776.

North, T. C., McCullagh, P., & Tran, Z. V. (1990). Effects of exercise on depression. *Exercise and Sport Science Reviews, 18*, 379-415.

Old, L. J. (1995). Tumor necrosis factor (TNF). *Science, 230*, 630-632.

Paul, W. E. (1989). Pleiotropy and redundancy: T cellderived lymphokines in the immune response. *Cell, 57*, 521.

Paul, W. E. (1993). The immune system; An introduction. In W. E. Paul (Ed.), *Fundamentals of immunology* (3rd ed., pp. 1-20). New York: Raven Press.

Pavlidis, N., & Chirigos, M. (1980). Stress-induced impairment of macrophage tumoricidal function. *Psychosomatic Medicine, 42*, 47-54.

Pawlikowski, M., Zelazowski, P., Dohler, K., & Stepien, H. (1988). Effects of two neuropeptides, somatoliberin (GRF), on human lymphocyte natural killer activity. *British Journal of Behavioral Immunology, 2*, 50-56.

Perna, F. M., LaPerriere, A., Ironson, G., Klimas, N., Perry, A., Majors, P., Pavone, J., Goldstein, A., Makemson, D., Fletcher, M. A., Koppes, L., Meijer, O. G., & Schneiderman, N. (1999). Cardiopulmonary and CD4 cell changes in response to exercise training in early symptomatic HIV infection. *Medicine and Science in Sport and Exercise, 31*, 973-939.

Perna, F. M., & McDowell, S. L. (1995). Role of psychological stress in cortisol recovery from exhaustive exercise among elite athletes. *International Journal of Behavioral Medicine, 2*, 13-26.

Perna, F. M., Schneiderman, N., & LaPerriere, A. (1997). Psychological stress, exercise, and immunity. *International Journal of Sports Medicine, 18* (Suppl. 1), S78-S83.

Petruzzello, S. J., Landers, D. M., Hatfield, B. D., Kubitz, K. A., & Salazar, W. (1991). A meta-analysis on the anxietyreducing effects of acute and chronic exercise: Outcomes and mechanisms. *Sports Medicine, 11*, 143-182.

Plaut, M. (1987). Lymphocyte hormone receptors. *Annual Review of Immunology, 5*, 621-669.

Rammensee, H. G., Falk, K., & Rotzschke, O. (1993). Peptides naturally presented by MHC class I molecules. *Annual Review of Immunology, 11*, 213-244.

Rejeski, W. J., Thompson, A, Brubaker, P., H., & Miller, H. S. (1992). Acute exercise: Buffering effects of psychosocial stress responses in women. *Health Psychology, 11*(6), 355-362.

Rigsby, L. W., Dishman, E. K., Jackson, A. W., Maclean, G. S., & Raven, P. B. (1992). Effects of exercise training on men seropositive for the human immunodeficiency virus-1. *Medicine and Science in Sports and Exercise, 24*, 6-12.

Roitt, I., Brostoff, J., & Male, D. (1989). *Immunology*. London: Gower Medical.

Rosenberg, Z. F., & Fauci, A. S. (1990). Immunopathogenic mechanisms of HIV infection. *Immunology Today, 11*, 176-180.

Roth, D. L. (1989). Acute emotional and psychophysiological effects of aerobic exercise. *Psychophysiology, 26*(5), 593-602.

Schneiderman, N. (1978). *Animal models relating to behavioral stress and cardiovascular pathology*. New York: Springer.

Schneiderman, N., & McCabe, P. M. (1989). *Psychophysiologic strategies in laboratory research*. New York: Plenum.

Schooley, R. (1995). Correlation between viral load measurements and outcome in clinical trials of antiviral drugs. *AIDS, 9*, S15-S19.

Selye, H. A. (1956). *The stress of life*. New York: Mc-Graw-Hill.

Shepard, R. J., & Shek, P. N. (1994). Infectious disease in athletes: New interest for an old problem. *The Journal of Sports Medicine Physical Fitness, 34*, 11-22.

Snegovskaya,V., & Viru, A. (1993). Elevation of cortisol and growth hormone levels in the course of further improvement of performance capacity in trained rowers. *International Journal of Sports Medicine, 14*, 202-206.

Solomon, G. F., Temoshok, L., O'Leary, A., & Zich, J. (1987). An intensive psychoimmunologic study of longsurviving persons with AIDS: Pilot work, background studies, hypotheses and methods. *Annals of the New York Academy of Science, 496*, 647-655.

Sprent, J. (1993). T lymphocytes and the thymus. In W. E. Paul (Ed.), *Fundamentals immunology* (3rd ed., pp. 75-110). New York: Raven Press.

Stevens, C. E., Taylor, P. E., & Zang, E. A. (1986). Human T-cell lymphotropic virus Type III in a cohort of homosexual men in New York City. *Journal of the American Medical Association, 225*, 2167-2171.

Stringer, W. W., Berezovskaya, M., O'Brien, W. A., Beck, C. K., & Casaburi, R. (1998). The effect of exercise training on aerobic fitness, immune indices, and quality of life in HIV+ patients. *Medicine and Science in Sports and Exercise, 30*, 11-16.

Tharp, G. D. (1975). The role of glucocorticoids in exercise. *Medical Science Sports, 7*, 6-11.

Tvede, N., Pedersen, B. K., Hansen, F. R., Bendix, T., Christensen, L. D., Galbo, H., & Halkjaer-Kristensen, J. (1989). Effect of physical exercise on blood mononuclear cell subpopulations and in vitro proliferative responses. *Scandinavian Journal of Immunology, 29*, 383-389.

Urhausen, A., & Kinderman, W. (1987). Behavior of testosterone, sex hormone binding globulin, and cortisol before and after a triathalon competition. *International Journal of Sports Medicine, 8*, 305-308.

U.S. Department of Health & Human Services. (1996). *Surgeon General's report on physical activity and health*. Washington, DC: Author.

Wagner, G., Rabkin, J., & Rabkin, R. (1998). Exercise as a mediator of psychological and nutritional effects of testosterone therapy in HIV+ men. *Medicine and Science in Sports and Exercise, 30*, 811-817.

World Health Organization. (1990). Interim proposal for a WHO staging system for HIV infection and disease. *Weekly Epidemiological Record, Report 29*, 65, 121-124.

Chapter

18

암의 예방

Anne McTiernan

역자 | 한명우(선문대학교)

서 론

암은 미국에서 사망원인의 상위 두 번째 원인이다. 미국암협회는 2000년에는 1,200만 명 이상의 미국인이 새롭게 암으로 진단 받았으며 55만 명 이상이 암으로 사망할 것이라고 보고하였다(Greenlee, 2000). 또한 자신의 생애주기 동안에 미국인 남자는 두 명중에 한 명, 그리고 여자는 세 명 중에 한 명이 이 침략적인 질병인 암으로 발전될 것이라고 추정하였다.

흡연은 폐암 환자 발생원인의 76%를 차지하고 구강암, 인두암, 후두암, 식도암, 췌장암 및 방광암 발생의 19-61%를 설명하는 요인이다(세계암연구재단패널, 1997). 지나친 방사선 조영 및 몇 가지의 특정한 화학물질에 노출되는 것 역시 강력한 발암물질이 된다. 하지만 이러한 물질에 심각하게 노출되는 사람은 극히 소수이다.

암에 대한 유전적 성향은 기껏해야 암 발생원인의 10-15% 정도이다. 따라서 환경적 또는 라이프 스타일 요인들이 암으로 발전되는 내용의 대부분을 차지한다고 보아야만 한다. 환경요인 및 라이프 스타일 요인들이 암을 유발시키는 중요한 요인이라는 것은 국가간 암 발병율에 차이가 있다는 관찰에 의해서도 지지된다. 〈그림 18.1〉에 나타난 바와 같이 미국과 일본에서 고도로 발전하는 지역을 선정해서 살펴 본 결과 미국과 일

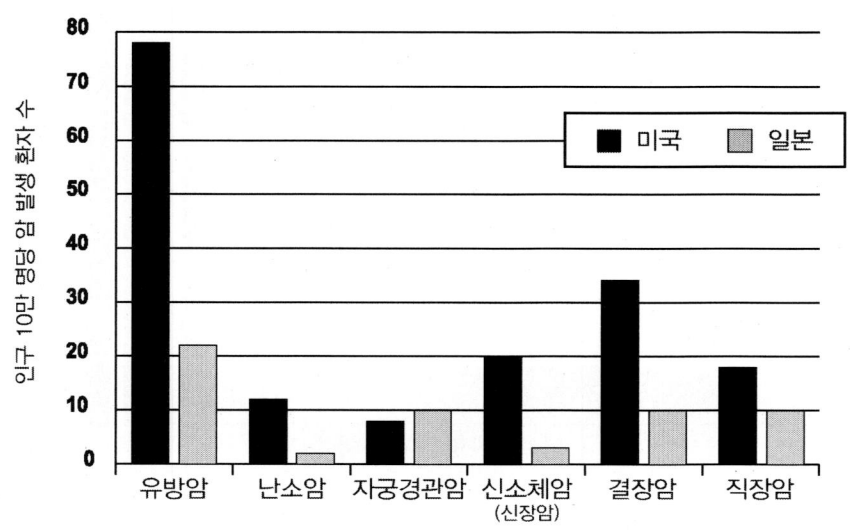

그림 18.1 1980년도 미국과 일본의 특정 지역 여성의 연령대 별로 살펴 본 암 발생률
출처: 국제암연구기구 IARC, 1990 자료.

본 두 나라 사이에는 몇 가지 암 발병률이 현저하게 다르다는 것을 알 수 있다.

또 다른 지지는 암 발생률이 낮은 나라에서 높은 나라로 온 이민자들을 관찰하는 데에서도 나타난다. 암 발생률이 낮은 나라에서 살던 이민자들은 암 발생률이 높은 나라로 이민해 오면서 그 나라의 암 위험 형태를 채택하기 시작하지만 자신들의 동족과 결혼함으로 해서 자신들의 유전자는 그대로 지키는 경향을 보이기까지 한다.

과거 100년 동안 암의 발생과 사망률은 현저하게 상승하였다. 20세기 중반이 되기 전만하더라도 암은 드문 질병이었다. 1909년 미국의 인구조사에 의하면 암은 모든 사망원인에서 겨우 4%만을 차지하였다(세계암연구재단패널, 1997). 금세기에서 폐암 발생과 사망률의 증가는 거의 전적으로 제2차 세계대전이후에 시작된 흡연의 급속한 확산 때문이며 흡연율은 1980년대까지 폭넓게 확산되고 증가하였다.

유방암, 결장암, 그리고 전립선암이 20세기에서 증가한 것은 부분적으로 이 암들에 대한 조기진단이 증가한 때문이기도 하다. 그러나 이러한 일반적인 암 발생률이 증가한 것은 대부분 실제로 종양으로 발전되는 비율이 증가하였음을 나타내는 것이며 환경이나 라이프 스타일에서의 변화를 나타내는 것이기도 하다.

암의 발생

미국은 금세기 동안에 암 발생에 있어서 환경적, 그리고 경제적인 변화를 현저하게 겪어 왔다. 산업화와 현대적인 편안함이 증가하면서 미리 조리된 음식(prepared-food)의 사용은 거의 모든 인구의 신체 습관(body habits)을 변화시켰다. 미국 성인과 어린이들은 더욱 앉아서 생활을 하게 되었고 더 많은 열량을 섭취하며 더욱 체중이 많이 나가면서 비만해지고 있다. 그러므로 신체 활동이 전 세계적으로 암의 위험에 영향을 미칠 수 있는 방법에는 세가지가 있다. 그 세가지는 바로 (1) 신체적 활동 자체의 효과, (2) 신체습관에 미치는 이익의 효과, 그리고 (3) 음식습관의 변화에 영향을 줌으로써 얻는 간접적인 역할이다.

암의 발생은 일반적으로 2단계의 과정을 거치는 것으로 생각된다. 초기단계에서는 하나의 요인이 세포의 DNA에 구조적이거나 기능적인 변화를 초래한다. 이 단계에서의 변화는 세포를 죽일 만큼 치명적이지 못하지만 자극을 받으면 세포의 이상증식을 초래할 수 있게 된다. 암의 촉진은 어떤 한가지 요인이나 여러 가지 요인들이 암 세포의

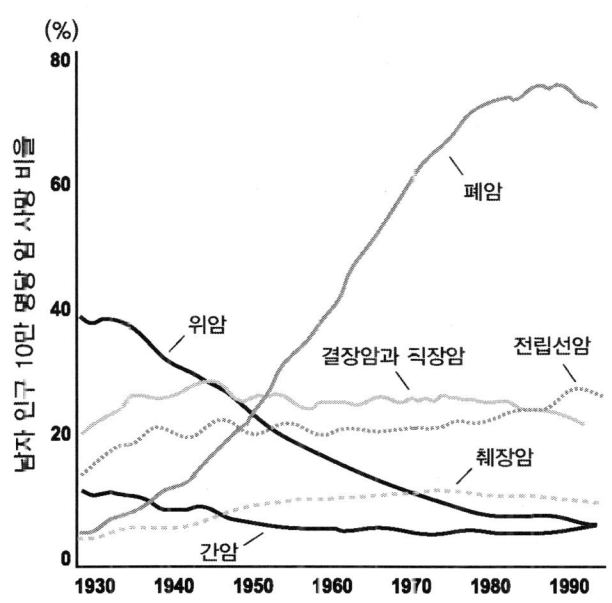

그림 18.2 1930-1990년 사이 미국의 특정 지역 남성의 연령대 별로 살펴 본 암 사망률
출처: 미국 암감시연구협회, 1998 및 미국인구통계, 1997 자료.

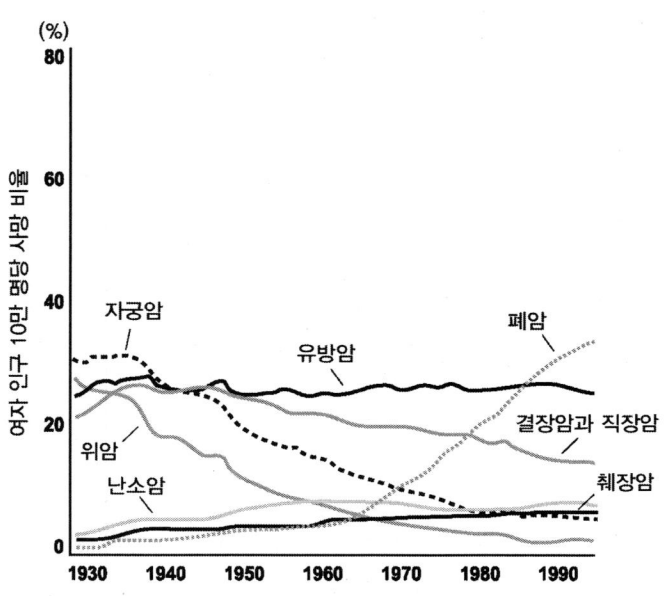

그림 18.3 1930-1994년 사이 미국의 특정 지역 여성의 연령대 별로 살펴 본 암 사망률
출처: 미국 암감시연구협회, 1998 및 미국인구통계, 1997 자료.

복수생산을 시작하도록 하고 암세포들에 대한 내적, 외적 통제가 없이 기하급수적으로 자라도록 할 때 발생한다. 발암물질(carcinogens)은 암세포 증식을 시작하게 하거나, 촉진하게 하거나 또는 이 두가지 역할을 다 하기도 한다. 신체 활동은 그 효과적인 면에서 암 발생의 두가지 수준(암세포 증식의 시작 또는 촉진)에서 효과를 발휘할 수 있지만 주된 효과는 악성종양의 촉진을 완화시키는 것으로 여겨진다.

소규모 동물실험 연구는 운동을 시킨 동물군에서 종양 발생이 감소하였다는 내용과 오히려 더 증가하였다는 상반(相反)되는 결과를 보이고 있다. 신체 활동을 왕성하게 시킨 쥐들과 비활동적인 쥐들을 비교하였더니 신체 활동이 왕성한 쥐들의 면역세포 활동이 현저하게 활성화 되었고 유방암 종양의 발생 수치가 줄어드는 경향을 보였다(Hoffman-Goetz 등, 1998).

방사선에 피폭된(radio-labeled) 종양 세포가 사라진 것은 신체 활동을 왕성하게 시킨 쥐들(실험집단)에게서만 관찰되었고 비활동적인 쥐들(통제집단)에게서는 발견되지 않았다. 동물실험을 통해서 나타난 결과를 가지고 인간에게도 똑같은 효과를 볼 수 있다고 하기는 어렵지만 운동을 강제적으로 하면 종양 발생과 성장에 영향을 줄 수 있는 생리적인 효과를 갖는 스트레스 반응이 동시에 일어난다.

면역학적 증거

인간에게 있어서 암과 운동과의 연관성에 대한 과학적 지식은 전염병에 대한 관찰적인 수준으로 제한된다. 관찰연구 디자인의 한가지 유형은 코호트 연구(cohort study)(역자주: 일정 기간 동안 특정 경험을 같이 하는 사람들이 갖는 특성에 대하여 두 번 이상의 다른 시기에 걸쳐서 비교·연구하는 방법)이다. 이 연구에서는 한 집단에 속한 피험자들의 신체 활동 수준을 측정하고 시간이 지나가면서 암이 발생하거나 암으로 죽을 때까지 이러한 측정을 계속한다. 이런 형태의 연구에 대한 분석은 신체 활동의 수준을 개인별로 나누고(예를 들면 4분위 *quartiles*로 나누는 것) 신체 활동의 범위에 있는 사람 중에서 암이 발생된 사람의 비율을 비교하는 것을 포함한다.

관찰연구의 두 번째 형태는 사례통제연구(case-control study)이다. 여기에서는 암이 발생한 사람(대부분 암등록환자 또는 병원기록으로부터 파악한다)과 암이 발생하지 않은 사람을 대상으로 현재와 과거의 신체 활동 습관에 대해 인터뷰를 하고 이 두 집단 간의 신체 활동 경험의 차이를 비교하여 분석하는 것이다. 이 두가지 형태의 연구 중 어느 것이라도 상대적인 위험(relative risk)에 대한 추정을 할 수가 있다. 즉 한쪽 그룹의 암 발생 위험에 대한 추정치를 다른 한 쪽 집단의 추정치와 비교하는 것이다 (예: 운동을 열심히 하는 집단과 좌업 생활을 하는 집단과의 비교).

암 발생이 국제적으로 다른 것은 신체 활동과 암 발생 사이에 어떤 연관성이 있다는 것을 지지해주는 것일 수 있다. 물론, 현대생활의 편리함에 많이 접속할 수 있는 개발도상국에 있는 사람들은 그들의 일상 생활을 영위하는데 있어서 에너지를 덜 소모할 것이다. 〈그림 18.4〉는 유방암 연간 발생률과 1인당 자동차 보유량 사이의 관계를 보여주고 있는데 1인당 자동차 보유량 요인은 암 발생 수준의 뚜렷한 지표로 여겨지며 하루 생활에서 소비하는 신체 활동의 수준도 그러하다. 자동차를 사용할 수 없는 개인들은 개인적으로 에너지를 더 많이 소비하는 교통수단을 사용해야만 한다.

〈그림 18.4〉에서 볼 수 있는 바와 같이 1인당 평균자동차 소유량과 연간 유방암 발생률은 직접적이고 긍정적인 관계가 있다. 1인당 평균 지방섭취량과 유방암 발생률 사이에도 비슷한 관계가 관찰되어져 왔다. 이와 같은 관련성은 따라서 인과관계를 증명할 수는 없지만 암이 어떻게 발생하는지에 대한 원인을 규명하는데 실마리를 제공할 수 있다.

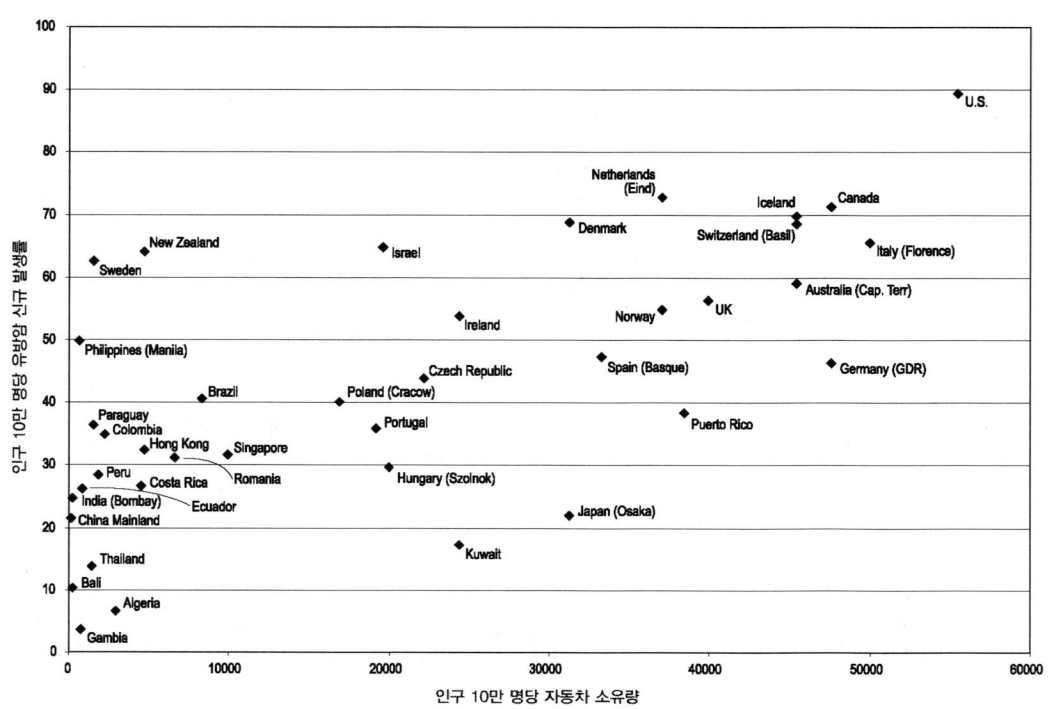

그림 18.4 유방암 발생과 1인당 자동차 소유율 사이의 국가별 상관관계

 인간을 대상으로 하여 운동과 암과의 관계를 알아 본 것은 결장암(colon), 직장암(rectum), 유방암(breast), 자궁암(endometrium), 난소암(ovary), 전립선암(prostate), 고환암(testicle) 및 폐암(lung) 환자들을 대상으로 한 연구에서였다. 이들 연구 가운데 결장암, 직장암, 유방암, 전립선암에 대해서는 상당히 많은 양의 정보가 축적되었으나 다른 암들에 관해 발표된 연구는 별로 없다.

결장암(Colorectal Cancer)

 13,000명이 넘는 직장암 사례와 많은 통제집단을 갖춘 많은 연구들을 포함한 셀 수도 없는 면역학 연구들은 신체 활동과 직장암의 위험 사이에는 역(逆) 상관이 있음을 발견해 왔다(G.A. Colditz, Cannuscio, & Frazier, 1997). 이러한 관계는 남성 여성 모두에게서 관찰되었으며 다양한 인종과 종족에서 전 세계적으로 다양한 지역에서 관찰되었다.

몇몇의 역학 연구를 제외한 거의 모든 연구에서 결장암 위험은 최소한 한가지 신체 활동을 하는 신체 활동량이 가장 낮은 사람들과 비교하였을 때 높은 활동량을 보인 사람들에게서 위험 요인이 10-60% 정도 감소한 것으로 나타났다(G.A. Colditz 등, 1997; McTiernan, Ulrich, Slate, & Potter, 1998; Thune & Lund, 1996).

12,000명 이상의 미국 간호원에 대한 간호원 건강연구(The Nurses' Health Study)는 가장 활동적인 여성(측정한 신체 활동의 최상위 5분위수(五分位數)에 있는 사람)은 좌업 생활(sedentary)을 주로 하는 여성들(Martinez et al., 1997)에 비해 결장암 발생 위험이 반 밖에 되지 않는다는 것을 발견하였다.

또 다른 연구들에서는 운동의 용량반응(dose-response)은 결장암의 위험을 감소시키고 레크레이션 신체 활동의 수준을 증가시키는 것이 관찰되었다. 신체 활동과 결장암 발생 사이의 관계는 운동시간을 측정하는 연구방법이 많이 다른 연구 전반에서 일관되게 발견되고 있다. 나이, 식이습관 및 비만과 같은 요인을 감안하여도 신체 활동과 결장암 발생 사이에서 관찰된 관계는 줄어들지 않았다.

간호원 건강연구(The Nurses' Health Study)에서 신체 활동, 신체질량지수(몸무게 kg/키 m^2), 그리고 허리-엉덩이 비율 등이 독립적으로 결장암 위험과 관계가 있었다. 이것은 음식섭취, 배출 및 신진대사의 조화가 결장암의 원인을 알아내는 핵심 요인일 수 있다는 점을 가리키는 것이다(Martinez et al., 1997). 이런 개념을 지지하여 Slattery, Edwards, Ma, Friedman과 Potter(1997)는 결장암과 신체질량지수 사이에 상호작용이 있음을 발견하였다. 즉, 이들은 결장암 발생의 가장 높은 위험 요인은 신체질량지수가 가장 높으면서 신체 활동은 가장 낮은 사람들에게서 나타난다는 것을 발견하였다.

거의 모든 연구들에서 결장암 위험이 가장 많이 감소하는 것으로 나타난 대상은 일생 동안 꾸준히 운동을 해 온 사람들이었다. 최근에 운동을 시작한 사람들은 그런 예방효과가 훨씬 적었다.

신체 활동과 직장암 위험 사이의 상관관계에 대한 증거는 결장암의 위험과 신체 활동 사이의 상관관계보다 훨씬 약하다. 신체 활동은 구체적으로 상관관계를 검증한 소수의 피험자를 대상으로 한 연구에서만 직장암 위험을 현저하게 줄여주는 것과 연관이 있었으며 그렇지 않은 연구에서는 그 상관이 중립적이었다(McTiernan, Ulrich, et al., 1998).

유방암(Breast Cancer)

 운동과 유방암 사이의 관계에 대한 면역학적 자료가 급속하게 늘고 있다(Friedenreich, Thune, Brinton, & Albanes, 1998; Gammon, John, & Britton, 1998). 어떤 연구들은 대학 스포츠에의 참가 여부를 비교하였고 어떤 연구들은 직업적 신체 활동만을 보았으며 몇 몇의 연구는 레크레이션 운동만을 검증하였고 다른 연구들은 직업적 그리고 레크레이션 신체 활동을 살펴보았다(McTiernan, Ulrich, et al., 1998). 23편의 연구 가운데 17편의 연구에서 신체 활동과 유방암 위험과의 사이에 역 상관이 있음을 발견하였다. 이들은 좌식 라이프 스타일을 하는 사람과 높은 수준의 신체 활동을 하는 사람을 비교하였는데 그 결과 높은 수준의 신체 활동을 하는 사람에게서 10-80% 범위의 위험감소가 나타났다.

 세 개의 코호트 연구 및 네 개의 사례통제 연구에서는 운동과 유방암 위험 사이의 역상관을 지지하지 않았다. 25,000명 이상의 노르웨이 여성을 대상으로 한 연구에서는 유방암 위험이 감소하는 것은 여가시간 신체 활동의 수준과 직장에서의 신체 활동이 증가하는 것과 통계적으로 유의한 경향이 나타났음이 관찰되었다(Thune, Brenn, Lund,

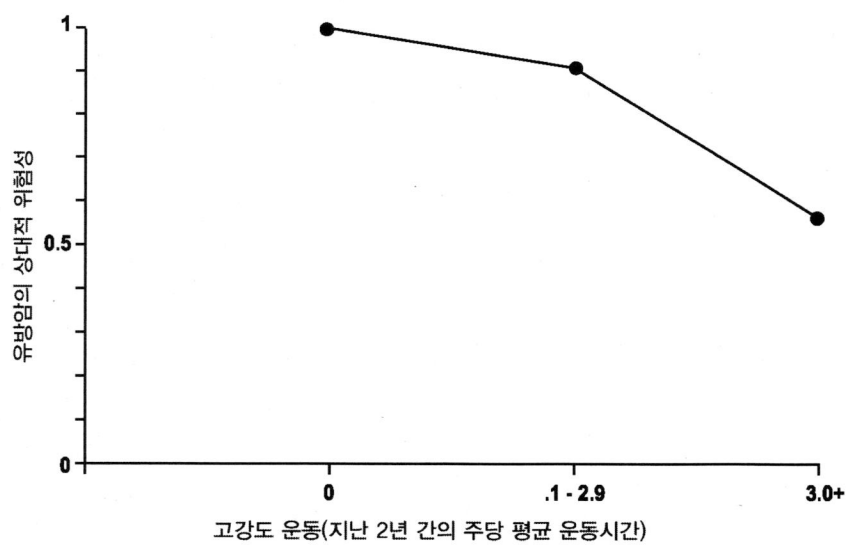

그림 18.5 고강도 신체 활동 수준에 의거한 씨애틀 및 워싱톤 거주 50-64세 여성의 유방암 발생 위험
출처: McTiernan, Ulrich, et al.(1996 II)

& Gaard, 1997).

그러나 6년에 걸쳐 116,000명 이상의 미국 간호원들을 대상으로 수행된 간호원 건강 연구(The Nurses' Health Study)는 청소년 후기 또는 최근의 업무 외 신체 활동과 폐경기와 폐경기 전 유방암 위험이 감소하는 것 사이에는 아무런 관계가 없다는 것이 밝혀졌다(Rockhill 등, 1998). 그러나 이들은 후속연구를 통해 이 관계를 재분석한 결과 운동이 유방암에 효과가 있음을 보여주었다(Rockhill 등, 1999).

대부분의 면역학연구는 모든 연령대의 유방암 환자의 사례를 포함해 왔는데 이로 인해 해석하기 어려울 때가 있다. 왜냐하면 위험요인으로 알려진 요인들(예: 신체질량지수, 수유기 lactation, 가족력 등)은 폐경기 전과 후의 유방암 사이의 정도(degree)와 방향(direction)에서 차이가 있기 때문이다. 그럼에도 불구하고 폐경기 전, 폐경기 중, 폐경기 후 여성을 대상으로 한 연구에서 위험요인들이 감소하였음이 관찰되었다(McTiernan, Stanford, Weiss, Daling, & Voigt, 1996).

신체 활동을 시작하는 나이는 대부분의 연구에서 위험요인에 별다른 영향을 미치지 못한다. 41세 이하의 유방암 환자 545명과 비슷한 나이의 545명의 통제집단 여성을 비교한 사례통제연구에서 생애기간 중 여가시간에 하는 신체 활동은 초경으로부터 환자의 암 진단 받기 일 년 전까지로(또는 통제집단은 비슷한 날짜) 설정하였다. 연구결과는 생애기간 신체 활동은 위험요인과 역상관이 있음이 발견되었다(Bernstein, Henderson, Hanisch, Sullivan-Halley, & Ross, 1994).

대학교 선수와 비선수의 상대적 위험요인과 신체 활동의 수준을 비교한 세 개의 연구결과는 확실하지가 않아서 만일 대학생의 신체 활동 수준의 효과가 성인후기로 전이될 수 있는지에 대한 것은 명확하지가 않다(Gormmon 등, 1998; McTiernan, Ulrich 등, 1998). 세 편 중 두 편의 연구는 선수를 비선수와 비교했을 때 위험요인이 감소하였음을 발견하였다.

신체 활동과 유방암 발생 사이의 관계는 나이, 출산 경력, 식이습관 및 신체질량지수 등과 같은 요인들을 감안한 연구에서 이 요인들에 의해 영향을 받지 않는다는 것이 밝혀졌다.

자궁암(Endometrial Cancer)

　신체 활동과 자궁암 위험 요인에 대한 세 편의 사례통제 연구는 신체 활동과 자궁암 발생 사이에 역상관이 있음을 보여주었다. 매우 활동적인 신체 활동 집단에서 좌업 생활만을 영위하는 집단 보다 위험요인이 약 30-60%나 더 감소하였다(McTiernan, Ulrich 등, 1998). 대부분의 분석에서 신체질량지수와 칼로리 섭취를 감안하는 것은 자궁암 위험에 대한 신체 활동의 효과를 약하게 하지 않았다. 한 연구에서는 직장에서의 신체 활동만이 역상관을 보여주었고 레크레이션 신체 활동과는 아무런 상관이 없었다. 또 다른 연구는 레크레이션 신체 활동과 비레크레이션 신체 활동을 결합한 것이 예방효과를 보여주었다고 보고하였다.

난소암(Ovarian Cancer)

　신체 활동과 난소암 위험 요인에 대한 관계를 살펴 본 연구는 그리 많지 않다. 여성을 대상으로 한 두 세 편의 코호트 연구결과는 난소암을 종속변수로 보았으나 사례수가 적었을 뿐만 아니라 연구 결과도 일관되지 않았다. 즉 난소암과 신체 활동 사이의 관계를 살펴 본 결과 활발한 신체 활동을 한 여성들이 좌업 생활을 한 여성들보다 약간 위험률이 증가한 것으로 나온 것에서부터 중간정도의 감소에 이르는 범위를 보이며 다르게 나타났다(McTiernan, Ulrich 등, 1998).

　31,396명의 폐경기 이후의 아이오와 여성주민들을 대상으로 한 코호트 연구에서는 97명에게서 난소암이 발생하였다. 출산율과 인구학적인 요인들을 배제한 후 신체 활동이 낮은 수준의 여성들과 높은 수준의 여성을 비교한 결과 신체 활동의 수준이 낮은 여성들에게서 높은 수준의 여성들보다 거의 두 배로 난소암이 발생하였다(Mink, Folsom, Sellers, & Kushi, 1996).

고환암(Testicular Cancer)

　캐나다에서 고환암 환자를 대상으로 실시한 사례통제 연구에서 레크리에이션 신체 활동의 수준이 제일 높은 사람들은 통계적으로 30%나 유의하게 이 암의 발생위험이 감소한 것으로 나타났다. 반면에 직장에서의 신체 활동은 이 암의 위험과는 관련이 없었다.

영국에서 고환암 환자를 대상으로 비슷한 연구설계를 사용한 한 연구에서는 고환암 위험이 증가하는 것과 앉아 있는 시간이 증가하는 것과 관련이 있다는 것을 발견하였다. 뿐만 아니라, 운동에 소비한 시간이 증가하는 것은 위험요인을 점진적으로 낮추는 것과 관련이 있었다.

노르웨이에서 53,000명을 대상으로 실시된 코호트 연구는 피험자가 이 연구 대상에 든 나이(30-40대)가 고환암 위험이 제일 높은 나이를 지났을 때였음에도 불구하고 신체 활동과 고환암 사이에 어떤 연관이 있는지를 나타내는데 실패하였다(Thune & Lund, 1994).

브리티시 콜롬비아의 작은 병원에서 실시된 사례통제 연구에서는 자전거 타기와 승마가 고환암 위험의 증가와 관련이 있음이 관찰되었다. 이 두가지 신체 활동은 고환(testes)에 외상과 열을 증가시켜서 고환암을 발생시키는 것과 관련이 있다(McTiernan, Ulrich 등, 1998).

전립선암(Prostate Cancer)

신체 활동과 전립선암과의 관계를 살펴 본 11편의 코호트 연구와 9편의 사례통제 연구, 그리고 2편의 관련연구에서는 일관된 결과가 관찰되지 않았다(McTiernan, Ulrich 등, 1998; Thune, & Lund, 1994). 세 편의 연구는 대학 또는 청소년들의 신체 활동을 검증하였고 연구와 직장에서의 신체 활동을 살펴 본 연구가 몇 편 있다. 어떤 연구는 레크레이션 활동만을 살펴보았는가 하면 다른 연구들은 직장 및 레크레이션 활동을, 그리고 한 편의 연구는 측정한 운동형태를 언급하지 않았다. 신체 활동에 대한 확인법(method of ascertainment)(역자주: 특성이나 병이 있는 사람이 연구자에 의해 선택·발견되는 유전학의 방법 또는 인류유전학에서 가계자료로 이용되는 형질의 분리치를 추정하는 방법)은 연구 전반에 걸쳐 다양하였다. 일반적으로 모든 연구에서 관찰된 상대적 위험에 대한 추정값이 1.0 부근에서 거의 균등하게 분산되었으며 운동은 전립선암의 위험에 미치는 영향이 거의 없거나 미미한 정도였다(Oliveria & Lee, 1997).

기타 암

운동과 다른 암 발생과의 사이에 어떤 관계가 있는지에 대해서는 아직까지 알려진 정보가 거의 없다(McTienan, Ulrich, et al., 1998). 몇 편의 연구만이 남자에게 폐암 위험과 신체 활동의 효과를 평가하였다. 흡연 전후의 효과를 감안한 두 편의 연구에서 신체 활동의 수준을 증가시키는 것은 폐암에 대한 위험 요인을 30-50% 감소시켜주는 것과 관련이 있다는 점을 보고하였다. 20-49세의 노르웨이 남자 53,242명과 여자 28,274명을 대상으로 한 코호트 연구에서는 여가시간의 신체 활동이 남자의 폐암 발생을 감소시키는 것과 관련이 있었지만 여성에게서는 관련이 있는 것으로 나타나지 않았다(Thune & Lund, 1997). 일주일에 4시간 이상 운동하는 사람은 13-19년 이후의 추적조사 결과에서 폐암 발생의 위험이 29%가 감소하였다. 위험 요인의 감소는 특히 폐의 소세포암(small cell carcinoma)에서 두드러졌다. 이러한 결과는 흡연, 신체질량지수, 연령 및 지역을 감안하였다. 그러나 예방은 흡연가 중에서도 관찰되었다. 다른 암의 종료점을 포함하는 아주 드문 코호트 연구에서는 직업 활동이나 대학선수 활동과 위암, 방광암 또는 췌장암(pancreas cancer)과의 사이에는 유의한 관계가 관찰되지 않았다.

암 예방 기전과 운동의 역할

신체 활동은 다른 관련요인(confounding, 중첩 또는 교락(交絡)요인)(역자주: 2가지 이상의 요인효과가 서로 섞여서 각 효과들을 분리할 수 없는 것) 또는 실제 생물학적인 기전을 통해서 암의 위험에 간접적인 영향을 미친다.

운동을 선택하는 개인들은 여러 가지 면에서 좌업 생활을 하는 사람들과 다르다. 그들은 일반적으로 보다 높은 건강상태를 즐기며 저지방식을 먹고 음주와 흡연을 피하며 예방차원의 건강관리와 같은 다른 건강 습관도 더 많이 채택하고 이를 유지하는 것 같다(McTiernan, Stanford, Daling, & Voigt, 1998).

신체 활동과 상관관계가 있는 몇 가지 요인들 역시 독립적으로 암 발생과 관련이 있다. 이런 요인들은 신체 활동과 암과의 관계를 잠재적으로 중첩시킨다. 그럼에도 불구하고 신체 활동은 우리 몸의 많은 기관과 생리적 기능에 커다란 영향을 미치며 여러 가지 다른 생물학적인 기전을 통하여 암 발생에도 영향을 미친다(Hoffman-Goetz 등, 1998).

신체 활동과 암 발생 사이의 관계에서 추정되는 점은 비만과의 상호관련성이 있을 수 있다는 점이다. 몸무게 증가는 폐경기 이후의 유방암, 자궁암, 결장암에 대한 위험을 증가시킨다는 충분한 증거가 있다(McTiernan, Stanford, Daling, & Voigt, 1998).

비만인 사람은 일반적으로 비만이 아닌 사람에 비해서 습관적으로 신체 활동을 덜 한다. 가장 중요한 것은 정기적인 운동은 비만인 사람들의 체중 감량과 유지에 대한 장기적이고 강력한 예측인자라는 점이다.

운동은 높은 복부 지방 대사를 줄여 암 발생을 예방할 수 있다. 복부지방, 특히 내장지방(복부내 지방)은 대사적으로 가장 활발한 지방 저장소인 것으로 여겨진다. 임상 실험은 3-4 파운드(1.4-1.8kg)와 같은 아주 적은 양의 내장 지방의 감소도 포도당 부하(glucose tolerance), 공복 시 인슐린 수치(fasting insulin) 및 지질(lipid)에 중첩 효과를 보인다는 것을 보고하였다.

유산소성 운동은 우선적으로 남자와 여자의 내장지방을 감소시킨다. 복부 지방은 암의 위험성이란 점에서 중요하다. 이 점은 허리둘레가 증가하거나 허리와 엉덩이 비율이 증가한 여성들에게서 유방암과 결장암의 위험이 증가한다는 관찰에 의해서 지지되었다(Hoffman-Goetz 등, 1998; Martinez 등, 1997).

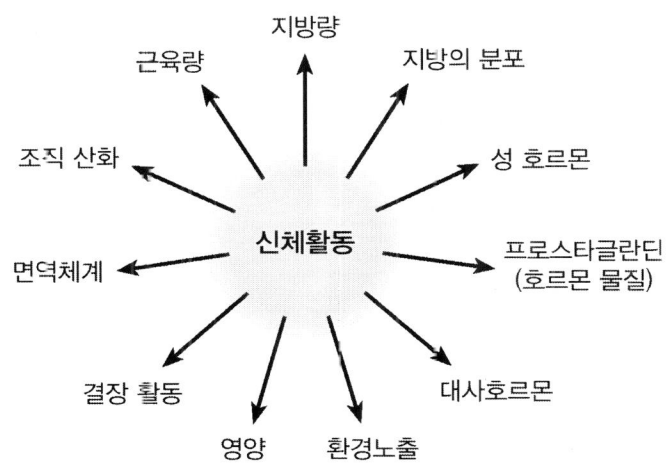

그림 18.6 신체 활동의 수준과 암 발생 위험요인의 관계에서 관찰된 신체 활동에 의해 영향을 받는 요인들

내장 비만은 인슐린 저항(insuline resistance)의 증가와 관련이 있으며 성 호르몬 결합 글로불린(sex hormone binding globulin, SHBG) 농도가 낮아지는 것과 관련이 있다. 이 단백질은 에스트로겐과 안드로겐을 결합시키고 만일 현재의 농도가 낮으면 더 많은 성호르몬 결합 글로불린이 활성화되도록 하여 순환시킨다. 유리된 에스트로겐(free estrogen) 수치가 높아지는 것은 유방암, 자궁암, 난소암, 전립선암 및 다른 암들의 발달에 중요한 요인이 된다(Hoffman-Goetz 등, 1998; McTiernan 등, 1998).

성인기 동안의 체중 형태와 체중 변화는 몇 가지 암의 원인을 연구하는 병인학(病因學, etiology)에 중요하다. 18세 때에 신체질량 지수가 높으면 유방암의 위험을 감소시킨다. 20kg 이상의 체중증가는 폐경기 전의 유방암 위험에 영향을 미치지 않지만 폐경기 이후의 유방암 위험을 현저하게 증가시킨다(Huang 등, 1997).

이처럼 암 진단시의 나이에 따라 다른 연관성이 있게 되는 것은 여성의 생애 단계에서 내재적인(內在的, endogenous: 생체 내부의 원인에 의한 것) 성 호르몬 생산에 미치는 비만의 효과가 다양하다는 점으로 설명될 수 있을 것이다. 젊은 여성에게서 비만과 관련된 무배란(anovulation)은 유방암 발생에 대항하여 예방적일 수도 있지만 비만과 관련되어 지방 조직에서 폐경기 에스트로겐 생산이 증가하게 되면 유방암 위험이 증가할 수도 있다.

월경이 너무 이르거나 늦은 것과 생식기 생활은 유방암과 자궁암과 같은 호르몬 관련 암의 유발이나 촉진에 중요하다. 초경이 너무 빠른 것(12세 이전)과 난소 월경주기가 길어지는 것, 첫 임신이 너무 늦는 것(30세 이후), 미산(未産: 출산 경험이 없는 것, nulliparity), 젖 분비의 부족(lack of lactation) 및 폐경기가 늦는 것(55세 이후) 등은 각각 유방암 발생의 위험을 20-100% 이상으로 증가시킨다는 것이 발견되었다(McTiernan, Ulrich 등, 1998).

운동은 이러한 월경 및 생식 관련 요인들의 여러 가지에 영향을 미칠 수 있다. 발레와 육상 등과 같은 힘든 스포츠에 참가하는 여성들은 비선수인 여성들에 비해 무월경이나 월경불순이 잦아지거나 초경이 늦어지고 월경주기가 불규칙적이게 됨을 경험한다. 훈련이 안된 정상적인 배란(ovulation)과 적절한 황체(leuteal adequacy)를 가진 대학 여학생들에게 고강도의 운동을 시키는 것 역시 이들에게 훈련 전과는 반대인 비정상적인 황체기능과 황체호르몬 상승을 초래할 수 있다. 가장 현저한 불균형은 가장 강도가 높은 훈련을 하는 시기에 체중이 감소한 여학생들에게서 관찰되었다.

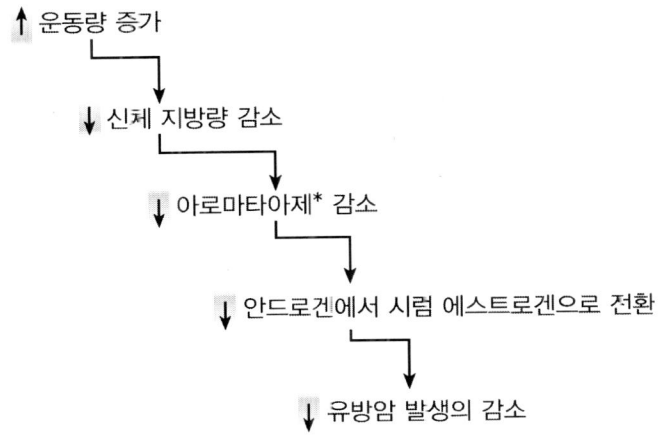

그림 18.7 신체 활동의 증가는 유방암 발생을 예방한다는 가설의 기전

* 역자주 : 아로마타아제(aromatase, 테스토스테론이 에스트라디올이 되는 방향화 반응을 촉매하는 효소)

유방암과 자궁암 위험에 대한 운동의 효과를 설명할 수 있는 또 다른 합리적인 기전은 폐경기 후의 여성 성 호르몬 순환에 미치는 운동의 효과를 통해서이다(McTiernan, Ulrich 등, 1998). 폐경기 후의 여성은 주로 지방세포에서 아드레날린 안드로겐을 에스트로겐으로 전환시키려는 '달초신경계의 전환'(peripheral conversion)을 통해서 에스트로겐을 계속해서 생산하려고 한다. 폐경기 이후의 여성에게서 순환 에스트로겐 수준이 높아지는 것은 유방암 발생의 위험을 높이게 되는데 여러 편의 연구에서 이러한 결과가 발견되었다(Colditz, 1998). 뼈의 미네랄 밀도가 증가하는 것은 에스트로겐 노출이 증가되었다는 것을 나타내는 지표인데 이렇게 되면 유방암 발생 위험 확률이 2-3배는 증가하게 되는 것이다(Colditz, 1998).

에스트로겐의 절대적 그리고 상대적 수준은 전립선암의 발생 위험을 예측할 수도 있다. '의사건강연구(Physicians Health Study)'에 의하면 혈장 테스토스테론(plasma testosterone) 수준이 가장 높은 사람들의 반은 가장 낮은 사람들에 비해서 전립선암 발생 위험이 두 배가 넘었다(Gann, Hennekens, Ma, Longcope, & Stampfer, 1996).

전립선암 위험과 성 호르몬 결합 글로불린이 증가하는 것은 반대의 경향이 관찰되었는데 이것은 생물학적으로 이용 가능한(bioavailable) 테스토스테론의 적은 양과 전립선 암 발생의 위험이 감소하는 것과 관련이 있다는 것을 나타내는 것이다.

자기보고 및 움직임 추적을 통해 측정한 신체 활동의 증가와 에스트라디올(estradiol,

난소호르몬의 일종) 혈청 농도가 감소하는 것과 연관이 있다는 것이 발견되었다 (McTiernan, Ulrich 등, 1998). 신체질량 지수를 조정한 후에도 이 연관성은 통계적으로 유의하게 지속되었다.

결장암을 가진 사람들은 고인슐린혈증(hyperinsulinemia), 고혈당증(高血糖症, hyperglycemia)(역자주: 혈당과다증이라고도 하며 혈액 속의 포도당의 농도, 즉 혈당치가 정상범위보다 높은 상태를 말함), 과트라이글리세라이드혈증(hypertriglyceridemia)(역자주: 혈액 중에 트라이글리세라이드가 과잉으로 존재하는 상태), 그리고 HDL 콜레스트롤 수치가 낮은 것, 즉 X-증후군(Syndrome X)(역자주: 염색체 이상으로 생기는 병)의 예상 유병률보다 더 높다는 점에 주의하게 되었다.

혈액 인슐린 농도가 상승하는 것은 유방암의 발병 위험과 관련이 있다. 운동은 인슐린, 글루코스 및 트라이글리세라이드를 현저하게 낮추고 HDL 콜레스테롤은 높인다. 그러므로 신체 활동은 대사경로를 통하여 암에 대항하는 예방 효과를 발휘하는 것이다.

인슐린 유사 성장 인자(insulin-like growth factors, IGFs)는 대부분의 신체 조직에서 세포 교체(cell turnover)(역자주: 이전세포가 새로 생성된 세포로 대체되는 것)를 자극하며 전립선암과 유방암의 위험이 증가하는 것과 관련이 있다. IGF는 자신의 결합 단백질(IGFBP-3)의 생성을 증가시켜 하강조절을 하는데 이것은 증가된 운동, 음식섭취의 감소, 그리고 체중감소로부터 얻어질 수가 있다.

IGF가 감소되면 간에서 합성되는 성호르몬 결합 글로불린이 증가하고 이것은 유리된 성 호르몬 사용의 유효성을 감소시키는 결과를 낳는다. 그러므로 운동을 증가시키면 신진대사라는 일련의 단계적인 반응을 통해서 생물학적으로 내인성 성 호르몬의 사용을 감소시키는 결과를 가져온다. 따라서 유방암, 자궁암 및 전립선 암과 같은, 호르몬과 관련된 암의 발생 위험을 감소시키는 것이다.

운동과 암 관계를 설명할 수 있는 또 다른 기전은 면역 효과를 통해서이다(Hoffman-Goetz 등, 1998). 면역체계가 위축된 개인에게서 어떤 암 발생의 위험이 증가하는 것과 암이 완화되어 유지될 때 면역 기능의 역할은 암 병인학에서의 면역기능의 역할을 지지한다. 면역체계는 활성림포카인 살상세포(lymphokine-activated killer cell/LAK), 종양침투 대식세포(tumor-infiltrating macrophages)(역자주: 그 표면에 있는 세포 친화성 항체에 의한, 또는 T 림프구에서 유래된 인자에 의한 항원 결합에 의해서 세포 독성을 나타낼 수 있는 것) 및 활성 자연 살상 세포(activated natural killer cells), 그리고 이들의 부산물인 싸이토킨(cytokines)과 아이코사노이드(eicosanoids)를 통하여 신생 세포(neoplastic cells)를 파악하고 제거할 수 있다. 운동으로 유발된 면역 조정(immune modulation)의 방향은 명확하지 않다. 그러나 그것은 조사된 운동형태, 강도, 기간 및 면역 매거변수에 의존한다.

운동과 신체적 훈련은 다양한 면역 매개변수에 영향을 미치는데 이것은 혈액 순환의 변화, 조직원(組織源)으로부터 면역세포의 이행(移行, migration), 글루코코르티코이드(glucocoticoids)(역자주: 혈당을 높이고 염증을 완화시키는 역할을 하며 부신피질에서 생성되는 호르몬), 카테콜라민(catecholamines)(역자주: 아드레날린, 노르아드레날린, 도파민, 세로토닌 등 신체 내에서 신경전달물질과 호르몬의 기능을 하며 교감신경 흥분작용을 나타내는 화학물질의 총칭), 그리고 마약 호르몬(opioid hormone)과 같은 내분비 효과를 나타낸다. 신체 활동과 면역 체계, 그리고 몇 가지 암의 병인학 사이에 관련이 있는 것은 마치 자연 살상 세포의 활동이 내재적인 에스트로겐에 의해 영향을 받는 것과 같이, 아마도 부분적으로는 성 호르몬의 효과 때문일지도 모른다. 그러나 실험 조건은 면역 기능이나 세포의 숫자에 훈련의 효과를 다양하게 보여주었다.

운동이 결장암을 예방할 수 있음을 통하여 운동이 결장암에 미치는 기전을 이해하는데 아주 흥미로운 가설이 있다. 그것은 신체 활동으로 인하여 음식이 창자에서 체류하는 시간이 감소하고, 아마도 미주 신경음(迷走神經音, vagal tone)(역자주: 미주 신경에 의해 수행되는 부교감 신경섬유에 의해서만 심장 박동수가 조절될 때 심장에서 야기되는 효과)이 증가하고 그 후에 나타나는 장의 연동 역시 증가하는 것 등이 발암물질(carcinogens)이 내장점막에 닿는 기회를 적게 하고 그래서 발암의 시작이나 촉진의 기회를 덜 허용하기 때문이라는 것이다(McTiernan, Ulrich 등, 1998).

변비·설사 등과 같은 대변의 형태나 양은 결장암 위험과 관련된 좋은 지표 중에 하나이다. 그렇지만 언뜻 보기에 큰 관련이 있음직한 음식을 섭취하고 난 후 대변을 보게 되는 시간은 결장암 위험과의 관련이 그리 높지 않다. 운동을 활발하게 하는 사람들에게서 결장암의 위험이 줄어든 것을 설명할 수 있는 운동의 또 다른 효과는 운동으로 유발된 담즙산(bile acids)이나 프로스타글란딘(prostaglandin, 호르몬의 일종)의 감소를 포함한다.

고환(testis)에 열이 증가하거나 외상을 입게 되면(이것은 자전거 타기나 승마와 같은 스포츠 종목에 종사하거나 오랫동안 앉아 있을 때 발생하게 된다) 고환암의 위험을 증가시켜주는 것으로 추정 되어져 왔다(McTieman, Ulrich 등, 1998).

임상학적 추천

암은 예방이 가능한 질병이다. 악성이 되기 전 단계에서 진단받는 암의 경우, 예방은 정기적인 진단과 암의 전구체(前驅體) 장애(cancer precursor lesion)에 대한 치료를 포함한다.

예방을 위한 방법에는 다음과 같은 것들이 있다. 평균적인 위험이 있는 성인에게는 유방X선 촬영(mammography), 유방암은 유방검진, 자궁경부암(cervical cancer)은 팹스미어 테스트(papsmear test, 자궁암 조기검사용 도말 표본검사), 직장암은 S자 결장경(結腸鏡, sigmoidoscopy) 검사와 대변 잠혈검사(大便潛血檢査)(역자주: 사람이나 동물에게 나타나는 질환·장애적 증상을 진단할 목적으로 대변을 분석하는 데 이용되는 방법: fecal occult blood test), 전립선암은 전립선 구체항원검사나 디지털 직장(直腸) 검진(specific antigen/digital rectal examination), 난소암은 골반검사(pelvic examination), 피부암(skin cancer)은 육안검사(visual inspection) 등이다. 현재 많은 암들을 판별할 수 있는 새로운 방법들이 시험되고 있는 중이다. 암의 예방은 또한 흡연, 지나친 방사선 조영 및 특정 화학물질에 노출되는 것 등과 같은 발암물질로 알려진 것을 피하는 것을 포함한다.

현재 유방암 예방을 위해서 타목시펜(tamoxifen, 항(抗)종양약으로 유방암 치료제임)과 라록시펜(raloxifene), 직장암 예방에는 칼슘과 살리실산메틸(Methyl salicylate)(역자주: 은 살리실산의 에스테르화 반응에 의해 생성된 살리실산메틸로 주로 소염·진통제로 이용됨), 그리고 전립선암의 예방을 위해서는 파이나스테라이드(finasteride)(역자주: 합성 항 안드로겐으로 전립선비대증과 남성탈모치료제로 쓰임)와 같은 선택적 에스트로겐 수용체조절약(selective estrogen receptor modulator)(SERM)들, 즉 새로운 제약학적 중재 제재(pharmaceutical interventions) 들이 실험되고 있다. 이상 언급된 의약품의 이익과 위험성은 암 발생 위험과 사망의 맥락에서 살펴져야만 한다. 만일 어떤 의약품이 암 발생의 부작용이 높다고 한다면 암으로 사망하거나 암이 이미 진행되어 있는 상태일 가능성이 높은 환자들에게만 적절할지도 모른다. 그처럼 "높은 위험" 단계에 있는 사람들은 암의 유전형질(예: 유방암의 BRACA1 또는 2)이 있는 사람들이거나 암 발생전조의 병력(예: 선종과 직장 용종, adenomatous colon polyps)이 있는 사람들, 또는 발암물질에 노출되어 있는 사람들(예: 흡연가)을 포함한다.

  암 예방에 있어서 음식과 영양의 역할이 뚜렷하게 정의되지 않았음에도 불구하고 전문가들은 과일과 야채(하루에 5가지 또는 그 이상)를 풍부하게 섭취하고 전체 지방량은 총 칼로리 섭취의 30%보다 적게 할 것을 추천한다(세계암연구재단패널, 1997). 많은 개개의 약제들이 암 예방 약제로서 시험되어 왔거나 시험되고 있다. 비타민 A와 베타카로틴(적황색 탄수화물에 들어있는 영양분) 복합제(beta carotene compounds)에 대한 몇 가지 대규모의 임상 시험을 한 결과 이러한 약제들이 사실상 암 예방을 하지 못하고 오히려 암 발생의 위험을 증가시킬 수도 있다는 것을 발견하였다. 이와 같은 예비연구들에서 셀레늄(selenium)(역자주: 원소기호는 Se, 원자번호는 34인 산소족 원소의 하나로 셀레이라고도 불린다. 1817년 스웨덴의 화학자 베르셀리우스에 의해 처음 발견되었으며, 그리스 신화에 나오는 달의 여신 이름을 따서 명명되었다. 칼슘·철분·아연 등과 같은 무기질 성분으로, 하루 일정량을 반드시 섭취해야 하는 필수 영양소다. 셀레늄은 채소와 곡물·육류·생선·낙농제품 등에 골고루 함유되어 있는데 특히 브로콜리와 마늘·배추 등에 특히 많이 함유되어 있다. 세계보건기구(WHO)와 유엔 식량 농업기구(FAO)는 1978년 셀레늄을 필수영양소로 인정했고, 1일 권장량을 50_200㎍ (1㎍은 0.001g)으로 정하였다.), 칼슘, 비타민 D, 그리고 비타민 E는 특정 암이나 암 전구체(cancer precursor)(역자주: 어떤 물질대사나 화학반응 등에서 최종적으로 얻을 수 있는 특정 물질이 되기 전 단계의 물질을 말한다. 여기서 특정 물질이란 금속·이온·단백질·핵산·탄수화물·지방 등 모든 물질을 포함하며, 꼭 어떤 반응의 마지막 물질일 필요는 없고, 임의로 정한 어느 단계에서 얻을 수 있는 물질을 말함)의 위험을 감소시키는데 몇 가지 전망을 보여주었다. 저지방 섭취의 식이형태가 유방암과 직장암의 발생에 미치는 효과에 대한 연구가 현재 WHI(Women's Health Initiative, 여성건강주도협회)에서 임상시험으로 진행되고 있다. 그러나 그 결과는 임상시험이 끝나는 2005년이나 그 이후까지는 알 수가 없을 것이다(여성건강 주도연구그룹, 1998).

  암 예방에 있어서 운동의 역할은 위에서 설명한 다른 방법들보다는 별 주목을 받지 못했었다. 인간을 대상으로 한 증거들은 높은 수준의 신체 활동과 직장암(그리고 아마 유방암에서도)의 위험 감소 사이에는 어떤 관련이 있다는 것을 지지한다. 그러나 아직 해답보다는 질문이 더 많다. 만일 운동과 암 발생 사이에 어떤 인과관계가 존재한다면, 암에 대항하고 예방하는데 필요한 운동의 양, 운동의 형태, 강도, 빈도 및 운동시간 등은 아직 알려진 바가 없다.

더 많은 연구들, 특히 무선 표집으로 잘 통제된 운동 중재의 임상적 시도가 이러한 질문에 대한 해답을 알아내기 위해 필요하다. 과학적인 증거가 확립될 때까지 일주일에서 거의 매 일, 하루에 적어도 30분씩 중강도 또는 그 이상의 유산소 운동을 하는 것이 모든 성인 암 환자들에게 추천할 수 있는 현명한 내용이다. 일주일에 2-3회 웨이트레이닝을 하는 것은 유산소성 운동의 목표를 달성해 주는 것을 도와줄 것이며 근육을 만들고 힘과 균형을 개선시키며 신진대사를 증가시켜 지방량(fat mass)을 조절하는데 도움을 줄 것이다.

성인의 지방량 증가를 최소화하고 어린 시절에 발병하는 비만증과 성년발병비만증(역자주: 지방세포의 크기가 증가되나 그 수는 증가되지 않는 것을 특징으로 하는 성년에 시작되는 비만증)의 위험을 최소화하기 위하여 어린이, 청소년 및 젊은이들에게 스포츠와 신체 활동을 장려하는 프로그램들이 필요하다. 그러나 주의할 점이 있는데 그것은 스포츠와 관련된 위험을 최소화 할 수 있도록 돌봐야 한다는 것이다. 예를 들면 여성 선수들에게서 나타날 수 있는 생리지연, 배란(ovulation) 등은 골다공증(osteoporosis)이 조기에 진행될 위험을 증가시킬 수도 있다.

개인환자를 위한 운동 목표와 처방은 환자의 연령, 성, 신체조건 및 생활방식 등에 따라 다양할 것이다. 신체 활동을 증가시키는 것은 암에 대항하고 암을 예방할 수 있다. 이 지식은 개인이 자신들의 생활 속에 신체 활동을 포함시킬 때 추가적인 동기 (incentive)를 제공하게 될 것이다.

결 론

몇 가지 주요 암의 위험을 줄이는 것에 대한 신체 활동의 긍정적인 역할을 일관되게 제시하는 관찰적인 자료는 많이 있다. 이렇게 관찰된 운동과 암과의 관계를 설명할 수 있는 생물학적으로 합리적인 기전도 여러 가지가 있다. 신체 활동과 암 사이의 연관성은 왜곡의 결과로 인한 것도 있다고 보는 것 역시 합리적이라고 할 수 있는데 그 이유는 부분적으로나 전체적으로 음식 섭취나 발암 물질에의 노출 등과 같은 다른 요인(들)의 활동에도 상관관계가 있을 수 있기 때문이다(McTierman, Stanford, Daling, et al.,

1998; McTierman, Ulrich, et al., 1998). 그러나 신체 활동과 암과의 관계를 더욱 완전하게 탐구하고 생물학적 모형(들)을 개발하며 암 예방을 위한 개인별 운동처방을 발전시키기 위해 사용될 수 있는 정보들을 제공하기 위해서는 더 많은 연구가 필요하다.

참고문헌

Bernstein, L., Henderson, B. E., Hanisch, R., Sullivan-Halley, J., & Ross, R. K. (1994). Physical exercise and reduced risk of breast cancer in young women [see comments]. *Journal of the National Cancer Institute, 86*, 1403-1408.

Colditz, G. (1998). Relationship between estrogen levels, use of hormone replacement therapy, and breast cancer. *Journal of the National Cancer Institute, 90*, 814-823.

Colditz, G. A., Cannuscio, C. C., & Frazier, A. L. (1997). Physical activity and reduced risk of colon cancer: Implications for prevention. *Cancer Causes & Control, 8*, 649-667.

Freidenreich, C. M., Thune, I., Brinton, L. A., & Albanes, D. (1998). Epidemiologic issues related to the association between physical activity and breast cancer. *Cancer, 83*, 600-610.

Gammon, M. D., John, E. M., & Britton, J. A. (1998). Recreational and occupational physical activities and risk of breast cancer. *Journal of the National Cancer Institute, 90*, 100-117.

Gann, P. H., Hennekens, C. H., Ma, J., Longcope, C., & Stampfer, M. J. (1996). Prospective study of sex hormone levels and risk of prostate cancer [see comments]. *Journal of the National Cancer Institute, 88*, 1118-1126.

Greenlee, R. T., Murray, T., Bolden, S., & Wingo, P. A. (2000). Cancer statistics. *Cancer Journal for Clinicians, 50*, 7-33.

Hoffman-Goetz, L., Apter, D., Demark-Wahnefried, W., Goran M. I., McTiernan A., & Reichman M. E. (1998). Possible mechanisms mediating an association between physical activity and breast cancer. *Cancer, 83*, 621-628.

Huang, Z., Hankinson, S. E., & Colditz, G. A., Stampler, M. J., Hunter, D. J., Manson, J. E., Hennekens, C. H., Rosner, B., Speizer, F. E., & Willett, W. C. (1997). Dual effects of weight and weight gain on breast cancer risk. *Journal of the American Medical Association, 278*, 1407-1411.

Martinez M. E., Giovannucci, E., Spiegelman, D., et al. (1997). Leisure-time, physical activity, body size, and colon cancer in women. *Journal of the National Cancer Institute, 89*, 948-955.

McTiernan, A., Stanford, J., Daling, J., & Voigt, L. (1998). Prevalence and correlates of recreational physical activity in women aged 50-64 years. *Menopause, 5*, 95-101.

McTiernan, A., Stanford, J. L., Weiss, N. S., Daling, J. R., & Voigt, L. F. (1996). Occurrence of breast cancer in relation to recreational exercise in women age 50-64 years. *Epidemiology, 7*, 598-604.

McTiernan, A., Ulrich, C., Slate, S., & Potter, J. (1998). Physical activity and cancer etiology: Associations and mechanisms. *Cancer causes and control, 9*(5), 487-509.

Mink, P. J., Folsom, A. R., Sellers, T. A., & Kushi, L. H. (1996). Physical activity, waist-to-hip ratio, and other risk factors for ovarian cancer: A followup study of older women. *Epidemiology, 7*, 38-45.

Oliveria, S. A., & Lee, I. M. (1997). Is exercise beneficial in the prevention of prostate cancer? *Sports Medicine, 23*,

271-278.

Rockhill, B.,Willett,W. C., Hunter, D. J., Manson, J. E., Hankinson, S. E., Spiegelman, D., & Colditz, G. (1998). A. Physical activity and breast cancer risk in a cohort of young women. *New England Journal of Medicine, 90*(15), 1155-1160.

Rockhill, B.,Willett,W. C., Hunter, D. J., Manson, J. E., Hankinson, S. E., & Colditz, G. A. (1999). A prospective study of recreational physical activity and breast cancer risk. *Archives of Internal Medicine, 159,* 2290-2296.

Slattery, M. L., Edwards, S. L., Ma, K. N., Friedman, G. D., & Potter, J. D. (1997). Physical activity and colon cancer: A public health perspective. *Annals of Epidemiology, 7,* 137-145.

Thune, I., Brenn, T., Lund, E., & Gaard, M. (1997). Physical activity and the risk of breast cancer. *New England Journal of Medicine, 336,* 1269-1275.

Thune, I., & Lund, E. (1994). Physical activity and the risk of prostate and testicular cancer: a cohort study of 53,000 Norwegian men. *Cancer Causes & Control, 5,* 549-556.

Thune, I., & Lund, E. (1996). Physical activity and risk of colorectal cancer in men and women. *British Journal of Cancer, 73,* 1134-1140.

Thune, I., & Lund, E. (1997). The influence of physical activity on lung-cancer risk: A prospective study of 81,516 men and women. *International Journal of Cancer, 70,* 57-62.

Women's Health Initiative Study Group. (1998). *Design of the Women's Health Initiative Clinical Trial and Observational Study.* Controlled Clinical Trials 1998, *19,* 61-109.

World Cancer Research Fund Panel (Potter, J. D., Chair). (1997). *Food, nutrition and the prevention of cancer: A global perspective.* Washington, DC: American Institute for Cancer Research.

찾아보기

ㄱ

간질 • 222
간질 환자 • 213, 214, 217, 219, 220, 222
간질병 • 216
간질성 발작 • 216
갈증 • 305
감마 인터페론(IFN-γ) • 352
감정 상태 • 15
감정상태 프로필 • 10
개방형 운동회로 • 152
개별 세포 단위(lytic unit) • 362
거인증 • 83
건강 수명 • 5
건강 위험 평가 점수 • 6
건강관련 삶의 질에 대한 44-척도 인덱스 • 9
건강신념 모델 • 317
건강위험요인(health-risk factors) • 342
건초열/꽃가루병(hay fever) • 349
게슈탈트 • 8
게임 플랜 • 124, 125
격렬한 운동 • 250
결막 충혈 • 248
결장경(結腸鏡, sigmoidoscopy) • 398
결장암(colon) • 386
경구투여 처방 • 309
경근 • 249
경증 우울증(minor depression) • 290
경추 및 척수 장애 • 237
고인슐린혈증(hyperinsulinemia) • 396
고혈당 • 305
고혈당증(高血糖症, hyper-glycemia) • 396
고환(testes) • 391

고환암(testicle) • 386
골다공증(osteoporosis) • 135, 142, 143, 237, 400
골밀도 • 142, 175
골반검사(pelvic examination) • 398
공복 시 인슐린 수치(fasting insulin) • 393
공압 모델 • 29
공황 발작 • 215, 221
과립형백혈구 대식세포군 자극요인(granulocyte-macrophage colony stimulating factor: GM-CSF) • 352
과민반응(delayed-type hypersensitivity) • 346
과산화수소(hydrogen peroxide) • 350
과체중 • 308
과트라이글리세라이드혈증(hypertriglyceridemia) • 396
과호흡증후군 • 215
관상 동맥 질환 • 213
관절 가동 범위 • 239
관절 팽창 • 237
관절염 영향 스케일 • 10
관절염(arthritis) • 226, 242
광선 공포 • 248
교감신경계(sympathetic nervous system: SNS) • 344
교감신경부신계의 활동 • 37
교감신경절후(節後) 뉴런(post-ganglionic sympathetic neurons) • 356
교감신경흥분성 물질 • 92
교락(交絡)요인 • 392
구성 타당도 • 253
구획 내 압력 • 238
국제보건기구(WHO) • 365
군집성 두통(cluster headache) • 247

굴곡 • 236
굴곡운동 • 228
굴근(long finger flexors) • 238
규칙적인 중간 강도(regular, moderate) • 110
극복억제(inhibitory coping) • 356
근력 • 163, 165, 175, 181, 193, 194
근력 강화 • 228
근력훈련 • 164, 166, 170, 171, 174, 175, 176, 179, 181, 194, 195, 200
근력훈련 프로그램 • 168, 169, 171, 173, 178, 179, 180, 195, 201
근소포체막(sarcolemmal) • 256
근육 비대증 • 169
근육량 • 193
근육통 • 217
근육통성 점수 • 254
근전도(EMG) • 169
근지구력 • 163
글루코코르티코이드(glucocoticoids) • 31, 397
급성 단기 통증 • 225
급성 및 아급성 통증 • 227
급성 스트레스 • 29
급성 질환 • 17
긍정적 자기암시 • 125
긍정적인 중독(positive addiction) • 299
기능 훈련(functional training) • 155
기능적 이상의 한계 • 245
기동 • 228
기립성 저혈압(orthostatic hypotension) • 297
기분 • 200, 282
기분 상태 • 197
기분 상태 검사 • 33
기분변조(氣分變調 또는 氣分低下症, dysthymia) • 288
기분부전장애(dysthymic disorder) • 292
기분부전증(depressive disorder) • 294
기억세포(memory cell) • 349
기전적 단서(mechanistic link) • 344
기질적 불안 • 33
기초 대사율 • 196
기초대사량 • 176

기회성 감염(opportunistic infections) • 365
긴장성 두통(tension headache) • 247

ㄴ

나쁜 스트레스 • 31
낙천성(optimism) • 358
난소암(ovary) • 386
난치성 간질 • 215
난치성 발작 • 219
내부압력(adhesive force) • 360
내분비물 • 39
내인성 • 238
내인성 아편 시스템 • 39
내인성 진정제(endogenous opiates) • 344
내적(internal) 심상 • 131
내전 • 236
내측 경골 증후군(medial tibial syndrome) • 238
냉 적용 • 228
노르에피네프린 • 37
노인병증후군 • 196
노팅햄 스케일 • 9
노화 • 192, 193
뇌병변(cerebral lesion) • 237
뇌전도(EEG) • 34, 215
뇌졸중 • 221
뇌진탕성 경련 • 221
눈물 • 248
뉴로펩티드(neuropeptides) • 344

ㄷ

다면발현성(多面發現性: extensive pleiotropy) • 352
다열근(lumbar multifidus muscles) • 233
다중 기초선 사례연구 설계(multiple-baseline single-case design) • 290
단계 모델 • 60
단극성 우울증(unipolar depressive disorder) • 297
단백분해작용 • 80
단핵 백혈구 증가증(mononucleosis) • 349
단핵백혈구(monocytes) • 345

단핵식균세포(monocytes) • 350
담즙산(bile acids) • 397
당뇨병 • 305
당뇨병 교육 • 331
당질 글루코코르티코이드(glucocorticoids) • 344
대근육군의 저항 트레이닝 • 280
대리기능성 • 353
대립-과정 이론 • 35
대변 잠혈검사(大便潛血檢査, fecal occult blood test) • 398
대식세포(macrophages) • 346
대처 기술 • 139
대형 과립상 림프구(large granular lymphocytes: LGL) • 350
데히데로에피안드로스테론 • 84
독성/억제 T-세포(T-cytotoxic/suppressor) • 347
독성활성(cytotoxic activity: NKCA) • 350
돌연변이(mutation) • 364
동공 • 248
동맥경화성 심장질환 • 317
동종이식거부반응(allograft rejection, 同族移植拒否反應) • 346
동측성 시각 교란 • 248
동화작용제 • 80
두부외상 • 250
두통(Headache) • 246

ㄹ

라록시펜(raloxifene) • 398
라이프 스타일 처치전략 • 10
랜드 주식회사의 짧은 36개 문항 설문 • 9
런너의 최고치 • 126
리튬 복용자(lithium responders) • 294
림포카인(lymphokine) • 353
림포톡신(lymphotoxin, 세포장애인자) • 353
림프구(lymphocytes) • 345

ㅁ

마약 호르몬(opioid hormone) • 397
마약성분 • 227
마우스가드 • 54
만성 스트레스 • 29
만성 요통 • 226
만성 운동성 구획 증후군(Chronic Exertional Compartment Syndrome) • 236, 238, 241
만성 질환 • 17
만성 통증 • 227
만성두통 • 221
만성질환(chronic disease) • 365
말단비대증 • 83
말단신경(nerve terminals) • 360
말초 혈장 베타-엔돌핀 • 36
말초신경 순환(peripheral circulation) • 360
말초신경계의 전환(peripheral conversion) • 395
맥관구조(vasculature) • 359
메스꺼움 • 248
메타 분석 • 30, 269
면역 조정(immune modulation) • 397
면역글로불린(immunoglobulin) • 348
면역성 흉선림프구(immunocompetent thymocytes) • 353
면역억제 효과(immunosuppressive effect) • 372
모노아민 • 37
모노아민 가설(monoamine hypothesis) • 299
모노카인(monokines) • 352
모르핀 • 227
목표설정 • 125
몰입(flow) • 127, 156
몸통 근육의 등축성 근력 강화 운동(isometric strengthening) • 231
무기질(inorganic phosphorous) • 256
무배란(anovulation) • 394
무산소성 해당작용 • 88
무월경 • 135, 141
무증상단계(asymptomatic) • 365
무활동 • 233
물리치료사 • 220, 233
미국 스포츠 의학회 • 225
미국 정신의학 협회(American Psychiatric Association) • 300

미국 질병통제예방센터(CDC) • 365
미국질병 관리위원회 • 225
미산(未産, nulliparity) • 394
미생물(microorganism) • 344
미주 신경음(迷走神經音, vagal tone) • 397
민감성의 창(the window of susceptibility) • 362

ㅂ

반동성 두통(rebound headache) • 251
반복 동작성 손상 • 239
반복 동작성 손상(repetitive motion injuries, RMI) • 236
반사성 교감신경이영양증후군(reflex sympathetic dystrophy syndrome) • 236, 237, 240
발견적 방법 • 73
발암물질(carcinogens) • 384
발작 • 214, 216
발작 증상 • 222
발작성 수면 • 270
방사선에 피폭된(radio-labeled) • 384
배란(ovulation) • 394
백혈구(leukocytes) • 345
베타 교감신경 차단제 • 96
베타(TNF-β) • 352
베타-2 아드레날린 수용체(beta2-adrenergic receptors) • 359
베타카로틴 • 399
베타하이드록시 베타 메틸부티레이트 • 84
변연대(邊緣帶, vessel's marginal zone) • 360
변화 단계 모델 • 320
병 영향 도표(SIP, Sickness Impact Profile) • 249
병 영향 프로필 • 9
병원체(pathogen) • 345
병인학(病因學, etiology) • 394
병태생리학(pathophysiology) • 252
보완동작 • 159
보존 요법 • 241
보존적 치료(conservative treatment) • 230
보체(complement) • 351
보호 패딩 • 55
보호장비 • 53
복막 대식세포(peritoneal macrophages) • 354
복합제(beta carotene compounds) • 399
부기 • 237
부비동 두통(sinus headache) • 248
부상 예방 • 172
부신 • 37
부신수질(adrenal medulla) • 356
부신피질(adrenal cortex) • 356
부신피질자극방출 호르몬(corticotropin releasing hormone: CRH) • 356
부신피질 호르몬(adrenocorticotropic hormone: ACTH) • 356
부실한 식사 • 282
분광학(spectroscopy) • 256
분자(molecules) • 345
불면증 • 270
불안 • 206, 218
불안 완화 효과(anxiolytic effects) • 299
비루 • 248
비만 • 213, 306
비스테로이드성 항염증제(NSAID) • 227
비장(spleen) • 346
비정상 식습관(disordered eating) • 136
비활동적인 사람 • 306
빈혈 • 226
빠르지 않은 눈운동 수면 • 272
빠른 눈운동 수면 • 272
뼈 정렬의 문제 • 159

ㅅ

사례 연구 • 52
사례통제연구(case-control study) • 385
사망률(mortality) • 342
사망위험 • 117
사이클링 • 80
사지 통증 • 226
사회경제적인 계층 • 270
사회적 관점 • 5
사회학습 접근 • 323

살리실산메틸(Methyl salicylate) • 398
삶의 질 • 4, 315
삶의 질 스케일 • 10
삼환계 우울증 치료제(Tricyclic antidepressant agents, TCA) • 297
삼환계 항울제(tricyclics) • 227
상기도(upper respiratory) • 348
상대적인 위험(relative risk) • 385
상부 승모근(upper trapezius) • 256
상안와(supraorbital) • 248
상태-특성 불안 척도 • 33
상해 감시 • 51
상해 예방 • 54
상황적 불안 • 33
생리심리사회학적 모델 • 69
생리적인 강인함(physiological toughness) • 358
생물학적 가설(biological hypothesis) • 298
생체 외(in vitro) • 350
생합성(biosysnthesis) • 353
생활양식의 도전 • 306
선별단계(screening phase) • 290
선수의 병력(病歷) • 153
선천적/자연면역(innate/natural immunity) • 345
선택적 세로토닌 재흡수 억제제(Selective Serotonin Reuptake Inhibitors, SSRI) • 297
선택적 에스트로겐 수용체조절약(selective estrogen receptor modulator)(SERM) • 398
섬유근육통(fibromyalgia) • 226, 252
섬유띠(fibrous band) • 238
성 호르몬 결합 글로불린(sex hormone binding globulin, SHBG) • 394
성장판 • 178
세포 교체(cell turnover) • 396
세포 독성 반응(cytotoxic response) • 362
세포 면역(cellular immunity) • 346
세포성 림프용해(cell-mediated lympholysis) • 346
세포성(cell-mediated) • 364
세포표면 수용체(cell surface receptor) • 349
셀레늄(selenium) • 399
손가락 굴근건 • 236
손발 저림 • 248

손상 • 70
손상 후 정서적 장애 • 63
쇄골 하 동맥(subclavian artery) • 238
수근관 압박 증후군(carpal tunnel syndrome) • 236
수면 무호흡증 • 270
수면 변수 • 282
수면다원검사 • 273, 278
수면변수 • 269
수면부족 • 216
수면상의 문제점 • 269
수면장애 • 216, 217
수면척도 • 274
수명 • 6
수용체(receptors) • 344
수용체가 중재된 T-세포활동(receptor-mediated T-cell activation) • 352
수전증 • 237
수중 운동(pool exercise) • 231
수중 치료 • 241
수지장측 • 236
수축 • 228
수행력 향상 보조제 • 79
스태킹 • 80
스트레스 • 29, 126, 139, 200, 202, 206, 217
스트레스 감소 기법(stress reduction techniques) • 364
스트레스 반응(stress response) • 363
스트레스 완충 효과(stress buffering effect) • 358, 367
스트레스 원인 • 217
스트레칭 • 228, 231
스포츠 • 2
스포츠 상해 • 50
스포츠 수행 전문가 • 151
스포츠손상 • 59
스포츠손상에 대한 인지적 반응 • 62
스포츠손상에 대한 정서적 반응 • 63
스포츠손상에 대한 행동적 반응 • 64
습열요법(moist heat therapy) • 239
시각화 • 131
시상하부 • 34

시상하부-뇌하수체-부신피질(hypothalamas-
　　pituitary-adrenocortical: HPA) 축 • 355
시합 분석 • 158
식균세포(phagocytes) • 345
식균작용(phagocytosis) • 351
식욕부진(anorexia nervosa) • 136
식이장애 • 135, 136, 146
식이장애 치료 • 140
식이장애의 경고 증상 • 137
신경계 폐색 • 241
신경계통(nervous system) • 343
신경내분비 반응 • 36
신경내분비(neuroendocrine) • 341
신경성 과식증(bulimia nervosa) • 136
신경전달물질 이론 • 36
신생 세포(neoplastic cells) • 397
신생물(neoplastic) • 353
신전 • 231
신전 운동(extension exercise) • 229
신진대사 • 307
신진대사 이상 • 226
신체 골밀도 • 196
신체 에너지 시스템의 기능장애 • 307
신체 위치 • 240
신체 중심온도(core temperature) • 298
신체 활동 • 4, 191, 198
신체운동 • 213, 219, 222
신체적 자기효능감 • 202, 205
신체적 적합도 • 276
신체적 특성 • 282
신체적인 활동 • 305
신체활동 • 226
신체활동과 장수 • 113
신체활동지수 • 112
심근 경색증(myocardial infarction) • 237
심리적 건강 • 200
심리측정 • 32
심리학적 가설(psychological hypothesis) • 299
심상 • 125, 131
심인성 발작 • 215
심인성 실신 • 221

심장 혈관 • 192
심장병 환자 • 203
심전도 • 279
심폐기능(cardiopulmonary) • 371
심혈관 기능 • 192
심혈관 스트레스 반응 • 201
심혈관계 질환 • 225
심혈관계(cardiovascular) • 374
싸이토카인(cytokines) • 352

ㅇ

아나볼릭 안드로겐 스테로이드 • 80
아나볼릭성 수행력 향상 보조제 • 82
아드레날린 • 31
아민 • 37
아민성 활동 • 37
아이코사노이드(eicosanoids) • 397
아탈구(subluxation) • 245
안검 부종 • 248
안검하수 • 248
안드로스텐디온 • 84
안와(orbital) • 248
안정성(stabilization) • 231
알레르기항원(allergens) • 344
암의 전구체(前驅體) 장애(cancer precursor lesion)
　• 398
암페타민 • 91
압력 하중 • 240
압통점(tender points) • 252
애도반응(grief reaction) • 289
약제내성(drug resistant) • 364
양극성 장애(bipolar disorder) • 295
양쪽의 증상 표현 • 237
얼음찜질 • 239
에리트로포이에틴 • 90
에스트라디올(estradiol) • 395
에스트로젠 • 141
에어로빅 • 228
에오신 호산성(好酸性) 백혈구(eosinophils) • 354
에탄올 • 98

에페드린 • 92
엔돌핀 • 33
엔돌핀 분비 • 226
여자 선수의 3가지 문제 • 144
여자 선수의 3가지 문제에 대한 예방 • 145
연(軟) 조직 • 236
연구진단기준(Research Diagnostic Criteria: RDC) • 289
연령 관련 시간 선호도 • 12
열발생 이론(Thermogenic Model) • 34
열발생가설(thermogenic hypothesis) • 298
염증성 근 질환 • 226
영양사 • 144
오피오이드 펩티드 • 36
온열치료 • 228
옵소닌 작용(opsonization) • 351
옵소닌화 • 351
완신경총동맥(brachial plexus artery) • 238
외상 후 스트레스 장애 • 32
외적(external) 심상 • 131
외전 • 236
요부 굴곡 운동(lumbar flexion) • 229
요추부 추간판 탈출증(lumber disc herniation) • 232
요통 장애 설문지 • 10
용량 반응 관계(dose-response relationship) • 113
우울 • 206
우울감 • 226
우울장애(depressive disorder) • 288, 292
우울증 • 197, 199, 218
우울증 자가진단 • 41
우울증 하위척도(depression subsclae) • 289
운동 • 3
운동 강도 • 114
운동 기능 감소 • 237
운동 시작 후 중단(exercise-relapse) • 372
운동 유형 • 114
운동 중재 • 33
운동 처방 • 279
운동과 장수의 관계 • 11
운동부하검사 • 328
운동선수 • 218
운동습관 • 330
운동준수 • 318
운동집착 • 234
운동치료 • 226
운동회로(kinetic chain) • 151, 157, 160
원기회복 가설 • 281
웨이트 트레이닝 • 166
위약 효과 • 39
유리 지방산 • 250
유방X선 촬영(mammography) • 398
유방암(breast) • 386
유병력율(有病力率) • 288
유병률(prevalence) • 238, 288
유사분결 촉진인자(poke weed mitogen: PWM) • 349
유산소 능력 • 193
유산소 운동 • 194, 201, 231
유소년 근력훈련 프로그램 • 182
유조직(柔組織, parenchymal) • 359
육안검사(visual inspection) • 398
음성 공포 • 248
음성자(seronegative) • 367
의학적 질병 • 213
이상(二相, biphasic) • 362
이식반응(transplantation) • 346
이식편대숙주질환(graft-versus-host disease: 移植片對宿主疾患) • 346
이완 • 125
이완훈련 • 127
이차성 간질 • 215
인 에너지(phosphorus energy) • 256
인간성장호르몬 • 82
인류학적 가설(anthropological hypothesis) • 298
인산 비율(creatinine phosphate ratio)(Pi/Pcr) • 256
인삼 • 95
인슐린 • 306
인슐린 비의존형 당뇨병 • 306
인슐린 유사 성장 인자(insulin-like growth factors, IGFs) • 396
인슐린 의존형 당뇨병 • 306

찾아보기 • 409

인슐린 저항(insuline resistance) • 394
인식 • 282
인지적 중재 • 38
인지평가 모델 • 60, 61
인체공학(ergonomics) • 228
인터루킨(Interleukin, IL) • 353
인터페론(interferons) • 355
일간활동량 스케일 • 10
일과성 열감 • 305
일과성뇌허혈증(transient ischemic attack) • 248
일반적 심리 상태 인덱스 • 10
일상 복귀 • 232
일차성 간질 • 215
임상 통증 증후군 • 226
임상치료 • 200
임파기관(lymphoid organs) • 346
임파절(lymphoid nodes) • 346

ㅈ

자가면역 장애 • 308
자궁 근육의 만성 반점 • 239
자궁경부암(cervical cancer) • 398
자궁암(endometrium) • 386
자기 면역(host immunity) • 350
자기 보고 • 253
자기 제어(self-limiting) • 232
자기 존중감 • 310
자기 효능감 • 39
자기관리 • 315
자기관리 능력 • 4
자기존중감 • 139
자기참조적 인지 • 62
자기평가 우울증척도(the Self-Rating Depression Scale: SDS) • 289
자기효능감 • 206
자기효능감 이론 • 203, 205
자기효능과 숙달 이론 • 38
자세 문제 • 154
자세 조절 운동 • 228
자세 향상 • 231

자세평가 • 154
자신감(self-efficacy) • 358
자아존중감 확실성 • 63
자연살상세포(NK-cells) • 350
자연적인 세포독성(natural cytotoxicity) • 350
자율신경계(autonomic nervous system: ANS) • 344
작업 요법(occupational therapy) • 291
장수 • 13
재고 • 323
재발방지 모델 • 320
재순환풀(recirculation pool) • 346
재활 자기효능감 • 63, 66
저혈당 • 305
전 원인 사망률(all-cause mortality) • 110
전경골 증후군(anterior tibial syndrome) • 238
전기경련충격요법(電氣痙攣衝擊療法, electro-convulsive therapy: ECT) • 288
전단력(剪斷力, shear forces) • 360
전립선암(prostate) • 386
전신 장애 • 227
전체적인 체력 프로그램 • 183
점막액(mucosal fluids) • 348
점진 근육 이완 • 129
접골 의사(osteopathic physician) • 233
정맥 그리고 신경 시스템 • 238
정서적 안녕감 • 200, 204
정신건강 전문가 • 145
정신신경면역학(psychoneuroimmunology, PNI) • 343
정신운동 지연(psychomotor retardation) • 296
정신이상 진단 및 통계 편람 III(the Diagnostic and Statistical Manual of Mental Disorder: DSM III) • 289
정신질환 진단 및 통계 매뉴얼(DSM-IV) • 136
정중신경(median nerve) • 236
정형외과 • 151
젖 분비의 부족(lack of lactation) • 394
젖산 분비 • 226
제지방체중(lean body mass) • 369
젬파이브로질 • 41

조작 • 228, 231
조절 운동 • 242
조직염(fibrositic) • 252
조혈줄기세포(hemato poietic stem cell) • 346
종단연구(longitudinal studies) • 298
종속변인 • 40
종양괴사(壞死)인자 알파(tumor necrosis factor alpha, TNF-α) • 352
종양성장(tumor growth) • 344
종양자멸유도(tumorcidal) • 354
종합 정신병리평가척도(CPRS) • 289
좌업 생활(sedentary) • 387
주요 조직적합유전자 복합체(major histocompatibility complex: MHC) • 347
주요우울증(major depression) • 292
주의분산 가설 • 38
주조직 적합 유전자복합체(主組織適合性複合體, major histocompatibility: MHC) • 351
주항체 효과(main antibody effect) • 349
주화성 요인(chemotaxis) • 351
중량물 훈련을 하는 선수 • 179
중복성 • 353
중성백혈구(neutrophils) • 350
중성친화적 동질이상체(neutrophil polymorphs) • 345
중재 • 320
중재 기전(mediatiing mechanism) • 363
중재전략(intervention) • 231
중증 우울증(major depression) • 290
중첩 • 392
중추 세로토닌 시스템(central serotonergic systems) • 299
중탄산나트륨 • 88
증상심도평가 • 10
지발(遲發) 형태 • 346
지방량(fat mass) • 400
지연발생 근육통(delayed onset muscle soreness) • 226
지지 근육(supportive area) • 229
지질(lipid) • 393
직장 용종 • 399

직장암(rectum) • 386
진실험 • 269
질병 및 관련 건강 문제의 국제적 통계 분류 (International Statistical Classification of Diseases and Related Health Problems, ICD) • 300
질병률(morbidity) • 342
집합 지정 4(cluster designation 4) • 347

ㅊ

척골 신경(ulnar nerve) • 236
척추 교정사(chiropractor) • 233
척추 굴곡 • 231
척추 굴곡/신장(spinal flexion/extension) • 233
척추교정지압요법 • 229
천정효과 • 321
체격 퇴화 • 3
체력 수준 • 116, 117
체력 전문가 • 151
체력과 장수 • 116
체력훈련 • 163, 164
체액성(humoral) • 364
체온 가설 • 281
체온 리듬 • 281
체중 저항 운동 기구(TerapiMaster) • 234
체중감소 • 330
총 말초저항(total peripheral resistance to blood flow) • 356, 361
최대 골질량 • 175
최대 근력 검사 • 167, 168
최대 등축 회전력 • 194
최대 산소 섭취량 • 193
최대 수축치(MVC) • 255
출산 교육 프로그램 • 124
췌장 • 306
측두부 • 248

ㅋ

카노프스키 인덱스 • 8

카켁틴(cachectin, TNF-α) • 354
카테콜라민(catecholamines) • 33, 37, 397
카페인 • 93
카페인 소비 • 282
칸디다 진균(Candida albican) • 369
코어 • 158
코칭행동 • 177

코티졸 • 32
코호트 연구(cohort study) • 52, 198, 385
코호트(cohort) • 110
쿠퍼 에어로빅 연구소 • 116
크레아틴 모노하이드레이트 • 85

ㅌ

타목시펜(tamoxifen, 항(抗)종양약) • 398
테스토스테론 에타네이트 • 81
통제 효능감 • 203
통증 역학(pain dynamics) • 229
통증 자극제 • 226
투쟁 또는 도주 반응(fight-or-flight response) • 129

ㅍ

파워 분석 • 41
팹 스미어 테스트(papsmear test) • 398
퍼포린(perforin) • 348
편두통 • 215, 247
편측 무감각 • 248
편측 위약 • 248
편측성 코 충혈(비 충혈) • 248
폐쇄성수면무호흡증 • 269
폐암(lung) • 386
포괄적 도구 • 8
포도당 • 306
포도당 부하(glucose tolerance) • 393
폭식적 식습관 • 135
표면표지(surface marker) • 350
표준 도박 • 8
표현형(表現型, Phenotypes) • 344, 348

프로스타글란딘(prostaglandin) • 397
프로이드 • 30
피로 • 217
피부 변화 • 237
피토헤마글루티닌(phytohemagglutinin, PHA) • 347

ㅎ

한쪽의 증상 표현 • 237
합병증 • 309
항 우울제 • 227
항상성 • 29, 314
항상성 불균형 • 217
항원전달 • 351
항원제시 • 351
항체가(抗體價, antibody titer) • 349
행동 • 282
행동학적 접근 • 320
허약 • 252
허혈성 심질환(ischemic heart disease) • 237
현기증 • 305
혈관 운동 불안정 • 237
혈관내피(endothelium) • 360
혈액 도핑 • 90
혈액식균세포(blood phagocytes) • 350
혈장 테스토스트론(plasma testosterone) • 395
혈장(plasma) • 369
혈중 지방 • 250
혈청반응 양성자(seropositive) • 367
확인법(method of ascertainment) • 391
환경 • 282
활성림포카인 살상세포(lymphokine-activated
    killer cell/LAK), 종양침투 대식세포
    (tumor-infiltrating macrophages) • 396
황체(leuteal adequacy) • 394
횡단연구(cross-sectional study) • 369
효능감 인지 • 39
후천적 면역(acquired/adopted immunity) • 345
훈련의 특수성 • 155
휴식 • 228

흉곽 출구 증후군(thoracic outlet syndrome)
• 236, 238, 241

A

adenomatous[선종(腺腫)의] • 399
AIDS 전 단계(Symptomatic Pre-AIDS) • 365

B

Beck • 41
Beck 우울증검사지(Beck Depression Inventory:
  BDI) • 289

C

colon polyps(직장 용종) • 399
confounding(중첩·교락요인) • 392

D

DSM-IV(정신이상 진단 및 통계편람) • 289

H

Hamilton 우울증 평가척도(Hamilton Depression
  Rating Scale: HDRS) • 289

M

Montgomery Asberg 우울증 평가척도
  (Montgomery Asberg Depression Rating
  Scale: MADRS) • 289

O

O각 • 160

Q

QALY(질-보정 기대 수명) • 1, 5

R

redundancy(중복성·대리기능성) • 353
RNA(리보핵산) • 369

S

SAM(sympathoadrenal medulla: 교감신경아드레
  날린-척수) • 356

T

T-helperinducer 세포(보조 T 세포, T_H) • 347

X

X-증후군(Syndrome X) • 396
X각 • 160

1

31 핵 자기 공명(31 PNMR) • 256
4분위 quartiles • 385
6-척도 유로콜 조사방식 • 9

역자 소개
Translators introduction

김 경 원 Kim, Kyung-Won
독일괴팅엔대학교 사회과학박사, 스포츠심리학
한국스포츠심리학회 부회장/편집위원장 역임
현 서원대학교 레저스포츠학과 교수
관심분야 : 운동 동기

김 병 준 Kim, Byoung-Jun
미국 노스캐롤라이나대학교 박사, 스포츠운동심리학
FC서울 프로축구단 심리상담역, 한국스포츠심리학회 부회장
현 인하대학교 체육교육과 교수
관심분야 : 스포츠심리 측정, 심리훈련, 신체활동 동기

김 영 호 Kim, Young-Ho
Ph.D. (University of Wollongong), 운동건강심리학
아사아남태평양 스포츠심리학회 사무총장, 한국스포츠심리학회 부회장
현 서울과학기술대학교 에너지바이오대학 스포츠과학과 교수
관심분야 : 신체활동과 심리적 이론모형, 체중조절과 신체활동 전략

박 중 길 Park, Jung-Gil
고려대학교 이학박사, 스포츠심리학 전공
현 고려대학교 체육교육과 연구교수
관심분야 : 동기이론, 정서

육 영 숙 Yook, Young-Sook
성신여자대학교 보건체육학과 학사
성균관대학교 체육학석사·이학박사, 운동심리학
현 성신여자대학교 운동재활복지학과 조교수
관심분야 : 운동과 정신건강 및 심리재활, 요가, MBSR

정 지 혜 Chung, Ji-Hye
중앙대학교 박사졸업, 스포츠심리학
한국스포츠심리학회 이사겸 자격관리위원, 한국웰리스학회 부회장
현 숙명여자대학교 체육교육과 교수
관심분야 : 코칭심리학, 스포츠리더십, 코칭

한 명 우 Han, Myung-Woo
ARIZONA ST. UNIV., 스포츠심리학
세계스포츠심리학회 상임이사(ISSP MC) 역임
양궁국가대표 심리기술자문위원(1996-1998) 역임
현 선문대학교 스포츠과학부 교수
관심분야 : 심리기술훈련, 스포츠 심리상담, 스포츠심리생리

감 수

오 병 훈
연세대학교 대학원 의학과- 정신과학전공 의학석사, 신경정신과학전공 의학박사
현 연세대학교 의과대학 세브란스정신건강병원 정신건강의학과 교수
전문분야 : 노인정신장애, 치매, 노인 우울증